U0732244

国家出版基金项目
NATIONAL PUBLICATION FOUNDATION

1840—1949

石鸥 主编

代钦 李春兰 编著

百年中国 教科书图文史

数学

编写人员

代　钦　李春兰　张晓雪　王瑞芳
王　敏　刘冰楠　常红梅　张美霞

SPM 南方传媒

全国优秀出版社
全国百佳图书出版单位

广东教育出版社

·广　州·

图书在版编目（CIP）数据

百年中国教科书图文史 ：1840—1949. 数学 / 石鸥
主编 ；代钦，李春兰编著. -- 广州 ：广东教育出版社，
2024.10. -- ISBN 978-7-5548-6447-0

Ⅰ. G423.3-092

中国国家版本馆CIP数据核字第202421DA62号

百年中国教科书图文史　　1840—1949　　数学

BAINIAN ZHONGGUO JIAOKESHU TUWENSHI　1840—1949　SHUXUE

出 版 人：朱文清

丛书策划：李朝明　卞晓琰

项目负责人：林检妹　黄　倩

责任编辑：易　意　巩小珂　黄子丰

责任校对：林宜仪

责任技编：杨启承

装帧设计：邓君豪

出版发行：广东教育出版社

　　　　　（广州市环市东路472号12—15楼　邮政编码：510075）

销售热线：020-87615809

网　　址：http://www.gjs.cn

邮　　箱：gjs-quality@nfcb.com.cn

发　　行：广东新华发行集团股份有限公司

印　　刷：广州市岭美文化科技有限公司

　　　　　（广州市荔湾区花地大道南海南工商贸易区A幢）

规　　格：889 mm×1194 mm　1/16

印　　张：35.75

字　　数：715千

版　　次：2024年10月第1版
　　　　　2024年10月第1次印刷

定　　价：248.00元

如发现因印装质量问题影响阅读，请与本社联系调换（电话：020-87613102）

导　论

小课本，大启蒙，大学问，大政治。

需要构建中国特色的课本的学问——教科书学。

教科书学只能建立在多领域、多维度研究成果基础上，尤其是建立在教科书文本丰富、教科书发展史得到基本梳理、教科书理论研究成果突出、教科书使用研究取得明显进展等基础上。

很显然，教科书发展史的研究是重要维度。教科书发展史就是教师教什么、学生学什么的历史，就是教育教学内容的历史，就是一代又一代的先辈对后辈的期望的历史。这种历史的研究，要依赖过往人们的教育活动所保留下来的实物或遗存来进行。本套教科书图文史就是注重遗存的教科书实物的体现——聚焦于1840—1949年我国教科书文本实物。

一

19世纪中叶以来，中华大地风起云涌，巨大裂变在社会的各个领域发生。1862年京师同文馆的成立与大量洋务学堂的创办，标志着我国古代教育的开始退出和新式教育逐渐兴起。新式教育能否成功，很大程度上取决于能否提供适应时代的新式教科书。一代开眼看世界的知识分子行动起来，新式教科书如雨后春笋般涌现，新知识、新思想、新观念如开闸之水，轰然涌入古老的中国。中国传统的知识系统为西方以近代学科为分类标准构建起来的新知识系统所冲击，中华民族壮丽的启蒙大幕徐徐拉开，中国近现代教科书事业也走上了一条可圈可点之路。

教科书是时代的镜子。1840—1949年中国近现代教科书发展历程，折射出中国艰难曲折的变革之路、复兴之路。教科书的发展史，就是中华文明的进步史，是中国社会的变迁史，是中华民族的心灵史。

（一）西学教科书的引进时期

大约处于19世纪中至19世纪末这一时期。科举时代，没有近代意义的新式教育和新式学堂，只有启蒙教育和科举预备教育，学生初学"三百千千"，进而学"四书五经"，我们称之为"教材"，但不是现代意义上的教科书。现代意义的教科书是从19世纪后期开始，伴随着新式学堂而逐渐发展起来的。当时大量西学教科书被教会学校和洋务学堂引进，拉开了中国现代教科书发展的帷幕。这一过程表现出如下基本特征：

第一，现代教科书处于萌芽阶段。作为教科书，这些西式教材的基本要素不全，没有分年级编写，基本上还没有使用"教科书"一词，多用"读本""须知""入门""课本"等来命名。不仅"教科书"文本还未出现，即便现代意义的"科学"也没有找到恰当的名称，所以当时出现了不少类似于"格致""格物""火学""汽学""名学""计学"等教材。这些教材整体上处于前教科书阶段，或现代意义的教科书的萌芽阶段。

第二，教科书多从西学编译而来，且多出现在科学技术领域。这些西式教材主题多为洋务运动中最急迫需要的知识类型，如工兵、制造、天文、算学等，同时也适应了当时洋务学堂的教学需要。教材的编译和出版多与教会的印刷机构以及洋务运动的教育与出版机构相关，如墨海书馆、美华书局、京师同文馆、江南制造局翻译馆等。西式教材的编译者主要由中国学者和欧美传教士共同组成。

第三，教科书与一般科技类西学书籍没有明显界限，广泛流布于社会和学堂。19世纪中晚期的中国，从国外译介的西学著作和教材几乎是相同的，没有本质区别。它们既是开明知识分子了解西学的门径，也被充作教会学校和早期新式学堂的教学用书，甚至中国一些地方的书院也多以它们为教材。

（二）自编教科书的兴起与蓬勃发展时期

这一阶段起始于19世纪末南洋公学自编教科书，止于清朝终结。这是教科书的引进与自编自创结合、引进逐渐为自编自创所取代的阶段，是教科书涉及学科基本齐全的阶段，也是教科书要素日益完整的阶段。这一时期产生的教科书，我们一般称为"新式教科书"，以区别于前一阶段的以翻译为主的"西式"或"西学"教科书。有学者认为，"西学"与"新学"二词意义相仿，但新学在1894年后方见盛行。西学更重在引进之学[1]，新学则已经有国人自动、主动建设，用本国语言消化的味道了[2]。这很能够说明近代西式和新式教科书的微妙区别。这一时期的标志性事件是我国第一个近代学制的颁布，延续1300多年的科举制度的废除，以及第一套现代意义的教科书产生。这一时期教科书发展的主要特征是：

第一，学堂自编教科书不断涌现。伴随着科举制的取消，新式学堂迅猛出现，对新式教科书的需求激增，以南洋公学、上海澄衷蒙学堂、无锡三等公学堂等为代表的学堂自主编写的教科书影响大、使用范围广，逐渐打破了编译的西学教科书垄断的格局。

第二，我国最早的现代意义的教科书产生。适应1904年《奏定学堂章程》的正式实施，中国第

---

[1] 王尔敏. 中国近代思想史论[M]. 北京：社会科学文献出版社，2003：18.

[2] 孙青. 晚清之"两政"东渐及本土回应[M]. 上海：上海书店出版社，2009：12.

一套现代意义的教科书——《最新教科书》（商务印书馆1904年版）出版发行，紧接着由清学部编撰的第一套国定本教科书也开始陆续出版发行。这些教科书首先是以"教科书"命名，其次要素基本齐全，分册、分年级、分学科编写，有配套教授书发行，已经是很完整的现代意义的教科书了。[1]

第三，教科书编写主体发生变化。这一阶段的教科书作者大多是中国学人，以留日学生群体为主，部分教科书原型也来自日本教科书。以商务印书馆和文明书局等为代表的中国本土民间书坊开始加入教科书编写与出版队伍。

（三）教科书的兴盛与规范化时期

时间大致定位在中华民国成立到壬戌学制颁布及其相应的教科书编写出版使用[2]。中华民国的建立，把教科书推向了重要的发展阶段。清末到民国早期，各种思潮纷至沓来，形成了中国历史上教科书受各种新思潮、新主义影响，发展最开放、最活跃的时期之一。新教育思潮下多样化的教科书不断涌现，为民国共和思想的传播和民国教育的发展作出了重要贡献。这一阶段的主要特点有：

第一，清末旧教科书全部退出，民国新政体要求下的新教科书迅速登场。为适应1922年新学制需要，成套而完整的教科书逐渐实现对学校教学的全覆盖，零散的、单本单科的、小型出版机构的教科书逐渐被挤出学校、挤出市场，新教科书编写与出版机构以商务印书馆、中华书局以及后起的世界书局为突出代表。

第二，教科书编写主体再次发生变化。1922年新学制的出台，以适应该学制的教科书的编写出版，把留欧美学生推上了教育的前台。留欧美学生逐渐取代留日学生成为教科书的主要编撰队伍，大批崭露头角的学者参与到教科书的编写中。

第三，以白话文编写的教科书逐渐取代文言文教科书，横排教科书逐渐取代竖排教科书，教科书外在形式基本定型。从表面来看，白话文只是一种语言形式，它与教育内容的新旧无必然的关系。但白话文具有平民性和大众性，对国民文化的普及，对塑造国民全新的世界观、价值观都意义重大，可以说，白话文是传播新文化、新思想的有效载体。民初白话文的使用，使得现代教科书以摧枯拉朽之势普及。同理，没有海量的教科书，任胡适等知识分子如何呼号呐喊，白话文的普及都可能非常缓慢。

（四）多种政治制度并存下的教科书发展时期

这一阶段大致从1927年开始，一直持续到1949年。前期是教科书稳定、制度化并略显沉闷时期；中后期是教科书全面服务抗战、服务尖锐的阶级对抗的时期，是一个统整和分化并行的时期。

---

[1] 在我们看来，现代意义的教科书要符合如下基本条件：分册、分开级编写，按学科编写，有配套的教授书或教授法。

[2] 因为根据新学制编写的教科书全面投入使用总会滞后于新学制实施几年，所以此阶段约到1927年前后。

抗日战争的爆发致使中国政治格局发生新的变化，由土地革命战争时期中国共产党领导的革命根据地和国民党统治区域，到解放战争时期逐渐分割成解放区、国统区、沦陷区的不同政治气候，形成了不同政治语境下的教科书新格局。

第一，国民党的党化教育、三民主义教育在教科书中强势出现。国统区教科书的编写与出版逐渐往国定本集中，教科书逐渐进入相对平稳甚至沉闷的发展时期，日益规范化、标准化，但也少了开放的生气，少了创新的锐气，教科书发展的兴盛时期结束了。

第二，中国共产党领导的抗日根据地及解放区的教科书呈现出服务抗战、服务党的宣传的鲜明特征。它们为共产党的事业发展和壮大作出了重要贡献，为新中国教科书建设铺垫了基石。

第三，抗战时期，沦陷区教科书的奴化教育色彩浓厚，尤以伪满洲国的教科书为甚。

总体而言，抗战期间的地缘政治导致教科书分化发展，教科书的社会动员与政治宣传功能发挥到极致。

二

尼采说过：重要的不是怀念过去，而是认识到它潜在的力量。而要认识教科书的潜在力量，恰恰又需要认清楚教科书的过去或过去的教科书。这是我们编撰这套教科书图文史的初衷之一。

首先，早期教科书对于我国现代科学具有重要的启迪、导引甚至定型价值。著名学者托马斯·库恩（Thomas kuhn）认为"任何一门科学中第一个范式兴起的附带现象，就是对于教科书的依赖"[1]。中国一些学科的早期发展与定型，几乎都离不开早期教科书。比如，有研究认为张相文《初等地理教科书》和《中等本国地理教科书》的出版，标志着中国民族的新地理学的产生[2][3]。台湾学者王汎森认为，在近代中国建立新知的过程中，新教科书的编撰具有关键的作用，很多学科的第一代或前几代教科书，定义了我们后来对许多事物的看法，史学就是其中的一个[4]。傅斯年在20世纪30年代写了《闲谈历史教科书》一文，称编历史教科书"大体上等于修史"，可见其对教科书的"充分看重"[5]。

其次，早期教科书是传播新思想、新伦理的最适切的工具，是新教育得以成功的最重要的保障。在漫长的传统教育里，"三百千千""四书五经"等都是不可撼动的经典教材，但是当新学校创办、新课程实施以后，这种不分科、不分年级，不顾教与学，只重灌输的旧教材日益暴露出它的不适应性。旧教材是可以"修之于己"，但不易"传之于人"的文本。旧学堂先生大多是凭经验和

[1] 托马斯·库恩. 科学革命的结构[M]. 金吾伦，胡新和，译. 北京：北京大学出版社，2003：85.
[2] 杨吾扬. 地理学思想史纲要[M]. 开封：河南大学地理系，1984：98.
[3] 林崇德，姜璐，王德胜. 中国成人教育百科全书：地理·环境[M]. 海南：南海出版公司，1994：192.
[4] 王汎森. 执拗的低音：一些历史思考方式的反思[M]. 北京：生活·读书·新知三联书店，2014：33.
[5] 傅斯年. 傅斯年集[M]. 广州：花城出版社，2010：401.

理解来教的，学童大多是凭禀赋和努力来学的，大多的结局是"人人能读经而能经学者无几，人人能识字而能小学者无几，人人能作文而能词章学者无几"[1]。所以，在西学知识大量涌入中国、新式教科书逐渐进入新学堂的时代，理论上旧教材就已经失去了作为新学堂教材继续存在的基础。尤其是废科举、兴学堂之际，旧教材被取代已经是大势所趋。传统旧教材不敌按照现代教育学理论构建的、关注教也关注学的新教科书。当时的士人事实上已经意识到旧教材与新教科书之间的巨大差距，甚至认为，即便教旧内容，也应该用新形式。许之衡1905年就指出，经学乃孔子之教科书，今人能够完全理解者极少，这因为旧教材与今天的新教科书不同，"使易以今日教科书之体例，则六经可读，而国学永不废"[2]。这实际上等于已经承认旧教材不如新教科书效果好。张之洞更是明确表示，中学之"存"不能不靠西学之"讲"。[3]可见，现代意义的教科书闪亮登场完全是时代所需，是应运而生，而且一出现，就以摧枯拉朽之势取代了旧教材，新式教科书地位得以确立。到《最新教科书》出现时，教材的性质发生了巨大的变化，在文本意义上真正实现了教与学的统一，以"教科书"命名的现代新式教科书全面登场，完成了由纯粹的教本、读本向教学结合文本的转型。

再次，早期教科书为我国的现代化进程培养与输送了大批新式人才。到第二次鸦片战争之后，洋务派及当时的先进知识分子基本上已经认识到中国落后于西方，主要是人才的培养落后，是科学技术落后。因此，中国要改变落后挨打的局面，就必须发展新式教育，大力培养人才。而新式教育的成功，依赖于新式教科书。19世纪末20世纪初，中国历史的进程到了一个极具转折意义的时刻，新式学堂如雨后春笋般涌现，一批最不能遗忘的教科书诞生了，演绎了一幕思想大启蒙、科学大传播的历史教育剧，它们为启民智、新民德，培养大批现代社会的呐喊者和建设者，作出了重要的知识贡献和人才储备。

章开沅先生曾经为戊戌变法的失败找原因："百日维新是幸逢其时而不得其人。"[4]这是非常有道理的。不过，戊戌变法的失败也许还与新教育即开而未开，新教科书即出而未出，即将找到但还没有大规模实践传播改革思想的媒介或工具有关。在这一意义上，确实是"不得其人"。即便在士大夫精英中，有新思想、新知识者也寥寥无几，更不要说普通民众了。这个时候，任变法者颁布的维新诏令雪花般飞舞，也只能看作主观愿望，一厢情愿。社会还没有准备好，心态、舆论、思想、观念都还没有准备好迎接这场变法。所以，不管是谁，都无法完成这场不能完成的变法，它失败得如此迅速也就在情理之中了。谭嗣同曾经自责性急而导致事情不成。其实，性急也就意味着时候还不到，之所以时候不到，是因为新思想之星火还未成燎原之势，人才还没有储备到基本够用。

几年后情况变了。维新变法以后十余年，几乎是新思想、新观念如火如荼的燎原时期，其中新教育、新式教科书教材起了重要作用，它把新思想、新观念传播到千家万户，由此推动了近代中国

[1] 罗志田. 裂变中的传承：20世纪前期的中国文化与学术[M]. 北京：中华书局，2003：143.

[2] 许之衡. 读国粹学报感言[J]. 国粹学报，1905（6）：4.

[3] 罗志田. 裂变中的传承：20世纪前期的中国文化与学术[M]. 北京：中华书局，2003：143.

[4] 章开沅. 改革也需要策略[J]. 开放时代，1998（3）：12-13.

启蒙高潮的形成。严格地说，辛亥革命的成功一定程度上与当时的变革舆论的传播和革命思想的宣传有密切关系。当时初步的民主自由的思想、宪政共和的观念随着海量新式教科书铺天盖地而来。以《最新教科书》为例，1904年一经出版便势不可挡，在那毫无现代化营销渠道的时候，"未及数月，行销10余万册"[1]。1907年有传教士惊叹，商务印书馆"所编印的优良教科书，散布全国"[2]。民智为之而开，民德为之而新，武昌的枪炮声尚未完全平息，许多地方已经插上了革命的旗帜。读书声辅佐枪炮声，革命的成功乃成必然。没有教科书的普及，就不会有民众思想与观点的前期储备，就不会有辛亥革命的一呼百应。某种意义上，教科书的出现比康有为等人深邃的著作，对普通民众的影响更大。

最后，早期教科书是中国课程与教学论的重要研究领域，它对今天的教科书建设仍具有难得的参考价值。早期教科书的内容结构与形式呈现，选文的经典性与时代性、稳定性与变迁性，作业设计与活动安排等，都是今天课程教学论需要研究的，都是教科书编写值得参考的。课程教学历史不是一个个文本，可离了文本，历史难以企及。今天看来，几乎教科书的所有要素、结构与类型，都发生并完成在19世纪后期至20世纪20年代，以后只是在这些基础上的漫长提质过程。我们完全可以从今天的教科书中看到百年前教科书的样子。遗憾的是，总体上我们对这一时期的教科书研究还不够，这是一个学术开拓空间非常广阔的研究领域。教科书是一个跨学科、综合性的资料库和研究域，种类繁多的教科书，对政治、经济、文化、教育有全方位的反映和描述，是研究该时期社会思潮、观念认识、语言形态、乡风民俗、价值观、人生观等领域的鲜活而宝贵的历史材料。大部分学科可以从中获取本学科需要的早期研究史料及发展素材。这是一个没有断裂的、连续的而又变化的学科发展史的活资料库。难怪不同学科的科学史专家对现代科学引入、发展与定型的研究几乎都要盯着早期教科书。[3]

<h1 style="text-align:center">三</h1>

几乎没有教科书可以溢出教科书史的范畴，也几乎没有一个教科书文本能够挣脱教科书史的发展谱系而天然地、孤立地获得价值。教科书一定是继承的，也是创新的；一定是独立的文本，也是系列文本。站在教科书的历史延长线上，摆在我们面前可资借鉴的精神遗产既广阔又复杂。系统梳

---

[1] 王建军. 中国近代教科书发展研究[M]. 广州：广东教育出版社，1996：111.

[2] 林治平. 近代中国与基督教论文集[C]. 台北：宇宙光出版社，1981：219.

[3] 比如郭双林著《西潮激荡下的晚清地理学》（北京大学出版社2000年版）、邹振环《晚清西方地理学在中国：以1815至1911年西方地理学译著的传播与影响为中心》（上海古籍出版社2000年版）、杨丽娟《地质学在中国的传播与发展：以地质学教科书为中心（1853—1937）》（浙江古籍出版社2022年版）、张仲民等《近代中国的知识生产与文化政治：以教科书为中心》（复旦大学出版社2014年版）等，甚至本杰明·艾尔曼《中国近代科学的文化史》（上海古籍出版社2009年版）等，都把早期教科书与早期科学的发展紧密关联起来。

理其实很难，厘清它们的背景与意义更难。本套书涉及的教科书覆盖1840—1949年晚清民国中小学主要学科。而在清中晚期，学堂课程并未定型，很多学科边界也不明晰，教科书本身也未定型，诸如格致教科书、博物教科书、蒙学课本、蒙学读本等均属于这种情况，均有综合类教材的色彩。一些教科书按今天的课程命名不好归类，一些教科书更是随着课程的选取而昙花一现，这都给我们今天的梳理带来了困难。所以，有些早期教科书也许出现在不同分卷上，比如格致教科书，有可能出现在物理卷，也可能出现在化学卷、生物卷。同理，也有些早期教科书因为分类不明晰，所以各卷都可能忽视、遗漏了它。也有些教科书实在不好命名，比如早期的修身、后来的公民一段时期也出现过"党义""三民主义"等等，都和今日之课程名称不能完全对应。

教科书发展史的梳理需要依赖过去师生用过的文本，这是历史上的课堂教学活动仅存下来的几种遗存之一。本套书的一个特点就是看重教科书实物，这遵循了我们的研究原则：不见课本不动笔，不见课本慎动笔。我们很难想象离开教科书实物的教科书脉络的梳理。无文本，不研究，慎研究。就好像中国的小说史、诗歌史、电影史研究，甚至任何文本研究，离开文本，一切都是浮云。特别是教科书，它和其他任何文本不一样，因为其他文本都有独一无二的名称，独一无二的作家，一提起某某人的某某书，大家就有明确的指向性，绝不会混淆犯晕，研究者和读者可以在同一文本上展开对话。比如曹雪芹的《红楼梦》，茅盾的《子夜》。唯有教科书是名称高度雷同的文本，我们说"历史"，说"数学"，几十年上百年一直这么说，成百上千的、完全不一样的文本都是这个名称，因此让研究者和读者很难迅速在同一文本上展开对话的命名，如果不展示文本的实物图像，很容易让人云里雾里一时半会进不了主题。如何让读者明白我们是在讨论这本《历史》，而不是那本《历史》？

由此，本套书特别关注图文结合，简称"图文史"。适时展示教科书实物照片，让读者能够比较清晰地知道我们在讨论哪一种教科书。而且，以图证史、以图佐文也是我们的重要追求（沿袭了《新中国中小学教科书图文史》的风格）。南宋史学家郑樵曾在《通志·图谱略》中谈到图文结合的价值是"左图右史""索象于图，索理于书"。足见图像对学理呈现的重要性。确实，有时图像比文字包含更多的东西。英国著名史学家彼得·伯克（Peter Burke）在《作为证据的图像：十七世纪欧洲》（*Images as Evidence in Seventeenth-Century Europe*）一文中提出，图像是相当重要的历史证据，要把图像视为"遗迹"或"记录"，纳入史料范围来处理。他著有《图像证史》（北京大学出版社2008年版）一书，专门研究怎么让图像说话。在他看来，现在的学界已经出现了一个"图像学转向"（Pictorial Turn）。

本套书以时间为经，以学科为纬，以文领图，以图辅文，由语文（国语、语文）、数学（含珠算）、外语（英语、日语、法语）、科学、物理（含格致等）、化学、生物、德育（修身、公民、政治）、历史、地理（含地文学、地质学等）、音乐、体育、美术共13册组成。这套书与《新中国中小学教科书图文史》（广东教育出版社2015年版）衔接贯通，比较系统地呈现出一个多世纪以来中国近现代中小学教科书的发展历史，也算了却我们一个心愿。

这套书的编写非常艰难。一是作者的组织不易。从事教育史、学科史研究的学者相对较多，即便是学科课程史也有不少研究者，但长期研究教材史（像内蒙古师范大学的代钦教授之于数学教材史、上海师范大学的胡知凡教授之于美术教材史）的学者还是相当少的，长期研究教材史而又有暇能够参与本套书编写的人更少，能够集中一段精力主动参与本项目的研究者更是少之又少。二是虽然我们最后组织了一个小集体，但这些作者多是高校的忙人，有的还是大学的校级领导，尽管他们已经尽力了，但让他们完全静下心来如期而高质量地完成任务还是很难。三是项目进行期间遭遇三年新冠疫情，而要较好地完成这套书，需要翻阅大量教科书文本实物，疫情使得我们几乎没有办法走进首都师范大学教科书博物馆，更不要说将书中文本与实物一一对应，而有些文本的照片及其清晰度又几乎是必不可少的。这一切因素都直接影响了本套书的进展，也影响了书中一些照片的品质，加之受限于作者和主编的水平导致各卷质量多少有些不均衡，难免遗憾。还有方方面面不必一一言说的困难。说实在的，我这个主编有时候很有挫败感，也很难受。不仅我难受，有些作者也被我逼得很难受，逼得他们害怕收到我的微信，逼得他们害怕回复我的要求。对不起这些作者！感谢之余，希望得到他们的谅解。

主编难，作者难，责任编辑也很难。

难为广东教育出版社的卞晓琰、林检妹、黄倩及其团队成员了。他们要面对作者，面对主编，面对多级领导，面对一而再再而三进行的审读与检查，面对有时候模糊不清的照片和让人提不起神的文字。他们要一一解决，一一突破。他们做到了，只是多耗了一杯又一杯的猫屎咖啡，多熬了一个又一个的漫漫长夜。面对他们的执着与认真，我们还能松懈、还敢松懈吗？我们的水平不易提高，态度还是可以端正的。感谢他们！

感谢广东教育出版社社领导多年来的支持与看重。曾经有学界朋友对我说：你们的成果要是在北京的国家级出版社出版就好了！我笑笑。我以前说过：我看重认真做我们的书的人和出版社。今天我还是这么说，我依然把郑重对待一个学者的学术成果作为选择出版社最重要的标准，这就是我们选择广东教育出版社的原因。感谢他们！感谢广东教育出版社几任社领导及其具体操持者对我们作品的看重！

感谢时任教育部教材局局长、现在是我的同事的田慧生教授长期对我们的关心！感谢首都师范大学孟繁华教授对我们研究成果的支持！感谢首都师范大学教育学部、教育学院及首都师范大学教科书博物馆提供的各种帮助与便利！感谢我的同事和我们可爱的博士、硕士团队！感谢给我们直接、间接引用了其研究成果或给我们以启发的所有专家学者！感谢在心，感激在心，感恩在心。

2024年7月20日于北京学堂书斋

（石鸥，首都师范大学教育学部教授、博士生导师）

前　言

一、中国近现代数学教科书发展史研究得益于国内外的学术交流

中国数学教科书发展史研究是我们团队的学术主攻方向之一。这项工作开始于1995年，经历了20余年时间，取得了一系列成果。这里想说明几点。

第一，在原北京师范大学副校长、著名教育家顾明远先生的大力支持下，在北京师范大学英东楼一楼建立了横地清文库。横地清先生[1]向文库赠送了25 000册书籍，为文库研究工作的开展提供了基本资料。当时由横地清先生、北京师范大学钟善基先生和内蒙古师范大学李迪先生牵头，开始进行文库研究工作，主题为"中日近现代数学教育史"研究。自1995年至2002年，每年的"五一"和"十一"假期举行两次研讨会，每次大约5天，参加的中国研究者主要有北京师范大学、内蒙古师范大学、东北师范大学和北京教育科学研究院等单位的教师，日本研究者有大阪教育大学、京都教育大学、山梨大学、群马大学等单位的教师。每年出版一本《中日近现代数学教育史》研究文集，共出版6本，其中一本为英文版，均由日本大阪的ハンカイ株式会社（HANKAI股份公司）出版，由松宫哲夫先生[2]负责编辑工作，铃木正彦先生负责出版事宜。该文集刊载了横地清、钟善基、李迪、松宫哲夫、铃木正彦、孙连举、代钦、梁威、守屋诚司、西谷泉、黑田恭史、渡边信、萨日娜等研究者的论文。其中，李迪、松宫哲夫和代钦的研究基本确定了中国近现代数学教科书发展史研究的基本框架。

第二，内蒙古师范大学分别于1999年和2002年获批招收数学教育专业硕士研究生和课程与教学论专业硕士研究生的资格。这两个专业开始招生后部分学生的选题方向定为数学教育史研究，硕士研究生学位论文的完成标志着数学教育史研究零星的局面的结束。自此，我们对数学教育史的研究走向正规化。在研究过程中，我们有意识地搜集了大量的清末及民国时期的数学教科书、相关期刊

---

[1] 横地清（1922—2022），日本数学教育家、数学文化史家、幼儿教育专家。在北京师范大学、东北师范大学、内蒙古师范大学和华中科技大学等多所大学任客座教授。改革开放后，他是第一个被教育部邀请来中国访问的外国数学教育专家，访问中国50多次。他的《幼儿教育百科》、"中学数学知识丛书"、"日本中学生数学丛书"等于1980年初被翻译成中文在中国出版。

[2] 松宫哲夫（1933—　　），日本数学教育家和藏书家，主要研究日本数学教育史和中国数学教育史，从20世纪80年代开始研究中国数学教育史。他也是日本俳句写作者和研究者。

和相关书籍，解决了研究过程中的燃眉之急，同时也为后续研究奠定了坚实的资料基础。

第三，2006年，内蒙古师范大学获批招收科学技术史一级学科博士研究生的资格。这是一件具有历史意义的事件。首先，内蒙古师范大学有了自己的第一个博士点，为科技史研究搭建了一个最重要的平台。其次，这也是对李迪先生倾注毕生精力为科技史研究做出的历史性贡献的认可。最后，博士点的获批为数学教育史，为中国近现代数学教科书发展史研究提供了千载难逢的良机。从2010年内蒙古师范大学第一篇中国数学教育史研究方向的博士学位论文诞生起，至今已有12篇研究数学教科书发展史的博士学位论文发表。另外，还有20多篇论题为中国数学教育史研究的硕士学位论文发表。

第四，这里有必要提四位学者。其一，著名数学家和数学教育家张奠宙先生。他是我的导师李迪先生的师兄，也是挚友。在和张先生多年的交流中，他为我们的中国数学教科书发展史研究提供了很多建议和帮助。其二，日本数学教育家和藏书家松宫哲夫先生。他从20世纪80年代起开始访问中国，每次访问期间都会购置大量中国数学教科书和杂志，当时我们尚未意识到数学教科书发展史研究的重要性，松宫先生研究教科书的思想和方法对我产生了重要影响。其三，著名数学教育家宋乃庆教授。2007年11月开始，宋乃庆教授多次邀请我参与西南大学研究团队的研究生培养工作，我在协助指导陈婷博士、于波博士、魏佳博士、李国强博士的学位论文的过程中得到很多启发，开阔了研究视野。其四，首都师范大学教授石鸥先生。石鸥教授于2012年发起的、每年一次的、每次进行两天的"海峡两岸教科书研究高峰论坛"会议会聚了国内外教科书研究专家。论坛主要讨论教科书理论问题和文科教科书建设问题，也有少数专家提交讨论数理化教科书建设的课题。论坛也为中国数学教科书发展史的研究提供了理论线索和思路。另外，石鸥教授组织编写"百年中国教科书图文史"丛书也促使我们得以完成了这本数学教科书图文史。

二、本书的文献资料来源

本书的文献极为丰富。我从20世纪90年代开始搜集大量关于中国近现代数学教育文献资料，其中教科书占据多数。我每到一处出差第一个去的地方就是当地的古旧书店，每天还在孔夫子旧书网上像侦探一样寻找数学教科书。数学教科书的关注、搜集和研究早已成为我生活的一部分。功夫不负有心人，近三十年的苦苦探寻，我搜集到几千册数学教科书，形成了一个体系，甚至在中国国家图书馆、北京师范大学图书馆、华东师范大学图书馆和人民教育出版社图书馆等大图书馆里都难以找到我所搜集到的一些数学教科书。值得庆幸的是我搜集到了民国时期个别教科书的完整手稿，如温德华士、司密斯合著的《平三角术译稿》（诸葛恂仲译，江苏省立第六中学校1919年）。另外，我也搜集到了清末及民国时期翻译数学教科书的大部分原版教科书。简而言之，清末及民国时期教科书的收藏，不仅为我的博士、硕士研究生提供了研究素材，也为兄弟研究单位和同行研究者提供了不少帮助。无论是从客观上还是主观上说，我在多年搜集教科书上没有白费精力和财力，这也是我最欣慰和自豪的一件事情。西南大学的宋乃庆教授团队、人民教育出版社的章建跃教授团队、首都师范大学的石鸥教授团队、上海辞书出版社王有朋教授以及其他研究者经常找我借用文献或进行合作，我们在交流中增进了信任和友谊。在研究中和他人共享教科书资源，给我带来了一种难以言表的快乐。

本书涉及的清末及民国时期中小学数学教科书，全部来自我个人的藏书。诚然，这些教科书只占我所藏教科书的一半左右。

三、编写体系

本书第一章论述了清末及民国时期中小学数学教科书发展的背景、特点和形式等内容。第二至第六章前面简要介绍了该章内容的背景。在每章的编写中对个别典型的数学教科书进行较详细介绍和分析，对多数教科书只做了作者、编辑大意、内容结构的介绍，没有过多地做主观评价。这样为读者更好地了解教科书的本来面目提供思考空间。

另外，根据王有朋先生主编的《中国近代中小学教科书总目》及其他书目可知，数学教科书的种类比其他学科要多得多。所以在本书中列举的数学教科书多，所占篇幅也多。

四、编写任务

根据石鸥教授的构想和清末及民国时期数学教育发展的具体情况，由代钦设定了本书的整体构架。代钦撰写了第一章，并进行全书统稿；第二章和第三章由李春兰、王敏编写；第四章由刘冰楠、张晓雪、王瑞芳编写；第五章由常红梅、张美霞、张晓雪编写；第六章由张晓雪和王瑞芳编写。

2024年2月20日于呼和浩特

（代钦，内蒙古师范大学教授、博士生导师，中国数学会数学史分会常务副理事长）

目　录

第一章

绪 论

第一节
清末中小学数学教科书发展概述

　　清末是中国历史上极其特殊的时期，是一个巨变的时期，是中国传统文化和西方现代文化碰撞和交融的大变革时期，也是中国传统数学教育走向近代化的转型时期。在这个新旧交替的过渡时期，旧的已经被动摇但还没有被淘汰，新的已经开始但还没有完全形成。这一时期的数学教育和以往的数学教育及以后的数学教育有很多显著的差异。这些差异在数学教科书的内容、形式和编写思想上表现最为突出。1904年《奏定学堂章程》颁布，该文件对数学教科书的转型发展起到了重要的导向作用。在数学教科书建设方面，它反映了国人追求西方新式数学教育的愿望以及面对新事物时的矛盾心理。

　　1902年，管学大臣张百熙所拟订的《钦定学堂章程》（亦称"壬寅学制"），是中国近代教育史上第一个法定学制，标志中国新式学校体系的诞生。该章程注重国民教育、实业教育，与科举制度并行。虽然该章程当时得到一些进步人士的支持，但是由于以荣庆为首的保守派反对，没有得到实施。[1]

　　1904年，清政府颁布完全模仿日本学制的学堂章程——《奏定学堂章程》（亦称"癸卯学制"）。该章程虽说是由张百熙、张之洞、荣庆三人拟订，但实质上反映的仅是张之洞一个人的思想。[2]"癸卯学制"对学校体系、学校管理、课程设置等都做了具体规定。该章程是中国近代史上最早颁布并在全国施行的新学制，一直沿用到中华民国成立。中国后来学校制度的建立，实际上是在该章程的基础上演变而来的。该章程的施行改变了中国长期以来的官学、私学、书院等办学模式，为中国建立现代形式的学校制度奠定了基础。

　　清末，在实施中小学教育过程中，有些人对于教科书在教育中的作用已经有了很明确的认识："教科书者，教育之目标，教科图书者，教育之材料。"[3]这种教科书是指国人自编的教科书，只有教育方为中国教育，国家才有希望。然而，在新学制下，中国中小学所使用的数学教科书以国人

---

[1] 代钦. 中国の清末の数学教育と日本からの影響について[J]. 数学教育研究（大阪教育大学），1997（27）：191-198.

[2] 代钦. 中国の清末の数学教育と日本からの影響について[J]. 数学教育研究（大阪教育大学），1997（27）：191-198.

[3] 夏偕复. 学校刍言[J]. 教育世界，1901（15）：1-2.

自行编译的教科书为主，其中多数底本取自日本原著或日译西著[1]，更有甚者直接使用外文原版教科书。鉴于此，蔡元培在《国化教科书问题》中指出："'国化教科书'五个字的意义，就是想把我国各学校（偏重高中以上）的各项教科书——社会科学或自然科学的——除外国文而外，都应当使之中国化。再明白点讲，就是除开外国文一项，其余各种学科，都应该来用中国文做的教本。"[2]

清末，在数学教科书建设方面，小学数学教科书由国人自编的较多，中学数学教科书几乎都是翻译或编译日本、美国和欧洲各国的教科书。随着社会的进步，中国中学数学教科书由最初的翻译、编译外国教科书，最终实现了自主创新，使中学数学教科书具有了自己的特色。中学数学教科书在宏观上呈现出"新""多元化""滞后性""国际合作"的特点，以及微观上表现为编写形式上的竖排、横竖混合编排、完全横排，使用中国传统数学符号或西方数学符号，内容的"删减与添加"和"参合与融化"等特点。其中，竖排、横竖混合编排和采用中国传统数学符号的特点，不仅仅是形式上的问题，也反映当时不少中国学者担心像潮水般涌入的西方科学知识将淹没自己祖国的传统文化，因此他们在思想和感情上处于一种矛盾状态；还反映了部分中国数学教育工作者对西方数学教育的认知的缺失，他们力图用中国传统数学的方式表述西方数学的做法，无形中阻碍了中国近代数学教育的顺利发展。清末中小数学教科书发展的这一奇特现象与日本迥然不同。日本从明治维新后翻译引进数学教科书时与他们的传统数学的表述方式彻底决裂，完全采用西方数学的符号系统和表达方式，而中国的数学教科书编写者在中国传统数学和西方近代数学之间徘徊，直至1908年以后这一现象才被彻底改变。清末中小学数学教科书一般有序言、例言和编辑大意等内容，这也是一个显著特点，到民国以后这一特点逐渐减弱。

另外，清末中小学数学教科书的编写、出版发行都没有国家统一的规划。因此同一本教科书由不同的学者编译出版的情形不少。例如，日本藤泽利喜太郎、上野清、菊池大麓等学者的数学教科书有不少中文版本。至于出版社方面，1903年前文明书局处于领先地位，后来成为出版界巨擘的商务印书馆在当时并不出众，其优势也不明显。正如汪家熔所说："文明书局因为《蒙学读本全书》有七本之多，编得可以……生意好，利润多。……后来的教科书巨擘商务印书馆，开始时也赶不上它。……究其原因，商务印书馆当时知根知底能使用的作者队伍还小：夏瑞芳方面，谢洪赉因为他不久专注于办理中华基督教青年会而不再关注世俗出版物；张元济方面，夏曾佑除中国史外，他对其他学科懂得也不多；杜亚泉从日文可以翻译些自然科学，但他自己还办个学社，此外就没有较多人，显然还不能互相配套成系统。商务印书馆能压倒文明书局，是次年吸收日资之后。"[3]因此，清末数学教科书的出版出现"百花齐放，百家争鸣"的景象，但是中华民国成立后这一景象逐渐消失，因为商务印书馆和中华书局占据了大部分教科书市场份额。

[1] 李兆华. 中国近代数学教育史稿[M]. 济南：山东教育出版社，2005：182.

[2] 高平叔. 蔡元培教育论著选[M]. 北京：人民教育出版社，1991：583.

[3] 汪家熔. 民族魂：教科书变迁[M]. 北京：商务印书馆，2008：23.

一、清末中小学数学教科书发展之背景

（一）新式教育制度之诞生

1902年颁布的《钦定学堂章程》虽然没有得以实施，但是它的颁布预示着中国学校教育的未来走向。数学教育工作者据以着手翻译和编写学堂数学教科书，这为《奏定学堂章程》颁布后的数学教科书建设奠定了良好的基础。随即颁行的《奏定学堂章程》（图1-1）对学级的划分、新式教科书的推广使用，都做了更为切实可行的规划。"癸卯学制"规定小学分为初等小学堂和高等小学堂，前者为五年，后者为四年；中学堂为五年，不分初中和高中。其"学科程度章第二之第八节"中制定了教科书审定制度："凡各科课本，须用官设编译局编纂，经学务大臣奏定之本，其有自编课本者，须呈经学务大臣审定，始准通用。官设编译局未经出书之前，准由教员按照上列科目，择程度相当，而语无流弊之书，暂时应用。出书之后，即行停止。"[1]由于《奏定学堂章程》颁布施行之际，清政府尚无能力及时推出适合学制的教科书，因此只能通过教科书的审定制度来掌控教科书质量和编订，以应各学校的教学急需。但是初期新教科书的翻译者、编写者往往没有顾及新学制的要求，仍按照自己的判断选译、编写数学教科书。

图1-1　《奏定学堂章程》，1904年

（二）编译教科书之肇始

清末，《奏定学堂章程》颁布之前，已经出现中小学堂水平的数学教科书，这为其后的数学教科书翻译、编译和编写直接或间接地奠定了基础。当时，基督教士对新式数学教科书的肇始与发展起到了关键性作用，如传教士狄考文等主张："教会学校的成败在相当程度上取决于是否拥有好的和适用的教科书。"[2]在这种对教科书的认识下，基督教士编译了如下数学教科书：《算法全书》[3]（圣保罗书院，1852年）、《数学启蒙》两卷（英国伟烈亚力撰，上海六先书局藏板，1853年）、

[1] 张之洞等. 奏定学堂章程[M]. 台北：台联国风出版社，1970：374.

[2] 费正清，刘广京. 剑桥中国晚清史：1800—1911年：上卷[M]. 中国社会科学院历史研究所编译室，译. 北京：中国社会科学出版社，2007：561.

[3] 《算法全书》，截至目前在国内没有被介绍过. 该书封面第一页为黄色，书名和出版单位用英文书写，接着有英文序文。其后为红色封面，用中文书写书名、出版单位和时间，接着有中文序。

《形学备旨》十卷（美国罗密士原撰，美国狄考文选译，邹立文笔述，刘永锡参阅，美华书馆，1885年）、《代数备旨》十三卷（美国狄考文撰，邹立文、生福维笔述，美华书馆，1891年）、《笔算数学》三卷（美国狄考文辑，邹立文述，美华书馆，1892年）、《八线备旨》四卷（美国罗密士原著，美国潘慎文选译，谢洪赉校录，美华书馆，1893年）、《代形合参》三卷附一卷（美国罗密士原著，美国潘慎文选译，谢洪赉笔述，美华书馆，1894年）等。其中，《笔算数学》《代数备旨》《形学备旨》《八线备旨》《代形合参》刊印次数较多，流传较广。与此同时，国人也编写一些数学教科书，如《算学入门》（周广询撰，成都玉元堂刊本三册，1858年）。这些数学教科书的出版，对清末数学名词术语的确立、翻译体例等方面产生了直接影响。这里值得指出的是，并不是《奏定学堂章程》颁布施行后，国人就立即使用新的教科书而与上述数学教科书一刀两断。作为过渡，上述数学教科书也被使用了一段时间。如《代数备旨》，截至1907年印行十次，直至1917年才结束印刷[1]。

（三）无组织编写者群体之形成

清末新式教育伊始，数学教科书成为急缺之物。教育工作者以"教育兴亡，匹夫有责"之精神参与数学教科书的编译或编写工作中，组成一个编写数学教科书的群体。这个群体没有任何组织，他们从各自的实际情况出发参与数学教科书建设事业。其中有数学家或数学教育工作者、非数学家或数学教育工作者、留学生，甚至还有日本学者，如数学家或数学教育工作者有崔朝庆、顾澄、周达、周藩、黄元吉、马君武、仇毅、赵缭、张俦爵、程荫南、何崇礼、陈文等；非数学家或非数学教育工作者有谢洪赉、丁福保等；日本学者有西师意、藤森温和等。虽然数学教科书编写者在整体上是无组织的，但却也存在有组织的个别群体，可以称之为团队，如商务印书馆编译所、武昌中东书社编译部等，其中前者为由水平较高的学者组成的有一定规模的团队，而后者一般为由留日学生组成的团队，规模相对于前者小。因此，清末数学教科书的内容和形式呈现多元化发展，但也暴露出数学教科书的编译、编写等方面水平参差不齐的特点。

（四）数学教科书出版事业之勃兴

自创办学堂以来，中国新式的出版事业也逐渐发展，并展开激烈竞争。出版企业的成长是整个商业活动扩张的重要一环，它调动了相关产业的发展。因此，新兴学堂的蓬勃发展不是单纯地仅限于教育领域，而是为整个社会带来新气象。1897年2月11日，上海一家名为商务印书馆的小型印书房正式成立，后来在夏瑞芳、张元济、蔡元培等人的努力下，其成为中国出版界的巨擘。1902年，商务印书馆设编译所，开始编辑出版各种教科书。同年，文明书局成立，也开始编印教科书。出版

---

[1] 李迪. 中国数学史大系：副卷第2卷：中国算学书目汇编[M]. 北京：北京师范大学出版社，2000：205.

数学教科书的企业还有上海科学会、普及书局、教科书编译社、东亚公司、武昌中东书社、上海科学书局、山西大学译书院、群益书社、湖南作民译社、日本东京清国留学生会馆等。这些出版企业的相互竞争促进了数学教科书的发展，同时也为数学教科书建设者提供了实现梦想的舞台。

　　近代数学教科书虽然从1850年就已出现，但到1904年以前，没有一套完整的能够供小学和中学学生使用的数学教科书。这反映出当时的教育决策者和教育工作者对教科书普及教育功能的认识不足。但后来他们逐渐地认识到教科书的重要性："欲使一国之教育日有进步，在多设学校，欲使教育有成效之可睹，在办理学校者之热心，而办理学校者所挟之利器，即教科书是矣。故兴办教育欲收取普及之效，必借有用之教科书。"[1]在这种认识下，谢洪赉、丁福保、范迪吉、崔朝庆、何崇礼、陈文、程荫南、顾澄、陈幌等争先恐后地翻译、编译和编撰教科书，使中小学数学教科书的出版迈入一个新的发展阶段。在争相出版教科书的众多出版机构中，商务印书馆在教科书的出版方面起到引领作用。1904年至1907年间，第一套完整的中小学数学教科书问世，即"晚清唯一一套完整的、始终是最重要、最有影响的中小学教科书是商务印书馆的'最新教科书'。……'最新教科书'由各年级、各课程组成"[2]。这一套中小学数学教科书包括：《初等小学用　最新笔算教科书》（徐隽编，商务印书馆，1904年）、《高等小学用　最新笔算教科书》（杜亚泉、王兆楠编，商务印书馆，1905年）、《最新中学教科书　代数学》（美国密尔原著，谢洪赉译述，商务印书馆，1905年）、《最新中学教科书　几何学》（美国密尔原著，谢洪赉编译，商务印书馆，1906年）、《最新中学教科书　三角术》（美国费烈伯、史德朗原著，谢洪赉译述，商务印书馆，1907年）等。

二、清末小学数学教科书发展概述

　　清末开始兴办学堂，由于没有系统的学制，数学教科书多用外国传教士编译的教本，如《算法全书》《代数备旨》《形学备旨》《八线备旨》《代形合参》《笔算数学》等。戊戌变法之前，新式学堂虽出现，但比较切实的发展则在1901年八月初二"改书院为学堂上谕"之后。[3]所谓"除京师已设大学堂应切实整顿外，著（着）各省所有书院，于省城均改设大学堂，各府及直隶州均改设中学堂，各州县均改设小学堂"[4]。为了适应新式小学堂的兴办，满足新式小学堂对教科书的需求，新式教科书的编纂势在必行。

　　这一时期教科书的发展表现出明显的阶段性：以清政府"新政"为标志，从翻译西洋教科书过

[1] 论限用部编教科书有妨教育之进步[N]. 申报，1910-03-11.

[2] 汪家熔. 民族魂：教科书变迁[M]. 北京：商务印书馆，2008：55.

[3] 李兆华. 中国近代数学教育史稿[M]. 济南：山东教育出版社，2005：155.

[4] 陈谷嘉，邓洪波. 中国书院史资料：下册[M]. 杭州：浙江教育出版社，1998：2489.

渡到翻译日本教科书。在引进外国教科书的过程中，国人逐渐地认识到，必须有自己的教科书。

（一）清末小学数学教科书

《奏定学堂章程》的"学务纲要"说明教材来源有三个：学堂自编讲义、私家编纂课本及编译的西方成书，这大致反映了当时采用教材的情形。"癸卯学制"后，则以国人自行编译教科书为主，这一时期自编教科书的主要来源是学堂自编、书坊编辑和中央编书机构编书三种，其中多数底本取自日本原著或日译西著[1]，多渠道的教科书编写推动着清末自编小学数学教科书的发展。以下介绍前两种来源的教科书。

1. 学堂自编教科书

学堂是指不同于传统的私塾或书院的具有近代色彩的新式学堂[2]，如南洋公学、无锡三等公学堂、上海澄衷学堂等。由于新式学堂的创办和发展，为满足学校自身教学需要和社会需求，一些有实力、师资良好的学校开始以传统蒙学教材为基础，吸收西学内容，自编小学教科书。如最先出版的数学教科书是1901年由南洋公学师范生编译、南洋公学师范院出版的《物算教科书》《笔算教科书》。这两本书均为供该校外院（小学）学生学习使用且是编得最早的新式算学教科书，也开启了我国近代数学教科书编纂的先河。

2. 书坊编辑教科书

书坊是指各地的民营出版企业。教育的发展为其崛起提供了客观条件。比较典型的书坊有商务印书馆、文明书局等。在1906年《学部第一次审定初等小学教科书暂用书目》表中，首先审定通过商务印书馆、文明书局的算术教科书。

商务印书馆创建于1897年，它对小学数学教科书的发展做出了重要贡献。蒋维乔在《编辑小学教科书之回忆（1897—1905）》一文中说："教科书之形式内容，渐臻完善者，当推商务印书馆之'最新教科书'。"最新教科书中数学方面的，有徐隽编的"算术"，杜亚泉及王兆楠编的"笔算"，张景良编的"笔算"[3]，标志着正式由政府审定的小学算学教科书问世了。"最新教科书"根据学制规定按学年或学期编写，并有与之配套的教授书（教授法）等教学参考书，一经出版便势不可当，大受欢迎，既取代了其他小学算术教科书，又成为后世小学算术教科书模仿的典范。"最新教科书"是"癸卯学制"颁布后按学制要求编写的全国最早、最完整的教科书，构建了我国近代数学教科书的基本框架。

清末小学数学教科书书目见表1-1。

---

[1] 李兆华. 中国近代数学教育史稿[M]. 济南：山东教育出版社，2005：182.

[2] "学堂"一词，在清末泛指新兴的学校以与国子监、州府县学等官学相区别。"壬寅学制"颁布之后，普遍使用大学堂、高等学堂、中学堂、小学堂的称谓。至1912年《中华民国教育部普通教育暂行办法通令》颁行之后，学堂改称学校。

[3] 此外还包括杜就田编的《最新初等小学用 珠算入门》一册，启明编的《珠算》四册。

表 1-1 清末小学数学教科书书目

序号	书名	册数	编辑（编纂）者	出版者	年份
1	笔算数学	3	（美）狄考文辑，邹立文述	美华书馆	1892
2	笔算教科书	2	（日）文学社编纂，董瑞椿口述，朱念椿笔译	南洋公学师范院	1901
3	物算教科书	2	（日）文学社编纂，董瑞椿、懋堂甫口述，朱念椿笔译	南洋公学师范院	1901
4	笔算课本	2	王儒怀	上海吴云记书局	1903
5	数学教科书	2	叶懋宣	上海通社	1904
6	数学教科书	2	商务印书馆编译所编纂	商务印书馆	1904
7	初等小学用 最新笔算教科书	5	徐隽	商务印书馆	1904
8	蒙学笔算教科书	—	丁福保	文明书局	1905
9	小学几何画教科书	—	张景良	文明书局	1905
10	蒙学算学画	—	丁福保	文明书局	1905
11	高等小学用 最新笔算教科书	4	杜亚泉、王兆楠	商务印书馆	1905
12	绘图蒙学习算实在易	4	彪蒙主人	彪蒙书室	1906
13	简易数学课本	2	寿孝天	商务印书馆	1906
14	高等小学算术教本	4	寿孝天	商务印书馆	1906
15	最新初等小学笔算教科书	4	王艺	彪蒙书室	1907
16	初等小学算术课本	—	沈羽	上海中国图书公司	1907
17	高等小学算术教科书	4	陈文、何崇礼	上海科学会编译部	1907
18	小学笔算最新教科书	5	张景良	文明书局	1907
19	高等小学算术教科书	—	—	学部编译图书局	1908
20	高等小学算术书	—	王家菼	商务印书馆	1909
21	高等小学算术课本	4	石承宣	上海中国图书公司	1910
22	几何画法	—	（日）印藤真楷、冈村增太郎	南京江楚编译局	—
23	吴编算术教科书	4	吴延璜	苏新书社	1910
24	高等小学用 吴编算术教科书	4	吴延璜	南洋公学	1910
25	简明初小笔算教科书	4	寿孝天	商务印书馆	1910
26	邮传部上海高等实业学堂附属高等小学堂算术教本	6	吴延璜	—	1911

（二）清末小学数学教科书特点

从翻译、编写教科书，教科书建设者群体的形成，中国传统数学知识和西方数学知识之间的平衡等方面可以总结出清末小学数学教科书有以下四个特点。

1. 以自编为主，翻译为辅

西学的传播在晚清达到高潮。由于新教育的样板是西方教育，在中国没有先例可循，因而人们在创办新教育的过程中只好搬抄西方的教育模式。在清末内忧外患的时期，许多有识之士都力图借鉴西方的先进文化，大量引进和翻译西方教科书。在此基础上，自编教科书者大胆借鉴和采纳西方教科书的体例。同时，由于对西方的文化和思维习惯没有做深入的研究和探讨，忽略了中国传统文化和特有的思维方式，引进的西方教科书的内容体例很难为学生理解和接受，甚至出现了与学生的思维和习惯相冲突的地方。"旧的教育体系和旧的民族习惯被破坏了，新的教育——根据科学的教育——已经开始……我们必须知道教育制度不能通过模仿得来，必须从思考与实践中得来。西洋教育不能整个的搬到中国来，必须斟酌中国国情，作出适当的选择。"[1]

从整体上看，翻译或编译引进的中学数学教科书较多，翻译引进的小学数学教科书并不多，以国人自编的居多。

2. 发展之多样化

清末兴办学堂，教科书奇缺，官方在教科书编写方面力不从心，只好放任各地各学堂自编教科书。在这种特殊的历史条件下，清末民间自编教科书具有广泛的群众性，促成了教科书民间编写的百花齐放、自由竞争的局面。这种局面在一定程度上使得小学数学教科书多样化，呈现出不同风格、不同特点。首先，从小学教科书编写者情况看，他们可以大致地分为数学教育工作者和热衷于数学教育的非数学教育工作者，如张景良、徐隽、寿孝天、陈文等为数学教育工作者，而丁福保、杜亚泉等为非数学教育工作者。其次，从小学数学教科书内容体系来看，其质量参差不齐，有些教科书没有明确的学习年级等方面的说明，如丁福保编写的《蒙学笔算教科书》、寿孝天编写的《简易数学课本》等均没有学习阶段的说明。再次，从小学数学教科书内容广度和难度等方面而言，更是千差万别。客观地讲，徐隽、杜亚泉、寿孝天等编写的教科书内容广度、难度、编排体系比较符合《奏定学堂章程》的要求。最后，从小学数学教科书书写方式方面看，有的是按照中国传统书写方式——从右到左竖排形式书写，有的是采用竖排和横排混合形式书写，个别是采用西方的横排形式书写。

3. 珠算与笔算之平衡

中国新式教育是在西方教育的冲击下形成的。在数学教育方面，中学和大学都完全采用西方数

---

[1] 费正清. 剑桥中华民国史：1912—1949年：上卷[M]. 杨品泉，译. 北京：中国社会科学出版社，1994：417.

学内容，但是小学数学教学内容不能采纳从西方引进的笔算数学，于是出现如何平衡中国传统的珠算内容和西方引进的笔算数学内容的问题。虽然清末教育制度和数学教学内容是模仿日本，而且日本小学数学教育中也有珠算内容，但是由于中日两国的实际情况不同，因此小学数学中的珠算内容和周教学钟点不能完全模仿日本。初等小学堂从四年级开始学习珠算，高等小学堂从二年级开始学习珠算，珠算的课时大约占小学数学总课时的三分之一，具体如下：

"奏定初等小学堂章程"中教学目标要求如下：

算术教授要义为：使知日用之计算，与以自谋生计必须之知识，兼使精细其心思。当先就十以内之数示以加减乘除之方，使之熟悉无误，然后渐加其数至万位为止，兼及小数；并宜授以珠算，以便将来寻常实业之用。

"奏定初等小学堂章程"中的数学教学内容[1]：

第一年　书目之名，实物计算，二十以下之算数，书法，记数法，加减

第二年　百以下之算术，书法，记数法，加减乘除

第三年　常用之加减乘除

第四年　通用之加减乘除，小数之书法，记数法，珠算之加减

第五年　通用之加减乘除，简易之小数，珠算之加减乘除

"奏定高等小学堂章程"中教学目标要求如下：

其笔算讲加减乘除、分数小数、比例百分数，至开方开立方而止；珠算讲加减乘除而止。兼讲簿记之学，使知诸账簿之用法，及各种计算表之制式。

"奏定高等小学堂章程"中的数学教学内容[2]：

第一年　加减乘除，度量衡货币及时刻之计算，简易之小数

第二年　分数，比例，百分数，珠算之加减乘除

第三年　小数，分数，简易之比例，珠算之加减乘除

第四年　比例，百分数，求积，日常簿记，珠算之加减乘除

在《奏定学堂章程》的指导下进行珠算教学急需珠算教科书，于是出现水平各异的珠算教科书，其中水平较高的有：董瑞椿编的《蒙学珠算教科书》（文明书局，1903年初版，1906年第九版），杜就田编的《最新初等小学用　珠算入门》（上、下卷，商务印书馆，1905年初版，1907年第四版，1914年第七版）、《最新应用珠算教科书》（上、下编，粤东编译公司，1907年），学部编译图书局编的《初等小学堂珠算教科书》（学部编译图书局，1909年）。

在上述教科书中，《蒙学珠算教科书》是清末第一本学部根据国家统一的教育宗旨、学制课程标准而审定的初等小学教科书，标志着中国历史上有目的、有计划、有系统的教科书审定工作的正

[1] 张之洞等. 奏定学堂章程[M]. 台北：台联国风出版社，1970：448-455.

[2] 张之洞等. 奏定学堂章程[M]. 台北：台联国风出版社，1970：402-407.

式实施。

珠算是清末国人在日常生活中普遍使用的数学方法，学校和社会需求颇为广泛。珠算教科书的出版远远无法满足实际需求，于是学校新式教育前的传统珠算教材也在被广泛使用，如清末和民国初年各种"增删算法统宗"被反复出版，数量可观。

4. 中西度量衡取舍之平衡

度量衡在国家文化中扮演着重要角色，从表面上看，度量衡是一种数量方面的标准，但是它在国家大一统的意识形态中起着杠杆作用。自秦汉时期以来，中国的传统度量衡标准已经形成，以实用为主的传统数学教学中度量衡是必修内容。清末新式数学教育伊始，随着国外数学知识的翻译引进，日本度量衡、西方度量衡知识接踵而来，给小学数学教科书编写和教学带来如何取舍中外度量衡知识的难题。直接翻译的教科书中日本或西方的度量衡知识占据主导地位，国人自编教科书一般以中国度量衡知识为主，个别由国人编写的教科书中有中国度量衡和外国度量知识，并给出相关的换算方法。

坚持使用中国度量衡的小学教科书中方楷编撰的《笔算初阶》（聚文书局，约1884年）为典型，详见第三章的"三、笔算教科书"中的《笔算初阶》"序"。

《笔算初阶》中介绍的完全是中国传统度量衡知识。但是后来这一情况发生变化，如杜亚泉、王兆楠编撰的《高等小学用　最新笔算教科书》中一般采用国外度量衡单位后再给出换算表。如外国货币和中国银两的换算如下[1]：

日本	圆	0.020 118 4两；	英	镑	0.196 223 1两
美	弗	0.040 320 9两；	法	佛郎	0.006 978 7两
德	马克	0.009 605 1两；	俄	卢比	0.027 449 9两

在平面图形面积和立体图形体积计算中一般没有采用千米、米、厘米等国外长度单位，仍然使用中国传统的丈、步、尺等单位。在小学数学教科书中普遍使用国际通用度量衡单位是到民国以后才开始的。

三、清末中学数学教科书发展概述

（一）清末中学数学教育制度、分科数学教科书及数学名词术语介绍

1. 中学数学教育制度

清末《奏定学堂章程》中规定了中学数学教学目标要求和课程门类。中学数学教科书编撰是遵照章程规定进行的，个别数学教科书存在超规定现象。"奏定中学堂章程"规定的教学目标要求如下：

---

[1] 杜亚泉，王兆楠. 高等小学用：最新笔算教科书：第四册[M]. 上海：商务印书馆，1905：48.

中学堂学习五年，开设课程有十二科，算学是其中之一。算学教授要义为：先讲算术（外国以数学为各种算法总称，亦犹中国御制《数理精蕴》定名为数之意，而其中以实数计算者为算术，其余则为代数、几何、三角，几何又谓之形学，三角又谓之八线）；其笔算讲加减乘除、分数小数、比例百分数，至开方开立方而止；珠算讲加减乘除而止。兼讲簿记之学，使知诸账簿之用法，及各种计算表之制式；次讲平面几何及立体几何初步，兼讲代数。将算学分为算术、代数、几何，各自教授要求如下：凡教算学者，其讲算术，解说务须详明，立法务须简捷，兼详运算之理，并使习熟于速算；其讲代数，贵能简明解释数理之问题；其讲几何，须详于论理，使得应用于测量求积等法。

"奏定中学堂章程"规定中学数学课程为算术、代数、几何、三角和簿记，其中前四门为主科。簿记所占课时很少，每一学年每星期钟点为四学时，课程安排如下：

第一年 算术；第二年 算术、代数、几何、簿记；第三年 代数、几何；第四年 几何、三角

2. 分科数学教科书

"奏定中学堂章程"规定的四门主科的教科书按照分科形式编写，这是受19世纪欧洲传统数学教育和20世纪初日本数学教育影响的结果。这里需要指出的是，20世纪初欧美国家已经进行数学教育改革，德国进行"以函数为纲"的数学教育改革，英国进行"以应用为主"的数学教育改革，美国进行"以融合为纲"的数学教育改革，其中融合即为混合之意。从整体上看，欧美国家的这次教育改革倡导的是混合数学教学，是逐渐摆脱分科数学教科书而走向混合数学教科书的改革。因为清末中国学习的是日本数学教育，日本学习的是19世纪欧洲传统数学教育，而不是20世纪初的现代数学教育，这就直接导致了日本和中国采用分科数学教科书，即算术教科书、几何教科书、代数教科书和三角教科书。极个别的教科书采用"数学教科书""算学教科书"之名，如有叶懋宣编的《数学教科书》上、下册（上海中新活板部，1905年），商务印书馆编译所编的《数学教科书》上、下册（商务印书馆，1904年初版）等。实际上，这些以"数学"命名的教科书即为算术教科书。

分科数学教学一直延续到1923年"壬戌学制"实施，1923年开始实施中学混合数学教学，1929年开始混合数学和分科数学教学并行，1941年停止混合数学教学。民国时期高中一直实施分科数学教学。清末中学数学分科教科书书目见表1-2。

表1-2 清末部分中学数学分科教科书书目

序号	书名	编著者、译者	出版者	年份
1	中学算术教科书（全一册）	徐光连	商务印书馆	1907
2	中等算术教科书	（日）田中矢德著，崔朝庆译	文明书局	1908
3	初等算术新书	富山房编，范迪吉等译	上海会文学社	1903

（续表）

序号	书名	编著者、译者	出版者	年份
4	算术教科书	（日）藤泽利喜太郎著，（日）西师意译	山西大学译书院	1904
5	中学算术新教科书	（日）藤泽利喜太郎著，赵秉良译	商务印书馆	1908
6	算术新教科书	陆费迻	文明书局	1908
7	最新算术教科书	（日）东野十治郎著，（日）西师意译	东亚公司	1906
8	中学适用算术教科书	陈文	上海科学会	1905
9	算术教科书	张脩爵	普及书局	1906
10	新译算术教科书	（日）桦正董著，赵缭、余焕东译	中国留学生会馆	1906
11	订正算术教科书	（日）桦正董著，周京译	上海科学书局	1907
12	日清对译算术教科书	（日）藤森温和	日本东京富山房	1906
13	中学算术教科书	陈幌	教科书编译社	1907
14	普通新代数教科书	京师大学堂	商务印书馆	1905
15	中学代数学教科书	商务印书馆编译所编	商务印书馆	1906
16	代数学新教科书	王家菼	商务印书馆	1908
17	查理斯密小代数学	陈文译	商务印书馆	1906
18	最新中学教科书 代数学（上、下卷）	（美）密尔著，谢洪赉译	商务印书馆	1905
19	小代数学	蒯寿枢	商务印书馆	1908
20	大代数学讲义	（日）上野清著，王家菼、张廷华译	商务印书馆	1909
21	代数学讲义	（日）奥平浪太郎著，施普译	文明书局	1906
22	新体中学代数学教科书（上、中、下）	（日）高木贞治著，周藩译	文明书局、科学书局、群学社	1906
23	初等代数学讲义	丁福保	科学书局	1905
24	代数教科书——中学用	顾澄	科学书局	1906
25	最新中学代数学教科书	（日）桦正董著，周藩译	科学书局	1907
26	中学校数学教科书——代数之部	（日）桦正董著，赵缭、易应崐译	群益书社	1907
27	代数学教科书	（日）长泽龟之助著，言涣彰译	群益书社	1909
28	新代数学教科书	（日）长泽龟之助著，余恒译	东亚公司	1908
29	代数学教科书——中学用	陈福咸	普及书局	1908
30	学校用新代数学——中学用	周道章	普及书局	1906
31	改订代数教科书	（日）桦正董著，彭王俊译	东京清国留学生会馆	1905
32	查理斯密大代数学	何崇礼译	日本东京科学会	1905

（续表）

序号	书名	编著者、译者	出版者	年份
33	最新代数学教科书	武昌中东书社编译部	东京并木活版所	1904
34	代数学教科书	（日）渡边光次著，（日）西师意译	山西大学译书院	1907
35	代数学教科书	（日）藤泽利喜太郎著，（日）西师意译	协和书局	1907
36	初等代数教科书	（日）长泽龟之助著，（日）松坪叔子译	湖南作民译社	1906
37	小代数学	（日）宫本久太郎著，李宗监译	新学会社	1907
38	新式数学教科书	程荫南	昌明公司	1905
39	代数教科书	（日）泽田吾一著，张务本、赵宪曾译	河北译书社	1906
40	平面几何教科书	（日）菊池大麓著，黄元吉译	商务印书馆	1903
41	立体几何教科书	（日）菊池大麓著，胡须译	商务印书馆	1908
42	中学教育几何学教科书（平面、立体两册）	何崇礼	上海科学会	1911
43	温特渥斯平面（立体）几何学	马君武译	上海科学会	1911
44	中学校数学教科书 几何之部 平面	（日）菊池大麓著，仇毅译	群益书社	1907
45	中学校数学教科书 几何之部 立体	（日）菊池慧著，仇毅译	群益书社	1907
46	中学教育几何学教科书 平面之部	（日）上野清著，仇毅译	群益书社	1909
47	新几何学教科书（平面、立体两册）	（日）桦正董著，曹钧译	上海中国图书公司	1907
48	几何学讲义	经亨颐	新学会社	1907
49	几何学教科书（平面）	（日）三轮桓一郎著，叶懋宣译	新学会社	1911
50	初等几何学新书	富山房编，范迪吉等译	上海会文学社	1903
51	中等平面几何学阶梯	（日）长泽龟之助著，崔朝庆译	上海会文学社	1906
52	几何学教科书——中学用	（日）生驹万治著，金太仁译	东亚公司	1909
53	平面几何教科书	梁楚珩	昌明公司	1906
54	新译几何学教科书（立体）	（日）桦正董著，曾钧译	上海中国图书公司	1907
55	新译中等几何教科书	太谷求是书室编	太谷求是书室	1907
56	新撰平面三角法教科书	（英）克济著，顾澄译	商务印书馆	1907
57	最新中学教科书 三角术	（美）费烈伯、史德朗著，谢洪赉译	商务印书馆	1907
58	中学教科书平面三角法	陈文	商务印书馆	1908
59	新编初等三角法教科书	周藩	商务印书馆	1908

（续表）

序号	书名	编著者、译者	出版者	年份
60	平面三角法新教科书	（日）菊池大麓、泽田吾一著，王永炅译	商务印书馆	1909
61	平面三角法讲义	（日）奥平浪太郎著，周藩译	文明书局	1911
62	高等数学平面三角法	郝伯森著，龚文凯译	上海科学会	1911
63	平面三角法教科书	（日）桦正董著，仇毅译	群益书社	1907
64	平面三角法	（英）翰卜林斯密士著，李国钦、邓彬译	群益书社	1908
65	平面三角法教科书	孙贸瞻	新学会社	1906
66	平面三角法教科书	算学研究会编	昌明公司	1906
67	平面三角法教科书	（日）长泽龟之助著，张脩爵译	普及书局	1907
68	初等三角教科书	（日）上野清著，蕉缘居士译	上海科学仪器馆	1904
69	普通平面三角法	张树栻	太原晋新书社	1911
70	新编初等数学教科书	顾裕魁	商务印书馆	1908
71	数学教科书	商务印书馆编译所	商务印书馆	1904
72	中学数学教科书	曾钧	文明书局	1907
73	数学教科书	（日）藤泽利喜太郎	上海通社	1904
74	新数学教科书	（日）长泽龟之助著，包荣爵译	东亚公司	1905
75	数学新编中学教科书	徐家璋	东京清国留学生会馆	1906

资料来源：《民国时期总书目（1911—1949）中小学教材》（书目文献出版社，1995年）、李迪主编《中国数学史大系：副卷第2卷：中国算学书目汇编》（北京师范大学出版社，2000年）、王有朋主编《中国近代中小学教科书总目》（上海辞书出版社，2010年）以及代钦藏书。

3.数学名词术语

人们普遍认为，"从公众看来，教科书是权威的，是准确无误和十分必要的。教师们则需要依靠教科书来安排自己的教学内容"[1]。但是在清末百废待兴之际，彰显中学数学教科书权威的先决条件之一是数学名词术语的统一。清末中学数学教科书中名词术语主要有三个来源：一为中国传统数学的名词术语，如整数、负数、分数、方程、勾股等；二为国人翻译西方数学书时创造的名词术语，如几何、函数等；三为从日本数学书中借用的名词术语，如坐标、定理、命题等。就整体而言，清末数学教科书中的名词术语基本统一，然而这并不是官方认定，而是数学界同仁们约定俗成的结果。有些名词术语并不是一下子被确定下来，而是经过一段时间甚至很长时间才被确定下来，如函数图象，曾有"界线"（1874年）、"图解"（1929年以后）等表述，后最终被确定为"图象"[2]。

---

[1] M. 阿普尔，L. 克丽斯蒂安·史密斯. 教科书政治学[M]. 侯定凯，译. 上海：华东师范大学出版社，2005：5.

[2] 代钦. 中国数学教育史[M]. 2版. 北京：北京师范大学出版社，2018：319.

这里为了使读者更清晰地了解清末中学数学教科书中的名词术语，将谢洪赉翻译的"最新中学教科书"中的代数学、几何学和三角学的名词术语与现在名词术语进行对照，这对今后数学教科书历史研究有重要参考作用。对照结果见表1-3至表1-6，表格中清末教科书中的名词术语表示为"清末"，现在的用"现行"表示。

表1-3　《最新中学教科书 代数学》名词术语对照表

清末	现行	清末	现行	清末	现行
译例	前言	集项劈生法	提公因式法	小公倍	最小公倍数
自理	公理	二几何和较相乘	平方差公式	简方程	一次方程
相似项	同类项	二几何和之平方	完全平方公式	平方程	二次方程
独项式	单项式	二几何较之平方		立方程	三次方程
覆验	检验	劈生	因式分解	同局方程	同解方程
命分	分数	互相为质	互为质数	展括弧式	去括号
端	种	相似命分	同分母分数	习问	练习题
共生	公约数	不相似命分	异分母分数	真几何	实数
质几何	质数	乘法特式	乘法公式	幻几何	虚数
合几何	合数	大公生	最大公约数	无定方程	不定方程

表1-4　《最新中学教科书 几何学 平面部》名词术语对照表

清末	现行	清末	现行	清末	现行
译例	前言	同理比例	等比	小弧	劣弧
教授要言	教授法	有法多边形	正多边形	函角	圆周角
界说	定义	常度	常量	所配	所对
目次	目录	变度	变量	合	积
理题	证明题	中率	内项	之较	之差
作题	作图题	外率	外项	等势之轴	对称轴
系	推论	自理	公理	周界	周长
演习	习题	案	总结	公边	公共边
交角	对顶角	圆径	直径	斜方形	菱形
断线	折线	尖	顶点	平行方形	平行四边形
倚角	邻角	等角三角形	等边三角形	无法四边形	不规则四边形
配角	同位角	相当之件	对应边（角）	等势	对称
正角	直角	正交	垂直	曲角	钝角

表 1-5　《最新中学教科书 几何学 立体部》名词术语对照表

清末	现行	清末	现行	清末	现行
译例	前言	断线	折线	常度	常量
案	总结	函角	圆周角	变度	变量
界说	定义	倚角	邻角	合位	轨迹
目次	目录	体角	二面角	假设	条件
理题	证明题	正角	直角	断语	结论
作题	作图题	曲角	钝角	自理	公理
系	推论	交角	对顶角	平行棱体	平行六面体
演习	习题	斜方形	菱形	正三角形	直角三角形
等势	对称	锋	棱	矩棱体	长方体
尖	顶点	弧角	球面角	直线向平面之倚度	直线与平面所成的角
棱角	顶角	弧多边形	球面多边形	直角	平角
旁面	侧面	迈当度数表	单位换算表	教授要言	教授法
旁锋	侧棱	极大（小）度	极大（小）值	有法多边形	正多边形
正棱柱体	直棱柱	米（突）	公尺	有法棱柱体	正棱柱
有法棱体	正多面体	瓦	公分	—	—
球径	直径	粉	公寸	—	—

表 1-6　《最新中学教科书 三角术》名词术语对照表

清末	现行	清末	现行
译例	前言	倚角	邻角
界说	定义	间角	夹角
目次	目录	有法多边形	正多边形
演习	习题	三角反函数	反三角函数
尖	顶点	覆验	检验
端	种	平行方形	平行四边形
正角	直角	纳白尔氏对数之底	自然对数底
角尖	角顶点	能敛	收敛
曲线代表法	图象法	周界	周长
仰视角	仰角	正三角形	直角三角形
俯视角	俯角	正弧三角形配角	球面直角三角形
双线函数	—	配角	同位角

民国以后保留了绝大部分清末中学数学名词术语，根据数学科学研究和数学教育发展需要，科学名词审查会于1938年出版了《算学名词汇编》[1]，解决了有些数学名词术语不统一的问题。

（二）清末中学数学教科书特点

清末国人的数学教育思想、制度等方面的特点具体反映在数学教科书的建设上，可以概括为数学教科书的宏观特点和编排、编写特点。

1. 宏观特点

从宏观上看，清末中学数学教科书呈现"新""多元化""滞后性""国际合作"等特点。

（1）"新"。

清末新式教育甫兴，配套的教科书成为奇缺之物。教科书的编译、印刷和发行，成为社会新兴的一个产业。为了吸引人们的眼球，出版者也纷纷标榜各自教科书的新颖、先进。一时间，市场上充满了各种"最新教科书""新体教科书""新式教科书""新教科书""新译教科书""新编教科书"，呈现一种"新"特点。就最新中学数学教科书而言，至少有四种，如：武昌中东书社编译部的《最新代数学教科书》（1904年），昌明公司和（日本东京）清国留学生会馆的《最新平面几何学教科书》（1906年），科学书局的《最新中学代数学教科书》（1907年），商务印书馆的《最新中学教科书 代数学》（1905年）和《最新中学教科书 几何学》（1906年）等。除"最新教科书"外还有13种"新教科书"。一般来讲，清末的各种"新教科书"的水平很高，有些教科书一直沿用到民国初期，如科学书局的《最新中学代数学教科书》[（日）桦正董著，周藩译，1907年]于1913年已经出版第七版。所谓"新"是相对的，这些"新教科书"到民国时期随着国人自编数学教科书的兴起逐渐销声匿迹。

眼光长远的出版企业并没有止步于"新教科书"上，在出版"新教科书"的同时，还组织编写出版其他数学教科书，而且水平有所提高。如，商务印书馆编译所编写的《中学代数学教科书》（上、下卷，1906年）参考了日本的11种代数教科书，到1920年已再版15次。

（2）"多元化"。

《奏定学堂章程》中虽然有审定教科书的制度，但遵守规定的人和出版企业甚少，他们从各自的立场和需求出发翻译、编写并出版教科书，相互之间很少交流和沟通。这就导致了在同一时期出现多种教科书，更有甚者出现同一本外国教科书有不同翻译本的现象，如，日本藤泽利喜太郎、上野清、菊池大麓等学者的数学教科书有不少不同的中文版本。虽然教科书的这种多元化现象对出版企业的竞争和发展有推动作用，但是给教师如何选择使用教科书以及如何使教科书与教学计划相适应等带来极大的困难，也使中学数学教科书市场处于一种无组织状态。

翻译引进的渠道也呈现"多元化"现象。首先，清末的中学数学教科书几乎都是翻译或编译日

---

[1] 曹惠群. 算学名词汇编[M]. 北京：科学名词审查会，1938.

本和欧美的教科书，其中以翻译日本的居多，翻译美国和英国的次之。随着时间的推移，也出现由国人自编的数学教科书。其次，清末中学数学教科书除大部分在国内翻译出版外，也有部分由留日学生在日本东京翻译、出版后送回国内供使用。如，日本东京清国留学生会馆、日本东京科学会和东京并木活版所翻译出版了不少中学数学教科书。

从翻译教科书者的职业看，他们并不一定限制在数学教育领域。虽然有周达、崔朝庆等数学家，但也有一些非数学家的人员参与到数学教科书建设中并做出重要贡献。如谢洪赉是教育家，不是数学家；丁福保也不是数学家，但也编译、编写数学教科书。这可能是出于当时他们认识到数学在整个教育中的重要性。

（3）"滞后性"。

20世纪初，欧美掀起数学教育改革运动，如英国的贝利（J.Perry，1850—1920）运动，以克莱因（F.Klein，1849—1925）为代表的德国新主义数学运动和美国穆尔（E.H.Moore，1860—1952）的数学教育改革思想。但中国学习的是欧美传统数学教育，而不是新的数学教育，原因在于《奏定学堂章程》完全接受和模仿了日本明治后期的教育制度，而日本当时的数学教育制度是在崇尚欧洲传统数学教育的藤泽利喜太郎的指导下制定的。"正因为中国数学教育受日本的影响，中国没有受到20世纪初的数学教育改革运动的影响，而与世界潮流背道而驰。"[1]在这种思想背景下，中国翻译出版的数学教科书是欧美已经停止使用或很少使用了的教科书。20世纪初的欧美中学数学教科书中已经有解析几何、函数等内容，但清末中国中学数学教科书中没有这些近代数学内容。从这个意义上看，清末中学数学教科书存在"滞后性"。另外，"滞后性"还表现在教科书内容的设置上。20世纪初欧美已经由分科数学教育转向混合数学教育，但中国还处于分科数学教育中。从中国数学教育制度层面上看，这种"滞后性"特点直至1922年"壬戌学制"颁布才得以消除。总之，中学数学教科书虽然"定名为最新教科书，实即为最老者"[2]。这种评价与西方现代数学教育思潮相比不足为过。

（4）"国际合作"。

清末翻译、编写和出版数学教科书活动时，作者之间、出版企业之间出现"国际合作"。主要表现在以下方面：第一，多家出版企业之间虽然有激烈的竞争，但是在竞争中也有一定的合作。如日本高木贞治著，周藩译的《新体中学代数学教科书》（上、中、下）是由文明书局、科学书局和群学社合作出版的。第二，出现国际合作形式。首先，教科书在日本出版，由国内出版社发行。其次，日本学者为中国翻译中学数学教科书。如日本学者西师意翻译藤泽利喜太郎的《算术教科书》《初等代数学教科书》（译名为《代数学教科书》），并请英国学者窦乐安为《算术教科书》作序[3]。又如，日本著名数学家寺尾寿监修，日本学者藤森温和编的《日清对译算术教科书》（日本

[1] 代钦，李春兰. 中国数学教育史研究进展70年之回顾与反思[J]. 数学教育学报，2007（3）：6-12.

[2] 王云五. 王云五文集：陆：岫庐八十自述：上[M]. 南昌：江西教育出版社，2011：229.

[3] 藤泽利喜太郎. 算术教科书[M]. 西师意，译. 上海：山西大学译书院，1904：序.

东京富山房，1906年），是为中国留学生编写的中学数学教科书。最后，中日数学家的合作。如，周达在日本访算学时，长泽龟之助和上野清给周达介绍西方和日本的数学教科书情况。另外，长泽龟之助还为崔朝庆主办的《数学杂志》（1912年）提供赞助。

2. 编排、编写特点

中国传统的文章编排形式为竖排，即从右边开始往左竖排编写，这与西方的从上到下横排的编排形式迥然不同。中国的传统编排方式实属不便于数学或自然科学书籍的阅读。但是，一直到清末仍然有不少中国数学教育工作者采用这种传统的竖排形式编写教科书，而对西方的横排编写形式采取拒绝态度。清末中国数学教科书一般在国内出版，但有些是在日本印刷出版后在国内发行的，凡在日本出版的数学教科书全部采取横排形式。这不仅仅是一个形式的问题，而是反映了形式背后隐藏的根深蒂固的思想和感情问题。清末中国教科书具体呈现的特点如下：

（1）采取竖排形式、采用中国传统数学符号。

清末谢洪赉、周达等学者将西方数学教科书按照中国人的习惯翻译、编写、出版。如谢洪赉翻译的《最新中学教科书 代数学》（商务印书馆，1905年）和《最新中学教科书 几何学》（商务印书馆，1906年）就是典型例子。他把原著中的阿拉伯数字和加减符号以外的数学符号全部用中国传统数学符号甲、乙、丙、丁等代替，并用竖排形式编写；表示几何图形的顶点、端点等不用A、B、C等字母而用汉字代替（图1-2、图1-3）。

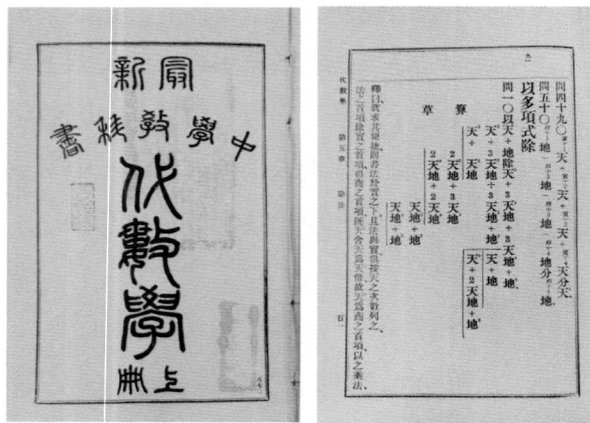

1-2

图1-2 《最新中学教科书 代数学》商务印书馆出版，1905年：上卷封面、第101页

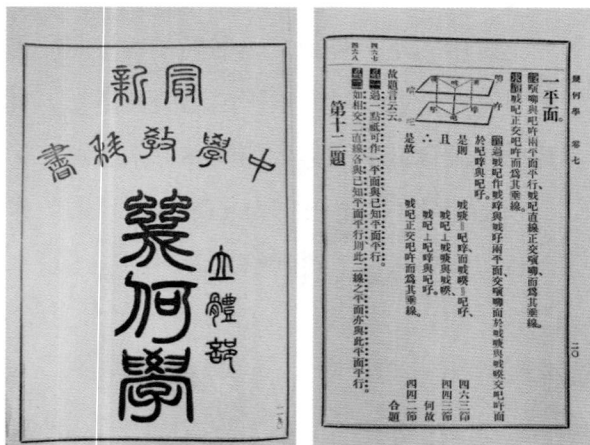

1-3

图1-3 《最新中学教科书 几何学》商务印书馆出版，1906年：立体部封面、第20页

（2）采取横竖混合编排形式、采用西方数学符号。

有些数学教科书的文字介绍部分采用竖排形式，数学表达式部分采用竖排和横排的混合编排形式，同时采用西方数学符号。如，日本长泽龟之助著，崔朝庆译的《中等平面几何学阶梯》（上海会文学社，1906年）就采用这种形式（图1-4）。

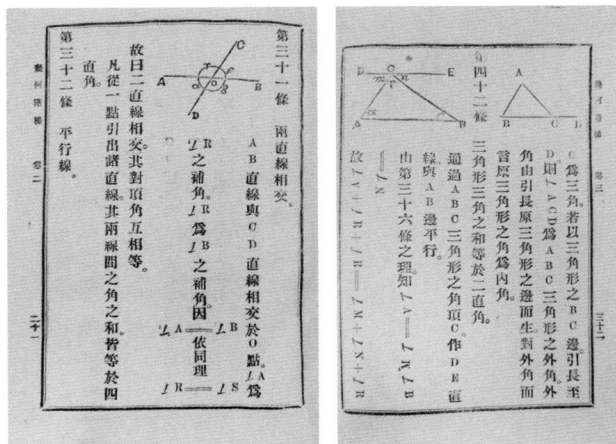

图1-4　《中等平面几何学阶梯》上海会文学社出版，1906年：第21页、第32页

（3）采取横排形式、采用中国传统数学符号。

清末出版的数学教科书也有横排编写的，而采用的数学符号仍然是中国传统数学符号。日本原滨吉著，黄传纶等编译的《最新平面几何学教科书》（1906年）就是其中一个代表（图1-5）。

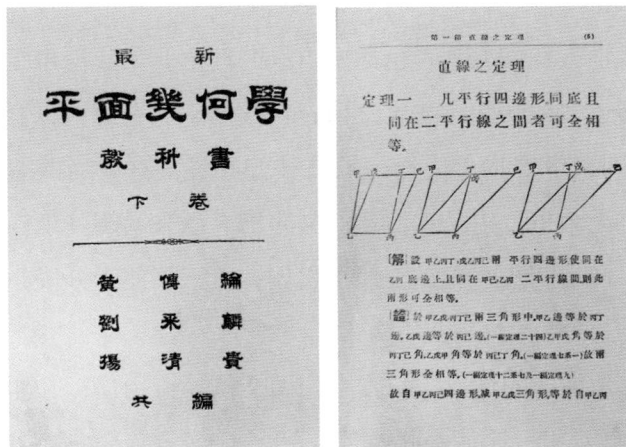

图1-5　《最新平面几何学教科书》昌明公司和日本东京清国留学生会馆发行，1906年：下卷封面、下卷第5页

（4）采用西方数学教科书形式和数学符号。

清末有些数学教科书完全采用西方数学教科书的编排形式及数学符号。特别是在日本印刷出版的数学教科书，如日本长泽龟之助著，周达翻译的《新几何学教科书 平面》（东亚公司，1906年，图1-6）。又如日本数学家菊池大麓著，仇毅翻译的《中学校数学教科书 几何之部 平面》（群益书社，1907年，图1-7）。

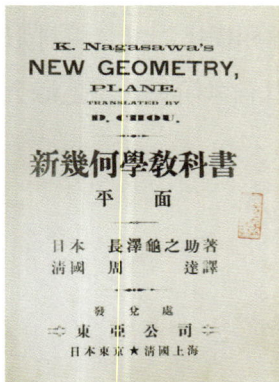

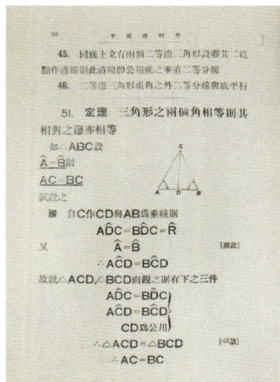

1—6

图1—6 《新几何学教科书 平面》东亚公司出版，1906年：封面、第30页

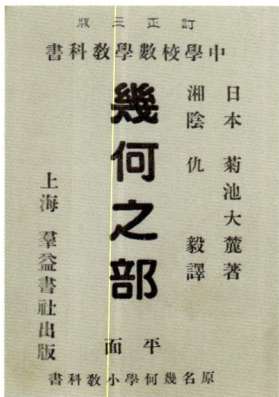

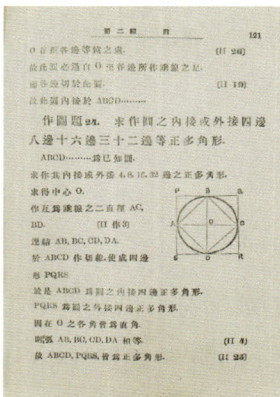

1—7

图1—7 《中学校数学教科书 几何之部 平面》群益书社出版，1907年：封面、第121页

关于中学数学教科书采用横排编写的问题，数学教科书编纂者也提出自己的理由。如武昌中东书社编译部的《最新代数学教科书》"绪言"中写道"编既竣，或难之曰：代数用字夙有成式，吾国行文必用直行，是书勿乃反是。则应之曰：吾国事事惟拘于成例，故往往知其良而亦鲜有改之者。横文二十六字，竭一时间之力，而强记之，已无余事，由是进而读西文原书，纵未易明其理，解必可窥其算式，何便如之。至横行体例：（一）便于演式，（二）便于引例，（三）便于分段，眉目清爽，开卷了然，尤足以餍读者之心"[1]。

《新式数学教科书》"例言"中也明确指出使用横排的优点："本书仿西文例，皆用横行，非好奇也。缘演算式非横行不便，故书从之。谅从事此道者，必能鉴此微衷。"[2]

除此之外，陈鼎元、黄元吉等学者也强调按西方数学书编写形式的重要性，在此不赘述。

（5）内容的"删减与添加"。

清末国人翻译引进外国数学教科书时采用"删减"与"添加"法。翻译时，删减外国原著中某些命题证明、例题解答、习题等不适合中国国情的内容。如黄传纶等编译的《最新平面几何学教科书》的原著为原滨吉的《平面几何学讲义》（东京金刺芳流堂，1904年），原著为一册，32开本，

[1] 武昌中东书社编译部. 最新代数学教科书[M]. 东京：东京并木活版所，1904：2.
[2] 程荫南. 新式数学教科书 [M]. 上海：中国图书公司，1914：例言.

726页，中译本为上、下两册。在编译过程中，中译本采用删减和填补方式。他们删除掉他们认为不必要的内容；对只用文字表述，学生理解起来比较困难的内容进行技术处理，增补几何图形。如，原著第三编的"绪论"在编译本中被删除；同时，原著中的习题较多，如第三编有275道题，而且均附几何图形，编译本中删减了大量习题，只留下60道题；原著只用文字叙述部分，在编译本中给出了对应文字叙述内容的几何图形；原著对于平行四边形高的定义没有给出几何图形，而编译本中给出了几何图形（图1-8）。

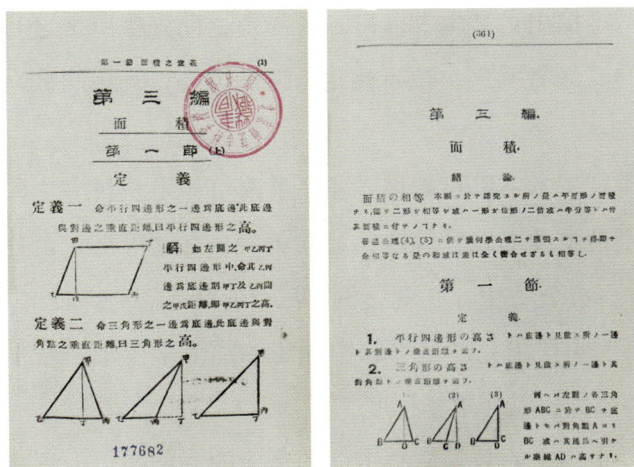

图1-8　《最新平面几何学教科书》下卷　昌明公司和日本东京清国留学生会馆发行，1906年：第1页；《平面几何学讲义》东京金刺芳流堂出版，1904年：第361页

日本桦正董著，赵缭、余焕东编译的《新译算术教科书》（上、下卷，1906年）在改正版的"凡例"中译者写道："原书度量衡、钱币、历法皆以日本为主，故详于日本而略于中国。译者详考国制及各省不同者，列之为表，以备检查……原书例题等均注意其本国教育，与我国无甚关系，其日用诸算尤多，与我国不合，本书改之，总期能合我国之教育为善。"其中关于度量衡方面的编译，其他人编译的数学教科书中也都注意到这一点。

难能可贵的是，无论是以日本的数学教科书为底本还是以美国的数学教科书为底本进行编译，清末中国学者都能够意识到教科书是因国情而异的，不能直接、盲目地翻译外国数学教科书，必须将外国数学教科书的内容中国化，并为此付出了实际的行动。

（6）内容的"参合与融化"。

清末，中国数学教育虽然模仿日本，但在编写数学教科书方面不完全是这样的。一般来讲，在中小学数学教科书编写过程中，会以某一数学教科书为底本，同时参考其他多种数学教科书，即在模仿日本的数学教科书编写的同时也学习和参考了西方的数学教科书。我们可以从国人编写的中学数学教科书的"凡例""例言"或者"绪言"中查知，如赵缭、余焕东编译的《新译算术教科书》（上卷改正版）译者在"凡例"中指出："本书以翻译日本桦正董改订之算术教科书为主，而旁采他书以补所未备。"

武昌中东书社编译部的《最新代数学教科书》"绪言"中指出："本社同人慨然于因编译部之设首取日人真野氏及宫田氏合编之代数学教科书，悉心译述参考西书数种，以补其引例演式之所未备。寒暑过半，仅乃成之。编译之劳梁溪顾君沛然助力良多，是书之出，总期教者可据为讲义之稿本，而学者亦可藉（借）为独习之用书，故说理极其简明，而立式归于精审。"

程荫南在《新式数学教科书》"例言"中说："一、本书以日本著名数学大家泽田吾一所著中学算术教科书为蓝本，并采择华正氏、长泽氏所著之算术各教科书编译而成。删繁就简，化险为夷，以期适于中学教科之用。二、本书之算式，概仍原书之旧。惟日本教科书，说理多有未透，间参考东京数学院算术讲义录，及中国现今通行之数学书，以补原书之未遂，故较原书多有出入。"

何崇礼在《中学教育几何学教科书》"例言"中提出："本书以日本长泽龟之助先生所著之几何教科书为主，益参以已意，简者详之，繁者约之，晦者明之，缺者补之。斟酌损益，凡历两载，及克成帙，教科用之，庶无遗憾。"

陈文在《中学适用算术教科书》"例言"中说："本书以日本桦正董所著改订算术教科书之和文本为主。然其中不宜于我国之处，悉删除之。别搜罗他书以补其缺。最显著者，如诸等法，百分算两编，全由译者自行编辑。此外诸编，改窜增补，亦复不少，并变更例题三百有余。"

谢洪赉在《最新中学教科书 代数学》"译例"中提出："是书以美国纽约师范学校校长密尔君所著归纳法代数学为原本，参酌我国情形，略为修饰，以合中学程度。"

另外，国人编写的数学教科书有的是参考了几个国家的数学教科书而编写成的，如初级中学适用的"大同大学丛书"之二：《初学代数学》就取材于多个国家的代数教科书。作者在"编辑例言"中就明确指出："本编教材，大都取诸美人温德华氏、郝克斯氏，英人司密斯氏、郝尔那忒氏，日人早川氏等所著初等代数，而于温氏书采用尤多。"

可见，清末国人已经意识到自编数学教科书的重要性，在借鉴外国的数学教科书时，唯有按中国的国情引进一些内容加以熔铸，做到取多家所长，补己之短，才能编出适合国人使用的数学教科书。

除此之外，清末中学数学教科书的装帧、印刷等几乎都是采用西方技术和形式。其具体特点为：第一，当时的西方数学教科书一般是精装本，国人翻译出版时也按照西方原著的版式出版。第二，清末数学教科书的装订和纸张质量非常好，整体上比后来民国教科书好。第三，清末数学教科书凸版印刷较多。清末个别教科书按中国传统的线装出版，如日本高木贞治著，周藩译的《新体中学代数学教科书》为线装书。

（7）清末中学数学教科书一般收有"序""例言"和"编辑大意"，具体特点如下：

第一，清末中学多数数学教科书有序言，有的有一则序言，有的有两则序言，更有的有三则序言。序文、序言是中国传统的一种文体，一般写在著作正文之前。有作者自己写的，多说明写书宗旨和经过，也有请别人写序文的，"为人作序可带来收入，并搭建社会网络，为作家带来名声"[1]。清末数学教科书也延续了这一传统。诚然，翻译数学教科书的原书也有序，有的译者把原

---

[1] 李弘祺. 中国教育史英文著作评介[M]. 台北：台湾大学出版社中心，2005：265.

书的序文全文翻译，有的译者没有翻译原书序文。有的清末数学教科书有"弁言"，弁言即序言的另一种说法，有的没有序言，但是有"提要"，相当于序言。

第二，清末一些中学数学教科书有例言，它说明教科书体例、实例等典型内容，一般强调内容提要、教与学的注意事项。如程荫南编的《新式数学教科书》，赵缭、余焕东编译的《新译算术教科书》，何崇礼编的《中学教育几何学教科书》，陈文编的《中学适用算术教科书》等教科书均有例言。

第三，清末部分中学数学教科书有编辑大意，说明编辑意图、内容范围等。

从以上清末中学数学教科书发展历程及特点看，中国数学家和热心参与数学教育工作的有识之士对数学教科书建设付出了极大的努力，做出了积极贡献，日本长泽龟之助、上野清和西师意等学者也对中国数学教科书建设给予了帮助。由各种教科书书目可见，清末中学数学教科书数量在各学科教科书中居冠，为民国数学教科书发展奠定了坚实的基础，最终使中国数学教育与世界数学教育接轨。一言以蔽之，清末数学教科书建设取得了可喜的成绩。但是我们在看到它的优点的同时，也有必要探查其存在的诸多问题。清末或民国时期，学者们已经发现了数学教科书建设中存在的问题，如著名教育家余家菊对教科书的教材和形式两个方面存在的问题提出以下观点[1]：

（一）在教材方面

1. 不合教育宗旨，取材太无主义。

2. 不合人生需要，太重学术的体制。

3. 不合时代需要，又多废话，又多罣漏。

4. 不合地方需要，多抄袭日本的。

5. 不合科学的新趋势，太陈旧腐败。

6. 不合科学的精神，太支离，太抽象。

（二）在形式方面

1. 文体无生气，板滞的。

2. 前后无结构，破碎的。

3. 不合教授法，注入的。

4. 忽略审美性，像插图的粗糙。

5. 忽略卫生，像字的太小，纸的太光。

这些批评不一定完全贴切，但是基本反映了清末中学数学教科书中存在的问题，对清末中小学数学教科书研究具有良好的借鉴作用。

---

[1] 余家菊. 余家菊（景陶）先生教育论文集 上册[M]. 台北：慧炬出版社，1997：102-103.

　　另外，这里需指出的一点是，清末翻译、编写的中小学数学教科书，并不是到民国就突然被停止使用，不少清末中小学数学教科书在民国时期被使用一段时间后才退出历史舞台，如张景良的《小学笔算新教科书》四卷，以及上野清、菊池大麓、桦正董等数学家的教科书，一直使用到1922年。查理斯密、温特沃斯的数学教科书还使用到20世纪30年代。

第二节
民国时期中小学数学教科书发展概述

　　1912年，中华民国教育部先后公布小学校令和中学校令，商务印书馆按照新规定改编共和国教科书，同年中华书局成立，又出版了新中华教科书。民国时期，随着教科书需求的增加，编印教科书的出版企业数量也继续增加。1912到1937年间，学制课程多次变更和修正。1912年颁布《小学校教则及课程表》《中学校令施行规则》，1913年颁布《中学校课程标准》，1922年颁布《学校系统改革令》，1923年颁布《新学制课程标准纲要》，1929年颁布《初级中学算学暂行课程标准》和《高级中学普通科算学暂行课程标准》，1936年颁布《初高级中学课程标准》（图1-9）。相应地，每次变化时，各出版企业均要按照新学制课程重编一套教科书。如，就商务印书馆编印教科书情况来看，"与民国十一年（1922年）新学制课程系统表公布，采用"六三三制"，该馆随而编印的新学制教科书；十四年（1925年）国民革命军北伐成功，该馆编印的新时代教科书；二十一年（1932年）教育部公布中学新课程标准，该馆适于一·二八劫后复业，遂编印复兴教科书。"[1]其他出版企业也有类似情况，以适应课程改订与时代的要求。

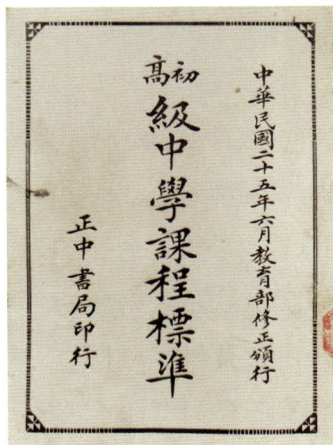

图1-9　《初高级中学课程标准》正中书局印行，1936年

　　民国时期教科书的水平，"从许多公正无私的批评归纳起来，小学方面较优者似乎是最初编印的最新教科书和最后编印的复兴教科书两套；中学方面较优者似乎是民国四五年编印的民国教科

[1] 王云五. 王云五文集：伍：商务印书馆与新教育年谱：下[M]. 南昌：江西教育出版社，2008：829.

书及最后编印的复兴教科书两套"[1]。由于政体突然变更，时间仓促，共和国教科书的水平不尽如人意。"民国教科书"和"复兴教科书"水平较高的原因有两个方面：其一，新课程标准的草拟讨论，早已公开，商务印书馆当时力量雄厚，得以及早筹备，并尽量利用旧有经验、借鉴各套教科书的优点；其二，教科书编撰者皆为国内各学科的著名专家，故编撰的教科书水平极高。王云五先生评价这些教科书时说："虽学制迭有变更，该书在理本已失效，而教育界仍多沿用不改，可为明证。"[2]当时，胡敦复、吴在渊、余介石、傅种孙、虞明礼、汪桂荣、荣方舟、秦沅、秦汾、徐子豪、周元谷等学者积极参与数学教科书编写工作，保证了数学教科书的质量。教科书的编写，包括数学教科书的编写，必须有充分时间，经过悉心商讨，才能保证质量。

民国时期，小学数学教科书的发展更加迅速，由编译日本数学教科书转向参考欧美数学教科书。"1913年，俞子夷在美国选购了一套教材带回国，并译成中文由商务印书馆出版，称为《新体算术》，小学数学教材开始从单一抄袭日本转向引进和改编欧美等多国课本，并逐步向自编教材过渡。"[3]民国初期的有些小学数学教科书颇受人们欢迎，如商务印书馆多次再版了骆师曾编写的《高等小学校用（珠算）共和国教科书 新算术》，至1922年共印刷了52次。民国时期，顾树森、寿孝天、俞子夷、钱梦渭、顾楠、刘薰宇等学者编写了具有一定水平的中小学数学教科书，几乎没有再直接翻译外国小学数学教科书。

一、民国时期教科书制度

教科书制度是从日本、美国等外国传入中国的。国家不同，教科书制度亦不同，教科书制度有国定制、自由制、模范制和审定制等。在清末时期国人已对教科书审定制度有了一定的认识，并展开实施何种审定制度为佳的讨论。正如郑鹤声所总结："教科图书之编审，各国以制度不同之故，咸有歧异；或由国家任之，或由国民任之，或由国家国民并任之。……又有'教育会审定制'者，编辑可听之民间，监督操诸教育会，尤为有利而无弊。"[4]何谓教科书及审定制度要求，有学者对此进行明确说明，"凡按照法定之科目，选择适当之教材，编纂成书，用以教授学校学生者，皆称曰教科书。其制有三：一曰国定制，由国家编纂，私人不得从事；二曰审定制，由私人编成，经国家审定后，任人采用；三曰自由制，即任私人自行编纂，自行采用也。三者各有利弊，未可一概论。我国教科书取审定制。教科书为儿童知识的大来源，选择不可不慎。欲研究教科书选择问题，至少须参酌下列数点：（一）文学及自然科学不可不采用教科书；（二）教科书须能助益师生之活

[1] 王云五. 王云五文集：伍：商务印书馆与新教育年谱：下[M]. 南昌：江西教育出版社，2008：830.

[2] 王云五. 王云五文集：伍：商务印书馆与新教育年谱：下[M]. 南昌：江西教育出版社，2008：831.

[3] 王权. 中国小学数学教学史[M]. 济南：山东教育出版社，1996：125.

[4] 郑鹤声. 三十年来中央政府对于编审教科图书之检讨[J]. 教育杂志（夏季特大号），1935，25（7）.

动，但决不可代替师生两方之活动；（三）教科书须能引导儿童实行活动不宜徒为参考之具。至其形式，当注意：（1）美观；（2）印刷合于卫生；（3）文字须明显；（4）须为著者思想之真实的表现。"[1]

1912年12月颁布《中学校令施行规则》，规定中学数学分算术、代数、几何和三角四科进行分科教学。1922年"壬戌学制"颁布后施行"六三三制"，中学分初中和高中，初中实行混合教学，自1929年始初中允许并行混合数学教学和分科数学教学。1932年开始在初中设置实验数学课程，随之出现了实验几何教科书、实验算术教科书。1941年停止混合数学教学。民国期间有教科书审定制度，一般地，国人编写的数学教科书受审定制度的制约，而翻译的数学教科书不一定受审定制度的制约。1912年至1941年采用教科书审定制，1941年至1949年采用教科书国定制。民国期间，翻译的中学数学教科书逐渐减少，虽也有使用外文原版数学教科书的情况，但并不普遍。

二、民国时期小学数学教科书发展概述

民国时期，中国数学教育由学习日本转向学习欧美。1912年中华民国成立后教育家开始关心欧美国家的教育发展情况，尤其对美国实用主义教育思想进行研究、讨论，以及指导实施方法。有些学者将实用主义叫作实利主义。宣传实用主义教育思想的学者有陆费逵、黄炎培、庄俞等。陆费逵在《教育杂志》（第3卷第11期）上发表文章《民国教育方针当采实利主义》，文章指出"实利主义非惟药贫，实足以增强国力、高尚人格""其精神所在则勤俭也，耐劳也，自立自营也，举凡一切人之德义，实利主义之教育无不含之。人人能勤俭、耐劳、自立、自营，则民智民德进步而社会国家亦进步矣"[2]。1913年10月黄炎培发表《学校教育采用实用主义之商榷》，他认为"从来一般之教授，仅恃生徒听官之感觉以为输入之梯，自直观教授行，乃进而利用生徒视官之感觉。今且更进而利用筋肉之感觉，不惟使生徒目睹此事物而已，直令其意义自行实验。由是而论知识，则观念益明确，论技能则修炼益精熟，以是谋生处世，遂无复有扞格不入之虑""今观吾国教育界之现象，虽谓此主义为唯一之对病良药可也"[3]。1913年10月庄俞发表在《教育杂志》（第5卷第7号）的《采用实用主义》一文则从实用主义之先导、教育现状与实用主义、采用实用主义之必要和实用主义之实施四个方面阐述了自己赞成采用实用主义的理由。他认为，"在教育上正当之目的，须与以物质的精神的关于生活上之准备，故正当学科宜从人生必要事项，而示以各种活动之顺序。第一使其能直接得生活上之实用。第二使其能间接得生活上之实用"[4]。通过对当时教育现状的分析，

[1] 中华书局. 中国教育辞典[M]. 上海：中华书局，1933：652.
[2] 陈学恂. 中国近代教育史教学参考资料：中册[M]. 北京：人民教育出版社，2000：293.
[3] 陈学恂. 中国近代教育史教学参考资料：中册[M]. 北京：人民教育出版社，2000：298.
[4] 陈学恂. 中国近代教育史教学参考资料：中册[M]. 北京：人民教育出版社，2000：300.

他指出"欲救今日教育之弊，非励（厉）行实用主义不可"[1]。至于实用主义的实施，他指出"教育部提倡之，各省教育司推广之，以此为部视学、省视学、县视学视察学校之准的，将见不崇朝而主义实施矣"[2]。

在上述思潮涌现的历史背景下，民国时期出现了"共和国教科书""新制共和教科书""新编中华教科书""新式教科书""新学制教科书""新时代教科书""新中华教科书""实用主义教科书""新编教科书""复兴教科书""新生活教科书""国防教科书"等各学科教科书，展现了小学数学教科书繁荣发展的景象。民国时期小学算术教科书书目见表1-7。

表1-7　民国时期小学算术教科书书目

序号	书名	册数	编辑（编纂）者	出版者	时间
1	中华初等小学算术教科书	8	顾树森	中华书局	1912.3
2	高等小学算术课本	—	石承宣	上海中国图书公司	1912.3
3	（订正）最新笔算教科书	4	杜亚泉、王兆楠	商务印书馆	1912.4
4	国民学校 春季始业 共和国教科书 新算术（笔算）	8	寿孝天	商务印书馆	1912.6
5	高等小学校 春季始业 共和国教科书 新算术（笔算）	6	骆师曾	商务印书馆	1912.6
6	高等小学算术教科书	4	何崇礼	上海科学会编译部	1912.9
7	中学校用 共和国教科书 新算术（乙种笔算）	8	寿孝天	商务印书馆	1913.1
8	新制中华算术教科书	12	顾树森	中华书局	1913.1
9	（订正）新制算术教科书	12	顾树森	中华书局	1913.1
10	初等小学算术教科书	—	万声扬	共和编译社	1913.1
11	新制中华算术教科书	9	赵秉良	中华书局	1913.3
12	高等小学校用（珠算） 共和国教科书 新算术	3	骆师曾	商务印书馆	1913.4
13	初等小学新算术教科书	8	沈羽	上海中国图书公司	1913.5
14	高等小学新算术教科书	9	石承宣	上海中国图书公司	1913.5
15	高等小学最新算术教科书	3	张景良	上海中国图书公司	1913.5
16	订正算术教本（笔算）	4	寿孝天	商务印书馆	1913.9
17	新编中华算术教科书	8	顾树森、沈煦	中华书局	1913.11
18	新编中华算术教科书	6	顾树森	中华书局	1913.11

[1] 陈学恂. 中国近代教育史教学参考资料：中册[M]. 北京：人民教育出版社，2000：301.
[2] 陈学恂. 中国近代教育史教学参考资料：中册[M]. 北京：人民教育出版社，2000：304.

（续表）

序号	书名	册数	编辑（编纂）者	出版者	时间
19	中华女子算术教科书	6	顾树森	中华书局	1913.11
20	单级算术教科书	12	寿孝天、邓庆谰	商务印书馆	1913.12
21	新制单级算术教科书	12	顾树森	中华书局	1914.1
22	算术教科书	—	顾树森	中华书局	1914.3
23	算术教科书	6	寿孝天、骆师曾 等	商务印书馆	1914.5
24	（订正）新编算术教科书	8	顾树森、沈煦	中华书局	1914
25	女子算术教科书	8	顾树森	中华书局	1915.1
26	新式算术教科书	8	顾树森、沈煦	中华书局	1915.12
27	高等小学校用 新式算术教科书	6	倪文奎	中华书局	1916.3
28	新体算术教科书	4	俞子夷	商务印书馆	1916.10
29	新教育教科书 算术	8	钱梦渭	中华书局	1920.8
30	新法算术教科书	6	樊平章	商务印书馆	1920.8
31	新法算术教科书	6	徐增	商务印书馆	1920
32	新教育教科书 算术	6	钱梦渭、华襄治	中华书局	1921.1
33	高等小学校用（珠算） 新法算术教科书	8	寿孝天、骆师曾	商务印书馆	1921.9
34	小学算术课本	4	赵侣青	中华书局	1922.3
35	新法笔算教科书	4	寿孝天	商务印书馆	1922.8
36	新小学教科书 算术课本	8	顾楠	中华书局	1923.1
37	新学制适用 新小学教科书 算术课本	4	张鹏飞	中华书局	1923.2
38	小学校初级用 新学制算术教科书	8	骆师曾	商务印书馆	1923.6
39	（订正）新学制算术教科书	8	骆师曾	商务印书馆	1923.6
40	新小学教科书珠算课本	—	徐增、柴辅文	中华书局	1923.10
41	小学校高级用 新学制算术教科书	4	骆师曾	商务印书馆	1924.1
42	新撰算术教科书	4	骆师曾、胡达聪	商务印书馆	1924.6
43	社会化算术教科书	8	俞子夷	商务印书馆	1924.7
44	新学制小学教科书 初级算术课本	8	戴渭清	世界书局	1925.1
45	新学制小学教科书 高级算术课本	4	杨逸群	世界书局	1925.3
46	算术课本	2	陶鸿翔、徐天游	中华书局	1925.7
47	小学高级文体算术教科书	4	雷珍	中华书局	1925.7
48	新时代算术教科书	8	胡通明	商务印书馆	1927.2
49	新时代算术教科书	8	胡通明	商务印书馆	1927.2

（续表）

序号	书名	册数	编辑（编纂）者	出版者	时间
50	新主义教科书前期小学算术课本	8	戴渭清等	世界书局	1927.4
51	新中华算术课本	8	顾楠	上海新国民图书社	1927.6
52	新中华算术课本	4	顾楠	中华书局	1927.9
53	新主义教科书 小学校高级用 算术课本	4	杨逸群、唐数躬	世界书局	1928.7
54	新中华教科书算术课本	8	顾楠	上海新国民图书社	1929.5
55	新编算术教科书（重编）	4	刘曾佑	上海苏新书局	1929.6
56	新标准教科书民智初级算术教本	8	曹淑逸、王文新	上海民智书局	1930.8
57	新标准教科书民智算术教本	4	施仁夫	上海民智书局	1931.4
58	基本教科书算术	8	骆师曾	商务印书馆	1931.5
59	开明算术课本	8	刘薰宇	开明书店	1932.6
60	新课程标准适用 小学算术课本	8	赵侣青等	中华书局	1933.3
61	复兴算术教科书（初小）	8	许用宾、沈百英	商务印书馆	1933.5
62	复兴算术教科书（高小）	4	顾楠、邹尚熊	商务印书馆	1933.7
63	算术课本	4	陈邦彦	世界书局	1933.4
64	新课程标准教科书世界第一种算术课本	8	张匡、骆师曾	世界书局	1933.5
65	新生活教科书算术	8	薛天汉	中华书局	1933.7
66	新生活教科书算术	4	薛天汉、沈慰霞	上海大东书局	1933.7
67	新课程标准大众教科书算术	8	吴家骧	上海大众书局	1934.2
68	开明算术课本	4	刘薰宇	开明书店	1934.7
69	高小算术课本	—	刘振汉、姜文渊	上海青光出版社	1934.7
70	算术课本——国民基础学校春季开业用（甲种）	4	广西普及国民基础教育研究所	（南宁）广西省政府教育厅	1935.1
71	算术课本——国民基础学校短期初级班用	2	广西普及国民基础教育研究所	（南宁）广西省政府教育厅	1935.1
72	算术课本——国民基础学校前期初级班用	4	广西普及国民基础教育研究所	（南宁）广西省政府教育厅	1935.7
73	小学算术课本	—	北师附小小学教育研究会选编，岳筠笙、张仲园主编	（北平）北师附小出版	1935.8
74	复兴算术课本	4	卢冠六	商务印书馆	1935.10
75	算术课本——一年制短期小学适用	2	宋文藻、沈百英	商务印书馆	1936.1
76	小学初级算术课本	—	国立编译馆	—	1936.9
77	高小新算术	4	骆师曾、胡达聪	世界书局	1937.1
78	高级小学算术补习教本	—	高季可	正中书局	1937.1

（续表）

序号	书名	册数	编辑（编纂）者	出版者	时间
79	算术教科书	一	国立编译馆	商务印书馆	1937.1
80	复兴算术教科书（高小）	8	许用宾、沈百英	商务印书馆	1937.6
81	复兴算术教科书（高小）	4	顾楠、胡达聪	商务印书馆	1937.7
82	新编初小算术课本	8	薛天汉	中华书局	1937.7
83	新编初小算术课本	8	徐允昭等	中华书局	1937.7
84	新编高小算术课本	4	徐允昭等	中华书局	1937.7
85	初小算术课本	8	赵侣青等	中华书局	1937.7
86	新编初小算术课本（南洋本）	一	徐允昭等	（新加坡）中华书局	1937.7
87	新编高小算术课本	4	薛天汉	中华书局	1937.12
88	修正初小算术教科书	8	（伪）教育部编审会	（北平）著者刊	1938.1
89	修正短期算术课本	4	（伪）初等教育研究会	（天津）华北书局	1938.2
90	初级小学校算术教科书	8	（伪）维新政府教育部	（南京）（伪）维新政府教育部	1938.8
91	高级小学校算术教科书	一	（伪）维新政府教育部	（南京）（伪）维新政府教育部	1938.8
92	初级小学算术教科书	一	倪仁毅	（无锡）协成印书局	1939.8
93	初小算术教科书（日伪出版物）	8	（伪）教育部编审会	（北平）著者刊	1939.8
94	高小算术教科书	4	（伪）教育部编审会	（北平）新民印书馆	1938.8
95	高小算术教科书	一	（伪）教育部编审会	（北平）著者刊	1940.8
96	国定教科书初小算术	8	（伪）教育部编审委员会	（南京）（伪）维新政府教育部	1940.8
				上海华中印书局	1942.1
97	国定教科书高小算术	4	（伪）教育部编审委员会	（南京）（伪）维新政府教育部	1940.8
				上海华中印书局	1942.1
				上海联合出版公司	1943.12
98	国防算术	8	俞子夷	正中书局	1941.12
99	新中国教科书高级小学算术	4	俞子夷	正中书局	1942.5
100	万叶算术课本	12	朱启甲、王修和	上海万叶书店	1944.7
101	初级小学算术课本	8	教育部征选 大东书局、中华书局应选 国立编译馆校订	（重庆）国定中小学教科书七家联合供应处	1944.7
				（南京）建国书店	1946.8
102	算术课本	8	冀中行署教育科重修	一	1946.1

（续表）

序号	书名	册数	编辑（编纂）者	出版者	时间
103	高级小学算术课本	4	俞子夷	（重庆）国定中小学教科书七家联合供应处	1946.7
104	初小算术课本	8	张逸园	（河北邢台）韬奋书店	1946.8
105	高小算术	4	霍得元	西北新华书店	1946.12
106	高级小学算术课本（三十六年修订本）	4	上海国立编译馆主编，薛天汉编	中华书局	1946.12
				上海中联印刷公司	1947.5
				春明书店	1947.5
				大东书局	1947.5
				南京建国书店	1947.8
				胜利出版社	1947.10
				商务印书馆	1948.5
107	临时初级算术课本	一	教科书编辑委员会	（东北）大连市政府教育局	1947.3
108	算术课本	6	陕甘宁边区教育厅审定	（西安）新华书店	1947.3
109	初级小学算术课本（第2次修订本）	8	上海国立编译馆主编，薛天汉编辑	中华书局	1947.5
				上海春明书店	1947.5
				商务印书馆	1947.5
				世界书局	1947.6
				上海文化服务社	1947.10
				正中书局	1947.11
				开明书店	1948.1
				上海三民图书公司	1948.1
				上海万叶书店	1948.5
				上海大中国图书局	1948.6
110	小学暑期课本算术	12	李占仁	大陆书局	1948.6
111	算术课本（重订本）	8	晋察冀边区行政委员会教育处审定	晋察冀新华书店	1948.6
112	小学暑假补习课本算术	5	俞子夷	正中书局	1948.7
113	小学课本算术（一上、一下、二上、二下）	4	山东省政府教育厅编审	华东新华书店	1948.9
114	算术课本	8	晋绥边区行政公署教育处审定	（华北）晋绥新华书店	1948.11
115	初小算术	8	东北人民政府教育部编	东北书店	1949.1

（续表）

序号	书名	册数	编辑（编纂）者	出版者	时间
116	初小算术	8	东北人民政府教育部编	（沈阳）东北新华书店	1949.1
117	高小算术	4	东北人民政府教育部编	（长春）东北书店	1949.1
118	算术课本	4	德俯等	（华北）华东新华书店	1949.2
119	现代算术课本（华侨小学高年级用）	4	宋元彬、孙起孟	（新加坡）上海书局	1949
120	高级小学算术课本	—	刘松涛	华北联合出版社	1949

三、民国时期初中数学教科书发展概述

民国时期国人编译和编撰的中学教科书颇多，出版企业甚多。据北京图书馆、人民教育出版社图书馆合编的《民国时期总书目（1911—1949）中小学教材》（书目文献出版社，1995年），中学数学教科书有398种，据王有朋主编的《中国近代中小学教科书总目》（上海辞书出版社，2010年），民国中学数学教科书有477种，从作者团队所藏民国数学教科书看，"总目"也并不全。可见将民国时期中学数学教科书全部说明是不可能的事情。因此，选取由商务印书馆和中华书局出版的初中数学教科书来概述其发展情况。该时期的初中数学教科书的发展概貌见表1-8。

表 1-8　课程标准下商务印书馆与中华书局出版的成套初中数学教科书

学制	商务印书馆	中华书局
壬子癸丑学制（1913）	1. 共和国教科书 2. 民国新教科书	1. 中华教科书 2. 新制教科书
壬戌学制（1922） 新学制课程标准纲要（1923）	1. 实用主义（中学新）教科书 2. 新法教科书 3. 新学制教科书 4. 混合算学教科书 5. 现代初中教科书 6. 中等教育系列教科书	1. 新式教科书 2. 新编教科书 3. 新中学教科书 4. 初级混合数学教科书
初级中学算学课程标准（1932） 初级中学算学课程标准（修正）（1936）	复兴初级中学教科书	—

（一）中学校用共和国教科书

1913年颁布"壬子癸丑学制"，同年3月，《中学校课程标准》正式颁行，要求"凡各种教科书，务合乎共和民国宗旨。清学部颁布之教科书，一律禁用""凡民国通行之教科书，……如学校教员遇有教科书中不合共和宗旨者，可随时删改"。按照这一要求，出版企业担当历史责任，组织编写出版了"共和国教科书"。商务印书馆"新编共和国教科书说明"很好地反映了国人对教科书

历史使命的认识："国之盛衰，以教育之优劣为枢机。无良教育，何以得良国民。无良教科书，何以得良教育。同人学识浅陋，窃不自揣，爰于壬癸之际，纠合同志，从事教科书之编辑。迄今已逾十年，为社会所共知。乃者民国成立，数千年专制政体，一跃而成世界最高尚最完美之共和国。政体既已革新，而为教育根本之教科书，亦不能不随之转移，以应时势之需要。此又同人所不敢不自勉者也。东南光复以来，本馆即将旧有各书遵照教育部通令大加改订。凡与满清有关系者，悉数删除，并于封面上特加订正为中华民国字样，先行出版，以应今年各校开学之用。更联合十数同志，日夕研究。本十余年编辑上教授上之经验，从事于教科书之革新，博采世界之最新主义，期以养成共和国民之人格，造端甚微，影响至巨，不敢稍有稽延，尤不敢或滋草率。"[1]

　　商务印书馆和中华书局响应国家的规定，出版了共和国教科书和中华教科书。其中，中学校用共和国数学教科书一套包括：《中学校用 共和国教科书 算术》（寿孝天编，191页）、《中学校用 共和国教科书 代数学》（上、下卷，骆师曾编，274页）、《中学校用 共和国教科书 平面几何》（黄元吉编，173页）、《中学校用 共和国教科书 立体几何》（黄元吉编，65页）、《中学校用 共和国教科书 平三角大要》（黄元吉编，55页）。算术、代数和平面几何学为初中数学教科书主要内容。

　　该套教科书是按《中学校课程标准》的要求以算术、代数、平面几何、立体几何和平三角大要的顺序展开的，呈现以下几个特点：

　　（1）教科书内容简明扼要。由其页数可知，《中学校用 共和国教科书 代数学》适用于中学校一年级到三年级，共274页，包括习题。该套教科书内容适度，表述简洁，每项内容安排了4~5道例题、5~10道习题，其中应用题的习题较多。

　　（2）教科书封面上方有"教育部审定"字样，右侧有"中学校用"字样，中间有"共和国教科书"字样，左下角有"商务印书馆出版"的字样。封面二上有"教育部审定批语"，如《中学校用 共和国教科书 算术》"批语"写道："该书编辑条次尚属清晰于中学学生应具之算术知识叙述颇为详备。"如《中学校用 共和国教科书 代数学》"批语"写道："此书颇简单明晓。准作为中学校用教科书。"其他教科书亦然。但这套教科书再版时，在后面增加了1~3页的教科书广告。

　　（3）每本教科书均有"编辑大意"，说明了教科书学习期限、内容结构、名词术语、文字排列等。

　　（4）每本教科书均有"绪论"，回答何谓算术、代数学、几何学和三角学的问题，并给出相关符号、定义、公设（公理）、定理。在各篇章中又给出相应概念的定义，并为所有数学名词术语附上了英文名词。正如《中学校用 共和国教科书 代数学》"编辑大意"中所说："代数学来自欧西。各种译名，证以西文可免歧误，然若另编中西对照表，未免费翻检之时刻。今于名词初见之处，即用西文原名。附注于后，举目可得，似于学者更为便利。"

---

[1] 王云五. 王云五文集：伍：商务印书馆与新教育年谱：上[M]. 南昌：江西教育出版社，2008：71.

（二）混合数学教科书

从1923年开始，中国实行初中数学的混合教学。商务印书馆和中华书局合计出版了四套混合数学教科书：（1）徐甘棠、王自芸、文亚文、唐梗献翻译的《布利氏新式算学教科书》（三编，精装版，商务印书馆，1920—1924年），是根据美国数学会"中学算学教授法，须彻底再造"[1]的建议，于1903年进行"数科融合教授"实验后，于1906年编成的中学第一年算学课本。该教科书至1930年，第一编出版十一版，第二编出版八版，第三编出版四版。该教科书内容过多，一些内容不符合当时中国数学教育实际，因此出版次数并不多。《布利氏新式算学教科书》另一翻译版本为平装版，四编，前三编与精装版相同，第四编由余介石翻译。（2）程廷熙、傅种孙编写的《新中学教科书 初级混合数学》（共6册，中华书局，1923—1925年）。（3）段育华编写的《新学制 混合算学教科书 初级中学用》（共6册，商务印书馆，1923—1926年）。（4）张鹏飞编的《新中学教科书 初级混合法算学》（6册，中华书局，1923年）。

由于各地教授混合数学的"师资难得"，所以为了平稳过渡到混合数学教学，商务印书馆和中华书局还都另编或修订原来的分科教科书。商务印书馆新编的有"现代初中教科书"，算学1套6册（周宣德编《现代初中教科书 几何》上、下册，严济慈编《现代初中教科书 算术》，吴在渊编《现代初中教科书 代数学》上、下册，刘正经编《现代初中教科书 三角术》），同时对1913年、1914年出版的"共和国教科书"和"民国新教科书"进行修订后陆续出版。此外，还有配套的自编教材和翻译的教科书多种。例如，吴在渊、胡敦复合著的《新中学教科书 算术》（中华书局）自1920年至1932年间，发行四十五版次。

（三）复兴数学教科书

1932年，商务印书馆在"一·二八"事变中历经了一次空前的浩劫，总厂被日军炸成废墟，尚公小学、东方图书馆及附设于馆内的编译所被日本浪人纵火焚烧，其损失无法估量。遭遇劫难之后，商务印书馆提出"为国难而牺牲，为文化而奋斗"，积极进行复业、复兴工作，遵照课程标准适时地出版了一套教科书，称为"复兴教科书"。

1933年起，商务印书馆开始出版"复兴初级中学教科书"和"复兴高级中学教科书"。出版"复兴教科书"时邀请国内著名学者参与编写。"初级中学用书分别委托各地现任中学校之教师及素有研究而富经验者担任编辑，已有下列多种正在排印，兹将书名及编辑人姓名列下：算术，骆师曾；代数，虞明礼；几何，余介石；三角，周元谷。"[2]

1936年修正课程标准颁布后，陆续对"复兴教科书"进行了修订。这套"复兴中学数学教科

---

[1] 布利氏. 布利氏新式算学教科书：第一编[M]. 徐甘棠，译. 上海：商务印书馆，1920：原序二.
[2] 王云五. 王云五文集：伍：商务印书馆与新教育年谱：上[M]. 南昌：江西教育出版社，2008：416.

书"的初中数学教科书和部分高中数学教科书一直用到1949年。

在《教育杂志》第25卷第7号（夏季特大号，1935年）上有"复兴教科书"广告："复兴初级中学教科书，遵照课程标准，注重民族复兴，表现科学精神，提倡生产教育。"

关于"复兴教科书"的水平问题，王云五指出："一般公论，此一套最后出之中小学教科书与最前出之最新教科书，在历次所编教科书中堪称佳作。"[1]

（四）翻译的初中数学教科书

民国时期虽然有教科书审定制度，但是审定制度只对国人编写的数学教科书有效，对翻译国外数学教科书没有具体规定，所以翻译教科书不受审定制度的制约，被自由地大量翻译出版，这种现象可以称为"制度之外的数学教科书"。这反映民国时期中学数学教科书发展情况，也侧面反映当时中学数学教学情况，即中学数学教学不只使用一种教科书，而是以一种教科书为主同时参考其他教科书进行教学。

民国时期中学数学教科书的翻译出版是清末数学教科书翻译出版的延续和发展。中华民国成立后，数学教科书从翻译日本教科书转向翻译欧美教科书。初中数学教科书与高中数学教科书相比，翻译相对少一些，使用较为广泛的翻译版初中数学教科书为"三S几何学"教科书。该教科书对中国的影响极大。《三S平面几何学》教科书原著初版时间为1913年，其译本多达十多种，从1928年一直被使用到20世纪50年代初（1952年也有再版）。

该教科书的编写特色有：（1）从实验几何入手，容易引起读者的兴趣，且输入明确的基本观念。（2）证明之前，先说明着手方法，俾学者容易明了证明步骤。（3）习题多用问答形式及测验形式，费时少而收效多，且插图丰富，易于学习。（4）次要材料，列入附录中，教材有伸缩的余地。（5）教材内容应有尽有，不必另外补充材料。人称此书是一本"教的人容易教，学的人容易学"的好书。

《中等算学月刊》第3卷第2期的封面上刊登了该教科书的广告语："三S所著之*Planeand Solid Geomety*其价值与二十年前之温德华士几何学相仿在我国销行极广"，从中可看出其影响力之大和"三S几何学"对我国几何教学起到的积极作用。

（五）实验几何教科书

德国数学家克莱因对"实验几何"作了描述性定义：先，用实物使学者认识各种几何形体，及熟习各项几何名词，但不正式告以几何之定义。次，使学者练习如何运用尺、圆规、量角器、三角板等，作各种图形，注重精确与整洁。复次，使学者根据作图量角，发现简单关系。[2]学者认为，实验几何的目的为：使学者由观察及实验认识几何形体，发现其简单的关系，以及求几何量的大

---

[1] 王云五. 王云五文集：伍：商务印书馆与新教育年谱：上[M]. 南昌：江西教育出版社，2008：416.

[2] 汪桂荣. 初级中学实验几何学[M]. 南京：正中书局，1935：编者自序第1页.

小。实验几何的教学目标为：（1）发展学者空间观念及空间悬想；（2）使学者在自然、工艺、家庭诸方面遇到几何形体有欣赏能力；（3）训练学者运用直接量法及间接量法；（4）给予学者自动研究的机会，如此可以使学者智慧日渐增进；（5）指示学者使用尺、圆规、量角器、三角板等绘图器具；（6）使学者估计几何量的大小；（7）使学者自由观察认识几何事实；（8）使学者有自行发现几何关系的能力；（9）使学者有从特别事实，推求普遍结论的能力；（10）使学者养成追求精确整洁的习惯；（11）从游戏及职业两方面，提起学者对几何的兴趣；（12）使学者认识几何与文化的关系；（13）为研究推理几何及其他算学建立良好基础。

在这种认同下，出现了多种实验几何教科书，有的以"实验几何"命名，有的以"初中几何"命名。"三S几何学"的部分内容也是实验几何内容。实验几何教科书情况，见表1-9。

表1-9　实验几何教科书

序号	书名	作者	出版者	时间	备注
1	现代初中教科书 几何（上、下册）	周宣德	商务印书馆	1927	已经涉及实验几何内容
2	初级中学学生用 开明算学教本 几何（上、下册）	周为群、刘薰宇、章克标、仲光然	上海开明书店	1932	上册几何学入门中有实验几何内容
3	何氏初中几何（上、下册）	何时慧	世界书局	1934	卷一共四编17章为实验几何部分
4	初中标准算学几何（上、下册）	孙宗堃、胡尔康	上海中学生书局	1935	上册第一章和第二章为实验几何部分
5	初级中学 实验几何学	汪桂荣	正中书局	1935	共九章，1936年第十版
6	新中国教科书初级中学几何学（上、下册）	汪桂荣、万颐祥、余傅绶	正中书局	1936	第一册为实验几何部分
7	新课程标准适用 初中几何（上、下册）	余介石、徐子豪、胡术五	中华书局	1940	上册前三编为实验几何
8	国定教科书初中几何（四册）	教育部编审委员会	国民政府教育部刊行	1944	第一册为实验几何
9	修正课程标准适用 初中新几何（上、下册）	余鹏、石超	世界书局	1948	卷一共五章为实验几何部分

四、民国时期高中数学教科书发展概述

民国时期高中数学教科书得到长足发展，达到了很高的水平。其具体表现在以下四个方面：第一，1912年至1941年间，施行教科书审定制；1941年至1949年间，施行教科书国定制。自编教科书严格遵照教科书制度出版，而翻译教科书不一定受教科书制度的制约。第二，教科书翻译与自编

的转变关系：高中数学教科书从清末的以翻译日本教科书为主转向以翻译欧美数学教科书为主；从清末的以翻译国外教科书为主转向以自编教科书为主。第三，民国时期高中数学教科书呈多元化发展：许多数学家独立或合作编写高中数学教科书；商务印书馆和中华书局等几十家出版企业出版高中数学教科书；自编教科书、翻译教科书和原版教科书被同时使用。第四，教科书现代性方面，1912年至1922年间，仍然使用清末的欧洲传统数学教育的教科书，自1922年颁布"壬戌学制"后，函数、解析几何等内容进入国人自编的高中数学教科书中，中国数学教育与世界数学教育潮流接轨。这里需说明的一点是在1922年前，国人自编的个别教科书中已经有了函数内容，如陈文编写的《实用主义 代数学教科书（中学校用）》（商务印书馆，1918年）中设置了函数内容。

民国时期高中数学教科书可以大致地分为自编教科书、翻译教科书和原版教科书的重印三大类。

（一）自编的高中数学教科书

民国时期自编高中数学教科书的发展迅速，呈现百家争鸣、百花齐放的景象。

首先，教科书出版企业根据课程标准的变化和国内政治形势出版了系列的高中数学教科书。仅商务印书馆和中华书局就出版了多套自编教科书，见表1-10。

表1-10　课程标准下商务印书馆与中华书局出版的成套高中数学教科书

学制	商务印书馆	中华书局
壬子癸丑学制（1913）	1. 共和国教科书 2. 民国新教科书	1. 中华教科书 2. 新制教科书
壬戌学制（1922） 新学制课程标准纲要（1923）	1. 实用主义（中学新）教科书 2. 新法教科书 3. 新学制教科书 4. 现代教科书 5. 中等教育系列教科书	1. 新式教科书 2. 新编教科书 3. 新中学教科书
高级中学算学课程标准（1932） 高级中学算学课程标准（修正）（1936）	复兴高级中学教科书	——

其次，受各种教育思潮或科学思想的影响，数学教育工作者编写了"实用主义数学教科书""混合主义数学教科书""实验主义数学教科书"等。"实用主义数学教科书"有：陈文编著的系列教科书《实用主义 中学新算术》（1916年初版）、《实用主义 代数学教科书（中学校用）》（1919年再版）、《实用主义 中学新几何 平面上、下》（1917年初版）、《实用主义 中学新几何 立体（中学校用）》（1923年初版）、《实用主义 平面三角法》（1919年第三版）等。在国人自编的数学教科书中，陈文编写的教科书内容超前，在代数学教科书中已经引进了函数及其图象的内容。

著名数学家编写的中学数学教科书，如吴在渊的系列教科书、陈建功的系列教科书，以及傅仲孙、何鲁等著名数学家编写的单本数学教科书等，在后面相关章节中将详细介绍，兹不赘述。

（二）翻译的高中数学教科书

民国时期翻译出版了多种高中数学教科书，《温德华士几何学》《范氏大代数》《葛氏平面三角学》等中学数学教科书被大量翻译，而且翻译者和版本较多，被使用时间也很长。

1. 温德华士数学教科书

美国数学家、数学教育家温德华士（G.A.Wentworth[1]，1835—1906）的教科书中文译本在中国被广泛使用。其中代数学、几何学和三角学教科书有多种版本。

温德华士数学教科书有以下特点：

第一，内容设置由浅入深、体例井然、简明易懂，每章后均设有一节例题，是对部分定理和例题证明的补充，同时附有教学法方面的内容，如在《温特渥斯解析几何学》（郑家斌译，陈文校，商务印书馆，1933年）的"序"中提到学生在学习了一定算术、代数、几何和三角知识之后才能更好地领会解析几何等。

第二，习题过多，虽符合当时教育的"尚实"精神，但重复性练习不利于培养学生的创造力。另外有些表述烦琐，不够严谨，内容顺序安排不合理，有些解法或证明较烦琐。

第三，讲解详细，便于初学者使用。

温德华士数学教科书是在当时中国急需教科书的情况下传入的，在一定程度上解决了当时国人对于数学教科书的需求，推动了数学教育的发展。

2. 范氏大代数

美国数学家和数学教育家亨利·伯查德·范因（Henry Burchard Fine，1858—1928），著有代数学教科书*College Algebra*，20世纪30、40年代风行于中国，有多种译本。

《汉译范氏大代数》出版之后，在国内数学教育界引起很大反响，从而对中国近代数学教育产生了很大的影响。著名数学家程廷熙在《韩译范氏高等代数学》"序"中写道："范氏高等代数学一书，近十数年，风行海内，中学教以斯，大学试以斯，盖其理论谨严，材料丰富，诚中学教科之一善本也。"

翻译的中学数学教科书还有葛兰威尔（W.A.Granville）的三角学教科书、史密斯和盖尔（P.F.Smith，A.S.Gale）的解析几何学教科书等，其在中国翻译版本较多，也产生了积极的影响。

---

[1] 有的将其译为温德华士，有的将其译为温特渥（沃）斯，其实为同一人。

（三）原版教科书的重刻本

民国时期有些中学采用英文原版数学教科书，北京大学、北京高等师范学校等高等院校数学入学考试题也用英文命题。由于英文原版教科书均为精装，直接进口价格昂贵，所以国内一些出版机构重印英文原版教科书，以降低其价格，以供国内高中使用。如武昌珞珈山西书流通社、北平厂甸师大附中算学丛刻社和商务印书馆等单位重印英文原版数学教科书。当时在《中等算学月刊》等教育类期刊上刊登大量广告。厂甸师大附中算学丛刻社高中英文原版数学书目重印情况见表1-11。

表1-11　厂甸师大附中算学丛刻社重印高中英文原版数学书目

课程	作者	教科书
代数学	Davission	*College Algebra*
	Fine	*College Algebra with Notes and Answers*
几何学	Schultze, Sevenoak, Schuyler	*Plane Geometry*
	Schultze, Sevenoak, Schuyler	*Solid Geometry*
	Schultze, Sevenoak, Schuyler	*Plane and Solid Geometry*
三角学	W. A. Granville	*Plane Trigonometry with Tables and Notes*
	W. A. Granville	*Spherical Trigonometry*
	Goodwin	*Plane Trigonometry*
解析几何	P. F. Smith, A. S. Gale	*Elements of Analytic Geometry*
	P. F. Smith, A. S. Gale, Neeuey	*New Analytic Geometry*
	Woods, Bailey	*Analytic Geometry and Calculus*
近世几何	Godfrey, Siddons	*Modern Geometry*
微积初步	Passano	*Calculus and Graphs*
	Gibson	*Elementary Calculus*
	Granville, Smith, Longley	*Differential and Integral Calculus*
数学分析	Young, Morgan	*Elemenary Mathematical Analysis*

厂甸师大附中算学丛刻社高中英文原版数学教科书重印时，书的封面为英文书名，书脊为中文书名，封面内页为中文书名，其背后为英文书名，接着就是中文"重刻序"。书的最后有"译名索引"。

关于使用原版教科书，有些学者赞成，有些学者反对。1930年5月，虽然要求初中教科书除外国语校本外，应一律采用中文教科书，不得再用原本[1]，但对高中教科书没有提出停止使用外文原版教科书的要求。1940年以后逐渐不再使用原版教科书。

---

[1] 郑鹤声. 三十年来中央政府对于编审教科图书之检讨[J]. 教育杂志（夏季特大号），1935，25（7）.

五、民国时期中学数学教科书特点

民国时期中学数学教科书特点主要是指教科书整体性特点、出版和使用、翻译等特点，这里不讨论某一教科书的具体内容。

第一，中学数学教科书以自编为主，翻译为辅。清末中学教科书以翻译为主，自编为辅。民国时期，编纂初中数学教科书的学者愈来愈多，逐渐从翻译日本和欧美教科书转向自编教科书，可谓形成了教科书建设者群体。高中出现《温德华士几何学》《范氏大代数》《葛氏平面三角学》等各种翻译版本的高中数学教科书。

第二，中学数学教学以一种教科书为主，以其他教科书为参考。学者针对民国时期使用初中数学教科书的这种情况，提出"教科书之统合"问题："教科书之统合。教学上统合问题，于教材内部之联络统合外，而教科书之统合，亦须研究。各种教科书若出于同一之编辑者或同一书局，则其间如矛盾、冲突、重复、脱漏等患自可减少，而于教学之统合上亦可得不少之便利。否则，采用不同之书局或不同之编辑者之诸种教科书时，则因其主张体例之不同，其所得之结果，教者之不便尚小，而往往又与儿童心理上以不统一之恶影响，实属可虑。是以教科书之统合，亦为教育上之重要问题焉。"[1]

条件好的高中使用中文版数学教科书的同时，也使用英文原版数学教科书。有些大学入学考试数学题也用英文命题。

1912年至1922年，高中数学教科书主要有代数学、平面几何、立体几何和三角学。1922年以后，解析几何学被纳入高中课程，这也说明中国中学数学教育与世界数学教育潮流完全接轨。

第三，教科书编写者多为数学家。首先，在民国时期，吴在渊、程廷熙、傅种孙、陈建功、胡明复、余介石、何鲁、张鹏飞等著名数学家积极投入编写中学数学教科书的行列，并起到引领作用。其次，他们有的独自编写一种教科书，有的编写完整的一套教科书，并不断修改再版多次。他们编写教科书并不是一时兴起，而是长期致力于教科书的建设。数学家编写教科书，在宏观层面可以把握国内外数学教科书的发展情况，在微观层面能够保证数学教科书内容的系统性。

第四，教科书的多元化发展。民国时期中学数学教科书多元化发展体现在以下几个方面：（1）制度层面上，自编教科书遵照审定制度，翻译教科书自由出版。民国时期虽然施行教科书审定制度，但仅国人自编教科书遵循审定要求，翻译教科书并没有遵照审定制度。（2）以商务印书馆、中华书局为龙头的教科书出版企业竞争激烈，在同一课程标准时期不同的出版企业各自组织编写出版教科书，出现"百花齐放，百家争鸣"的景象。（3）数学家为不同的出版企业提供同一内容结构的教科书，诚然教科书的名称有所差异。（4）在高中，国人自编的教科书、翻译的教科书和复刻的英文原版教科书同时被使用。

[1] 唐钺，朱经农，高觉敷. 教育大辞书[M]. 上海：商务印书馆，1933：1076.

第五，教科书的使用周期长。民国时期虽然修订课程标准多次，而且每次修订后出现相应的新教科书，但是之前高水平的教科书也被再版使用或作为教学参考书使用。如，1913年骆师曾编的《中学校用 共和国教科书 代数学》至1928年被再版三十次。又如，"复兴数学教科书"自出版直至被使用到中华人民共和国成立。对于教科书周期与教科书质量的问题，原商务印书馆掌门人、著名企业家和教育家王云五提出了精辟的见解："查各国教科书，因学制课程久无变更，得就流行之本，按各方意见与教学经验，随时修订改进，无须重新编印，故能保持原有之长，而补其缺憾。英美优良之教科书，往往有流行至数十年而逐渐改订至十数次者，我国则因学制课程不时变更，而变更之后，仓卒（促）发布，仓卒实行，于是出版家为适应需求，又不得不仓卒重编新书。编书者只求新颖，不愿多采旧有之优良资料，遂至前一套教科书试验结果发见（现）的缺点，未及改进便须根本改作，而根本改作之结果，往往又生出另一种的缺点，长此下去，只见书本形式革新，未见内容之改善。我屡曾对教育当局进言，要想教科书完善，至少一二十年不改课程，三四年改进课本一次。如此始可逐渐有进步，至万不得已而有改订课程之必要，必须宽以时日，使出版家可从容重编新的教科书，勿蹈已往仓卒公布，立即实施之覆辙。"[1]

第六，教科书的编写过程也反映了数学家的数学教育思想的成熟过程。虽然清末时期中国数学教育与西方数学教育改革思潮背道而驰，但是中华民国成立后中国逐渐接受欧美数学教育的新思想，不断探索，以1922年"壬戌学制"的颁布为标志，我国数学教育与欧美数学教育全面接轨。初中出现了与"混合数学""实验几何"等数学教育思想相对应的教科书。

---

[1] 王云五. 王云五文集：伍：商务印书馆与新教育年谱：下[M]. 南昌：江西教育出版社，2008：831-832.

第二章

1902 年以前的数学教科书

1902

1607年，利玛窦和徐光启翻译出版《几何原本》前六卷，这是西方数学第一次传入中国。鸦片战争至辛亥革命期间，西学著作的翻译达到高潮。其中又以甲午战败为界分为两段。前一阶段多翻译英美数学著作，后一阶段兼翻译西方数学著作与日本数学原著，或翻译引进日文版的西方数学著作；前一阶段以口译、笔述合作为主，后一阶段多为国人独立翻译，个别的由日本学者翻译。翻译机构有教会、官办与民间三类。19世纪中叶至20世纪初，西方数学著作的翻译以墨海书馆、江南制造局翻译馆、美华书馆所译各书为主。

晚清西方数学的传入以李善兰和伟烈亚力、华蘅芳和傅兰雅贡献最大。传教士单独或与中国学者合作翻译了大量的西方书籍。李善兰与伟烈亚力在墨海书馆合译《几何原本》后九卷（1857年），使得《几何原本》中译本终成足本；《代数学》十三卷（1859年）及《代微积拾级》十八卷（1859年）等，微积分首次传入中国。华蘅芳与傅兰雅在江南制造局翻译馆合译《代数术》二十五卷（1873年）、《微积溯源》八卷（1874年）、《三角数理》十二卷（1877年）等。1877年，"学校教科书委员会"[1]在第一届"在华基督教传教士大会"上成立。中华教育会下设出版委员会，由狄考文负责，潘慎文、傅兰雅等人为成员。[2]学校教科书委员会成立后，就教会学校教科书的编写原则、门类及标准等作出规划，一些教学用书亦随之出版。狄考文、邹立文等撰或译述的《形学备旨》十卷（1885年）、《代数备旨》十三卷（1891年）、《笔算数学》三卷（1892年），潘慎文与谢洪赉合译《代形合参》三卷附一卷（1894年）及《八线备旨》四卷（1893年）等，相继在上海美华书馆出版。这些教科书成为当时中国许多学校所用教科书的主要部分，成为国人了解西学的重要来源。[3]

此时教科书的编译需要遵循两项原则：一是将科学与宗教结合。以狄考文为例，他在《代数备旨》"序"中写道："远涉中华，宣传神子降世，舍生救民之圣道，此固以道为重，望世人同登天路，而得天堂之永生也。"[4]二是教科书编译必须用中文。这一时期翻译的西方数学著作的成绩当予肯定。"李善兰、华蘅芳、赵仲涵等任笔受（手），其人皆学有根柢，对于所译之书，责任心与兴味皆极浓重。故其成绩略可比明之徐、李"是为持平之论。[5]

[1] 1890年，第二届"在华基督教传教士大会"将"学校教科书委员会"改组为"中华教育会"，至1905年改名为"中华教育会"。

[2] 李兆华. 中国近代数学教育史稿[M]. 济南：山东教育出版社，2005：18.

[3] 据1895年出版的《中国教育指南》记载，具有代表性的12所教会中学中，有9所采用"学校教科书委员会"编译出版的教科书。1902年，清政府颁布"壬寅学制"后，自然科学课程也多使用《笔算数学》《代数备旨》《形学备旨》《代形合参》。

[4] 狄考文. 代数备旨[M]. 上海：美华书馆，1896：序.

[5] 梁启超. 民国学术经典文库：清代学术概论[M]. 北京：东方出版社，1996：88.

第一节
算术教科书

清末颁布"壬寅学制"前，流传于中国的算术教科书以日文原版为主。如，日本文部省编的《小学算术书》（两卷，大32开日本线装书，1873年）、《日本算术》（1873年）、桦正董编的《初等算术教科书》（樱井书房，1893年）、泽田吾一著的《中学算术新教科书》（富山房，1900年）、藤泽利喜太郎著的《算术教科书》（大日本图书株式会社，1901年）、日本文部省编的《高等算术教科书》（1901年）等。此外，这一时期的算术教科书还有蔡定国编的《算术》（1～3册）、阳湖方楷撰的《笔算初阶》（聚文书局，约1884年）等。下面主要介绍藤泽利喜太郎的《算术教科书》（山西大学译书院，1904年）。

藤泽利喜太郎（Fujisawa Rikitaro，1861—1933，图2-1）是日本著名数学教育家，日本近现代数学教育的奠基人。1861年9月9日出生在新潟市。1877年9月，被东京大学理学部的数学物理学及星（天文）学科专业录取，师从日本著名数学家菊池大麓。大学毕业后，曾留学于英国伦敦大学。1882年，在德国学习研究纯粹数学4年，先是入柏林大学师从世界著名数学家利奥波德·克罗内克（Leopold Kronecker，1823—1891）。1884年10月，从柏林大学来到斯特拉斯堡大学学习分析学和函数论。1886年7月，通过博士考试，再次来到柏林。1887年5月，回日本，6月在东京帝国大学理学部任教授，时年26岁。从1898年开始，藤泽利喜太郎直接影响了日本数学教育的国家统一化的发展。其著作主要有《生命保险论》（1889年）、《算术条目及教授法》（1895年）、《寻常中学校数学科教授细目》（1898年）、《算术教科书》（上、下卷，1896年）、《初等代数学教科书》（上、下卷，1898年）、《数学教授法》（1900年）、《续初等代数教科书》（1900年）、《总选举读本》（1928年）等。他致力于数学和数学教育研究，与菊池大麓一道积极地开展日本的数学教育改革，提出了"数学教育研究是一门学问"的观点。在藤泽利喜太郎编写的数学著作、教

图2-1　藤泽利喜太郎像[1]

---

[1] 图片来源：[日本の数学100年史]编集委员会. 日本の数学100年史：上[M]. 東京：岩波书店，1983：225.

科书中，被翻译成汉语的有《算术条目及教授法》（王国维译，1901—1902年）、《算术教科书》（日本西师意译，山西大学译书院，1904年）、《中学算术新教科书》（赵秉良译，商务印书馆，1908年）、《续初等代数学问题解义》（黄际遇译，商务印书馆，1917年）等。20世纪初，日本的数学研究能得以迅速发展，并接近世界先进水平，藤泽利喜太郎对此起到了极其重大的作用。

藤泽利喜太郎著《算术教科书》上、下卷（图2-2），精装本，共10编内容。上卷于1896年5月12日，下卷于同年11月27日，均由大日本图书株式会社发行。

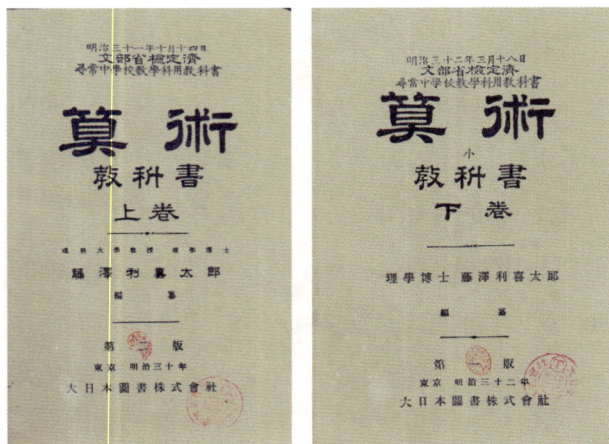

图2-2　《算术教科书》大日本图书株式会社发行，1896年

其内容如下：

上卷内容共五编。

第一编　绪论　数的命名；数的写法及记数法；小数

第二编　四则　加法；减法；乘法；除法；四则杂题

第三编　诸等数　米的法度量衡；本邦度量衡；货币；诸等通法；诸等命法；诸等数加法；诸等数减法；诸等数乘法；诸等数除法；外国度量衡；外国货币；弧度、角度；经度与时刻；温度；诸等数杂题

第四编　整数的性质　倍数与约数；九与十一的加减乘除的验算方法；素数及素因数；最大公约数；最小公倍数；杂题

第五编　分数　分数的诸论；约分；通分；分数转换成小数；小数转换成分数；分数的加法；分数的减法；分数的乘法；通分法及其命名法；分数的复杂运算；循环小数的加减乘除；分数杂题；问题解答

下卷内容共五编。

第六编　诸等数（第三编续）　外国度量衡；外国货币；弧度、角度、温度；诸等杂题；经度与时间

第七编　比及比例　比；比例；复比例；连锁法；比例分配；混合；比例杂题

第八编　步合算及利息算　步合算；内割、外割；租税；保险；利息算；割引；为替；公债

离书及株券；支拂（付）期日的平均；复利或重利；步合算及利息算杂题

第九编　开平开立方　开平方；开立方

第十编　杂题　复利表；省略乘法计算与省略除法计算

最后是"问题答案"。

第二节
数学教科书

一、狄考文辑，邹立文述《笔算数学》

《笔算数学》三卷（图2-3），由美国狄考文辑，蓬莱邹立文[1]述。1892年狄考文作序，同年由上海美华书馆出版，是我国早期的一部算术教科书。此书是我国最早一部用白话文（即官话）编写的数学教科书。[2]1906年由甘肃高等学堂刊出版《笔算数学》（图2-4），该版本是极为罕见的。

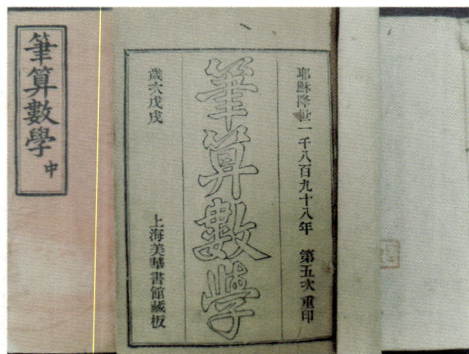

2-3

图2-3 《笔算数学》美华书馆藏板，1898年

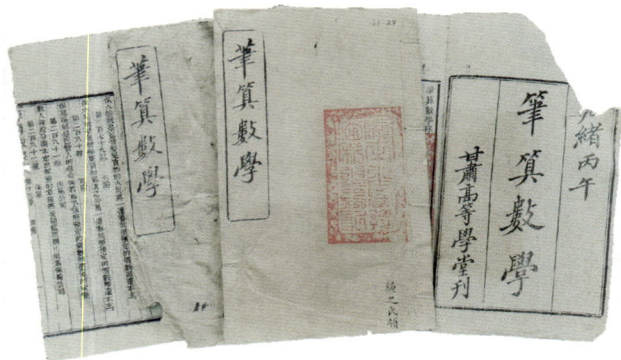

2-4

图2-4 《笔算数学》甘肃高等学堂刊，1906年

[1] 邹立文，山东平度人，字宪章。与美国传教士狄考文合译《笔算数学》《代数备旨》《形学备旨》等。
[2] 莫由，许慎. 中国现代数学史话[M]. 南宁：广西教育出版社，1987：14.

狄考文（Calvin Wilson Mateer，1836—1908，图2-5），美国北长老会传教士，1863年来中国传教，1908年病逝于青岛。1864年创办了中国近代具有高等教育性质的教会大学——登州文会馆（齐鲁大学前身）。开展了近代新式教科书编写工作，如《笔算数学》《术语辞汇》《形学备旨》《心算数学》《官话类编》等。这些教科书在当时被多次重印，流行广泛，不仅在许多教会学校中发挥了作用，也被清末新式学堂采用。狄考文编译教科书的方法独特：他一般不使用自己的讲稿直接编印课本，而是将学生的笔记加以归纳、整理，再编印成书。这样的教材，由师生合作，经过教学实践，因此能更好地为中国学生理解和掌握。狄考文正是用这种方法编译了《笔算数学》《代数备旨》等教科书，这也许是这些书畅销的原因之一。[2]

图2-5　狄考文像[1]

《笔算数学》部分版本摘录整理如表2-1所示。[3]

表2-1　《笔算数学》部分版本

书名	版本
《笔算数学》三卷	清光绪十八年（1892年）自序铅印本1
	清光绪二十二年（1896年）同文馆石印本四册
	清光绪二十三年（1897年）湖北武备学堂刊本六册
	清光绪二十三年（1897年）上海美华书馆第四次铅印本六册
	清光绪二十四年（1898年）益智书会石印本
	清光绪二十四年（1898年）上海美华书馆五次铅印本三册
	清光绪二十四年（1898年）上海美华书馆石印本三册
	清光绪二十六年（1900年）上海美华书馆铅印本三册
	清光绪二十八年（1902年）湖北武备学堂校刊本六册
	清光绪二十八年（1902年）上海美华书馆十一次重印（官话）本三册
	清光绪二十九年（1903年）上海美华书馆十三次重印本
	清光绪三十年（1904年）上海美华书馆十四次铅印本三册
	清光绪三十一年（1905年）上海美华书馆铅印本
	清光绪三十二年（1906年）甘肃高等学堂刊
	清光绪三十三年（1907年）美华书馆铅印本
	清宣统二年（1910年）上海美华书馆三十二次重印（官话）本三册
	民国六年（1917年）青岛林墨书馆铅印本

[1] 图片来源：费丹尼. 一位在中国山东四十五年的传教士：狄考文[M]. 郭大松，崔华杰，译. 北京：中国文史出版社，2009：扉页.

[2] 李兆华. 中国近代数学教育史稿[M]. 济南：山东教育出版社，2005：130.

[3] 李迪. 中国数学史大系：副卷第2卷：中国算学书目汇编[M]. 北京：北京师范大学出版社，2000：427-428.

狄考文在《笔算数学》"序"[1]中说：

算学者，系算法之总名，内包种类甚多，即如数学[2]、代数学、形学、八线学、微分积分学等。凡此诸学，彼此各有分别，各有次序，然而皆以数学为本。由此愈推愈广，愈出愈精，以至算法之极微妙处。故学者欲登算途，必不得躐等而进，非由数学入门不可。

今此书即数学也，盖书中专一论数，并独用数所能算之账目，且所编之条问（文），大抵皆为贸易交涉所恒用者，至于一切难题，非代数不能算者，俱已置之不论，故特取名谓"数学"也。

考中国算书，大都文义深沉，令人难解。其所以难解者，或为理原精微，笔下未能阐明；或为理属浅近，词中特求深奥；或恐学者病其繁（烦）琐，书内独贵捷简，因而所算之条问，立之法术，以及所用之名目，不过示以当然，而绝不详其所以然矣。不知数算等书，并非以录成法为贵，乃以解明法中之理为贵也。故成此编，每法之前，必有讲解，步步浅显，层层清楚，后以推得之理，立法设问，以作学者之阶梯，望学者能拾级而进也。盖无论何学，凡能言得明白，即当以明白语发明，致使阅者一目了然，若明为浅近之理，竟以古奥言语，显得极其深厚，则如水晶面上，蔽以薄纸，是易于睹透之物，转为不易睹透之物矣，此岂著书之名家哉。或曰，人情多喜新奇，若书中字句十分显亮，便不足以传世。此言谬矣，以阅算书者，莫非为通其理，达其用耳，果能将其精奥之理以浅白语，彻底发明，将见学者，只知其理之深，未觉其辞之浅也，犹有鄙其浅显者乎。

此书纯以官话作成，非谓文理不可用也。诚以数学，为算法之初步，人当童年，即宜学习，若必待其能通文理，而后学之，恐已晚矣。况以文理著书，虽更珍重，然往往因文法太省，滋生疑窦，令人错会其意，又何如官话，更能言得真切分明，使学者有定见哉。

观数学，较观小说不同，以此书话虽浅显，而理深精奥，非细为研究，勤加习演，万难洞悉其理法也。试想中国之于算学，虽历来已有，而终未盛行者，其故有二，一则向无考算之例，国家原不以此为重，今年虽添入新例，而学堂仍不列为可曾，不过好学者，随便看书而已；二则算书未有注解，字句又太深奥，欲钻亦钻不通。总之，算学原系一种精妙学问，其书非浅显明白，实难揭其底蕴，学者非延师课查，诚难造其极也。

数学古今共分三家，一曰筹算，一曰珠算，一曰笔算。今此书专言笔算，查往年之算书，虽亦有言笔算者，但较今日之算术，其灵便机巧，实有天渊之别。或曰，中国既通行珠算，即当将珠算改作增补，成为完璧，何必另订新法，而独成一家哉。吾将应之曰，此并非以珠算绝不可用，特不如笔算更合用耳，盖用珠算，全凭记其书中之歌词，以及所有拘定之成法，若用笔算，则不必专恃记性，乃恃其能通法术之理，理既通达，法自易于记矣。或云，珠算一挥而

[1] 狄考文. 笔算数学[M]. 邹立文，译. 上海：美华书馆，1898：序.

[2] 此处指算术。

就，既较笔算更速，即较笔算见长也。不知珠算之速者，特在加减之小账而已，若夫大账，实未可与笔算衡也，且笔算之所以较迟者，乃在现写数目，苟以笔算法记账，其数目码字，已先写好，然后与珠算相较，其孰迟孰速，真有不可逆料者也。况珠算随打随去，不留踪迹，倘一有错，即无处寻觅，必须自始至终，全行再算，若用笔算，则无此弊以诸数俱在目前，有错可以随意检查，只须（需）将错改正，立即得矣，可见小账，珠算亦不如笔算更灵便也。复进而言之，若遇有命分，或比例，则有许多层节，互相错难，以珠算算之，须得一边运珠，一边用笔记之，从使能以算出，亦不知几架算盘，方可足用，又况代数以上之算法，非用笔算不可，然则笔算之功用，既如此广大，不如尽早由数学入手，或易或难，即全括于其中矣。

西国笔算，数目各皆横列，以其文字，原系横行，是故写之念之，实无有不便也。今中国文字，既系竖行，则数目写法，亦当随之，方为合宜，其实无论横行竖列，理则一也，即法术与解说，亦无不同也。因欲改横为竖，只须一例通改，殊属易易。盖人之悉横法者，自必悉竖法矣。或曰：横法几乎通行天下，何庸再改？不知法以利便为贵，何必固执。试观文字当中兼有数目字者，如用竖法，就本行即可写上，勿（毋）庸再占他行，譬如为四万七千八百五十四，可随意为之如下47854，倘依横行为之，非占两行不可。此犹数之不甚大者，至代数八线等学，其方程与文字交相参（掺）杂，每见一行文字占数行空地，实不便至极矣。且横法于记账一事绝不能用，而竖法则甚合宜。其记法，系将钱数或银数，各位顶各位写上，写满一面，即加之，过至下面，接之再写。如此记法，不第清楚，且查出入之共数亦可省工多多矣（观一卷所附之记账规模便知）。但恐有人仍欲用横法，故书中一切算式，俱将两法并列，随人择用可也。至解说中偶有字眼不同之处，则在竖法字眼之下，以小字另加横法之字眼。学者莫以此混彼也。

书中各法之前，俱有解说。一为伸（申）明算式及法术之理，二为学者之标准，以解诸习问也。是故为教习者，宜使门生按解说之规格解明属各法之条问，直至纯熟为止。如是初学者虽有不深洞彻之理，久之则自贯通矣。

查书中习问或有嫌其多者，虽如此多，亦不过仅足学者习演之用耳。试观人之学算不成，总因习演不熟，因而特选各种习问，并切人间之常事编成，问法层出，不拘一格，总期学者精练艺才，临事恒有定见，不致堕于迷津也。至第三卷之条问，亦有自中国算书采取者，欲知采自何书，观其问下小字，已载明矣。论书中之答，俱经细心算过，虽不敢谓毫无差谬，犹望无大谬之可指也。

学习笔算，若用墨笔，写于纸上，或写于油板水牌上，虽无不可，而终属未便，莫若用石笔及石板水牌，如或有错，可以随手抹去。举凡从师学算者，宜将每日所学之习问，先于水牌上算讫，后呈兴教习，以备查阅可也。

学算之要诀，即在温习演练，而年少者，尤当勤加习演。学过加减乘除、四大公法，务要回首重学。盖算学之理，皆凭已知者解所未知，若徒学新，而不温故，使其目熟手熟心熟，将见学不几日，即不能领略，势必心灰意懒，而英锐之气，遂顿息矣。总之，凡未成学算之功者，大都因欲求速，不肯用力于开端，以致生倦心也。譬如人之学艺，若徒喜多喜速而不肯躬亲操作，一一学习，以为为之师者，仅将规矩诀窍，明以示之，则其艺已成矣，斯人也，欲为巧匠能乎？夫学艺者固若此，而学算者亦若此也。盖数学，虽为算学中之一学，亦为六艺中之一艺，欲急功取效，决无此理，惟（唯）望有志于算术者，各皆由浅入深，恒心学习，自必成为算学之名家矣。

《笔算数学》分上、中、下三卷，共24章，2876个问题，目录及各章大意具体如下。

上卷

第一章 开端。主要介绍数的概念、数的读写和数的记法。第二章 加法（124问）。第三章 减法（134问）。第四章 乘法（145问）。第五章 除法（205问）。第二至五章主要介绍数的加、减、乘、除的一些名词术语、符号（＋、－、×、÷）和运算法则。第六章 诸等（275问）。主要介绍质量单位、度量单位、时间单位等各自不同单位的换算方法。

中卷

第七章 数目总论（107问）。主要介绍整数、单数、双数、质数、合数等概念、性质及因数分解，求最大公约数的辗转相除法和最小公倍数的方法。第八章 命分（440问）。第九章 小数（271问）。第八章、第九章主要介绍分数和小数（包括无限小数）的概念、命分、性质及写法；分数的约分、通分；分数和小数互化；分数、小数的四则运算等。第十章 比例（108问）。主要介绍比例、率、前后率、繁比例、同理比例的概念、性质、写法及运算。第十一章 百分法（117问）。主要介绍百分数的概念；百分数和分数、小数的互化方法。第十二章 利息（122问）。主要介绍利、本、利息、借贷零还、利上加利等概念；给出本、百分、年月、利息、本利之总的互求方法；给出利上加利的利息表及其应用。

下卷

第十三章 保险（25问）。主要介绍火险、水险、死险、保率、规银等的定义；求规银、所保之本等的各种算法。第十四章 赚赔（73问）。主要和商业有关，介绍赚、赔、本等的概念；求赚的、买价等的各种问题的解法。第十五章 粮饷（14问）。主要和纳税有关，介绍库平、实徵（征）、轻封、兑钱、色数等概念，以及相关问题的求法。第十六章 税饷（12问）。主要和关税有关，介绍价税、件税、税关等概念和相应问题的求法。第十七章 乘方（20问）。主要介绍方数、乘方、次数等概念及平方、立方等相关问题。第十八章 开方（126问）。主要介绍根数、开方、根号、整方、不整方（开方开不尽者）等概念；给出了小数的开平方、开立方的定根数位法即笔算开方法。第十九章 级数（98问）。主要与等差数列有关，介绍项、中外项、差级数、公差、升级数、降级数等概念；首项、末项、项数、公差、通项及这五者之间的互求方法；特别提到了无穷降级数的求和问题，但所提不够确切。第二十章 差分（94问）。主要是等比数列问题，介绍差分、衰分、总衰、底衰、零衰的定义；以及盈衰差分、缺衰差分、叠衰差分三类差分问题的求法。其中的大部分问题摘自《数理精蕴》《算学启蒙》《算法统宗》等书，如"今有竹七节，下两节容米三升，上三节容米二升，问中二节及逐节各容几何？"即为《算学启蒙》的"求差分和"第九问。第二十一章 均中比例（41问）。即混合比例，主要介绍求各物价、各物数等相关问题。第二十二章 推解（118问）。主要介绍中国古算书记载的和民间流传的趣味问题的算术解法。第二十三章 量法（81问）。主要介绍平行线、角、直角、锐角、钝角、三角形、平行四边形、矩形、正方形、梯形、无法四边形（任意四边形）、圆、椭圆、棱柱体、棱台、圆柱体、圆锥体、圆台、球等的定义和示意图；以及它们的面积（或表面积）、体积等公式和相关问题的求法。第二十四章 总杂问（126问）。

《笔算数学》中例题、习题较多。全书的总练习题，均为应用问题。正式采用阿拉伯数字，排印形式仍按照传统竖排形式。《笔算数学》自1892年出版以来，修订、重印30余次，流传较广。同时有几种注释性的著作问世。如：朱世增编《笔算数学题草图解》，孔宪昌、楼惠祥撰《笔算数学详草》，郁赞廷著《笔算数学全草》，张贡九撰《笔算数学全草》，储丙鹑编《笔算数学全草》，范鸿藻、钱宗翰编《笔算数学全草详解》，顾鼎铭撰《笔算数学详草》等。从《笔算数学》的版本流传和注释性著作来看，《笔算数学》作为当时小学的算术课本，其影响是非常显著的。在一年内重刊数次并有多种注释，这在数学教科书史上比较少见。

二、伟烈亚力著《数学启蒙》

伟烈亚力（Alexander Wylie，1815—1887，图2-6），英国人，1847年来中国传教，并用中文写出《数学启蒙》两卷（1853年），在上海的墨海书馆与中国人讲学，1877年返回英国。他通晓汉、满、蒙等多种文字，以他对中国文献的渊博知识闻名于当时的西方汉学界。其著作和译著有《数学启蒙》（1853年）、《几何原本》后九卷（1856年）、《谈天》（1859年）、《代微积拾级》（1859年）等。

2-6

图2-6　伟烈亚力像[1]

《数学启蒙》的版本不同且本子大小、册数及序的安排也不同。如1886年版本为大开本，两册，有英文序和中文序；1898年版本为小开本，四册，只有中文序（图2-7）。

---

[1] 图片来源：汪晓勤. 中西科学交流的功臣：伟烈亚力[M]. 北京：科学出版社，2000：扉页.

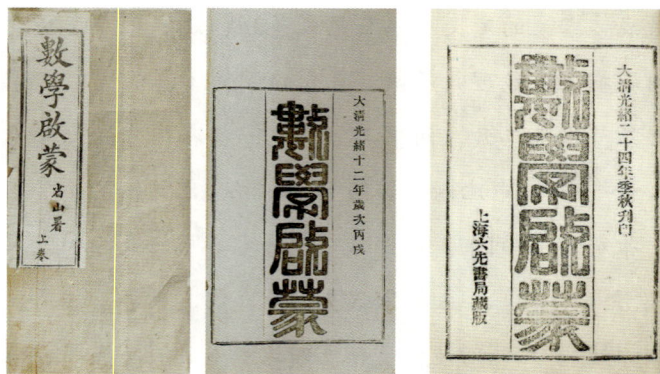

图2-7 《数学启蒙》著易堂仿聚珍版印本，1886 年；《数学启蒙》上海六先书局藏板，1898年

《数学启蒙》"序"如下：

天下万国之大，无论中外，有书契，即有算数。古者西邦算学，希腊最盛。周之时，闭他卧剌、欧几里得、亚奇默德；汉之时，多禄某、丢番都，之数人者，皆传希腊之学。然犹未明以十而进定位之理也，此方算数。至唐中衰，独印度自古在昔，已审乎十进之理，无乎不该。自时厥后，阿喇（拉）伯诸国，盛行其术。盖阿喇伯得于印度，而欧罗巴人复得之阿喇伯者也。此术既明，比例开方诸法，益为精密。明万历间，英士讷白尔，始造对数，今欧土诸国，皆以笔算用之，算数诸法，于是乎大备。中国算学，肇自皇帝，嬴政焚书，周髀九章尚在人间，后人靡不祖述此书。若夫求一之术，出于孙子算经，南宋末秦道古，因之以成大衍策。元初，李冶、朱世杰两君，以立天元一术，大畅厥旨，荟萃各家，穷极奥渺。自元迄明，此学几绝，而盘珠小术，盛行于世。至万历时，西士利玛窦等至京师，厘定历数，绝学因之复明。利公授西学于李之藻，所著有同文算指，第西法与中法同原。清初，康熙御制《数理精蕴》，此书于中西诸法皆有次第，西法中有名借根方者，宣城梅氏谓与元人天元术同法，而天元更为精密，于是诸家遂修立天元一，而不习借根方矣。夫古今中西算术，义类甚深，儒者视为畴人家言，不能使闾阎小民习用易晓。窃惟上帝降衷，实有恒性，知识聪明，人人同具，彼数为六艺之一，何以至今，不能人人同习耶。余自西土远来中国，以传耶稣之道为本，余则见习艺能，爰述一书，曰《数学启蒙》，凡二卷，举以授塾中学徒，由浅及深，则其知之也易。譬诸小儿，始而匍匐，继而扶墙，后乃能疾走。兹书之成，姑教之匍匐耳，扶墙徐行耳。若能疾走，则有代数、微分诸书在。余将续梓之，俾览其全者，知中西二法，虽疏密详简之不同，要之名异而实同，术异而理同也。

此序体现了伟烈亚力的长远设想，即采用循序渐进的方式，实现其翻译计划。可以说，之后《代数学》《代微积拾级》的出版，也是这一理想的逐步实现，在某种程度上也体现出他的译书策略。

《数学启蒙》介绍了西方算术知识，并涉及一些代数知识，包括对数和解数字高次方程的霍纳方法，清代学者认为它是一部优秀的教科书，并将其作为学习西方数学的"入门阶梯"，梁启超称赞它"极便初学"。

其目录如下：

第一卷 数目、命位、加法、减法、乘法、除法、各种数表、诸等化法、诸等命法、诸等通法、诸等加法、诸等减法、诸等乘法、诸等除法、命分、通分、求等数法、约分、加分、减分、乘分、除分、小数、小数加法、小数减法、小数乘法、小数除法、循环小数、分化小数法等。

第二卷 正比例、转比例、按分递折比例、递加递减比例等。

伟烈亚力通过《数学启蒙》验证了18世纪的中国人宣称的一种说法，即：耶稣会士介绍的代数知识和中国传统的数学计算方法（如"天元术"）并无本质区别。在《数学启蒙》中，他以解答一元至四元未知方程为例，说明中国传统的"天元术""四元术"与现代代数一样，都能够解决这些问题。他甚至认为中国的"四元术"比耶稣会士的"借根方"更为优越。他还认为，西方学者应该对这两种传统的方法进行深入研究。

三、纪大奎著《笔算便览》

临川纪大奎，著《笔算便览》（五卷，两册合订），南海邹镜澜校，聚合堂发兑，1814年出版。初版于1808年以《纪慎斋全集》本一册出版。《笔算便览》以笔算为名，而兼及筹算，简明易懂，方便自学。

纪大奎（1756—1825，图2-8），字向长，号慎斋，今抚州市临川区龙溪镇人，1779年乡试中举，任《四库全书》馆誊录。他学识渊博，不仅对理学精研殚思，造诣颇深，对地理、考据等也无不精晓。张之洞把纪大奎列入《国朝著述诸家姓名略》，称他为"算学家"。其著作甚多，除著《笔算便览》（聚合堂，1814年，图2-9）外，还有《观易外编》《地理末学》《双桂堂稿·续稿》等书

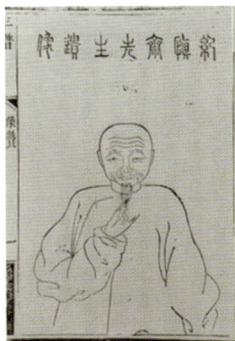

2-8

图2-8 纪大奎像[1]

行世。纪大奎既有学问，又有政绩，为了纪念他，民国时期，人们特将抚州城从东门口桥下至十字街以东的街道，命名为"慎斋路"，一直沿用至今。[1]

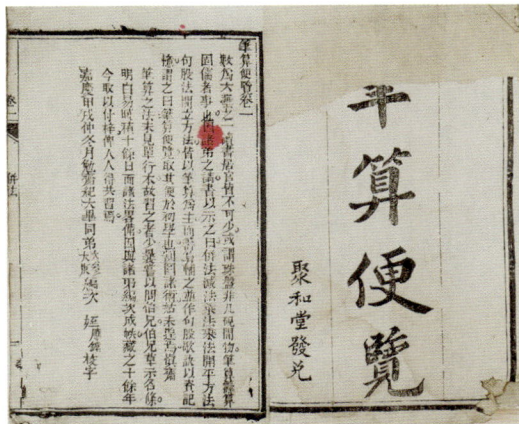

2-9

图2-9 《笔算便览》聚合堂发兑，1814年

[1] 图片来源：[清]江西抚州临川文献：纪大奎崇祀录、年谱、像赞、行述[M]．清刻本：像赞．

《笔算便览》具体内容如下：

卷一 并减乘除法；卷二 开平方法；卷三、卷四 句股；卷五 开立方法；附录

《笔算便览》每卷均有卷首语，交代该卷的主要内容和注意事项等，《笔算便览》卷一"卷首语"基本陈述了《笔算便览》全书的编辑思路，具体如下：

数为六艺之一，读书居官皆不可少，或谓珠盘非几砚间物，笔算筹算固儒者事也。因诸弟之请，书以示之曰并法、减法、乘法、除法、开平方法、句（勾）股法、开立方法，皆以笔算为主，而筹算辅之，并作句股歌诀以资记忆，谓之曰笔算便览。取其便于初学也。割圆诸术姑未遑焉慎斋。

笔算之法未见单行本，故习之者少曩尝以问伯兄，伯兄草示各条，明白易晓积十余日，而诸法略备。因与诸弟编次成帙藏十余年，今取以付梓俾人人得共习焉。

该书主要采取竖排编写，页面布局较为灵活，如图2-10所示，加法和减法的笔算式单独放置半个页面，十分清晰，并使用通俗的语言"逆并而上""顺减而下"来形容，竖式的下方是语言文字讲解。正如卷一"卷首语"所言，笔算有筹算辅之，加强理解。原书都是这样的编排方式，饶有风趣。

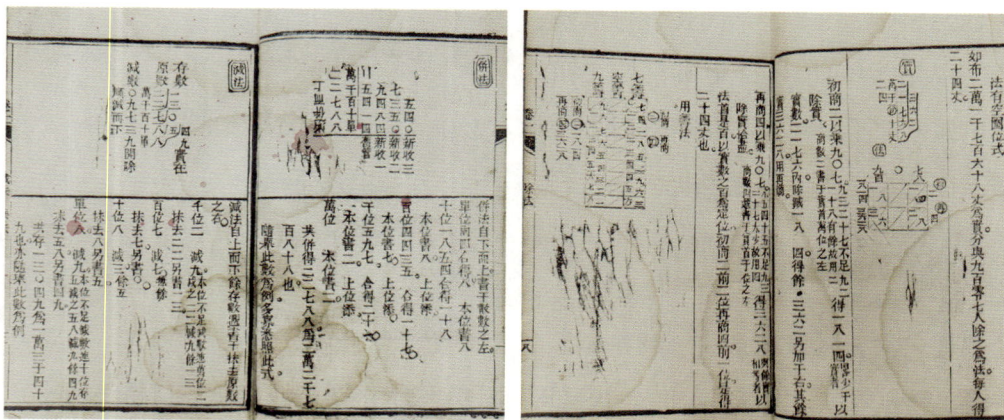

2-10

图2-10 《笔算便览》聚合堂，1814年：第2页、第8页

第三节
代数学教科书

一、狄考文撰，邹立文等述《代数备旨》

《代数备旨》十三卷，美国狄考文撰，蓬莱邹立文、平度生福维同述，1891年出版。狄考文将原本中的错误改正后，于1897年在上海美华书馆第二次铅印。部分版本摘录整理如表2-2所示。[1]于1903年在上海美华书馆第五次铅印（图2-11）。

表 2-2　《代数备旨》部分版本

书名	版本
《代数备旨》十三卷	清光绪二十二年（1896年）上海美华书馆铅印本四册或二册
	清光绪二十二年（1896年）上海美华书馆印本
	清光绪二十三年（1897年）上海美华书馆二次铅印本二册或一册，三册
	清光绪二十四年（1898年）上海美华书馆第三次铅印本二册
	清光绪二十四年（1898年）益智书会嘱上海美华书馆经手转托杜炳记石印本一册
	清光绪二十八年（1902年）上海美华书馆第四次铅印本一册
	清光绪二十九年（1903年）上海美华书馆第五次铅印本一册
	清光绪三十一年（1905年）上海美华书馆第六次铅印本一册
	清光绪三十一年（1905年）上海美华书馆第七次铅印本一册
	清光绪三十三年（1907年）上海美华书馆第十次铅印本一册
	民国六年（1917年）上海美华书馆印本二册

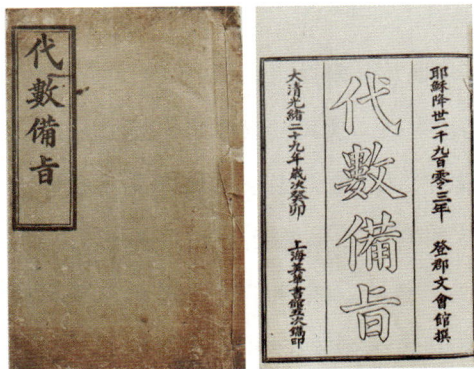

图2-11　《代数备旨》上海美华书馆第五次铅印，1903年

[1] 李迪.中国数学史大系：副卷第2卷：中国算学书目汇编[M].北京：北京师范大学出版社，2000：204-205.

狄考文在《代数备旨》"序"中指出他译此书的目的及此书的特点是：

> 法全而理精，即其用尤广也。凡形学、曲线、八线、微分积分诸学，无不因代数以广其用，即推天文、火器、航海、光学、力学、电学等事，亦无不以代数驭之。故代数之为代数，诚为无不通之数学也。至今著作丛出，其法已广传于万国矣。于咸丰年间，伟烈亚力先生，有一译本名为《代数学》，近年傅兰雅先生有一译本名为《代数术》。此二书虽甚工雅，然而学者仍难就绪。况此二书皆无习问，学者无所推演，欲凭此以习代数，不亦难乎。今此书，系博采诸名家之著作辑成，并非株守故辙，拘于一成本也。书中次序规模，则以鲁莫氏为宗，而讲解则多以拉本森为宗，其无定方程则以投地很德为宗，总以取其所长为是。此诸原本，皆为西国教读之名书，所用名目记号，无不详以解之。所言诸理，无不明以证之。其诸算式，亦无不先作解以显其所以，后立法以示其当然。

全书除"代数凡例"外共13章，并附有各章习题答案。"代数凡例"共8条，相当于现在的前言，主要介绍此书的编排特点、学习或教授的建议及要求。其要求教师对书中法术一一给予解明证出，对书中习题一一详算；要求学生记忆的只有方法，其余不必背诵。目录及各章大意如下：

第一章　开端。主要介绍全书所用到的基本概念和术语，如已知量、未知量、同数（元字所代之数）、代数符号（加、减、乘、除、根号、等号、不等号、比例号等）、方数、指数、系数、项、代数式、同类项、次数、同次式、式之同数（代数式的化简）等和十一条"自理"[1]。

第二至第五章　加法、减法、乘法、除法。这四章主要介绍代数式的加、减、乘、除的四则运算和主要性质，同类项和非同类项的合并与化简等。

第六章　生倍。主要介绍最大公因式、最小公倍式的概念及各自的求解方法。

第七章　命分。主要介绍整式、杂式（代数式含有分式）等概念；分式的性质、分式的约分、通分；整式与杂式的互化；分式的加、减、乘、除运算及化简等。

第八章　一次方程。主要介绍方程、同数（方程的根）、数方程（系数为数的方程）、字方程（系数为文字的方程）、方程的次数、方程的变换、移项等概念；方程的列法，一元一次方程、多元一次方程组和一次不定方程的相关解法；求解方程组的加减消元法和代入法；探讨由于方程变形而引起的根的合理性问题。

第九章　偏程即不等式。主要介绍不等式（组）的概念、性质、解法及应用问题。

第十章　方。主要介绍代数式乘方的性质和运算法则，包括牛顿二项式定理展开式及其应用。

第十一章　方根。主要介绍方根、无绝根（开方不尽者）、幻根（虚根）的定义；方根符号、多项式开平方、数字开平方和立方的笔算开方法；开方不尽求近似根的方法。

第十二章　根几何。主要介绍根几何（带根号之几何）、根次、有绝根式、无绝根式的定义；根式的四则运算、化简等；根式方程的求解，但没有考虑根的检验问题；负数开平方，

---

[1] 自理即公理，狄考文将这十一条公理当作全书推理的依据。

$\sqrt{-1}$ 称为幻生。

第十三章 二次方程。主要介绍二次方程的解法，包括求根公式法和配成完全平方的方法；二次方程根与系数的关系及二次方程的应用问题；依二次方程的根求二次方程；二次方程有实根的判别条件；二元二次方程组的求解方法；代数基本定理等。

总答。

《代数备旨》出版后，有几种注释性的著作相继问世。如：袁钢维撰《代数备旨题问细草》六卷；徐锡麟序《代数备旨全草》十三章；清旷阁主人撰《代数备旨补式》十三卷，补遗七卷；撰人不详《代数备旨详草》等。《代数备旨》是一部比较简单的代数参考书，作为当时的中学课本，不仅翻译次数多，而且注释性的著作亦较多，其影响是非常显著的。但其难度远不及现在初中代数课本，其概念定义亦多与现代不同。[1]

二、德·摩根著，李善兰等译《代数学》

《代数学》十三卷，以英国德·摩根所著的*Elements of Algebra*（1835年）为底本，李善兰和伟烈亚力于1859年译成，由墨海书馆出版，是我国第一部系统的符号代数学译本，成为当时一些学堂和书院的教学用书。该书翻译出版后，使得变量数学知识得以初步传播，国人自编教科书随之产生。1898年由江夏程氏刊行（图2-12）。

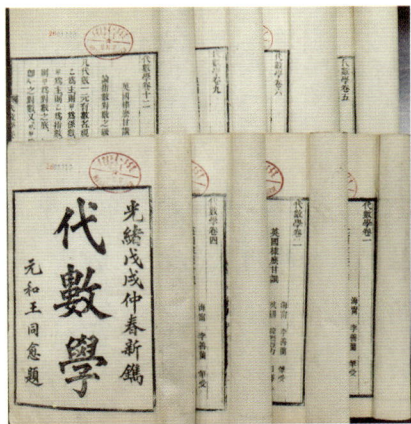

2-12

图2-12 《代数学》，1898年

奥古斯都·德·摩根（Augustus De Morgan，1806—1871，图2-13）是近代数理逻辑的先驱之一，一位多产的著述者，曾于1831年帮助创立英国科学促进会。德·摩根是剑桥大学三一学院1827年的毕业生，22岁就被任命为新创办的伦敦大学（后来的伦敦大学学院）的数学教授，于1865年任伦敦数学会第一任会长。

2-13

图2-13 奥古斯都·德·摩根像[2]

[1] 代钦，松宫哲夫.数学教育史：文化视野下的中国数学教育[M].北京：北京师范大学出版社，2011：176.

[2] 图片来源：奥古斯都·德·摩根.数学学习及其困难：英文版[M].北京：高等教育出版社，2017：扉页.

2-14

图2-14　李善兰像[1]

李善兰（1811—1882，图2-14），原名李心兰，字竟芳，号秋纫，别号壬叔，浙江海宁人，中国近代科学的先驱者和传播者。1852年在墨海书馆应聘编译数学书籍，受到伟烈亚力等人的赞赏。1868年入北平，任京师同文馆算学总教习。成《几何原本》后九卷（1856年）、《谈天》（1859年）、《代数学》（1859年）、《代微积拾级》（1859年）、《奈端数理》（不全）、《重学》（1859年）、《圆锥曲线说》（1866年）等书。李善兰主要数学成就集中在尖锥术、垛积术、素数论三个方面，这些研究成果主要见于其所著的《则古昔斋算学》十三种二十四卷和题为"《则古昔斋算学》十四"的《考数根法》。[2]数学名词的创造是李善兰的一项重要贡献，他首次创译了大量的近代科学名词，如代数、常数、变数、已知数、未知数、函数、微分、积分等。[3]

《代数学》封面由元和王同愈题书名，其后附三个序言，分别是元和王同愈于1898年9月12日序，张世准、伟烈亚力于1859年自序。其中伟烈亚力作的"序"如下：

近代西国凡天文、火器、航海、筑城、光学、重学等事，其推算一皆以代数驭之。代数术略与中土天元之理同，而法则异。其原始即借根方，西国名"阿尔热巴拉"，系天方语，言补足相消也。昔人译作"东来法"者。非此法自始至今屡有更改，愈改愈精，故今之代数，非昔可比。虽谓今之新学也可。

今略述其源流，其创自何国何人，莫可考已。当中国六朝时，希腊有丢番都者传其法，但用数不用记号。而天竺已先有之，且精于丢氏，能推一次二次式。并有求一法，甚赅备，几与秦九韶大衍朴相埒。波斯天文皆传其法，而精不逮焉。及元时，以（意）大利薄那洗学自天文，以传于其国，历三百年，习者寥寥。至明嘉靖万历间，思铁法利以其法传于日尔（耳）曼，白勒得利于法兰西，立可传于英国，由是其学渐盛。初天竺代未知数用五色名，波斯、天方则各用方言之物字，其传入欧罗巴也，以（意）大利、英国仍用物字，故即名"物术"云。是时惟未知数用字代，已知数皆用本数，至肥乙大始尽以字代，是为今代数术之始。厥后学者精益求精，创为方程式，即借根方之相等法也。既而佳但造三次式，佛拉利造四次式，代加德造指数，而用益便。至奈端造合名法，而登峰造极矣。

当借根方入中国时，西国于此术尚未深焉，殆不及"天元""四元"，而今能如此精绝者，岂非好学之效哉？借根方记号殊简略，其加号用⊥，与今代数同，昔名"多"，今改名"正"，减号用－，今用T，昔名"少"，今改名"负"。相等号用＝，与今同。其右数，昔

[1] 图片来源：中华教育界[J]. 1935, 23（第一期研究与实验专号）：2.

[2] 杜石然. 中国古代科学家传记：下集[M]. 北京：科学出版社，1993：1210-1224.

[3] 郭书春. 中国科学技术史：数学卷[M]. 北京：科学出版社，2010：754.

名"等数"，今改名"同数"。而诸自乘方之指数，开诸方之根数，皆昔所未用之号也。又借根方之"根"，今改名"元"，今所谓"根数"，非"元"也。凡此诸名之改，皆从"天元""四元"，而"天元""四元"之位次，则皆易以记号，于布算时更便捷焉。

呜呼！自以对数代真数，而省算十倍，今更以代数代数学，而省算百倍矣。虽然，欲习代数者，当先熟加、减、乘、除、通分、小数诸法，循序渐进，若躐等求益，我恐徒劳而无功也。抑余自欧洲航海七万里来中土者，实爱中土之人，欲令明耶稣教，以救厥灵焉。夫帝子降世，舍生救民，乃教中至要之道，圣经言之甚详。而余顾汲汲译此书者，盖上帝赐人以智能，当用之务尽，以大显于世。故凡耶稣之徒，恒殚其心思，以考上帝精微之理。已知者，即以告人，未知者，益讲求之。斯不负赋畀之恩。若有智能而不用，或用之而不尽，即为自暴自弃，咎实大焉。此书之译，所以助人尽其智能。读此书者，见己心之灵妙，因以感上帝之恩，而思有以报之。是余之深望也夫。

咸丰九年龙在己未孟冬英国伟烈亚力自序

全书由卷首总纲及十三卷构成。目录及各卷大意如下：

卷一：论一次方程。卷二：论代数与数学记号之不同，并说明代数符号的意义与作用。卷三：论多元一次方程组。关于线性方程组及其解的问题。卷四：论指数及代数式渐变之理。讨论指数函数与代数式的运算性质。卷五：论一元二次式之义，及二次方程之解。讨论一元二次方程的解，包括一元二次方程与一次方程的关系。卷六：极限及变数。介绍变量及其极限的概念。卷七：论代数式之诸类并约法。关于代数式的概念及运算问题。卷八：论级数及未定之代数。卷九：论代数与数学之相等不同。说明代数等式的意义与性质。卷十：论纪函数法。卷十一：论合名法。介绍二项式定理、数学归纳法。卷十二：论指数对数之级数。卷十三：论用对数为算术之捷法。

该书是我国第一部符号代数学读本，主要是多项式理论、一元二次方程理论，以及指数函数、对数函数的幂级数展开式问题，其中还介绍了二项式定理、虚数等初等代数的内容。这些内容都是首次传入中国的。但翻译不若《代数术》通顺易读。[1]据统计，伟烈亚力和李善兰所创的数学名词为后世所用的比率分别约为：代数学44%，解析几何50%，微积分65%。数学名词的统一对数学知识的传播和普及，以及中外数学交流都有重要意义。

三、华里司著，华蘅芳、傅兰雅译《代数术》

1873年，华蘅芳与傅兰雅合译英国华里司（W.Wallace，1768—1843，图2-15）的《代数术》二十五卷（图2-16）。《代数术》为初等代数教材，内容除代数外，还包括三角和少量其他数学内

---

[1] 吴文俊，李兆华. 中国数学史大系：第8卷：清中期到清末[M]. 北京：北京师范大学出版社，2000：167.

容。[2]华里司的代数教材*Algebra*，原载《大英百科全书》第八版。从"序言"中可见："一日数千言，不厌其艰苦，凡两月而脱稿。缮写付梓，经年告成"[3]，于1873年由江南机器制造总局出版。

图2-15　华里司像[1]

图2-16　《代数术》江南机器制造总局出版，1873年

华蘅芳（1833—1902，图2-17），字若汀，江苏金匮（今无锡一带）人。清末著名的数学家、科学家、翻译家。初入曾国藩幕府，1873年入江南制造局，任提调，兼翻译，后执教于格致书院。著有《字算笔谈》十二卷、《开方别术》等。其中，《开方别术》被李善兰称为"空前绝后之作"。译有《代数术》二十五卷（1873年）、《微积溯原》八卷（1874年）、《三角数理》十二卷（1877年）、《代数难题解法》十六卷，合为《行素轩算稿》。[5]

图2-17　华蘅芳像[4]

傅兰雅（John Fryer，1839—1928，图2-18），英国人，1861年来中国，初任香港教员。1863年任京师同文馆英文教习，1868年入江南制造局翻译馆任翻译，其间译书77种，占全馆译书三分之一以上。[7]参与创设格致书院并经营印刷科学书籍，经其手译成的科学书籍，范围既广，为数又多。如《化学鉴原》（1872年）、《代数术》

图2-18　傅兰雅像[6]

[1] 图片来源：William Wallace. Biography：Mc Tutor History of Mathematicsp[EB/OL]. [2021-11-3]. https://mathshistory. st-andrews. ac. uk/Biographies/Wallace/pictdisplay/.

[2] 李迪. 中国数学史简编[M]. 沈阳：辽宁人民出版社，1984：360.

[3] 华里司. 代数术[M]. 华蘅芳，傅兰雅，译. 上海：江南制造局，1873：序.

[4] 图片来源：苏州大学图书馆. 耆献写真：苏州大学图书馆藏清代人物图像选[M]. 北京：中国人民大学出版社，2008：186.

[5] 黎难秋. 中国科学翻译史料[M]. 合肥：中国科学技术大学出版社，1996：609-610.

[6] 图片来源：武际可. 近代力学在中国的传播与发展[M]. 北京：高等教育出版社，2006：74.

[7] 郭书春. 中国科学技术史：数学卷[M]. 北京：科学出版社，2010：753.

（1873年）、《微积溯原》（1874年）、《三角数理》（1877年）、《代数须知》（1887年）、《三角须知》（1888年）、《微积须知》（1888年）、《算式解法》（1899年）等。1876年创刊《格致汇编》[1]（*The Chinese Scientific and Industrial Magazine*）一种，为我国第一部出现的定期科学刊物。

《代数术》在翻译过程中沿用了李善兰《代数学》的代数符号。

华蘅芳"序言"：《代数术》二十五卷，余与西士傅兰雅所译也。傅君本精于此学，余亦粗明算法，故傅君口述之，余笔记之，一日数千言，不厌其艰苦，凡两月而脱稿。缮写付梓，经年告成。爰展阅一过，而序曰：

> 数之名始于一而终于九，故至十则进其位，而仍以自一至九之数名之，至百则又进其位，而仍以自一至九之数名之，如是以至千万亿兆，其例一也。夫古人造数之时，所以必以十纪之者，诚以数之多可至无穷，若每数各与一名，则吾之名必有穷时，且纷而无序，将不可记忆，不如极之于九而以十进其位，则举手而示，屈指而记，虽愚鲁者皆能之，故可便于民生日用，传之数千百年至今不变也。观夫市廛贸易之区，百货罗列精粗美恶贵贱之不同，则其数殊焉；多寡长短大小之不同，则其数又殊焉。凡欲以其所有易其所无者，必握算而计之，其所斤斤计较者莫非数也。设有人言：吾可用他法以代其数，夫谁能信之，良以其乘除加减不过举手之劳，顷刻而得，无有奥邃难明之理在其间，本无藉乎代也。惟是数理幽深，最耐探索，畴人演算，务阐精微。于是乎设题愈难，布算愈繁，甚至经旬累月不能毕一数，且其所求之数往往杂糅隐匿于各数之内，而其理亦纡远而不易明。若每事必设一题，每题必立一术，枝枝节节而为之，术之多将不可胜纪，而仍不足以穷数理之变，则不如任数理之万变而我立一通法以驭之，此中法之天元、西法之代数所由作也。代数之术，其已知未知之数皆代之以字，而乘除加减各有记号，以为区别。可如题之曲折以相赴，迨夫层累已明，阶级已见，乃以所代之数入之，而所求之数出焉，故可以省算学之工，而心亦较逸，以其可不藉思索而得也。虽然代数之术诚简矣，诚便矣，试问工此术者遂能不病其繁乎？则又不能也。夫人之用心日进而不已，苟不至昏眊迷乱，必不肯中辍，故始则因繁而求简，及其既简也，必更进焉，而复遇其繁，虽迭代数十次，其能免哉？由是知代数之意，乃为数学中钩深索隐之用，非为浅近之算法而设也。若米盐零杂之事而概欲以代数施之，未有不为市侩所笑者也。至于代数、天元之异同优劣，读此书者自能知之，无待余言也。

目录及各卷内容如下：

> 卷首　论代数之各种记号。卷二　论代数诸分之法。卷三　论代数之诸乘方。卷四　论无理之根式。卷五　论代数之比例。卷六　论变清独元之一次方程式。卷七　论变清多元之一次方程

---

[1] 《格致汇编》自1876年创刊至1892年停刊，共出版七卷，原为月刊后改为季刊。

式。卷八 论一次式各题之解法。卷九 论二次之正杂各方式解法。卷十 论各次式之总理。卷十一 论三次之正杂各方式解法。卷十二 论四次式之解法。卷十三 论等职各次式之解法。卷十四 论等根各次式之解法。卷十五 论有实根之各次式解法。卷十六 论求略近之根数。卷十七 论无穷之级数。卷十八 论对数与指数之式。卷十九 论生息计利。卷二十 论连分数。卷二十一 论未定之相等式。卷二十二 论用代数以解几何之题。卷二十三 论方程式界线。卷二十四 论八线数理。卷二十五 论八线数理

卷首"释号"，叙代数符号的规定与使用规则，以及多项式的一些基本概念。卷一至卷九介绍代数多项式、一次方程与二次方程。卷十至卷十六讨论高次方程解法。卷十七介绍代数式的无穷幂级数展开法。卷十八介绍对数的概念与运算性质、对数的级数展开，以及指数方程求解法。卷十九叙述以对数解复利问题。卷二十介绍实数的连分数渐近展开。卷二十一介绍关于求不定方程整数解问题。卷二十二介绍用代数求解几何问题。卷二十三介绍方程与平面曲线的关系。卷二十四、卷二十五介绍平面三角知识、三角函数的幂级数展开以及棣莫弗定理、牛顿–丹尼尔贝努利三角级数与欧拉级数。

与《代数学》相比，《代数术》的内容更为丰富，水平也较高，包含今天中学所学的所有代数学知识，甚至无穷级数等简单的高等数学内容。[1]

[1] 吴文俊，李兆华. 中国数学史大系：第8卷：清中期到清末[M]. 北京：北京师范大学出版社，2000：169.

第四节
几何学教科书

一、欧几里得著，利玛窦、徐光启、李善兰、伟烈亚力译《几何原本》

古希腊著名数学家欧几里得所著《几何原本》（原十三卷，后人补充了两卷，共十五卷）是数学史上第一部用公理化方法建立逻辑演绎体系的数学著作，其流传之广仅次于《圣经》。此书对数学发展的影响深远，在西方数学教育史上占有特殊的地位。[1]

欧几里得在数学界的成就颇高，大名鼎鼎，但是有关他生活的详细情况，人们几乎一无所知。只知道他生活在公元前300年左右，是积极活跃在埃及亚历山大的一位教师。他编有几何教科书《几何原本》（简称《原本》）及几本数学书，其中有的被保存下来。1582年，意大利耶稣会士利玛窦来到中国澳门，带来了他的老师——16世纪德国著名数学家克拉维斯（C.Clavius，1537—1612）的《几何原本》十五卷拉丁文评注本（*Euclidis Elementorum Libri* XV）。《几何原本》前六卷（图2-19）是西方传教士在华翻译的第一部数学书，出于徐光启与利玛窦之手，着手于1605年，1607年刻印于北京。1852年，李善兰和伟烈亚力根据伊萨克·巴鲁[2]（Issac Barrow，1630—1677）1660年的欧几里得《几何原本》英译本翻译后九卷（图2-20），历时4年，于1856年完成，1857年刊刻。其与徐光启、利玛窦合译的《几何原本》前六卷连在一起，成为中国第一部完整的《几何原

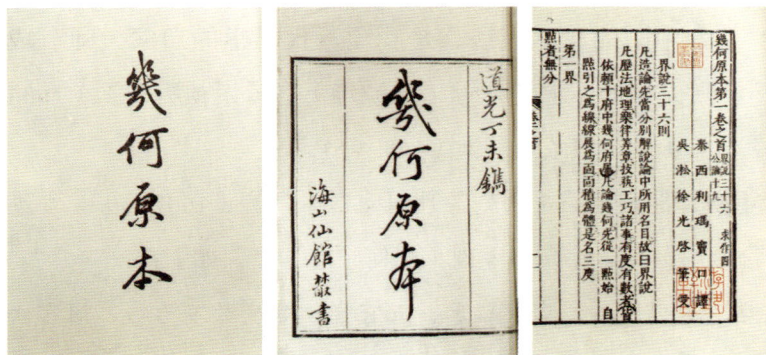

2-19

图2-19　《徐光启著译集》（第五册），上海古籍出版社，1983年：封面、1页；《几何原本》（前六卷），海山仙馆丛书，1847年

---

[1] 王建磐. 中国数学教育：传统与现实[M]. 南京：江苏教育出版社，2009：35.
[2] 英国著名物理学家、数学家牛顿的老师。

本》中译本。此书一出，大有石破天惊之感，徐氏自序有云："由显入微，从疑得信，不用为用，众用所基，真可谓万象之形宥，百家之学海。"阮元在《畴人传》中，亦推崇之为"弁冕西术"，其影响之深，价值之巨，岂仅首先出现一点而已哉。[1]

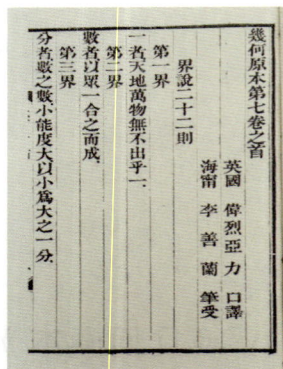

图2-20　《几何原本》（后九卷），海山仙馆丛书，1847年

利玛窦（Matteo Ricci，1552—1610，图2-21），字西泰，意大利人，曾在罗马学院跟随克拉维斯学习哲学、数学。1582年来中国传教。1600年与徐光启在南京相识，并开始了他们之间的合作。1610年卒于北京。成《几何原本》六卷（1607年）、《乾坤体义》三卷（1605年）、《浑盖通宪图说》二卷（1607年）、《圜容较义》一卷（1614年）、《同文算指》十一卷（1614年）、《坤舆万国全图》（1602年）、《测量法义》一卷（1617年）、《勾股义》一卷（1617年）、《经天该》二卷等书，为中西科学文化交流做出了重要贡献。

图2-21　利玛窦像[2]

图2-22　徐光启像[3]

徐光启（1562—1633，图2-22），字子先，号玄扈，上海人。1581年中秀才，1604年中进士入翰林院。毕生从事科学工作，在天文历法、数学、农学、军事等方面均有所贡献。他在介绍西方科学成就时，注重结合中国的科学传统，是我国近代科学的启蒙大师。成《几何原本》前六卷（1607年）、《崇祯历书》（1634年）、《农政全书》（1639年）等。

徐光启对《几何原本》的刊行十分重视，他亲自写了《刻〈几何原本〉序》（1607年），手迹至今犹存。自此，"几何"这一术语一直沿用至今。徐光启《刻〈几何原本〉序》如下：

唐虞之世，自羲和治历，暨司空、后稷、工、虞、典乐，五官者，非度数不为功。周官六

[1] 黎难秋. 中国科学翻译史料[M]. 合肥：中国科学技术大学出版社，1996：663.

[2] 图片来源：夏伯嘉. 利玛窦：紫禁城里的耶稣会士[M]. 向红艳，李春圆，译. 上海：上海古籍出版社，2020：扉页.

[3] 图片来源：上海市文物保管委员会. 徐光启著译集：1[M]. 上海：上海古籍出版社，1983：扉页.

艺，数与居一焉，而五艺者，不亦度数从事，亦不得工也。襄旷之于音，般墨之于械，岂有他谬巧哉，精于用法尔（而）已。故尝谓三代而上为此业者，盛有元元本本，师传曹习之学，而毕丧于祖龙之焰。汉以来，多任意揣摩，如盲人射的，虚无发效，或依拟形似；如持萤烛象，得首失尾。至于今而此道尽废，有不得不废者矣。《几何原本》者，度数之宗，所以穷方圆平直之情，尽规矩准绳之用也。利先生从少年时，论道之暇，留意艺学，且此业在彼中所谓师传曹习者。其师丁氏，又绝代名家也，以故极精其说。而与不佞游久，讲谈余晷，时时及之。因请其象数诸书，更以华文，独谓此书未译，则他书俱不可得论，遂共翻其要约六卷。既卒业而复之，由显入微，从疑得信。盖不用为用，众用所基，真可谓万象之形圃，百家之学海。虽实未竟，然以当他书，既可得而论矣。私心自谓：不意古学废绝，二千年后，顿获补缀，唐虞三代之阙典遗义，其裨益当世，定复不小。因偕二三同志，刻而传之。先生曰：是书也，以当百家之用，庶几有羲和般墨其人乎，犹其小者，有大用于此，将以习人之灵才，令细而确也。余以为小用大用，实在其人，如邓林伐材，栋梁榱桷，恣所取之耳。顾惟先生之学，略有三种，大者修身事天，小者格物穷理，物理之一端，别为象数。一一皆精实典要，洞无可疑。其分解擘析，亦能使人无疑，而余乃亟传其小者，趋欲先其易信，使人绎其文，想见其意理，而知先生之学可信不疑，大概如是，则是书之为用更大矣。他所说几何诸家，藉（借）此为用，略具其自叙中，不备论。

《几何原本》共十三卷：

第一卷 直线形，定义23条，公设5条，公理5条，命题48个。

第二卷 几何代数，定义2条，命题14个。

第三卷 圆，定义11条，命题37个。

第四卷 圆内接与外切多边形，定义7条，命题16个。

第五卷 比例论，定义18条，命题25个。

第六卷 相似性，定义4条，命题33个。

第七卷 数论，定义22条，命题39个。

第八卷 等比数列，定义0条，命题27个。

第九卷 素数，定义0条，命题36个。

第十卷 无理量，定义4条，命题115个。

第十一卷 立体几何，定义28条，命题39个。

第十二卷 穷竭法，定义0条，命题18个。

第十三卷 正多面体，定义0条，命题18个。

第一卷确立了点、线、面、钝角、圆、平行直线等23条基本定义、5条公设和5条公理，还包括三角形全等的条件、三角形边和角的关系、平行线理论、三角形和多角形等积（面积相等）的条件、毕达哥拉斯定理的正逆定理等内容。第二卷主要讨论的是毕达哥拉斯学派的几何代数学。第三卷阐述圆、弦、切线、割线、圆心角、圆周角的一些定理。第四卷讨论圆内接和外切多边形的作图方法和性质。第五卷内容引用了欧多克斯的比例理论并进行了更详细的推研和阐述。第六卷讲相似多边形理论，包括泰勒斯定理。并以此阐述了比例的性质。第七卷至第九卷主要研讨数论，包括整除性、质数、最大公约数、最小公倍数等初等数论内容，以及各种数的关系（如质数、合数、平方数、立方数等），并给出了许多重要的初等数论定理。第十卷主要定义和讨论无理量（与给定的量不可通约的量，即无理数），其中第一命题是极限思想的雏形。第十一卷至第十三卷主要讨论立体几何，将第一卷至第六卷的主要内容推广至立体空间，如平行、垂直及立体图形的体积、立体的测量、多种正多面体的作图。

《几何原本》的重要性并不在于它所论证的具体定理，书中几乎所有的定理和证法在该书问世以前就为人所知晓。欧几里得的伟大贡献在于他对教材的编排和大纲的制订。他首先要挑选一套定理和公理，接着认真地编排这些定理和公理，循序渐进，建立了公理化的几何体系。他在必要的地方补充了缺少的步骤，提出了缺少的证据。值得注意的是，《几何原本》不仅包含平面几何和立体几何内容，而且包含着大量的代数和数论内容。

《几何原本》作为使用了 2 000 多年的教科书，无疑是曾经的最成功的教科书。这部著作臻于完美，刚一问世就取代了先前所有的教科书。《几何原本》最初用希腊文写成，后来被译成许多种文字。在印刷本出现以前，该书的各种文字的手抄本已流传了 1 700 多年，首次印刷版出现在1482年，至今已经出版了数千种不同的版本。

《几何原本》起到了锻炼人们逻辑思维的作用。它是严谨的逻辑推理体系的杰作，因此对任何伟大的思想家都具有巨大的吸引力。

欧几里得的这部巨著是现代科学崛起的一个重要因素，这种说法不无道理。科学不只是准确的观察和精辟概括的集合。现代科学的伟大成就一部分是经验论和实验法相结合的产物，另一部分是认真分析和逻辑演绎相结合的产物。

欧洲朝着现代科学方向发展最明显的历史因素也许就是唯理论和古希腊人遗赠的数学知识。值得注意的是，虽然在很长一段时间里中国拥有的技术都比欧洲先进，但是却从未掌握数学理论基础。古代的中国人有很好的实用几何学知识，但是他们的几何学知识却从未形成推理体系。

从几个基本公理可以推导出其他定理。欧洲人认为这种思想是天经地义的，因为在他们面前有欧几里得这样的权威。一般说来欧洲人并未把欧几里得几何仅仅看作是一个抽象的体系，而是认为欧几里得公理和定理真实地反映了客观世界。

欧几里得对牛顿的影响尤为突出，牛顿的伟大著作《自然哲学的数学原理》是用"几何"形式，即用与《几何原本》相类似的形式写成的。许多研究不同学科的科学家都竭力效仿欧几里得，他们试图把自己所有的结论都合乎逻辑地在少数几个原始前提下推导出来。像罗素和怀特海这样著名的数学家、斯宾诺莎这样的哲学家都做过这种尝试。

今天的数学家终于明白了欧几里得几何并不是可以设计出来的唯一统一的几何学体系。在过去的150年中，建立了许多门非欧几里得几何学。实际上，自从爱因斯坦的广义相对论问世以来，科学家就认识到在客观的宇宙中欧几里得几何并不总是成立的，但是其在大多数情况下都能非常逼真地反映客观现实。人类知识的新进展无论如何不能减少凝聚着欧几里得智慧的成就，也不能削弱它的历史意义。

《几何原本》中文版对后人的启蒙作用，是永远值得纪念的。徐光启通过翻译《几何原本》，敏锐地领悟到这部巨著的重大意义，并给予此书很高的评价："此书为益，能令学理者祛其浮气，练其精心，学事者资其定法，发其巧思，故举世无一人不当学。"一针见血地道出了《几何原本》在科学思维方面给人以系统训练的巨大作用。

徐光启本想把全部十五卷都译完，但利玛窦不同意，他说："止，请先传此使同志者习之，果以为用也，而后徐继其余。"于是，后九卷的翻译被搁置了。徐光启不无遗憾地说："续成大业，未知何日，未知何人。书以俟焉。"《几何原本》后九卷与前六卷译本之刊成相距整整两个半世纪之久，这是一件令人遗憾的事情。

除李善兰和伟烈亚力翻译《几何原本》后九卷外，算学书局为了人们学习《几何原本》方便，在清末时对《几何原本》前六卷全部内容用句号进行了断句，并于1898年刊行了《明本几何原本六卷》上、下两册精装版（图2-23）和平装版。该版本附了李善兰和伟烈亚力翻译《几何原本》后九卷之曾国藩序、伟烈亚力序、续译原跋。该书也是《几何原本》的一个珍贵版本。

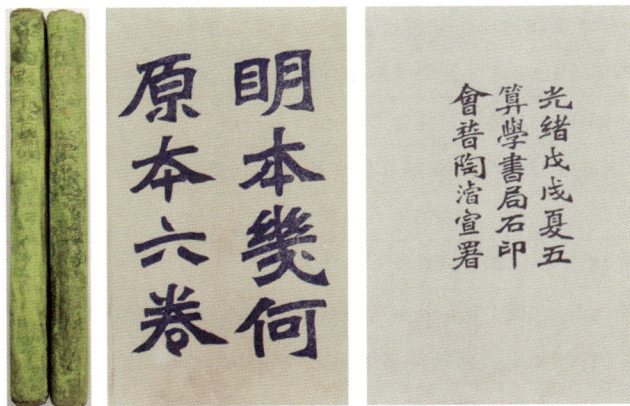

图2-23 《明本几何原本六卷》（精装版）算学书局刊行，1898年

二、罗密士撰，邹立文等述《形学备旨》

《形学备旨》十卷（图2-24），由美国罗密士原撰，美国狄考文选译，蓬莱邹立文笔述，莱阳刘永锡参阅。1884年狄考文作序，1885年李宗岱作序，同年上海美华书馆铅印。

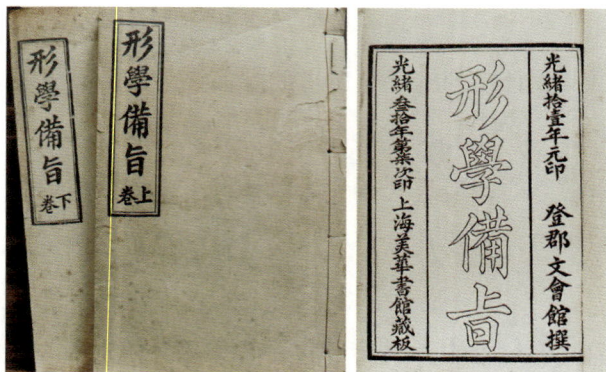

2-24

图2-24 《形学备旨》上海美华书馆藏板，1904年第七次印

《形学备旨》自1885年出版以来，修订、重印20余次。部分版本摘录整理如表2-3所示。[1]

表2-3 《形学备旨》部分版本

书名	版本
《形学备旨》十卷	清光绪十一年（1885年）上海美华书馆铅印本二册
	清光绪十六年（1890年）上海美华书馆二册
	清光绪十七年（1891年）上海美华书馆铅印本
	清光绪十九年（1893年）铅印本二册
	清光绪二十一年（1895年）上海美华书馆铅印本二册
	清光绪二十一年（1895年）益智书会本
	清光绪二十二年（1896年）京都同文馆校印本四册
	清光绪二十三年（1897年）求贤书院重印本三册
	清光绪二十三年（1897年）上海美华书馆第三次铅印本二册
	清光绪二十三年（1897年）登郡文会馆三次版二册
	清光绪二十四年（1898年）上海美华书馆铅印本二册
	清光绪二十四年（1898年）益智书会石印本一册
	清光绪二十五年（1899年）成都算学书局刊本六册
	清光绪二十六年（1900年）铅印本
	清光绪二十七年（1901年）铅印本
	清光绪二十七年（1901年）上海美华书馆铅印本
	清光绪二十八年（1902年）上海美华书馆第五次铅印本二册
	清光绪二十九年（1903年）上海美华书馆第六次铅印本二册
	清光绪二十九年（1903年）上海美华书馆木活字排印本二册
	清光绪三十年（1904年）上海美华书馆第七次铅印本二册
	清光绪三十一年（1905年）上海美华书馆第八次铅印本二册
	清光绪三十二年（1906年）上海美华书馆第九次铅印本
	清宣统二年（1910年）上海美华书馆第十一次铅印本二册

[1] 李迪. 中国数学史大系：副卷第2卷：中国算学书目汇编[M]. 北京：北京师范大学出版社，2000：270-271.

罗密士（Elias Loomis，1811—1889，图2-25），美国数学家、天文学家、数学教育家。1811年8月7日出生于美国康涅狄格州的威灵顿。1830年毕业于耶鲁大学。1837年成为美国西预备役学院数学教授，1844—1860年为纽约市立大学自然哲学与数学教授，1860年以后到耶鲁大学任自然哲学和天文学教授。1889年8月15日在纽黑文逝世。

图2-25 罗密士像[1]

他不仅在《美国科学院学报》与《美国哲学学会通报》上发表多篇论文，而且出版了大量的数学、天文学及气象学著作，这些著作中有很多为学校使用的教科书。他一生的最重要贡献是在气象学方面的研究，然而，他并不是以科学研究而举世闻名，而是由于他所著书籍与教材被人们所熟知，是当时有名的科学家。1874年，他所编写的一套广为人知的系列教科书——"罗密士数学丛书"，由哈普兄弟出版公司（Harper and Brother Publishers）出版发行，该套教科书共14册，包括数学8册、天文学4册、自然哲学1册和气象学1册。其中数学教科书涉及算术、代数、几何、三角、解析几何、微积分六科，具体有《算术专论》（A Treatise on Arithmetic）、《初等算术》（Elements Arithmetic）、《代数专论》（A Treatise on Algebra）、《代数基础》（Elements of Algebra）、《几何基础》（Elements of Geometry）、《三角学及表》（Trigonometry and Tables）、《解析几何基础》（Elements of Analytical Geometry）、《微积分基础》（Elements of Differential and Integral Calculus）。该系列教科书在美国被广泛使用，影响很大。其中《解析几何基础》与《微积分基础》是原有教科书《解析几何与微积分初步》（Elements of Analytical Geometry and of the Differential and Integral Calculus）的修订版，李善兰与伟烈亚力将其译成中文，即《代微积拾级》，是中国第一本系统介绍解析几何与微积分的译本。1874年修订之后，将《解析几何基础》与《微积分基础》分开出版。除《代微积拾级》外，罗密士的其他数学著作也被翻译成中文，如《形学备旨》《对数表》《圆锥曲线》《代形合参》《八线备旨》《微积学》等。

狄考文在《形学备旨》"序"中说明其编译的基础，对采用"形学"而非"几何"这一名称，也有所说明：

"是书之作大都以美国著名算学之士鲁米斯（罗密士）所撰订者为宗，不取夸多斗靡，惟用简便之法包诸形之用。" "诚以几何之名所概过广，不第包形学之理，举凡算学各类，悉括于其中。且欧氏创作是书，非特论各形之理，乃将当时之算学，几尽载其书，如第七、八、九、十诸卷，专论数算，绝未论形，故其名为几何也亦宜。而今所作之书，乃专论各形之理，归诸形于一类，取名形学，正以几何为论诸算学之总名也。"

全书除"凡例""开端"外，共十卷，目录及各卷大意如下：

[1] 图片来源：Elias Loomis[EB/OL]. [2021-11-3]. http://wikipedia. hlhmf. com/zh-mo/%E4%BC%8A%E8%8E%B1%E4%BA%9A%E6%96%AF%C2%B7%E7%BD%97%E5%AF%86%E5%A3%AB.

凡例：相当于现今的前言或序。介绍学习此书应注意的事项及方法，如："学此书者必用心习画图之法，使其正斜不差，远近毕肖。盖图对而理自显，图误则理亦随之晦矣。"

开端：主要介绍点、线、直线[1]、曲线、平面、体、角、直角、锐角、钝角、余角、外角、平行线、三角形、等边三角形、等腰三角形、长方形、正方形、平行四边形、梯形等的概念和图示，以及全书要用的关系符号、阿拉伯数字和运算符号；特别规定用"甲乙$|_2$"表示"（甲乙）^{2}"；给出可作的6种情况及形学中要用到的14条自理。

可作的6种情况是全书作图的依据：第一，自此点至彼点必可作一直线。第二，一直线可任引而长之。第三，两不等线必可由长者截去短者之度。第四，凡直线必可平分。第五，必可使两直线作角与已定之角等。第六，已定之角必可以直线平分之。

14条自理是形学的基础，全书各题各证皆由此诸理推广而得：第一，多度各与他度等，即彼此等。第二，等度加等度，合度即等。第三，等度减等度，余度即等。第四，不等度加等度，合度不等。第五，不等度减等度，余度不等。第六，多度各倍于他度，即彼此等。第七，多度各半于他度，即彼此等。第八，全大于其分。第九，全等于其诸分之加。第十，两直线不能作有界之形。第十一，两点之间直线为至短者。第十二，自此点至彼点，只可作一直线。第十三，二度即处处相合，即必等。第十四，相交之两直线，不能各与他直线平行。

卷一　直线及三角形。主要介绍有关直线、三角形、四边形、多边形等的34个定理。内容涉及点与直线的位置关系，三角形内边角关系，平行线的判定定理和性质，三角形内角和定理，多边形内角和定理，线段中垂线的性质，角分线的性质，平行四边形的判定及性质等相关问题。

卷二　比例[2]。涉及19个问题。主要介绍可公度量、不可公度量、同理比例、中外率（同理比例中的内外项）、属理、反理等概念，以及比例的各种运算性质（如合比、分比定理等）等相关问题。

卷三　圆及角之度。涉及22个问题。主要介绍圆及与圆有关的径、弧、弦、圆心角、圆周角、割线、切线、圆心角形（即扇形）等的定义和性质，如"不在一条线上的三点确定一个圆""圆周角为圆心角的一半""圆内接四边形定理""直径所对的角为直角""圆内等弦的中点轨迹为圆"等。

卷四　多边形之较与度。涉及37个问题。主要介绍全等形、等面形（面积等）、相似形、三角形的高、平行四边形的高、梯形的高等的定义，以及三角形、梯形、长方形、平行四边形的面积公式，三角形的内外角分线定理，直角三角形的射影定理，圆内割线定理，相似多边形的相似比等；特别是用面积的方法证明了完全平方公式、平方差公式。

---

[1] 书中无"线段"这一名词，直线有时指线段。

[2] 书中无"比"这一名词，都用"比例"这一名词指代。

卷五　求作。涉及35个问题。主要介绍用尺规依照可作的6种情况作一些简单的图形，如作一线段的中垂线、角分线、两圆的公切线、圆的切线、三角形的内切圆、比例线段等。

卷六　有法多边形及圆面。涉及14个问题。主要介绍有法多边形（正多边形）、正多边形的心角（中心角）、垂辐（边心距）等概念，正多边形的相似、正六边形之边等于外切圆的半径、正多边形面积公式、作圆内正十边形等问题，介绍用圆内接外切正多边形的方法求 π 的值。

卷七　平面及体角（多面体）。涉及19个问题。主要介绍平面的垂线、平行线及平行线分线段成比例定理、平行平面的判定和性质、二平面的交线、三垂线定理、相交平面的交角及多面体的二面角大小的比较等有关问题。

卷八　棱体。涉及20个问题。主要介绍棱体、棱体的对角线、相似棱体、棱柱体、正棱柱体、平行棱体、正方体、棱锥体、棱台的基本概念，图示和体积公式，正棱柱体和正棱锥体的表面积公式、"等底等高的平行棱体体积相等"等性质，介绍5种正多面体的展开图。

卷九　圆体三种。涉及23个问题。主要介绍圆柱、圆柱体的内接体和外切体，圆锥、圆锥体的内接体和外切体，圆台、球、球径、球冠、球带、球的切平面，球心体（半圆以其径为轴旋转一周，则半圆内之圆心角所成之体）等的基本概念和图示，介绍侧面积公式和体积公式，特别是运用无限分割的思想证明了球体的面积和体积公式。

卷十　弧角形。涉及27个问题。主要介绍球面几何中的弧三角形、弧多边形、月形（同径的两大圆半周所含的球面）、弧尖劈（同径之两大圆面所含的体）、弧棱锥体（以球心为尖的体角，其诸面所含的球分）等的基本概念和图示，介绍球面圆、弧三角形和弧多边形的性质。

该书论证问题较多。此书出版后，有几种注释性著作问世。如：徐树勋撰《形学备旨习题解证》八卷；寿孝天补《形学备旨全草》十卷等。《形学备旨》作为当时中学的几何课本，重刊多次，其影响非常显著。

第五节
三角学教科书

三角学于明末开始传入我国。我国最早出现的有关三角学方面的著作是耶稣传教士邓玉函（Johann Schreck，1576—1630）的《大测》二卷和罗雅谷（Jacques Rho，1593—1638）的《测量全义》十卷。这些著作中都介绍了西方的平面三角学知识。清初薛凤祚（1599—1680）向波兰人穆尼阁（P.Nicolas Smogolenski，1611—1656）学习西学，其著作《三角算法》（1653年）中也介绍了正余弦定理等。清初天文、数学家梅文鼎撰有《平三角举要》五卷（约1703年）。梅珏成的《数理精蕴》（1723年）中进一步扩充了平面三角的知识。此后，有项名达的《三角和较术》（1843年）、陈杰的《算法大成》上编（其卷五、六论平面三角，1844年）、吴嘉善的《平三角边角互求术》（1863年）、梅启照的《学强恕斋笔算》十卷（其卷五、六、七论平面三角，1870年）。

1877年，华蘅芳与傅兰雅合译英国海麻士的《三角数理》十二卷，平面三角第二次输入中国。这次传入的平面三角知识除了前面已传入的公式和方法之外，又传入三角函数的级数展开式、棣美（莫）弗定理及其应用等。

一、罗密士撰，谢洪赉述《八线备旨》

《八线备旨》是在第二次西学东渐、继《三角数理》之后传入我国的三角学教科书。由美国罗密士原撰，美国潘慎文选译，山阴谢洪赉校录。1893年仲春潘慎文于博习书院作序并出版。自1893年出版以来，修订、重印20余次。如图2-26所示，1897年版为申江中西书院撰，上海美华书馆铅印。

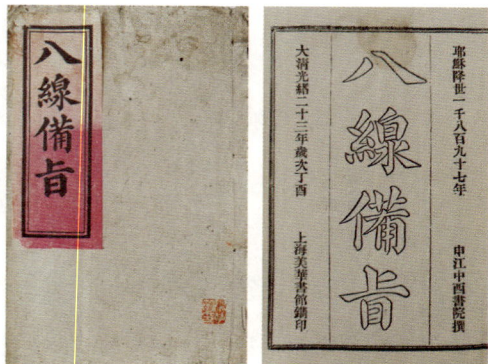

图2-26 《八线备旨》上海美华书馆铅印，1897年

《八线备旨》部分版本摘录整理如表2-4所示。[1]

表2-4 《八线备旨》部分版本

书名	版本
《八线备旨》四卷	清光绪十九年（1893年）自序铅印本四川刊本二册
	清光绪十九年（1893年）铅印本二册
	清光绪二十年（1894年）上海美华书馆铅印本一册
	清光绪二十二年（1896年）上海美华书馆铅印本三册
	清光绪二十二年（1896年）上海美华书馆石印本一册
	清光绪二十三年（1897年）上海美华书馆铅印本一册
	清光绪二十四年（1898年）上海美华书馆第五次铅印本三册
	清光绪二十四年（1898年）益智书会石印本一册
	清光绪二十四年（1898年）求是书局刊本二册
	清光绪二十四年（1898年）重印本一册
	清光绪二十七年（1901年）上海美华书馆铅印本一册
	清光绪二十八年（1902年）上海美华书馆铅印本一册
	清光绪二十八年（1902年）申江中西书院铅印本一册
	清光绪二十九年（1903年）上海美华书馆铅印本一册
	清光绪三十年（1904年）申江中西书院订本
	清光绪三十二年（1906年）上海美华书馆铅印本一册
	清光绪三十二年（1906年）墨润堂排印本四册
	清宣统元年（1909年）上海美华书馆铅印本一册

潘慎文（Alvin Pierson Parker，1850—1924，图2-27），名辉，出生于美国得克萨斯。1875年受到监理会的派遣来到中国，在苏州传教，参与创办苏州存养书院，任监院。1884年主持改书院为博习书院，其间筹款扩展规模，添购仪器。他与谢洪赉合作翻译了机械学、自然科学等方面的书籍，如1893年合译《八线备旨》，1904年著《最新微积学教科书》。1895年，他从苏州调到上海担任中西书院院长，其间，主持调整学制；加强儒学经典教育；倡导科学教育；鼓励学生"如有全按课程诵习，捐款略减"。之后辞职专门从事书籍编写工作。1893年兼任中华教育会会长，后兼任该会总编辑，组织出版教科书，主办《兴华报》。曾参与东吴大学校董会的管理工作。著《格物质学》《最新微积学教科书》等教材。1924年病逝于美国。

2-27

图2-27 潘慎文像[2]

潘慎文在《八线备旨》"序言"中说明了"八线学"在算学中的重要性和此书内容的选译情况。

"算学之致用者，且当以八线学为首屈一指，凡言算学者莫不习焉。是编为罗君密士所

[1] 李迪. 中国数学史大系：副卷第2卷：中国算学书目汇编[M]. 北京：北京师范大学出版社，2000：23-24.
[2] 图片来源：苏州大学图书馆. 耆献写真：苏州大学图书馆藏清代人物图像选[M]. 北京：中国人民大学出版社，2008：224.

辑，取平弧三角形，及测地、量法汇为一帙。理既简要，语皆明晰，而又悉切于用，其深赜之理，则未暇及，盖为初学计也。"

凡例称："原本更有论对数与航海法各一卷都为六卷，但对数已经别译，而航海又嫌过略，不足以备学者观览，姑且从删""原本后附对数、八线、弦切对数、偏较等表以便检查，然诸表皆经登州文会馆另译付梓。阅是书者必当取以合观，而于此不复列焉"。

《八线备旨》共四卷，包括平面三角与球面三角两部分。

卷一　平三角形。主要介绍角的度量单位度、分、秒及角度的记法，此与现今的记法同；角的余角、外角、正弦、正矢、正切、正割、余弦、余矢、余切、余割的定义和图示；平面三角函数基本公式，如，和差化积公式、积化和差公式、倍角公式、半角公式、正弦定理、余弦定理等，三角函数在四个象限内的符号变化和正弦、余弦、正切、余切的单调性；正弦、余弦、正切、余切的查表方法；正弦、正切对数表及其应用；有关平面三角形边角互求的各种情况，介绍了四种画图器具（规、平行界尺、分角器、圆心角尺）的图示、构造原理和使用方法；给出相似直三角形和斜三角形的常用定理。

卷二　量法。主要涉及量面、量体（直线体、三圆体）。主要介绍平行四边形面积公式、三角形面积公式、参半平行四边形（梯形）面积公式、不规则四边形面积公式、正多边形面积公式；利用相似正多边形的相似比求正多边形的面积；圆、圆缺、圆带、环形、椭圆、抛物线、弓形等面积公式；棱柱体、棱锥体、棱台、圆柱体、圆锥体、圆台、球、球带等表面积公式和体积公式；劈（底面为长方形，相对两面分别为梯形和三角形）的体积公式，弧多边形、弧三角形的面积公式等相关问题。

卷三　测地。主要包括测远物的高及距、测一块地的面积、以测得者绘为图等问题。介绍地平面（天际平面）、地平线（天际平线）、地平面角、仰视角、俯视角、偏较、纬较、子午距等概念；测量常用仪器，如链（量线）、测地罗经（测角度）、象限仪（测垂面角）、地平经纬仪（测地平面角、垂面角）及其用法；在测望高远中，给出七种情况和相应的解法，其依据为构造三角形，后用解三角形的方法求解；在测量面积中，介绍测量土地面积的方法和偏纬较表及其查表方法和应用；介绍田地面积的计算方法（采用化曲为直的思想），测平面高低、海口形势、水的深浅等测量方法；除此之外还提到底面形势图的绘法。

卷四　弧三角形。涉及正弧三角形和斜弧三角形两方面的问题。主要介绍球面三角基本公式。此外，该书还介绍球面直角三角形这个公式的记忆规则[1]。

该书有大量的例题和习题。在总习问中，有关平三角形的问题有24个，量法26个，测地20个，弧三角形16个。这些问题大都是计算问题。《八线备旨》作为当时中学的三角学教科书，流传较广，影响很大。有几种注释性的著作问世。如：刘鹏振撰《八线备旨习题详草》八卷（又名《八线详草》）等。

[1] 在正弧三角形中，夹正角之两边、弦之余弧、两锐角之余角共五件，任以一件为主，定之为中件，在中件之两旁者，名之曰倚件，余两件，名之曰对件。

二、海麻士著，傅兰雅等译《三角数理》

《三角数理》十二卷，是一部系统的三角学著作。傅兰雅和华蘅芳译自英国海麻士（John Hymers，1803—1877）的《平面和球面三角》（*A Treatise on Plane and Spherical Trigonometry*，1863年）。中译本于1877年由江南制造局翻译馆刊刻［图2-28（a）］，1896年由上海著易堂发行时，将书名错印为《三角理数》［图2-28（b）］。

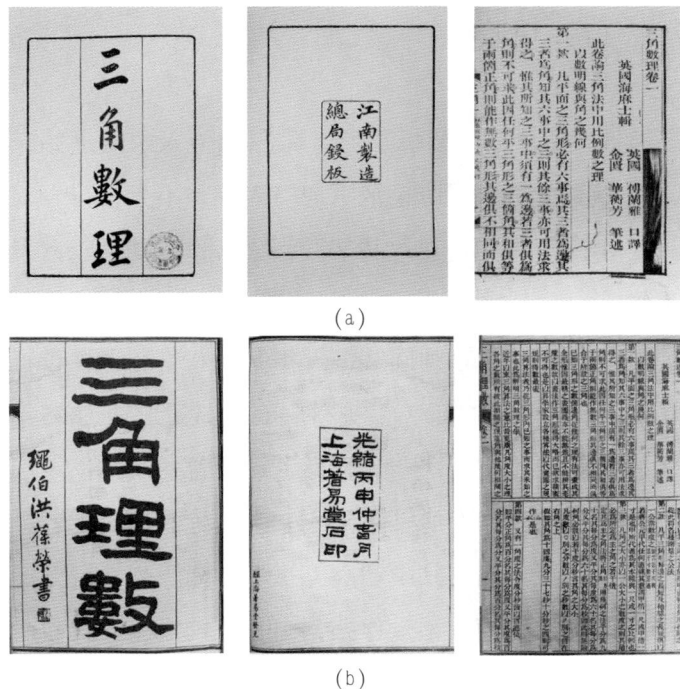

图2-28　《三角数理》上海著易堂发行，1896年

《三角数理》前八卷介绍平面三角内容，后四卷介绍球面三角，知识全面系统，有代表性，循序渐进，由易到难，易于读者接受，主要内容如下：

卷一　介绍三角函数的定义与基本公式。卷二　介绍两角和公式。卷三　给出三角函数与对数三角函数造表法。卷四　主要介绍平面三角形及多边形的解法，高远法、佛递原理与酒准定平法等测量法，介绍测量仪器哈德里纪限仪与更达带尺。卷五　介绍棣美（莫）弗创例、反三角函数。卷六　介绍对数概念及性质、指数函数和对数函数的幂级数展开式，以及三角函数的对数计算。卷七　关于三角函数公式的49道应用题。卷八　51道解平面三角形的应用题。卷九至卷十二　介绍球面三角的内容。

《三角数理》翻译的方式仍沿用明末清初利玛窦和徐光启合译的《几何原本》前六卷的方式，即西儒口译，中儒笔述。与第一次传入的三角学知识相比，《三角数理》既有对以往三角学知识的补充，又有新知识、新方法的呈现。书中较新的内容有棣美（莫）弗公式、反三角函数，球面三角部分讲了极三角形等，各方面知识概括、整理和讲解是比较系统全面的，不仅包括了初等三角学入门知识，而且有较难的高等变量数学知识，无论从深度还是广度上，都已经大大超越了第一次传入的三角学内容。

第六节
微积分学教科书

1859年，上海墨海书馆出版《代微积拾级》十八卷，是为解析几何、微积分传入中国之始。《微积溯原》八卷（1874年）是传入中国的第二部微积分著作，所论范围与前者相差不大，符号与记法沿用李善兰所创方法，但内容深度有所提高。中国学者正是在这两部微积分著作的基础上，学习研究微积分，并自编了一系列微积分注释性著作。[1]

然而，此后数十年间开设微积分课程的学堂却为数无几。京师同文馆五年制与八年制课程设置中均有微积分一门，而教学内容仅在《格物测算》八卷（1883年）等史料中有少许反映。1895年设立的天津中西学堂之四年制头等学堂为新式大学。学生读完第一年课程后，或读普通学或读专门学。唯普通学第二年课程中有微分学，尚无积分学。1898年颁布的《京师大学堂章程》的第二章第二节规定，学生读完三年普通学卒业后，再选专门学一至二门。其中"高等算学"为所列10门专门学之一。其时距微积分的传入已40年之久。因庚子之乱，京师大学堂停办，而未见其实施。将数学作为独立的专业则在《奏定大学堂章程》颁行（1904年）之后。

一、罗密士撰，李善兰等译《代微积拾级》

《代微积拾级》十八卷（图2-29）是根据美国罗密士的《解析几何与微积分初步》（*Elements of Analytical Geometry and of the Differential and Integral Calculus*，1850年）译出的。该书是最早的系统介绍解析几何与微积分的数学译著，是西方高等数学传入中国的第一部译著。约从1856年开始，李善兰和伟烈亚力合作翻译《代微积拾级》，1859年出版，中国数学家由此开始了解高等数学。该书通俗易懂，便于初学者学习。虽涉及高等数学内容，但在当时一些著名的中学也有讲授。译名的"代"指代数几何（现在译为解析几何），"微"指微分，"积"指积分，"微积分"这个译名即取意于成语"积微成著"。

---

[1] 刘盛利. 中国微积分教科书之研究（1904—1949）[D]. 呼和浩特：内蒙古师范大学，2012.

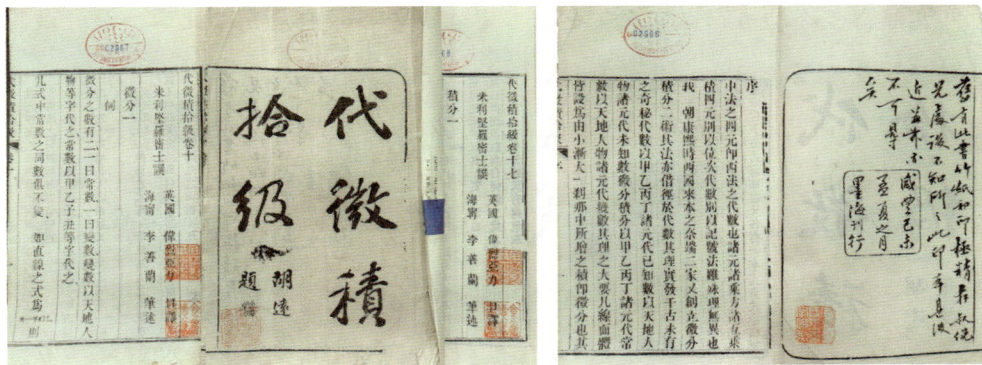

图2—29 《代微积拾级》墨海书馆，1859年

《代微积拾级》有两个序言，其中一个是李善兰的自序，另一个是伟烈亚力所作的序言。

李善兰在序言中介绍了中国传统数学，包括四元术与代数的异同、微积分及其历史来源和发展史、微积分的数学含义及求解方法、微积分的数学应用、对罗密士及《代微积拾级》一书的结构评价、对伟烈亚力的评价及《代微积拾级》的译名的历史来源等：

> 中法之四元，即西法之代数也。诸元、诸乘方、诸互乘积、四元别以位次，代数别以记号，法虽殊理无异也。我朝康熙时，西国来本之、奈端二家又创立微分、积分二术，其法亦借径于代数，其理实发千古未有之奇秘。代数以甲乙丙丁诸元代已知数，以天地人物诸元代未知数，微分积分以甲乙丙丁诸元代常数，以天地人物诸元代变数。其理之大要，凡线面体皆设为由小渐大一刹那中所增之积，即微分也。其全积即积分也，故积分逐层分之分无数微分，合无数微分仍为积分。其法之大要，恒设纵横二线，以"天"代横线，以"地"代纵线，以"彳天"代横线之微分，以"彳地"代纵线之微分。凡代数式皆以法求其微系数，系于彳天或彳地之左，为一切线面体之微分，故一切线面体之微分与纵横线之微分皆有比例，而叠求微系数可得线面体之级数、曲线之诸异点，是谓微分术。既有线面体之微分可反求其积分，而最神妙者，凡同类诸题皆有一公式，而每题又各有一本式，公式中恒兼有天、地或兼有彳天、彳地，但求得本式中天与彳天之同数，或地与彳地之同数以代之，乃求其积分即得本题之全积，是谓积分术。由是一切曲线，曲线所函面曲面，曲面所函体，昔之所谓无法者今皆有法，一切八线求弧背，求八线真数对数，求真数，昔之视为至难者，今皆至易。呜呼！算术至此观止矣，蔑以加矣。

> 罗君密士，合众之天算名家也，取代数、微分、积分三术合为一书，分款设题，较若列眉，嘉惠后学之功甚大。伟烈君亚力闻而善之。亟购求其书，请余共事译行中国，伟烈君之功岂在罗君下哉？是书先代数，次微分，次积分，由易而难，若阶级之渐升。译既竣，即名之曰《代微积拾级》，时《几何原本》刊行之后一年也。

> **咸丰九年龙在己未孟夏八日海宁李善兰自序**

伟烈亚力的序言中介绍了微积分创立之前，几何学的发展情况，莱布尼茨与牛顿二人所创立的微积分学，及之后微积分发展的主要情况以及翻译《代微积拾级》的意义。

几何之学，自欧几里得至今，专门名家代不乏人。粤在古昔，希腊最究心此学，尔时以圆锥诸曲线之理为最精深。亚奇墨德而后，其学日进，至法兰西代加德立纵横二轴线，推曲线内诸点距轴远近。自有此法，而凡曲线无不可推。故曲线之数，多至无穷，而以直线为限，一例用曲线之法驭之。既得诸曲线，依代数理推之，可得诸平面、诸曲面、诸体。其已推定之曲线，略举其目曰：平圆线、椭圆线、双（曲）线、抛物线、半立方抛物线、薛荔叶线、蚌线、摆线、余摆线、和音线、次摆线、弦切诸线、指数线、对数线、亚奇墨德螺线、对数螺线、等角螺线、交互螺线、两端悬线、葛西尼诸椭圆线、平行动线。而圆锥诸曲线与他曲线统归一例，无或少异。此代数几何学也。

自有代数几何，而微分学之用益大。微分学非一时一国人所作，其源流远矣。数学有数求数，代数无数求数，然所推皆常数，微分能推一切变数。创法者不一家，理同而术异。来本之者，日尔（耳）曼人也，立界说曰：以小至无穷之点，积至无穷多，推其几何，名为推无穷小点法。难者曰：无穷小之点虽积之至无穷，不能成几何。解之曰：但易无穷小为任何小，即有积可推矣。故其说虽若难题，而其理未始不合也。而英国奈端造首末比例法，不用无穷小之长数，乃用有穷最小长数之比例，而推其渐损之限，其几何变大则为末限，变小则为首限。此法便于几何而不便于代数，后造流数术弃不用，而谓万物皆自变，其变皆有速率。凡几何俱可用直线显之，故速率之增损，可用直线之界显之。此说学者皆宗之。嘉庆末，法兰西特浪勃造限法，自云不过用奈端首末比例耳。而兰顿别创新法，凡微分一凭代数，不云任近限而云已得限，名曰剩理。拉格浪亦造法，多依附戴老之理，大略与兰顿同。总论之，微分不过求变几何最小变率之较耳。家数虽多，理实一焉。奈端、来本之同时各精思造法，未尝相谋相师也。奈端于元上加点以显流数，如为甲之流数是也，用以推算，觉不便，故用来氏之"彳"号以显之。积分者，合无数微分之积也，亦用来氏之"禾"号以显之。

咸丰九年岁在己未夏日耶稣弟子伟烈亚力序

序言之后有几个凡例，主要说明了以下八个方面：一是古代算书中所未有的记号；二是同一类代数符号的不同表示；三是简式和详式；四是代数根；五是规定半径为单位一；六是代数式中未知元的表示及特殊代数符号的表示法；七是函数、变量、常量与增量的含义；八是书写格式及代数式的表示方法。

《代微积拾级》全书共分三部分，卷一至卷九为代数几何；卷十至卷十六是微分学；卷十七至卷十八是积分学。目录如下：

卷一 用代数方法解几何问题。卷二 作图法。卷三 点与直线。卷四 圆。卷五 抛物线。卷六 椭圆。卷七 双曲线。卷八 代数曲线之分类。卷九 超越曲线

卷十 常数、变数、函数、显函数、隐函数、增函数、减函数、极限等概念，以及函数之微分。卷十一 高阶微分、麦克劳林级数、泰勒级数、偏微分、全微分。卷十二 一阶导数的应

用。卷十三 初等函数（指数函数、对数函数、三角函数等）之微分。卷十四 导数的应用。卷十五 曲率、曲率半径和渐曲线问题。卷十六 曲线之凹凸性及奇异点（拐点等）

　　卷十七 各微分之积分。卷十八 定积分的应用

与现今微积分教材相比，该书在解析几何方面的内容仅限于平面解析几何，不涉及立体解析几何，缺少对空间位置关系的几何属性讨论。在微积分方面，该书偏重不使用极限概念的微积分计算，不考虑函数的连续性、可导及级数的收敛性等基础问题，定理的逻辑关系的演绎也显得薄弱。

《代微积拾级》的翻译出版标志着西方变量数学的传入。在《代微积拾级》译成后的半个世纪里，它是书院或学堂的重要教材，也是众多的微积分学习者和研究者的主要文献，影响深远。以李善兰、夏鸾翔为代表的中国数学家学习和研究这一新学科，他们会通中西数学，获得传统数学方法所无法获得的结果，客观上缩小了中国数学与西方数学之间的差距，促进了中国数学的进步。

伟烈亚力译成《代微积拾级》后曾自豪地预言："异时中国算学日上，未必非此书实基之也。"可以说，这一预言在不到半个世纪里就变成了事实。

二、华利士著，傅兰雅、华蘅芳译《微积溯原》

《微积溯原》八卷（图2-30），是第二部被译为中文的系统的微积分著作。由傅兰雅、华蘅芳译，兴化刘彝程校算自英国数学家华利士（John Wallis，1616—1703）的微积分教材《流数》（*Fluxions*）。中文本由江南机器制造总局于1874年刊印。正如该书序言所言，《微积溯原》的出版弥补了《代微积拾级》之不足。

图2-30　《微积溯原》江南机器制造总局藏板，1874年

华蘅芳在《微积溯原》"序"中言：

　　《微积溯原》八卷，前四卷为微分术，后四卷为积分术，乃算学中最深之事也。余既与西士傅兰雅译毕《代数术》二十五卷，更思求其进境，故又与傅君译此书焉。先是咸丰年间，曾有海宁李壬叔与西士伟烈亚力译出《代微积拾级》一书，流播海内。余素与壬叔相友，得读其书，粗明微、积二术之梗概。所以又译此书者，盖欲补其所略也。书中代数之式甚繁，校算不易，则刘君省庵之力居多。今刻工已竣矣，故序之曰：

吾以为古时之算法，惟有加减而已，其乘与除乃因加减之不胜其烦，故更立二术以使之简易也。开方之法又所以济除法之穷者也。盖算学中自有加、减、乘、除、开方五法，而一切浅近易明之数无不可通矣。惟人心思智虑日出不穷，往往以能人之所不能者为快，遇有窒碍难通之处，辄思立法以济其穷，故有减其所不可减，而正负之名不得不立矣。除其所不受除，而寄母通分之法又不得不立矣。代数中种种记号之法，皆出于不得已而立者也。惟每立一法，必能使繁者为简；难者为易，迟者为速，而算学之境界，藉（借）此得更进一层。如是屡进不已，而所立之法于是乎日多矣。微分积分者，盖又因乘、除、开方之不胜其繁且有窒碍难通之处，故更立此二术以济其穷，又使简易而速者也。试观圆径求周、真数求对数等事，虽无微分、积分之时，亦未尝不可求，惟须乘除开方数十百次，其难有不可言喻者，不如用微积之法理明而数捷也。然则谓加、减、乘、除、开方代数之外，更有二术焉，一曰微分，一曰积分可也。其积分术为微分之还原，犹之开平方为自乘之还原，除法为乘之还原，减法为加之还原。然加与乘其原无不可还，而微分之原，有可还有不可还，是犹算式中有不可开之方耳，又何怪焉。如必曰：加、减、乘、除、开方已足供吾之用矣，何必更究其精？是舍舟车之便利而必欲负重远行也，其用力多而成功少，盖不待智者而辨矣。

《微积溯原》的内容比《代微积拾级》丰富得多，此书基本属于牛顿的微积分系统。卷一为一元函数的导数与微分。卷二内容包括高阶微分、泰勒级数与麦克劳林级数及偏微分。卷三、卷四是今日所谓的微分几何的内容。卷五、卷六为不定积分的内容。卷七是定积分及其在几何方面的应用。卷八为"求双变数微分之积分"，即常微分方程求解问题，主要是一、二阶微分方程及伯努利方程，介绍了分离变量法。卷八之末的悬链线，属于变分法的简单例子。

第七节
解析几何学教科书

清末"壬寅学制"颁布前的解析几何教科书的代表作为《代形合参》三卷附一卷（图2-31）。卷一属欧氏几何，卷二属平面解析几何，卷三属空间解析几何。该书由美国罗密士原撰，潘慎文选译，山阴谢洪赉校录。1893年仲冬，潘慎文序，翌年上海美华书馆铅印。《代形合参》于1894年出版，修订、重印达10余次。1893年谢洪赉与苏州博习书院传教士潘慎文翻译《代形合参》，底本即为罗密士的修订本《解析几何基础》（*Elements of Analytical Geometry*）。目前，学术界对《代形合参》的底本问题众说纷纭。

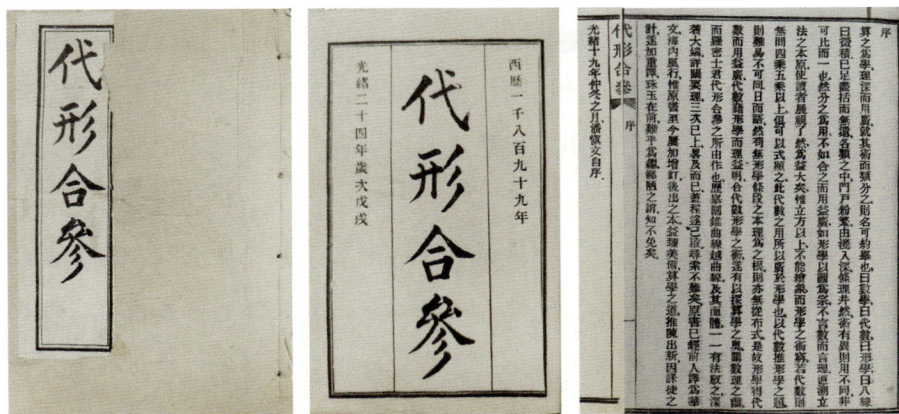

图2-31 《代形合参》上海美华书馆出版，1898年

《代形合参》作为清末中学解析几何教材，部分版本摘录整理见表2-5。[1]

表2-5 《代形合参》部分版本

书名	版本
《代形合参》三卷附一卷	清光绪二十年（1894年）上海美华书馆铅印本一册
	清光绪二十四年（1898年）益智书会石印本
	清光绪二十四年（1898年）上海美华书馆铅印本三册
	清光绪二十四年（1898年）四川翻刻本三册
	清光绪二十四年（1898年）排印本一册
	清光绪二十四年（1898年）上海美华书馆五次铅印本三册

[1] 李迪. 中国数学史大系：副卷第2卷：中国算学书目汇编[M]. 北京：北京师范大学出版社，2000：196.

（续表）

书名	版本
《代形合参》 三卷附一卷	清光绪二十七年（1901年）上海美华书馆铅印本一册
	清光绪二十八年（1902年）上海美华书馆铅印本二册或一册
	清光绪三十年（1904年）巴蜀朴园校刊
	清光绪三十二年（1906年）上海美华书馆铅印本
	清宣统二年（1910年）上海美华书馆铅印本一册

潘慎文在《代形合参》"序"中写道：

"算之为学，理深而用广，就其术而类分之，则名可约举也。曰数学，曰代数，曰形学，曰八线，曰微积，已足尽括而无遗""惟立方以上不能绘象，而形学之术穷。若代数则无问四乘五乘以上俱可以式显之，此代数之用所以广于形学也。以代数推形学之题，则难易不可同日而语。然苟无形学条段之本理为之根，则亦无从布式。是故形学得代数而用益广，代数藉形学而理益明，合代数形学之术，遂有以探算学之奥，阐数理之幽，而罗密士君《代形合参》之所由作也"。

这表明代数与几何相结合的重要性。《代形合参》是系统论述解析几何的教材，实即《代微积拾级》前九卷的另译。

《代形合参》的"凡例"共六条，主要介绍此书编排的原则，以及此书和形学、八线的关系。

"凡例"概述了其编写体例，说明了书中除数字使用阿拉伯数字外，其他均使用李善兰等翻译的《代微积拾级》中的名词术语与数学符号，最后指出了代数、几何、三角等学科为学习解析几何学的根基，具体如下：

是编体例，悉准原本，分卷列款，标目设题，一仍其旧，所用名号，皆遵前人，其未尝经见，始酌立一二。原本末附以图显格致之理一卷，于学者不无裨益，爰并译之。卷内引用八线学甚多，即前译八线备旨一书也。数码用亚（阿）拉伯字，其便处用着者自知。学此书者，必先于数学、代数、形学、八线等，涉各律涯，更能潜心玩味，始可领会。非然，罕有不望洋与欢者也。

全书共十七章。目录及各章大意如下：

卷一　有定式形学。

第一章　以代数推形学。主要介绍用列方程的方法求解或证明几何问题。

第二章　作方程图法。主要介绍在给定代数恒等式的条件下求作几何图形，以及两圆公切线的作图法。

卷二　无定式形学。

第一章　点之纵横线。主要介绍坐标轴的概念；点的坐标表示；点与原点的距离公式；求两点间的距离；两点的中点坐标；点的坐标在直角坐标系和极坐标系下的互化等问题。

第二章　直线。主要介绍直角坐标系（斜坐标系、极坐标系）下的直线方程，包括直线的点斜式、两点式、截距式；求两直线的交点、点到直线的距离；直线方程的作图等问题。

第三章 易纵横轴。即坐标变换，主要介绍直角坐标系、斜坐标系、极坐标系的互化方法。

第四章 圆。主要介绍直角坐标系（斜坐标系、极坐标系）下的圆的方程；求圆的圆心、半径、圆的各种方程；求过圆上一点的切线、法线方程；求两圆的交点及过交点的直线方程；圆的方程的作图等问题。

第五章 抛物线。主要介绍抛物线，抛物线的焦点、顶点、准线、通径、次切线、带径等概念；直角坐标系（斜坐标系、极坐标系）下的抛物线方程；求过抛物线上一点的切线、法线方程；介绍抛物线的性质。

第六章 椭圆。主要介绍椭圆，椭圆的焦点、顶点、准线、通径、带径、长轴、短轴、属径、通弦、离心率等概念；直角坐标系（斜坐标系、极坐标系）下的椭圆方程；求椭圆上一点的切线、法线方程；求椭圆的面积、离心率、通径等；椭圆方程的作图；介绍椭圆的性质。

第七章 双曲线。主要介绍双曲线，双曲线的焦点、顶点、准线、通径、通弦、带径、长轴、短轴、通弦、离心率、渐近线等概念；直角坐标系（斜坐标系、极坐标系）下的双曲线方程；求双曲线上一点的切线、法线方程；求双曲线的离心率、渐近线方程、通径等；介绍双曲线的性质。

第八章 二次方程公式。主要介绍二次曲线经过坐标变换化为标准形。

第九章 三次以上式之线。主要介绍牛顿分类法对于三次代数曲线的分类情况。

第十章 越曲线。主要介绍代数曲线与超越曲线的概念；摆线、正弦、正切、阿基米德螺线、对数螺线、双曲螺线的方程与作图法等。

卷三 立方形学。

第一章 空中之点。主要介绍空间中点的坐标、空间中两点间的距离公式等问题。

第二章 空中之直线。主要介绍空间直线在平面内的投影；空间中两直线位置关系的判别定理、两直线垂直的斜率关系；空间直线与各坐标轴所成夹角的性质定理"凡直线交纵横轴之各角，其余弦平方和等于1"；求空间直线的方程等问题。

第三章 空中之平面。主要介绍直线与平面平行的判定定理；两平面平行的判定定理；求两平面的交线；求过不在一直线上三点的平面方程、过所设点而与所设直线垂直的平面方程等问题。

第四章 曲面。主要介绍曲面体的母线、体轴、子午剖面等概念；圆柱、圆锥、球、椭圆、抛物线、双曲线诸体的曲面方程；讨论平面割球（圆柱体、圆锥体）所成剖面曲线方程的各类情况。

第五章 三变数二次公式。主要介绍空间中的坐标变换公式，以及平面割二次曲面所成剖面曲线方程的各类情况。

附卷　以图显格致之理。主要介绍一些实际问题的作图法，涉及气候变化、风向之日变、测高下不平之地等实际问题。

《代形合参》卷一系统论述了代数与几何的联系，这些内容为之后学习解析几何奠定基础。卷二"无定式形学"与卷三"立方形学"中均是按照点、线、面的顺序展开的。每章开篇均叙述本章的主要内容，在抛物线、椭圆与双曲线章中都在章的开篇给出其定义。另外，在卷三"立方形学"的开篇中没有直接给出"空中之点"表示法，而是使用了"导入式"的教学方法："前卷所论之点、线皆在平面内已推得平面内之点，乃以其点与此平面内所设二线之距定其方位，今论如有空中之任一点当以何法显之。"其附卷部分主要为解析几何的应用问题，其中包括例题18道，内容为：直角坐标系下分析季节变化、寒暑之年变、十一月内的陨星、地内热度、风力方向、空气压力等。该书中的例题、习题较多，习题均安排在每一章之后，习题数量较大，以解答题为主。该书每章主要知识点以"问题"的方式呈现，然后对其解答。在解答过程中均配有图形，真正体现解析几何的基本思想，即数形结合思想，这样的安排，使读者一目了然。《代形合参》很多沿用了《代微积拾级》译本中的数学符号。从翻译体例来讲，《代形合参》中的页面设置与英文版未保持一致，未翻译原著的"序"。英文原版中的直角坐标轴均没有单位长度、方向，因此《代形合参》中所有直角坐标轴都是这样的形式。从翻译的准确性上说，其与英文版图形保持一致，该书注重知识点的实用性。

《代形合参》作为解析几何学科方面的第一本教科书，介绍了平面解析几何和空间解析几何中常用的基本概念、定理和有关性质。内容简明易懂，层次清晰，是适用于解析几何初学者的教科书。《代形合参》出版后有注释性的著作问世，如：王世撰《代形合参解法》四卷等。

第三章

1902—1912 年的中小学数学教科书

1902

"奏定初等小学堂章程"规定：设初等小学堂，令凡国民七岁以上者入焉，以启其人生应有之知识，立其明伦爱国家之根基，并调护儿童身体，令其发育为宗旨；以识字之民日多为成效。每星期不得过三十点钟，五年毕业。初等小学堂开设课程有八科，算术是其中之一。算术教授要义为：使知日用之计算，与以自谋生计必须之知识，兼使精细其心思。当先就十以内之数示以加减乘除之方，使之纯熟无误，然后渐加其数至万位为止，兼及小数；并宜授以珠算，以便将来寻常实业之用。初等小学堂每星期算术教授程度及时间见表3-1。

表 3-1　初等小学堂每星期算术教授程度及时刻表

学年	教授程度	每星期时间/h
第一学年	数目之名，实物计算，二十以下之算数，书法，记数法，加减	6
第二学年	百以下之算术，书法，记数法，加减乘除	6
第三学年	常用之加减乘除	6
第四学年	通用之加减乘除，小数之书法，记数法，珠算之加减	6
第五学年	通用之加减乘除，简易之小数，珠算之加减乘除	6

"奏定高等小学堂章程"规定：设高等小学堂，令凡已习初等小学堂毕业者入焉，以培养国民之善性，扩充国民之知识，强壮国民之气体为宗旨；以童年皆知作人之正理，皆有谋生之计虑为成效。每星期不得过三十六点钟，四年毕业。高等小学堂开设课程有九科，算术是其中之一。算术教授要义为，使习四民[1]皆所必需之算法，为将来自谋生计之基本。教授之时，宜稍加以复杂之算术，兼使习熟运算之法。高等小学堂每星期算术教授程度及时间见表3-2。

表 3-2　高等小学堂每星期算术教授程度及时刻表

学年	教授程度	每星期时间/h
第一学年	加减乘除，度量衡货币及时刻之计算，简易之小数	3
第二学年	分数，比例，百分数，珠算之加减乘除	3
第三学年	小数，分数，简易之比例，珠算之加减乘除	3
第四学年	比例，百分数，求积，日常簿记，珠算之加减乘除	3

这一时期出版的小学数学教科书大多是自编的，部分是翻译的教科书，教科书包括珠算教科书、心算教科书和笔算教科书。

---

[1] "四民"即士、农、工、商四类人。

第一节
小学数学教科书

一、珠算教科书

1904年，清政府颁布了《奏定学堂章程》，规定开设珠算课程，其目的是以便学生将来寻常实业之用。在初等小学堂的第四年和第五年的算术课程中安排了珠算内容，即珠算加减乘除，每周时数为6学时。在高等小学堂的第二、第三、第四学年都安排了珠算加减乘除内容，每周时数比初等小学堂要少，只有3学时。从初等小学堂到高等小学堂，学生总计要学习珠算5年之久。

为与学堂章程中珠算教学要求相应，国人编辑出版了不少单独的珠算教科书。据不完全统计，1896年，南洋公学成立后编辑了各学科教科书，其中有《笔算教科书》《物算教科书》。1902年，在上海成立文明书局，推出修身、文法、笔算、珠算等多种教科书。1905年，商务印书馆编辑出版了适应初小程度的格致、算术、珠算、地理等教科书。

（一）杜就田编《最新初等小学用 珠算入门》（上、下卷）

《最新初等小学用 珠算入门》共两卷（图3-1），由杜就田编，商务印书馆出版，1905年初版，1907年第四版，1914年第七版。该书是专门为教师编撰，指导珠算的教学用书。

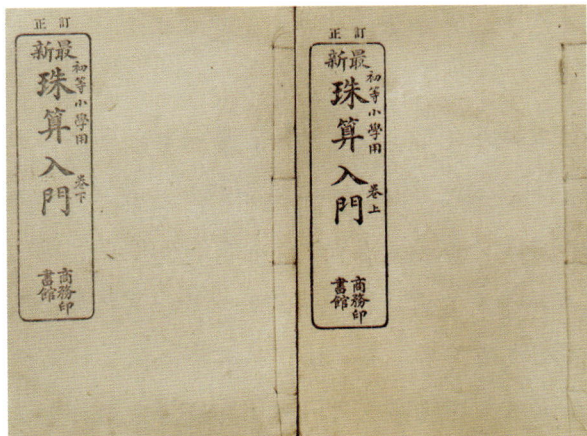

3-1

图3-1 《最新初等小学用 珠算入门》商务印书馆出版，1914年

杜就田，浙江绍兴人，一生主要从事图书编辑工作。杜就田在商务印书馆从事科学书籍编译之余，还从事书画创作，曾多次在《申报》刊登书法、绘画作品。自学《格致入门》《化学鉴原》等科学读物。他还对摄影很感兴趣，自制照相机，并试验照片的拍摄和冲洗等环节。

该书具体的编撰目的及背景等信息从"编辑大意"可知，具体如下：

——本书专为教员教授初等小学校第四年初学珠算之用，此时学生初习连珠，必须口授，故教科书暂付缺如。

——本书为便教员口授，俾省纂辑之劳，然书中所载连珠法之变化，教员宜先体会明白，且反复详细解释之，庶施教时受之者能得其益。

——珠算之法，会悟甚难，不独年幼者难于贯通，即稍长者亦不易索解，盖因教授运算时，其连珠之形状，屡次变迁，几为受教者目力之所不能及也。本书插入算盘式，以备教员依式画入黑板，庶几学童易于记忆。

——本书第四篇所载乘除，只以一位法数为限，理浅法简，当于幼童脑力，无所障碍。

——各项问题，其次序皆互相联络，务宜依序教授，切勿凌躐。

——各项问题，教员宜代以白话，讲解务极明晰，不可徒就文字指示。

——教授方法，已揭明于每篇之首及教授要旨之内，神而明之，是在当局。

——书中所载口诀，最为紧要，宜令学生熟读。

——书中有紧要之处，应与学生讲明者，则表以注意二字。

——教幼童连算，最宜出以活泼，若一步笨滞，幼童之意索然，教员亦不胜烦苦，此理不可不知。

——书中问题不足，教员可随时增补，如有舛误及疏略之处，亦望临时更正，此不特学生受其利益，抑亦编辑者之祈求者也。

《最新初等小学用 珠算入门》编排形式为"篇一课一条"，全书共有4篇、12课、27条。具体内容如下：

第一篇 二十以内之布算法：十未满之布算法（一至四之布算法；五至九之布算法）；二十未满之布算法（十至十九之布算法）。

第二篇 二十以内之加法及减法：第一类之加法及减法（第一类之加法；第一类之减法；加减法杂题）；第二类之加法及减法（第二类之加法；第二类之减法；加减法杂题）；第三类之加法及减法（第三类加法上；第三类加法下；第三类减法上；第三类减法下；加减法杂题）。

第三篇 百以内之布算法及加减法：百未满之布算法（十至百之布算法）；第一类之加法及减法（第一类加法；第一类减法）；第二类之加法及减法（第二类加法；第二类减法）；第三类之加法及减法（第三类加法；第三类减法）；加减法杂题及其应用问题（加减法杂题；加法及减法之应用问题）。

第四篇 百以内之乘法及除法：一位法数之乘法（因法之第一步运珠法；因法之第二步运珠法）；一位法数之除法（归法之第一步运珠法；归法之第二步运珠法）。

《最新初等小学用 珠算入门》每一条（节）的内容中先设置教授要旨，不仅给出了教学的方法、步骤，教师一节课要进行的教学活动，而且给出了设置目的，如"加减法杂题"的教学要旨：加减法杂题使学生练习之，欲其深悉加法与减法之有分别也，盖学生于前条所学之加减法，多不留意，惟随教师依法为之，实不知其所以然之用法，故遇加减混杂之题，竟有束手无策者，欲防此弊，非令学生练习加减法杂题不可。

（二）江南商业学堂辑《最新珠算教科书》

《最新珠算教科书》共三卷（图3-2、图3-3），由江南商业学堂辑，于1905年出版。该书是普及珠算的课本，教授学生珠算的学习用书。

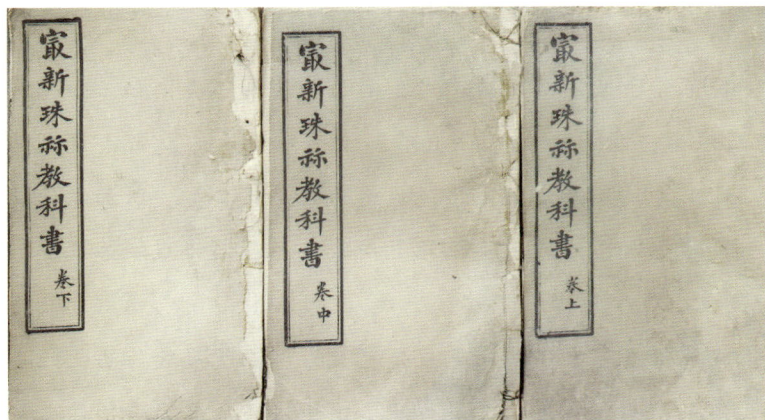

3-2

图3-2 《最新珠算教科书》江南商业学堂辑，1905年

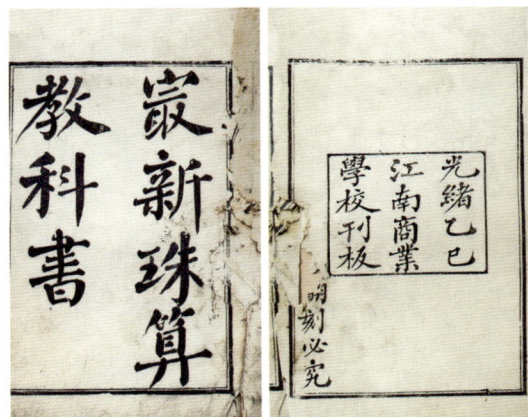

3-3

图3-3 《最新珠算教科书》江南商业学堂辑，1905年：扉页

《最新珠算教科书》由江南商业学堂刊版，该学校是建于1908年的公立学校。1904年《奏定学堂章程》颁布并实施，国内教育随之改革，出现许多新式学堂以促进国内教育的发展。这些学堂的建立及其工作，不仅对当时知识的传播起着重要作用，而且对国内教育的积极发展也有着促进性的影响，江南商业学堂便是其中之一。《最新珠算教科书》的编写背景与编辑意图可见于"叙例"，作者对学堂课程中重视西方传入的笔算，而忽视中国传统珠算计算方法的情况提出批评，在比较笔

算和珠算的优缺点之后，强调了珠算的实用性。针对当时学堂重视国外传入的笔算而忽视中国固有之珠算的现象，认为是由于缺乏珠算教科书，为纠正清末国人的想法，故写作本书，来推广珠算计算方法，学习中国传统数学之所长并补其所短。该书不仅可以作为学堂中教授珠算的课本，而且还可以为经商者继续使用珠算开辟一条道路。

在"例言"中说明了《最新珠算教科书》的结构组成、编排方式、算法概述、学习方法、学习应注意之点以及易错点等，详见下文：

——是书分三卷，上卷开端及加减，中卷乘除及四法杂问，下卷自乘除简法以至开方而演数之法略备。

——算珠图用黑白二种未置之珠，用白先置之珠，用黑添置之珠，兼用白拨去之珠，仍用黑庶去留之。迹一望了然，即无人传授，亦不难按图而通其法。

——布算法与读算法为学加减之，根柢（底）必先熟练，此层工夫庶加减不误其位置，学者不可因易而忽诸。

——加减各分为三类，凡所加本位不满十又不必用减珠者，名为加法第一类，如三十一加六十二之类。此类用减法还原名为减法第一类，所加本位虽不满十而增梁上珠，必去梁下珠者，名为加法第二类，如三十四加四十二之类，此类用减法还原名为减法第二类。所加本位满十须进一位者，名为加法第三类，如六十七加八十四之类，此类用减法还原名为减法第三类，三类依次习练只费数日工夫即能运用从心矣。

——乘除亦各分为三类法，一位实多位名为乘法第一类，先置数为实以所乘数为法，此类用除法还原名为除法第一类法，多位实一位名为乘法第二类，此类用除法还原名为除法第二类法，实俱多位名为乘法第三类，此类用除法还原名为除法第三类，三类依次习练先熟其所易，而后能通其所难，此皆通行之法。

——乘除简法为取巧之用，必须常法习熟始运用无误，故列于下卷。

——小数定位易淆，往往算一数而莫知其数之名，知定位则数自莫遁。

——诸等法用珠算尤便，其名目仍沿旧法庶用珠者校易习练若米突法及各国度量衡法，仿此类推不及遍列地球赤道周每度只百九十五中里零子午周每度长短又不等，其仍用二百里者便习练也。

——利息为经商所必需详列各类以备探用。

——开方用珠算更便详列各法，以广珠算之用。

——是书各题俱浅近易晓，不假思索，其宗旨在练熟珠算为根柢，务使人人皆晓可以家置一编，阅者谅之。

《最新珠算教科书》分上、中、下三卷，共十三章，八十课。章节安排如下：

卷上

第一章 开端：珠算名目；拨珠指法；布算法与读算法；杂问

第二章 加减第一类：加法第一类；加法第一类习题；减法第一类；减法第一类习题

第三章 加减第二类：成五之说；下五歌诀；加法第二类；加法第二类习题；去五歌诀；减法第二类；减法第二类习题

第四章 加减第三类：成十之说；进十歌诀；加法第三类；加法要义；加法第三类习题；退十歌诀；减法第三类；减法要义；减法第三类习题

卷中

第五章 乘除第一类：乘法说；九九生数歌诀；乘法第一类；乘法第一类习题；除法说；九归歌诀；除法第一类；除法第一类习题

第六章 乘除第二类：乘法第二类；乘法第二类习题；撞归法及去一还原法；除法第二类；除法第二类习题

第七章 乘除第三类：乘法第三类；乘法要义；乘法第三类习题；除法第三类；除法要义；除法第三类习题

第八章 加减乘除杂问：加减杂问；乘除杂问；四法总杂问；附卷中总答

卷下

第九章 乘除简法：挨身乘法；定身除法；挨身乘定身除习题；以减代乘法；以加代除法；减代乘加代除习题

第十章 小数：小数名义及布算法；小数加减习题；小数乘除定位法；小数乘除习题

第十一章 诸等数：诸等数名目及布算法；诸等数通法及习题；诸等数命法及习题；诸等数加减及习题；诸等数乘除及习题

第十二章 利息：利息说；简利法；简利习题；简利分还法并习题；繁利法；繁利息表附；繁利习题；繁利分还法并习题

第十三章 开方：珠算开平方与除法之比较；开平方第一类；开平方第一类习题；开平方第二类；开平方第二类习题；小数开平方法并习题；开不尽之方根截位法并习题；开立方法；小数开立方截位法；附卷下总答

《最新珠算教科书》内容编排为竖排，自右向左，图文结合，一目了然，可根据图的讲解，学习具体原理。布算法与读算法为学习加减的基础，加减乘除各分为三类，诸等法、利息、开方，皆有便捷的珠算方法。作者重视珠算教学的讲练结合，书中选取众多生活中的例题，并将其分门别类讲解，各题均浅近易懂，目的在于熟练珠算。课后还有练习题，加深对学习内容的理解与巩固。

（三）杜综大编《初等小学珠算教科书》

《初等小学珠算教科书》共四卷（图3-4和图3-5），为线装，由杜综大编，杜烁孙校订，商务印书馆1906年出版，1907年第三版。

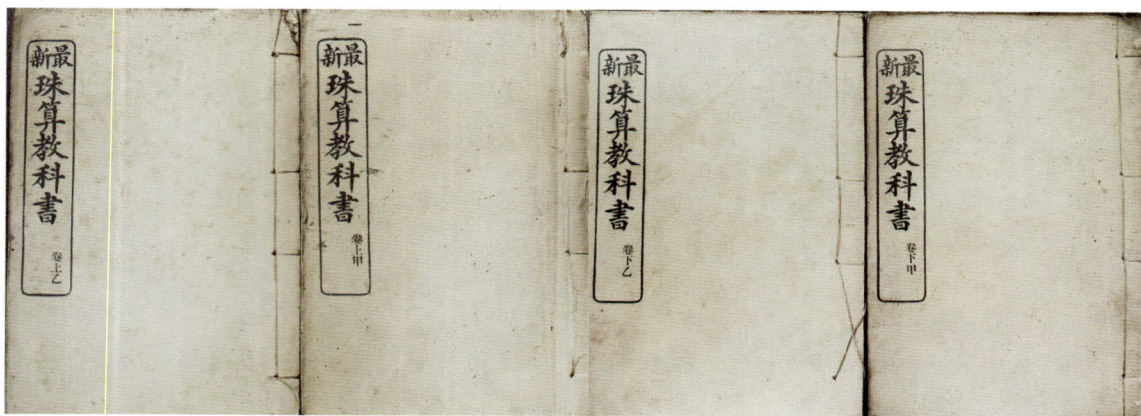

3—4

图3—4 《初等小学珠算教科书》商务印书馆印行，1906年

3—5

图3—5 《初等小学珠算教科书》商务印书馆印行，1906年：扉页

　　清政府于1904年颁布《奏定学堂章程》，1905年废除科举制度，之后向日本及欧美学习数学教育制度，商务印书馆应势出版国人自编的教科书，此书便是其中之一。该书作者杜综大，为珠算学家，出版了多部珠算教科书，如《初等小学珠算教科书》（四卷）、《珠算教科书》（二册）、《珠算入门》（二册）、《最新珠算教科书》（四册）等，同时他还在珠算教学方法上有所造诣，著有专为珠算教员编写的《最新珠算教科书教授法》。

　　此书内容封面皆题为《最新珠算教科书》，为初等小学堂用，四卷分别为《最新珠算教科书》卷上甲、卷上乙、卷下甲、卷下乙，均无目录页或"编辑大意"等栏目，该书为"篇—课—条"的编排形式，共五篇，五课，二十三条。具体内容如下：

　　卷上甲

　　第一篇 千以内之布算法及加减乘除：千以内之布算法及加减法（千以内之布算法；第一类之加法及减法；第二类之加法及减法；第三类之加法及减法）

　　第二篇 千以内之乘法及除法：千以内之第一类乘法及除法（第一类乘法，即一位法数之乘法；第一类除法，即一位法数之除法；第二类乘法及其应用问题）

卷上乙

千以内之第一类乘法及除法（第二类除法及其应用问题；第三类乘法及其应用问题；第三类除法及其应用问题；加减乘除压题；加减乘除应用问题）

卷下甲

第一篇 万以内之布算法及应变定位：万以内之布算法及其加减乘除（万以内之布算法及其加减法；万以内之乘法及除法；应变定位；应用问题）

第二篇 小数：分位数及其应用问题（分位数之布算法）

卷下乙

分位数及其应用问题（分数位之加减乘除）；厘与毫位数及其应用问题（厘及毫位数之布算法；厘及毫位数之加减乘除）

第三篇 应用问题（应用问题 第一 上；应用问题 第一 下；应用问题 第二 上；应用问题 第二 下）

《初等小学珠算教科书》全书以习题为主，且无答案，书首有少量口诀，无珠图，将阿拉伯数字引入练习题目之中，可做珠算习题册使用。附录部分包括天平数表、量数表、时数表、西国时数表、度数表、衡数表和方数表。

（四）《最新应用珠算教科书》（上、下编）

《最新应用珠算教科书》（图3-6）共两编，于1907年出版。

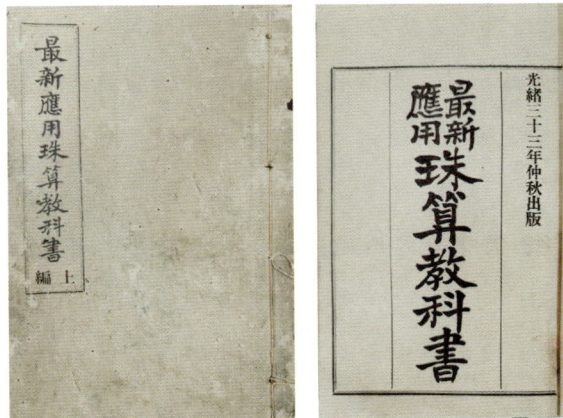

图3-6 《最新应用珠算教科书》粤东编译公司，1907年

从该书的"例言"可知其编辑背景及编辑目的等，具体如下：

——本书专论珠算。盖以珠算者，吾国之国粹也，且为吾国商业中通行之法。故自吾国维新以来，珠算一科，编入高等小学课程内。余特汇集各种珠算书，酌量教育之程度，搜选最近之教材，编辑而成，以资实用，亦以保存国粹云耳。

——本书全体共分上、下编。编分为章，章分为节。先解释，次例题，又次习题。井然无稍淆混。

——本书系朴实解说，非为炫异而作，故诠解务尚精密，遣词不厌卑近。总期学者洞悉其理，不至生畏难之心。

——本书乃依浅深先后之序，逐次胪列其解释例题习题，皆一脉贯通。有不容少紊者，若躐等骤进，则反致奥妙莫测。学者幸勿蹈入此弊。

——本书上编第六章之归除与飞归捷法。学者能潜心研究，必能明白晓畅。若演习未熟，则反不如寻常归除之便捷也。

——本书酌量再三。谅无大谬可指，然千虑不无一失。苟海内大雅，能匡其未逮，是则编者所厚望焉。

具体内容如下：

第一章 总论：释算盘；布算之规则；布算列位之次序；布算之练习

第二章 加法：总数；释加法；加法口诀；小九数；加法例题；加法习题一；加法习题二

第三章 减法：总数；释减法；减法口诀；小九数还原；减法例题；减法习题一；减法习题二

第四章 乘法：实数；法数；积数；释乘法；九九口诀；一位法数之乘法；一位法数之乘法例题；一位法数之乘法习题一；一位法数之乘法习题二；多位法数之乘法；多位法数之乘法例题；多位法数之乘法习题一；多位法数之乘法习题二

第五章 除数：实数；法数；得数；余数；释除法；九归口诀；一位法数之除法；一位法数之除法例题；一位法数之除法习题一；一位法数之除法习题二；多位法数之除法；撞归口诀；多位法数之乘法例题；多位法数之乘法习题一；多位法数之乘法习题二

第六章 归除与飞归捷法：（甲）归除捷法：释归除捷法；归除捷法之例题；归除捷法之习题。（乙）飞归捷法：释飞归捷法；飞归总诀；飞归捷法之例题；飞归捷法之习题；附金蝉脱壳法

第七章 诸等法：释诸等法；诸等化法；天平数；天平数之例题；天平数之习题；衡数；衡数之例题；衡数之习题；斤两捷法；两变斤之口诀；两变斤之例题；斤变两法；斤变两之例题；斤两捷法之习题；量数；量数之习题；度数；度数之习题；方数；方数之习题；立方数；立方数之习题；时数；时数之习题；周数；周数之习题

第八章 诸等加减乘除法：诸等加法；诸等加法之例题；诸等加法之习题；诸等减法；诸等减法之例题；诸等减法之习题；诸等乘法；诸等乘法之例题；诸等乘法之习题；诸等除法；诸等除法之例题；诸等除法之习题

从以上内容可知，书中先列章节，同时附有解释，然后是例题、习题，且属于同一类型的题目，起到举一反三的作用。文中有许多的口诀，供学习者背诵使用。其中使用阿拉伯数字，且均为大写。该书是供商界和学界使用的珠算教科书，也适用于高等小学课程，是作者集结了众多珠算教

科书编撰而成。

（五）董瑞椿编《蒙学珠算教科书》

1902—1908年，文明书局依照"壬寅—癸卯学制"发行了近代第一套完整的、专门适用于初等小学堂的小学教科书《蒙学科学全书》，《蒙学珠算教科书》（图3-7）正是其中一本。《蒙学珠算教科书》由董瑞椿编，文明书局发行，1903年初版，1906年第九版。这是清末学部第一次根据国家统一的教育宗旨、学制课程标准而审定的初等小学教科书，标志着中国历史上有目的、有计划、有系统的教科书审定工作的正式实施。

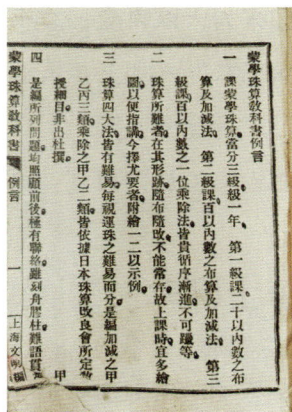

图3-7　《蒙学珠算教科书》文明书局发行，1906年

董瑞椿（1870—？），江苏吴县（今苏州一带）人，1893年科江南副贡，1901年赴日本东京师范学校学习。曾任南洋公学中院华文课教习、浙江大学堂总教习。著有《尔雅异读案》《尔雅疑谊》《贡并求放斋》。中国人编译的最早"教科书"实物是1901年正月出版的南洋公学师范院译述本《笔算教科书》《物算教科书》，两书均由日本文学社编纂、董瑞椿口述、朱念椿笔译。

《蒙学珠算教科书》"例言"如下：

一　课蒙学珠算，当分三级。级一年。第一级课二十以内数之布算及加减法；第二级课百以内数之布算及加减法；第三级课百以内数之一位乘除法，皆贵循序渐进，不可躐等。

二　珠算所难者，在其行迹随布随改，不能常存，故上课时宜多绘图，以便指讲。今择尤要者，附绘一二以示例。

三　珠算四大法，皆有难易。每视运珠之难易而分，是编加减之甲乙丙三类，乘除之，甲乙二类，皆依据日本珠算改良会所定教授细目，非出杜撰。

四　是编所列问题，均照顾前后，极有联络。虽刻舟胶柱，难语贯通，而妄事纷更，亦失屡次临机关变是在教者。

五　珠算，实物算之一，非心算无以通其理，非笔算无以留其迹。是编教法则，以珠算与心算、物算、笔算错综并用，较熟读归除呆打死算盘不知法意者，截然不同，幸勿浅率视之。

六　是编第三级如因儿童年力太幼与第二级后接课不上，则应暂缓，专将第二级问题变通演习，以期纯熟，然后补课乘除于教法亦合。

该书适用于三个年级教学使用，师生上课均需配备算盘，且初学时教师应确保全班学生所用算盘一致，避免因算盘不同而引起混乱。依据"例言"，该书注重教学与直观相结合——因珠算不易保留痕迹，亦无法查询具体过程，因而建议教师最好通过绘图来对运珠进行讲解，比如被减数（或第一个加数）以黑圆表示，而减数（或第二个加数）用空心圆表示，而不同的图形可以表示运算过程；同时注重因材施教，如第三级学生若因年幼而无法将所学知识与第二级所学内容相衔接，教师可暂缓教授而将"第二级问题变通演习，以期纯熟，然后补课乘除于教法亦合"。

该书主要内容有：

第一级：二十以内布算法：甲　布五以内数；乙　布十以内数；丙　布二十以内数；二十以内加减法（甲加；甲减；甲加减；乙加；乙减；乙加减；丙加上；丙加下；丙减上；丙减下；丙加减）。

第二级：百以内数布算法；百以内数加减法（甲加；甲减；乙加；乙减；丙加；丙减；甲乙丙加减；甲乙丙加减应用）。

第三级：百以内数一位乘除法（甲乘；乙乘；甲除；乙除）。

该书依据算盘上、下珠每珠所代表的数字而将加减法分三类、乘除法分两类。随年级增长，运珠愈难，所学内容前后衔接且循序渐进，虽珠算不同于笔算和心算，但亦需明其算理。全书在所学内容之后附"教法"供教师教学使用。该书作为《蒙学科学全书》中的一本，是参照日本学者对学科纲目的划分以及教法而定，具有一定的日本教学色彩。该书作为教学指导用书，具有较强的指导性。

二、心算教科书

清末的数学教育中，心算教育很早就在学校教育中受到重视。在当时的教会学校中，数学课程设置的初期就包含了心算内容。如，上海中西书院入学三年开设数学启蒙课程，其中就有心算内容；上海中西女塾中的西学课程按照十年之期进行，其中第一年主要学习心算；圣玛利亚女书院的课程分为初级课程四年，备级课程四年，正级课程四年，其中初级第一年和第二年都学习心算。当时的心算内容没有在教学大纲中作明确章节的安排，但是很多学校都在学习初期设置了心算的教学内容，所以出现了一些心算教科书，有的是单独出版的，有的是与算术、珠算教科书一起出版的。具体以《心算初学》《蒙学心算教科书》为例介绍。

（一）朱葆琛著《心算初学》

《心算初学》六卷（图3-8）为朱葆琛著，上海美华书馆出版，1894年初版，是现今发现最早的专门介绍心算的教科书，书名后附有"官话"二字，从其出版单位和这些标记可以看出该书是官方出版的心算教科书，不是民间流传的数学读物。

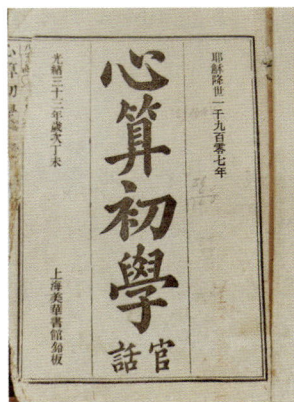

图3-8　《心算初学》上海美华书馆铅板，1907年

朱葆琛，字献亭，曾任狄考文的秘书。1888年从登州文会馆毕业，1898年任京师大学堂西学教习。由上海美华书馆出版的、朱葆琛参与翻译的书籍有《光学揭要》二卷（1899年）、《声学揭要》（1899年）、《对数表》（1903年）。

《心算初学》是由旧有的民间流传的心算书改编而成的，在语言的处理及举例方面也结合了小学生的心理特征。从该书的"序"可以看出其编撰目的、编写原则等，具体内容如下：

> 心算一书，原为小学发蒙而设，故其为算也，浅之又浅，而至于极浅，近之又近，而至于极近。其余乘法也，亦不过倍二之数便成四，倍三之数便成六之类。其余除法也，亦不过十而二之，是两个五，九而三之，是三个三之类。余法之浅近亦然噫，浅极矣，近极矣，以之发蒙，便利而蔑以加矣。虽然，口授者听及不广，故必笔之于书，而笔之于书或其文理稍深，小儿又不能一览了然，朴不揣谫（简）陋，将旧本之文理心算，改为新成之官话心算，大略悉遵旧本，而间参一二己意，皆因小儿易晓起见。故其话，句句皆小儿对谈的声口，而其事，件件皆小儿习见的物类。然使十数岁小儿，开卷一阅，不待教而也已晓然矣。疏通小儿的聪明，扩充小儿的识见莫此为便，故镌之。

《心算初学》"凡例"详细介绍了数字及一些数学名词的来源，以及数学符号的使用，也包括该书的主要结构，对其中习问的使用方法，以及对学者和教者都有相应的使用建议。详见如下。

> 一　是书所用诸号及名目等，悉本笔算数学所载。
>
> 二　数目字之便于用者，莫如亚（阿）拉伯数目字，中国往后，谅必通行，故用之。
>
> 三　书中之名目及九九数、天平数、时数、衡数、量数、度数及其余诸数，皆当使学者念熟，方可济用。
>
> 四　书中习问，非欲学者诵读，不过教者将问中之账目念清，使学者随问中之次序，回答明白而已。
>
> 五　凡习问每进一步，必设解说一则，为要解明问中之理，作下边诸问的样子，使学者逐问解说出来，非惟便于就绪，且可易于名透。

六　末设奇问数则，为要触动学者之心机，使其不至株守焉耳。

七　教者当于每课习问之外，自出心裁，设下几问，以开导学者，如减法，可问三减三等何数，可问九除九或一除九等何数，诸类的问。余可类推。

该书的主要内容如下。

第一卷：加法—加号—等号，第一至第七课练习。第二卷：减法—余数—原数—减数—减号，第八至第十课练习。第三卷：乘法—实数—法数—合数—乘号，第十一至第十四课练习。第四卷：除法—实数—法数—得数—余数—除号，第十五至第二十课练习。第五卷：诸等法—化法—聚法—天平数—衡数—度数—量数—时数，第二十一至第二十六课练习。第六卷：命分—命分法—命分念法—分子分母—命分写法，第二十七至第四十六课练习。

该书在第一卷开篇介绍了心算、四法（即加、减、乘、除）、数目字、数目的写法等内容。书中的编排形式一律采用竖排编写形式，主要内容介绍之后，分为不同课时介绍不同习题，一类型为一课时，每一课介绍一种类型的题目，其中包括口算、计算、应用题。每一课中包含许多问，在第一问中会有解说，按照解说可以做以下其余问，每一课中的问题几乎一致，做法也相同。书中强调对相应知识点的记忆，指出心算就是用心算账，心算能使学生在日常账目计算上不用笔和算盘，就能算出数目。所以书中的内容很多都是互有联系的，方便对某一知识点的应用，如天平数，即"平金银宝贝用的"一些数，其间的换算就需要分清各个单位之间的换算关系，书中给出天平数表（图3-9），便于学者背诵记忆。

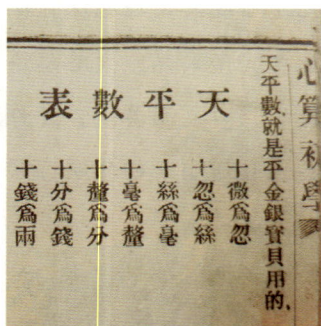

图3-9　《心算初学》上海美华书馆铅板，1907年：第40页

该书中名数的表示采用一、二、三等汉字，无名数的表示采用阿拉伯数字，且数字均为竖排形式，即使是小写的两位数也均用竖排形式编写。加减乘除运算符号均与现在的相同。其中名词术语与现今的表示不一致，如：实数在乘法中表示乘数，在除法中表示除数；法数在乘法中表示被乘数，在除法中表示被除数。另外，单位换算的问题在书中称为"诸等法"。

书中数学应用题题目的形式与中国古代数学典籍中的形式一致，如题目开始出现"今有""若有""现有"等字眼。其中使用的计量单位有"斤""两""斗"等，没有使用现代计量单位的痕迹。数学习题的数量多，每一类型都有20道以上的题目，所以该书也可以作为学生在家自学的辅导书。

（二）丁福保著《蒙学心算教科书》

丁福保著《蒙学心算教科书》（图3-10），由上海文明书局出版，1903年9月初版，1905年1月第九版。

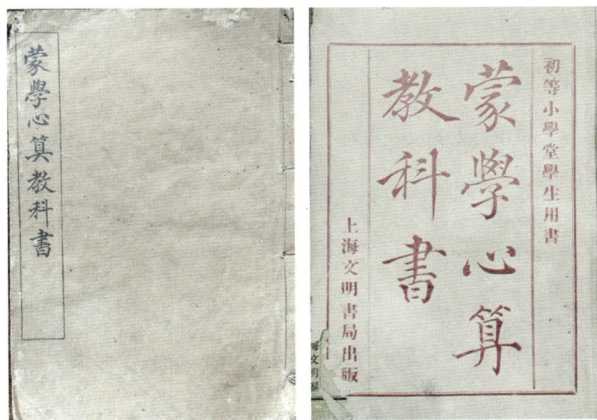

图3-10　《蒙学心算教科书》上海文明书局出版，1905年

丁福保（1874—1952），字仲祜，号畴隐居士，一号济阳破衲，江苏无锡人。1895年肄业于江阴南菁书院，次年考取秀才，后随华蘅芳学数学，编撰了《算学书目提要》。鉴于身体多病，改习医学，创办丁氏医院、医学书局，先后编译出版了近80种国内外医学书籍，合称"丁氏医学丛书"。

从《蒙学心算教科书》的"编辑大意"中可以看出其编辑背景及编辑过程，部分内容如下：

是书为初级蒙学而设，故浅之又浅，为向来算数所未有。算术分为二类，曰笔算，曰珠算。惟未通笔算、珠算之前，宜先学心算，故是书以心算为主。

心算又分为二类，如仅用数目，不及实物者，曰练习心算。如买卖实物而及数目者，曰应用心算。应用心算难于练习心算，是书以浅易为主，故其题大半为练习心算。

第十一课至四十课之口诀，系华若汀先生在无锡埃实学堂授算时所录出者，令学生读熟，以期永久不忘。

第四十九课至六十课，每课首列之例题，从日本金津长吉之心算教授法译出，心算之方法，大略已备矣。

在《蒙学心算教科书》的开篇，增加了"教授术"的内容，其中详细介绍了使用该心算教科书的方法，指出了具体的使用步骤及课堂上应针对学生不同的反应随机生成数学内容，具体内容如下：

一、教师将课书内之问题，指定一学生而问之。（先问一题）该学生即回答曰某数。

二、教师问同班学生，某人所答之数合否，如以为合者，即举手，名曰合决。

三、学生有不举手者，教师即问云，汝以为何数。

四、发问之时，或择最愚之学生而令答之，倘答数有误，即可以表同班合决时之用心与否。

五、答数合者，教师或佯为误状，令诸生合决。

六、同班合决答数时，每有随声附和、全未用心者，欲除此弊，即令书其答数于石板。

七、笔答之弊，在费时太久，合决之弊，在随班附和，故二者宜互相参用。

八、自十一课至四十课，皆极紧要之口诀，每课宜令学生读至数百遍，不可因已能背诵而少读也。

九、自四十九课至六十课，每课皆有例题，教师先以例题讲解详明。须令学生遵此题之例，而推算以下之问题也（此十二课已概括先算之方法，须令学生多习几遍）。

十、每课之问题不必一定，教师因学生之智愚，时候之短长，可随时增减或易以他题。

该书分三部分共六十课，第一部分即第一至第十课，介绍二十以内数的认识及加、减、乘、除法的运算，第二部分即第十一至第四十课（包括加、减、乘、除法的口诀）、第四十一至第四十八课（包括自二十至一百的加、减、乘、除法），最后一部分介绍了心算方法。

该书篇幅较短，每一课中包含的习题均在10道以内，且仍采用竖排编写形式，数字采用大写阿拉伯数字，需要教师讲解说明的地方，在书中以"注意"的字眼标明。

三、笔算教科书

（一）方楷编《笔算初阶》

18世纪中叶到19世纪中叶是中国传统数学的复兴时期，但在第二次西学东渐的影响下，中国数学的西化也在进行。《笔算初阶》（聚文书局藏板，约1884年，图3-11），便是这个时期的产物之一。《笔算初阶》是《代数通艺录》的第一卷，名为"名式略例"。《代数通艺录》共16卷，是方楷在自己的数学讲义的基础上整理而成，很可能是第一部由中国数学家自己撰写的代数学教材，该书非常重视西方数学在中国的传播，主要是以代数术解释中国传统数学问题，并指出中国传统数学方法的复杂性。

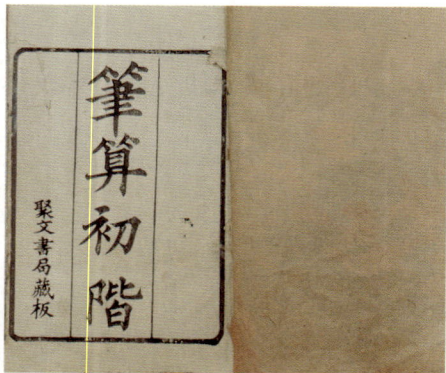

图3-11 《笔算初阶》聚文书局藏板，约1884年

方楷（1839—1891），原名恺，字子可，江苏阳湖（今常州）人，精天算、地舆之学，早年为

曾国藩赏识。1882—1887年在广东实学馆任汉文教习，教授汉文和算学。方楷不会广州方言，以板书代口授。《笔算初阶》的序为廖廷相于1884年所作。廖廷相（1842—1897），字子亮，又字泽群，广东南海人。1876年中进士，改翰林院庶吉士。曾任水陆师学堂总办，惠济义仓、南海保良局总理，金山、羊城、应元书院以及张之洞创办的广雅书院山长，又任学海堂和菊坡精舍学长。早年师从陈澧，1901年辑《广雅书院诸生课题》，并编有《广雅书院同舍录》，著有《三礼表》《粤东水道分合表》《顺天人物志》《经说》《韵学》《金石考略》等。

廖廷相在《笔算初阶》"序"中写道：

> 凡量物长短之数，名为度，度之单位为丈，丈以下有尺、寸、分、厘、毫、丝、忽、微、纤、沙、尘、埃、渺、漠，皆以十进。凡容物多少之数，名为量，量之单位为石，石以下有斗、升、合、勺、撮、抄、圭、粟，皆以十进。凡称物轻重之数，名为衡，衡之单位为两，两以下，有钱、分、厘、毫、丝、忽、微、纤、沙、尘、埃、渺、漠，皆以十进，十六两为斤。凡度量衡自单位以上，则有十、百、千、万；万以上，有亿、兆、京、垓、秭、穰、沟、涧、正、载、极。凡天文历法之位为宫，宫三十度，宫之下有度，度六十分；度之下有分、秒、微、纤、忽、芒、尘，皆以六十进。每日有十二时，或为二十四小时，时有八刻，或以小时为四刻，刻，十五分，分，六十秒，秒以下，有微、纤、忽、芒、尘，皆以六十进。每田百亩为顷，二百四十方步为亩，二十四方步为分，五尺为步，二尺五寸为跬，三百六十步为里。凡圆形中直线为径，外边为周，向有定率，每径一尺，力名之日笔算初阶学者循是而深造焉，将渐窥周髀之堂奥而成周保氏之遗法，庶几不坠矣。

光绪十年岁次于逢涒滩病月南海廖廷相序

序中交代了《笔算初阶》一书讲授的主要内容，包括度量衡、天文、时间、田地以及圆形周长与直径的关系等。书中还给出了"九章名义"，即以《九章算术》的九章名称给出，但采用西方几何分类的方法重新归纳《九章算术》内容。从这里可以看到，晚清数学家受西方知识的影响，形成了新的知识结构，加速了西学东渐的进程。

（二）丁福保著《蒙学笔算教科书》

《蒙学笔算教科书》（图3-12）是与《蒙学心算教科书》一起编辑出版的，即由上海文明书局于1905年出版，供初等小学堂学生使用。书名冠以"蒙学"二字，属于笔算算术最浅显的部分，内容设置简单明了，适合初学算术的学生使用。在编写过程中，编者一改以往笔算教科书的编排形式，即改变了学完加法运算（包括一位数、多位数）再学减法、乘法和除法运算的顺序，由原来的横向改为纵向，即学习完一位数加减乘除，再学多位数加减乘除，而且建议在学习该书之前先学习《蒙学心算教科书》，并且强调心算教科书中的口诀在笔算教科书中仍会使用。

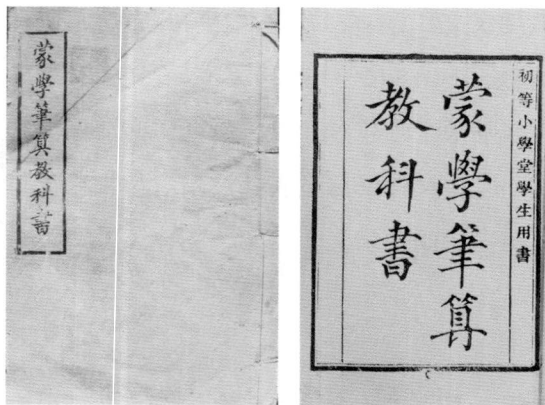

图3-12 《蒙学笔算教科书》上海文明书局出版，1905年

该书具体的编撰背景可以从"例言"中得知：

该书为比（笔）算术中最浅近之书，为向来算书所未有，用以启蒙，容或有当。

从前教算之书，须学毕多位之加法，始学单位之减法。学毕多位之减法，始学单位之乘法。学毕多位之乘法，始学单位之除法。盖加减乘除之次第然也。然此种教法，往往令学者之脑筋厌倦。故今东西洋教育家，变通旧法，学毕单位之加法，即学单位之减法、乘法、除法。学毕两位之加法，即学两位之减法、乘法、除法。自少数以至多数，无不皆然。余本此意，以算术授学童，从未至有厌倦。故本书所编之次第，与旧算书稍有不同。

该书自十八课以后，演数稍繁，故每课后皆列答数。除法即乘法之还原，故本书每将乘得之数为除法之题，欲使学生明乘除互为消长之理也。

该书与《蒙学心算教科书》相辅而行，故加减乘三种口诀，不复赘述。

该书共三十二课，其法不过加减乘除，然须习之极熟，能使学生演习数遍则尤有益也。

该书校对时，核算或有未周。错误谅不能免。学者随时改正可也。

全书具体内容涉及从个位数到千位数的加减乘除运算，如下：

数之写法；续前课；记号；定位之名；数之读法；续前课；二十以内之加法；二十以内之减法；二十以内之乘法；二十以内之除法；百以内之加法；百以内之减法；百以内之乘法；百以内之除法；千以内之加法；千以内之减法；千以内之乘法；千以内之除法；续前课；除法中之0；万以内之加法；万以内之减法；万以内之乘法；万以内之除法；多位乘法；多位除法；乘法中之截圈；除法中之截圈；核乘法之简术；总习问。

该书内容的编排体系为每一课先讲授运算法则，然后举例说明。如，对于列竖式计算，书中给出了详细介绍，包括怎样对齐位数，如何划线，如何思考得数等。

全书为竖排编写形式，数字的写法是大、小写阿拉伯数字结合使用，且数字的写法是横、竖排混合的记法。

（三）徐隽编《初等小学用 最新笔算教科书》、杜亚泉等编《高等小学用 最新笔算教科书》

清末最后十年，发展最为迅速的是初等教育。《奏定学堂章程》中明确指出："开通国民知识，普施教育，以小学堂为最要。"因而，小学堂教科书作为推动初等教育发展的重要工具，也得以迅速发展。1904年，由张元济、蔡元培、杜亚泉、高梦旦等知名学者与新文化代表人物组成的高水平编写队伍，与以商务印书馆为代表的出版机构，编写、出版了一套内容与形式俱佳的教科书——最新教科书。这套教科书是中日双方团结协助的佳作，是商务印书馆编印的第一套教科书，此书一出，为其他教科书的编写和出版起到了模范作用。

"最新教科书"系列仅初小、高小就有11门32种156册。徐隽等编写的《初等小学用 最新笔算教科书》五册和杜亚泉、王兆楠编纂的《高等小学用 最新笔算教科书》四册，作为贯通初、高等小学堂的一套完整的数学教科书，适应了我国当时的国情，其编写形式、内容、特色等对此后教科书的编写有重要的借鉴意义。初等小学和高等小学用的"最新笔算教科书"，堪称最佳的"最新教科书"。

杜亚泉（1873—1933，图3-13），原名炜孙，字秋帆，号亚泉，后以别号行。生于浙江绍兴伧塘。他曾说："亚泉者氩线之省写，氩为空气中最冷淡之元素，线则在几何学上为无面无体之形式，我以此自名，表示我为冷淡而不体面之人而已。"这是他自谦的说法。他幼年专攻数学、物理、化学、博物，后自学日文。1898年起任绍兴中西学堂教职。1900年秋天，在上海创亚泉学馆，编辑《亚泉杂志》《中外算报》，由商务印书馆代印。

图3-13 杜亚泉像[1]

每半月刊行一册，内容多为数学、物理、化学的论文，为中国最早的科学杂志之一，但很快因经费短缺而停刊。1901年，在上海开设"普通学书室"，编译科学、历史、地理、政治等书，兼主编发行《普通学报》。后因经营亏损而告终。1903年，返绍兴，创立越郡公学。1904年，应张菊生（元济）之召，进入商务印书馆编译所，担任理化部主任，潜心著述，至1932年"一·二八"事变后离开商务印书馆。1911年起，他兼主《东方杂志》笔政，杂志始扩大篇幅，多载政治、经济、哲学、科学论著，面貌一新，销行激增。他除专心著述外，在教育及社会事业领域建树颇多。晚年在上海斥资创立新中华公学。1907年，与汤蛰仙等创立浙江旅沪学会，继复任绍兴七邑旅沪同乡会议长，筹设绍兴七邑旅沪同乡会。他主张"中西调和论"，认为既要继承中国传统文化之精髓，也要吸收西方文化中有用的知识。因而他撰写的著作或教科书既有对传统文化知识的发扬，也注重西方文化知识的渗透，其中《动物学大辞典》《植物学大辞典》是具有极大影响的工具书。

[1] 图片来源：许纪霖，田建业. 一溪集：杜亚泉的生平与思想[M]. 北京：生活·读书·新知三联书店，1999.

王兆楠（生卒年不详），曾经是杭州日文学堂学生，于1902—1903年作为杭州译林社编译人员赴日本留学深造。1905年由商务印书馆出版发行的《高等小学用　最新笔算教科书》即是由杜亚泉与王兆楠共同编纂。

徐隽编《初等小学用　最新笔算教科书》（图3-14），共五册，1904年初版，1907年第十四版。该书"编辑大意"能够反映清末小学数学教育的重要情况，故与目录一并摘录如下。

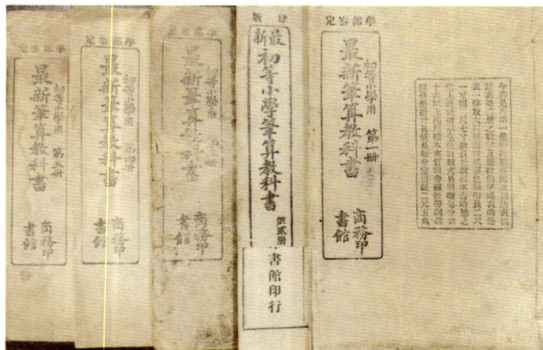

图3-14　《初等小学用　最新笔算教科书》商务印书馆出版，1907年

《初等小学用　最新笔算教科书》的"编辑大意"如下。

　　古者六年授数，厥有定期，自后世略而不讲，遂有已达成年，而不识加减乘除为何法者，小之而米盐琐屑计算为难，大之而测地步天，无从措手。我国民知识卑陋，此亦其一原因也。方今国家广设学堂，厘定课程，算学一科，与国文并重，童年入学之始，即与讲授，将来或可一挽斯弊。惟是儿童习算，其难有二，文字未通，讲明不易，一也；知识未辟，运算不灵，二也。而今日之为教员者，幼时概未习算，多半于中年后习之，一旦躬亲教授，每以成人补习之程度，施诸童稚，其不扞格不入也。盖几希矣。近人有见及此，亦尝编为课本，期便童蒙。然合诸教育公理，仍嫌未惬，实地实验，亦多窒碍，殊憾事也。本书精心编辑，参照日本寻常小学之程度，兼质诸其国教育名家，凡阅数月，始成一编。虽无他长，要于教育公理，不敢刺谬，世之究心蒙养者，或有取乎，谨举编辑大意如左……我国旧有码子笔画过繁，且一四二码，有时易与加、乘两号相混，不适于学算之用，惟亚（阿）拉伯码子，为世界各国所通行，即我国电码，亦皆沿用，故本书列式，概书亚拉伯码子，以便缮写，并以谋他日与世界交通之益焉……

《初等小学用　最新笔算教科书》的"目录"大致如下。

　　第一册　习十以内之数（共二十课）；习二十以内之数（共二十课）

　　第二册　第一篇上，习三十以内之数（共九课）；第一篇下，习五十以内之数（共十一课）；第二篇，习百以内之数（共二十课）

　　第三册　第一篇，习千以内之数（共二十课）；第二篇，续第一篇（共二十课）

　　第四册　第一篇，习万以内之数（共二十课）；第二篇，续第一篇并习诸等数（共二十课）

　　第五册　第一篇，习万以上之数并练习诸等数（共二十课）；第二篇上，命分法—小数（共

十四课）；第二篇下，全书之总练习（共五课）

该套教科书每一册都有单独的"编辑大意"，交代了该册是供初等小学第几学年使用，主要内容是什么，每一册末尾都有商务印书馆的书籍广告。编排形式主要是每一册分为几篇，每一篇分为不同的课。较之前出版的小学心算、笔算教科书相比，该套教科书增加了许多生活中的图画（图3-15），使编排的形式更多样化，以便引起学生的兴趣，帮助学生更好地理解数及其计算方法，在结合图形的教学下，学生更加容易接受所学内容。另外在使用纸张及教科书的设计方面都给人一种赏心悦目的感觉。

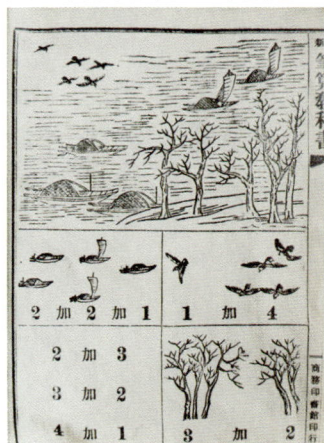

图3-15　《初等小学用　最新笔算教科书》商务印书馆出版，1907年：第4页

由徐寯编写的《初等小学用　最新笔算教科书》采用了横竖混合和中西数学符号结合的编排形式。这种编排形式虽然有了一定的进步，但同一本书中或者在同一页中所书写的数学内容采用横竖不同的编排形式，总是不免给人一种格式混乱、不规范的感觉。在第三册的"四则运算"中提到乘数、被乘数、除数、被除数、两数之和、两数之差时同时使用了中国传统数学中的"法"和"实"、"和"和"较"（图3-16）。对于乘除法运算，虽然采用了阿拉伯数字列出算式，但是在运算的解说过程中仍用"法"和"实"。如，对于乘法："凡法、实末尾有0者，乘时可去之不计，乘毕后总计共有几0，照加于积数之后即得"；对于除法："凡法、实相除，而其末尾均有0者，可除去其相当之数（如法有几0则实亦除去几0）不计"。

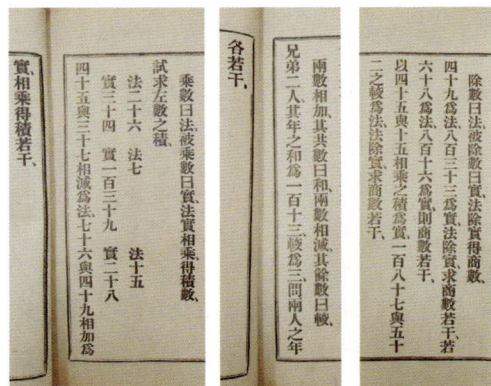

图3-16　《初等小学用　最新笔算教科书》商务印书馆出版，1907年：第46页、第47页、第49页

杜亚泉等编《高等小学用　最新笔算教科书》（图3-17），由商务印书馆出版，1905年初版，1908年第六版。该书是供高等小学堂使用，共有四册，每学年学习一册，准备四学年使用。在教科

书的体例及文字方面基本与《初等小学用 最新笔算教科书》一致，但在内容上是独立的，包括开始的"数的命名"等内容都是单独的。具体内容可以从以下"目录"得知：

第一册 命数法及计数法；加法及减法；十进诸名数；乘法；加减乘难题；除法；难题、十进以外诸名数；诸名数难题；小数加法及减法；小数乘法；小数除法；难题（共四十课）

第二册 分数记法及加减；分数乘除；混分数及带分数；整数之性质；大公生；约分；小公倍；通分之预备；通分；分数乘整数；分数乘分数；分数除整数；分数除分数；分厘法之初步（亦称百分法）；简比例；比例难题（共四十课）

第三册 叠分数；叠分数之用法；差分法；合比例；分厘法；用钱；钱粮；南米；关税；公债票；股票；保险；简利法；简利难题（共四十课）

第四册 均中比例；比例难题；利息；期票；利息难题；繁利法；按年存银法；分年还银法；银两；金价；外国货币；平面；立体（共四十课）

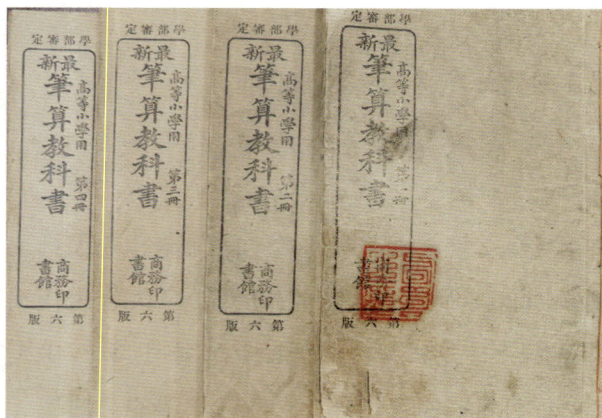

图3-17 《高等小学用 最新笔算教科书》商务印书馆出版，1908年

清末中国数学教科书的编写者虽然尽可能地按照西方数学的名词术语编写教科书，但有时候也有意无意地使用一些中国传统数学的名词术语，导致同一本数学教科书中存在中西两种数学名词术语。杜亚泉、王兆楠编的《高等小学用 最新笔算教科书》中西结合的形式体现在以下方面：

首先，其内容体系具有"新颖性"。从其编写理念、编排方式、具体内容等方面可以体现出"新"的特点，如"编辑大意"中渗透了较多先进的教育思想；编排形式为横竖混排；内容中有体现中西交融思想的习题，如中国度量衡与外国度量衡之间的换算。其中第四册第二十九课讲到"英国一码（即一依亚）约合中国二尺九寸六分。今有布四十五码。问合中国若干尺"，这样的习题体现了当时中西文化交融的现象，使儿童可以接触到除中国文化以外其他国家文化的简单知识，对时代背景有所感知。

其次，在模仿借鉴日本初中算术教科书的基础上追求"本土化"。清末，中国的数学教育虽然学习模仿日本，但在编写数学教科书方面不完全是这样的。该书承接《初等小学用 最新笔算教科书》，虽然是依据日本小学教科书编写的，但也是经过多次阅读修改后编辑而成，不是完全照搬。书中的例题、习题大多来源于中国当时的实际生活，体现了清末国人自编教科书，在借鉴西方外来文化的基础上追求本土化的信念。

再次，内容设置适合儿童水平，选材"生活化"。全书以儿童日常生活中常见问题为范围，适合儿童需要，文字亦符合儿童认知程度，浅显而易于领会。习题切合实际情形，事实题的内容都经相当的调查，数据确切，无向壁虚造者。如：书中第三册第二十七课讲到"钱糧（粮）南米"时，给出了当时北方和南方征收不同税收的标准。知识的呈现由浅入深、循序渐进。该书内容编排一个很大的特点是知识点的学习遵循螺旋上升的原则，难度由浅入深，引导学生逐步深入理解，踏实掌握知识。

最后，坚持学习内容的"多元化"。开设笔算课程的同时也开设珠算，可见在引入西方科学知识的同时还保留着传统的知识体系。这与当时的国情、社会状况及人们看待中西文化的态度有很大关系。习题分配适宜。全书练习题按照练习教学原则，分配适宜，使儿童对于每一方法皆有充分练习的机会。

（四）张景良著《小学笔算新教科书》

张景良（1869—？），江苏松江（今上海松江）人，1898年2月至1903年1月就读于南洋公学。南洋公学师范生27人参与编撰（译）的教科书共247种，其中张景良参与了14种。作为中国第一批师范生中的一员，张景良是当时师范生参与民间书坊教科书编撰的代表之一。

张景良所著《小学笔算新教科书》共五卷，1908年由文明书局出版（图3-18），1929年出版三十六版（图3-19），由文明图书馆印刷发行，供高等小学使用。该书采用了横竖混合和中西数学符号结合的编排形式，即在同一本书中或者在同一页中所书写的数学内容采用横竖不同的编写格式。这种编排形式相对于之前的教科书有了一定的进步。

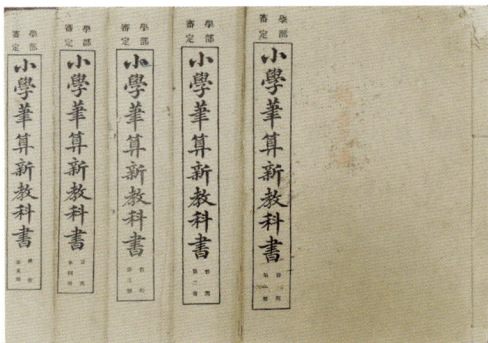

图3-18　《小学笔算新教科书》文明书局出版，1908年

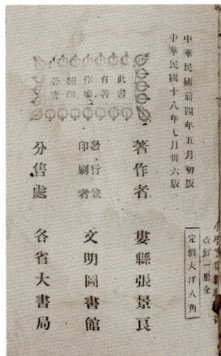

图3-19　《小学笔算新教科书》文明图书馆印刷发行，1929年

该书的卷首有"学部提要"和"编辑大意"，借此可以说明该书的编辑特点。

"学部提要"内容为：

娄县张景良著此书虽专备高等小学教科之用，而开端数章于命数及加减乘除各法推论甚详，其已毕初等小学业者，再授以此书之加减乘除，固可借资复习。其有年齿已长未尝习初等学科者，即可逐习此书。全编凡四册，都为二十二章，约计配分四学年已足，应用末附总答一册，既省教员核数之劳，亦可为学子独修之助。本书程度编者谓在高等小学及中学之间，而综观颠末，理法明浅，以充高等小学之用，未尝不可。近年算籍大率钩棘支离，难于卒读，盖数理本奥赜，复无明显之文以达之，益耗学人脑力。此书文词晓畅，说理了澈，无难达之弊，无不尽之情，固近借支铮铮者欤。

"编辑大意"内容为：

——是编集东西学校教科之本，采其新义，间以心得，译编而成，体例均遵各国通行。名称悉从本国旧有，而稍增损之。

——是编每进一法，必先讲运算之理，再三详说，至词不能达者，即显之以图，即习题中遇有算法当略之处，亦必先示一式子以为引导，务使学者得驾轻就熟之乐，而免暗中摸索之苦。

——学算不但已知算理、算法为毕乃事，须习之纯熟，方适于用，故是编之习题，较他编多，虽病其烦，良有深意。

——是编解说，悉用浅显文字，期使学者一读即解为主。初拟纯用白话，然各处土语不同，转滋其病，故不用。

——查各国算术教科书，有教师用与学生用之别。教师用者，题下皆有答数；学生用者，习题下均无答数。盖欲使学生自求就正于教师耳，是编习题下亦不列答数，以合学生之用。令刊总答一册，以供教师之用，并使不入学堂者亦可用为独修之资。

——是编于数学应习各法，罗列完备，至保险、赚赔诸法，亦纳入百分与利息差分法之中，因算法相同，不另立门类，徒简也。是编之程度，合之东西各国之本，在高等小学于中学之间。

——本国文字，概徒直行，而布算之式，以横行为便，若直横交错，必多占行数，编者于此煞费计较，故遇不能两全者，勉为侧列，不得已也。

——码字书写之便。以亚拉伯一种为最，今各国无不用此以书算者，故是编取之。

该书前四卷为主要内容，第五卷为习题的答案部分，前四卷共有二十二章，内容包括加、减、乘、除、分数、小数、比例、开方、级数等知识，涉及范围广，覆盖面大。前四卷具体内容如下：

卷一 第一章 提纲；第二章 加法；第三章 减法；第四章 乘法；第五章 除法；第六章 括号；第七章 诸等数法

卷二 第八章 论数之性质；第九章 命分数

卷三　第十章　小数；第十一章　循环小数；第十二章　命分数与小数之诸等数法；第十三
章　比；第十四章　比例；第十五章　百分法；第十六章　利息算

卷四　第十七章　均数法；第十八章　乘方法；第十九章　开方法；第二十章　级数；第
二十一章　差分；第二十二章　各形体

依据"编辑大意"，该书属于译编，适合高等小学与中学学生使用，亦适合不能进入学校接受
教育的学生自学。名称术语在中国原有基础上稍加改变。其中语言多采用白话文，恐学生不能准确
理解叙述文字所表达的意思，特附加图示进行说明，同时在内容设置上充分考虑学生的实际生活背
景，为使学生学会保险、赚赔等方法，特纳入百分、利息、差分等内容。

在内容编排方面，每一章下设置不同款（节）。每一款下先设置文字说明，有的是对概念的解
释，有的是对典型例题的说明解答。款之后设置了习题，习题答案均没有直接附在题目之后，而是
均在第五卷查询，这样的设置在"编辑大意"已有说明。该书习题数量很大，也适合自学使用。书
中的列式正如"编辑大意"所说，当所占行数较多时会出现横式、纵式交错，或者出现阿拉伯数字
方向的不同（图3-20）。

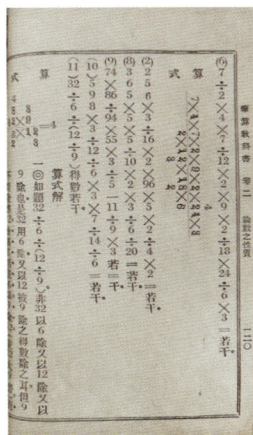

图3-20　《小学笔算新教科书》文明图书馆印刷发行，1929年；卷二第120页

（五）吴廷璜编《高等小学用　吴编算术教科书》

《高等小学用　吴编算术教科书》共四册（图3-21），又名《高等小学算数教科书》，线装，
吴廷璜编，由上海南洋公学于1910年发行，中华民国改正重印，第一、第二册于1923年改正十版，
第三册于1928年改正十五版，第四册于1921年改正八版。

图3-21　《高等小学用　吴编算术教科
书》吴廷璜编，1910年

吴廷璜，字紫卿，江苏娄县人，监生。1910年任邮传部上海高等实业学堂管理人员，1911年任该学堂教员，负责算学科目的教授工作。1919年任浙江北路"两江公学"校董。还著有《新制中华高等小学修身教授书》（三册）、《吴编算术教科书 改正本》（四册）等。《高等小学用 吴编算术教科书》的"编辑大意"中说明了教科书的编写形式与意图、使用学年与学期、授课时间分配等内容，具体如下：

——本书为高等小学算术教科书，共分三册，每册适合一学年、三学期之教授。

——本书谨遵教育部通令，每学年授业之日数，分为甲乙丙三学期。甲时四月，约十七星期，乙时三月，约十二星期，丙同于甲，分配于各学年各学期，力去其有余不足之弊。

——高等小学，规定课程，每星期授算三小时。本书配合教材，甲丙均作十五星期，各授课三十八句钟，（少四星期十四句钟）乙作十星期，授课二十四句钟。（少三星期六句钟）每学年合计四十星期，授课一百句钟，约少六星期二十句钟。以备例外放假，及温习考试之用。

——本书教授事项，分配如表。

第一学年	甲	检算法、加减乘除应用、小数
	乙	复名数、数之性质
	丙	分数、带分小数
第二学年	甲	分数应用、循环小数、比例
	乙	复比、百分
	丙	利息、复利及用表
第三学年	甲	均数、级数、差分、乘方
	乙	各国复名数及货币、日用诸算
	丙	存银还银及反求法、开方、求积

——本书每课，先注意其要旨，次说明其理法，次例题演式，示以规则，末使学生自习之。

——本书每学期，必有总温习若干题，为各处学校，授算时间，或有不同而设。故时期有余，可酌量演习。

——设题过晦，算机易窒，答数不尽，疑窦易生，二者皆伤脑力。故本书力矫此弊，设题务求浅显。答数大半取其整数。

——分数、比例、百分、利息、等法。于社会上应用最繁为生活必需之智识。本书于此，言之特详。

——度量衡之制，中外不同，彼此比较，宜有标准，本书所用者，尚（尚）沿前清丁未年海关兑换之数。俟新制公布，再行校正。

——本书由历年讲义，厘订而成。故间有问题，录诸他种算书者。识者谅之。

依"编辑大意",此书每册均可供一学年、三学期使用（授课日数可分甲、乙、丙三学期），为配合教材使用还详细规定了各学年各学期的具体学习内容，同时规定每学年授课约为四十星期，其中甲时四月，乙时三月，丙时四月；在讲课次序上要求教师应该先讲明其理法，然后例题演示以示规则，末使学生自习之。"编辑大意"中提到教科书中使用的度量衡会根据新制随时更正，故此书虽经再版，内容仍多沿袭初版。

黄炎培于1916年为此书重印作"弁言"时对该书给予了高度评价，认为吴廷璜所撰之书能"以浅词达深意，听者悦服"，十分受欢迎。"弁言"详细内容如下：

吴君叔厘以其旧编高等小学算术教科书，改订重印，责余有言。余愧未尝任小学算术教授，于君书亦未获卒读，何敢妄有所赞。虽然，君之邃于算，以前十年尝共事于小学校而知之。君之课算勤，能以浅词达深义，听者悦服，以余家人尝受教于君而知之。余凤昔固私议编教科书，非老教员不可，今君积十有五年之经验为是书，又经数度之修正，其将益受世欢迎也亦宜。虽然，所谓勤也，以浅词达深义也。人为之，非书为之也。斯又余所不辞，为采用是书者告已。

《高等小学用 吴编算术教科书》四册共三十三章，九十七课，前三册目录如下：

第一册

第一章 运算之注意：读数法；用语；练习式题；括号式题；括号之应用；乘法之简法；除法之简法

第二章 检算法：加法检算法；减法检算法；乘法检算法；除法检算法；九减法；九减数试验加减得数法；九减数试验乘除得数法；加减乘除应用题

第三章 小数：小数之数名及价值；小数之记法及读法；小数加法规则；小数加法问题；小数减法规则；小数减法问题；小数乘法规则；小数乘法问题；小数除法规则；小数除法问题；小数杂问；小数截位应用法；小数截位问题；总温习题

第四章 复名数：单名数及复名数；诸等数意义；货币；容量；重量；尺度；里法；亩法；时法；立方数；圆数；诸等数通法；诸等数通法问题；诸等数命法；诸等数命法问题；诸等数加法；诸等数加法问题；诸等数减法；诸等数减法问题；诸等数乘法；诸等数乘法问题；诸等数除法；诸等数除法问题；诸等数杂题

第五章 数之性质：整数分数之区别；奇数及偶数；约数及倍数

第六章 整除数之性质：约数发现法；约数练习问题

第七章 素数及因数：数因子之定义；素数解；因数解；素因数之分法

第八章 公约数及最大公约数：公约数；最大公约数；大公约问题（一）；大公约问题（二）

第九章 公倍数及最小公倍数：公倍数；最小公倍数；小公倍问题（一）；小公倍问题（二）；总温习题

第十章　分数：分数之定义；分数之性质；分数之异同；分数之种类；分数化法；分数化法问题；分数比较法；分数比较问题；分数加法规则；分数加法问题；分数减法法规；分数减法问题；分数乘法规则；分数乘法问题；分数除法规则；分数除法问题；分数杂问

第十一章　带分小数：带分小数之种类；带分小数化法；带分小数化法问题；带分小数加法规则；带分小数减法规则；带分小数乘法规则；带分小数除法规则；带分小数四则习题；总温习题（素数表）

千以内之素数表

第二册

第十二章　分数应用题：分数应用杂题；名数之分数

第十三章　繁分数：抽分数化法；叠分数化法；抽分数叠分数问题

第十四章　循环小数：循环小数解；循环小数之区别及化法；循环小数化分数问题；循环小数通法；循环小数加法；循环小数减法；循环小数乘法；循环小数除法

第十五章　比及比例：比解；求比值及前后率法；比之问题；比例；单比例法；单比例问题；总温习题

第十六章　复比例：复比例解；复比例问题

第十七章　连锁比例：连锁法；连锁比例问题

第十八章　按分比例：按分比例解；按分比例问题

第十九章　百分法：百分算解；百分算法；百分算问题（一）；百分算问题（二）；百分算问题（三）；百分算问题（四）；百分算问题（五）；百分算问题（六）；百分算问题（七）；百分算问题（八）；百分算杂问；总温习题

第二十章　利息算：利息之定义；利息之种类；利息之名称

第二十一章　单利法：单利算法；单利问题；求本利相同之利率与时候捷法；用表求利率与时期；零借总还；总借零还；零存零支；透支；贴票；拆息；期债总还

第二十二章　复利法：复利算法；复利问题

第二十三章　复利表：用表求法；用表求题；总温习题；利息表（二分起十分止共四十年）

二分起十分止共四十年利息表

第三册

第二十四章　均数法：均数解；均价求法；均价问题；均物求法（一）；均物求法（二）；均物求法（三）；均物求法（四）；均物问题

第二十五章　级数：级数解；差级数求法；差极数问题；倍级数求法；倍级数问题；无穷级数；级数杂问

第二十六章　差方：差分解；定衰差分求法；定衰差分问题；缺衰差分求法；缺衰差分问

题；复衰差分求法；复衰差分问题；差分杂问

第二十七章　秉分[1]：乘方解；求方数；总温习题

第二十八章　各国复名数：米特法；英吉利；美利坚；日本国；各国货币

第二十九章　日用诸算：钱粮；南米；关税；运费；纯量；用钱；仓栈；国债票；股票；公司决算；联系决算；保险；银秤；银色；金价；总温习题

第三十章　按年存银及分年还银法：按年存银法；分年还银法

第三十一章　反求存银还银法：存银还银反求法；存银还银反求问题

第三十二章　开方：开方解；开平方；开带从平方根；句股求法；开立方；用表求立方根

第三十三章　求积：开端；句股弦与面积互求法；三角形；平行方形；梯形；无法四边形；平圆；曲面形；椭圆；柱体；锥体；截体；球积；总温习题

按年存银表

分年还银表

该书讲练结合，在理论的讲解之后设置了多道例题进行演示，同时注重学生的自主学习，课后的练习题供学生回顾与温习。全书分两部分，前三册三十三章具体知识点基本按照注意其要旨—说明其理法—例题演示—学生练习四个环节呈现。第四册为"答之部"，主要为全书问题之解答，两者配合使用。在《高等小学用吴编算术教科书》第一册后附千以内之素数表；第二册后附有"二分起十分止共四十年利息表"，以便对照计算；第三册后附"按年存银表""分年还银表"，体现了该套教科书的工具性作用。

---

[1] 原书将"乘分"误写为"秉分"。

第二节
中学数学教科书

　　1904年，《奏定学堂章程》的颁布与实施，标志着中国近代教育的诞生。随着"癸卯学制"的推行，中学数学教科书陆续出版发行。1902—1912年，中国中学数学教科书的出版企业有数十家之多，出版的中学算术、代数、几何和三角教科书有70余种。这些教科书有些是翻译的，有些是编译的，有些是外文原版的，有些是国人自编的；编排形式有竖排、横竖混排、横排；数学符号有的采用中国传统数学符号，有的中西数学符号兼用，有的完全采用西方数学符号。

一、中学算术教科书

（一）东野十治郎著，西师意译《最新算术教科书》

　　《最新算术教科书》（图3-22），由东野十治郎著，西师意翻译，东京三省堂印刷部于1906年印刷，东亚公司发行。西师意是担任过留日学生数学课程的学者，而后参与了具体的译书工作。

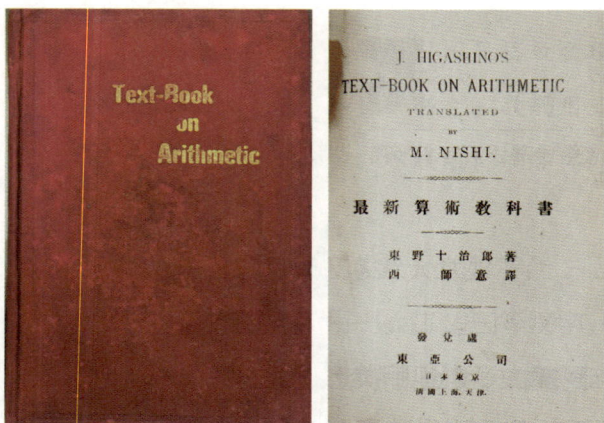

图3-22　《最新算术教科书》东京三省堂印刷部印刷，东亚公司发行，1906年

　　该书共有三个"序"，具体内容如下：

　　　　序一：东野十治郎君邃于数学。任学习院教授有年。顷入我宏文学院，授数学于清国学生。近时教科之书，述以汉文者，汗牛充栋，而数学则未有易简而明晰者。君慨之，为撰是书，名曰最新算术教科书。是书一出，而学数学者得其津梁。余喜其裨益清国学生非小小也。因书于卷首。（明治三十九年九月 宏文学院长甲南嘉纳治五郎）

序二：昔者隋唐之世，我朝遣留学生，学其文物制度，取舍之，以施国政，遂能成为我文明。从时其后，经一千余年之久，及明治中兴，国势一变，雄视东方，而清国亦有所鉴焉。教育军备，其他百般之施设，皆取法于我。士子负笈，来就新学者，其数垂于二万，可谓盛矣。嘉纳先生夙留意于邻邦之教育，创建宏文学院，以陶冶留学生。予亦受先生之嘱教授数学。夫数之学，其理蕴而详，其术密而确，是以非自易入难，反覆（复）详说，不易解焉。况以我国数学之书，直授之于清国学生乎。文字已不通，度量衡诸名数亦有异同。假令介译者教之，未免有参差错漏之禅。且闻彼国数学之书，非翻译我国之书，则欧美诸国之译书耳，莫足以资普通科之教者。是故欲使清国学生，以仅少岁月得入数学之门，不可不速编撰适当之书，是予辈教育者之责任也。乃欲著初学必须之算术、代数、几何、三角法之四书。今先脱算术之稿，请西氏译之汉文，遂使东亚公司刊布。顾昔者彼教我，今则我教彼。自今以后，彼我相禅相教，骎骎不已。庶几发挥东方光彩于五大洲乎。（明治三十九年九月 著者识）

序三：东野十治郎君在宏文学院以算学授清国学生，已有年矣。今乃听东亚公司所请，编一书，名曰最新算术教科书，嘱予译成汉文。予熟睹此篇，谓立序得宜、造语简洁、说述平易，而不必高尚理论，最适于中等教育之用。若其度量衡诸目，主取准于清国旧惯，亦可见著者用意之周到。翻译已成，排印亦将不远。于是，一言为序。（日本明治三十九年七月 译者 西师意识）

该书"目录"如下：

第一编 绪论

第二编 四则：加法；减法；乘法；除法；杂题

第三编 诸等数：清国度量衡及货币；日本度量衡及货币；西邦度量衡及货币；时辰；诸等通法；诸等命法；诸等数之加减乘除；杂题

第四编 整数之性质：最大公约数；最小公倍数；杂题

第五编 分数：约分；通分；分数加减；分数乘除；繁分数；分数化小数；小数化分数；分数应用题解法；杂题

第六编 比及比例：比；比例；比例应用；复比；复比例；连锁法；按分比例；混合法；杂题

第七编 百分算：息算；杂题

第八编 开方：开平方；开立方

附录 温度；角度；经度与时刻；求积

答。

（二）桦正董著，赵缭等译《新译算术教科书》（上、下卷）

《新译算术教科书》（上、下卷），如图3-23所示，由桦正董著，1905年3月赵缭与余焕东合译出版，1906年4月改正再版，由位于日本大阪市北区老松町三丁目三十五番屋敷的河井印刷所印刷，交日本东京市骏河产铃木町十八番地的中国留学生会馆发行。

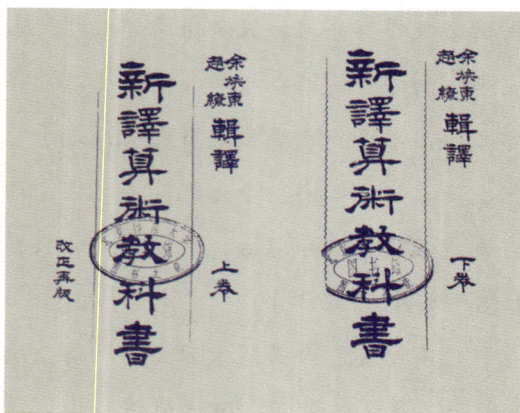

图3-23　《新译算术教科书》（上、下卷）中国留学生会馆发行，1906年

桦正董曾到西方留学，是日本明治后期知名数学家之一。赵缭（1878—1952），字负沉，湖南长沙人。1903年到日本，在宏文学院学习日语、修身、教育学、数学、物理、化学、历史、地理等科目。赵缭本具数学天赋，进步神速，不久就升入大阪高等工业学校。余焕东（1877—1967），字松筠，龙阳县（今汉寿）人，生于湘潭，曾为龙阳县学附生。1904年留学日本东京宏文学院普通科。

下面通过该书"凡例"了解该书的编译理念等内容。

本书以翻译日本桦正董改订之算术教科书为主，而旁采他书以补所未备。

本书适中学教科之用，其非中学堂而程度与中学同者，亦可以此书教之。

原书于理法稍深之处记（初学可省）一语，本书改符号*记之，以便高等小学之用。

原书度量衡、钱币、历法皆以日本为主，故详于日本而略于中国，译者详考国制及各省不同者，列之为表，以备检查。

西国度量衡名词皆记原字，其音译为日本通行者，仍之，而中国旧译之名词亦注于其侧。

原书例题等均注意其本国教育，与我国无甚关系，其日用诸算尤多，与我国不合，本书改之，总期能合我国之教育为善。

日本印刷教科书，其排列次第、字体大小均其文部省所检定，使无伤学者之目力，教者之携览。本书概从原书体制不稍变更。

该书"目录"如下：

上卷

第一编　整数及小数：命数法及记数法；加法；减法；乘法；除法

第二编　诸等法：绪论；诸单位之关系；诸等化法；诸等加法；诸等减法；诸等乘法；诸等除法

第三编　整数之性质：约数及倍数；素数及素因数；最大公约数及最小公倍数

第四编　分数：绪论；小数与分数之交换；分数化法；分数加法；分数减法；分数乘法；分数除法；分数之最大公约数及最小公倍数

附录　循环小数；九减检算法

下卷

第一编　比例：比；比例式；单比例；复比例；连锁法；比例配分法；比例混合法；百分法　绪论；利息算；日用诸算

第二编　开方：开平方法；开立方法；求积法

附录：级数；省略算

（三）藤泽利喜太郎著，西师意译《算术教科书》

《算术教科书》（图3-24），由藤泽利喜太郎著，西师意翻译，山西大学译书院于1904年出版。

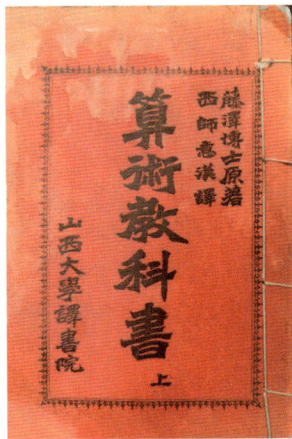

图3-24　《算术教科书》山西大学译书院出版，1904年

下面通过引用《算术教科书》"序"，借此阐明该书的编译理念。

是书原本为日本文部省鉴定中学教科书，在彼国普及已久，兹欲移饷中国，为学界介绍，特延日本西师意君移译汉文。算学教科书，必沿用西式者有二故：一因如此记号式法，各国自有袭用，流传中土，亦历有年所，即今大小学校，殆无不知之；二因中国学术，既有勃兴之象，则……黄童白叟，必无不谙此西式记号者。是编严守西例，意即在此，书将出版，为序如是。

光绪三十年九月英国窦乐安

该书"目录"如下：

第一编　绪论：读数法又命数法；叙数法又记数法；小数

第二编 四则：加算又加法；减算又减法；乘算又乘法；除算又除法；四则设题

第三编 诸等数：米突式度量衡；东邦度量衡；货币；时辰；诸等通法；诸等命法；诸等加减；诸等乘算；诸等除算；诸等设题

第四编 整数性质：倍数及约数；九去法；素数及素因数；最大公约数；最小公倍数；设题

第五编 分数：分数诸论；约分；通分；分数化作小数；小数化作分数；分数加算；分数减算；分数乘除；循环小数之加减乘除；分数设题

答题汇集

该书正文部分共计327页，内容较为详细，习题较多，如第二编便有5个"问题汇集"，共计126道练习题，并设计有"课题"，在"课题"中设计163道练习题，可见其练习题之多；此外，在讲授内容时，还有大量的例题讲解，比较注重知识点的练习和应用。该书采用竖排，由右至左排列，公式或算式部分采用竖排编写或横排编写。在第五编后设置"答题汇集"，供学生参考使用。书末附有"正误"表，供教师和学生阅览。

（四）藤泽利喜太郎著，赵秉良译《中学算术新教科书》

《中学算术新教科书》（图3-25），由藤泽利喜太郎著，赵秉良译，为布面精装版，由商务印书馆于1908年印行。

图3-25 《中学算术新教科书》商务印书馆印行，1908年

赵秉良（生卒年不详），在清末至民国时期编写和翻译了多种数学教科书，曾翻译《算术条目及教授法》（南洋官书局，1908年）、《平面三角》（南洋官书局，1908年）、《中学算术新教科书》（商务印书馆，1908年），自编《中华高等小学算术教授书》（中华书局，1912年）、《中华中学算术教科书》（中华书局，1913年）、《中华中学代数教科书》（中华书局，1913年）、《中华中学几何教科书》（中华书局，1914年）、《中华中学三角教科书》（中华书局，1914年）等。

下面通过引用《中学算术新教科书》"绪言"阐明该书的编译理念等内容，具体如下：

是书原本是日本理学博士藤泽利喜太郎所著，专以供中学校及相等之师范学校、实业学校之用。书中材料丰富，有美必搜，法新颖而理详明，其有价值，所不待言。丙午秋冬，编者曾译之于南通州师范学校，用为教本，而未付梓。嗣后续得其三版读之，知其中订正过半。因重事编译，以供世之采择。书中问题具多损益，冀合本邦教授之用，而不失原著精意。至诸等各数，凡关于度量衡者，悉尊（遵）农工商部奏定新章而编纂之。不敢自谓详人所略，亦唯冀学者有裨于实用耳。倘全书中有不完善之点，或印刷之讹脱，还望用是书之教员，及诸大雅之识者，赐以教言，则幸甚。

《中学算术新教科书》上卷"目次"：

第一编　绪论：命数法；记数法、罗马数字记数法；小数、名数

第二编　四则：加法；减法；乘法；除法；四则余论、四则杂题

第三编　诸等数：诸等数绪论；米突法度量衡；时间；诸等通法；诸等命法；诸等数之加法减法；诸等乘法；诸等除法；外国度量衡；外国货币；弧度、角度、温度；经度与时

第四编　整数之性质：倍数及约数；九去法；十一去法；质数及质因数；最大公约数；最小公倍数；整数之性质杂题

第五编　分数：分数之绪论；约分、通分；化分数为小数；化小数为分数；分数之加法减法；分数之乘法除法；繁分数；循环小数之加减乘除；分数杂题；复习杂题；问题之答

《中学算术新教科书》下卷"目次"：

第六编　比及比例：比；比例；复比例；连锁法；按分比例；混合法；比及比例杂题

第七编　百分算及利息算：百分算；折扣算；租税；保险；利息；折扣及汇兑；公债票及股票；支付平均日期；复利法；折扣算及利息之杂题

第八编　开方：开平方；开立方；不尽根数

第九编　省略算：省略算之绪论；省略算之加减法；省略乘法；省略除法；省略开方；省略算问题

第十编　级数：等差级数；等比级数；年金；级数杂题

第十一编　求积：平面形；立体；求积杂题；复习用难题；问题之答

清末算术教科书的平面图形面积内容中设置了勾股定理，对勾股定理的证明采用中国传统几何中经典的证明方法，藤泽利喜太郎的《中学算术新教科书》中也有概括的介绍，其中勾股定理证明的内容如下：

首先，在交代直角三角形的高（两直角边）和斜边概念的基础上［图3-26（a）］，直接给出了勾股定理。其次，给出一个特例，即等腰直角三角形的情况［图3-26（b）］，用拼图法证实了勾股定理是正确的。再次，从特殊到一般的归纳推理，选择了特殊但一般的直角三角形，边长分别为3、4、5［图3-26（c）］，于是也证实了勾股定理成立。最后，以图3-26（d）所示的拼图法证明了勾股定理。从整体看，这里采用了实验几何中的直观、计算验证和拼图法。但从严格证明的角度讲，这些过程并不严谨。

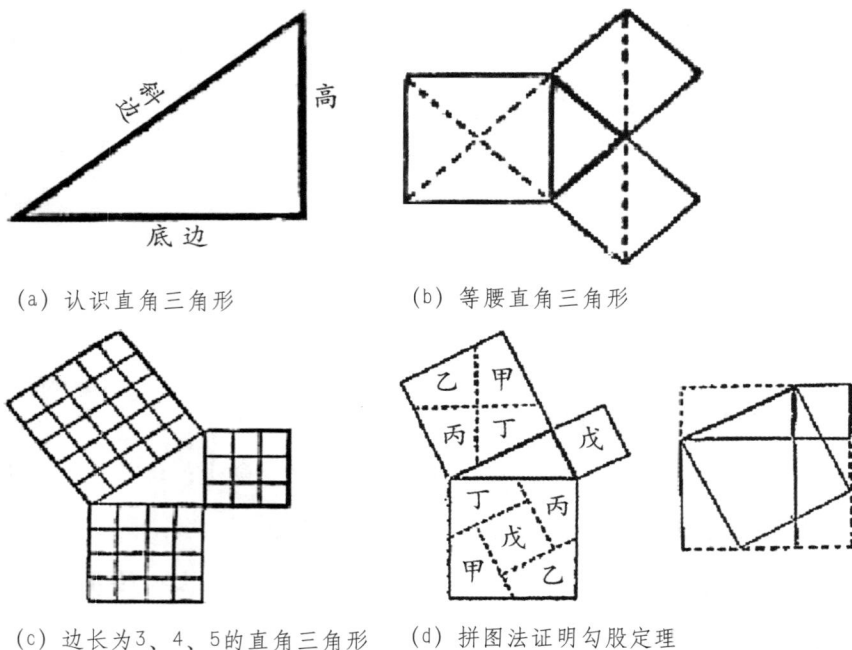

（a）认识直角三角形　　（b）等腰直角三角形

（c）边长为3、4、5的直角三角形　　（d）拼图法证明勾股定理

3-26

图3-26　《中学算术新教科书》商务印书馆印行，1908年：第208~209页

　　该书的特点之一是讲解详细，如在讲除法时，首先，以"乙数除甲数，求于甲数中含有乙数之几倍"引入，然后给出详细的讲解过程：从甲数减去乙数几次，而除尽了，或者剩余小于乙数。其次，举例"求7除23"，并讲解运算过程：以7除23是求23中含有几个7，从23减7三次，而得余数2，即可知23之中含有3个7，尚余2。最后，给出除法中各要素的命名：以上之甲数称曰实，或曰被除数；乙数称曰法，或曰除数；实之中含有法之几倍者，称曰商，其所余者，称曰剩余。接着讲道：实际上，将同数叠减几次，用简便法以求其商及剩余之计算，称曰除算或除法。这样，通过减法的推理和包含的关系，归纳出除法的定义，过程洋尽，易于学生理解，但是该讲解没有运用数形结合的思想，只一味强调计算能力的培养。另外，虽然藤泽利喜太郎主张算术与代数、几何的分离，但是在书中还是安排了开方、级数、求积等代数、几何的简单内容。

（五）藤森温和编《日清对译算术教科书》

　　《日清对译算术教科书》（图3-27）由日本著名数学家寺尾寿监修，日本学者藤森温和编著，1905年12月由日本东京富山房出版，1906年10月订正三版发行，为布面精装版。该书为当时中国留学生在日本所用，属于中学用算术教科书，程度与当时日本文部省制定的中学算术教学程度相同，其内容参考了寺尾寿与日本理学士吉田好九郎编著的《中学校数学教科书 算术》。

图3-27　《日清对译算术教科书》日本东京富山房发行，1906年

该书中每一段先用日语编写，再用汉语翻译，包括序（图3-28）。这样设置使教师可以用日语教学，而学生也容易明白。这样的编排对于日语不熟练的中国留学生无疑是一个很好的过渡，对于刚到日本留学的中国学生来说既不会因为语言而影响学习，对日语水平的提高也有帮助。该书的编写理念可通过"序"来了解，具体如下：

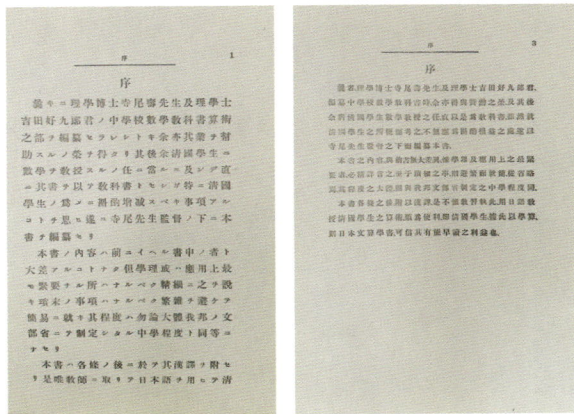

图3-28　《日清对译算术教科书》日本东京富山房发行，1906年：日文、中文序

　　曩者、理学博士寺尾寿先生及理学士吉田好九郎君编纂中学校数学教科书时，余亦得兴与赞勷之荣，及其后余膺清国学生数学教授之任，直以是为教科书。虽然就清国学生之所便而考之，不无应为斟酌损益之处，遂以寺尾先生监督之下而编纂本书。

　　本书之内容，与前书无大差异，惟学理及应用上之最紧要者，必精详言之，至于琐细之事，则避繁而就简，从省略焉。其程度之大体，固与我邦文部省制定之中学程度同。

　　本书各条之后，附以汉译，是不惟教习执此，用日语教授清国学生之算术，颇为便利。即清国学生，据此以学算，则日本文算学书，可信其有能早读之利益也。

该书具体内容包括：

　　总论；四则（第一加法，第二减法，第三乘法，第四除法）；复名数（尺贯度量衡，公尺度量衡，英国度量衡，时间，货币，复名数的计算）；整数的性质（最大公约数，最小公倍数）；分数（约分，通分，加法及减法，乘法及除法，繁分数，小数与分数的变换，循环小数）；比，比例（正比例，反比例，复比例，比例配分法，混合法）；步合算（利息算，步合

算的应用）；开平法；开立法

该书的编排形式是逐一排列，每一节不重新排序，每节涉及几个相关的条目，全书共分157个条目。主要内容介绍之后附有例题，例题有详细的说明及解答，最后设置习题，数量一般在10道左右，且答案附在书后。该书的编排体例以"13 824开立方"为例，如图3-29所示。

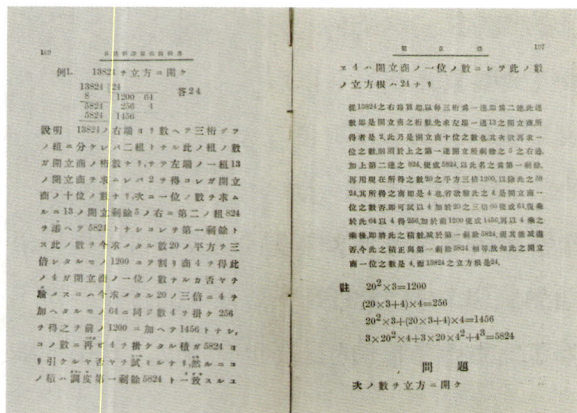

图3-29　《日清对译算术教科书》日本东京富山房发行，1906年：第169页、第197页

（六）徐光连编《中学算术教科书》

《中学算术教科书》由徐光连编纂，黄元吉、寿孝天校订，由商务印书馆出版印行，1907年7月初版，1912年11月出版第九版（图3-30）。

图3-30　《中学算术教科书》商务印书馆印行，1912年

该书由绪言、凡例、目录、正文构成。借其"绪言""凡例"说明其编排情况。

其"绪言"为：

数学一科，与他学科迥别，必由浅入深，断未可以躐等而求也。加减乘除，为算术之入门，即尽算术之能事，果熟练之，造代数以至微积，均迎刃而解矣。日本小学校，加减乘除须学一年之久。小学八年，凡算术有千五百小时；中学五年，有二百小时；十三年中，其计一千七百小时。迨入高等，依然困难。然则算术起原之初，安能以浅近而忽之耶。

算术者，以授国民生活上必要之智识为目的，非徒为朝夕簿记已也。风俗习惯、生产贸易，既各国不同，则用法亦随之而异。是编虽采取东籍，而度量权衡等均经改正，一以中国为主，亦期适于吾国之用而已。

近今学术复杂。理化一科，尤为艰阻，无他算术隔阂之也。泰西教育，首重算术，童而习之，长而安焉。驯致乎精熟之境，故能推诸实用。学问日新，然则算术者，非仅为国民生活之需，亦学问上一切声光化电之初阶也。

辑算术书，以明白简易为主。是书讲解详明，充中等教科之用，颇为完备。供校外自修之用，亦易获益。学者果能练习了解，则理科虽云高深，不难得其门径矣。

其"凡例"为：

1. 本书立术求其简捷（洁），说理不厌详明，用作中学堂及师范学堂之教科书，程度适合。

2. 本书所列例题，皆一一演算，剖抉奥妙。学者即无师承，亦易领悟。在校外自修者，即可作讲义读之。

3. 本书文字概用横行，数码符号，均从西式，取万国所通行，图应用之利便也。中学生徒已习西文，胶守旧式，固无取而。

4. 算书必有问题，所以资练习。然或失之浅，或失之烦，于学者无甚裨益。是书博采精选，深浅合宜，按次演习，足以助益学算之兴味。

5. 中国贸易之习惯，年利、月利，概称几分。年利之分，依小数定位法称之，乃十分之一也；月利之分，依西国百分法称之，乃百分之一也。两者混称，究不合理。本书所用概以十分之一为分，百分之一为厘，即百分法。中亦用此定名，庶几归于一律，不致歧混。

6. 曲折之理，非图不明。繁赜之数，检表则捷。本书于讲演之外，间插图表，既资研究，亦便应用。

7. 新旧译本，各种名词多有不同。本书则择其最确当者用之，间亦附注旧名，以资印证。

该书内容讲解详明、程度适中，算术学习以明白简易为主，既可作中等学校教科书使用又可为学生自学之用。全书采用横向编写方式，于学生而言所涉问题皆深浅适当。遇到较难理解的问题则有图进行直观说明。此外，书中多处编有图表及对应名词的不同译法，便于学生查找和研究使用。

该书"目录"如下：

第一编　前论：命数法及记数法。第二编　整数、小数：整数加减乘除，小数，小数加减乘除。第三编　诸等数：基本单位及辅助单位，各种数表，适当法，诸等化法，依十进之加减乘除，不依十进之加减乘除。第四编　整数之性质及分数：素数，复数，互素数，因数，素因数，可约性，最大公约数，最小公倍数，分数之原则及种类，约分，通分，分数加减乘除，复杂分数。第五编　比与比例：比，比例，单比例（正比例、反比例），复比例，连锁比例，配分比例，混合比例，比重。第六编　百分法利息：百分算，内耗外耗，单利算，复利算。第七编　开方：界，根，开平，开立。第八编　求积：面积，体积

算术为数学学习的入门学科，该书设有例题、练习题和应用题，以使学生通过练习达到熟练运

用的程度，但例题仅设有对应问题的答案及列式（以实际背景的例题则为答案及演算），没有对列式的依据进行详细说明，同时练习题和应用题也仅有对应问题的答案。以第212页"混合比例"中的一道例题为例进行说明。

例题1 有甲、乙两种茶，甲一斤五十一钱，乙一斤五十九钱。两种茶混合之，每斤欲贩五十四钱，问混合之法如何。

（答）甲五斤。乙三斤。

演算。

均价	原价	损益	比
54	51	3益	5
	59	5损	3

该书采用横排编写形式，文中虽采用西方数学符号，但偶尔仍用大写汉字表示数字，如"一万四千八百零二英尺"。书中于问题关键处用"说明"进行提示，如"甲每日作六分之一，乙每日作八分之一，故以$\frac{1}{6}+\frac{1}{8}$则得每日共作之工程也""此为归一法"，等等。书中附有"复利表""立方略表""平方略表""立方九九表"等，以方便学生备用查找。在学习该书"第八编 求积"时，还学习椭圆、多角柱体及角锥体等内容。

（七）徐念慈编《初级师范学校及中学校用 近世算术》

徐念慈编纂的《初级师范学校及中学校用 近世算术》，由商务印书馆于1906年仲夏初版（图3-31），该书是参考日本数学家上野清的《普通教育近世算术》，完全按照西方数学教科书的格式编纂而成的算术教科书，全书有十二编三个附录，在目次中各编下面没有设置章节。

图3-31 《初级师范学校及中学校用 近世算术》商务印书馆发行，1906年

以下借助该书"例言"说明其编排情况。

——是书以日本上野清所编《普通教育近世算术》一书为基础，而参校以各名人所著之算术教科书，务合于我国寻常师范及寻常中学校之程度，于上年秋冬稿本毕业，今春又加增补冀于算术前途为一篑之助。

——算术为研究数学之初步。我国昔时学校未兴，学算者多有仅知极简单之计算，而即从事于代数、几何、微积分等。此失其顺序之路，日后必于算术上生不足之感。本书力矫此弊，故于应用及理论上均极详赅。

——算式本为横行，无论中西皆然。我国文学虽似不便，兹特用大小数种文字标志之，使阅者一目了然，且深冀学者习观此横行算术，他日继观东西洋算书不至生隔膜之感。

——第三、第四编我国算术书中向未理论及此，近时译本偶一及之，而又未详。是书于论四基法之定理及数之性质，条分缕析。虽有初学算者，可稍缓之事。然于此两编已洞悉无遗，则他编自不难迎刃而解，愿读是书者注意也。

——第七编所论循环小数亦为向所未经注意者，兹特详为编列。

——我国权衡度量向无定准，兹仅采取他书补入。俟他日商部颁行全国一致之权衡度量后，则第八编必当重行编辑。

——全书合计：第一编说明算术之要旨；第二至第四编示整数之理论及应用；第五至第七编示奇零数之理论及应用；第八编示各种计算，以为下各编之预备；第九编扩张第五编之理，说诸数之比及比例，由明理论而及应用；第十编尽算术中解题之变化，以助学算者推解之智慧；第十一编示应用上特别之算法；第十二编依第四编所载方乘法之理，示其算法及理论。总之，自第八编以下，专示上七编高尚之理论及应用也。

——编者经验甚浅，成书时又忽促于教科上，或多不合用及误谬处，惟祈读者诸君有以惠教之。

丙午夏五　昭文徐念慈

识于上海小学师范讲习所

该书"目次"如下：

该书的内容设置注重与实际生活的紧密联系，适于初等师范学校、中学校教学使用。编排时注重中西文化结合，如在理论学习时在对应知识点后附中国的习惯用法。全书虽采用符号表示，但存在不规范现象，如在列式进行加、减运算时，前面没有相应的符号提示，学生需要根据实际进行判断。该书用"注"来对学习的关键处进行解说，如"以5累加3回，即为5之3倍，或云以3乘5""分母、子如有公因子，须先约之"。

全书设有"应用题""例题""杂题"，以便学生进行知识巩固和能力提升，但只有设置在紧跟知识点之后及应用题后的例题才有详细解答，且应用题分假定、列式和作答三步，杂题及专设的例题没有详细解答，而将其答案设置于书末正文之后、附录之前。

二、"最新中学教科书"

（一）谢洪赉译述"最新中学教科书"

《奏定学堂章程》颁布后，各地广设学堂，并不同程度地设置了数学课程。"兴办教育除了经费、校舍、师资队伍之外，极重要的一个条件就是要有编写得体、符合教育科学规律的教材。""编辑出一套适用的教科书，已成为社会之需要，也可以说是我国方兴未艾的近代教育事业能否取胜于旧教育的关键之一。"[1]而编写教科书的艰巨任务就落在了商务印书馆的身上。"自此时起，迄民国元年，十年之间，该馆几乎独家供应全国所需的中小学教科书。"[2]商务印书馆审时度势进军教科书市场，一套涵盖中小学、大学的多学科"最新教科书"应运而生，张人凤称之为"我国近代教育史上第一套成功的教科书"。该馆于1903年编印小学"最新教科书"，次年编印"最新中学教科书"，"为我国编辑整套中小学教科书之始"[3]。"最新中学数学教科书"包括《最新中学教科书　代数学》《最新中学教科书　几何学　平面部》《最新中学教科书　几何学　立体部》《最新中学教科书　三角术》。此外，商务印书馆还出版了大学教科书《最新微积学教科书》（作者为潘慎文）。"最新教科书"是第一套依据学堂章程、按照课程门类，分年级、分学科编写的教科书，是第一套同时配有教师用书的教科书。正如张人凤所说："即便今天看来，这套'最新教科书'也可以认为是符合近现代教育科学理论而又适合当时中国国情的成功之作。"[4]它开创了我国教科书编辑中众多"第一"，对我国近代教科书事业的建设，起到了推动的作用。

图3-32　谢洪赉像[5]

谢洪赉（1873—1916，图3-32），字鬯侯，别号寄尘，晚年自署庐隐，1873年出生于浙江绍兴，是中国清末著名的翻译家、著述家、编辑家。他给后人留下了多种外文、地理、数学等学科的教科书和辞典。谢洪赉7岁入私塾念书，11岁入美国基督教监理会主办的东吴大学的前身——博习书院就读。在校期间，品学兼优，深得国文老师朱鼎卿的器重，遂被收为义子。院长潘慎文也非常赏识他，并且与其一起翻译了许多科学书籍和宗教书籍，翻译的书籍大多作为中西书院的教材使用。1895年，谢洪赉以优异成绩从博习书院毕业。同年秋天，潘慎文调任上海中西书院院长，即请谢洪赉到中西书院管理图书，并协助编辑事宜。1896年，谢洪赉升任教授，他在中西书

[1] 张人凤. 商务《最新教科书》的编纂经过和特点：商务印书馆一百年：1897—1997[C]. 北京：商务印书馆，1998.

[2] 王云五. 王云五文集：伍　商务印书馆与新教育年谱：下[M]. 南昌：江西教育出版社，2008.

[3] 魏庚人，李俊秀，高希尧. 中国中学数学教育史[M]. 北京：人民教育出版社，1987：45.

[4] 张人凤. 我国近代教育史上第一套成功的教科书：商务版《最新教科书》：商务印书馆一百年：1897—1997[C]. 北京：商务印书馆，1998：375.

[5] 图片来源：苏州大学图书馆. 耆献写真：苏州大学图书馆藏清代人物图像选[M]. 北京：中国人民大学出版社，2008：266.

院工作有十余年。他言传身教，热爱学生，不仅向学生传授知识，更注重学生的信仰追求、心智启迪和人格塑造。谢洪赉也是中华基督教青年会（YMCA）的创始人之一，对该会在中国的建立与发展功不可没。他在上海中西书院率先创办了"幼徒会"，后改称为"青年会"。1909年，谢洪赉患肺病，虽然经多方中外治疗，但仍不见好转。1916年9月2日，谢洪赉病逝于杭州家中，享年43岁。葬于杭州西湖湖畔九里松，墓有十字架。杭州青年会特地为他建"谢公钟塔"，以志纪念。塔前有碑文："先生浙江绍兴人，生平以学问道德为中西人士所景仰。其著作等身，皆发明真道，勖励后进，为国家社会造福甚大。我国青年会，基督教会，咸倚如长城。殁后其嘉言懿范深感人心，爰为发起建此钟塔，以资矜式，用垂永久。"

谢洪赉翻译了大量的英文书籍，编译各科教科书，且大多数由商务印书馆出版，以"最新教科书"为例，其中的物理学、化学、生理学、代数学、平面几何、立体几何、三角、用器透视画、投影画等11种教科书均由谢洪赉编译，[1]为我国教科书发展做出了重要贡献。此外，谢洪赉编译，商务印书馆出版的《华英初阶》，成为当时第一本畅销书，"成就了近现代许多名人的英文"[2]。

1. 《最新中学教科书 代数学》（上、下卷）

《最新中学教科书 代数学》（上、下卷）（图3–33）是由美国教育家、学术领导者、作家密尔（William J. Milne，1843—1914）所著，谢洪赉编译，商务印书馆于1905年7月出第二版，是我国近代学制颁布后第一本中学代数学教科书，也是我国近代教育史上第一套成功的教科书中的一本。密尔任纽约州两所师范大学的校长，因编写大量数学教科书而闻名。他出版了很多代数、算术、几何、教学法等方面的书籍，《最新中学教科书 代数学》的英文版*High School Algebra*最早于1892年在美国出版。

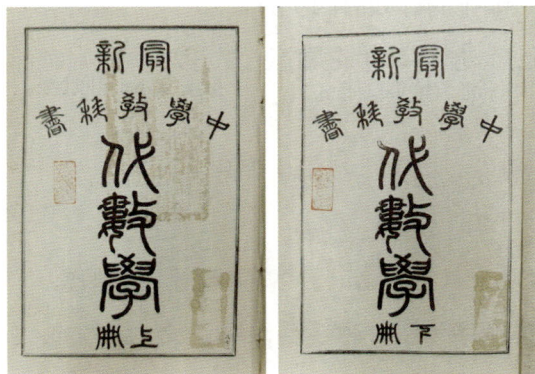

图3–33　《最新中学教科书 代数学》商务印书馆出版，1905年

在此引用该书的"译例"说明其编排情况：

一、是书以美国纽约师范学校校长宓（密）尔君所著《归纳法代数学》为原本，参酌我国情形，略为修饰，以合中学程度［宓（密）君著算学教科书甚富，即代数教科书亦三种，此为中学所用］。

[1] 中华民国教育部. 第一次中国教育年鉴：戊编：教育杂录[M]. 上海：开明书店，1934：118.

[2] 吴小鸥，彭太军. 小课本 大启蒙——试析清末民初教科书的巨大影响力[J]. 呼和浩特：内蒙古师范大学学报（教育科学版），2011，24（10）：7.

二、授科学之法，有二大别，曰演绎法，先定名目，立界说，而后剖解其理由；曰归纳法，先以浅近之理，罕譬曲引，使学者有所领会，而后定名立说。此编开卷，即发问数十条，使学者藉（借）以悟代数之为代数，本与数学一贯，法虽各殊，理无二致，则华君若汀所谓既习数学而习代数时，所有隔阂可以冰释之说也，各章俱引以此法，使学者循序前进，迎刃而解（西国学校算学教科书近年改良颇多。此特其一种。今亟译之。以贡之学界）。

三、作者自述是编，凡有四长。各章排列之次序，按其理法、自然之深浅关系，步步引人入胜，能握代数学之要领，而不觉其艰难，一也；用语简洁，界说确切，繁文肤词，概从删削，以免扰学者之心目，二也；推论清晰，凡有阐解之处，无不适可而止，不冗不略，三也；题问丰富，不拘一格，使学者熟习驭题之术，而算理自铭刻于胸，不至随得随失，四也。

四、昔年髫龄入塾，数学毕业，续习代数，所用者为狄氏《代数备旨》。迨四法及命分已毕，尚不明其用处，心辄厌之，后习一次方程，始驭题问，方知此学之精妙有用。固由秉性鲁钝，抑亦教科书之未尽善也。是编章法、加法之后，即继以题问，令学者心神鼓舞，不能自已。其法益美，语之同学，亦有此情，此为新教科书之长处，不可不揭出以告读者。

五、原书问及西国俗尚，所用人、地名等，于吾国学者，未免扞格，译时一律改订，求合本国事理，惟英里、英尺等，间有仍其旧者，以哩字代英里，呎字代英尺，其他亦随时注明。

六、馆课余暇，秉笔述此，始末不越十旬，即付手民，星误之讥知所不免。海内算家学士检阅之下，如有匡正，尚祈惠教，由发行所转致，以便再版改正。

编译者识

在"译例"中，谢洪赉对该书进行了评价，并指出该书编排的好处有四个方面：

（1）该书知识的排列顺序，由浅入深，步步引人入胜，能够使学生在掌握代数学要领的同时而不会觉得困难或吃力。

（2）话语简洁，概念准确。对于一些繁杂的话语直接删除，以免干扰学生理解。

（3）推论清晰，讲解适当，不过分提示以免扰乱学生思考。

（4）问题丰富，不拘泥于一处，使学生能够习得解题技巧，且将其铭记于心，不至于刚学即忘。

《最新中学教科书 代数学》分上、下两卷，内容编排顺序为：译例、目录和正文内容。该书采用从右到左竖排编写形式，由于公式也采用竖排的编写形式，所以表达十分烦琐，不利于公式的书写。书中很少使用阿拉伯数字，用甲、乙、丙、天、地、人表示未知数，问题序号和页码均由汉字书写，如一、二、三等。每章内容大多由问题引入，进而引出相应的知识点，之后是大量的习题用以巩固所学的知识。书中重点定理及相关知识点采用汉字右侧加点的方式着重强调，相关概念采用黑体字加粗的方式进行强调，便于学者记忆。

《最新中学教科书 代数学》上卷目录为：

第一章 绪论，代数演法，界说，代数式

第二章 代数加法，方程与问题

第三章 代数减法，括号，迁项，方程与问题

第四章 代数乘法，方程与问题，乘法特式

第五章 代数除法，指数为0与负数，方程与问题

第六章 劈生

第七章 生倍，大公生，小公倍

第八章 命分，化法，去方程之命分，命分加减，命分乘法，命分除法，命分习问

第九章 一次方程

第十章 同局方程，二未知几何，三或多未知几何

第十一章 乘方

第十二章 开方，平方根，立方根，指数之理

《最新中学教科书 代数学》下卷目录为：

第十三章 根几何，化法，加减法，乘法，除法，乘方开方，无绝化有绝

第十四章 根号方程

第十五章 二次方程，纯二次方程，杂二次方程，方程之作二次状者，二元二次方程，二次方程之理

第十六章 比例

第十七章 同理比例，总理，以比例理解命分方程

第十八章 级数，差级数，差级数之专法，倍级数，倍级数之专法

第十九章 总习问

第二十章 幻几何，无与无穷，负得数之解，无定方程，偏程

第二十一章 对数，错列法，排列法

第二十二章 二项例，正整指数，泛系数，级数回求，回级数，指数为任何数

第二十三章 方程之理，方程变化，实根

第二十四章 总习问

　　该书有些问题是以例题形式给出解答。书中所设习题大都从实际问题出发，与实际生活联系密切。在此具体给出书中实例以便更详细了解该书特点。如第六章"劈生"：

问一　4×5甲合若干，4与5甲为其合数之何？

问二　5，天，6，4甲之整生为何？

问三　既5与天，除本几何与一之外，不可劈为别个整生，则称之为何等几何？

问四　既6与4甲，除本几何与一之外，尚可劈分为别生，则称之为何等之几何？

问五　既6之二生3与2，皆为质数，则称之为何等之生？

几何之诸生者，即相乘而得此几何之诸几何也。

如甲，乙与（天+地）为甲乙（天+地）之诸生。

一几何之诸生，即适能除尽之者。

质几何者，几何之除本几何与1以外，更无别个整生者也。

合几何者，几何之除本几何与1以外，尚有别个整生者也。

质生者，一生而为质几何也。

劈生法者，分一几何为诸生也。

劈独项式为诸生。

问一 24天^{2}地^{3}人之质生为何？

解 24天^{2}地^{3}人＝2223天天地地地人。

法术 分其系数为质生数。

分元几何为质生、法按其指数而书其元字若干次。

求下诸式之质生。

问二 8甲^{2}乙 问三 10天^{2}地^3

问四 15甲^{3}地^{2}人 问五 20甲天^{3}地

问六 42甲天地^3 问七 36天地^{2}人^3

问八 28甲^{2}丙^{2}天 问九 35天^{2}人^{2}丙^3

　　这节是该书第六章"劈生"中的一节内容。知识点的呈现方式大致是提出问题、给出定义、例题、解题方法、练习题，按此步骤进行新知识的讲解。

　　2.《最新中学教科书 几何学》

　　《最新中学教科书 几何学》平面部和立体部两册精装本（图3-34），由密尔著，谢洪赉编译，周承恩校勘，商务印书馆印刷发行，1906年初版、1913年再版。《最新中学教科书 几何学 平面部》为前六卷，《最新中学教科书 几何学 立体部》为后四卷。

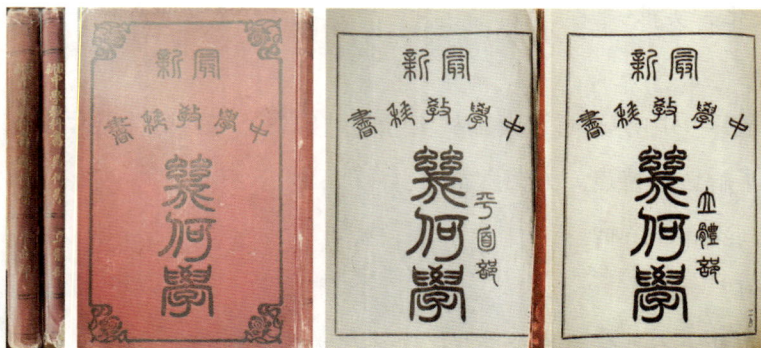

3-34

图3-34 《最新中学教科书 几何学》商务印书馆出版，1906年

　　《最新中学教科书 几何学》内容编排顺序为：序、译例、教授要言、界说和正文内容。该书采用从右到左竖排编写形式，书中很少使用阿拉伯数字，页码均由汉字书写。书中内容由浅入深、

图文并茂。图象虚实线结合，直观明了，阴影适当，具有明显的立体感。在每一章的结束印有一幅精美图画，以提高学生学习兴趣。

该书"序"中简要阐述几何教育在中国的发展情况及几何教育的重要性。"译例"中说明了编译理念、教科书的优点和排版印刷情况。"教授要言"含十一条教学中的注意事项。

《最新中学教科书 几何学》"序"如下：

几何之学，昉自古之周髀九章，然引而不发，波澜未壮。迨明季利、徐二氏，译行欧几里得《几何原本》前六卷，中土言算者，始知斯术之要，实为数理之原。其后数百年，伟、李二氏续译后九卷，学者始窥完璧。顾其书说理虽奥衍，不甚合教科之用，于是狄氏有《形学备旨》之作，删繁撮要，有裨学者不浅。然其书成于光绪十一年，距今已逾二十年矣，此二十年中，泰西学者讲求几何，日跻精深，新理新法，发明者多，而吾国学者未之知也。甲辰岁，予既译宓氏《代数学》，付之乎民，复取其所著几何教科书读之，见其说理新颖，演习丰富，诚课几何者必读之书也。爰笔译之，以饷学子。自揆学殖荒落，何敢追踪前哲，惟区区输进学术之忱，或亦高明所不弃欤。校误勘正，则周之承恩之功为多，故乐识之。

光绪乙巳季冬，山阴谢洪赉

"译例"如下：

一、是书原本，系美国纽约邦师范学校长宓尔君所著，为几何学最新课本之一。条理完善，详略得宜，适合中学堂及师范学堂之用。

二、是书佳处甚多，不能一一枚举，姑言其六。题前先设简问，以题理提示学者，一也；证语多分段落，清晰易解，二也；演习多至一千数百问，且多用数题，其迹象易于寻绎，三也；界说随立随用，不汇列一处，徒费读者脑力，四也；多用符号，力求简短，五也；图画精美，易于领悟，六也。凡此数端，皆有造于读者，实晚近新教科书擅长之处也。

三、本书名目，大率袭用《几何原本》《形学备旨》之旧，以是二书，吾国学界沿用已久也。间有一二改订者（如原之直角改曰正角等类），则有不得不改之故。其本未有定名者，不得已始创立一二（如配角、补角、蚀角、凸多边形之类），生硬之诮，知所不免。

四、法国学士所定迈当准则，最为便用。各科学家俱舍己国之度量衡数而从之，以求世界齐一之盛。本书演习，亦多录用，并取日本中央气候台所定釈、粁、瓦三符号，详见卷末附刊迈当度数表。

五、本书用二、三、四、五号铅字刷印，以激注意。标目用黑地白文，以省目力。界说题系概依次编数，以便检阅。盖新刊教科书，固宜力求清澈玲珑也。

六、泰西讲几何者，时出新理，以益旧闻，如本书卷二论合位，卷六论极大极小度，俱为前次课本所未有，如此类者不一而足，学者细玩，自能知之。

编译者识

"教授要言"如下：

一 授此书时，当使生徒学之精熟，且时时温习。于平面立体二级之初，尤宜加意，则学者之进步必速，而其趣味益深。

二 每日未习本课之前，宜令学者将课前问语一一绘图作答。既答之后，复使以所答之理，编成题语。

三 学生答课前问语，或言演习之理，俱宜叩其所以知为确当之故。

四 笔证时引用前文，只书节数，以求简捷（洁）。然于口演之时，每步之理，均宜详细说明，不得误漏。

五 生徒容或可以自述界说、自理题语等，然必多误漏。为教员者，宜指出改正，以求其简明无误，则与书中之语，亦必不甚相远。

六 每证一题，宜使学者将所证之条理，一一摘写，此法足助其推理之才，又使其注意要理而轻末节。试举两例于左，如卷一第三十六题证之要理。

一 作对角线呷唡。

二 证呷呗唡与呷叮唡两三角形相等。

三 证呷呗＝叮唡、而呷叮＝呗唡。

是则呷呗唡叮为平行方形。

又如卷五第十二题证之条理。

一 作唡哦、呗喫、唡呀，以成为求。

二 证呷哦唡与呷喫呗两三角形相等。

三 证呷哦呀咄 ⇌ 2呷哦唡△，又呷唡啐喫 ⇌ 2呷喫呗△。

四 证呷哦呀咄 ⇌ 呷唡啐喫。

五 证呗叮呀咄 ⇌ 呗唡唉呗。

六 是则呷呗叮哦 ⇌ 呗唡唉呗＋呷唡啐喫。

七 证语且勿背诵，如遵用上条之法，则生徒自不须背诵证语矣。

八 宜勉生徒自出心裁，证实题理。虽其证法未必能与书中固有者密合，然习为之，则自能渐合范围。

九 宜时时使生徒笔述证语，盖所以练其目力，亦所以使其推理无误也。凡笔述证语，贵简洁，忌凌乱，一切图画，均当描摹准切。

十 每卷之末，所列习题甚繁，如学者无暇统习，则教员当择要使之推证。其次序先后，略按证法之难易，故最末者最难。初习之时，不妨越过，待温习时，再行推证。

十一 各卷末之提纲，包孕本卷众理，务宜习之极熟。庶推证习题之时，可以引用无误，其引用之法，详见卷一之末。

据目前所掌握的资料看，该"教授要言"是在清末数学教育中出现的较系统的教学法要求。它注重学生课前预习和课后复习，强调学生口述及书写证明过程，每步之理需详细说明、简洁明了，培养了学生的推理能力，再加上题后练习，自不需背诵证语。教师应鼓励学生别出心裁，培养学生的创造力，一切图画需描摹准确。这样的教学法在现在仍然适用，是教师必备的知识。

《最新中学教科书 几何学》的"几何学目次"，即目录为：

界说，线与面，角，度角，度之相等，证，自理，可作，符号

平面部

卷一 线与直线形；平行线；三角形；四边形；多边形；提纲；习题

卷二 圆；量；求限之理；提纲；习题；作题；点之合位

卷三 比例与同理比例

卷四 比例线与相似形；提纲；习题

卷五 面积与等积；提纲；习题；作题；代数解法

卷六 有法多边形与圆之度量；极大极小度；等势；提纲；习题；作题

立体部

卷七 平面与体角；体角；棱角；习题

卷八 棱体；棱柱体；棱锥体；相似有法棱体；公式；习题

卷九 圆柱体；圆锥体；公式；习题

卷十 球；弧角与弧多边形；球体度量；公式；习题；作题；总习题；迈当度数表

该书中名词术语、图形表示等均采用中国传统的表示方法。用呷、吆、呐、叮等表示大写英文字母，用甲、乙、丙、丁等表示小写英文字母；还有在天干或地支的右上角加一撇的表示法，相当于现行使用的 a'、b' 等。而数学符号中加、减、乘、除、平行、垂直等符号和现行符号一样，只是大于号和小于号都是竖排写法，和现行的表示方向不同。其表示等积的符号，在现行的教科书中已不再出现。这些大都仿照《形学备旨》中的表示方法。

3. 《最新中学教科书 三角术》

《最新中学教科书 三角术》（图3-35），由美国费烈伯和史德朗原著，谢洪赉翻译，商务印书馆1907年3月初版，1910年2月五版。

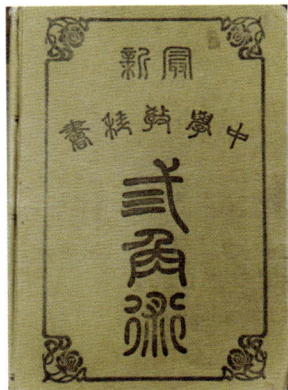

图3-35 《最新中学教科书 三角术》商务印书馆出版，1910年

在此引用书中部分"译例"说明其编排情况：

（1）是书原本，系美国耶鲁大学算学教员费烈伯、史德朗二博士所合著。耶鲁为美洲唯一大学校，则是书之声价何待赞言。

（2）三角术之艰深，学者每以为苦。是编只供中学教授而已，非为专家研究之用，故力求简捷（洁）清楚，学者勿讥其浅也。

（3）作者原序，举本编之特色，计有左列七事。

①本书论平三角、弧三角术俱极简明。

②解三角形之诸公式特为表出。

③演习之丰富。

④以曲线代表法解三角函数、反函数、双线函数。

⑤弧三角术中之图，以新法描摹，显豁异常。

⑥论杂糅数与双线函数，俱极新颖自在。

⑦以图解弧三角形。

（4）本编后半附刊各种数表，学者推算之际，检阅最为便利。印刷数表，其困难异于寻常，本编特延熟谙算学之士，专司校勘，以期其无所罣误，不至贻害读者。

在"译例"中，编译者明确提到该书的使用范围。即该书仅供中学教授，而不适于专家研究之用，所以力求简洁。在作者原序中，记有"左列七事"，是该书的特色所在。如：该书所讲平三角和弧三角十分简明；清楚罗列解三角形的公式；习题丰富；用图象法解三角函数等；以新法描摹弧三角的图形；用图解弧三角形等。该书附有各种数表，由熟谙算学的学者校勘，力求准确，供学者查阅与参考，十分方便。数表所占比例达到全书的一半。

《最新中学教科书　三角术》的编排顺序为：译例、目录和正文内容。《最新中学教科书　三角术》与"最新中学教科书"中其他三本数学方面的教科书不同，该书采用从左至右横排编写形式，页码均用阿拉伯数字。书中没有名词对照表，就连正弦、余弦等三角函数也是用汉字书写，而不是用字母表示。字符大小适宜，排版有致，较适合阅读。该书的最后有商务印书馆出版的其他书目的广告等。

《最新中学教科书　三角术》全书共分为三部分。第一部分为平三角术，第二部分为弧三角术，第三部分为对数表。

《最新中学教科书　三角术》中平三角术的目录为：

第一章　三角函数：角；三角函数之界说；三角函数之号；函数之相关；正三角形锐角之函数；余角之诸函数；0°，90°，180°，270°与360°之函数；补角之函数；45°，30°，60°之函数；（－天），（180°－天），（180°＋天），（360°－天）之函数；（90°－地），（90°＋地），（270°－地），（270°＋地）之函数

第二章 正三角形：解正三角形之法；藉正三角形解斜三角形

第三章 三角公式：（11）至（14）四公式之证；和角、较角之正切；倍角之函数；半角之函数；函数和较之公式；三角反函数

第四章 斜三角形：公式由来；三角形面积公式；疑端；解三角形之法——（1）已知一边两角；（2）已知二边与其一边之对角；（3）已知二边与其间角；（4）已知三边；演习

第五章 真弧度、曲线代表法：真弧度；三角函数之周复；曲线代表法

第六章 推对数术、推三角函数术、棣美（莫）弗之例、双曲线函数：级数式；推对数术；推三角函数术；棣美（莫）弗之例；单数之根；双线函数

第七章 杂题：函数之相关；正三角形；等腰三角形与有法多边形；三角方程；斜三角形

《最新中学教科书 三角术》中弧三角术的目录如下：

第一章 正弧三角形与象限三角形：正三角形公式之来由；纳氏之术；疑端；象限三角形

第二章 斜弧三角形：公式之来由；以对数推算之公式；斜弧三角形之六端与法问；疑端；弧三角形之面积

第三章 天文地舆算题：天文算题；地舆算题

第四章 弧三角形之实验解法

公式汇录：三角术之诸公式

附录：平三角术弧三角术假弧三角术三者之相关

答式汇录

《最新中学教科书 三角术》中对数表的目次为：

1. 五位真数对数表；2. 五位弦切对数表；3. 微角之五位弦切对数表；4. 四位纳氏对数表；5. 四位真数对数表；6. 四位弦切对数表；7. 四位弦切真数表；8. 真数之方数根数表；9. 自0至2.5每隔.1双线函数及指函数；10. 各种恒数表

平三角术有七章，弧三角术有四章。正文内容共154页，答案18页，对数表178页，对数表所占比例大约为全书内容的一半。书中图形比较丰富，函数图象比较清晰，能够帮助学者学习。在每章的末页附有一张精美的插图，增加了该书的美感。书中也附有公式的目录。该书中的名词术语、数学符号等都是采用中国传统的表示方法。如，用呷、叿、吶、叮、天、干、地、支、人等表示大写英文字母，用甲、乙、丙、丁等表示小写英文字母。再如，在甲、乙、丙等的右上角加一撇的表示法，相当于现在的a'、b'等。加、减、乘、除、乘方、开方等符号和现在一样。

（二）"新"中学数学教科书

1. 武昌中东书社编译部编《最新代数学教科书》

由武昌中东书社编译部编辑兼印行并于1904年发行的《最新代数学教科书》（图3-36），为绿

色布面精装本一册，正编内容172页，附录31页。

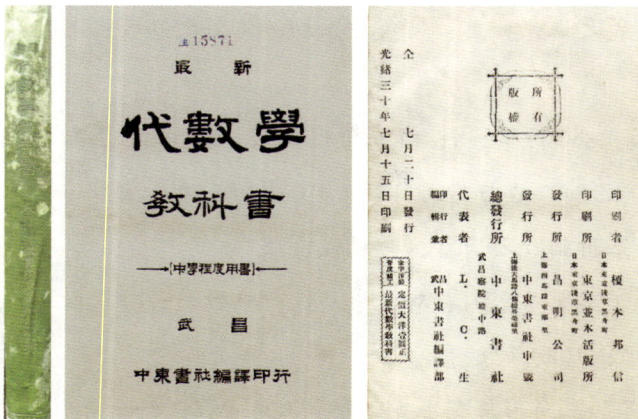

图3-36　《最新代数学教科书》武昌中东书社编译部印行，1904年

该书编辑背景及过程可从"绪言"中看出，其"绪言"如下：

普通学科算术而外首重代数，盖藉（借）以养人之常识，而紧密其脑筋，使之于世间种种问题之起处之组织不紊，必非但为专门应用而设也，故中等代数之切要较高等尤甚。

吾国学堂大与普通科目讲授渐详，至教科用书则尚乏统一检定之资格，而在自由竞争时代，舍短取长，是在教者。然他项科目新书，汗牛取材，犹富，独代数一科，比去年以来学界中译著鲜闻。夫华氏之著，不适于教科，狄氏之编译又嫌其芜杂，以切要学科而乏完全之教本，亦教育界之一缺点也。

本社同人慨然，于是因编译部之设首，取日人真野氏及宫田氏合编之代数学教科书译述，参考西书数种以补其引例演式之所未备。寒暑过半，仅乃成之编译之劳，梁溪顾君沛然助力良多，是书之出。总期教者可据为讲义之稿本，而学者亦可藉为独习之用，书故说理极其简明，而立式归于精审。

真野氏原著其编撰之旨在充中学校、师范学校、高等女学校及舆是同程度之学校之教科用者，阅年未七而重版者八，其书之真值，盖亦可知。书中逐节记载定则，以便学者之记忆，其设问之多尤足使学者引伸（申）触类，趣床盎然，而不致有厌倦畏难之苦。

编既竣，或难之曰代数，用字凤有成式，吾国行文必用直行，是书勿乃反，是则应之曰，吾国事事惟拘于成例，故往往知其良而亦鲜存改之者。横文二十六字，竭一时间之力而强记之，已无余事，由是进而读西文原书，纵未易明其理，解必可窥其算式何便如之至。横行体例：（一）便于演式；（二）便于引例；（三）便于分段，眉目清爽，开卷了然，尤足以餍读者之心。

然犹有憾焉者，吾国科学用语，极不完全是书译语，虽不敢草率，悉心审慎而出，然终不免有未尽精当之处，海内大雅有匡正之者，是则本社之厚幸也。

《最新代数学教科书》的编排体系为："编—章"，后附有习题和复习题。具体内容如下：

第一编　绪论：符号之定义；代数式；定义之扩张；负数

第二编　加减乘除：加法；减法；括弧；乘法；除法

第三编　方程式：一元一次方程应用问题；多元一次联立方程式；联立一次方程应用问题

第四编　分配所关之公式及因数：分配所关之公式；因数

第五编　最大公约数；最小公倍数

第六编　公数式：公数式之基本性质；约分、通分；公数式之加减乘除；续一次方程式

第七编　二次方程式：一元二次方程式；一元二次方程式应用问题；续一元二次方程式；多元联立方程式；联立方程式应用问题；根之释义

第八编　乘幂；根

第九编　无理式：指数；无理数；根之近似值

第十编　比及比例：比；比例

第十一编　等差级数；等比级数

第十二编　排列及配合：排列；配合

第十三编　二项定理数

第十四编　对数及年金：对数之基本性质；对数表；复利及年金

附录　不等式

答问　例题；复习杂题

2. 黄传纶、刘采麟和杨清贵编《最新平面几何学教科书》

由黄传纶、刘采麟和杨清贵编著，由昌明公司和日本东京清国留学生会馆发行的《最新平面几何学教科书》上、下两卷布面精装本（图3-37），上卷于1904年10月初版，1905年4月订正再版，1906年4月第三版；下卷于1905年9月初版，1906年7月再版。该书是参照日本原滨吉《平面几何学讲义》（金刺芳流堂，1904年）一书编写而成。

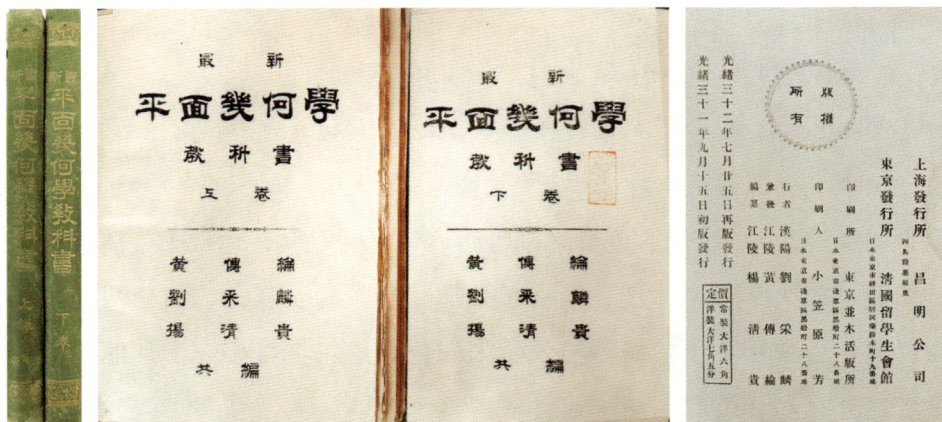

图3-37　《最新平面几何学教科书》昌明公司和日本东京清国留学生会馆发行，1906年

从"例言"可看出《最新平面几何学教科书》编辑背景及过程，具体如下：

一、本书酌量中等教育之程度，搜选最近之教材编辑而成，以充吾邦各普通学校之教科书为目的。

二、本书全体共分五编，每编分数节。每节中先定义，次定理或作图题，又次例题及问

题，编末更付以杂题。目次井然，无稍淆混。

三、本书行文悉仿西式诚以数学一科，其立式、引例均以横列为便，故本书从之。

四、本书图中所用之线概分三种：（1）属于题言之假设者用粗线；（2）属于题言之终结者用细线；（3）属于补助者用连续点区划清楚，一目了然。

五、本书系（系）朴实说理，非为炫异而作，故引证务尚精密，遣词不厌卑近，总期学者洞悉其理，不至生畏难之心。

六、本书原备教授之课本，然引证遣词既详且显，则好学之士即籍（藉）为独习之用书，亦无不可。

七、本书乃依浅深先后之序，逐次罗列其定理、例题、问题，均皆一脉贯通。有不容少紊者，若躐等骤进，则反致奥妙莫测，学者幸勿蹈人此弊。

八、本书之编酌量再三，谅无大谬之可指。然知者千虑不无一失，苟海内大雅能匡其所未逮，是则编者之所厚望也。

编者识

《最新平面几何学教科书》上卷目录如下：

第一编　直线：第一节　一点上之角；第二节　平行直线；第三节　三角形；第四节　平行四边形；第五节　正射影；第六节　对称图形；第七节　轨迹；第一编之杂题

第二编　圆：第一节　基础之性质；第二节　中心角；第三节　弦；第四节　弓形角；第五节　切线；第六节　二圆；第七节　内接形及外接形；第八节　作图题；第二编之杂题

《最新平面几何学教科书》下卷目录如下：

第三编　面积：第一节（上）　直线之面积；第一节（下）　圆之面积；第二节　作图题；第三编之杂题

第四编　比及比例；第四编之例题；第四编之问题

第五编　几何学上之比及比例：第一节　基础之性质；第二节　相似直线形；第三节　面积；第四节　轨迹；第五节　作图题；第五编之杂题

该书几乎每一小节下都包括"定义、定理、该节之例题和该节之问题"，体例十分清晰；每个重要的概念或者语句，皆通过放大字号来体现，以引起教师和学生的注意；该书分两卷，字号总体偏大，看起来较为舒适，且使用中国传统符号表示未知数，这些字符相较于其他字较小（图3-38）。

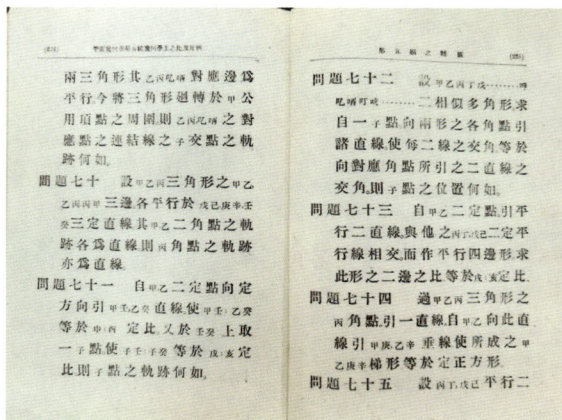

图3-38 《最新平面几何学教科书》昌明公司和日本东京清国留学生会馆发行，1906年：第224～225页

三、其他中学数学教科书

（一）国人自编中学数学教科书

1. 潘应祺编《算术驾说》十一卷和《几何赘说》前六卷

于1888年成立的广雅书院经多次改名后改称为广东高等学堂（今广东广雅中学前身），广东高等学堂办学时长仅10年（1902年两广学堂成立至辛亥革命后改为中学），但这是近代广东第一所高等学堂，开广东近代高等教育先河。广东高等学堂分3年预科和5年本科，当时高等教育数学教科书非常缺少，翻译的不多，自编的更是寥寥无几。而《算术驾说》十一卷（以下简称《算术驾说》）和《几何赘说》前六卷（又称《广东高等学堂预科几何课本》，以下简称《几何赘说》）是其中的两套数学教科书，可以说《算术驾说》与《几何赘说》是姊妹篇。

《算术驾说》和《几何赘说》的编者为潘应祺。潘应祺（1866—1926），字治理，一字考伯，别字漱笙，广州番禺化龙西山村人。幼年在乡随父耕读，考取秀才后，考入广东实学馆（后改名为广东博学馆、广东水陆师学堂），得詹天佑教导。曾先后任教于海军学堂、西学堂、广东高等学堂等学堂。1924年任教于香港圣保罗女书院，后回广州开设中英数专修科私塾。著有《算术驾说》十一卷、《几何赘说》前六卷、《代数通艺录续集》二卷、《经算杂说》一卷、《算学杂识》十卷、《佛山书院算课草》十一卷，参与编纂《番禺县续志》。

（1）《算术驾说》十一卷。

《算术驾说》（图3-39）是1907年出版的教科书，它虽然是广东高等学堂教科书，但是其算术内容相当于小学和中学水平。从《算术驾说》的序、例言中可见，它是按照《奏定学堂章程》编写的教科书。

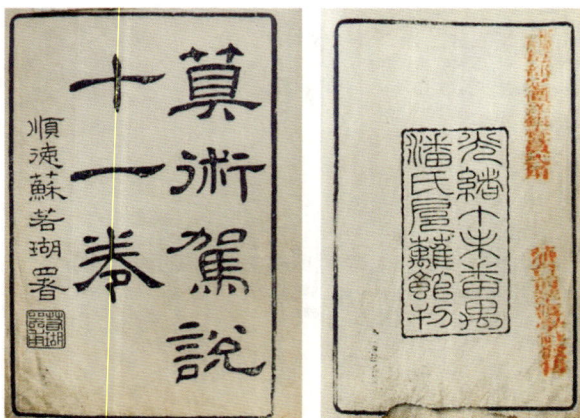

图3—39 《算术驾说》番禺潘氏刊本，1907年

《算术驾说》的"批准书"如下：

钦命署理广东提学使司于黎伟业为照覆事现准

贵监督咨开恭按

奏定章程学务纲要内载采用各学堂讲义及私家所纂教科书，其合于讲授之用者，准著书人自行刊印售卖，予以版权一条，查敝学堂算学教习番禺举人潘应祺前以积年讲授算稿，编定几何平面六卷印装成帙，由敝监督咨请。

前两广学务处审定给予版权，业蒙核准札广东商务总局立案转饬南番两县存案，给示严究翻版在案，兹复据该教员以历年讲授预科各班学生积存算术课本，细加编定为十一卷装订五册。面缴前来请转咨贵司审定给予版权等，情查该教习现编算术课本与前所编几何平面，虽深浅不同，然次编引导初皆循序渐进，用心之勤，与前编几何正略相等，可否即援前例给予版权。

藉贤鼓励之处，相应咨请并将原书、算术课本一部五册转呈希为审定见覆，以便转饬，遵照计咨送算术课本一部五册等，因准此查该课本十一卷。综核各草均系自抒心得，明显简捷（洁）于学堂教科及私家练习，均属适用第六以上各卷，指授方法井井有条，可收事半功倍之效；第七卷以下，题多新款，使学者易辟智识而便实用，良工心苦于斯，可见书中布式、得数等均无舛误，所请禁止翻刻之处，应予照准除留书备案暨移会。

农工商务总局

巡警总局立案并札知南番两县禁止外相应照覆为以此照会

贵监督希为查照施行须至照会者

右照会

广东高等学堂监督吴

光绪三十三年七月十五

该书的"序"如下：

余既序潘君漱笙《几何赘说》，逾年潘君复辑其算术课本十一卷，采扬子学行篇语，名曰

"驾说"，问序于余。受读一过慨然曰，君橐所谓赘，附益其所不必说者也。今所谓驾则传述其所已说者也，然几何之义复隐繁奥微，君之赘穷于说矣。兹编之作，虽曰傅（传）说前闻，然综中西成法精思，而条贯之于学者之易疑易误，反覆（复）发明，如提其耳，而与之语是我之所为说者，固在且人手一编，如获导师正扬子所谓复驾其所说，使诸儒金口而本台者也，而顾曰"赘"曰"驾"甚哉。君之用心勤而不自多也，矧以君之学所能说，所欲说者宜什伯于此，忆橐与君友曹粲三郎中论人才，其于算学绝。

推重君谓能以中融西故，于西人算书已见者，赅通未见者，暗合而其论著书之法则，欲分形、代、三角为三大支，以微积为归墟而导源于数学，数学复别为上、中、下三编，以书其义，将分部纂集成一家言。其后初编甫成，去粤游鄂自中编以逮几何、代数、三角，赓续撰说未及成书，旋服官京华并应贵胄学堂之聘。粲三方壮年才博通，而愿阔巨，异日潜思大业成就，固有其时而以目前论时事牵挽夺著书之日，力非其始愿所及也。而如吾潘君者，席间之请方殷出山之期，有待篝镫覃研心间而力果然，则吾粤畴人线之传天其以绝业责潘君哉。继此以往，而复驾其说于无穷，编其嚆矢也夫。

光绪丁未夏五月番禺吴道镕序于广东高等学堂之经正无耶堂

该书的"例言"如下：

谨案

《奏定学堂章程》中学堂各学科分科教法算学条下云。外国以数学为各种算法总称，亦犹中国。《数理精蕴》定名为"数之意"，而其中以实数计算者为算术，其余则为代数、几何、三角。（初级师范学堂分科教法算学条下所云同。）兹编所说，皆以实数计算者，故名算术。

扬子法言学行篇，仲尼驾说者也，李轨注云驾传也。算术大致，自加减乘除以迄开方。中外算家言之綦详，兹编虽或闲有发明，亦不过引伸（申）旧绪，传述前闻而已。故取法言驾说之义，题曰"算术驾说"。

凡算理、算法势必相辅而行。若论其从出之源，自当先有理而后有法。惟间遇算理稍繁者，似宜先言法而后言理。盖算理奥赜，学者猝难领会，惟先言算法，使其胸中已有准绳，则说理时，合算法而印证之。教者可不烦言，而学者不厌其难解。窃尝静窥学者之甘苦，认其难易之形。故编中所说，或先理而后法，或先法而后理，随处变通，都无义例，但期学者之易明而已。

编中每言一法，其后即继以习问。（习问者习练之问题也。）学者既解其说，必须将习问逐条演算，以验心得，而求精熟。慎无以为算法既明，演习可以从略也。至此编习问，亦仅约举大凡，实未足尽算法之委折。学者既将本编之习问演毕，宜更取他书相类之问题习之，以扩其闻见，不宜为此编所蔀也。近日士夫，喜谈算学，然往往开卷则心目了然，执笔则动辄舛误。遂多有以算为难学者，而不知非算之难学，实学而不习之，所以觉其难耳。说文算下云，长六寸，计术数者，从竹弄，言常弄乃不误也。（算为算器本舆算别然古书多通用）学者日言学算，即算字已有明训矣，曷无顾名而思其义乎。

凡算术问题中，若条理之转折较多，以算术推之则难明，以代数推之则易解者，往往而有如《数理精蕴》中差分诸题是也。兹编概从割爱，统俟习代数时言之，自然迎刃而解。此时似不必劳精敝神而为之也，又如开带纵之。

平立方及诸乘方法，亦俟习代数时言之，兹不具论。

求积之法，颇切实用，凡形体之平正者，其求法已于九十两卷言之。至非平正之形体，而有法以求之者，亦学者所宜先知也，惟其理须藉几何代数以解之，故仅撮取其法之要者，附录于本编之后。

编中解说，皆由浅入深、循序渐进，凡后说所用之理法，必为前说所已言。学者果能循序观之，当无有不得其解者。若躐等求速则前说未明而遽观后说，必有觉其难明者矣。欲明此学，幸无躐求之可也。

番禺潘应祺潄笙记

该书的"目录"如下：

《算术驾说》卷一　高明罗树勋　香山林廷鋆
番禺潘应祺纂　新会林锡璜　番禺傅学丛　校算

（2）《几何赘说》前六卷。

《几何赘说》（图3-40）于1906年出版，共六卷，分四册装订，该封面上的名称为《广东高等学堂预科几何课本》，而翻开封面后才出现书名。该书是根据当时的教育需要，以明末徐光启与利玛窦合译的欧几里得《几何原本》（前六卷）为底本改编而成，主要讨论平面几何及比例论内容，其特点是保留了《几何原本》中的182个命题，且根据需要增加了222道习题。

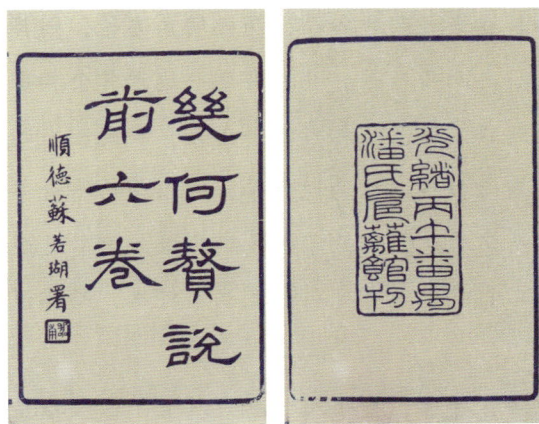

图3-40　《几何赘说》番禺潘氏刊本，1906年

《几何赘说》中的习题之前设有"习题琐言"：

　　凡作几何之题可分两种。一为求证之题。题中先言已知之理，并言由此已知之理而推得其当然之理者是也。如一卷五题云，三角形若两腰等，则底线两端之两角等。三角形两腰等者，即所谓已知之理，底线两端之两角等者，即所谓当然之理。盖既有两腰等之理，即可以推得底线两端之两角等也。惟是题虽言其所当然，而未尝言其所以然。故必如本题所论，逐层剖释证据确鉴。使底上两角所以相等之故。了无可疑，而他人乃不能执一说以相难。此作求证之题之大较也。（若无可引证者，则用较论如一卷四题之论是也。）一为求作之题。题中设有一范围，求别作一范围以就此范围者是也。如一卷一题云，于有界直线上，求立平边三角形，所谓有界直线，即设有之范围也。平边三角形，即别作之范围也。而此平边三角形必须立于有界直线之上，则别作之范围又须就所设之范围也。题既有此层累曲折，则作法必须如其层累曲折以赴之，而不可稍越其范围，否则非本题之作法矣。作法虽成，犹未能必其果否合理。故必须立论以证其所以然，而作法乃可以取信。（立论与求证之题同。）此作求作之题之大较也。凡论证一题，必先分别何者为已知之理，何者为当然之理。思索之时，惟已知之理可以随意运用，而当然之理，止可以神注之，而不可以运用之也。若误认当然之理为已知之理，或忘却已知之理，而妄求当然之理，则虽千思万虑，而终不得一当矣。凡人当思索之时意义杂投，莫知所适，惟宜心口自相较诘。如思得一义，有可较者则弃之。在思得一义，仍有可较者又弃之，必思至无可较者然后用之，方能得题理之确证。若粗心浮气，苟且牵合则大缪矣。

　　凡立论必须层层引证。如甲乙两线本是相等，今欲云其相等，必须发明其所以相等之理，而引某卷某题以证之，不能横谓其相等以为省事也。（惟公论及各卷界说中之浅理，为人人所易知者闲可从省。）试观书中各题，其可用正论者，固必多方引证以实其说，即不能用正论者，亦必用较论以反覆（复）辨明，亦可知无据之谈，必不能入几何之界矣。（凡引证或引某卷某题或直引题文以显明作意均无不可。）

凡立论最忌臆断。盖臆断之说，必由苦思之时不能引证而出。无论其臆断而非，固不能适合题理。即臆断而是，而既不能引证，亦不过无据之谈而已。此学者所当屏绝者也，且臆断之说，往往似是而非，最足贻误。如有两三角形，已知其相当之两腰各等，两腰间角亦等，则其余相当之边角皆等，可引一卷四题证之。或已知其相当之两角各等，及相当之一边则其余相当之边角皆等，亦可引一卷廿六题证之。若已知相当之两腰各等，及相当之一角等，而此相当之一角非腰间角者，则其余相当之边角不必皆等。在臆断者往往以前两说皆等，遂以为后一说亦无不皆等，虽无题可证，亦勉强云然，而不知其似是而实非也。窃见学者多蹈此辙，固不厌觍缕言之，俾知疑似之理，偶或不察，即陷于错误而几不自觉。益可见引证之必不可略，而臆说之必不可用也。

凡论证原无一成不易之法，常有同此一题，而证法各异者，存乎人之思力所至，但求推显之理，步步明确。无一或误而已，大抵求证之法，先就题中已知之理作成一图，如止察本图，即可证明其当然之理，则无事他求，否则或以直线联其各点，或作某线之垂线，或引长某线，或截某线与某线等，或作某角与某角等，或平分某角，或平分某线，或作某线与某线平行，或作圆过某界，或作某形之内外切圆，因图制宜，相题布置，总不离握定题中已知之理，及默绎书中已证之理者近是。既经此磋磨比勘，而更运以精思，则供我取求之理，自然跃出纸上矣。

凡作图不可随笔乱画，如已知两线相等，则必画成相等。已知两线平行，则必画成平行。如画两平分，必合两者相等。如画某线之垂线，必合两成直角。如画锐、钝、直角，必各肖（削）其锐、钝、直之形。若此之类，不胜枚举。总之图合则理亦因之而明。图蹖则理亦因之而晦。证法之难易，图实为之助焉，此必不可忽略者也。

2. 算学研究会编《平三角法教科书》

《平三角法教科书》（图3-41）由算学研究会编，昌明公司于1906年初版、1909年第三版。从"例言"可看出其编辑背景及过程。其"例言"如下：

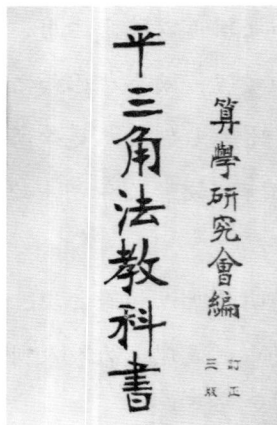

图3-41 《平三角法教科书》昌明公司，1909年

本书专为中等教育而编。

本书所用术语一依旧译，间有增易，仍期不失西文原意，且图阅者易解。

本书字句务以明确简当为期，力祛冗繁艰涩之弊。

边角记号向用干支，今以西文之行渐广，爰改用罗马字母匪特从同亦在取便。

本书所用术语及款目皆用粗形文字记之，以便醒目。

泰西三角书中正弦、余弦、正切、余切、正割、余割六事，率截取sine 正弦、cosine 余弦、tangent 正切、cotangent 余切、secant 正割、cosecant 余割。之前数字母记之正弦记为sin，余弦记为cos，正切记为tan，余切记为cot，正割记为sec，余割记为cosec。本书一从旧本易作中文，但学者为省笔记临题演式，自无妨袭用西例。

正弦A·余割$A=1$，余弦A·正割$A=1$，正切A·余切$A=1$。

$\sin A \cdot \operatorname{cosec} A=1$，$\cos A \cdot \sec A=1$，$\tan A \cdot \cot A=1$。

《平三角法教科书》"目次"如下：

第一编　测角法

第二编　锐角之三角比例数

第三编　直角三角形之解法

第四编　任何角之三角比例数

第五编　两角和较之三角比例数

第六编　倍角与分角之三角比例数

第七编　三角形边角相关之理

第八编　三角形之解法，测量高远之法

习题总答

附录　1. 对数表之用法；2. 三角比例表之用法；3. 三角比例对数表之用法

附表　1. 从1到2 000之对数表；2. 十分递增之三角比例表；3. 十分递增之三角比例对数表

该书将三角函数称为三角比例数；且对于任意角的三角函数的定义，都利用终边定义法定义，没有使用过单位圆定义法；在表示两角和与差时，使用了中国传统数学中的"和"与"较"，书中虽引进了西方数学符号，但不彻底，有些公式仍用汉字表示（图3-42）。据目前掌握的资料来看，算学研究会编纂的《平三角法教科书》是中国最早的自编三角学教科书，但该书也是在东京同文印刷舍印刷的。当时国人自编的三角学教科书基本都是以日本的三角学教科书为蓝本，仅根据中国的国情进行了一定的修改。清末中学三角学教科书以采用日本教科书的汉译本为主。在这个时期，中国也有人开始自编三角学教科书，编者大多是留日归国人员，只是自编的数量十分少，正处于逐步探索的阶段。

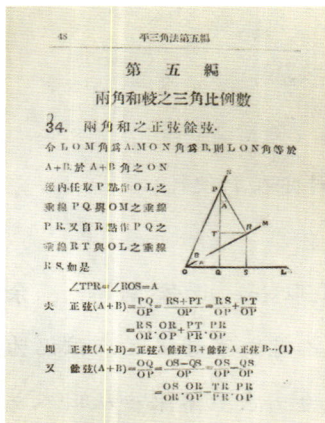

图3-42 《平三角法教科书》昌明公司，1909年：第48页

（二）翻译的中学数学教科书

清末兴学堂、废科举、倡实业的浪潮逐渐高涨，各级各类学堂大量涌现。"西体中用"几乎成为所有新式学堂课程设置的基本准则，于是很多出版企业雨后春笋般地出现了，以满足大量编译引进西学教材的需要，其中京师大学堂专门成立译书局，将目标集中在西学教科书的编译出版，以解决学校教学燃眉之急。

译书的内容可分地舆、西方律令、商功、代数等38类。郑鹤声在《八十年来官办编译事业之检讨》一文中列举了译书局的译书，"其译成之书，则有罕木枵斯密算法一卷，威理斯形学五卷，洛克平三角一卷，斐立马格纳力学一卷，额伏列特动力学一卷，气水学、热学、光学、电学各一卷，埒氏实践教育学五册，欧洲教育史要三册，中等矿物学教科书、东西洋伦理学史、格氏特殊教育学、独逸教授法各一册"。除以上各书外，当时未脱稿的有"威理孙立体形学、伊那楞木孙质学、祁学木地理、亨利力德尔罗马史、阿讷乐德布匿战纪"。这其中就提到了威理孙的《形学课本》，以及之后翻译的《立体形学》。

1. 高木贞治著，周藩译《新体中学代数学教科书》

日本数学家、数学教育家高木贞治（1875—1960，图3-43），早年在东京帝国大学求学，1898年由日本文部省派往德国留学，先后在柏林和哥廷根等地学习和研究数学，曾受教于世界著名数学家希尔伯特，深受其数学思想的影响。在德国期间，他局部地解决了被称为"克罗内克青春之梦"的猜想，即证明了高斯数域上任意阿贝尔扩张均可由双组线函数的分点值来生成。1901年回到日本。1903年获东京大学理学博士学位。1904年成为教授。1925年当选为帝国学士院会员。1932年当选为国际数学家大会副主席兼第一届菲尔兹奖评委会成员。1936年退休。1940年获日本

图3-43 高木贞治像[1]

---

[1] 图片来源：[日本の数学100年史]编集委员会. 日本の数学100年史：上[M]. 東京：岩波書店，1983：228.

最高科学荣誉——日本文化勋章。他多年致力于"克罗内克青春之梦"的研究，把类域的定义作了推广，证明了一个代数数域的任何阿贝尔扩张都可以表示为该数域上的类域，从而创立了"类域论"。他的研究结果发表在1920年东京帝国大学理学部的纪要上，这是近代日本学者的第一篇具有国际水平的论文。高木贞治也由此被认为是日本近代数学的开创者。他的26篇论文收集在《高木贞治文集》（1973年）中，主要是代数数论方面的研究成果。其专著有《代数的整数论》（1948年）等。他也是一位杰出的教育家，为提高日本数学教育水平做出了重要贡献。他亲自编写了《新撰算术》（东京博文馆，1899年）、《新式算术讲义》（东京博文馆，1907年）、《新体中学代数学教科书》等大量的中小学教科书。高木贞治对数学史也颇有研究，著有《近世数学史谈》（1933年）和《数学小景》（1943年）等。

高木贞治著，周藩译的《新体中学代数学教科书》三卷线装本（图3-44），原著在日本较有影响，译者周藩认为，该教科书"其学理在日本书中亦最为新颖与《代数备旨》真有霄壤之别"[1]。该书中文版于1906年由文明书局、科学书局和群学社联合出版发行。该教科书没有序言、例言等，直接进入正文内容。

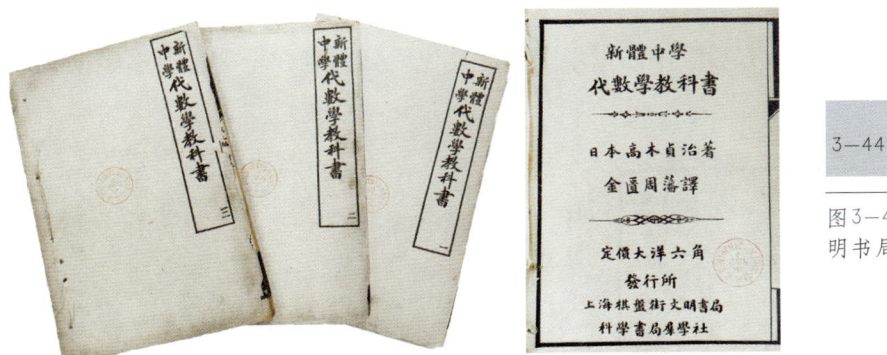

图3-44 《新体中学代数学教科书》文明书局、科学书局和群学社，1906年

"目录"如下：

第一编 绪论：第一章 文字之使用；第二章 负数；第三章 负数之四则

第二编 整式：第一章 定义；第二章 整式加法及减法；第三章 整式乘法；第四章 整式除法

第三编 一次方程式：第一章 一元一次方程式；第二章 联立一次方程式

第四编 整式之续：第一章 乘除法公式；第二章 因数分解；第三章 最大公约数；第四章 最小公倍数

第五编 分数式：第一章 化法；第二章 分数式之四则

第六编 一次方程式之续

第七编 二次方程式：第一章 一元二次方程式；第二章 一元二次方程式之性质；第三章 一元高次方程式；第四章 联立二次方程式

第八编 幂及幂根：第一章 开方之理；第二章 根数及根式；第三章 普通指数；第四章 含根式之方程

[1] 高木贞治. 新体中学代数学教科书：二[M]. 周藩，译. 上海：文明书局、科学书局和群学社，1906：广告页.

第二节 中学数学教科书

该教科书有以下特点：

首先，翻译本目录前面写了"代数记号中西对译表"（图3-45），即将日文原著中的西方数学符号改为中国天干地支的汉字和其他汉字，使学生更好地了解西方数学符号和中国传统数学符号、术语之间的关系。同时，也是为了在西方数学中渗透中国传统文化元素，且在全部教科书中彻底地贯彻了这一理念（图3-46）。

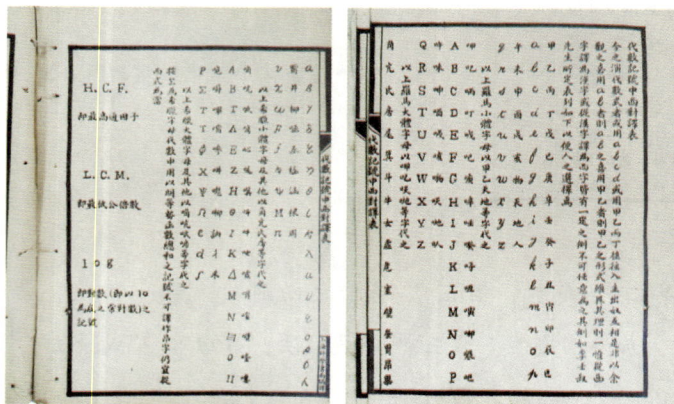

3-45

图3-45 《新体中学代数学教科书》文明书局、科学书局和群学社，1906年：代数记号中西对译表

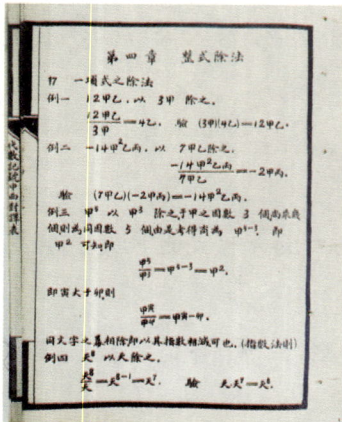

3-46

图3-46 《新体中学代数学教科书》文明书局、科学书局和群学社，1906年：第18页

其次，该书呈现新概念时，先说明新概念的必要性，然后借助实例解释该概念，最后通过"例题"巩固概念的学习。如，"第一编 第二章 负数"的"负数之意义"中说："欲计算之结果通过0用，故于算术中之数（正数）之外，用一种新数，实为必要。今0，1，2，3，⋯自0始顺次并记整数。试自右向左看之，3减1为2，2减1为1，1减1为0，又自0减1则云−1（负1），自−1减1，则云−2（负2），自−2减1，则云−3，以下以次第类推而至无穷。"接着用实例说明了负数，然后列出"例题"，这里的"例题"与其说是例题，还不如说是习题。因为"例题"仅提问题或计算题，没有任何解答过程。

"负数的大小"和"绝对值"安排在一起，通过概念解释与实例解释了二者的关系。"+及−之记号，表数之正负，则云性质之符号（或单云符号）。消去负数前所记性质之符号−，则其数字表正数，云此负数之绝对值。例如−1，−2之绝对值为1，2。凡负数小于0，又二负数之大小，与其绝对值之大小相反。"

再次，该教科书注重问题解决。在第三卷"附录第一 问题集"中给出300道题，共32页；"附录第二"给出"几何学之问题""不等式""最大最小"问题，通过例题解释，并附加了42道"例题"，这里的"例题"具有习题的性质，让学生自行解决。在第三卷最后用28页篇幅列举了各编"例题"的答案。

最后，该书每卷正式内容后面介绍了当时出版的教科书内容。第一卷有《司密司大代数学例题详解》《丁氏代数学初步》（无锡丁福保编）、《最新中学代数学教科书》（日本桦正董著，金匮周藩译）、《代数备旨详草》《形学备旨详草》《代微积拾级详草》《简明几何学教科书》等。此外还有其他学科的教科书的介绍。第二卷有《初等算术讲义》（无锡丁福保编）、《初等算术讲义详草》（无锡陶赞著）等。第三卷有《笔算数学讲义》（以狄考文《笔算数学》为蓝本编写）、《中学代数学讲义》（杭州王兰仲著）、《平面三角法讲义》（日本奥平浪太郎著，金匮周藩译）、《新式高等代数学教科书》（以日本上野清、长泽龟之助的相关教科书为蓝本编写）。

2. 长泽龟之助著，崔朝庆译《中等平面几何学阶梯》

《中等平面几何学阶梯》（图3-47）为崔朝庆翻译日本数学家长泽龟之助的数学教科书，由上海会文学社于1906年出版。

图3-47 《中等平面几何学阶梯》上海会文学社出版，1906年

长泽龟之助（1860—1927），日本民间数学家，数学教育家，筑后人，1878年毕业于长崎师范学校（是当时日本九州地区唯一的公立学校）。1877年他担任"东京数学会社"的常务理事，1878年在京都创办私塾。1879年，他去东京川北朝邻处从事教学工作。之后，在东京数理学院教学的同时帮助老师译述西方数学书。1883年担任陆军御用，从事教学和编写教科书工作。之后，在东洋英和学校与东洋英和女学校担任校长职务，1892年辞职。1906年创办杂志《$x \cdot y$》，1907—1918年担任专修大学的讲师，专注于数学教科书和数学辞典的编撰。长泽龟之助作为日本明治维新时期和大正时期最活跃的民间数学家，他因编写和编译的著作被世人所知。值得一提的是，他在翻译引进西方数学著作，以及编写数学教科书方面成绩斐然，一生著作与译本多达150种。这些书籍形式各样，并不局限于数学教科书，还有辞典、习题及解法。数学教科书也并不局限于一种学科，具体包括：代数学、几何学、三角学、解析几何学、微积分学。长泽龟之助翻译与编写的数学教科书不但在日本学校被广泛使用，且在中国清末至民国时期有很多被译为中文，在中国各级学校作为教科书使用。这些数学教科书中有些并不是直接翻译英文版原著而来，而是根据长泽龟之助的译本重新翻译的，也就是说，这些数学教科书所用底本是长泽龟之助的日译本，如：陈文翻译的《代数学》、彭观圭翻译的《解析几何学》等。长泽龟之助的许多著作被翻译成中文，与他和周达、崔朝庆、余恒、薛光锜等中国数学家的学术交流有关，同时他的数学教育思想得到了中国数学家的肯定。另外，当时中国的数学教科书严重紧缺，这些教科书的翻译缓解了这一局势。据统计：甲午战争后汉译日本数学著作多达151种，其中长泽龟之助的数学教科书占了其中的13%左右。由此可见，长泽龟之助的数学教科书对中国数学教育的影响之大。

崔朝庆译《中等平面几何学阶梯》的编写理念正如书中"序言"所述：

> 余编纂此书之意，盖欲使学者先将几何学简易之理注入于脑中，然后以几何学授之，自能迎刃而解，乃习几何学必需之书也。此书不但适于中学校之初级，且合于师范学校简易科之用。余如商业学校、实业学校以及高等女学校皆可使先习此书，后习几何，盖行远自迩，登高自卑，未有不由阶梯而能跃入于精微之域者也。

《中等平面几何学阶梯》是几何学学习的入门教科书，对点、线、面的概念依次结合生活实际概述，空间、位置、形状、大小等亦结合生活实际编写，便于理解这些抽象的概念，如对于"形状"，作者这样描述道：

> 就吾辈日用之物而言，有圆者，有方者，其他种种之形状，不堪殚述，如笔筒与砚，其形状迥不相同也。故曰物体有形状，其形状不同，故其名不同。

《中等平面几何学阶梯》教科书内容编排顺序为几何学阶梯总目、卷数、正文、问题。其中每卷内容前叙述有"中等教育平面几何学阶梯卷×、日本长泽龟之助编纂、静海崔朝庆译"。整本教科书平面部分对概念的界定依次从该书第一条到第九十九条，立体部分共为十五条。教科书后附有罗马字母、希腊字母表及其日文表示。部分章节中插有风景图案，使书本更为美观，也能引起读者的学习兴趣。

《中等平面几何学阶梯》内容分两部分：平面和立体。其中平面部分有六卷，内容包括：绪论、直线与角、三角形、多角形、圆、面积；立体部分涉及多面体、曲面体求积算法等。

《中等平面几何学阶梯》编写为繁体字、白话文，对于图形的描述采用西文表述方式即采用A、B、C、D、E、F等英文字母表示，简单明了，便于阅读。使用角的表示方式亦与现行数学教科书相同，对于字母的表示还没有完全的系统化。《中等平面几何学阶梯》中的名词术语与大部分现行数学教科书名词术语相同，但随着数学符号西化，名词术语的表述也相应地有所变化，有一部分名词术语被流传下来，也有一部分名词术语不再沿用。该书的文字介绍部分采用竖排编写形式，而数学表达式部分采用竖排和横排的混合编排形式，同时采用西方数学符号（图3-48）。

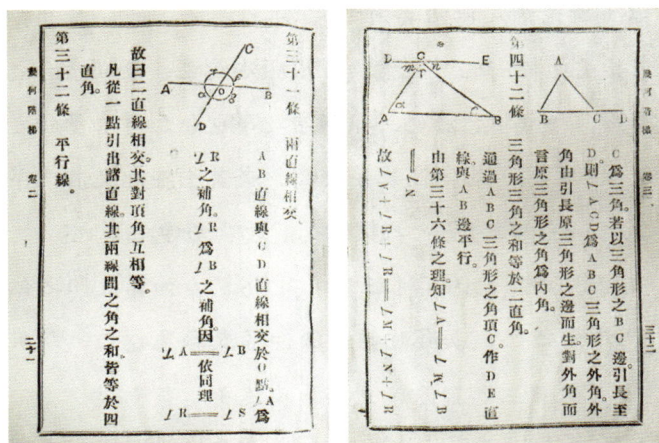

3-48

图3-48　《中等平面几何学阶梯》上海会文学社出版，1906年：第21页、第32页

3. 威理孙著，陈沚译《形学课本》

《形学课本》（*Elementary Geometry*）是英国威理孙（J.M.Wilson）于1873年所著，由闽县陈沚翻译，1906年由京师官书局印刷、学部官书局发行，并于1907年重印的一部平面几何教科书，共308页（图3-49）。该书由五书组成，所以又叫"形学五书"，该书是继《形学备旨》之后第一本以"形学"命名的几何教科书，其在内容设置及编排、数学符号的使用等方面都有独到之处。

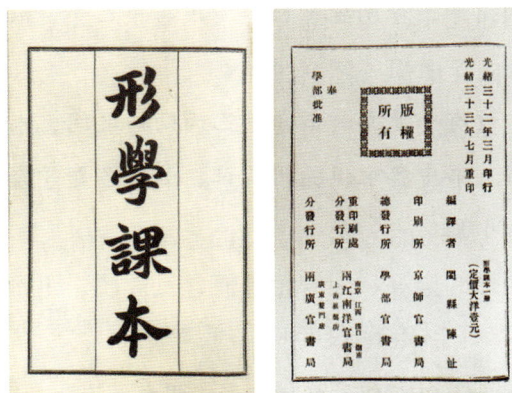

3-49

图3-49　《形学课本》两江南洋官书局印刷、两广官书局发行，1907年

关于"形学"的命名，可见于狄考文的《形学备旨》"自序"[1]。

《形学课本》的引论也强调"形学者，即引学者由思议之最浅近者，以次第而进其深者也。故由公论而推阐理甲，由甲而推乙，递步推究至其所得者，足用以证以上所云，如月距地之远、太阳之体积各事"。作者认为形学与现在的几何存在一定的差异，所以使用"形学"一词。

《形学课本》内容编排顺序为：引论、界说、阐理、推论、习题、篇之问题。该书采用竖排形式并完全使用中国传统数学符号进行编写，书中没有使用阿拉伯数字，内容由浅入深、图文并茂，数学图象虚实线结合使用，直观明了，注重数与形的结合，易于学习者理解掌握。书中每一节的定理和例题都分别排序，便于查找。该书的"引论"说明了形学的定义、用处及学习的方法，并进行了举例说明，具体内容如下：

形学有何用处？此为初学者常问之题，以下所论谅足以明其用之大略。

形学者何耶？何为此学之意旨？曰形学者非量物之法也。盖量物可用顺法量之，设欲量台之高，可陟其巅放索下至台底量索之长，即知其高。此量物之法也，非形学之事也。形学者量物之侧（测）法也，其臧在教人从已知而推其未知者。形学云台之高比竿之高，若其影在地之长比竿影之长，故若知台影之长及竿与其影，则台之高得矣，此为量物之侧法也。此真形学之事也。

凡量物，往往皆由侧法，如量山之崇，如测月之距地为二十三万八千英里，如算太阳之体积、恒星之重或光之速率，此数者无一非由侧法得之也，且有时其侧法知繁或涵无数之，居次每得一新理即据之以为推次步之原。

形学者，即引学者由思议之最浅近者，以次第而进其深者也。故由公论而推阐理甲，由甲而推乙，递步推究至其所得者，足用以证以上所云，如月距地之远、太阳之体积各事。

故每新得之理，俱可据以为量他物之用，譬如第一书阐理四其所证者，为甲戊丁角等于丙戊己角，故若用器量甲戊丁角之度数，而丙戊乙角则不待量而可知矣。

譬如阐理七设甲为河边之树，而乙丙为相对边之他两树，求甲乙两树相距之远。量乙丙相距之远，立戊己两竿，使其相距之远如乙丙于乙处，测甲乙丙之角又于丙处测甲丙乙之角，再立一竿丁，使丁戊己、丁己戊两角与甲乙丙、甲丙乙两角等，今阐理七已证丁戊与甲乙等，故若量丁戊，则甲乙相距之远亦知矣。

阐理五系形学中最要之题，且可为侧量法之良喻。设有一屋或一山介于乙丙两树之间，求乙丙相隔之远。此题可用阐理五求之，学者可自思其法，书中各理俱能用以证，如是各题学者当于各阐理中自求何者，可用侧法量之，并自设各种之问题。

《形学课本》主要涉及平面几何的内容，包括直线、图形的全等、圆的相关概念及性质、比例及比例的应用等内容。具体"目录"如下：

第一书 论直线：界说；公论；求作；论角；论三角形；论并行线及平行方形；明术；论轨

---

[1] 见第二章"罗密士撰，邹立文等述《形学备旨》"一节。

第二书 论相等面积：阐理；明术

第三书 论圆：论圆德[1]；论弦；论负圆分角；论切线；论两圆相交；明术；论圆及其内外切形

第四书 论比例本原：论率及比例；阐理

第五书 论比例：比例引论；论相似之形；论面积；论轨

在内容的开始设置了"引论"，具体内容如下：

1. 形学者，论线面体之德，及明作三者之术也。

2. 平面形学者，专论线面也，而其原行，即线圆之德，与二德之合也。

3. 形学者，外籀之学也，盖其理皆由真实之界说公论而推证之也。

4. 凡真实不容疑之理为公理。

5. 形学中所用之公论，如其理足施诸各种之几何，则名为通用公论。

还设置了"公论"，具体内容如下：

1. 全大于其分。

2. 全等于其诸分之和。

3. 彼此两度，各与他度等，则彼此亦等。

4. 若多度等，而所加之度亦等，则合并之度亦等。

5. 若多度等，而所减之度亦等，则所存之度亦等。

6. 若多度不等，而所加之度等，则合并之度亦不等。其大者，必为于大度加等度所得。

7. 若多度不等，而所减之度等，则所存之度亦不等。其大者，必为由大度减等度所得。

8. 若多度不等，则其倍及其半，亦皆等。

在内容编排过程中，还设置了一些教学要求和建议，并附有针对学习者做题时的方法，如"第三书 第四篇"切线的内容分为两部分，在切线（下）中内容的前面有这样的说明："初次读形学者，可姑置此篇，而勿授之。"另外，在第一书初次涉及证明问题的时候，附有"考证习题之常法"，其中详细说明了如何做证明题。

书中除基本定义及定理外，大部分以例题和习题的形式呈现，全书均直接给出定义、定理，除部分定理给出证明外，没有更多的讲解和引出内容的例子或情景设置。书中的阐理（即定理）均给出详细的证明，而且每篇内容之后专门设置补充问题及习题，其中大部分为阐理的补充及衍生内容，包括问答题及一些证明题。同时有例题，每一篇之后的习题有些为之前例题的变式。

数学名词术语、数学符号完全采用中国传统名词术语和数学符号，如三角形、角的表示没有进行符号化，如甲乙丙三角形。书中的数学名词术语、符号与现行的数学名词术语、符号的对照见表3-3。

---

[1] 德：指情形。

表 3-3　数学名词术语、符号对照表

序号	书中名词术语、符号	现行名词术语、符号	序号	书中名词术语、符号	现行名词术语、符号
1	界说	定义	9	影线	射影
2	公论	公理	10	多边直线形	多边形
3	阐理	定理	11	底线	底边
4	明术	作图	12	等形	全等形
5	勾股形	直角三角形	13	相应角	同位角
6	代形学（纵横线形学）	数形结合	14	交加（相合）	相交
7	系	推论	15	负圆分角	对顶角
8	内相对两角（互角）	内错角	16	甲乙丙三角形	△甲乙丙

4. 葛尔氏著，张廷金、俞亮译《中学应用　几何画教科书》

这一时期，从教科书的编撰背景、种类，到教科书的出版机构，再到教科书的编排形式和内容特点都呈现出多样性。在中国的传统教育中，不曾有专门讲授几何作图方法和步骤的教科书，虽然在传统的算学书中有很多几何作图的内容，但都没有几何作图的具体过程。此时的几何作图教科书对国人而言如新式学堂一般新鲜。几何作图教科书的编撰过程自然艰难，出版的几何作图教科书也有很多不足，但其对教育的贡献却十分重大。学制初创后并没有具体规定不同学科所要学习的具体内容，但实际上教科书的内容决定了教学的内容。

结合这一时期几何作图教科书的编辑大意来看，这一时期几何作图教科书的编撰主要由留学生和有专业实践经验并有留学经历的教师编写，他们的留学经历使他们更早看到了国外几何作图教科书的模板，更加深刻地意识到几何作图的重要性，再加上他们的"教育救国"情怀，才有了更适合国人使用的几何作图教科书。

《中学应用　几何画教科书》就是由具有留学经历的学者张廷金、俞亮译自英国学者葛尔氏的著作，该书于1910年由文明书局出版。全书共三册，分卷上、卷下和附图，见图3-50。卷上平面几何部分由张廷金翻译，卷下立体几何部分由俞亮翻译。

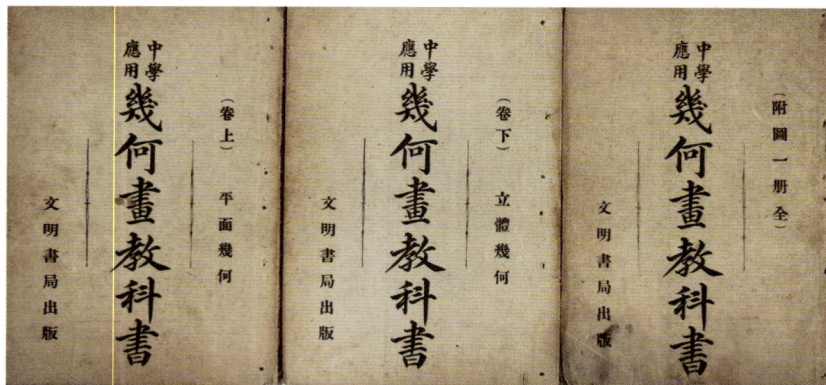

图3-50　《中学应用　几何画教科书》卷上、卷下、附图

译者张廷金（1886—1959，图3-51），字贡九，江苏无锡金匮县人，中国无线电学先驱。1907—1908年在圣约翰大学学习，1909年考取第一批庚款留美，1913年获电机系学士学位，1914年获哈佛大学电机系无线电专业硕士学位，1915年回国执教于南洋公学。曾任上海南洋公学教授、教务长、代理校长，国立东南大学工科主任，吴淞无线电报局工程主任，上海交通大学电机工程学院院长兼教授，上海交通大学校长。

图3-51 张廷金像[1]

译者俞亮（生卒年不详），1910年7月毕业于上海高等实业学堂。1910年10月29日，学部对学堂铁路科毕业生复试后，向清廷上奏"复试及格照章请赏"，请援照改订的《高等实业学堂毕业奖励章程》给予奖励，俞亮作为最优等被列入其中[2]。

张廷金和俞亮均师从唐文治，翻译《中学应用 几何画教科书》时正值唐文治执掌上海高等实业学堂之际。唐文治亲自为《中学应用 几何画教科书》作序。具体如下：

> 易曰形而上者谓之道，形而下者谓之器。器者凡有形气皆是也，即天地水火皆器也。自后世以明道者为儒，制器者为工。儒者明其道而不习其事，学习蹈于空虚。工人习其事而不明其道，而工业皆入于鹽窬。以空虚之道，鹽窬之工，处世运方开之会，国家之日以贫弱也宜哉。今者通国上下，见泰东西制造之精巧，翻然改图，急起直追。是亦转弱为强、转贫为富之机遇欤。然九仞之山，起於（于）一篑；合抱之木，始于萌芽。以器械之新奇，构造之繁赜，其不能一蹴而就，而必培养其作述圣明之智识，以立始基，可知矣。孟子曰，梓匠轮舆，能与人规矩。又曰，离娄之明，公输子之巧，不以规矩，不能成方圆。是规矩者，方圆之所由出，即器械之所自成。而用器画乃发明规矩之用者也。规矩之用法明，而后得器之形状构造。纤悉靡遗，教者易为授，学者易为受，讵非制作家之嚆矢乎。惟近今所出用器画诸书，大都略而不详，仅适于普通之教科，而不适于自修之研究。学者憾焉。今俞生亮，张生廷金，译英人葛尔氏所著中学几何画教科书。设题既备，题之画法，亦详细阐明，教授自修，兼适于用，使从事斯道者，有所依据而易于研究。于制造实业，必将有裨。予阅是书，益不禁神往于自古在昔六识交修之盛矣。

> 宣统二年五月太仓唐文治叙

唐文治从易经谈起，既谈及了当时举国上下对西方新鲜事物的认可和羡慕，也展现出了他激励学习者奋发向上的迫切心境。《中学应用 几何画教科书》讲解细微详尽、没有遗漏，老师容易教授，学生也易于学习。他既强调了"用器画"对于促进工业制造繁荣发展的重要基础作用，又向学

[1] 图片来源：王天骏. 文明梦：记第一批庚款留美生[M]. 北京：清华大学出版社，2012：261.
[2] 岳阳. 唐文治[M]. 上海：上海三联书店，2013：134.

习者介绍了《中学应用 几何画教科书》的特点和优势。

俞亮也为该书作了序：

> 余尝习几何画，每苦乏善本。盖几何画一科，与他种学问不同。他种学问，则止（只）须领悟其理，而几何画则尤贵乎作图之纯熟精密，非多事练习不可。我国通行之本，其讲解未尝不晰，然终因其设题稀少，遂致练习不熟，易于遗忘。今读葛尔氏本，则释理既明，设题尤繁，并又逐题示图，逐图详解，遑论学校教授，即从事于自修，亦实无上之佳本也。其图解演算一编，尤足表几何画之实用，为他册所不逮。盖泰西硕儒，几经研究，发明图解之术，较之寻常笔算，省时避繁，为益非可胜言。我国近来工业日进，算学之用日繁，一切机械桥梁屋架之重力，皆须本此法为之计算，故尤切于当世之用。虽本书所载，不过粗具形式，较之专书，仅沧海之一粟，然以供专学之先导，亦不无小补也。余读而快之，爰约同张君贡九，移译吾国文字，间有东西情形不同之处，斟酌而变通之，但文笔浅陋，难免贻笑大方。然科学诸书，止求其解释之明确。本无须于文字之修饰也，若其理解有未确当之处，尚希大雅君子是而正之。

> 俞亮

俞亮在《中学应用 几何画教科书》序言中介绍了几何作图学习的要求、注意事项及当时几何作图教科书的内容编排和设置情况。尤其"图解演算一编"更是该教科书的独特之处。该教科书可作为几何作图的入门和基础教材，也适用于自学，这也在一定程度上反映了培养扎实的基本功的重要性。

全书内容设置如下：

第一编 平面几何

第一章 总论；第二章 角与线；第三章 角度及直线之量法；第四章 三角形；第五章 四边形；第六章 多角形；第七章 圆；第八章 比与比例；第九章 尺度；第十章 相似形；第十一章 作图法；第十二章 直线形之内切及外接；第十三章 圆之内切形；第十四章 圆之外切形；第十五章 内切圆；第十六章 外接圆；第十七章 椭圆之简易画法；第十八章 面积；第十九章 杂题；第二十章 用几何画作种种花纹法

第二编 立体几何

第一章 总论；第二章 释名；第三章 关于立体几何射线画法；第四章 关于立体剖面之画法；第五章 杂题

第三编 画法几何

第一章 释名；第二章 点之射影；第三章 直线之射影；第四章 平面；第五章 杂题

第四编 图解演算法

第一章 定单位法；第二章 加法及减法；第三章 乘法及除法；第四章 乘方；第五章 平方根

将全书内容量化统计，结果如表3-4所示：

表3-4 《中学应用 几何画教科书》内容统计

卷	卷名（编）	编数（编名）	章	定义（节）	例题（定义）	例图（例题）	练习题（例图）	备注（应用图）
卷上	第一编	平面几何	20	43	18	293	293	60
卷下	第二编	立体几何	5	10	16	78	86	0
	第三编	画法几何	5	9	7	71	65	0
	第四编	图解演算法	5	5	1	13	20	0

此外，该书还具有如下特点：

（1）从知识点编排方式看，按照定义—例题—例图的方式展开，但具体作图步骤仅有作图题目、例图和作图步骤，没有证明；从知识点数量及形式上看，内容丰富、全面，便于学生开拓思维以及培养兴趣和探究精神，第一编平面几何画法给出了60幅应用图（图3-52），但没有涉及椭圆的作图；从作图题的内容种类来看，所有涉及的作图题都设为例题，没有练习题。

（2）单独设置的"图解演算法"，有益于"数形转换"和"数形结合"思想的渗透，也有利于学生对几何和数学课程的学习。

（3）使用的表述与符号与现行教科书相近，但也有混用的情况，比如没有"线段"的概念，"线段"与"直线"均用"线段"表示，线、面、角的表示用英文大写字母与小写字母。书中还设置"注意"以提示或说明某些特殊情况。

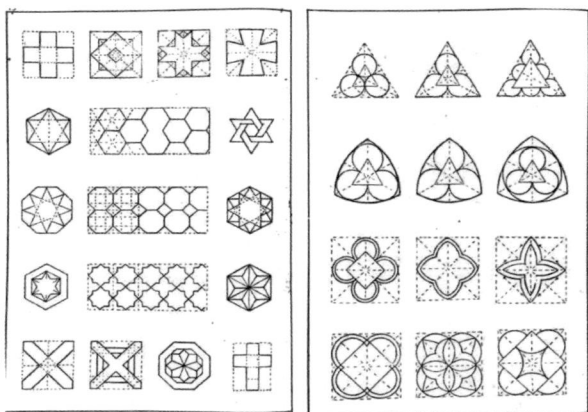

图3-52 《中学应用 几何画教科书》：第35页、第53页，部分应用图

（4）很多例题不仅给出圆规作图法，还给出三角板作图法，如等分已知线段。

（一）用两脚规法。一、用A为中心，以比AB线之半长者为半径而作弧。二、半径同前，以B为中心而作弧，使与前弧相交于C及D。三、连CD为直线，此直线与AB相会之点E，即AB之等分点。（图3-53）

（二）用三角板法。一、于AB之一边，从其两极端

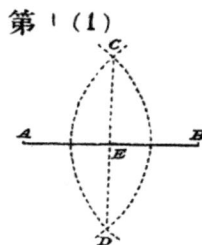

图3-53

引二线，使与A、B成等角而会于C点。二、于AB线之他边，亦如上法，引与A、B为等角之二线而会于D点。三、作CD直线，此直线与AB相会之点E，即AB之等分点。（图3-54）

此外，长度单位采用了中国传统的营造库平尺（如三寸五分、二寸七分等），这应该是因为翻译者考虑到当时国民还没有完全掌握国际统一度量单位的情况。

5. 突罕德著，崔朝庆译《中等平三角教科书》

《中等平三角教科书》（图3-55）原为英国数学家突罕德（Isaac Todhunter，1820—1884）于1859年著，1869年出版，英文书名为*Plane Trigonometry*。经由日本数学家田中矢德翻译为日文，后由崔朝庆于1909年译为中文，商务印书馆出版，1911年再版。

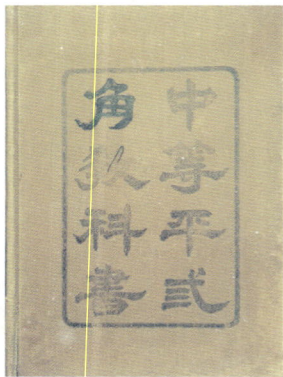

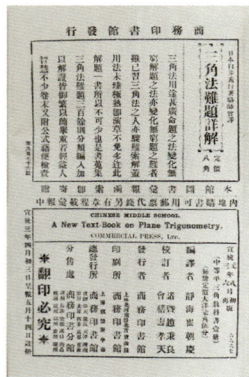

图3-54

图3-55　《中等平三角教科书》商务印书馆出版，1911年

《中等平三角教科书》"序"中指出：

> 三线相接而成形，谓之三角。在平面者曰平三角，在球面者曰弧三角。三角形之三角三边，共六项，互相关系，有理存焉。研究六项关系之理，据所已知以求所未知，谓之三角术。日星之远也，山岳之峻也，江河之广也，城邑之位置，船舶之驶行也，步天推历，航海行军，可以坐而致，测而会者，皆是术之妙用也。地体本为球形，然苟面积不广，则弧与弦所差甚微，亦可用平三角驭之。且弧三角之法，仍借径于平三角。犹之立体几何，必以平三角几何为基础。故习三角术者，必自平三角始。……是书为英国突罕德原著，理论与实习相辅而行，经田中矢德氏译行东邦，脍炙已久。其编次之适当，无待赘言。静海崔君邃于算理，译笔达雅，久为海内所信仰。今以田中之原译，由崔君译成是书。……

该序言由商务印书馆编译者所志（1909年）。平三角几何为弧三角等立体几何的基础，而三角术与实际生活密切相关，平三角是三角术的基础和重要内容。

《中等平三角教科书》内容的编排顺序为序、目录、篇数、篇名、问题。书中采用从左向右横排编写形式，与现行数学教科书编写形式一致，页码均为阿拉伯数字，图文并茂，公理与概念、性质的证明表达清晰，作图规范，便于理解。教科书中的字体为宋体、繁体字、白话文，符号与现代教科书符号一致。该书数学符号简洁及作图规范，在符号和表述上更有利于学生学习、理解数学的

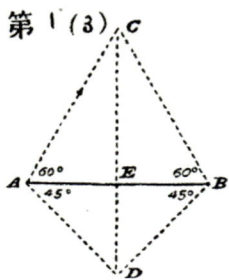

逻辑性思维。该书的最后载有商务印书馆出版的其他书目的广告等。

《中等平三角教科书》分24篇，共188页、224条，每一篇有一小节内容，每篇的第一小段为编译者鉴言，叙述本篇内容的用法和学习本篇目的，如"第十篇 三角形性质"写道：

> 本篇所述，为三角形解法最要之定义，先将第三十七条所论之定义在揭于此，盖欲证明锐角三角与钝角三角形有相通之理也。

"第二十一篇 分角法"中写道：

> 本篇所述，乃以全角八线求其几分八线之法。

《中等平三角教科书》的"目录"如下：

第一至九篇（1～100条）

测角法；八线；八线比例之值；三角术应用；对数；对数表用法；直角三角形解法；斜角三角形解法；正负号应用

第十至二十篇（101～196条）

三角形性质；三角形解法；高低并距离；几何解法；三角形性质（杂题）；大于两直角之角；论八线与角度俱为变化状势；去角度之繁法；有八线求角度；两角之八线；八线变化

后四篇及附录（197～224条）

分角法；弧度法；平面积；倒式；杂问；问题之答；附录

《中等平三角教科书》在内容上按照定义、定理或方法、例题、习题的形式展开。教科书对于三角函数知识概括全面，且习题例题较多，作图规范，证明步骤清晰，便于学生更好地巩固学习。

6. 上野清著，蕉缘居士译《初等三角教科书》

《初等三角教科书》（图3-56）原著者是日本上野清，由蕉缘居士译，东京并木活版所印刷，上海科学仪器馆于1904年初版，于1906年再版。

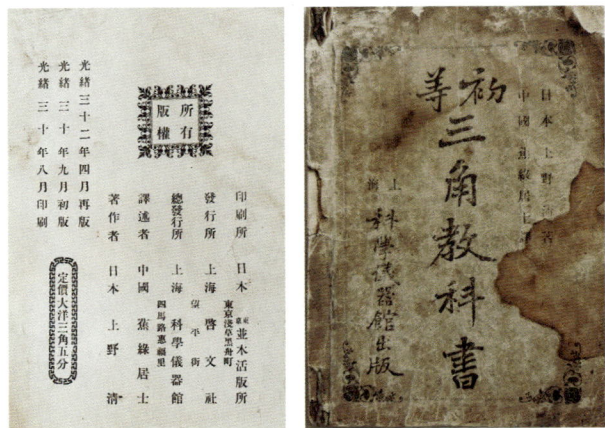

3-56

图3-56 《初等三角教科书》东京并木活版所印刷，上海科学仪器馆发行，1906年

上野清（1854—1924），日本明治和大正时期的教育家和数学家，出生于江户，号闲云，东京人，小时候在幕府冒簧学习汉语，跟从他哥哥上野继刚和福田理轩学习数学，后来独立学习和研究数学。1872年，他开设了上野塾，编写了许多中等学校教科书，1875年被华族会馆（学习院的前

身）聘为数学教授。1877年成为东京数学会社的成员，1879年，从数学会社退出，任研究数学馆馆长，同时也担任了其他学校的数学教授。1887年，参加川北朝邻主办的数学协会，与长泽龟之助等人翻译了许多西方书籍。另外，主办了多种数学杂志，他写的数学书籍有60多种，对数学界主流批判是非常出色的，对明治时期的数学教育做出了巨大的贡献。

《初等三角教科书》内容编排顺序为：序、目录、主要内容、例题。该书采用横排编写形式并完全使用西方数学符号，书中使用阿拉伯数字，内容由浅入深，公式重点突出。书中的公式和例题在每节进行排序。该书的"序"说明了其编译理念、主旨、编写特点及教科书的优缺点等情况：

平面三角法有三种：第一为六十分法，第二为弧度法，第三为兼用此二法者。而从来之三角法书，皆属于第三种，而无属于第一二种者。此三角法之所以少简易之教科书也。

于中学校程度，不用球面三角法。是于习平面三角法时，从第一种之组织，使知其大要已足。予之创以六十分法编成此书，职是故也。此书为草创者，缺点定属不少，祈大方家削而正之。

全文共98页（附录13页），内容涉及锐角、直角、任意角的三角函数，以及两角和差的三角函数的关系；通过查对数表确定三角函数的对数中的示标及假数；普通三角形的边、角关系，面积的求法及高、距离测量法；三角形、多边形与圆的位置关系及面积求法。

具体"目录"如下：

第一编　绪言

第二编　锐角之三角函数

第三编　直角三角函数

第四编　任意角之三角函数

第五编　关于两角之函数

第六编　数与三角函数之对数

第七编　三角形

第八编　距离及高之测法

第九编　三角形多角形及圆

例题答

附录　外国度量衡译名略子表

附表Ⅰ　1～2 000之五桁之对数表

附录Ⅱ　十分进之三角函数表

附录Ⅲ　十分进之三角函数之对数表

附录Ⅳ　三角法之范式一览

全书有许多公式，如补角、余角的三角函数公式，但均没有给出证明。全书大约有145道例题，均为类似题目，同种做法的题目一般为2~3道，均在书末附有正确答案，没有详细的解题步骤。教科书体现了理论与实践相结合的特点，在每一部分理论的介绍之后仍加入一节应用的部分。

7. 查理斯密著，仇毅译《解析几何学教科书》

这一时期的解析几何学教科书以翻译为主，自编本较少，处于解析几何学教科书编译的萌芽阶段。整体来说，出版数量较少，但三角学、代数学、几何学等学科教科书已经呈现繁荣的景象。产生这一差异的主要原因是：首先，归结于解析几何学科的自身性质，它是代数与几何的结合体，相比其他课程内容相对深奥。其次，1902—1921年间[1]，解析几何学课程主要开设于大学，中学只是部分开设，并没有普及，加之当时大学学堂的数量较少且数学系正处于初步发展阶段，学习解析几何学的人数较少，因此当时解析几何学在中国的传播速度较为缓慢，懂解析几何的国人不多，这也是制约解析几何学科快速发展的因素。1902—1921年间出版的解析几何学教科书汇总见表3-5。

表3-5　解析几何学教科书汇总（1902—1921年）

序号	书名	著者、译者	出版社	年份	备注
1	*Elements of Analytic Geometry*	P.F.Smith，A.S.Gale 著	不详	1904	北师大附中高中一组用
2	*New Analytic Geometry*	P.F.Smith，A.S.Gale，Neelley 著	不详	1904	北师大附中高中二组用
3	高等教育解析几何学（四册）	（英）查理斯密（C. Smith）著，顾澄译	北京作新社	1907	—
4	割锥术课本	（英）威理孙原著，陈沚译，胡铭、吴梦龙校	京师编译局	1907	—
5	温特渥斯解析几何	（美）温特渥斯（G. A. Wentworth）著，郑家斌译	上海科学社	1908	1928年第十三版
6	解析几何学教科书	（英）查理斯密（Charles Smith）著，（日）宫本藤吉重译，仇毅转译	上海群益书社	1908	1910年订正再版
7	高等数学解析几何	Puekle著，（日）长泽龟之助著，彭觐圭译	北京琉璃厂	1910	—
8	斯盖二氏解析几何学原理	P.F.Smith，A.S.Gale原著，龚文凯译	上海科学会编译部	1913	1928年商务印书馆初版
9	温特沃斯解析几何学补遗	（美）温特沃斯（G. A. Wentworth）著，黎鹏翰译	上海科学会编辑部	1915	
10	解析几何学（三册）	裴翰兴编	杭州陆军测量局	1915	—
11	解析几何学	军学编辑局编	军学编辑局	1917	—
12	解析几何学讲义	（日）宫本藤吉著，匡文涛译，寿孝天校	商务印书馆	1918	1923年第三版

查理斯密（Charles Smith，1844—1916）是英国著名数学家、数学教育家，英国剑桥大学教授，著有《初等代数》（*Elementary Algebra*），于1886年出版，1906年陈文将日本长泽龟之助英文增补本

---

[1] 即清末至1922年"壬戌学制"颁布施行前。

译为中文，命名《查理斯密小代数学》，由商务印书馆出版，1928年已出版第三十四版。1908年仇毅又将长泽龟之助日译本重译为中文，命名为《初等代数学》，由上海群益书社出版。清末，日本学习的几乎全是查理斯密的代数学，我国数学教育学习日本，这一时期，查理斯密的代数学对我国的代数学教科书发展起了重要作用。我国还译出了《查理斯密大代数学》（上、中、下卷，何崇礼译）、《查理斯密大代数学解式》（曾彦译）等。1907年两湖师范学堂优级师范理化专修课中代数课程就是使用《查理斯密大代数学》。他所著的许多教科书被译成中文，王荣翻译的《查理斯密氏霍尔氏大代数讲义》是清末民初使用的课本，这些教科书对西方数学在我国学校的普及起了重要作用。

仇毅（生卒年不详），湖南人。1901年，范源濂游说湖南省当局派学生出洋学习速成师范，1902年，仇毅与胡元倓、彭钧等12人被派遣到日本宏文师范班学习六个月，这是湖南省第一次派学生出国留学，其中范源濂任翻译。仇毅编译各种科学教材和参考书，以数学为主，包括算术、代数、高等数学教科书，具体有：与胡元倓合译日本东京高等师范附属小学编的《日本普通学科教授细目中学校令实施规则》（上、中、下卷，另附中学校令施行规则一卷，东京翔鸾社洋装本，1903年）；翻译日本桦正董的《平面三角法教科书》（群益书社，1907年）；翻译日本菊池大麓著的《中学校数学教科书 几何之部 平面》（群益书社，1907年）；翻译日本上野清著的《中学教育几何学教科书》（群益书社，1909年）与《中等教育几何学教科书 平面之部》（群益书社，1909年）；翻译英国查理斯密的《查理斯密小代数》（长泽龟之助的增补，1908年）；重译日本宫本藤吉译的《解析几何学教科书》（群益书社，1908年、1910年再版）等和《中学校数学教科书 几何之部 例题详解》（群益书社，1910年）。1906年，仇毅与胡元倓、曹作霖等地方绅士担任教育总会干事。1911年，他发起并成立铁路协赞会。1920年他参与创办中华书局函授学校。1936年6月，学校增添算术科，仇毅担任主任一职。

《解析几何学教科书》（图3-57），原著出版于1886年，英国查理斯密为原著者，日本宫本藤吉于1899年翻译为日文，湘阴仇毅转译，由群益书社于1908年初版，1912年订正三版。

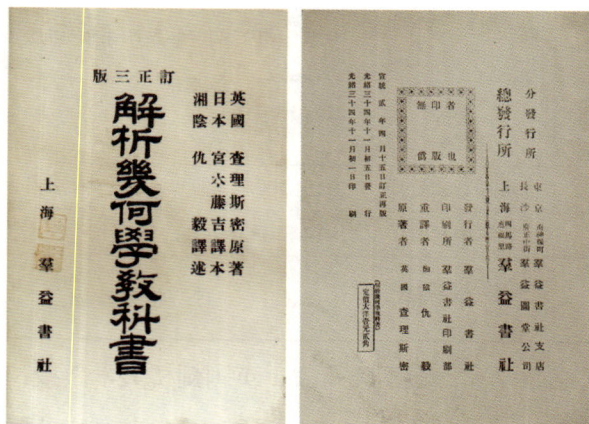

图3-57　《解析几何学教科书》上海群益书社发行，1912年

其编辑背景及过程可从"第一版之原序"和日本译本"绪言"可看出，具体如下。

"第一版之原序"如下：

余之于本书论一般二次方程式也，先就椭圆抛物线及双曲线初等之性质考究之，欲以合于初学者之顺序也。

每章中所揭之问题，所以解明已述之原理，而撰择者概容易之应用题也。又每章末所载之问题多由大学及专门学校近时施行之试验及孔布利基大学之贷费生撰拔试验问题，笺采用者较前者稍难。

问题之答，揭之于附录，载之于最后。其稍难者，则就其解法之注意或其全部指示焉。余又将本书中诸处例题完全之解法悉载出之，亦为初学而设也。

余为圆初学者之便，则应以简易之方法。论本书初等之部分，但恐失于不完全，尤其注意故附以三线坐标论，并简易相反论、圆锥曲线射影论。相反论及圆锥曲线射影论，欲精密考究之者，宜参考沙门博士、腓拉斯博士、修迪罗博士之著书，余于此等之书获益不鲜。

千八百八十二年四月

查理斯密识

"绪言"如下：

本书为西历千八百九十六年出版于英国之查理斯密著*Conic Sections*首七章特翻译之，以供学者欲习斯学之概要，而不能解原书者之用。

著者之所编教科书莫不熟练，观其大、小代数学教科书，可以知也。本书，如关于各种曲线之事项，综集于每章之下，用极简明之理论论述之，且问题难易分类，以圆初学者之便利。凡此皆他教科书所不及也，此予所以于各种教科书中，撰此译之以公于世也。

原书成于十四章，然十一章以下稍涉高深，初学所不急故予暂省之，异日得机当为续译。

原文中有不足之处，咸修正补足之，其排列运算或有误者，亦一一订正焉。

又问题之略答者，一一补足其答，知初学者必感其便益。

术语概用理学博士藤泽利喜太郎著《数学用语英和对译字书》，亦有间用私意者。

本书成于短日月之间，其不满之处，当亦不少，尚冀大方诸闲，不吝忠告。

明治三十二年二月序于东京宫本藤吉识

全书共十章，具体为：

第一章　坐标

第二章　直线；第二章之问题

第三章　轴之变换非调音比对合

第四章　圆；第四章之问题

第五章　抛物线；第五章之问题

第六章　椭圆；第六章之问题

第七章 双曲线；第七章之问题

第八章 以焦点为极之圆锥曲线极方程式；第八章之问题

第九章 一般之二次方程式；二次方程式皆表圆锥曲线；圆锥曲线中心之坐标；判别式；有心圆锥曲线轴之位置及大；抛物线之轴及通径；圆锥曲线之申论；圆锥曲线渐近线之方程式；为直角双曲线之要件；第九章之问题

第十章 杂命题。圆锥曲线上一点之切线方程式；已知直线切于圆锥曲线之要件；关于圆锥曲线一点之对极线方程式；共轭之点及直线；圆锥曲线之弦为一点与其对极线分为调音比；圆锥曲线之直径；已知二直线平行于共轭直径之要件；圆锥曲线之等长共轭直径；二圆锥曲线之共通共轭直径；圆锥曲线弦之部分；圆与圆锥曲线各双之共通弦与此圆锥曲线之两轴成等角；$S-\lambda S'=0$，$S-\lambda uv=0$ 及 $S-\lambda n^2=0$ 之意义；一双切线之方程；准圆之方程式；圆锥曲线之四焦点；圆锥曲线之离心率；求焦点之方程式；轴之方程式；关于切线及法线之圆锥曲线方程式；法线；相似圆锥曲线；第十章之问题

附录 问题之答解

仇毅译《解析几何学教科书》及附录共233页，正文214页，内容简洁明了，且内容中的每个概念均有英文注释，以保其准确性；除每一章章习题外，在内容中穿插着"问题"，这类"问题"数量不多，但出现次数较多。总体来看，该书的练习题的数量不少；该书同时使用三种坐标系，直接给出直角坐标、斜坐标与极坐标的定义，然后各章节分别给出直线、圆、圆锥曲线等直角坐标、斜坐标与极坐标方程式。总体而言，该书以斜坐标为主。

第四章

1912—1929 年的中小学数学教科书

1912

中华民国初期，"壬子癸丑学制"颁布后，教育部按照中华民国的宗旨修改或废止清末教科书，同时以《小学校令》确定的教育目标为指导，编写教科书。这一时期，教科书仍实行审定制，小学算术教科书也迈出了由初创走向发展的第一步。1912年9月，教育部公布的《审定教科用图书规程》规定，初等小学校、高等小学校的教科用书可"任人自行编辑"[1]，唯须合乎部定学科程度及教则之旨趣。此时教育部将重心放在审定与发行教科书的工作上，而把编写任务交由民间和出版机构。

出版机构中以商务印书馆和中华书局为主：商务印书馆早在清末兴办新教育时就曾编撰出版了"最新教科书"，创造了中国近代教科书编撰的新纪录。中华民国成立后，应时势需要于1912年秋季开学前出版了全套的"共和国教科书"。陆费逵于1912年1月在上海创办了中华书局，在1913—1926年，该书局相继编辑出版了多种新制教科书，其中有《新编中华算术教科书》《新式算术教科书》等，便于各地小学选用或试用，对于推进小学数学教学的进步以及保障近代小学教育制度的实施起到了积极的作用。

民间出版教科书的著作者或校订者以骆师曾、寿孝天、黄元吉等为主。

骆师曾（生卒年不详），浙江绍兴人，1897—1899年在绍郡中西学堂学习，与蒋梦兰、蒋梦麟等为同学。杜亚泉进入商务印书馆任理化部主任之后，引进杜就田、寿孝天、骆师曾、章锡琛等绍兴籍知识分子，在商务印书馆培育了中国第一个自然科学教科书编辑团队，其中寿孝天、骆师曾负责编辑数学教科书。骆师曾编辑的数学教科书对民国时期的数学教育发展做出了很大贡献。他编写、翻译了60多种数学教科书，如《复兴初级中学教科书 算术》（1933年）、《高等小学校用 共和国教科书 新算术》（1913年）、《高等小学校用（珠算） 新法算术教科书》（1920年）、《骆氏初中算术》（1933年）、《初中几何教本》（1947年）、《中学校用 共和国教科书 代数学》（1914年）等。

寿孝天（1868—1941，图4-1），谱名祖淞，字辅清，绍兴城内都昌坊人，我国著名数学家、教育家、翻译家，商务印书馆编辑。"三味书屋"馆主寿镜吾之侄，幼年在三味书屋读书，考中秀才后，在三味书屋北侧的小书房以教书为业。1903年他与杜亚泉、王子余、宗能述等人创办越郡公学。寿孝天后经杜亚泉介绍进商务印书馆编译所任编辑。当时同在理化部任职的有杜亚泉、杜就田、骆师曾、凌文之等编辑。民国早中期，他不但参与编撰了大量教科书，如："中学校用 共和国教科书"的数学教科书、《算术教

4-1

图4-1 寿孝天像[2]

[1] 王权. 中国小学数学教学史[M]. 济南：山东教育出版社，1996：124.
[2] 图片来源：寿永明，裘士雄. 三味书屋与寿氏家族[M]. 杭州：浙江大学出版社，2010：130.

科书》（六册）、《订正算术教本（笔算）》《新法笔算教科书》《新法算术教科书》，还翻译、校订出版了很多外国的数学著作，如：《微积分学讲义》《平面三角法讲义》《近世平面几何学》《中学用器画图式》《汉译温德华士三角法》《布利氏新式算学教科书》《透视学》等。

　　黄元吉，字肇成，江苏吴江松陵（今苏州吴江区）人，清末贡生，曾在上海商务印书馆担任编译工作。他编写的除"共和国数学教科书"外，还有：《中学代数学教科书》（1915年）、《中学校用教科书平面几何》（1919年）等。黄元吉翻译的日本数学著作主要有：林鹤一、津村定一著的《代数学：因数分解》（1929年），林鹤一、淡中济著的《算术：整数及小数》（1929年），东利作著的《平面几何学　圆》（1929年），林鹤一、武田登三著的《平面几何学　面积》（1930年），林鹤一、淡中济、大俎塚太郎著的《算术　分数四则》（1930年），林鹤一、矢田吉熊著的《代数学　幂法开法及无理数虚数》（1931年），林鹤一、菅集人著的《平面几何学　直线图形》（1930年）等。这些翻译的数学著作都被囊括在《算学小丛书》中，并被收录在《万有文库第一集》。此外，黄元吉校订的数学教科书还有菊池大麓著、胡豫编译的《立体几何学新教科书》（1908年），菊池大麓、泽田吾一著，王永炅译的《平面三角法新教科书》（1909年）等。

第一节
小学数学教科书

中国教育近代化是以辛亥革命的胜利和资产阶级民主共和国的建立为契机推进的，从辛亥革命到五四运动期间，在摒弃了以日本教育模式为蓝本的清末教育体制之后，中国重新面临着新的教育模式的选择：从单纯学习日本转向学习欧美。"五四"以后，中国革命从旧民主主义革命转变为新民主主义革命，预示着中国文化寻求彻底变革的历史契机已经到来。

一、骆师曾编《高等小学校用（珠算） 共和国教科书 新算术》

《高等小学校用（珠算） 共和国教科书 新算术》（图4-2）共有三册，由骆师曾编纂，寿孝天校订，经教育部审定，由商务印书馆出版发行。第一册1913年初版，1914年再版；第二册1913年初版；第三册1913年出版五版。版权页又名《高等小学新算术（珠算）》。

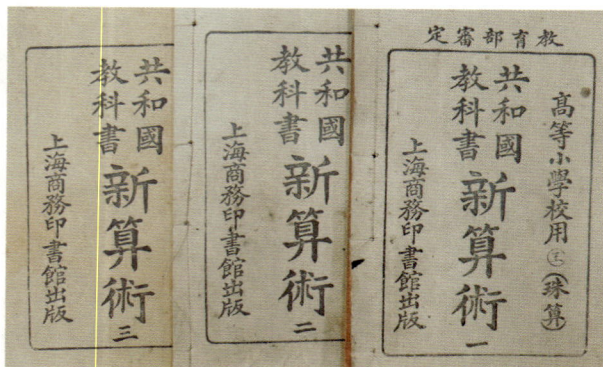

图4-2　《高等小学校用（珠算） 共和国教科书 新算术》商务印书馆出版发行，1913年

教科书由编辑大意、目录、正文及版权页构成，其中编辑大意仅在第一册出现。借"编辑大意"说明当时的编排情况：

　　——是书为高等小学校学生习珠算而编，另有教授法，以备教员之用。

　　——高等小学三年毕业，每年珠算与笔算并习。笔算用之书，已另出版。今编是书，专习珠算，凡三册，每册适合一学年之用。

　　——是书依新定三学期制编纂，每册分为三十六课。第一学期，习第一课至第十五课；第二学期，习第十六课至第二十六课；第三学期，习第二十七课至第三十六课，最为适宜。然遇特别之际，亦不妨量为变通，故将三学期所用，合编于一册，以便临时伸缩。

——珠算应用甚繁，而立法则甚简，是书内容，以整数小数及诸等数之加减乘除为范围，寻常应用，得此已足。

——珠算运珠，全赖呼诀，但旧传口诀，容有未妥之处，兹特酌易一二字，以期学者之易悟。

——笔算之加法减法，判然分别，故可俟加法习毕之后，再习减法，而珠算则不然，其加法之中，已含有减法之作用，如准运珠之难易，非将加法减法错综，习之不可，本书之编次，即本此理。期免扞格不入之弊。

——计账之法，为用最广，然其所用之法，不外加减而已，故列于第一册，既授加减法之后，以资练习。

——珠算计算之便，远过笔算，惟乘除定位，则较笔算为难，更兼整数小数之糅杂，定位益见其难，是书于乘除之定位，时时注意，末后又各标总诀，无论整数小数，可以一律通用，学者宜依诀致辨，庶不致有毫厘千里之差。

首先，表明该套教科书的使用对象是高等小学校学习珠算的学生；其次，规定了本书的使用年限及授课时数，该书每册均由三十六课组成，依据新制，建议教师在第一学期教授第一课至第十五课，第二学期教授第十六课至第二十六课，第三学期教授第二十七课至第三十六课，教师亦可根据情况进行适当调节；再次，珠算的应用多见于计账，故而该书第一册列计账八法，方便学生练习；最后，学习珠算关键在于运珠，运珠之关键在于口诀，而珠算学习过程中减法已蕴于加法之中，故而编写该书时采用加法、减法交叉进行的方式，为方便学生记忆，书末附通用口诀。

该书每册各有三十六课，各册内容分布如下：

第一册

第一课 置数法；第二课 加法一；第三课 减法一；第四课 加法二；第五课 减法二；第六课 加法三；第七课 减法三；第八课 加法四；第九课 减法四；第十课 口诀连用之加法；第十一课 口诀连用之减法；第十二课 加法口诀总复习，加法应用问题一；第十三课 减法口诀总复习，减法应用问题一；第十四课 杂题一；第十五课 续前；第十六课 小数命名及置数法；第十七课 小数加法减法；第十八课 加减应用问题一；第十九课 加法练习题一；第二十课 减法练习题一；第二十一课 加法练习题二；第二十二课 减法练习题二；第二十三课 加法练习题三；第二十四课 减法练习题三；第二十五课 杂题二；第二十六课 续前；第二十七课 计账法一（杂账）；第二十八课 计账法二（经折账）；第二十九课 计账法三（伙食账）；第三十课 计账法四（杂用账）；第三十一课 计账法五（收入账），计账法六（来往账）；第三十二课 计账法七（流水账）；第三十三课 续前；第三十四课 续前；第三十五课 计账法八（四柱法）；第三十六课 杂题三

第二册

第一课 乘法一；第二课 续前；第三课 乘法二；第四课 续前；第五课 续前；第六课 续

前；第七课 除法一（一归法）；第八课 二归法；第九课 三归法；第十课 四归法；第十一课 五归法；第十二课 六归法；第十三课 七归法；第十四课 八归法；第十五课 九归法；第十六课 乘法口诀总复习；第十七课 加法乘法练习题，减法乘法练习题；第十八课 留头乘法；第十九课 乘法应用问题；第二十课 加减乘应用问题；第二十一课 除法口诀总复习；第二十二课 乘法除法练习题；第二十三课 不能适尽之除法；第二十四课 除法应用问题；第二十五课 加减乘除应用问题；第二十六课 杂题；第二十七课 除法二；第二十八课 一归一除至九除法；第二十九课 二归一除至九除法；第三十课 三归一除至九除法；第三十一课 四归一除至九除法；第三十二课 五归一除至九除法；第三十三课 六归一除至九除法；第三十四课 七归一除至九除法；第三十五课 八归一除至九除法；第三十六课 九归一除至九除法，撞归诀总复习

第三册

第一课 续除法二；第二课 续前；第三课 续前；第四课 续前；第五课 乘除练习题一；第六课 续前；第七课 续前；第八课 乘除练习题二；第九课 整数乘小数法；第十课 小数乘小数法；第十一课 乘法定位总诀；第十二课 整数除小数法；第十三课 小数除小数法；第十四课 除法定位总诀；第十五课 加减乘除应用问题；第十六课 非十进诸等数布算法；第十七课 非十进诸等数通法；第十八课 续前；第十九课 非十进诸等数命法；第二十课 续前；第二十一课 非十进诸等数加法；第二十二课 非十进诸等数减法；第二十三课 非十进诸等数乘法；第二十四课 非十进诸等数除法；第二十五课 截两为斤法；第二十六课 非十进诸等数应用问题；第二十七课 加法复习；第二十八课 减法复习；第二十九课 加减平并合复习；第三十课 乘法复习；第三十一课 续前；第三十二课 除法复习；第三十三课 续前；第三十四课 加减乘除并合练习；第三十五课 杂题；第三十六课 续前

该书于重要概念下设下划线以作标记，同时为便于学生练习珠算的加减法，第一册设置了八项计账法的训练，分别是杂账、经折账、伙食账、杂用账、收入账、来往账、流水账、四柱法。书中设置的部分问题，用图示表示珠算的具体运珠过程。见图4-3，第三册例四，表示97 713除以987的运珠过程及结果，黑珠表示参与计算及操作的数字，运珠所依据的口诀附于对应的图下面，方便学生依据口诀进行运珠，而计算所得结果以两条直线作为下划线以示区别。

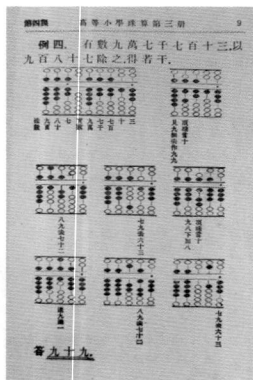

4-3

图4-3 《高等小学校用（珠算） 共和国教科书 新算术》（第三册）商务印书馆出版发行，1913年：第9页

二、寿孝天编《国民学校 春季始业 共和国教科书 新算术（笔算）》

《国民学校 春季始业 共和国教科书 新算术（笔算）》共八册（图4-4），由寿孝天编纂，商务印书馆编译部校订，经教育部审定，由商务印书馆发行。

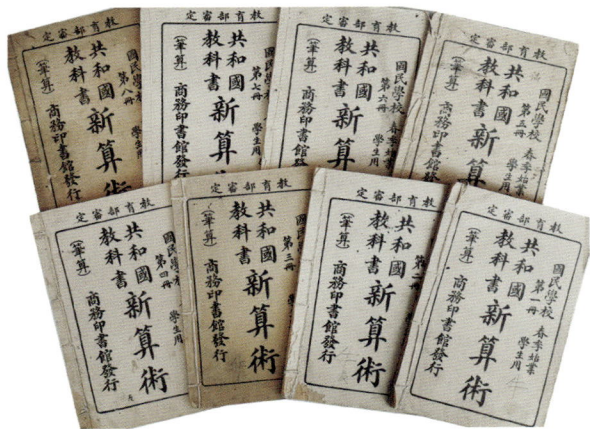

4-4

图4-4 《国民学校 春季始业 共和国教科书 新算术（笔算）》商务印书馆出版发行，1912年

该八册教科书初版为1912年，第一册于1919年出版二百五十一版；第二册于1918年出版二百〇七版；第三册于1919年出版二百四十一版；第四册于1919年出版二百〇六版；第五册于1917年出版一百三十七版；第六册于1918年出版一百六十八版；第七册于1918年出版一百四十版；第八册于1916年出版一百〇二版。

此书由封皮、教育部审定的《共和国教科书新算术教案批》、各种阿拉伯数字0～9的写法（图4-5）、编辑大意、目次、正文、附录和版权页八部分构成。

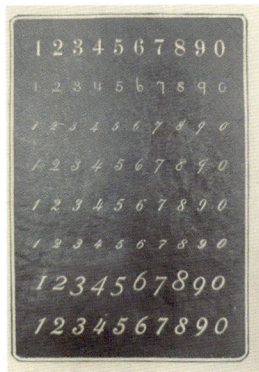

4-5

图4-5 《国民学校 春季始业 共和国教科书 新算术（笔算）》商务印书馆出版发行，1912年：扉页

其中第五、第八册没有批文，第一、第二、第六、第七册附有完整批文，而第三、第四册仅附有本册的批文。完整批文展示如下：

教育部审定《国民学校 春季始业 共和国教科书 新算术教案批》

查是书体例与教科书相符应准作为国民学校教授用书（民国六年四月十四日第一至四册批）

该书赓续前册编辑内容尚属妥善应准审定作为国民学校算术教授用书（民国七年十二月卅日第五册至八册批）

商务印书馆谨启

第一节 小学数学教科书

此外，各册教科书书末附录有加法表、倍数表（乘法表）、加法练习表、平方数立方数表诸等数表。借"编辑大意"说明当时的编排情况：

——本馆前编初等小学校新算术，业经教育部完全审定，兹以初等小学，改称国民学校，特遵照新令修订，以期适用。

——本书以增进国民计算之智力为目的，用适宜方法，顺儿童心意发达之序，予以生活必需之常识。

——本书程度，大段分为四级：

第一级 二十内之加减乘除。

第二级 百以内之加减乘除。

第三级 通常之加减乘除。

第四级 简易小数及诸等数。

——生徒个性，于习算尤为不齐。教育本旨，在于普及，与使鲁钝者仰企而莫及，宁使聪敏者熟练其已知，故本书程度，取渐进，不取骤进。

——笔算必由心算导入，本书即包括心算在内。

——本书共八册，每二册供一学年之用。

——每年授课时日，除考验外，可得三十六星期，本书每册十八课，每课供一星期之用。

——本书授数，兼采直观主义、数数主义。而初步授数，尤以直观为重，故第一、二册，图画独多。

——本书问题材料，皆取生徒日常经验之事，或他学科所已授之事，以及将来涉世切于实用之事。

——算术科系统，视他学科为严密，教材与学期之支配，须适其宜。本书于奇数各册之第十三课，偶数各册之第八课，均小作段落。各地学校，有用三学期制者，届时休止，亦毫无窒碍。

——本书各册，或附有习字帖，或附有网格纸，以备临写数码及画面积图之需。

——本书每册，均另编教授法，以供教员之用。

从"编辑大意"可以看出：

首先，列明了该套教科书的编写目的，是为"增进国民计算之智力"并普及国民教育，编写过程中充分考虑了儿童思想发展的顺序并教授以生活必需之常识。

其次，教科书的教授内容可分为四个阶段，各个阶段的学习内容循序渐进。

再次，笔算的学习表明八册教科书的适用年限和教授时数，每两册适合一学年教授，每册十八课，每课一星期。

最后，该套教科书专供学生使用，教授内容及问题背景皆取自学生的日常生活，以直观为重，第一、第二册图画居多，第三、第四、第六、第八册书之后附有网格纸（图4-6），以备学生书写数码或者画图使用。教员授课使用的教授法则另辑书进行补充。

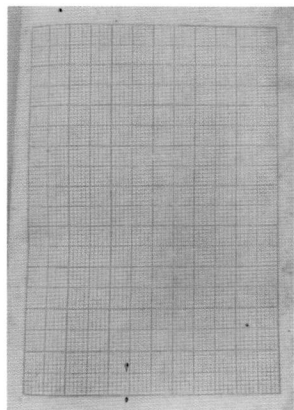

图4-6 《国民学校 春季始业 共和国教科书 新算术（笔算）》商务印书馆出版发行，1912年：里封

各册学习内容分布如下：

第一册

第一课 十个数目之数法；第二课 十个数字之读法写法；第三课 2，3，与5以下习加，反求习减；第四课 4，5，与5以下习加，反求习减；第五课 以2，3，4，6，与他数习加减；第六课 以7，8，9，习加减，习加减二字；第七课 阿拉伯数码之读法写法；第八课 3，4，5，6，之分合；第九课 7，8，之分合；第十课 9，10，之分合；第十一课 同数相加减，零字之写法；第十二课 累加累减；第十三课 习加倍及等分；第十四课 自11至20之数法写法；第十五课 以2，3，4，5，6，与他数习加减；第十六课 以7，8，与他数习加减；第十七课 以9，10，与他数习加减；第十八课 复习

第二册

第一课 习数码自11至20之写法；第二课 11，12，之分合；第三课 13，14，之分合；第四课 15，16，之分合；第五课 17，18，之分合；第六课 19，20，之分合；第七课 7，8，9，10，6，5，4，之倍数及反求；第八课 3，2，之倍数及反求；第九课 用暗算习加法；第十课 用暗算习减法；第十一课 用暗算习较难之加法；第十二课 用暗算习较难之减法；第十三课 用暗算习倍法等分法；第十四课 习平方数4，9，16，及立方数8；第十五课 习十寸为尺，复习四法；第十六课 习十升为斗，复习四法；第十七课 习十钱为两，复习四法；第十八课 习铜圆银圆之值

第三册

第一课 1至50之数法；第二课 示+-=△，习加减；第三课 习加减之二；第四课 习加减之三；第五课 习加减之四；第六课 习加减之五；第七课 习加减之六；第八课 习倍数及等分；第九课 续前；第十课 续前；第十一课 续前；第十二课 习平方数及立方数；第十三课 应用杂题；第十四课 51至100之数法；第十五课 习加减；第十六课 习倍数及等分；第

十七课 习平方数及立方数；第十八课 应用杂题

第四册

第一课 复习十之倍分示×÷号；第二课 就已有口诀之数习乘法；第三课 续前；第四课 就已有口诀之数习除法；第五课 续前；第六课 就未有口诀之数习乘法；第七课 就未有口诀之数习除法；第八课 补续乘诀；第九课 习布加草（不进1者）；第十课 其二（须进1者）；第十一课 习布减草（不退1者）；第十二课 其二（须退1者）；第十三课 习布乘草（不进位者）；第十四课 其二（须进位者）；第十五课 习布除草（不退位者）；第十六课 其二（须退位者）；第十七课 复习四法习丈石之名；第十八课 仝上习银圆铜圆铜钱之值

第五册

第一课 千以内数之数法；第二课 习加法；第三课 续前；第四课 习减法；第五课 续前；第六课 习乘法；第七课 续前；第八课 习除法；第九课 续前；第十课 习四法，授十分为寸；第十一课 习四法，授十合为升；第十二课 习四法，授斤之名；第十三课 习四法，授里，亩之名；第十四课 习乘法，法有两位者；第十五课 习平方各数；第十六课 习立方各数；第十七课 习除法有余数者；第十八课 应用题习四法

第六册

第一课 习万以内数之数法；第二课 第一类括号用法，习加法；第三课 续前，习乘法；第四课 续前，加减合习；第五课 续前，乘除合习；第六课 续前，加乘合习，减乘合习；第七课 续前，加除合习，减除合习；第八课 应用杂题；第九课 习除法布草，法有两位者；第十课 续前；第十一课 续前；第十二课 续前；第十三课 第二类括号用法，习减法；第十四课 续前，习除法；第十五课 续前，加减合习，乘除合习；第十六课 续前，加乘合习，减乘合习；第十七课 续前，加除合习，减除合习；第十八课 应用杂题

第七册

第一课 示万以上之数，习加减乘；第二课 习不尽除法，用命分写法；第三课 习除成小数之法；第四课 小数读法，示十进诸等法；第五课 习小数加法；第六课 习小数减法；第七课 习小数乘法；第八课 续前；第九课 续前；第十课 习小数除法；第十一课 续前；第十二课 续前；第十三课 续前，小数四法杂题；第十四课 示度数表，习化法；第十五课 习度数加法减法；第十六课 习度数乘法；第十七课 习度数除法；第十八课 度数四法杂题

第八册

第一课 习衡数化法；第二课 习地积数化法；第三课 习立方数化法；第四课 习圆数化法；第五课 习时数化法；第六课 习诸等数加法减法；第七课 习诸等数乘法；第八课 习诸等数除法；第九课 复习整数小数之加减；第十课 续前；第十一课 复习整数小数之乘除；第十二课 习计算面积之题；第十三课 习计算体积之题；第十四课 复习两类括号之用法；第十五课 复习诸

等数加法减法；第十六课 复习诸等数乘法；第十七课 复习诸等数除法；第十八课 杂题

八册教科书每册均设置十八课，内容上多为图画，而这些图画都是学生生活中所熟悉的事物，目的是让学生通过数东西这种较为直观的方式来进行系统学习。对于每种形式的运算，教科书采取分步的方法进行说明，在每种练习的后面都配置了相应的一系列应用问题，以便学生能够进行充分的训练。此外，教科书设置的练习及问题大都与学生的日常生活有关，如计算土地面积有多少丈、买粮食需付钱多少文、分黄豆可得多少升等。该书图文并茂（图4-7），每部分问题之上都有重要知识点作为提示，且问题没有解析答案。

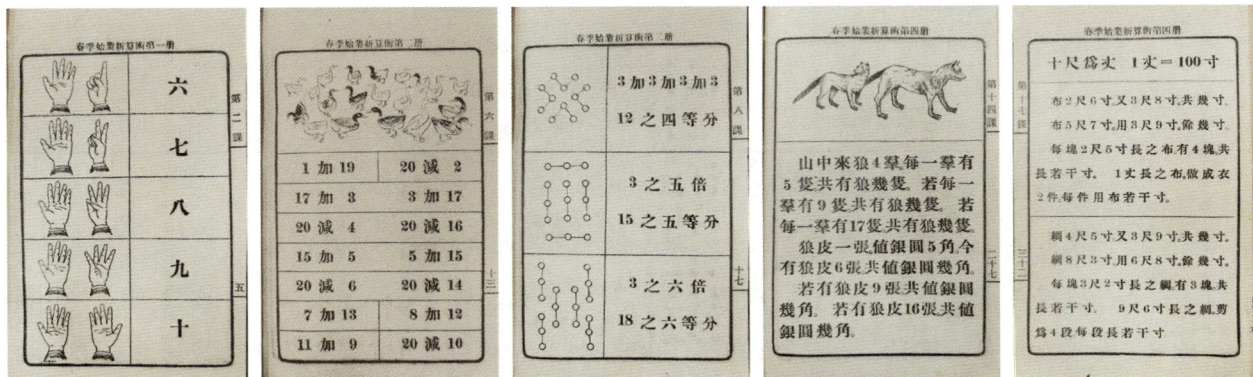

（1）第一册：第5页　（2）第二册：第13页　（3）第二册：第17页　（4）第四册：第27页　（5）第四册：第32页

4—7

图4—7　《国民学校 春季始业 共和国教科书 新算术（笔算）》商务印书馆出版发行，1912年

三、骆师曾编《高等小学校 春季始业 共和国教科书 新算术（笔算）》

《高等小学校 春季始业 共和国教科书 新算术（笔算）》共六册（图4-8），由骆师曾编纂，寿孝天校订，经教育部审定，由商务印书馆出版发行，供春季始业学生使用。教科书目录题名《高等小学笔算》，第四册版权页又题名为《高等小学新算术》。

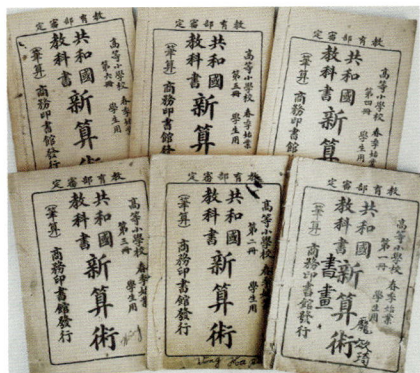

4—8

图4—8　《高等小学校 春季始业 共和国教科书 新算术（笔算）》商务印书馆出版发行，1913年

该套教科书第一册版权页受损，具体出版时间及版次不详；第二册1912年初版，1920年二十

版；第三册1912年初版，1921年一百零九版；第四册1912年初版，1913年四十版；第五册1912年初版，1913年三十七版；第六册1912年初版，1913年二十八版。借"编辑大意"说明当时的编排情况：

——是书为高等小学校学生习算而编。另有教授法。供教员之用。

——高等小学三年毕业。是书共分六册。每一学年用二册。适合三学年之用。

——是书各册所分配之材料如下表。

第一年	第一册	整数及小数，十进诸等数
	第二册	非十进诸等数，米突法，外国度量衡
第二年	第三册	分数，附分数与小数之关系
	第四册	百分法，四则应用问题
第三年	第五册	分数，百分法
	第六册	百分法，比例，日用簿记

——是书专习笔算。其珠算用之书。另行编纂。

——是书各册。皆自为起讫。由浅入深。依半圆周的教授法。循序以进。

——研理与应用。虽属一贯。而与小学生徒言算术。则普通应用之法。尤宜注重。本书各册中。如度量衡币，课税，公债，保险，用钱，损益以及利息法，簿记法等。皆为社会上所常用。生活上所必需者。故言之特详。

——求积之法。为用亦广。本书从学习之便。于习诸等数时。随时编入。不另立标题。

——度量衡之制。中外不同。彼此比较。宜有标准。是书所用。尚沿前清丁未年所定之数。俟将来民国新制公布后。再行校正。

从"编辑大意"中可以看出：

首先，说明该套教科书专供学生学习算术使用，珠算及教员用书另行编纂。

其次，表明教科书的适用年限，每两册适合一学年教授。

再次，详细列明了每册书的学习范围，同时学习内容取自"社会上所常用""生活上所必需"，且"循序以进"。

最后，建议在学习度量衡时，采用中外对比的方法。

各册教科书学习内容分布如下：

第一册

整数及小数

第一课 命数法；第二课 记数法；第三课 读数法；第四课 加法；第五课 减法；第六课 括弧用法，加减相关之理；第七课 加减应用问题；第八课 乘法；第九课 续前；第十课 除法；第十一课 续前；第十二课 四则应用问题

十进诸等数

第十三课 长，面积；第十四课 续前，体积；第十五课 续前，容量；第十六课 重量，货

币；第十七课 杂题；第十八课 杂题

第二册

非十进诸等数

第一课 道里，通法及命法；第二课 续前，加法及减法；第三课 续前，乘法及除法；第四课 国土之面积；第五课 地积，通法及命法；第六课 续前，加法及减法，乘法及除法；第七课 面积求法；第八课 应用问题；第九课 时间，通法及命法；第十课 续前，加法及减法，乘法及除法；第十一课 历，应用问题

万国权度通制法附外国度量衡

第十二课 长；第十三课 面积；第十四课 体积；第十五课 重量；第十六课 外国度量衡；第十七课 杂题；第十八课 杂题

第三册

分数

第一课 倍数，公倍数，约数，公约数；第二课 分数之意义及写法；第三课 分数之简易算法，分数之种类；第四课 分数之化法；第五课 同分母分数之加法；第六课 同分母分数之减法；第七课 通分，异分母分数之加减法；第八课 分数加减应用问题；第九课 分数乘法；第十课 分数乘法应用问题，分数加减乘应用问题；第十一课 分数除法；第十二课 分数除法应用问题，分数四则应用问题；第十三课 分数四则应用问题

附分数与小数之关系

第十四课 小数化分数；第十五课 分数化小数；第十六课 循环小数；第十七课 杂题；第十八课 杂题

第四册

百分法

第一课 百分法之意义，成数之读法；第二课 母数子数成数之关系；第三课 应用问题；第四课 课税（土地税）；第五课 续前（货物税）；第六课 运费，用钱；第七课 损益；第八课 利息；第九课 续前；第十课 公债票；第十一课 股票

复习

第十二课 四则练习；第十三课 续前；第十四课 四则应用问题一；第十五课 四则应用问题二；第十六课 四则应用问题三；第十七课 四则应用问题四；第十八课 四则应用问题五

第五册

分数

第一课 约数，素数，公约数，最大公约数；第二课 求最大公约数之通法；第三课 约分，求最简分数之通法；第四课 公倍数，最小公倍数，求最小公倍数之通法；第五课 通分；

第六课 分数加法，分数减法；第七课 分数加减应用问题；第八课 分数乘法，分数除法；第九课 分数乘除应用问题；第十课 分数四则应用问题；第十一课 续前；第十二课 续前；第十三课 续前

百分法

第十四课 百分记号之读法及写法；第十五课 保险；第十六课 单利法；第十七课 续前；第十八课 续前

第六册

百分法

第一课 复利法；第二课 续前

比例

第三课 比；第四课 比例式，正比例；第五课 反比例，比例问题；第六课 续前；第七课 复比例；第八课 续前；第九课 续前，复比例问题；第十课 续前；第十一课 按分比例；第十二课 混合比例；第十三课 比例杂题；第十四课 续前；第十五课 续前

日用簿记

第十六课 簿记大意，款项收付日记；第十七课 续前，收付款分项账；第十八课 例题，三个月收付一览表

附录 复利表

全书应用问题没有答案，需要学生独立思考完成。其中各册中的重要概念名词下设下划线以作提示，第二、第六册中的例题答案下设两条横线作警示，但第三、第四、第五册例题的答案没有作处理。此外第二册在学习"各月之日数"时，需学习用手表示的方法，书中还以画图形式予以说明（图4-9）。

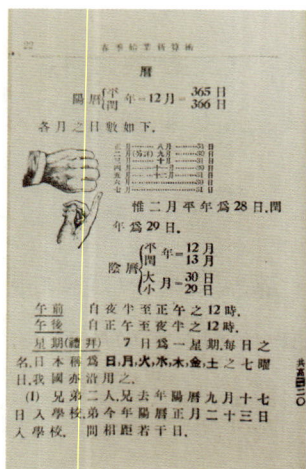

4-9

图4-9 《高等小学校 春季始业 共和国教科书 新算术（笔算）》（第二册）商务印书馆出版发行，1920年：第22页

四、北京教育图书社编《高等小学校 学生用 实用算术教科书》

1913年，在中小学各学科"共和国教科书"问世之后，欧美实用主义教育思想开始影响中国数学教育，于是教科书编撰者们为了满足基础教育需要开始编写实用教科书。在此背景下，北京教育图书社编辑了《高等小学校 学生用 实用算术教科书》（共六册，图4-10，商务印书馆出版，1915年）。该套教科书于民国初期在欧美数学教育的影响下产生，没有序言、编辑大意或例言，但有教育部审定批词（图4-11）。

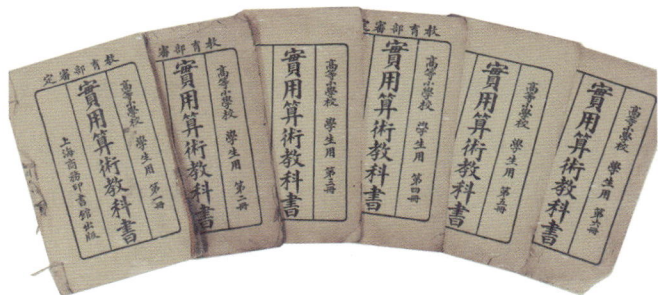

图4-10 《高等小学校 学生用 实用算术教科书》商务印书馆出版，1915年

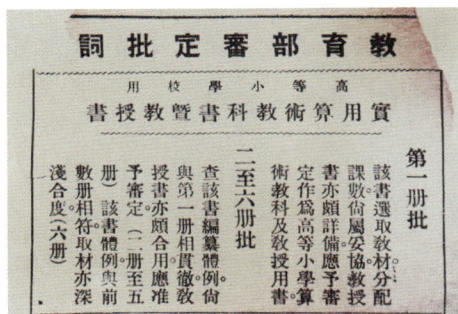

图4-11 《高等小学校 学生用 实用算术教科书》商务印书馆出版，1915年：教育部审定批词

各册教科书学习内容分布如下：

第一册

整数及小数：第一节 命数法及记数法；第二节 续前（小数）；第三节 数量单位；第四节 加法；第五节 减法；第六节 括弧用法；第七节 加减相关之理；第八节 乘法；第九节 续前（小数乘法）；第十节 除法；第十一节 续前（小数除法）；第十二节 四则杂题；第十三节 四则应用问题

十进诸等数：第十四节 营造尺库秤制（长度）；第十五节 续前（面积）；第十六节 续前（体积）；第十七节 续前（容量）；第十八节 续前（重量）；第十九节 货币；第二十节 万国权度通制（长度）；第二十一节 续前（面积）；第二十二节 续前（体积）；第二十三节 续前（容量）；第二十四节 续前（重量）；第二十五节 十进诸等数杂题；第二十六节 复习四则及应用题；附录一；附录二

第二册

非十进诸等数：第一节 里程通法及命法；第二节 续前加法；第三节 续前减法；第四

节 续前乘法；第五节 续前除法；第六节 地积通法及命法；第七节 续前加法；第八节 续前减法；第九节 续前乘法；第十节 续前除法；第十一节 国土面积；第十二节 时间通法及命法；第十三节 续前加法；第十四节 续前减法；第十五节 续前乘法；第十六节 续前除法；第十七节 历；第十八节 杂题

外国权度货币：第十九节 英美权度法；第二十节 日本权度法；第二十一节 各国货币；第二十二节 杂题；第二十三节 复习四则；第二十四节 复习诸等数；第二十五节 续前；附录一；附录二

第三册

分数：第一节 倍数，公倍数；第二节 约数，公约数；第三节 分数之意义及写法；第四节 简易分数之算法；第五节 分数之种类；第六节 分数化法；第七节 同母分数之加法；第八节 同母分数之减法；第九节 通分；第十节 异母分数之加减法；第十一节 分数加减应用问题；第十二节 分数乘法；第十三节 分数乘法应用问题；第十四节 分数加减乘应用问题；第十五节 分数除法；第十六节 分数除法应用问题；第十七节 分数四则应用问题

分数与小数之关系：第十八节 小数化分数；第十九节 分数化小数；第二十节 循环小数；第二十一节 杂题；第二十二节 复习四则；第二十三节 续前；附录一；附录二

第四册

百分算：第一节 百分算之意义；第二节 成数之读法；第三节 成数母数子数相互之关系；第四节 应用问题；第五节 国税（土地税）；第六节 续前（货物税）；第七节 续前（契税，印花税）；第八节 运费；第九节 用钱；第十节 利息；第十一节 续前；第十二节 损益；第十三节 公债票；第十四节 股票；第十五节 保险；第十六节 杂题；第十七节 复习四则应用题；第十八节 复习诸等数；第十九节 续前；第二十节 复习分数；第二十一节 应用问题；附录一；附录二

第五册

分数：第一节 倍数，约数，素数；第二节 最大公约数；第三节 最小公倍数；第四节 约分；第五节 通分；第六节 分数加法及减法；第七节 分数乘法及除法；第八节 应用问题

百分算：第九节 百分记号读法及写法；第十节 单利法；第十一节 续前；第十二节 续前；第十三节 续前；第十四节 续前；第十五节 复利法；第十六节 续前；第十七节 存款及储蓄

比例：第十八节 比；第十九节 比例式；第二十节 正比例；第二十一节 反比例；第二十二节 比例杂题；第二十三节 续前；附录一；附录二；复利表

第六册

比例：第一节 复比及复比例式；第二节 复比例；第三节 续前；第四节 续前；第五节 复比例应用问题；第六节 连锁法；第七节 分配法；第八节 混合法；第九节 比例杂题

日用簿记要略及总复习：第十节 簿记之大意及性质；第十一节 簿记之分立及记法；第十二节 整数及小数；第十三节 诸等数；第十四节 约数，倍数；第十五节 分数；第十六节 长，面积，体积，容量；第十七节 重量，货币，时间；第十八节 百分算；第十九节 比及比例；第二十节 比例；附录一；附录二；复利表

五、倪文奎编《高等小学校用 新式算术教科书》

《高等小学校用 新式算术教科书》共六册（图4-12），由倪文奎编纂，经教育部审定，由中华书局印行。

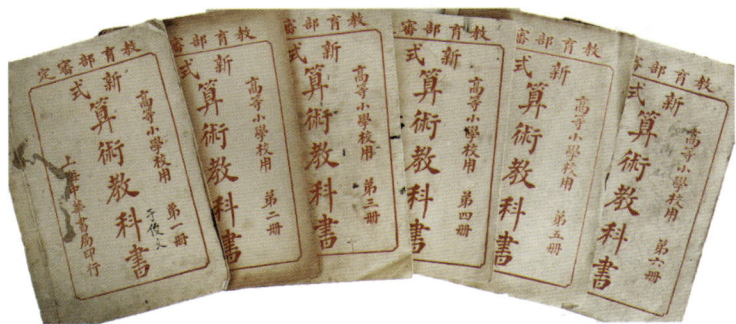

4-12

图4-12 《高等小学校用 新式算术教科书》中华书局印行，1919年

第一册于1921年出版第四十版，第二册于1920年出版第三十版，第三册于1920年出版第二十六版，第四册于1919年出版第十七版，第五册于1917年出版第六版，第六册于1920年出版第二十四版。借其"编辑大意"说明当时的编排情况：

——宗旨 本书恪遵教育部颁布之小学校教则编纂。其要旨如下。

一 熟习日常之计算。

二 增长生活必需之智识。

三 精确其思虑，练成机敏善悟之才。

——体裁 分配置及编法述之于下。

甲配置 全书六册，每册供半年十八周之用。

教材无时令之关系，春秋季始业可以通用。

乙编法 全书别为数章，每章分节编纂，条目清晰，无散漫之弊。

——材料 本书材料，斟酌社会状况，体会儿童心理，取舍得当，深浅适宜。其于度量衡币、求积法、赔赚、用钱、关税、股票、利息、储蓄法、簿记法等，为谋生所必需者，皆言之特详。于九减法、小数省略乘除法、循环小数与繁分数之四法以及级数开方等，不切实用而法理深奥者，概不载入。且所列应用问题，均足以启发智慧，及为日用所需。

——内容 本书内容，由编者从经验研究所得者，仅述如下。

一 每进一步。皆说明法理。俾教者便于讲述。学者易于悟忆。

二 各册之终既设复习题。末册更设总复习题。俾学者既得温故知新之效。教者又可藉（借）以觇学生之成绩而随时指正之。

三 问题中特编入历史、地理、军事、财政以及典章文物与一切人生日用常识相关之事理。藉以灌输普通智识。

四 关联各法，如加与减，乘与除，通法与命法，百分法及利息之公式，设例证明，皆用同一之数。俾学者易悉法之效用，可以举一反三，即此悟彼。

五 除法、利息、复比例、三者，特改用简明新法，既便运算，且可不致有误。例如除法。则书其商于被除数之上，以便对照而易定商之位次。年利月计及月利日计，则有使用整数计算之方。复比例问题，则用假设现求二数，列成表式计算，俾易求解。

六 指示用质数分解法以求方根，俾学者未习开方之法而遇应行开方问题，亦可有法驾驭。

七 紧要各法，皆研求其关键，说明应用之方，而示学者以解题要诀。例如小数除法，则说明其定商之位次。诸等数通法命法，则指示其变大名数为小名数当用乘，变小名数为大名数当用除。分数四则，则特设全体数、部分数，而指示其若何问题宜用若何算法。百分法，则立公式三组，说明母数、子数、成数、总数、余数、之性质。而指示求法，并将赔赚、用钱、关税、保险、利息、股票等算法，悉归纳于百分法之公式中，而以演释法说明其何种价银即百分法之何数，可用何组公式计算。

——教授书 按周按时编为教授细案，俾教师施教时得有依据。

"编辑大意"列明了教科书的编写宗旨为熟习日常之计算、增长生活必需之智识以及练成机敏善悟之才；适用时间及教授内容，即每册可供学生一个学期十八周的学习使用；同时还对教师提出了教授建议，如需向学生展示解题的关键，何时用乘法、何时用除法。学习内容多涉及除法、利息及复比例，而这些内容学生日常生活均可接触到，同时学习之后又可用其解决实际问题，真正达到"学以致用"的目的。各册书后不仅设置了复习题，同时在第六册最后设置了整套书的总复习题，强调通过练习强化技能从而达到温故知新的效果，教员也可借此掌握学生的学习情况以便随时调整教学计划。

其编辑思想强调自由、平等，学习内容注重国民生活的基本知识技能，充分体现了民国初期政治、经济、文化的新特点及其对小学教科书的要求。

全书共六册，各册学习内容简要介绍如下：

第一册目次

第一章 整数及小数之四则

第一节 命数法记数法读数法

第二节 加法、加法应用问题

第三节 减法

第四节　单利法

复习

第五册目次

第七章　诸等分数

诸等分数之通法；诸等分数之命法；诸等分数之加法及减法；诸等分数加减法之应用；诸等分数之乘法及除法；诸等分数乘除法之应用；诸等分数四则应用杂题

第八章　百分法之续

第一节　复利法

第二节　储蓄法

第九章　比例

第一节　比

第二节　比例

第三节　正比例

第四节　反比例

第五节　复比例

第六节　配分比例

第七节　混合比例

复习

附复利表

储蓄表

第六册目次

第十章　日用诸算

第一节　簿记大意

第二节　钱粮

第三节　银秤

第四节　银色

第五节　金价

总复习

整小数四则问题；整数性质问题；分数四则问题；诸等数问题；面积问题；体积问题；万国权度通制问题；英美度量衡问题；外国货币问题；寒暑表问题；百分法问题；利息问题；比例问题；日用诸算问题

六册书正文均用"。"表示句读，应用问题题干则是阿拉伯数字与大写汉字混用，所列应用问题及杂题均没有答案。所学知识与生活实际紧密联系，前后知识由浅入深，尤其第六册综合性较强，旨在培养学生解决生活中问题的能力，而这与我国教育传统中的"学以致用"相契合。

六、美华书馆撰印《最新高等小学教科书 数学拾级》

《最新高等小学教科书 数学拾级》共三卷（图4-13），由美华书馆撰印，没有版权页。根据封皮，上卷为1921年出版的第十五版，中卷为1920年出版的第十三版，下卷信息不详。作者为山东齐鲁大学[1]的数学教授刘光照，根据该书英文序言可知，作者刘光照毕业于登州书院[2]。

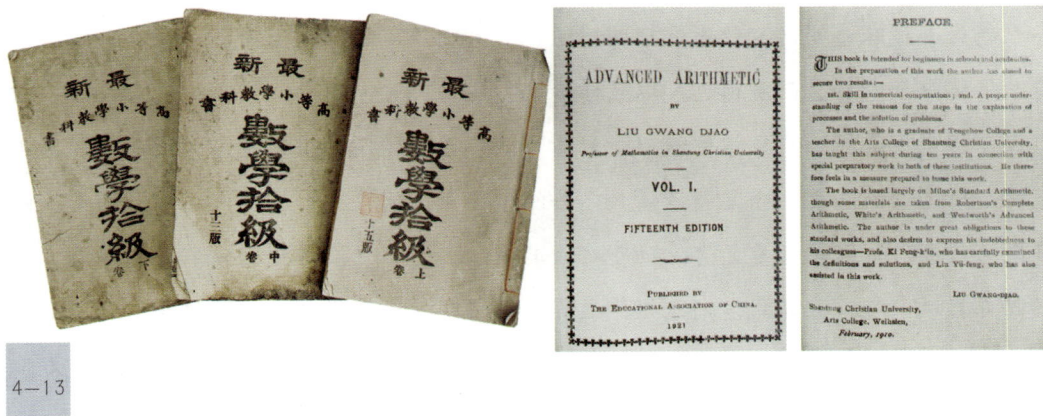

图4-13 《最新高等小学教科书 数学拾级》美华书馆撰印，1921年

上卷由封面、英文序言、序、凡例、目录、正文及总答组成，含有前五章的学习内容；中卷包括第六章至第十章的学习内容、总习问及总答；下卷包含第十一章至第二十一章的学习内容及总答。由英文序言可知，该书的编写主旨为：一是训练学生的计算能力；二是学生通过学习能够对解决问题及计算过程中各步转化所依据的原理有清晰的认识。

[1] 1909—1911年，早期齐鲁大学基本定型，合办的综合性大学及下设的学院中英文名称最终确定下来。1910年装订成册的档案的主标题名称是"Shantung Christian University"。合办的综合性大学的名称是1909年董事会年会确定的，这次会议修订的"联合教育事工准则"第一款"名称"明确规定"The United Colleges shall be called 'Shantung Christian University'"（"联合各学院之校名称为'山东基督教共合大学'"）。1916年"齐鲁大学"中文校名首次出现后，在英文文献中，改名后相当长时期内，特别是专门向国外宣传或汇报的文献资料依然使用Shantung Christian University或使用Shantung Christian University加注中文或英文齐鲁大学这一名称形式；面向中国国内的文献，最初几年即使使用Cheeloo University，也在后面以小括弧形式标注"Shantung Christian University"。见：郭大松. 齐鲁大学文理医三学院渊源及英中文名称考[J]. 聊城大学学报（社会科学版），2018（5）：1-14.

[2] 创始于山东登州的文会馆，学界一般称为"登州文会馆"。英文文献中有多种名称，如登州书院、山东书院等。《中国近代学制史料》第四辑收入《王神荫记齐鲁大学校史》一文，认为文会馆改名是在1872年，"定名"中文名称为"文会馆"，英文名称是"'登州书院'（Teng Chow College）"。美国长老会山东差会1881年2月向差会本部申请办大学的报告所附的"计划"第一条，明确写明："That the Tengchow Boy's High School be organized into and constituted a college, to be called 'The College of Shantung'"（登州文会馆组建为大学，取名"山东书院"）。见：郭大松. 晚清第一所现代大学登州文会馆若干史事考辨[J]. 史学月刊，2013（9）：77-87.

依据该书"序"及"凡例"说明当时的编排情况：

"序"如下：

从来算学为物理之肇基，数学为算学之初步。盖物理一书，非算学不能考其实，而算学一道非数学不能入其门也。试观力水声气之妙理，热磁光电之奥义，莫不依算学而获，实用代数形学之解证八线天文之推算，无非根数学以创新理，是知算学之成功甚大，而数学之为用良多也。迩来中国广设学堂，仿行西法，朝野上下咸知数学为通算学。穷物理之基础矣然，无西算之善本仍难捷足而先登。孔子云：工欲善其事，必先利其器。士之有善本，尤工之有利器也。况数学奥妙精深，阐明非易，苟无善本安能使学者领会贯通得于心，而施于用耶？彼坊刻数学诸书类，皆过与不及。有务求新奇而暧昧难明者，故未能理明辞运，令人由浅以及深也。有之图渔利而缺略不详者，故未能条析缕分令人融会而贯通也。以致学者揣摩不易，鲜克有功。余乃惋惜者良久。兹好学士刘子耀氏，历充文会馆、广文学堂教习，勤学好问，为后学所推重。既译《微积学》，又译《八线拾级》。余皆读而志之，今复新译《数学拾级》书成，问序于余，校阅之下，知是编以梅利尼数学准绳为蓝本。刘君与其重复者，酌芟之于其缺略者量添之。厚又问采罗氏、温氏、怀氏诸名家算书以补其所未备，且算式清晰无模糊之弊、解说明顺无牵强之病，斯诚初学之津梁，高等小学堂教科书之善者也。学者幸勿以浅显者轻忽之，以幽深者畏难之，倘殚心研究竭力推算，执是以为穷究物理之门径、推演算学之基础，是则余与刘君所同深望也夫。

时维

光绪丙午秋八月潍阳广文学堂西学教习高密刘玉峰

"凡例"如下：

——本书之宗旨有二：一解明算法条理，为学者立推算之基，至学代数形学不致有所阻滞；二推求算学要用，为学者开实业之路，即于农商会计皆能有所贯通，至算学家问难等题，兹不暇赘。

——本书乃仿西国高等小学堂课徒规式所列诸法，俱以最简明者为准，于每法开首设浅近问数，则俾学者领悟其要旨且推算之法亦，属由浅入深不致有所畏难。如减法所列三式：其一，相冲之各数俱系自大减小；其二，则有自小减大者须自上位借取；其三，则自圈减数尤须自上数位借取其余各法之次第仿此。

——本书原本多以梅利尼数学准绳为宗，亦皆采罗氏、怀氏、温氏之书。盖以梅氏为美国纽约省大学堂院长，最精于数学，而罗温二氏亦美国算学名家，其书流行已久。至怀氏之书，其所排命分、小数、百分法之次序，清晰异常，故兼采之。且枚举数氏非固侈博通西术委系，有不敢掠人之美，以为已有之意。

——本书列权量数于小数以后，而赚赔保险等等则编于百分法内，盖不为只学加减乘除于权量数化要颇难，又详见于命分小数以内，且嫌其复至赚赔保险等等，乃百分法之实用而非别为一法也。

——本书各法之解说纯用白话，其法术条问兼用浅博文理，令学者易于洞晓各法之理，不致以背诵解说为难。若已学过数学初级，或可易于从事，否则正在求通，有所未通之处，尤赖乐教育者迎其机而导之，循循以诱之耳。

——本书共分三卷，其答各列于卷后，学者自宜按法演算，勿徒照葫画瓢，以致毫无心得。迨算毕始，可解其答以对证之耳。

光绪三十二年岁次丙午孟秋下浣安邱刘光照谨识

"序"的开头便突出了数学的重要地位及广泛用途。为向国内传播西算，该套教科书以梅利尼数学准绳为蓝本，参考罗氏、温氏、怀氏诸名家算书以补其所未备，刘玉峰评价其为"初学之津梁，高等小学堂教科书之善者也"。"凡例"作为补充，首先，开宗明义表明了该书的编写宗旨：学生通过学习能够"解明算法条理"，为后续的学习奠定基础，而在学以致用方面希望能够为学生将来的生活"开实业之路"。其次，该书内容的设置由浅入深，如"权量数"设置在"小数"之后，"赚赔""保险"等则设置在百分法一章内，学生先掌握大概，而将较为复杂的问题放置在"赚赔""保险"等实际问题中学习。最后，三卷正文末均附有"习问"，学生可根据需要进行演算，同时于卷末附各卷"习问"之答，学生可进行对照检查。

全书三卷共学习二十一章，学习内容具体如下：

上卷：开端；加法；减法；乘法；除法

中卷：书目总论；命分；小数；权量数；平面形面；总习问

下卷：百分法（赚赔，行费，折扣，税饷，保险）；利息（实扣，借贷零还，利加利，股份）；汇兑；差分；比例（差分比例）；乘方；开方；总习问；均中比例；级数；体量法；重小数（分之大公生小公倍）

教科书的编写虽参考西方著作，但书写方式依然具有中国特色，采用从上到下、自右向左的顺序。下卷无论是学习内容还是习题设置都与实际生活紧密联系，书中部分内容与现行教科书相比较为粗糙，如在书写小于"1"的小数时经常省略整数部分"0"，大写汉字和阿拉伯数字混用，列式也是纵式与横式交叉使用（图4-14）。

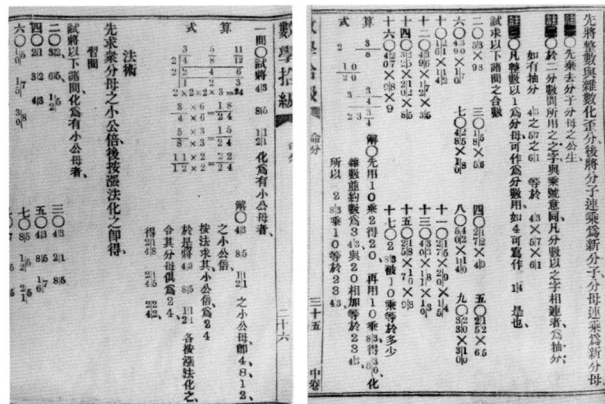

4-14

图4-14 《最新高等小学教科书 数学拾级》中卷 美华书馆撰印，1920年：第26页、第35页

七、骆师曾等编"新学制算术教科书"

1923年商务印书馆根据《算术科课程纲要》编辑出版了"新学制算术教科书"，其中由骆师曾编纂，王岫卢等校订的有《小学校初级用 新学制算术教科书》（共八册）和《小学校高级用 新学制算术教科书》（共四册）。

（一）《小学校初级用 新学制算术教科书》

《小学校初级用 新学制算术教科书》（图4–15）的编纂理念等可从该书"编辑大意"中了解，具体如下：

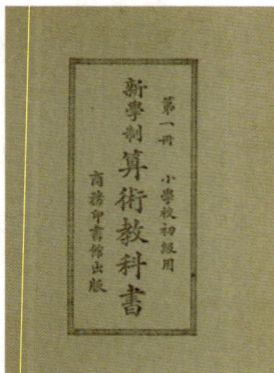

图4–15　《小学校初级用 新学制算术教科书》商务印书馆出版，1923年

1. 本书依新学制小学课程纲要编纂，是专给初级小学生习算术用的。

2. 本书为小学生容易明白起见，文字都用语体；第一册排列清楚，不加标点；第二册起，附加新式标点。

3. 本书共八册，每两册可用一学年。

4. 从前算术教科书，初年级就教授计算的形式，教育虽十分启发，学生却很难领悟。本书为避免此点，第一年用有乐趣的图书，从直观引起数量的基本概念，从第二年起，才注重计算的形式。

5. 本书时时插入游戏、故事、寓言的图书或文字，以引起习算的乐趣。

6. 本书有一部分的方法和原理，先使学生自由动机，后用归纳法建造。

7. 本书有时插入表演，使学生练习社会生活上的实用。

8. 本书注重练习，以便达到计算迅速、结果正确的目的。

9. 本书另有教授书，详说教学的方法，教员用该书教授，可以不必预备。

（二）《小学校高级用 新学制算术教科书》

骆师曾等于1924年编《小学校高级用 新学制算术教科书》（图4–16），由王岫卢和陈文校订，商务印书馆出版。第一册于1924年1月初版，同年12月出第四十版；第二册于1924年2月初版，同年12月出第三十五版；第三册于1924年2月初版，1925年2月出第三十版；第四册于1924年8月初版，1925年1月出第二十版。

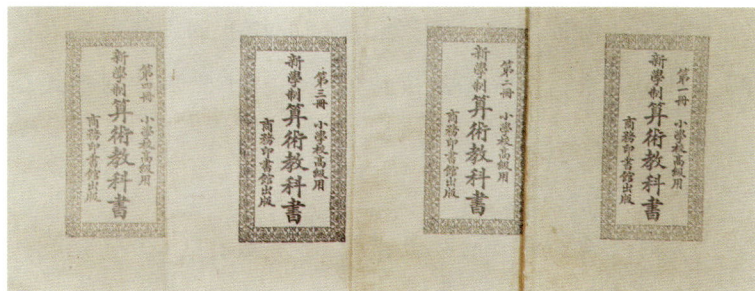

图4-16 《小学校高级用 新学制算术教科书》商务印书馆出版，1924年

《小学校高级用 新学制算术教科书》的编纂理念等可从该书"编纂大意"中了解，具体如下：

（一）这部书依新学制小学课程纲要编纂，是专给高级小学学生学笔算用的。全书共分四册，每册可用半学年。

（二）算术一科，最要紧的是法则；但是也该讲解理由，也该注重应用，也该输入些几何学的知识；本书每册之中，把这几种调和分配，使学生常有趣味，不生厌倦。书中内容：关于理法方面的，有整数，小数，分数，比例，公式，简易方程等；关于应用方面的，有各国权度制，各国币制，复名数，百分法，利息，簿记等，关于几何学方面的，有平面形，图线表等。

（三）这部书内容的分配，或往复循环，或后先照应，或系统分明，或教材混合，择宜编纂，不拘一格。

（四）这部书注明章节，不分课数，以便教员容易提示，并且可以斟酌活用；每册都有教授书，以便教员参考。

（五）数目定名，最通行的，有万进制、十进制两种。万进制从万以上，每四位有一名，照各国通行的三位分节，读起来很不便当，因此民国四年，教育部教科书编纂室审查会主张恢复十万为亿、十亿为兆的古义，探用十进制，到兆为止。本书继续这个意思，从兆以上，参用千进的方法，每三位留用十进制里一个相当的旧名，删去中间其余各名，称为十进千进混合制，和从前的纯粹十进制，对照如下表：

十进千进混合制	个	十	百	千	万	亿	兆	十兆	百兆	秭	十秭	百秭	涧
纯粹十进制	个	十	百	千	万	亿	兆	京	垓	秭	穰	沟	涧

如是不但没有旧时一位一名的麻烦，并且顾到了各国三位分节的便利，这都是从教育部新主张推广起来应有的结果。

《小学校高级用 新学制算术教科书》共四册，各册学习内容分布如下：

第一册目次

第一章 整数

（1）数目定名；（2）数名表；（3）数码；（4）位值；（5）读数法；（6）分节法；

（7）节撇；（8）罗马数字；（9）罗马记数法；（10）直行记数法；（11）大写数字；（12）码子字；（13）加法；（14）加法演算；（15）减法；（16）减法演算；（17）加减关系；（18）乘法；（19）一位乘法；（20）乘法特例；（21）多位乘法；（22）乘法特别形式；（23）除法；（24）一位除法；（25）乘除关系；（26）除法特例；（27）除法特别形式；（28）多位除法

第二章　分数

（1）分数；（2）分母分子；（3）项；（4）一数的分数；（5）整数；（6）带分数；（7）真分数；（8）假分数；（9）分数化法；（10）最简分数；（11）整数或带分数化做（作）假分数；（12）假分数化做整数或带分数；（13）同母分数的加减法；（14）异母分数的加法；（15）异母分数的减法；（16）带分数的加法；（17）带分数的减法；（18）整数乘真分数；（19）整数乘带分数；（20）真分数乘整数；（21）带分数乘整数；（22）真分数乘真分数；（23）带分数乘法；（24）整数除真分数；（25）整数除带分数

第三章　分数和小数

（1）小数意义；（2）小数；（3）小数读法；（4）小数记法；（5）相似小数；（6）小数化分数；（7）分数化小数

第四章　小数

（1）小数加法；（2）小数减法；（3）小数乘法；（4）小数乘法特例；（5）整数除小数；（6）小数除法特例；（7）除法定理；（8）小数除小数

第五章　权度制

（1）权度法；（2）长度；（3）权度和小数；（4）尺；（5）营造尺和海关尺的比较；（6）直线曲线；（7）角；（8）直角和垂线；（9）四边形；（10）正方形；（11）长方形；（12）面积；（13）面积和长度的关系；（14）地积；（15）正方形面积；（16）长方形面积；（17）立方；（18）长立方；（19）体积；（20）体积和长度的关系；（21）立方体积；（22）长立方体积；（23）容量；（24）容量同体积的关系；（25）重量；（26）秤；（27）库平和关平的比较；（28）重量和体积的关系

第六章　万国权尺制

（1）万国权度；（2）长度；（3）公尺和营造尺的比较；（4）地积；（5）公亩和方公尺的关系；（6）公亩和亩的比较；（7）容量；（8）公升和立方公寸的关系；（9）公升和升的比较；（10）重量；（11）公斤和立方公寸的关系；（12）公斤和两的比较

第二册目次

第一章　整数和小数

（1）量；（2）单位；（3）数；（4）名数；（5）不名数；（6）名数加法；（7）名数减

第二章 货币

（1）货币；（2）银币，铜币；（3）纸币；（4）货币定制；（5）银圆银角的重量；（6）成色；（7）银圆银角的成色；（8）银两；（9）库两，关银；（10）规银；（11）规银的算法；（12）库银关银规银的比较；（13）银码，银钱市价；（14）银洋钱市；（15）上海银洋钱市；（16）标金足赤；（17）金市；（18）汇兑；（19）国内汇兑；（20）邮汇

第三章 外国货币制

（1）主币，辅币；（2）英国货币；（3）美国货币；（4）法国货币；（5）俄国货币；（6）德国货币；（7）日本货币；（8）英国货币的化法；（9）美法俄德日五国货币的化法；（10）外国的金银铜币；（11）中外货币的换算；（12）外国的纸币；（13）外国票价；（14）国外汇兑；（15）国外汇兑的换算法

第四章 利息

（1）本银，利息，本银和；（2）利率；（3）年利率；（4）月利率；（5）日利率；（6）有本银利率时期求利息；（7）有本银利率时期求本利和；（8）有利息利率时期求本银；（9）有本利和利率时期求本银；（10）有利息本银时期求利率；（11）有本利和本银时期求利率；（12）有本银利息利率求时期；（13）有本利和本银利率求时期；（14）年月日的关系；（15）日数的算法；（16）支票；（17）即票，期票；（18）贴现；（19）公债票；（20）公司股票；（21）票面价，时价

第五章 单式簿记

（1）簿记；（2）簿记的写法；（3）单式簿记；（4）账簿的种类；（5）银钱簿；（6）进货簿；（7）销货簿；（8）借方，贷方；（9）借贷的主位；（10）流水簿；（11）总清簿；（12）存货表；（13）捐益表；（14）资产负债表

第六章 平面形

（1）平面形；（2）三角形，四边形，多角形；（3）平行线；（4）平行四边形；（5）梯形；（6）底，高；（7）平面四边形面积；（8）梯形面积；（9）三角形面积；（10）多角形面积

第四册目次

第一章 图线表

（1）数目表；（2）直线表数法；（3）图线表；（4）图线表的造法；（5）方格纸；（6）双套图线表；（7）图线表的变通法；（8）造图线表的简法

第二章 比例

（1）比同较；（2）比号，前项，后项，比值；（3）比同除法；（4）前项后项同比值的关系；（5）比同分数；（6）比的化法；（7）比例；（8）四项，内项，外项；（9）比例定理；（10）比例求缺项法；（11）正比例；（12）成正比例的例；（13）反比例；（14）成反

比例的例；（15）比例问题的解法；（16）归一法；（17）方斜率；（18）圆周率；（19）测量高低；（20）合股

第三章 外国权度制

（1）外国权度制；（2）英美权度制；（3）英美制的长度；（4）呎和营造尺公尺的比较；（5）英美制的面积地积；（6）英亩和亩、公亩的比较；（7）英美制的容量；（8）英国容量和升、公升的比较；（9）美国容量和升、公升的比较；（10）英美制的重量；（11）磅和库平两、公斤的比较；（12）日本权度制；（13）日本制的长度；（14）日本尺和营造尺、公尺的比较；（15）日本制的地积；（16）日亩和亩、公亩的比较；（17）日本制的容量；（18）日升和升、公升的比较；（19）日本制的重量；（20）贯和库平两、公斤的比较

第四章 利息

（1）常利实利；（2）六厘法；（3）六厘法的应用；（4）日差表；（5）活期存款；（6）活期存款的利息；（7）活期存款的结算法；（8）单利；（9）复利；（10）单利和复利的比较；（11）复利表；（12）复利表的用法；（13）定期存款

第五章 复式簿记

（1）复式簿记；（2）账簿的种类；（3）流水簿；（4）账位；（5）分录簿；（6）总清簿；（7）资产负债表

第六章 公式同简易方程

（1）字母代替数量法；（2）公式；（3）公式的变化；（4）方程；（5）方程的应用

如图4-17至图4-19所示，该套教科书在学习记数法时有罗马记数法、横行记数法及直行记数法，而数字的表示方式有罗马数字、大写数字（一到九九个数的汉字加"〇"字或者采用汉字数字的大写体）、码子字和阿拉伯数字，同时对于位数较多的数字有分节法和撇节法两种方法。万国权度制的学习则是以表格的方式介绍各个单位间的转换进率。此外，在学习债券、支票、簿记等与生活实际相关的内容时，以图的形式展示对应的样例，激发学生学习兴趣的同时也缩小理论与现实的差距，真正实现理论与实践的紧密结合。

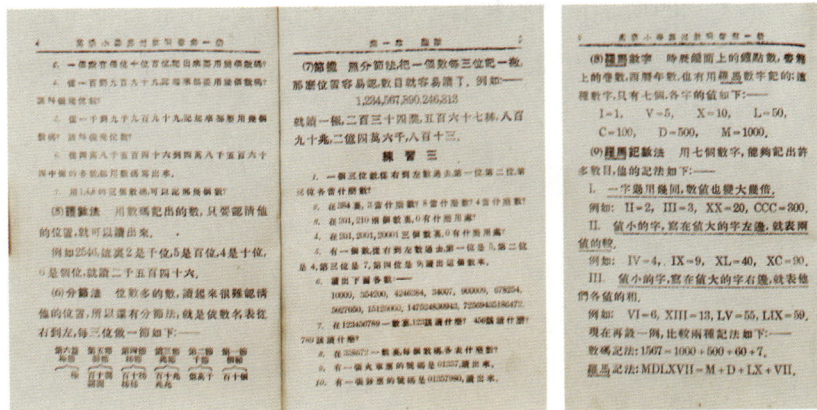

4-17

图4-17 《小学校高级用 新学制算术教科书》（第一册）商务印书馆出版，1924年：第4页、第5页、第6页

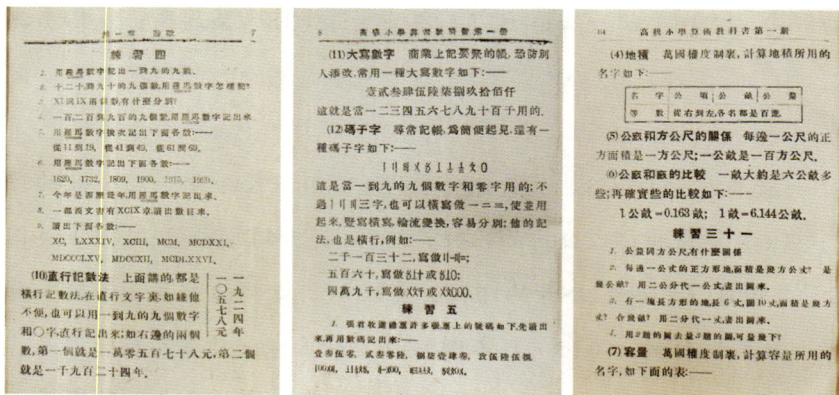

4—18

图4—18 《小学校高级用 新学制算术教科书》（第一册）商务印书馆出版，1924年：第7页、第8页、第64页

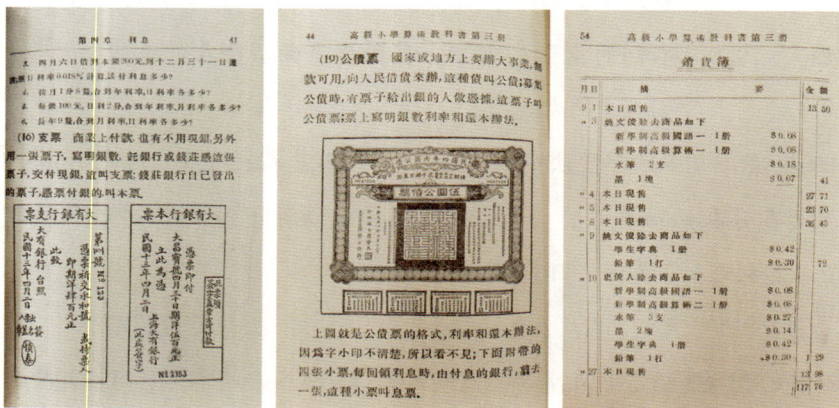

4—19

图4—19 《小学校高级用 新学制算术教科书》（第三册）商务印书馆出版，1925年：第41页、第44页、第54页

八、杨逸群编《新学制小学教科书 高级算术课本》

1922—1927年，因学制的改革，审定编制教科书的内容也有不同。比如，商务印书馆遵照教育部颁布的新学制课程大纲，编辑新学制教科书，初中各科用书齐备。其中，初中教科书编制有两种，一种教科书采用混合编制法，为适应当时教育改革的潮流而为；另一种教科书采用分科编制法，仍注重各科知识内部的联系。这两种教科书使用范围很广，代表了此时教科书编制的精神。又如，中华书局依据新学制精神，编辑"新中学""新制"等教科书；创办于1917年的世界书局也出版发行"新学制教科书"。

《新学制小学教科书 高级算术课本》共四册，目前收集有三册（图4-20），由教育部审定，杨逸群编纂，戴渭清、佘恒、马客谈校订，世界书局出版。于1925年3月初版，第一册于1925年5月再版，第二册与第三册均为1925年5月第三版。

图4—20 《新学制小学教科书 高级算术课本》世界书局出版，1925年

全书由编辑大意、目录、正文、版权页构成，其中编辑大意尽在第一册，借"编辑大意"说明当时的编排情况：

（一）本书根据新学制课程标准，采用最新体例编辑，注重下面几件事项：

（1）日常的计算。（2）生活必需的材料。（3）养成儿童思考力。（4）养成儿童判断力。（5）以儿童能自习做主旨。（6）与各科相联络为标准。

（二）本书分四册，每一学年用二册，供高级小学两学年之用。各学年教材的排列，都根据各地小学算术测验的结果，和编者实际教学的经验而定。所以和普通算术教科书及新学制委员所定各学年教材的排列次序微有不同；列表于下：

第一学年	第一册	整数和小数，本国复名数
	第二册	整数性质，分数，小数分数互化法
第二学年	第三册	外国复名数，复名数分数，百分法，利息
	第四册	比例，求积，簿记

（三）本书各种方法的排列，采用直进法；应用问题的编入，采用圆周法。所以头绪清楚，联络贯通。每册都以一学期为十八周，分做十八课。每课视材料的繁简，又分节编辑。每节中法则的解释，都用归纳法，其编法如下：

（1）研究　凡一种法则的教学，都从有兴趣和耐思考的问题入手，以引起研究该法则的动机。

（2）总括　研究得结果后，即用简要说明，总括他（它）的定义。

（3）法则　定义明白之后，就接以演算的法则。

（4）举例　法则既定，再举实例证明，俾儿童明白他（它）的应用。

（5）注意　设有应注意的事项，则另立注意一项于后。

（6）练习　以上的过程结束，则设题练习。

因如上面的编法，所以条目清楚，理法详明，儿童自力研究，既不费力；教师指导学习，也甚容易。供教师教学用书可，供儿童自习用书亦可。无论其为普通教学法和道尔顿制，都可用此书为教学和自习的正本。与一般用演绎法编辑的算术教科书，教师既苦头绪纷繁，不得要领；儿童又苦散沙满盘，检（捡）拾为难的，迥不相同。

（四）本书的材料，斟酌社会状况，体会儿童心理，依据新小学和新中学算术课程编纂。所以上接初级小学，下衔初级中学，其有在初级算术课程，已经学过某种法则的大概，本书就再详加说明，俾儿童彻底明瞭（了）。而在初级中学算术里面所应详细研究的，本书就举其大要，俾儿童树立根基。其于度，量，衡，币，年，月，日，邮寄，电报，租税，交通，存款，股份，公债，保险，利息，卖买，以及寒暑表，几何形体，簿记法等，都斟酌程度，以合于儿童生活环境为主，切于人生实用为归。

（五）本书内容，除上列几条外，尚有数特点：

（1）某种法则学完之后，另有总习题，以资熟练。问题的排列法，依据学习心理，凡新授的法则，历时尚暂，记忆较易，所以问题少些。已学过的法则，历时已久，记忆较难，所以问题多些。总使儿童对于旧法，得时常复习的机会。

（2）问题中所编入的材料，一方注意引起兴味，像自然现象，历史，地理，工艺，美术等；一方又注意陶冶道德，像勤俭，储蓄，劳动，慈善，国债，国货等；都看材料的性质，编入问题的中间。

（3）关联各法，都用回环证明，像分数，百分，利息，比例，求积等法，或和加减互求法有关，或和乘除还原法有关，所以设例证明，全应用这几条定理，俾儿童明瞭法的效用，可举一反三，即此悟彼。

（4）凡和代数几何有关系各法，像括号变化，影响于减除等号；百分，利息，比例，求积等公式，前后互换位置，结果仍不变其相等；一则和代数正负号有关，一则和代数方程式有关，因此每设问题，令儿童证验；立法则，给儿童证明。又像解释分数，用线段法；证明面积和体积的大小，用图形法；都所以使儿童藉明几何学的真谛。凡学过这部算术的儿童，将来学习混合法算学，有事半功倍的效果。

（5）外国名数和簿记法，为我人处世生活所应知。本书特把重要各法，编入其中。译名普通，账式简明。其有为社会上需用较少的，概不编入。

（六）本书曾在江苏四师附属试用两年，计十二学级。最初经四师数学教员佘雨东先生指导编辑大纲；继经四师附属教员王君馨圃，丁君职方，周君芥航的协力助编；复经江苏五师附属，九师附属，宜兴，溧水县立各小学数学系教员曹君伯丹，莫君仲夔，杨君因涟，杨君冠芳等的试用；又经江苏五师数理教员谢君方辉，天津南开中学数学教员储君润科等的修正，江苏四师附属主事马君客谈的校订；始成今日的定本。所以与率尔下手编辑的，完全不同。

（七）本书按课按节，另编有教学法，以便教师指导学生研究时，有所依据。

根据"编辑大意"，最后署名的校订者虽为戴渭清、佘恒和马客谈，但实际上参与校订及修订的还有具有教学经验的多位教员。该教科书依据新学制课程标准编制，注重儿童知识、技能的获得以及道德情操的陶冶，且整体上强调融入归纳法，新知识的学习以"研究""总括""法则""举例""注意"和"练习"六部分编排。在"编辑大意"中，首先，表明该套教科书的使用对象及教授时数，即每册十八课，适合高级小学学生一学期使用。其次，该书内容设置既承接初级小学的算术知识，又为后续初级中学的算术知识奠定基础，同时以儿童生活环境为背景设置问题，内容编排选择分类进行。再次，在问题的排列及材料的选择上，充分考虑儿童的心理。最后，为教师教学提供方法。

该书出现的重要概念不再加注对应的英文名称，而是以双直线为下划线进行标注。各部分内容后都编有练习题，目录中的"总习"即为复习题，第三册书末以附录形式附加复利表（共有两个本银1且自1期到20期的本利和，利率分别为3%、3.5%、4%、4.5%、5%以及6%、7%、8%、9%、10%）。比较有趣的是，该书在学习分数的加减法时是用线段进行标注的（图4-21）。

图4-21　《新学制小学教科书 高级算术课本》（第二册）世界书局出版，1925年：第46页

九、张鹏飞编《新学制适用 新小学教科书 算术课本（高级）》

《新学制适用 新小学教科书 算术课本（高级）》（图4-22）由张鹏飞编纂，糜赞治校订，教育部审定，中华书局印刷发行。

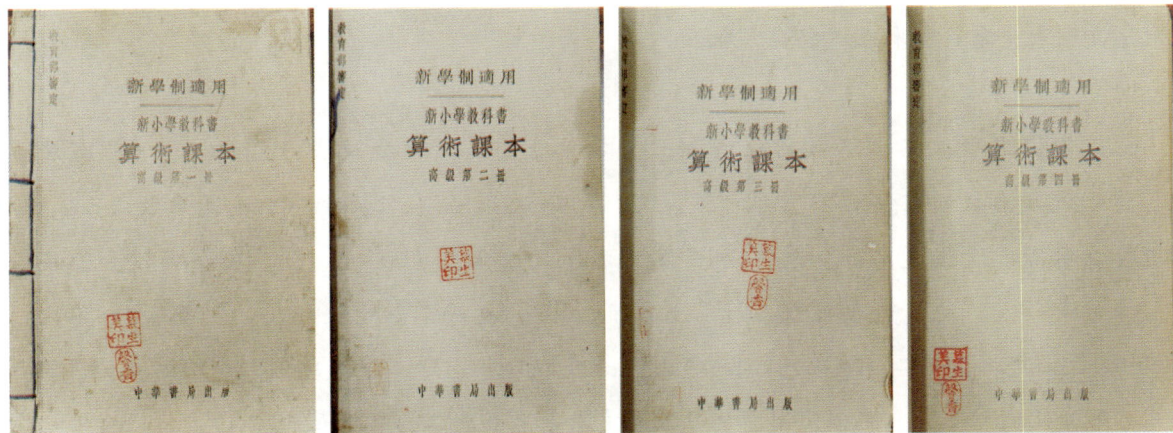

图4-22　《新学制适用 新小学教科书 算术课本（高级）》中华书局出版，1926年

此套教科书共四册，无"编辑大意"。根据版权页，第一册为1923年2月发行，1927年3月三十三版；第二册为1923年3月发行，1926年7月二十六版；第三册为1923年4月发行，1926年7月二十二版；第四册为1923年6月发行，1926年1月十五版。

各册学习内容分别如下：

第一册

一 整小数的记法和读法：1. 整数；2. 小数。二 整小数的加减法：1. 加法；2. 减法。三 整小数的乘除法：1. 乘法；2. 除法。四 整数的种类：1. 奇数和偶数；2. 质数和合数；3. 约数和倍数。五 约数：1. 推测整数的质约数法；2. 求整数的质约数法；3. 乘除的约法。六 括号。总习一。七 十进复名数：1. 定义；2. 计算。八 面积：1. 三角形；2. 四边形。九 分数的记法和读法。十 分数的种类。十一 同母分数的加减法：1. 加法；2. 减法。十二 整数和分数相乘法：1. 整数乘分数法；2. 分数除整数法；3. 名分数。十三 整数和分数相除法：1. 整数除分数法；2. 分数除整数法。十四 小数的种类。十五 分数和整小数的关系：1. 分数和整小数；2. 分数和循环小数。十六 整小数的乘除法（2）：1. 乘法；2. 除法。总习二。【附】名数表一

第二册

一 公约数和公倍数。二 最大公约数：1. 最大公约数的求法；2. 分数的约法；3. 分数的括法。三 最小公倍数：1. 最小公倍数的求法；2. 分数的通法。四 异母分数的加减法：1. 分数和分数加减法；2. 分数和整数加减法。五 带分数的化法。六 带分数的加减法：1. 加法；2. 减法。七 分数乘除分数法：1. 乘法；2. 除法。八 带分数的乘除法。总习一。九 百分数和小数常分数的关系：1. 百分数和小数；2. 百分数和常分数。十 百分法。十一 折扣。十二 汇兑。十三 国税。十四 保险。总习二。十五 单利法。十六 零总借还：1. 零借总还；2. 总借零还。十七 零整存取：1. 零存整取；2. 整存零取。总习三。【附】复利表；零存整取表；整存零取表

第三册

一 万国名数。二 名数的化法。三 非十进复名数的加减法：1. 加法；2. 减法。四 非十进复名数的乘法。五 非十进复名数的除法：1. 不名数除非十进复名数法；2. 非十进复名数除非十进复名数。总习一。六 面积：1. 正多角形；2. 圆。七 角度和弧度。八 经度和纬度。九 比的定义。十 比例的定义。总习二。十一 比的种类：1. 单比；2. 连比；3. 复比。十二 单比例：1. 顺比例；2. 递比例。十三 复比例。十四 连锁比例。十五 配分比例。十六 混合比例。总习三。【附】名数表二；名数表三

第四册

一 英美名数。二 方积和方根。三 柱体。四 锥体。五 截体。六 球体。总习一。

七 容量和体积的关系。八 重量和体积的关系。九 温度和体积的关系。十 压力和体积的关系。十一 时间和经度的关系。总习二。十二 速加法。十三 速减法。十四 速乘法。十五 速除法。总习三。十六 簿记：1. 单式簿记；2. 复式簿记。总习四。【附】名数表四；名数表五

书中重要名词术语以两条直线作下划线以示标注。该书在学习知识的过程中比较注重借助口诀和图形［图4-23（a）］，将计算某类问题的方法以口诀（或程序化的步骤）设置在方框内；图4-23（b）表示借助单位圆学习同分母分数的加减法。此外，该书的一大特色就是不单单局限于学习算术知识，而是强化与其他科目相关联的学习，如学习容量、重量、温度及压力与体积的关系，以及时间与经度的关系等。

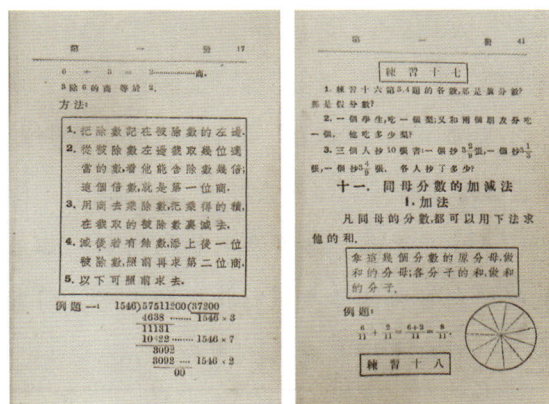

(a)　　　　　(b)

图4-23 《新学制适用 新小学教科书 算术课本（高级）》（第一册）中华书局出版，1927年：第17页、第41页

十、杨逸群、唐数躬编《新主义教科书 小学校高级用 算术课本》

《新主义教科书 小学校高级用 算术课本》共四册，平装。由杨逸群、唐数躬编纂，戴渭清、佘恒、马客谈校订，世界书局印刷发行。目前收集到一版本为前两册（图4-24），第一册为1929年8月十二版，第二册为1929年8月十三版。另一版本三册，见图4-25，第一册为1932年4月五十九版，第二册为1932年6月五十二版，第四册为1931年9月三十七版。两版本内容一致。

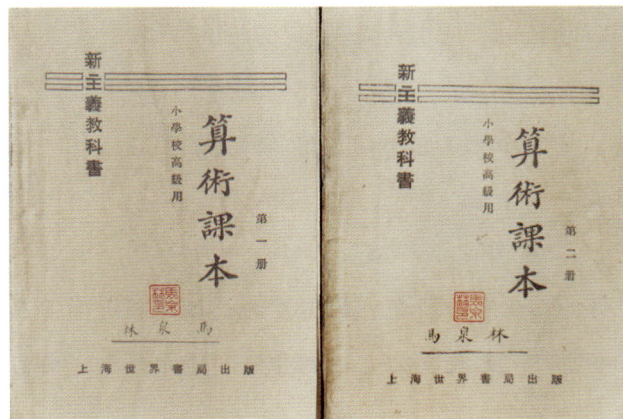

图4-24 《新主义教科书 小学校高级用 算术课本》世界书局出版，1929年

4-25

图4-25 《小学高级学生用 新主义算术课本》世界书局印行，1931—1932年

《新主义教科书 小学校高级用 算术课本》版权页即名《新主义教科书 高级小学算术课本》，"编辑大意"页页眉及目录页又名《后期小学算术课本》。下面引用"编辑大意"了解当时的编排情况：

（一）本书采用最新的体例编辑，注重下面几件事项：

（1）日常的计算。（2）生活必需的材料。（3）养成儿童思考力。（4）养成儿童判断力。（5）以儿童能自习做主旨。（6）与各科相联络为标准。

（二）本书分四册，每一学年用二册，供高级小学两学年之用。各学年教材的排列，都根据各地小学算术测验的结果，和编者实际教学的经验而定，兹将各学年教材排列的次序，列表于下：

第一学年	第一册	整数和小数，本国复名数
	第二册	整数性质，分数，小数分数互化法
第二学年	第三册	外国复名数，复名数分数，百分法，利息
	第四册	比例，求积，簿记

（三）本书各种方法的排列，采用直进法；应用问题的编入，采用圆周法。所以头绪清楚，脉络贯通。每册都以一学期为十八周，分做十八课；每课视材料的繁简，又分节编辑。每节中法则的解释，都用归纳法。其编法如下：

（1）研究 凡一种法则的教学，都从有兴趣和耐思考的问题入手，以引起研究该法则的动机。

（2）总括 研究得结果后，即用简要说明，总括他（它）的定义。

（3）法则 定义明白之后，就接以演算的法则。

（4）举例 法则既定，再举实例证明，俾儿童明白他（它）的应用。

（5）注意 设有应注意的事项，则另立注意一项于后。

（6）练习 以上的过程结束，则设题练习。

因如上面的编法，所以条目清楚，理法详明，儿童自力研究，既不费力；教师指导学习，也很容易。供教师教学用书可，供儿童自习用书亦可。无论其为普通教学法和道尔顿制，都可用此书为教学和自习的正本。与一般用演绎法编辑的算术教科书，教师既苦头绪纷繁，不得要领；儿童又苦散沙满盘，检（捡）拾为难的，迥不相同。

（四）本书的材料，斟酌社会状况，体会儿童心理而编纂，务使上接初级小学，下衔初级中学。其有在初级算术课程，已经学过某种法则的大概，本书就再详加说明，俾儿童澈（彻）底明瞭（了）。而在初级中学算术里面所应详细研究的，本书就举其大要，俾儿童树立根基。其于度，量，衡，币，年，月，日，邮寄，电报，租税，交通，存款，股份，公债，保险，利息，卖买，以及寒暑表，几何形体，簿记法等，都斟酌程度，以合于儿童生活环境为主，切于人生实用为归。

（五）本书内容，除上列几条外，尚有数特点：

（1）某种法则学完之后，另有总习题，以资熟练。问题的排列法，依据学习心理，凡新授的法则，历时尚暂，记忆较易，所以问题少些；已学过的法则，历时已久，记忆较难，所以问题多些。总使儿童对于旧法，得时常复习的机会。

（2）问题中所编入的材料，一方注意引起兴味，像自然现象，历史，地理，工艺，美术等；一方又注意党化教育，像关税、国际贸易，党国旗大小之比例，国债，国货等；都看材料的性质，编入问题的中间。

（3）关联各法，都用回环证明，像分数，百分，利息，比例，求积等法；或和加减互求法有关，或和乘除还原法有关。所以设例证明，全应用这几条定理，俾儿童明瞭法的效用，可举一反三，即此悟彼。

（4）凡和代数几何有关系各法，像括号变化，影响于减除等号；百分，利息，比例，求积等公式，前后互换位置，结果仍不变其相等；一则和代数正负号有关，一则和代数方程式有关，因此每设问题，令儿童证验；立法则，给儿童证明，又像解释分数，用线段法；证明面积和体积的大小，用图形法；都所以使儿童藉明几何学的真谛。凡学过这部算术的儿童，将来学习混合法算学，有事半功倍的效果。

（5）外国名数和簿记法，为我人处世生活所应知。本书特把重要各法，编入其中。译名普通，账式简明。其有为社会上需用较少的，概不编入。

（6）本书前后各册，都互有关联，所以已经读过的课本，学生务必保存，以便温习，而备参考。

（六）本书曾在江苏四师附属试用两年，计十二学级。最初经四师数学教员佘雨东先生指导编辑大意；继经四师附属教员王君馨圃，丁君职方，周君芥航的协力助编；复经江苏五师附属，九师附属，宜兴，溧水县立各小学数学教员曹君伯丹，莫君仲夔，杨君因涟，杨君冠芳等的试用；又经江苏五师数理教员谢君方辉，天津南开中学数学教员储君润科等的修正，江苏四师附属主事马君客谈的校订；始成今日的定本。所以与率尔下手编辑的，完全不同。

（七）本书按课按节，另编有教学法，以便教师指导学生研究时，有所依据。

此书"编辑大意"与杨逸群编《新学制小学教科书　高级算术课本》（世界书局，1925年）基本一致，不同的是，此套书在注重儿童知识、技能获得的同时，强调爱国主义精神的培养，同时整体上强调归纳法的融入。

该套教科书目录的设置与杨逸群编《新学制小学教科书　高级算术课本》一样，重要名词术语首次出现时以双直线为下划线作标注，分数的加减借助线段图示完成。每部分内容都分研究、总括、法则、举例、注意、练习六个部分。

该书的特点正如"编辑大意"所示：

（1）每节开篇都是"研究"。主要是提出一些问题，引起学生的思考和兴趣。我国现行教科书中的"探究"与其有异曲同工之处。

（2）该书在恰当的时候介绍一些数学史内容来拓宽学生的视野，如介绍记数法时，就介绍了中国古代及罗马记数方法。

（3）在习题选取方面亦颇为"实际"，如有一题为我国甲午一役赔款所生之公债54 355 000镑，庚子一役赔款所生之公债73 500 000镑，试计其总额求其差。另有一题列出我国因建筑铁路所借之公债，罗列出借各国银行清单，求总额等。

十一、骆师曾编《小学校用　新学制珠算教科书》

《小学校用　新学制珠算教科书》共四册，为合订本（图4-26），图片中黄色本为初版，蓝色本为修订版。由骆师曾编纂，段育华校订，商务印书馆发行。第一册1925年8月初版，1930年7月五十版；第二册1925年10月初版；第三册1925年6月初版，1930年9月三十五版；第四册1926年3月初版，1928年5月十五版。版权页又名《小学校高级用书　新学制珠算教科书》。

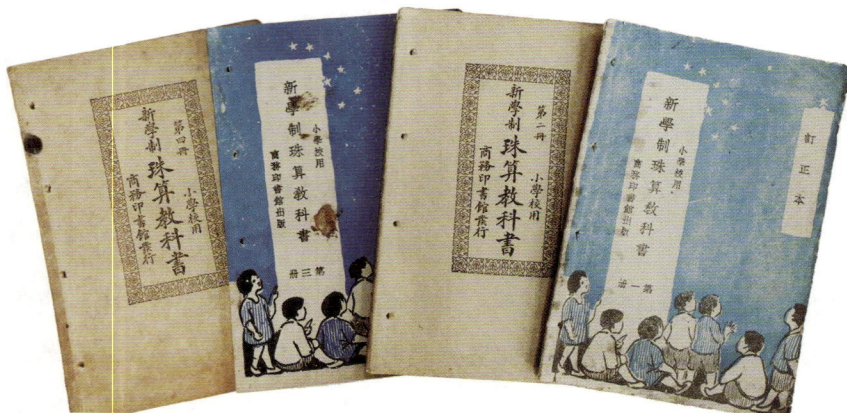

图4-26　《小学校用　新学制珠算教科书》商务印书馆发行，1925年

借"编纂大意"说明当时的编排情况：

（一）本书依小学第三年到第六年（就是初级三四年、高级一二年）的程度编纂，是专备

小学校学生学珠算用的。

（二）全书共分四册，每两册依圆周循环做结束；教材的编制很活动，小学后四年中，都可以用补充教材和授课时间做伸缩，酌量分配，或者一学年用一册，或者一学年用两册，或者初级不学珠算，等到高级单用第三、第四两册，都无不可。

（三）学习珠算，最要紧的是口诀；本书把各种口诀，细分层次，详说理由，使儿童明白造诀的缘故，容易记忆。

（四）本书每教一个法子，都有很详细的算盘图；图中用实心珠如 ⬤ 的，是已经记数的；用空心珠如 ⬭ 的，是没有记数的；用空心珠附加号如 ⊕ 的，是新添上去的；用实心珠附减号如 ⊝ 的，是新拨去的；看起来十分清楚，不会相混，这是本书的特色，从前珠算书里没有用过。

（五）珠算要能够应用，全在练习纯熟；向来珠算书中，练习的材料，很觉得枯燥乏味，本书要避免此点，时时插入精美图画和游戏材料，引起儿童学习兴趣，这也是本书的特色。

（六）本书材料，都和新学制小学算术教科书联络，在该书已经教过的名词本书引用起来，不再加解释。

（七）各册都另外有教授书，详讲教学的方法。

该套教科书专为小学第三年到第六年学生学习珠算使用，充分考虑这一学段学生的学习情况，多采用图示方法表示具体的运珠过程，材料也为"精美图画和游戏材料"，同时注重学生运珠口诀的训练和应用。

具体学习内容如下：

第一册

1. 算盘上各件的名称；2. 拨珠用指法；3. 一二位数记法；4. 加法；5. 减法；6. 加法二；7. 减法二；8. 加法三；9. 减法三；10. 加法四；11. 三四位数记法；12. 加法五；13. 减法四；14. 2，3，4，5的乘法；15. 6，7，8，9的乘法；16. 十位数的乘法

第二册

1. 复习加法口诀；2. 练习加法；3. 复习减法口诀；4. 练习减法；5. 复习乘法口诀；6. 练习乘数一位的乘法；7. 二归到五归口诀，2到5的除法；8. 六归到九归口诀，6到9的除法；9. 练习除数一位的除法；10. 大数记法；11. 乘数是几十的乘法；12. 乘数是几百的乘法；13. 乘数两位的乘法；14. 除数是几十的除法；15. 一归口诀和撞归诀，除数两位的除法；16. 复习一归到五归口诀；17. 二归到五归的撞归诀，除数两位的除法；18. 复习六归到九归口诀；19. 六归到九归的撞归诀，除数两位的除法

第三册

第一章　记数法：（1）珠算；（2）上边，下边；（3）珠，档，梁；（4）上珠，下珠；

（5）档的位置；（6）珠的价值；（7）记数法；（8）读数法；（9）拨珠用指法

第二章　加法：（1）口诀；（2）加法口诀一；（3）加法演算一；（4）加法口诀二；（5）加法演算二；（6）加法口诀三；（7）加法演算三；（8）加法口诀四；（9）加法演算四；（10）连续进位的加法

第三章　减法：（1）减法口诀一；（2）减法演算一；（3）减法口诀二；（4）减法演算二；（5）减法口诀三；（6）减法演算三；（7）减法口诀四；（8）减法演算四；（9）连续退位的减法

第四章　乘法：（1）乘法口诀；（2）一位乘法；（3）积数定位；（4）被乘数一位乘数两位的乘法；（5）被乘数一位乘数多位的乘法；（6）乘数被乘数都有多位的乘法；（7）顶珠的用处

第五章　除法：（1）归法；（2）一归口诀；（3）一归演算；（4）归法的演算法则；（5）二归口诀；（6）二归演算；（7）三归口诀；（8）三归演算；（9）四归口诀；（10）四归演算；（11）五归口诀；（12）五归演算；（13）六归口诀；（14）六归演算；（15）七归口诀；（16）七归演算；（17）八归口诀；（18）八归演算；（19）九归口诀；（20）九归演算；（21）除不绝的除法；（22）商数定位；（23）归除；（24）除数两位的归除；（25）撞归诀

第四册

第一章　整小数加减法：（1）档的位置；（2）小数记法；（3）小数读法；（4）小数加法；（5）小数减法

第二章　整小数乘法：（1）整数乘法，定位；（2）整数乘小数；（3）小数乘法定位；（4）小数乘整数；（5）小数乘小数；（6）省略乘法

第三章　整小数除法：（1）除数多位数的归除；（2）余数除成小数；（3）整数除法定位；（4）整数除小数；（5）小数除法定位；（6）小数除整数；（7）小数除小数；（8）省略除法

第四章　复名数通法命法：（1）复名数；（2）复名数记法；（3）通法；（4）命法；（5）两化斤口诀；（6）两化斤的演算

第五章　复名数四则：（1）复名数加法；（2）复名数减法；（3）复名数乘法一；（4）复名数乘法二；（5）复名数除法一；（6）复名数除法二；（7）先令算法

该书在每部分内容学习之后附有练习题，方便学生及时巩固所学知识。全书附加图形较多（如图4-27），并呈现如下特点：

首先，算盘是整个珠算过程的基础，该书目录后第一页用图展示算盘，使学生熟悉算盘各部件名称及其所代表的意义，既为后续学习奠定基础，又便于学生复习使用。

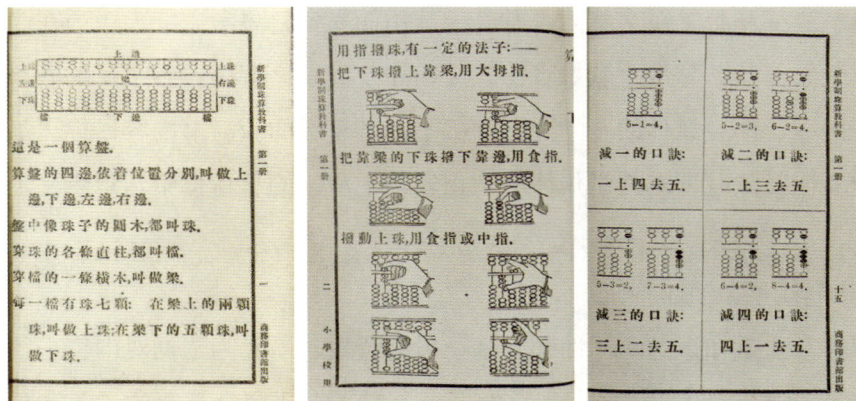

图4-27 《小学校用 新学制珠算教科书》第一册 商务印书馆发行，1930年：第1页、第2页、第15页

其次，运珠是珠算的精髓，同时也是学生掌握的重点及难点。该书对拨珠指法及计算中的具体运珠过程进行图示化展示，并且不同图示的珠代表不同的运算（其中不同的图代表的意义参见"编纂大意"），可以方便课上没能及时理解的学生课后使用。

最后，口诀是珠算学习的"加速剂"，该书以口诀贯穿整个学习过程，且需要学生随时进行复习。

综上所述，该套教科书既适合于教员教学使用，同时又可作为无法进入学校的学生自学教材使用。

十二、小结

这一时期，新旧教育的更替、中西教育的融合，给发展中的中国小学教育尤其是小学数学教科书带来了根本性的变革。小学数学教科书开始从单一借鉴日本转向引进和改编欧美等多国数学课本，并逐步向自编教科书这一方向过渡，呈现出渐谋革新的动向，具有一定的合理性和进步性，这与教育思潮的影响、教学思想的变化、教法的使用无不相关。主要表现在以下几个方面：

（1）教科书与国家教育宗旨密切联系，并呈现系统化趋势。

随着清末"中学为体、西学为用"主导思想的打破和近代社会民主共和思想的确立，民国初期教育在宗旨上罢黜了清末教育宗旨中的"忠君""尊孔"两项，增加了"美感教育"，体现了时代发展的趋势。而小学数学教科书亦注重与国家教育宗旨密切联系，如在内容上革除了"忠君""崇满"的内容，加进了民主、自由思想的内容。这是民国初期教育宗旨的体现，也是近代社会自由、平等精神在教科书编辑原则中得以体现并贯彻的结果。自商务印书馆《编辑共和国小学教科书的缘起》出版后，遂有整套有系统的小学数学教科书出现。

（2）教科书内容目标更加明确。

俞子夷在教学改革中提出在国民一、二学年，当养成儿童关于物体或物群之数关系的印象，并养成明确之量的印象。……在三、四学年，当令儿童习熟整数加减乘除及十进诸等之计算……用适合儿童经验之简易问题养成儿童解决简易数关系之能力，并养成其用简易资料思考之能力……在高等一、二学年，当令儿童熟习整数、小数、分数之基本算法，又当注重问题之解决。各学年的教科书内容目标与"各学年之特殊目的"，即在总体的小学要旨基础上，各年级的教科书内容目标更加明确，教学重点更有所侧重。这表明民国时期对教学规律的认识较之于清末的总体框架认识水平上升到各年级具体规律的认知层次。

（3）内容选择遵循学以致用、学用结合的原则。

民国初期教科书的内容选用非常注重知识的应用性和儿童学习的背景，以此为依据对内容进行增加或删改。1919年出版的《教育杂志》第11卷第7期刊登的上海小学教育研究会撰写的《算术科教材之研究》中记载：教本宜适用，以免重复及脱节。有学者提出的删除标准是：①不切于实用者；②不适宜地方情形者；③不适于儿童境遇者；④与事实不符者；⑤题文累赘者；⑥题义不明者；⑦不合格式者。又有学者主张增加三项标准：①关于儿童日常经验之事项；②适切于应用之事项；③关于他教科所授之事项；等等。

（4）内容编排采用螺旋式。

这一时期的小学数学教科书采取螺旋式的编排方式，较之于清末的直线式编排方式，具有一定的优越性。首先，螺旋式的编排方式有利于加强各部分知识之间的联系，打破"法"的界限，避免了直线式编排孤立、隔绝教科书各部分内容的弊端，使学生对各部分知识达到真正理解和融会贯通的地步；其次，螺旋式的编排方式，符合儿童由简到繁、由易到难的认知规律，便于循序渐进、逐步巩固，减少儿童学习中的困难。

第二节
"中学校用共和国数学教科书"

1912年1月1日，中华民国临时政府成立，对我国封建社会的教育体制进行了全面改革。"壬子癸丑学制"颁布之前，南京临时政府教育部颁发的《教育部普通教育暂行办法通令》是实施教育的主要依据。其中要求："凡各种教科书，务合乎共和民国宗旨，清学部颁行之教科书，一律禁用。"由于此规定的颁布正值学生即将开学之际，各书局来不及重新编印各类教科书，为了避免延误开学，只能将旧存教科书修订后使用。所以，1912年出版的教科书，大多是沿用了清末教材内容的教科书，只是换掉了封皮，并且印上"共和国教科书"等字样而已，似有"新瓶装旧酒"的味道。

与此同时，商务印书馆立即着手编辑"中学校用 共和国教科书"（以下简称"共和国教科书"）及其相关的教授书，以适应新时代教育改革的紧迫需求。

1913年始，商务印书馆出版了第一套自编教材——"共和国教科书"，数学方面有《中学校用 共和国教科书 算术》《中学校用 共和国教科书 代数学》《中学校用 共和国教科书 平面几何》《中学校用 共和国教科书 立体几何》《中学校用 共和国教科书 平三角大要》五本。[1]

"共和国教科书"的发行，是继"最新教科书"之后，商务印书馆出版的第二套最完善的教科书，是经教育部审定，为中学校制定的一套教科书，它不仅在宗旨上完全适合中华民国，在内容、方法上也与"最新"大为不同，文字更浅、更短，也增加了许多图画。[2]

商务印书馆出版的"共和国教科书"数学教科书如表4-1所示。

表4-1 中学校用共和国数学教科书

序号	书名	编纂者	校订者	出版时间	备注
1	《中学校用 共和国教科书 算术》	寿孝天	骆师曾	1913年9月初版	1917年11月二十版
2	《中学校用 共和国教科书 代数学》（卷上）	骆师曾	寿孝天	1913年9月初版	1916年6月八版 1918年12月十七版
3	《中学校用 共和国教科书 代数学》（卷下）	骆师曾	寿孝天	1913年9月初版	1914年7月三版 1915年4月四版
	《中学校用 共和国教科书 平面几何》	黄元吉	寿孝天	1913年10月初版	1916年11月八版
4	《中学校用 共和国教科书 立体几何》	黄元吉	寿孝天	1914年2月再版	最多版次十版
5	《中学校用 共和国教科书 平三角大要》	黄元吉	寿孝天	1913年12月初版	1932年7月十八版

[1] 马忠林等. 数学教育史：新版[M]. 南宁：广西教育出版社，2001：160.

[2] 吴小鸥. 清末民初教科书的启蒙诉求[D]. 长沙：湖南师范大学，2009：392.

1912年以后，中学学制由五年改为四年，不分初中和高中，各学年教授数学科目见表4-2。

表4-2　中学各学年教授数学科目

第一学年	第二学年	第三学年	第四学年
算术 代数	代数 平面几何	代数 平面几何	平面几何、立体几何 平三角大要

算术、三角仅在第一学年、第四学年教授。代数教授从第一学年持续至第三学年，每年与算术、平面几何同时教授。几何教授从第二学年持续至第四学年，每年与代数、三角同时教授。代数、几何两门课程的课时占四年数学课时的一半，足见其分量之重。所以教科书与上述教授时间安排相适应，"共和国教科书"代数与几何部分内容最多。"共和国教科书"并没有统一的课时安排，而是根据内容深浅、难易而定，具有一定的随意性。

倪尚达在《全国中等学校数学科教授状况之调查》（《教育杂志》，1920年）中对当时中等学校使用的数学教科书情况进行统计。其中，"共和国教科书（数学）"在当时的使用范围相当广泛，而且一直再版，是很多中学校的首选数学教科书。但几何教科书的使用范围没有明显突出。

这套"共和国教科书"是商务印书馆在中华民国成立后出版的第一套最完全的教科书。无论在形式还是内容上均符合当时的国情，与南京临时政府的教育方针大致吻合，具有一定的代表性。"共和国教科书"打破了清末完全翻译日本、欧美国家教科书的现状，展现了国人自编教科书的实力，开创了我国近代学制颁布后国人自编中学数学教科书的先河，体现了近代数学教育家们追求科学的真诚态度和严谨的学风。由于时代的局限性，该书也有不足之处，如与欧美、日本等教科书相比显得粗糙、不美观，内容过于简单等。由于"共和国教科书"属于应急教科书，编写较仓促，故而每本教科书都很薄。而且"共和国教科书"没有与之配套的教授书，没有统一的课时标准，这就要求教员要有足够的教学经验，所以随意性较大。总之，从民国时期教科书水平来看，由于政体突然变更、时间仓促，"共和国教科书"的水平不尽如人意。但却反映了近代国人在教科书编写初始阶段的艰难的探索及追求。

一、寿孝天编《中学校用　共和国教科书　算术》

《中学校用　共和国教科书　算术》（图4-28）由寿孝天编纂，骆师曾校订，1913—1917年间，商务印书馆发行，最多版次达二十版。《中学校用　共和国教科书　算术》虽有不足，但打破了清末时期完全翻译他国教科书的现状，体现了国人自编教科书的实力。

《中学校用　共和国教科书　算术》编排顺序为：编辑大意、目次和正文内容。有页眉，按奇、偶页分别标有页码、篇章标题及具体内容，这说明教科书编写、排版形式已经进入现代阶段。该书的中文名词皆用黑体加粗，重要的定义、规则均用下划线标记，使人一目了然。卷末附有习题答案，以便学生进行自主练习。

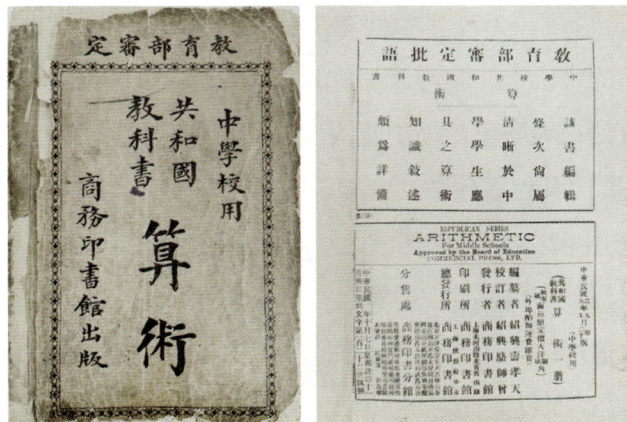

图4-28 《中学校用 共和国教科书 算术》商务印书馆出版，1917年

《中学校用 共和国教科书 算术》采用从左至右横排编写形式，页码均采用阿拉伯数字排序。在每一名词术语第一次出现的时候，均有对应英文名称。在该书的最后，有商务印书馆对该书的总体评价及该书的价钱等。

（一）编排特点

在此引用书中"编辑大意"说明当时的编排情况：

一、本书备中学校算术教科之用。

二、按中学校课程标准，教授算术。在第一学年，同年并授者，又有代数。全年授课约计二百小时，本书即以供一百小时之用。

三、算术为小学已习之学科，与代数几何等之中学始习者不同。温故知新，诵习较易。故本书之篇幅，按时分配，较之数学科他种教科书之篇幅为多。

四、中学与小学，学科虽同，程度自异。本书共分十二篇，如级数开方省略算等，固为小学所未习。即其他各法为小学所已习者，亦多探溯原理，更进一解。俾与中学之程度相应。

五、世俗习惯之名称，有不容不矫正者，如年利月利，概称几分是也。本书所用，一以小数定位为准，十分之一称分，百分之一称厘，庶就一贯而免歧混。

六、中外度量衡之比较，可分为两种。一种以1密达等于3.25尺为基础，一种以1密达等于3.125尺为基础。前者准据学理，后者为现行制所采用，本书特两列之。

七、本书于名词初见处，附注英文原名。于词句紧要处，特别标以黑线。于篇幅转页处，必令文字终止。无非为批阅者图其便利也。所虑雠校未精，讹误不免，倘蒙方家指正，跂予望之。

第一，在"编辑大意"中，编者明确提到了该书的使用范围及授课时间。此书供中学校使用，按照中学校课程标准教授算术，全年授课约为二百小时，该书供一百小时之用。

第二，强调温故知新的学习方法。"编辑大意"第三条指出，算术是小学已经学过的学科，初中算术是在复习小学算术的基础上进一步提高，因而相对于代数、几何而言学习起来较容易。"温故知新"是我国优秀的传统教学方法，在孔子的《论语·为政》中就有"温故而知新，可以为师矣"。该方法符合儿童的学习心理，在复习旧知识的基础上，学习新的知识，有助于新旧知识的联系，促进知识的迁移，进而使新知识更加牢固地存储在大脑里。书中也提示教授者应依据教授内容的重要程度合理安排时间，算术作为主体知识自然要比几何、代数初步知识的用时多。

第三，"编辑大意"第四条强调小学算术与初中算术知识的衔接性，以及初中算术与初中代数、几何知识的衔接性。小学算术与初中算术学科虽然相同，但是学习程度要求不同。在小学算术中已经学习的知识，到初中算术时更多的是探求追溯知识的原理性，如分数、小数、整数之性质等，主要学习其概念之意义、转换及复杂的计算等；而没有学过的知识，如"级数、开方、省略算"等中学程度之知识，需要在已有数学知识的基础上学习，故而有一定难度。然而级数、开方还有书中的求积等内容又是初中算术教科书中一些简单代数、几何的内容，是算术与几何、代数的衔接性知识，可为之后代数、几何课程的学习打基础。

第四，明确统一称谓，说明中外度量衡比较的标准。"编辑大意"第五条提到，中国传统提法的沿用，如在利息算中，年利、月利统称为几分。书中以小数定位为准，十分之一称为分，百分之一称作厘，书中整个相关内容都这么称谓，一以贯之，避免混淆，因而书中将百分法写作分厘法。中外度量衡比较的标准有两种，一种是1密达等于3.25尺，这是依据于学理；另一种是1密达等于3.125尺，这是现行制采用的。书中依据两个标准对中外度量衡进行区分比较，可见编辑者对内容编辑的细致、合理。

第五，注重教科书编辑形式的全面、专业。"编辑大意"第七条介绍，书中名词第一次出现时，附注英文原名，以求中英文对照，能更加准确地理解名词含义，也为将来中西文对照深入研究数学知识作铺垫。书中重要的概念、规则等字下标黑线，以示醒目，容易引起学生注意。篇幅转页处即停止编辑文字，重新在下一页编辑，便于学生翻阅。由此可见，编辑者为学生学习提供便利，考虑周到，用心良苦。

该书的定义、公理、定理等都采用统一编号，混在一起。书中需特别注明的地方都加下划线作标记，例如：

263. 分数之平方根，开法有两种。一、先化分数为小数而后求其根。二、先各开分子分母之根而后求其商，但用第二法时，宜先化分母为完全平方数则较便。

定义的中文名词后，跟着名词对应的英文单词，并且中文名词都用黑体加粗。例如：

62. 除数除被除数所得谓之**商**Quotient。能除尽而无余者，谓之**整除**Exactly divisible，整除之商为整数。

有英文作指导，不会出现名词误差。有些内容后用括号注明与其相关的命题及问题，便于学生查看。

（二）应用题素材特点

书中各篇应用题素材统计见表4-3。

表 4-3　各篇应用题素材统计

篇	应用题素材
第一篇	年岁、面积、世界电线之延长、金币、银两
第二篇	水果数量、乘车、距离、圆周直径、生日计算、动物追击、大米数量计算、分银两、玻璃水银重量计算、工资、船航行、年岁、商品价格、利息、栽树、买牛马数量
第三篇	太阳转速问题、阳历阴历计算、闰年计算、角度计算、光速、时间计算、昆仑山高度、长城长度计算、时间转化、月球运动、时钟、角度、行路、经纬度、摄氏度计算、酒精沸点、温度计算、尺寸问题、行路距离、箱子内容量计算、三角形角度计算、人体呼吸容量计算、分田、建筑高度、碳酸水重量、国外公里数计算、物重计算
第四篇	三角形、追击距离、轮子尺寸、板子个数、日期
第五篇	考试人数计算、学生人数计算、跨时区时间计算、种田耕地、分配金币、卖布、男女生人数、工作效率计算、财产分配、注水、工作效率、鹤龟足数、时钟、金银重量比较、航行
第六篇	银元倍数
第七篇	茶叶重量计算、兔狗步数、利息、铁罐浸水、汽车速度、粮食、工作效率、时钟、车轮转数、地面长度计算、行路、工资、铁杆重量、齿轮计算、粮食、孔径、动物数量变换、硬币互换、货物钱币互换、金钱比例、分金、利润、酒、米、茶、酱油斤两数及价格比例、火酒浓度、耕田、容量、商品价格、鸡兔同笼
第八篇	内耗、分金、买马、亏本、折扣、股票、保险费、利率、本金、利润问题、保险金
第九篇	利率问题、边长问题
第十篇	—
第十一篇	本利、物体坠落、行路、投篮个数、读书效率、存钱、存款
第十二篇	—

首先，该书作为民国初期的教科书，内容上较清末时期自编教科书更具现代化特点。书中增设了开方、省略算、级数等章节，而且中外度量衡的对照篇幅增多，作为几何初步知识的"求积"内容比杜亚泉等编的《高等小学用　最新笔算教科书》中"立体"的内容充实许多，包括各种图形平面与立体的求积，但是比较该书与藤泽利喜太郎的《中学算术新教科书》（以下简称《中学算术》）中求积的内容，则发现两者很相似，可见该书编写时参考了《中学算术》。进一步比较两书其他内容，发现：①两书目录设置基本一样，该书多了一章循环小数，但是该书共191页，而《中学算术》上卷248页，下卷230页，共478页，是该书的两倍多；②《中学算术》有例题305道，习题1 647道，而该书有例题258道，习题665道，可见两书例题相差不多，而习题相差甚远，《中学算术》习题是该书的两倍多。③两书除求积内容基本一样外，其他部分也有相似的内容，例题题型、习题题型基本一样，但是数据、细节有所不同，同样的内容该书表述更精炼，这也是该书比较薄的原因之一。因而，该书虽然借鉴了《中学算术》，但是也有自己的特点。当时中华民国成立，在很短的时间内编辑出版符合民主共和思想，符合新的学制和数学课程标准的初中算术教科书，对于商务印书馆而言是个挑战，对寿孝天来说也十分困难，所以参考、借鉴其他初中算术教科书的内容体

系也是可以理解的，当然也可以视为民国初期初中算术教科书编辑出版的一个弊病。

其次，书中例题与习题还是多集中在四则运算、复名数、比例及分数方面，可见这几部分内容的重要程度及该书对计算能力训练的侧重。

再次，书中的知识呈阶梯式上升，不同于《高等小学用 最新笔算教科书》中内容的螺旋式上升。该书知识的编排与学习遵循循序渐进的原则。

最后，应用题的内容选择除了经典题目，如鸡兔同笼、兔狗步数、龟鹤足数、种田耕地、买卖大米、茶叶、牛马等以外，还联系当时社会实际选取了新的题目，如经纬度、摄氏度、酒精沸点、物体坠落、玻璃水银重量计算等。题材的选取符合当时社会实际情况，没有随意编造题目之事。因为算术是解决实际问题的，所以利用实际确切的素材更有助于学生对知识的学习。

值得注意的是，应用题素材类型丰富，除取自生活实际外，在应用题的素材中还融入了一些其他学科的内容或科普知识，如碳酸水重量、太阳转速、月球运动等，这不仅丰富了应用题素材的多样性，还开阔了学生的视野。向他们普及科普知识，通过数学认识到数学以外的世界，也促使学生认识到数学与其他学科的密切联系，以及算术作为科学之基础的作用。

民国初期，国人自编初中算术教科书中的名词术语基本仿照西方的表示法，大多已接近现行教科书中的表示，但因编辑者自身受传统数学文化的影响，也有一部分保留了中国传统的用语。书中的例题序号均用汉字排序，如例一、例二等。用“∷”表示等比，把“√”称为根号，这些表示在现行的教科书中已不再出现。该书使用根号时，有时用“√”，如“√25”，也有少数用类似于“√‾”的符号。不过这个符号与我们现行教科书的写法不同，它不是一笔写成，“勾”与上面一“横”并没有完全连接，而是有一条缝隙，且这一“横”书写较粗较重，不是一个整体，似是在排版印刷之后加上的，见图4–29、图4–30。书中有些概念与生活实际密切相关，如保险、关税、利息等，并附有从2厘至1分的复利息表。

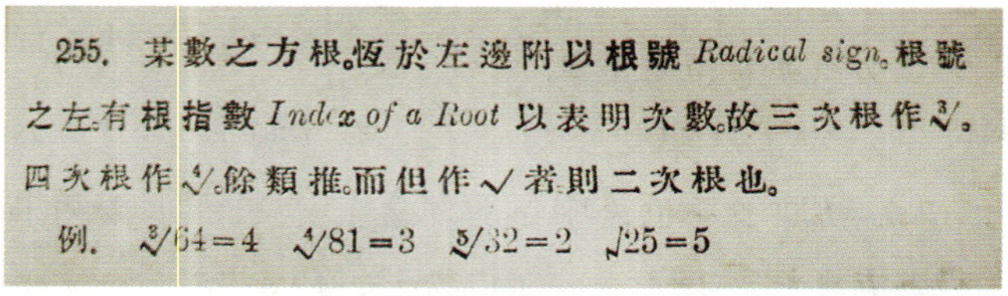

255. 某數之方根。恆於左邊附以根號 *Radical sign*。根號之左有根指數 *Index of a Root* 以表明次數。故三次根作 $\sqrt[3]{}$。四次根作 $\sqrt[4]{}$。餘類推。而但作 √ 者則二次根也。

例. $\sqrt[3]{64}=4$ $\sqrt[4]{81}=3$ $\sqrt[5]{32}=2$ $\sqrt{25}=5$

4—29

图4—29 《中学校用 共和国教科书 算术》商务印书馆出版，1917年：第149页

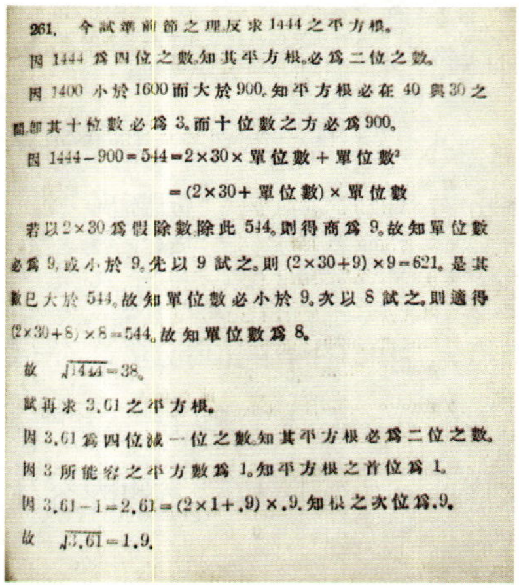

261. 今試準前節之理反求1444之平方根。

因1444爲四位之數。知其平方根。必爲二位之數。

因1400小於1600而大於900。知平方根必在40與30之間。即其十位數必爲3。而十位數之方必爲900。

因 1444－900＝544＝2×30×單位數＋單位數²

＝(2×30＋單位數)×單位數

若以2×30爲假除數除此544。則得商爲9。故知單位數必爲9，或小於9。先以9試之。則(2×30+9)×9＝621。是其數已大於544。故知單位數必小於9。次以8試之。則適得(2×30+8)×8＝544。故知單位數爲8。

故 $\sqrt{1444}=38$。

試再求3.61之平方根。

因3.61爲四位減一位之數。知其平方根必爲二位之數。

因3所能容之平方數爲1。知平方根之首位爲1。

因 3.61－1＝2.61＝(2×1＋.9)×.9. 知根之次位爲.9。

故 $\sqrt{3.61}=1.9$。

4—30

图4—30 《中学校用 共和国教科书 算术》商务印书馆出版，1917年：第151页

（三）名词术语特点

该书中部分名词术语与现行数学教科书中的名词术语对照详见表4-4、表4-5。

表 4-4　《中学校用 共和国教科书 算术》与现行数学教科书中部分名词术语对照表

《中学校用 共和国教科书 算术》中名词术语	现行数学教科书中名词术语	《中学校用 共和国教科书 算术》中名词术语	现行数学教科书中名词术语
目次	目录	带分	带分数
若干	多少	单分数	简单分数
杂题	混合题	素因数/质生数	质因数
残数	余数	完数	完全数
分厘法	百分法	不完数	不完全数
分厘率	百分率	赢数	过剩数
法（自动之数）	加数/减数/乘数/除数	输数	不足数
实（被动之数）	被加数/被减数/被乘数/被除数	比例中率	比例内项
较	差	角台	棱台
自乘积/二乘幂	平方	角锥	棱锥
三乘积/立方积/三乘幂	立方	无法多边形	任意多边形
乘幂	次幂	有法多边形	正多边形
杂循环小数	混循环小数	无法四边形	任意四边形
正分	真分数	阔	宽
假分	假分数	答数	答案
句股形	勾股形	端面	底面
角柱	棱柱	杂循环小数	混循环小数
比例中率	比例中项	最低分数	最简分数

表 4-5　《中学校用 共和国教科书 算术》与现行数学教科书中相同的名词术语统计

《中学校用 共和国教科书 算术》中名词术语	现行数学教科书中名词术语
最大公约数	
最小公倍数	
比例	
级数	

　　首先，"实、法、较"作为传统四则运算的名词被保留了下来，但是将"法"称为"自动之数"、"实"称为"被动之数"却是其他书中没有的。至于延伸到"法为自动之数，实为被动之

数"，也是与"法"为一个量度"实"的标准，是可以变化的，而"实"是随着"法"的变化而变化的，所以"法"称为"自动之数"，"实"称为"被动之数"。

其次，"杂题"和"杂循环小数"是中国传统表述，现行的"混合题""混循环小数"则是日本初中算术教科书中的表述，一直沿用至今。

再次，"生数""素数""自乘积/二乘幂""三乘积/立方积/三乘幂"都是中国传统算术的叫法，而"因数""质数""平方""立方"是西方笔算中的叫法，可见初中算术教科书中名词术语逐渐由中国传统向西方转变。"分厘法"[1]是沿用的中国传统表述。

最后，"赢数""输数""角台""角锥"非常形象地表达了其中蕴含的意思，而现行的"过剩数""不足数""棱台""棱锥"显然是沿用西方的叫法，没有了中国传统特色。此外，"完数""不完数""输数""赢数"的概念在之后的初中算术教科书及现在的小学算术中已不出现了。

（四）其他特点

该书共191页，后附答数部分13页，因为定义的名词后跟着相应的英文单词，所以书中没有附中英文对照表。教科书中的相关知识点不按概念、定理等进行分类，而是混在一起，采用统一编排序号的形式。例题紧跟在相关知识点的后面，即介绍一个知识点后，大多会设计几个例题。有些知识点后面即使没有例题，也会有相应的举例介绍。在某些知识点后面，书中注有"注意"二字，是对该知识点进行补充说明。该书共有50个问题，分布在各章的最后，每个问题中又包含了2～30个不等的小问题。该书的相关知识点采用直接给出的方式，之前并没有什么铺垫，习题的难度适宜。

以第七篇第二章的相关知识点为例具体了解该书。

凡比例式。外项之乘积，等于中项之乘积。

如 $3：8::6：16$，则 $3×16＝8×6$。此因原式等于 $\frac{3}{8}＝\frac{6}{16}$，而 $\frac{3}{8}×8×16＝\frac{6}{16}×8×16$ 故也。

[注意]依同理，又可知中比例外项之乘积，必等于比例中率之自乘积。如 $3：6::6：12$，则 $3×12＝6^2$。

该题出自该书第七篇第二章，用"::"表示等比，这种表示在现行的教科书中已不再出现。举例说明该知识点，有助于理解。相关知识点后面有"注意"二字，相当于拓展延伸，补充原有的知识点。

以外项之一，除中项之积，可得他一外项。以中项之一，除外项之积，可得他一中项。故比例四项中，苟已知其三，即可求得其余一项。

例一．（　）：$7::6：14$，依前理（　）$×14＝7×6$。

---

[1] 十分之一称为分，百分之一称作厘，书中整个相关内容都这么称谓，一以贯之避免混淆，因而书中将百分法写作分厘法。

则（ ）×14÷14＝7×6÷14＝3，故（ ）＝3。

例二．3∶7∷（ ）∶14，依前理3×14＝7×（ ）。

则7×（ ）÷7＝3×14÷7＝6，故（ ）＝6。

该题出自该书第七篇第二章，重点知识采用加下划线的方式进行突出强调，例题序号均采用大写数字编排。例题设置不单一，有助于对知识点的理解。

二、骆师曾编《中学校用 共和国教科书 代数学》

《中学校用 共和国教科书 代数学》（卷上1916年6月八版，卷下1915年4月四版，见图4-31）由骆师曾编纂，寿孝天校订，1913—1918年间出版，商务印书馆发行印刷。《中学校用 共和国教科书 代数学》虽有不足，但也突破了清末完全翻译他国教科书的状况，体现了国人自编教科书的实力。

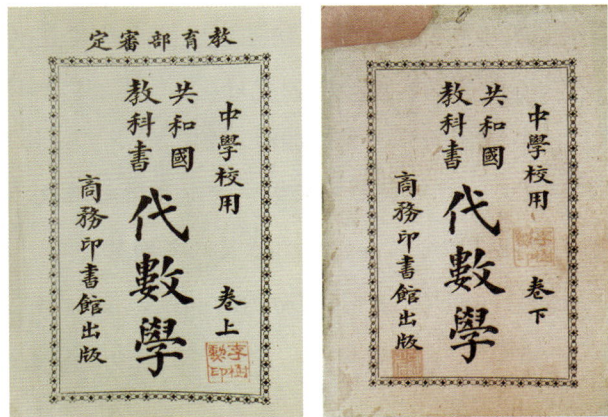

图4-31 《中学校用 共和国教科书 代数学》商务印书馆出版，1915年

《中学校用 共和国教科书 代数学》分上、下两卷。全书采用从左至右横排编写形式，页码均采用阿拉伯数字排序。在每个名词术语第一次出现时，均标有对应英文名称。字符大小适宜，排版有致，适合阅读。在书末有商务印书馆对该书的总体评价及该书的价钱等。

在此引用书中"编辑大意"说明当时的编排情况：

——本书备中学校代数学教科之用。

——按中学校课程标准，代数之教科。始于第一学年，至第三学年而毕。每年与算术几何，同时并授。是三年内代数所占之时间，适得数学全科之半。本书之分量，即依此标准以定之。庶教材与时间，适相应而便于诵习。

——本书分为上下两卷。上卷至二次方程而止，应用最广。下卷自高次方程以上，理论稍深。唯中学程度，应以普通代数为范围，故阐发处无不力求简易。其繁赜深奥之理论，应属于高等代数者，仍不预为侵越。

——代数学来自欧西。各种译名，证以西文可免歧误，然若另编中西对照表，未免多费翻检之時（时）刻。今于名词初见之处，即用西文原名附注于后，举目可得，似于学者更为便利。

——文字排列之位置，与编辑宏旨，本属无涉。然适宜与否，于阅者之感觉，亦非毫无关系。试以一贯之算式，而分列于左右两叶，以一气之文字，而跨排于前后两面。则披阅之时，必有憾其不便者。本书仍照算术教科书之例，凡单数各面，篇幅终止之处，亦为文字终止之处，无非为阅者图其便利而已。

在"编辑大意"中，编者明确提到了该书的使用范围及分配时间等。该书特色在于"今于名词初见之处，即用西文原名附注于后，举目可得，似于学者更为便利""凡单数各面，篇幅终止之处，亦为文字终止之处，无非为阅者图其便利而已"。这些特点，能够使阅读者抓住重点，方便学习。上、下卷的"编辑大意"中，有一字不同，即卷上为"必有憾其不便者"，而在卷下为"必有感其不便者"，这也许是印刷书写的错误。

该书的定义、定理等都采用统一编号，卷下接着卷上的序号继续编排。书中需特别注明的地方都加下划线作标记。例如：

90. **除法** 以一分数式除他分数式，等于以除式之分子乘被除式之分母为分母，以除式之分母乘被除式之分子为分子，所成之分数式。简言之，颠倒除式之两项以乘被除式，即得。

定义的中文名词后，跟着名词对应的英文单词，并且中文名词都用黑体加粗。如：

91. **倒数** Reciprocal 将分数式分母与分子之位置，颠倒置之。此所成之分数式，曰原分数之**倒数**。又一整式可视作以1为分母之分数式。故以1为分子，整式为分母之分数式，即为原整式之**倒数**。

有英文作指导，不会出现名词错误。有些内容后用括号注明与其相关的命题及问题，便于学生查看。

《中学校用 共和国教科书 代数学》卷上目次为：

第一篇 绪论（第一章 定义及符号；第二章 代数式 问题一 问题二；第三章 正数及负数 问题三）

第二篇 整式（第一章 加法 问题四；第二章 减法 问题五；第三章 括号 问题六；第四章 乘法 问题七；第五章 除法 问题八）

第三篇 一次方程式（第一章 一元一次方程式 问题九；第二章 一元一次方程式应用问题 问题十；第三章 联立一次方程式 问题十一 问题十二；第四章 联立一次方程式应用问题 问题十三）

第四篇 因数（第一章 因数分解法 问题十四 问题十五 问题十六 问题十七；第二章 最高公因数 问题十八；第三章 最低公倍数 问题十九）

第五篇 分数式（第一章 分数变化 问题二十；第二章 分数加减 问题二十一；第三章 分数乘除 问题二十二；第四章 分数杂定理 问题二十三；第五章 续一次方程式 问题二十四）

第六篇 二次方程式（第一章 一元二次方程式 问题二十五 问题二十六 问题二十七；第

二章 二次方程式杂论 问题二十八；第三章 高次方程式 问题二十九；第四章 联立二次方程式 问题三十；第五章 二次方程式应用问题 问题三十一）

答数

《中学校用 共和国教科书 代数学》卷下目次为：

第七篇 乘幂乘根及指数（第一章 乘幂 问题三十二；第二章 乘根 问题三十三；第三章 指数 问题三十四）

第八篇 不尽根，虚数（第一章 不尽根 问题三十五；第二章 虚数 问题三十六）

第九篇 比，比例，变数（第一章 比 问题三十七；第二章 比例 问题三十八；第三章 变数 问题三十九）

第十篇 级数（第一章 等差级数 问题四十；第二章 等比级数 问题四十一；第三章 调和级数 问题四十二；第四章 杂级数 问题四十三）

第十一篇 错列及组和（第一章 错列 问题四十四；第二章 组和 问题四十五）

第十二篇 二项式定理（第一章 二项式定理 问题四十六）

第十三篇 对数（第一章 对数之性质 问题四十七；第二章 指数级数及对数级数 问题四十八；第三章 复利及年全 问题四十九）

第十四篇 杂算法（第一章 分离系数法 问题五十；第二章 不等式 问题五十一；第三章 记数法 问题五十二；第四章 不定方程式 问题五十三）

第十五篇 图解（第一章 定义 问题五十四；第二章 一次方程式之图解 问题五十五；第三章 二次方程式之图解 问题五十六）

答数

该书上、下卷共十五篇五十章。卷上六篇二十五章，设置问题31个，页码136页，答数8页。卷下九篇二十五章，设置问题25个，页码138页，答数8页。上、下两卷共56个问题，在书后均有答案，并在答案的后面标明了问题的页码。卷下的答数后面附有用于画函数图象的红格图纸4～5张（由于最后一张红格纸的后面有撕扯的痕迹，所以不确定是4张还是5张，如图4-32所示）。在该书的最后有整套教科书的目录及各本书的价钱等。

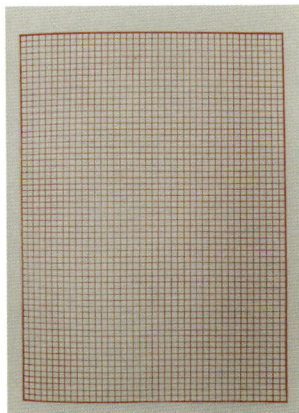

4-32

图4-32 《中学校用 共和国教科书 代数学》（卷下）商务印书馆出版，1915年：里封

该书中部分名词术语与现行数学教科书中名词术语对照详见表4-6。

表 4-6　《中学校用 共和国教科书　代数学》与现行数学教科书中部分名词术语对照表

异同	《中学校用 共和国教科书 代数学》中名词术语	现行数学教科书中名词术语
不同	乘幂	幂
	乘根	方根
	无缘根	—
	独项式	单项式
	通约	约分
	中项	内项
	正变	正比例
	反变	反比例
	图解	图象
相同	多项式	
	数学归纳法	
	对数	
	象限	

从表4-6中可以看出，大多数的名词术语与现行的表示不相同，有些还继续使用着清末的表示法。

因为定义的名词后跟着相应的英文单词，所以书中没有附中英文对照表。教科书中的相关知识点不按概念、定理等进行分类，而是混在一起，采用统一编排序号的形式。例题紧跟在相关知识点的后面，即介绍一个知识点后，大多会设计几个例题。有些知识点后面即使没有例题，也会有相应的举例介绍。在某些知识点后面，书中注有"注意"二字，并提示易错的地方。问题分布在各章的后面，每个问题中又包含了6～50个小问题。该书的相关知识点采用直接给出的方式，之前并没有什么铺垫，习题的难度适宜。

以第五篇第四章和第十五篇第三章的相关知识点为例具体了解该书。

第五篇第四章为分数杂定理。该章给出了三个定理。

94. 定理一　设 $\dfrac{a}{b}=\dfrac{a'}{b'}$，则下之三方程式皆能成立。

$$\frac{ma+nb}{b}=\frac{ma'+nb'}{b'}\ (1)\quad \frac{a}{pa+qb}=\frac{a'}{pa'+qb'}\ (2)\quad \frac{ma+nb}{pa+qb}=\frac{ma'+nb'}{pa'+qb'}\ (3)$$

其 m，n，p，q 无论为正为负为整为分皆合。

定理二　设 $\dfrac{a}{b}=\dfrac{a'}{b'}=\dfrac{a''}{b''}=\cdots$，则各分数皆等于 $\dfrac{pa+qa'+ra''+\cdots}{pb+qb'+rb''+\cdots}$。

定理三　设 $\dfrac{a}{b}$，$\dfrac{a'}{b'}$，$\dfrac{a''}{b''}$，其值不等，但分母子皆为正数，则 $\dfrac{a+a'+a''+\cdots}{b+b'+b''+\cdots}$ 比其分数之最大

者为小，而比其最小者为大。

这三个定理在现行教科书中已不再出现。定理一可以看作是比例的合分比性质，定理二则可看成是比例的等比性质，定理三则属于分式的值的比较，将会在高中不等式中学习，属于较难的知识点。

第十五篇第三章为二次方程式之图解。该章介绍了一元二次方程式的图解是一条抛物线，形如 $x^2+y^2=r^2$ 的二元二次方程的图解是圆，形如 $b^2x^2+a^2y^2=a^2b^2$ 的图解是椭圆，形如 $b^2x^2-a^2y^2=a^2b^2$ 的图解是双曲线。

这一章安排的内容是该书的特色，其中有两个问题有待研究。一是图解的引入问题，图解即为图象，据日本学者松宫哲夫的研究，图象是在19世纪50—60年代，因在统计学中的应用从荷兰传入日本的。图象在数学中应用是在19世纪70年代，从1910年开始引入中小学教科书，至1920—1940年间开始普及。同时松宫哲夫认为："中国是从1850年开始引进了西方数学，在解析几何和代数学中有了图象和函数，20世纪初，模仿日本建立了新的学校制度，由于当时没有图象教材，因此中国的教材中没有图象。从1923年开始在中小学采用'混合教授法'，在代数中可以处理图象了。"松宫哲夫在研究中认为1929年以后中国才开始使用"图解"一词（之前称作"界线"，1949年后称作"图象"）。但是该书出版于1913年，却已出现图解，说明编著者有自己的独到见解，同时也有一定的创造性。二是只引入了图解，却未引入函数，以方程为纲的编写原则彰显无遗。因为当时人们认为图象是解析几何的内容，故而不在代数教科书中讨论。同样，函数的概念也没有引入（1923年的"混合教科书"作为教材引入了函数和图解），这是历史问题，这一部分内容值得思考。[1]

三、黄元吉编《中学校用 共和国教科书 平三角大要》

黄元吉编《中学校用 共和国教科书 平三角大要》（图4-33），商务印书馆1913年12月初版，至1923年7月出版第十八版。

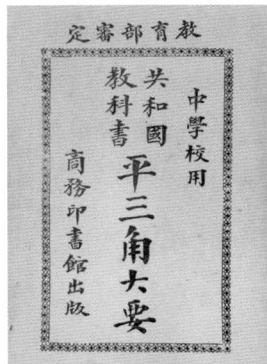

4-33

图4-33 《中学校用 共和国教科书 平三角大要》商务印书馆出版，1923年

[1] 张伟. 中国近现代数学教科书发展史研究[D]. 呼和浩特：内蒙古师范大学，2008.

《中学校用 共和国教科书 平三角大要》采用从左至右横排编写形式，用大写英文字母表示几何图形，页码均采用阿拉伯数字排序。书中图形丰富，能帮助学生理解题意。在书末有商务印书馆对该书的整体评价等。

在此引用书中"编辑大意"说明当时的编排情况：

一、本书备中学校平三角教科之用。

二、按中学校课程标准，第四学年三角与几何并授，是三角仅占学年之半。故本书内容，力求简要，俾得于规定年限以内，从容毕业。

三、本书于每节纲要，均加黑线为志，以便学者随时注重。

四、本书于名词之下，附注英文，以备参证。

五、卷末所附各简表，系备学者练习之用。若近于0°及90°之角，其圆函数，仍依密表检算为是。

六、本书于演式及说明处，务取浅显，恐犹未尽谛当，海内宏达，匡正是幸。

在"编辑大意"中，编者明确提到该书的使用范围及授课时间。由于按照中学数学课程标准的要求，三角的教授仅占第四学年的一半时间，所以该书在内容的编排方面力求简洁，以便学生能够在规定的年限里顺利完成学习任务。

《中学校用 共和国教科书 平三角大要》的目次为：

第一篇 锐角之圆函数（第一章 圆函数之定义；第二章 角与圆函数之关系；第三章 45°等角之圆函数；第四章 直角三角形之解法；第五章 高及距离）

第二篇 普通角之圆函数（第一章 任意角之圆函数；第二章 于直角倍数相和或差之角之圆函数；第三章 合角之圆函数；第四章 普通三角形之关系；第五章 普通三角形之解法；第六章 测量之应用）

附录 表三种（圆函数表；圆函数对数表；对数表）

《中学校用 共和国教科书 平三角大要》共两篇十一章，正文内容55页，其后附有三种表（圆函数表、圆函数对数表及对数表，16页）和习题答案（8页）。由于书中在定义的名词后附有相应的英文单词，所以没有单独列中英文名词对照表。目录之后附有希腊文字对照表，包括希腊字母的大写写法和小写写法及其名称。该书在重点强调之处标有"注意"二字，旨在提示读者对此处应特别留意。扉页背面（图4-34）是与该书配套的习题书目介绍，书名为《中学校用 共和国教科书 平三角大要问题详解》，这本书按照《中学校用 共和国教科书 平三角大要》中习题出现的次序，对问题进行了详细解答，并且充分利用图形的直观性辅助讲解题目。

图4-34　《中学校用　共和国教科书　平三角大要》商务印书馆出版，1923年：扉页背面

　　《中学校用　共和国教科书　平三角大要》中的定义、公理、定理、系等采用统一编号，习题的序号承接上节习题的次序。书中的定理及需特别注明的地方都加下划线作标记，便于学者学习与注意。且有英文作指导，不会出现名词误差。推理用到前面所学内容时，在内容后用括号注明其序号，便于学生查看。卷末附有各类简表，以便学生进行练习。图4-35为《中学校用　共和国教科书　平三角大要》的定理8和系53。

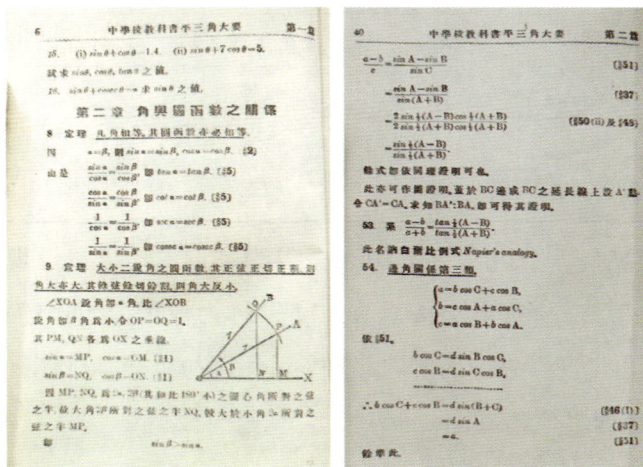

图4-35　《中学校用　共和国教科书　平三角大要》商务印书馆出版，1923年：第6页、第40页

　　书中的定理、例题、习题等都渗透着分类的思想，如第一篇的第四章中直角三角形的解法，将问题分成了11类进行解决。习题中也有从分类角度设置的题目（图4-36）。该书内容和习题量偏少，以简洁为主，这导致很多内容没有深意，且练习不到位。

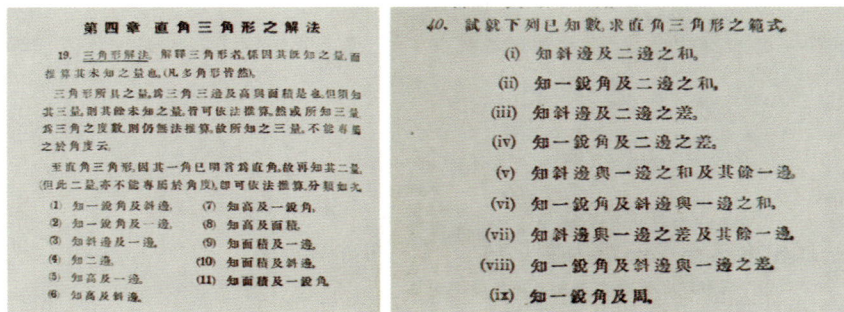

图4-36　《中学校用　共和国教科书　平三角大要》商务印书馆出版，1923年：第14页、第24页

民国初期，国人开始自编三角教科书，名词术语基本仿照西方的表示方法。《中学校用 共和国教科书 平三角大要》中的名词术语大多已接近现行教科书中的表示方法，如定义、公理、定理等的表示。书中的几何图形用英文字母表示，角用希腊字母表示，简单明了。只是用"圆函数"代表"三角函数"，用"cosec"表示"余割"，这种表示方法与现行的教科书不同。该书中部分名词术语与现行数学教科书中名词术语对照详见表4-7。

表 4-7　《中学校用 共和国教科书 平三角大要》与现行数学教科书中部分名词术语对照表

《中学校用 共和国教科书 平三角大要》中名词术语	现行数学教科书中名词术语
目次	目录
系	推论
答数	答案
图解	图象
正方和	平方和
圆函数	三角函数
正（余）弦定则	正（余）弦定理
全等	相等
正交	垂直
周	周长

由表4-7可以看出，《中学校用 共和国教科书 平三角大要》中大多数的名词术语已接近现行的表示方法，只有少数几个还使用清末的表示方法。将符号"√"或"√"称为根号，如√5等（图4-37），这些表示在现行数学教科书中已不再出现。书中的例题序号均采用阿拉伯数字排序，如例1、例2等。定理采用汉字排序，如定理一、定理二等。

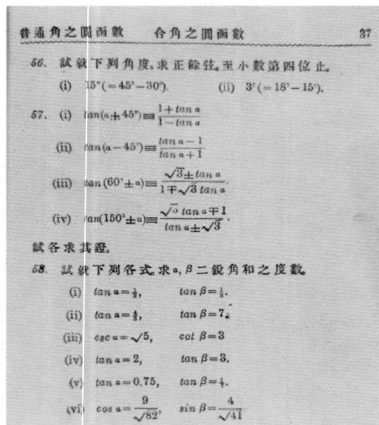

4—37

图4-37　《中学校用 共和国教科书 平三角大要》商务印书馆出版，1923年：第37页

以第二篇第二章、第二篇第三章和第二篇第五章为例具体了解该书。

38. 系　一角之正余切，与其外角之正余切数同而正负适相反。

$$\tan(180° - \theta) = -\tan\theta,$$

$$\cot(180° - \theta) = -\cot\theta。$$

[注意] 钝角之圆函数，恒通于锐角之圆函数。故其值即于圆函数表求之可也。又无论如何，但使二角之和为180°，则其二角必系互为外角，即如200°与-20°亦得依外角推算。

推论中叙述的文字加下划线用以强调，有助于学者注意。在推论之后，有"注意"二字，类似现今教科书中的提示。

42. 以二角之正余弦，表二角之和之正弦。

如图4-38所示，该题利用图形进行证明，图形采用A，B，C等大写字母表示，相应的角用希腊字母α，β等表示，简单明了。证明中采用分类的思想，将角分为锐角和钝角两种形式加以讨论，最终得出结果。

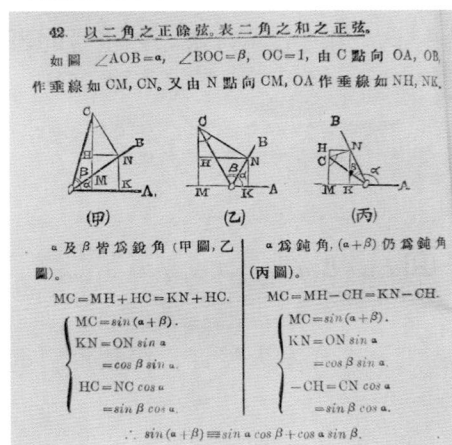

图4-38 《中学校用 共和国教科书 平三角大要》商务印书馆出版，1923年：第32页

58. 普通三角形之解法 分类如次。

（1）知一边及二角。

（2）知二边及其一对角。

（3）知二边及夹角。

（4）知三边。

该节将三角形的解法分成四种情况加以讨论，体现了分类的思想。

《中学校用 共和国教科书 平三角大要》呈现出如下特点：

（1）装帧方面。该套教科书为普通洋装书籍，装订牢固，但是纸质易碎，不易保存。民国初期正处于手工造纸向近代机械造纸和印刷过渡的时期，普通洋装书工艺简单、快捷，成本低，适宜大量生产。但由于装帧工艺较落后，在使用过程中很容易破损。该书封面有布面本、纸面本两种，经济稍宽裕的学校可用布面，定价较纸面本贵了一角，美观而耐用。但学校毕竟皆从节俭，纸面本畅销，而布面本销数极少。

（2）在编排形式上完全采用横排的编写形式，应用英文字母表示几何图形，用希腊字母表示角，大大简化了教科书的内容，方便实用，简明扼要。重点内容采用加下划线的形式强调，重点突出。在名词后加上英文原名，统一名词术语，为熟习英文的学生提供方便，不致概念混淆。教科书附有"编辑大意"，阐明了教科书学习期限、内容结构、名词术语、文字排列等内容。教科书封面上方印有"教育部审定"字样，右侧有"中学校用"字样，中间有"共和国教科书 平三角大要"字样，左下角有"商务印书馆出版"字样，封底印有"教育部审定批语"——是书按照新制选取，教材删繁就简，尚属妥洽，准予审定作为中学教科书之用。

（3）编写方法力求浅显、精练。一方面为了如期完成教学计划，另一方面期望适合学生心理发展的需要。具有较强的思想性，从定理、系的证明到例题、习题的运算，分类思想贯穿始末。

（4）内容简明扼要。书中习题大幅减少，与西方传入的三角学教科书大为不同。例题、习题的设置简单，内容较少，答案部分尚属全面。图形也十分丰富，图文并茂易于学生理解。

（5）民国初期，国人自编三角学教科书中的名词术语基本仿照西方的表示方法，但尚没有完全统一。书中名词术语大多与现行的表示方法相同，但也有一些沿用了清末的表示方法。如根号的表示方法前后不一等。

（6）采用分科的编排方式。

四、黄元吉编《中学校用 共和国教科书 平面几何》

《中学校用 共和国教科书 平面几何》（图4-39）由黄元吉编纂，寿孝天校订，经教育部审定，由商务印书馆于1913年初版，并于1916年出版第八版。

图4-39 《中学校用 共和国教科书 平面几何》商务印书馆出版，1916年

全书采用自左向右的横向编排形式，书末附商务印书馆发行的"中学几何类教科书"系列丛书及由日本学者上野清编著，张廷华翻译，寿孝天、骆师曾及赵秉良校订的《几何学教科书》广告。

虽然"共和国教科书"从编纂到成书历时较短，但商务印书馆依据丰富的编印教科书经验，基本保证了该新式教科书较为上乘的质量水准。借《中学校用 共和国教科书 平面几何》"编辑大意"说明当时的编排情况：

——本书备中学校几何学教科之用。

——按中学校课程标准，几何学之教科，始于第二学年，至第二学年而毕。每年与代数三角，同时并授，是三年内几何学所占之时间，适得数学全科之半。本书之分量，即依此标准以定之，俾得于规定年限以内，从容毕业。

——本书共分六篇。第四篇以前，属于平面。第五篇以后，属于立体。即依此分别，订成两册。然平面与立体，仍必循序而进。故书中篇数节数，皆蝉联一贯，并不各册独立。

——几何学理，必经推勘，始能深入显出。本书于推勘处，措词（辞）达意，务取明爽，俾易领解。

——几何学虽系独具真理，无藉他种科学援引证明，然推勘时关于紧要及终结处，以代数式显之，反较专用文词传达者，更为明朗。日本长泽氏所撰几何，辄以算术代数两科，相为印证，以示会通。本书亦间以代数式相错为用，盖即循其先例也。

——本书于每节纲要，及证明处，有应特别注意者，均加黑线为志，以便学者随时注重。

——本书于名词之下，各注明英字原名，盖几何名词，初未画一，以英字为指归，庶可免纷（分）歧之误。

——本书期学者之易悟，处处力求简明，倘有未妥，仍希海内宏达，不吝指教为幸。

上述"编辑大意"与其编写的《中学校用 共和国教科书 立体几何》所述基本一致。对于学生学习几何知识的前后衔接大有裨益，同时在几何推勘时以代数式表示其紧要及终结处，亦可见代数与几何的紧密结合。

全书共173页，分四篇21章，其各篇所列章节如下所示：

绪论

第一篇 直线：平面角；平行直线；三角形；平行四边形；轨迹

第二篇 圆：圆形性质；圆心角；弦；圆周角；切线；两圆之关系；内接外切；轨迹；作图题

第三篇 面积：定理；作图题

第四篇 比例：比及比例；基本定理；相似直线形；面积；轨迹及作图题

该书比较注重几何作图的学习。首先，从目次即可看出其在每一篇的重要性。第一篇第五章是轨迹，在第二、第三、第四篇中都专有一章讲作图题。其次，在正文内容的表述中亦可看出几何作图在几何定义、定理的表述中无处不在。如"角"的定义：同以一点为准，引二直线，即成平面角，其定义即是作"角"的过程。其定义不再借助圆规，但给出了角的符号表示。用图形表示角时不仅有优角与劣角之分，还有两者的方向示意。这种更显"规范"的作图方式无疑给学生的识图带来方便，且有助于在学生心目中渗透几何知识的严谨性和几何学习中的规范作图的重要性。又如定理：圆之直径，分全圆为两全等形。通过作出符合其几何性质的图来证明此定理的正确性，见图4-40。虽然没有明确标注表示程序的"解"或"证"，但作图步骤即是证明定理的过程。与此同时，书中为了易于表述和帮助学生理解都配有插图。再次，从该教科书的"绪论"中也可看出编撰者对于几何学与几何作图关系的认识。该书对于几何学、平面几何学、立体几何学及作图题是这样定义的：

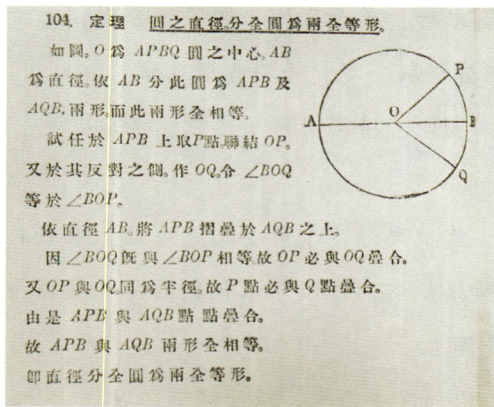

图4—40　《中学校用　共和国教科书　平面几何》商务印书馆出版，1916年：第44页

几何学：几何学亦称形学，盖其所论者，无非属于形也。物在空间，有形有质。今不问其所具之质如何，而但就其所呈之形研究之。形所估之空间，名之曰体。体之境界为面，面之境界为线，线之境界为点。综此点、线、面、体之形，绘为图而穷其理，乃几何学之本旨也。

平面几何学：面之最简显者为平面。凡绘图而研究之形，其所具各点，同在一平面上者，谓之平面几何学。

立体几何学：体不能如面之平，故曰立体。凡绘图而研究之形，其所具各点，不限于一平面上之者，谓之立体几何学。

作图题：求作几何学所系之图，谓之作图题。

编撰者认为几何学也可称为形学，所讨论的无非就是关于"形"的问题。"形"在这里可以有如下几种解释：①形状，如圆形、方形、图形、地形；②形体、实体，如有形、无形、形影不离；③显露、表现，如喜形于色，形诸笔墨。那么"点、线、面、体之形，绘为图而穷其理，乃几何学之本旨也"就可以理解为：将点、线、面、体的形状、形体或表现的性质，作出图形，彻底追究它的道理或者理法就是学习几何学的本质。对于平面几何学和立体几何学亦是"凡绘图而研究之形"。所以，可以说在编撰者看来，几何作图是几何学不可分割的一部分，是研究几何学的必经之路和必不可少的过程。

书中涉及的符号表示与现行数学教科书中的符号表示比较如表4-8所示。

表4-8　《中学校用　共和国教科书　平面几何》与现行数学教科书中符号表示对照表

《中学校用　共和国教科书　平面几何》中的符号表示	现行数学教科书中的符号表示
加+　减-	加+　减-
大于>　小于<　等于=	大于>　小于<　等于=

（续表）

《中学校用 共和国教科书 平面几何》中的符号表示	现行数学教科书中的符号表示
全等 ≡	全等 ≌
角∠ 或 ∧	角∠
直角 Ŗ	直角 Rt
垂线⊥ 平行∥ 三角形△ 平行四边形▱	垂线⊥ 平行∥ 三角形△ 平行四边形▱
因为∵ 故∴	因为∵ 所以∴
差⌣	﹘
相似 ∽	相似 ⌣

　　全书几何图形均用大写字母表示，于定理及重要推论处设下划线，定义之后附对应英文名称，既有益于提高学生的英语水平又便于学生对照外文教科书学习，同时以虚线表示辅助线。于章末及篇末设问题以加强学生训练。此外，从第二篇开始增加尺规作图题，借此强化学生动手操作能力及对所学知识的综合运用。

五、黄元吉编《中学校用 共和国教科书 立体几何》

　　《中学校用 共和国教科书 立体几何》（图4-41）是由黄元吉编纂，寿孝天校订，商务印书馆发行印刷，1914年2月再版，最多版次十版。《中学校用 共和国教科书 立体几何》是中华民国成立后，第一部国人自编的立体几何教科书。

图4-41　《中学校用 共和国教科书 立体几何》商务印书馆出版，1914年

　　《中学校用 共和国教科书 立体几何》在内容上和《立体几何学新教科书》（菊池大麓著，胡豫编译，黄元吉校订，商务印书馆1908年5月初版，1914年9月第九版）完全相同，而《中学校用共和国教科书 立体几何》的著者是《立体几何学新教科书》的校订者黄元吉，这不是一种巧合，可以说明黄元吉在编著《中学校用 共和国教科书 立体几何》时参照了《立体几何学新教科书》，只是在编排时把原来的甲、乙、丙、丁改成 a，b，c，d，原来定义、定理和公理后面的分类编号都去掉了，而且把原来分布在定理或定义后的问题（即习题）都统一在每一章的最后，或者将有的问题删减，见图4-42和图4-43。

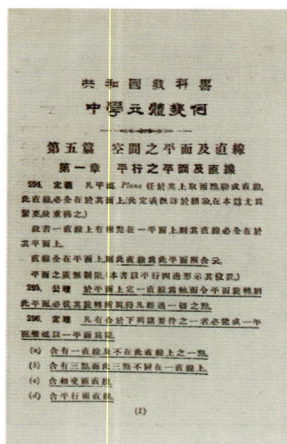

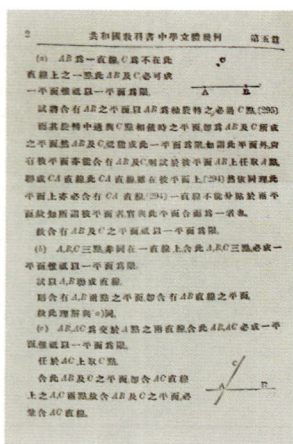

图4-42　《中学校用 共和国教科书 立体几何》商务印书馆出版，1914年：第1页、第2页

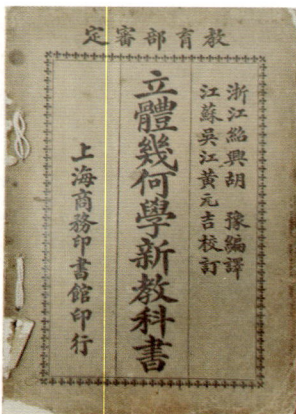

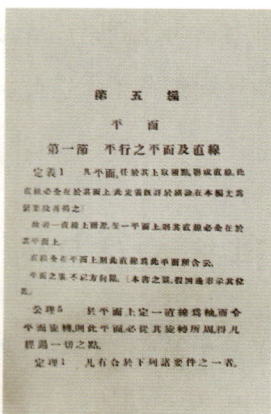

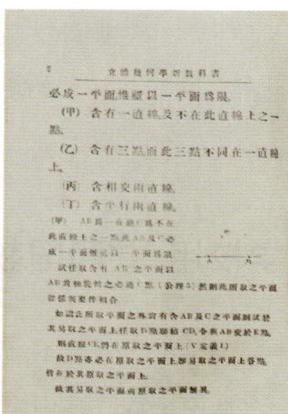

图4-43　《立体几何学新教科书》商务印书馆印行，1914年：封面、第1页、第2页

　　《中学校用 共和国教科书 立体几何》采用从左至右横排编写形式，用大写英文字母表示几何图形，页码均采用阿拉伯数字排序。书中图形直观明了，虚实线适当，有明显的立体感。在该书的最后有商务印书馆出版物的广告，包括书名及价钱，还有一到两本出版物的简介。

　　本书的"编辑大意"与《中学校用 共和国教科书 平面几何》所述基本一致，仅学习时间有所不同，《中学校用 共和国教科书 立体几何》为"始于第二学年至第四学年而毕"。

　　在"编辑大意"中，编者明确提到该书的最大特色是在"推勘时关于紧要及终结处，以代数式显之"，即实现了几何与代数的融合。而且指出这种处理方式是效仿日本长泽龟之助著的《新几何学教科书》，"辄以算术代数两科，相为印证，以示会通"。

　　该书的定义、公理、定理、系等都统一编号，混在一起，承接平面几何的次序，习题也是承接平面几何次序。

　　书中需特别注明的地方都加下划线作标记，如：

系若三直线相交于一点而皆与某直线成正交，则此三直线必同在一直线上。

　　定义的中文名词后，跟着对应的英文单词，例如：

　　若多面体之各面为全等之正多角形，所具各角无不相等者谓之**正多面体**，Regular polyhedron。

　　有英文作指导，不会出现名词错误。推理用到前面所学内容时，在内容后用括号注明其序号，便于学生查看。著者认为几何以推理为主，故该书的推理力求深入浅出，简明扼要，易于学生理解。

《中学校用 共和国教科书 立体几何》的目次为：

第五篇：空间之平面及直线（第一章　平行之平面及直线；第二章　垂线；第三章　二面角及立体角；第四章　多面体；第五章　多面体之体积）

第六篇：球，圆柱，圆锥（第一章　球；第二章　圆柱圆锥）

该书共65页，因为定义的名词后跟着相应的英文单词，所以书中没有附中英文对照表。

该书的名词术语大多已接近现行教科书中的表示方法，如定义、公理、定理等的表示，只有少数几个是中国传统的表示方法，如系、正交等。书中的几何图形皆用英文字母表示，简单明了。只是用"∷"表示等比，用R̂表示直角，这种表示在现行的教科书中已不再出现。

该书中部分名词术语与清末《最新中学教科书 几何学 立体部》（商务印书馆，1906年）、现行数学教科书的表示对照详见表4-9。

表4-9　《中学校用 共和国教科书 立体几何》与《最新中学教科书 几何学 立体部》及现行数学教科书中部分名词术语比较

《最新中学教科书 几何学 立体部》中名词术语	《中学校用 共和国教科书 立体几何》中名词术语	现行数学教科书中名词术语
系	系	推论
正交	正交	垂直
目次	目次	目录
体角	二面角	二面角
正角	直角	直角
倚角	接角	邻角
棱柱体	角柱	棱柱
有法棱体	正多面体	正多面体
弧多边形	球面多角形	球面多边形
多边形	多角形	多边形
—	共轭角（互为周角的两个角）	—
棱柱体	角柱	棱柱
平行棱体	平行六面体	平行六面体
棱锥体	角锥	棱锥

从表4-9中可以看出，部分名词术语与现行的表示方法相同，只有少数几个还使用清末的表示方法。

该书不管是内容还是问题都没有涉及计算题，在第五篇第二章中有2个作图题，但其后的问题中没有相应的作图题，但是有1个求轨迹的题，剩下的都是推理题。

以第五篇第三章一定理为例具体了解该书的推理论证过程。

346. **定理**一立体角之顶点所具各平面角之和小于四直角。

如图（图4-44），任以若干平面相交于V点成立体角，

凡由V点所成平面角之和必比四直角小。

试于立体角各棱取A，B，C，D，E各点，

联成ABCDE多角形。

于此多角形内，任取O点，

联结AO，BO，CO，DO，EO各直线。

则∠VAB，∠VAE之和必比∠BAE大。（345）

即比∠BAO，∠EAO之和大，B，C，D，E等角类推。

故顶点为V之各三角形，其底角之和，比顶点为O之各三角形底角之和大。

惟此两类之三角形个数相同，每形三角之和恒相等。

故V之各角之和必小于O之各角之和。

即V之平面角之和比四直角小。

　　按此定理，以凸立体角为限，即依一平面之截口，如A，B，C，D，E成为凸多角形，乃为适合。

该题用四直角表示周角，而不直接说周角，可谓不同于现在的一种表示方法。在题中体现一种空间向平面转化的思想，亦体现几何题中的辅助线、辅助面的重要作用，还体现出代数与几何的结合。

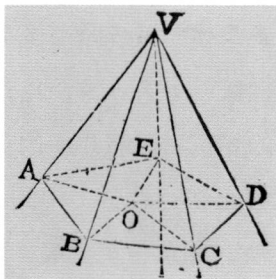

图4-44　《中学校用 共和国教科书 立体几何》商务印书馆出版，1914年：第28页

第三节
1922年"新学制"前其他中学教科书

一、陈文著《实用主义 中学新算术》《实用主义 代数学教科书（中学校用）》《实用主义 几何学教科书 平面（中学校用）》

民国初期，数学教育也受到实用主义教育思潮的影响。这在中小学数学教科书编写中尤为明显。目前发现的"实用主义教科书"中，陈文编写的教科书最具代表性。

陈文编写的"实用主义数学教科书"包括算术、几何、代数和三角，均为布面精装本，前三者见图4-45，由科学会编译部出版，商务印书馆发行。《实用主义 中学新算术》（1916年初版）、《实用主义 代数学教科书（中学校用）》（1919年再版）、《实用主义 几何学教科书 平面（中学校用）》、《实用主义 中学新几何 立体（中学校用）》（1923年初版）、《实用主义 平面三角法》（1919年第三版）。

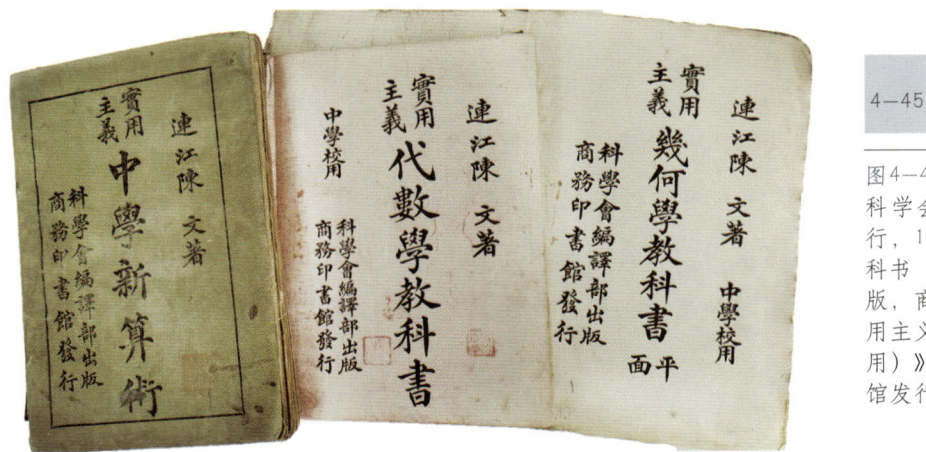

4-45

图4-45 《实用主义 中学新算术》科学会编译部出版，商务印书馆发行，1916年；《实用主义 代数学教科书（中学校用）》科学会编译部出版，商务印书馆发行，1919年；《实用主义 几何学教科书 平面（中学校用）》科学会编译部出版，商务印书馆发行，1917年

陈文以"实用主义"名义编写这套教科书的原因，在《实用主义 几何学教科书 平面（中学校用）》的"实用主义数学编辑缘起"中作了详细的说明。具体如下：

世界进化，学术益繁，数学之应用亦益广。若函数，若图表，遂为各种学业所必需。从前之数学教科书，仅注重解法，至是乃不适于用。是以十余年来，欧美各国，均有改订数学教授课程之议。英国于1901年，有柏黎（Perry）教授，在英国学术协会，提出改革之议案。美国于1902年，有慕安氏为美国数学会之主席，曾称许柏黎氏之说，报告于列席各会员。德国同时有以葛莱（Grund）教授为中心之一学团，议决详细之改革案。并经德国教育部许于某种学校试用。法国当1902年改订学科课程时，早变从前之数学教授课程。嗣后遂本实用主义教授，未几有贺烈尔之数学教科书，1908年德国有白连德森及涅精古（D. Behrendsen und Dr. E. Eötting）合著之葛莱主义中学数学教科书（Lehrbuch der Mathematik nach modernen Grundsatzen）风靡全国。英美二国，近年出版之数学教科书，几何学多用代数式显明（并注重应用之作图及实测），代数学多用图表，亦为改良之结果。日本文部省，本年（1916年）译成《新主义数学》（即德国白涅二氏合著之葛莱主义数学）极力提倡，大有采用斯主义之倾向。我国近年出版之数学教科书，虽不下数十种，然本实用主义编纂者尚属缺如。因是不揣固陋。窃取葛莱主义数学为底本，参以英美之学说，辑成是书。然有当为诸君告者。葛莱主义数学，仅有几何，代数，三角，且上及解析几何，微分积分，而算术缺然。按诸我国情形，中学教科，算术实不可缺。因取余前著之中学适用算术，删繁就简，并易以应用之新事项，使与代数几何相关联，名曰《实用主义 中学新算术》。自兹以下各册曰《实用主义几何学》，《实用主义代数学》，《实用主义 平面三角法》，统言之则曰实用主义数学。谨将实用主义数学与旧数学相异之点，略说于次。

（一）大体

旧数学注重学理方面，为纯然之科学。（以公理为基，依次用演绎法证明。）

实用主义数学注重应用方面，为研究学理及其应用之科学。（注重函数及图表务适于当世之用。）

（二）教授材料

旧数学教授材料用讲解式，为注入的教育。（教材均为学理，依一定之次序解释，至应用之项，除二三例题外，殊少言及，且极有用之图表，亦未尝讲授。）

实用主义数学，教授材料用启发式，为自动的教育。（教材以有生意且有效用者为限，于说明定理及法则之前，以预习题引起学生之思想，并注重与理化，天文，工艺诸学科相关之事项，及与生活相关之诸问题。）

（三）分科

旧数学依形与数之别，分科之界限极严，其诸分科，一若各自独立，不相为谋。（如算术仅计算常用之数。代数学仅言数理。几何学仅研究图形，不脱宥克宜式之窠臼。至坐标之用法及图表，必俟习解析几何学时始行讲授。）

实用主义数学，分科不似旧数学之谨严，常视数学如一机物体，使其分科互相辅助，有相生相感之关系。如算术不仅计算常用之数，并为代数学之基础，且与几何学相关联。代数学亦不仅言数理，时与几何学相通。且授坐标之用法。一面以几何的图形表代数式，一面以代数式显明几何关系，终则两者全然融合。（三角法亦然）务于初等数学之范围内，养成微分积分之思想。总之注重函数及图表，俾学者进习微分积分及解析几何学较为容易。几何学亦不仅研究图形。初于图形，弃固定性，取可变性，教以回转及移动。并注重手与眼之练习。渐进始于定理，作图及练习，用已证明之定理为根据。并举其实际应用之事项。而与代数学及解析几何学相通，更如前述。与宥克宜式之几何学迥然不同。

（四）问题

旧数学之问题，除算术外，大都偏重学理。（如代数学注重各式之解法。几何学注重各事项之证法。所设之题，往往陷于不自然及臆造之弊。而实际之应用问题，转属缺如。）

实用主义数学之问题。多属应用问题。（以合于自然现象及实际之事物者为限。其不自然及臆造之问题，概不列入。故代数学于解法外注重图表，几何学于证法外注重活动的作图及实测。要以不离于实用为务。）

实用主义数学与旧数学相异之点大略如此。至当注意之事项。亦略具于是。故自此以下诸册，不复冠以编辑大意。

编者识

《实用主义 几何学教科书 平面（中学校用）》为平面几何与立体几何合订本，分别为242页和103页。全书重要之处，皆用"＿"或加粗加大字体标注以示意学生关注。全书使用的数学符号已从中国传统符号"甲、乙、丙……"转变为国际通用符号。全书例题和习题较多，但平面几何与立体几何合订在一起，略有不便，后将其拆分为四册出版，平装本于1923年出版第一版。

（一）《实用主义 中学新算术》

下面介绍《实用主义 中学新算术》，借"编辑大意"说明当时的编排情况：

——本书专备中学校算术教科之用。

——本书按照中学课程标准，约授一百二十小时。

——本书之材料，多取于余乙巳年所编之中学适用算术。然于各事项及各问题，均已参酌现时情形，多所变更，条理亦与前书不同。

——算术为小学已学之学科，本书于小学已学各项，但述其原理。其小学未习各项，则述其原理并详解其计算之方法。

——小数一项。本书采用成，分，厘，毫，诸旧名。与长度，重量，国币及百分算之成，分，厘，毫，一律，颇便教授。

——定则一项为一切法则之基础，故别为一章，详加说明。

——长度，地积，容量，重量。均以四年一月公布之权度法为根据，与他书沿用旧制者不同。

——万国权度通制，（旧译米突制今从权度法定名。）以用略号为便。本书所用各种略号悉本国通用之原文，（即m，a，l，g，等）比臆造之记号较合于实用。

——比例用处最多。依本书之法，计算甚便，宜熟练。

——百分算最有益于实用，本书编纂，巳力求单简，不可不全习。

——开方法分数段，较他书易有把握，宜分段讲授。

——问题多取材于实例及有关于科学之事项。

——问题之次序及种类，本书特为注意，演习时不宜躐等。

——本书与实用主义代数学一贯，并与实用主义几何学相关联。代数学及几何学，现已印刷，行将继此出版。

——本书初版，校雠未精。倘有讹误，亟望方家，匡其不逮，一一指正。

该书319页，共九编四十章，具体学习内容如下：

第一编 命数法及记数法

第一章 界说；第二章 命数法；第三章 记数法；第四章 小数命法及记法

第二编 四则

第一章 总论；第二章 定则；第三章 加法；第四章 减法；第五章 乘法；第六章 除法；杂题（甲）

第三编 诸等数

第一章 绪论；第二章 本国权度及国币；第三章 时间及角度；第四章 诸等化法；第五章 诸等之四则；第六章 外国度量衡及钱币；杂题（乙）

第四编 数性

第一章 约数及倍数；第二章 质数及质因数；第三章 最大公约数及最小公倍数；杂题（丙）

第五编 分数及小数

第一章 绪论；第二章 小数与分数之交换；第三章 分数化法；第四章 分数之四则；第五章 循环小数；杂题（丁）

第六编 比例

第一章 比；第二章 比例式；第三章 单比例；第四章 复比例；第五章 连锁比例；第六章 比例分配法；第七章 比例混合法；第八章 经度与时温度；杂题（戊）

第七编 百分算

第一章 绪论；第二章 利息；第三章 日用诸算；杂题（己）

第八编 开方

第一章 开平方法；第二章 开立方法；第三章 求积法；杂题（庚）

第九编 级数及省略计算

第一章 级数；第二章 省略计算；总问 杂题（辛）；杂题（壬）；附录 小数正名

无论是"编辑大意"还是内容设置都与书名相呼应，反映出此教科书的编写与实用主义相符。譬如百分算、问题的取材、次序及种类都为实际应用服务，同时分数的定义采用"份数定义"，体现了倍比关系；小数命法采用原来的成、分、厘、毫、丝、忽、微、纤等旧名；序号表示采用汉字大写数字与阿拉伯数字混用，如"例一""29. 多位数之减法"；应用题解答时将单位加之于对应数字的右上角，如在解答第49页的杂题52时采用的计算公式之一为"$230^角-188^角=42^角$"；在学习"外国度量衡及钱币"时，还将始于法国后流行至二十多国的通制长度、地积、容量、重量对照表，按照法文原名、英文名、音译名、略号及进位进行详细说明。此外，书中将关键点、易错点等处以"注意"加以标注。

此书虽是初中算术单科教科书，但编写内容与当时的混合算学教科书理念一致，即将初中算术、代数、几何知识融合起来，使学生循序渐进地掌握数学知识。

（二）《实用主义 代数学教科书（中学校用）》

下面通过引用《实用主义 代数学教科书（中学校用）》"弁言"阐述著者编写理念，具体如下：

是书与实用主义中学新算术、实用主义几何学、实用主义平面三角法，合为一系，（编辑缘起，载在实用主义几何学"开篇"。）以德国白，涅二氏所著之葛莱主义数学中之代数学为底本。参以英美之学说，编纂而成，全书注重函数及图表（函数及图表为当世理化工艺诸学科所必需）所有代数式，均用图表显明，或用图式解之，如一元及二元之一次方程式，其函数均在一直线上，仅于坐标纸（即方格纸）上画一直线或二直线，便可看出所求之根，并可应用于理化诸学。或本之作汽车及他种运动之图式运行表。一元二次方程式，其函数均在一抛物线上，仅用抛物线板，就坐标纸上画一抛物线或二抛物线，便可看出所求之根。二元二次方程式，其函数均在一圆，或一椭圆，或一抛物线，或双曲线上。可依各曲线解之。表指数函数则有指数曲线，回转指数曲线则成对数曲线，既能证实代数式，且计算极便，而三次以上之方程式，用图式解之，亦不甚难。至代数的解，如群比例，半负对数之计算，对数表之检法，高次之算术级数，年金之计算及应用，复素数（即虚数与实数合成之数）旧译复虚数，殊不适当，之算法，等。亦皆有用之新法，且为前此之代数学书所不具，代数学之能直接施诸实用者，当以是书为嚆矢。际兹印刷出版，媵以数言，其亦当世数学家所不弃与。

中华民国六年一月　连江陈文识

全书共计333页，内容丰富，重要之处均用"__"或加粗加大字体标注，法则、注意之处用

"[法则]""[注]"标注以引起教师和学生关注。此外，全书现代意义上的例题十分丰富，而习题很少。在该书书末编者给出注意事项，如下：

> 排列及班次，记数法，实际计算上尠（鲜）用之，故本书不复采入，欲知其详，可参看查理斯密小代数学。

> 二项式定理，本不在初等数学之范围，且用微分式导之甚易，详在实用主义微分积分学。

（或参看查理斯密小代数学）

编者识

二、徐善祥、秦汾合编《中学校师范学校用 民国新教科书 算术》

图4-46 秦汾像[2]

秦汾（1883—1971）[1]（图4-46），字景阳，江苏嘉定（今上海一带）人。1903年考入北洋大学堂，入校后学习土木工程，成绩名列前茅。1906年未及毕业被送美国深造，入哈佛大学攻读天文数学，1909年毕业，是美国哈佛大学的首批中国毕业生之一。1913年获天算硕士学位，成为中国数学学科的第一位硕士获得者。1913年归国，历任南京商业学校教务长，中华民国教育部专门司司长、次长、代理部务，后任北大理科学长、大学院普通教育处处长，又先后掌教沪上各大学，出任国立东南大学校长。秦汾很重视中国中学数学教育的普及，为三角学教科书的编写贡献了力量，先后著有《数学》《微积分》《三角学》《新中学代数学教科书》《天文学之算术》等，时人誉其为数学权威，使得国人自编三角学教科书又上了一个新的台阶。同时应商务印书馆之约，编写了"民国新教科书"，该书成为20世纪初中国新学采用最多的教科书之一，并且多次再版，持续到30年代，在社会上反响较好。

徐善祥（生卒年不详），美国耶鲁大学理科学士，曾任长沙雅礼大学堂教授。

《中学校师范学校用 民国新教科书 算术》共两编，为合订精装本，由徐善祥和秦汾合编，上海商务印书馆出版发行，1913年10月初版，1925年2月出版第二十版（图4-47），1927年5月出版第二十一版（图4-48）。

---

[1] 对于秦汾的卒年，研究文献不一致，张冬莉在其博士学位论文《中国数学教科书中勾股定理内容设置变迁研究（1902—1949）》中写为1973年。

[2] 图片来源：张冬莉. 中国数学教科书中勾股定理内容设置变迁研究：1902—1949[D]. 呼和浩特：内蒙古师范大学，2020：67.

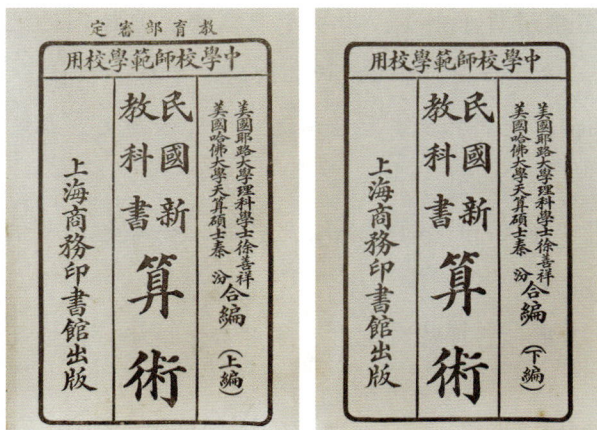

图4-47 《中学校师范学校用 民国新教科书 算术》商务印书馆出版，1925年

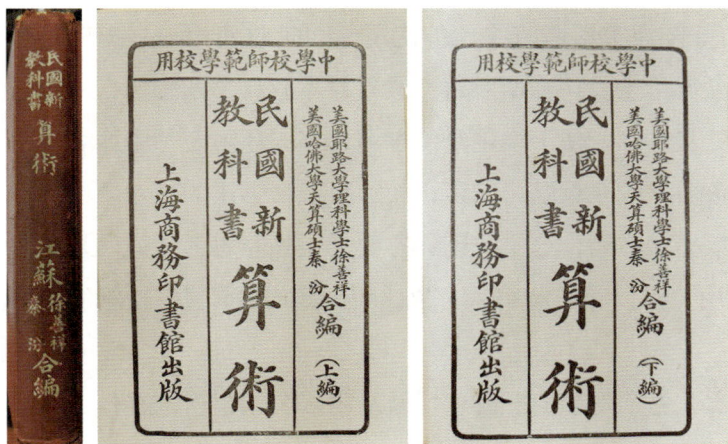

图4-48 《中学校师范学校用 民国新教科书 算术》商务印书馆出版，1927年

　　《中学校师范学校用 民国新教科书 算术》的编排顺序为封面、编辑大意、目录、正文、总习题、版权页。下编正文及总习题间插有附录，并且书末版权页后附有商务印书馆出版的"新学制 高级中学教科书"的广告。借"编辑大意"说明当时的编排情况：

　　　　是书依据教育部令编辑。专为中学校，女子中学校，及师范学校，女子师范学校之用，一方面为温习计。故于浅易诸术，如四基法之类，凡已为小学生徒所熟习者仅述大概。一方面为预备计，故于实用诸题，如米制，量法，银行诸章，不厌其详。学者以此为阶梯，进习代数几何，以及工商理化等科。庶几迎刃而解，可无扞格之虞。用是书者，宜注意以下数端。

　　　　一、本书内章节之不甚紧要，及问题之较难演算者，均以〔*〕为记。倘教授时间无多，概可从略。

　　　　二、是书注重温习，故于问题独富。然因限于篇幅，有时仍苦未足，教授者宜随时采择卷末总习题，或他书之相当者以补之。

　　　　三、本书所设习题，另刊答案及问题详解，以备参考之用。

　　　　四、米制之法，科学界今已通用。故本书于复名数之外，另编一章以论之。

　　　　五、书末附录对数与图解二章，为他书所未及。似出算术范围之外，不知二者之原理。虽基于几何代数，而对数表之检查，与图解之应用，实为习算术所不可不知。盖（盖）有对数而复杂之演算，化为简单。有图解而隐晦之义，不难明皙（晰）。本书于此二者，只择浅近之例，以算术解之。设题饶有兴味，且皆有裨实用。学有余暇，兼习及此，则思过半矣。

六、吾国高等科学，尚多採（采）用欧美书籍。故本书于重要名词之后，皆注西文，卷末并附索引，以资参考。

至于是书体例，大致与最新之温德华士及司密斯Wentworth and Smith二氏合著之算术相仿。所设习题，亦多取材于该书。附志于此，示不掠美。

第十章银行计算中所用一切券式，皆得诸江苏银行总理陈光甫君。陈君不惮烦琐，殷殷录示。著者学者，咸受其惠。

"编辑大意"中表明该套教科书专为"中学校""女子中学校""师范学校"及"女子师范学校"使用，既可用于温习浅易知识，又可作为实用诸题的预备使用。同时对使用该书提出几点注意事项：首先，该书的体例及习题均与温德华士及司密斯所著"最新算术教科书"相仿，每个重要名词首次出现时，均在其后附有相应的英文名称，便于学生对照学习，书末还附有"中西名词索引"，亦便于学生自学外文书籍；其次，该书比较注重温习知识，教师可选择书末的复习题或其他书籍的习题进行训练，书中所涉问题的答案另立书籍，这样的设计方便学生独立思考；最后，所涉对数及图解均较为浅显，题设有趣兼具实用，多以算术解答，且以〔★〕标记提示书中较难演算的问题。

该书上编有七章及总习题，下编有六章、三个附录、下编总习题及中西名词索引。整体目录呈现如下：

上编

第一章 数及四基法之温习：数量与单位；数字；记号；加减乘除之捷速及核验法

第二章 约数及倍数：因数及质数；最大公约数；最小公倍数；弃公约法

第三章 分数：分数之界说及种类；分数之划分；分数之四基法；繁分数

第四章 小数：小数之界说及定理；小数之四基法；小数与分数之化分；循环小数

第五章 米制（即万国权度通制）：米制之各单位；米制之长度；米制之面积；米制之立积；米制之容量；米制之重量；比重；温度

第六章 复名数总论：中国之度量衡；外国之度量衡；各制之通法；各国货币；时间；角度弧度；经纬；经度与时间之关系；标准时

第七章 比与比例：比之界说符号及定理；配比法；比例之界说符号定理；比例之求项法；正反比例；复比例；因果相求法；连比例；比例之应用（配分、混合、合股）

上编总习题

下编

第八章 百分法：百分法之界说及符号；百分与分数及小数之化法；求子数法；求分率法；求母数法；百分法之应用（折扣、赔赚、酬金、保险、租税）

第九章 利息：利息之界说及四要素；单利；实利；六厘法；复利；期利；摊款

第十章 银行计算：银行之职务；贷款折扣；代贮存款；兑汇钱币；储蓄银行

第十一章 乘方及开方：方次及方根；开平方；开立方

第十二章 量法：界说；平面形（三角形、四边形、角形、圆形）；立体（棱柱、圆柱、棱锥、圆锥、球、截体）；量法之总习题

第十三章 级数：级数之种类；差级数；倍级数；谐级数

附录一 对数：对数之界说，符号，及性质；首数与尾数；对数表；对数求法；真数求法；对数之利用及余对数；对数之应用（复利、期金）

附录二 图解：变数及恒数；设例；纵横轴；正比例之图解；非单简正比例之图解（利息、平方、反比例）；断线及例题

附录三 中国地租一览表

下编总习题

中西名词索引

该书除了用〔★〕表示较难演算的问题之外，还将书中的关键点用"注"加以标注［图4-49（a）］，同时此书还多以表格形式呈现量或单位转换［图4-49（b）］。在内容设置上层层递进，由浅入深。上编学习内容相对简单，虽设有问题，但大都倾向于诸如四基法等基本计算，有温习知识之效用，学生若能熟练掌握则对后续学习大有裨益。下编则倾向于关联学生的生活实际，如米制、量法、银行储蓄等知识，而量法更是涉及立体几何内容。这些不仅有利于学生解决问题能力的培养，更对学生将来的职业规划有很大指导作用。此外，教科书不仅设置了英文单词对照及中西名词索引，还涉及了中外货币转换、不同地区地图面积估算等内容，有利于学生将不同学科间的知识进行转化，从而加深理解，强化记忆。

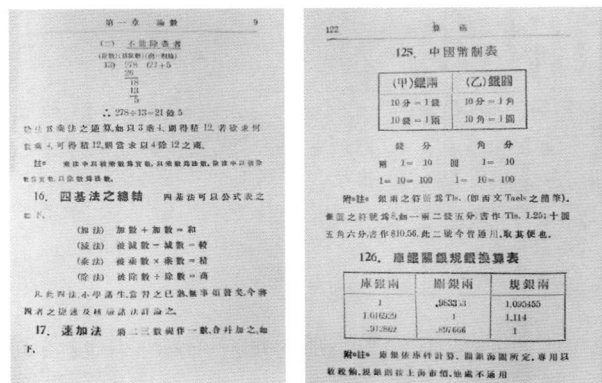

(a)　　　　　(b)

图4-49　《中学校师范学校用 民国新教科书 算术》（上编）商务印书馆出版，1927年：第9页、第122页

以书中勾股定理的学习（图4-50）为例进行介绍。

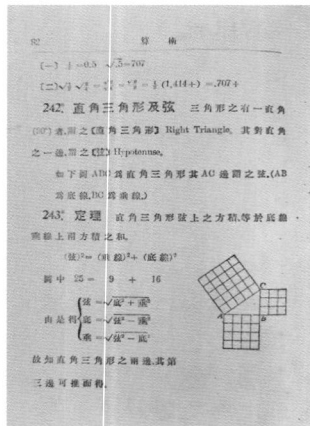

图4-50 《中学校师范学校用 民国新教科书 算术》（下编）商务印书馆出版，1927年：第82页

该部分内容是"第十一章 乘方及开方"中编号为243的定理，定理用汉字陈述，斜边 AC 用弦表示，底线表示图中水平的直角边 AB，垂线顾名思义为垂直的直角边 BC。在学习了直角三角形及弦的定义之后证明定理，采用由特殊到一般的证明方法，先将各边给出一组具体数值（即25＝9+16），从而推知该定理成立。

三、秦汾、秦沅合编《中学校师范学校用 民国新教科书 代数学》

《中学校师范学校用 民国新教科书 代数学》上下两编合订本，为精装，由秦汾、秦沅合编，经教育部审定，上海商务印书馆出版。1914年初版，1921年十五版。版权页又称为《民国新教科书 代数学》，同时在版权页附有"教育部审定批词"，批词是采用自上而下、自右向左的形式印刷。具体见图4-51。

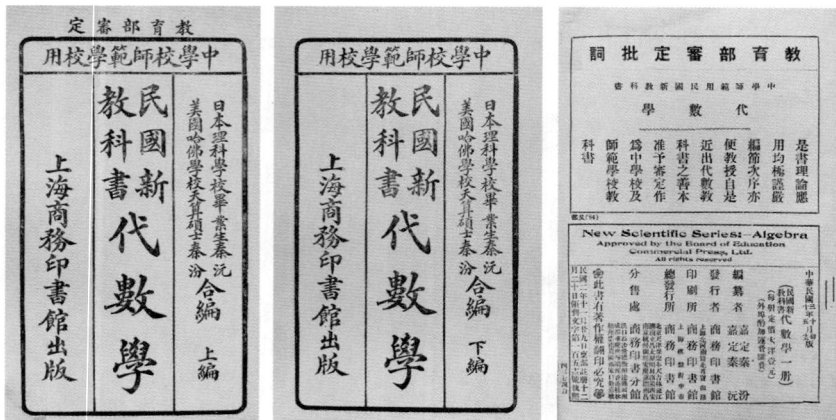

图4-51 《中学校师范学校用 民国新教科书 代数学》商务印书馆出版，1921年

该书编排顺序为封面、编辑大意、正文，上编末端附加问题集，下编则附加总习题、中西名词索引及版权页。借"编辑大意"说明当时的编排情况：

> 是书依据教育部令编辑，专为中学校，女子中学校，及师范学校，女子师范学校之用。说理务求浅显，俾能解普通算术者，学时均能领会。教授是书者，宜注意以下数端。

一、本书绪论，为算术代数之过渡，故占篇幅甚多。提揭纲领，唤起兴味，胥在于是，幸勿以冗长责之。

二、[减][除]定义及[形式不易]之原则，乃数学之筋节。本书再三申说，不厌重复，教者学者，均宜注意。

三、自然数以外之数，其意义及法则，均出于一种人为的规约。近世数学家，已有定论。故本书不取姑息之说明，以期学者不至误入歧途。

四、本书中定理数则，间有不宜于初学者。然同级学生，其思想程度，决（绝）非一致。或完全证明，或仅述大要，是在教师斟酌行之。且各校教授时间不同，讲解之际，亦宜由教师善为伸缩。

五、本书问题选择颇严，不矜丰富。学者务须逐问计算，不可略去。如以过少为嫌，可于卷末总习题中择取适宜之若干题以备应用。

六、本书所设习题，另刊答案及问题详解以备参考之用。

七、本书于重要名词之旁，皆注西文，卷末并附索引，以资参考。

"编辑大意"中首先表明了该套教科书专为"中学校""女子中学校""师范学校"及"女子师范学校"使用，其中绪论部分内容虽长，却是算术与代数的过渡，同时也是该书后续学习的基础。其次，教师教授时应向学生着重说明减、除的定义及其易形原则，同时因自然数以外数的意义及法则比较抽象，教师也应向学生进行说明以免误入歧途。再次，教师教学要注意因材施教，根据学生的思想程度作适当伸缩。最后，每个重要名词首次出现时，均在其后附相应的英文名称，便于学生对照学习，书末还附有"中西名词索引"，便于学生对照学习以及自学外文书籍。

该套书上编包含四编附三个问题集、下编包含六编另附总习题及"中西名词索引"。代数学总目如下：

上编

绪论：代数学之目的及使用之记号；代数学之效力；关于代数式之定义及定则；简单之方程式；代数学上之数；代数学上之数之计算

第一编 整式：关于整式之各定义及整理之方法；整式之加减；整式之乘除；整式之扩张及系数分离之计算

第二编 一次方程式：普通一次方程式；应用问题；联立一次方程式；联立方程式解法；应用问题

第三编 整式之续：乘算公式；因式；最高公因式；最低公倍式

第四编 分式：分式之定义及变易外形；分式之加减乘除；分方程式

下编

第五编 二次方程式：无理数；普通二次方程式之解法；虚数；二次方程式之根；二次方程

式应用问题；二次方程式之根与系数之关系

第六编 特殊根：平方根；立方根

第七编 各种方程式：分方程式；无理方程式；高次方程式；联立方程式

第八编 二项定理：顺列；组合；二项定理

第九编 指数及对数：指数；对数；对数表；复利及对数难题

第十编 比例及级数：比；比例；等差级数；等比级数

总习题（上、下）

中西名词索引

该书中的关键知识点及易错点用"注意"加以标注［图4-52（a）］，但在符号使用方面比较混乱，如根号的使用存在"√""√‾"两种情况［图4-52（b）］。在内容设置上由浅入深，上编内容相对简单，以整式、分式的计算为主，例题及问题集大多与实际背景关联不大，但例题中涉及"鸡兔同笼"问题。下编内容较为抽象，涉及排列组合、指数及级数等知识。此外，教科书还设置了英文单词对照及中西名词索引。

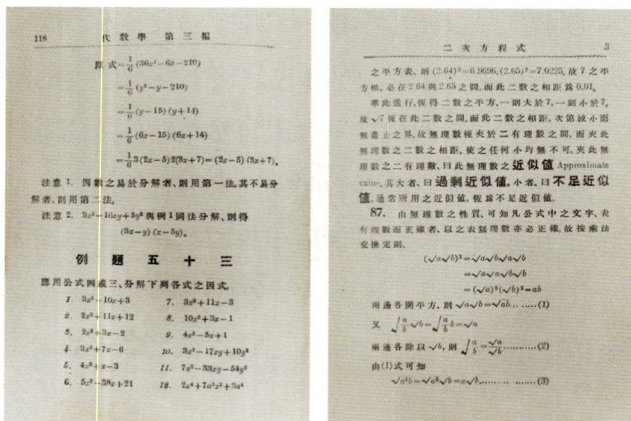

(a) (b)

图4-52 《中学校师范学校用 民国新教科书 代数学》商务印书馆出版，1921年：上编第118页、下编第3页

四、秦汾、秦沅合编《中学校师范学校用 民国新教科书 几何学》

《中学校师范学校用 民国新教科书 几何学》全一册，为精装本（图4-53），正文共316页，由秦汾、秦沅合编，经教育部审定，由上海商务印书馆出版发行，1914年初版，1916年出版五版。另有一册精装本为1929年出版的第二十三版。将两书对比，1929年版除版权页删去了"教育部审定批词"以及广告页改为由教育部大学院审定的"现代初中教科书"广告之外，主体学习内容并没有改变。

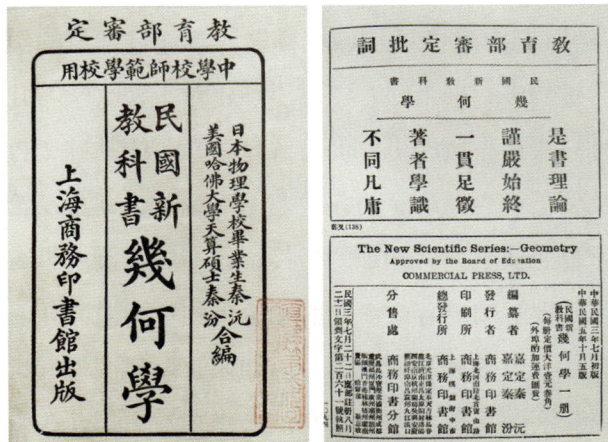

图4-53 《中学校师范学校用 民国新教科书 几何学》商务印书馆出版，1916年

该书的编排顺序为封面、编辑大意、目录、正文、附录、中西名词索引、版权页及商务印书馆出版的教科书广告，其中版权页附有"教育部审定批词"（图4-53）。

除批词按照从上至下、自右向左的竖排方式编排之外，其他部分则按照自左向右的横排形式编写。借该书"编辑大意"说明当时的编排情况：

是书依据教育部令编辑。专为中学校，女子中学校，及师范学校，女子师范学校之用。意在练习学生思想，使渐趋于严密。教者学者，均宜注意下列数端。

一、书中理论，务求正确。间有语似重复或文似疏漏者，然其似重复处，乃必需双方说明。而其似疏漏处，乃直接据理推定者也。

二、本书绪论中所述论理学语数则，初学者或难领会。据编者经验，初授是书时，只述大要，而于第一编末复讲之。复讲时即引第一编中之定理以为佐证，则学者自能融会贯通。若初讲时即抱一[必须人人领会]之奢望，则必徒劳而无功矣。

三、本书比及比例之定义，较为奇特。与学生在小学校所习之比例，颇有扞格之势。非编者故以艰深文陋也，盖比之性质，不因量之可以通约与否而异。而小学校所习之比例，则以可以通约者为限。苟不明揭不可通约之量，而漫以可以通约者之性质授之，非但不能启发学生之心思，实无异诱之以入歧途矣。编者于此，几费踌躇，然终守定理论正确之主义，不敢移易。如学生之学力必不能及，则不妨决然略去，而明示以理论上之缺陷，以俟后来之补习。

四、本书为简便起见，时用代数之记号。然证明时仍需按图申说，不可迳（径）用代数之法运算。

五、本书第二编作图题颇多，足以引起学生之兴味。

六、本书例题之部，似乎过略。然中等学生，得此已足，不必以多为贵。

七、吾国高等科学，尚多采用欧美书籍。故本书于重要名词之后，皆注西文，后附索引，以资参考。

编者识

根据"编辑大意"，该书专为"中学校""女子中学校""师范学校""女子师范学校"学习使用，编写目的是为"练习学生思想，使渐趋于严密"。由此可见，该教科书旨在通过几何的学习，训练学生严密的推理论证能力。教师在实际教学过程中，应当注意以下事项：对于初次学习几何的学生，不必强制要求人人都能准确领会，教授时只讲述大概即可。而直线作为几何的基础，教师可于第一编最后再次进行讲解，以加深学生印象及便于学生理解。而在学习第二编时，则可以第一编学习的内容为基础，既有利于学生回顾已学知识，又便于前后知识的衔接；该书的比例内容有别于小学所学，教师可因材施教——选择删去学生难以理解的内容或者指明理论上的不足，而随着学生知识的增长后续再进行补充。全书虽采用代数符号，但教授几何中的证明知识时要强调根据具体情况、按照图形进行，不可一味追求代数解法。与众不同的是，该书含有较多作图题，足以在引起学生学习兴趣的同时培养学生动手操作能力及想象力。该书重要名词及书末附相应西文，亦可便于教师在教授时参考外文教科书。

该书共有七编，目录如下：

该书于重要内容或易错点处以"注意"两字作为标注，附录中有计算题171道。学习的几何内容涉及平面和立体，在绪论中描述了点、线、面、立体等概念，然后定义了命题、公理、定理。把公理定义为"就吾人经验所能确定，而据之以为推理之基础者"，并列出了九条普通公理。定理为"以既知之命题为基础，得证明其为正确者曰定理"，并指出定理由两部分构成，即"假设"与"终结"。在此基础上，给出了"定理之模范"，即四种命题之间的关系。所涉及的作图问题都是采用规、矩且基于三条基础法，作图问题有"设—作图—作法—证明"四步。与翻译的日本几何教科书相比，内容与体系上均发生了一些细微的变化。

该书在符号使用方面已部分接近现代记法，比如以大写字母表示图形顶点或线段交点，平行四边形、三角形及角的符号也与现行教科书相同，但部分符号的使用存在不同，譬如在表示序号时也会采用"甲""乙""丙"等汉字表示（如图4-54的28页中转化依据的定理或公理编号采用"己"表示，图4-54的29页中定理及证明过程中的序号则用"甲""乙""丙"来表示），用≡表示全等，用两条短竖线表示线段的平行，用≧表示大于等于，同时部分核心概念也与现在不同，譬如圆界角表示圆周角、截头直圆锥表示圆台。

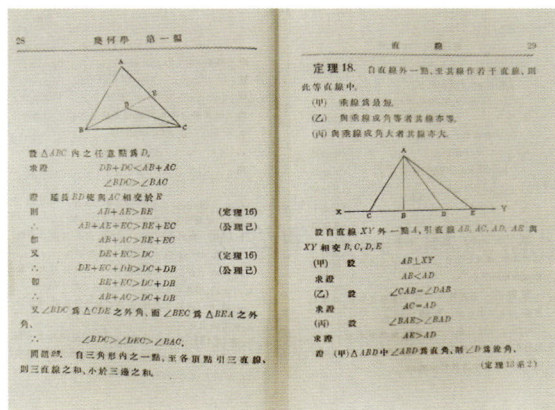

图4-54　《中学校师范学校用 民国新教科书 几何学》商务印书馆出版，1916年：第28页、第29页

设置在"第三编　面积"中的第九个定理——勾股定理，在证明时采用了两种方法（图4-55）：第一种方法是以直角三角形三边向外分别作正方形，这是欧几里得的经典证明，若教师在讲解时能够适当地融入数学史，则可以在学生学习既定知识的同时，激发学生的学习兴趣和探索热情；第二种方法则是在直角三角形三边同向作正方形，该种证法并不常见，教科书中并未说明该证法的出处，但是该证法别出心裁。定理证明后设置了一个问题，该问题也是在定理的基础上，从矩形和正方形的面积上进行讨论。两种证明方法的设置可以培养学生从多角度思考问题的习惯。

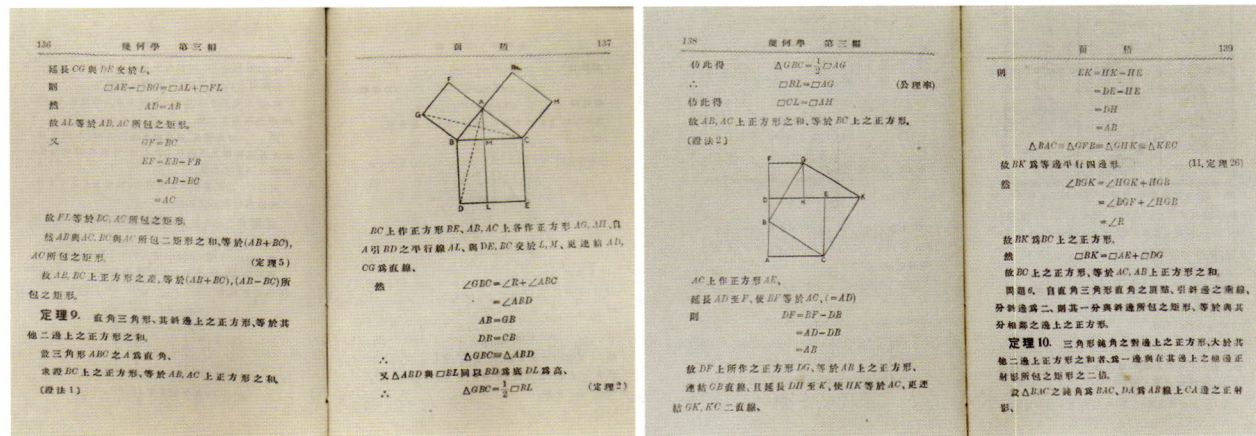

图4-55　《中学校师范学校用 民国新教科书 几何学》商务印书馆出版，1916年：第136～139页

此外，该书还呈现如下特点：

第一，内容的选取上，除包括前一阶段几何教科书的所有内容之外，还增加了轨迹问题。其中，轨迹问题、作图问题分散到相应的每一部分内容中。

第二，在公理的选择上，该书与《几何原本》相比，普通公理数目增加，共设有九条；几何学公理减少，共设有四条。仍然是严格的欧几里得论证几何体系。

第三，在习题配置上，该书注重将所学的知识应用于解决一些问题，但同时也带来了几何教科书的繁、难等问题。在"尚实"这一教育方针的指引下，该书在强调论理的基础上，更偏重于实用，注重将所学的知识应用于解决一些实际问题，学生基本上能将所学的几何知识，例如合比例、面积、体积等知识应用到实际生活中去。可以说，这一时期的几何教育还算成功。但"大量、繁、难、偏、旧"习题的存在，加重了学生的几何学习负担。

五、秦汾编《中学校师范学校用 民国新教科书 三角学》

《中学校师范学校用 民国新教科书 三角学》一册，为精装，由秦汾编纂，上海商务印书馆出版发行，1913年初版，1921年出版四版。

该书由封面、编辑大意、目录、正文、公式集要、中西名词索引及版权页组成。其中版权页附有"教育部审定批语"（图4-56）。

图4-56 《中学校师范学校用 民国新教科书 三角学》商务印书馆出版，1921年

根据"编辑大意"说明当时的编排情况：

是书依据教育部令编辑。专为中学校，女子中学校，及师范学校，女子师范学校之用。说理务求完备，俾学者思想得渐趋精密。豫（预）备进习专门，用是书者宜注意下列数端。

一、本书首论坐标，正负及任何角等。此种观念，不独为全书之基础，并于高等学科大有关系，慎勿以其较难领会而舍之。

二、本书于对数仅述大略，足备检表之用而已。至于对数原理，则宜于高等代数求之。

三、三角表及对数表之造法，三角级数Trigonometric Series，复素量Complex Quantities，特麦佛氏定理De Moivre's Theorem，指数式Exponential Form，双曲线函数Hyperbolic Function等。超越中学范围，均不备论。

四、本书内节款之不甚紧要，及问题之较难演算者。均以〔★〕为记。倘时间无多，概可略去。

五、本书习题，均附章节之末。既免间断正文，并使学者不能豫知应用法术公式。演算时不致强为牵合。

六、各校程度时间未必尽同，教材问题或当增损，是在教者。

七、反三角函数记号宜用arc，但英美诸书多用−1指数。盖习惯使然，不易骤革。吾国尚无定规。本书均用arc，期与德法诸书一律。

八、西文名词，间有不甚允洽，或不甚便利者，狃于习惯不易更变。其为吾国尚未规定者，则为特制新名，以便学者。

九、本书习题答案，另刊小本，专供教员之用。

十、本书重要名词，于始见时均附注英字，卷末并列索引，以备检查。

编辑时参考书籍。其最要者则为Todhunter，Hobson，Casey，Locke，Hall and Knight，Loney，Wentworth，Granville之作。习题亦多取于是。余则编者教授及试验时所命之题也。

根据"编辑大意"，该书首次讨论了与高等学科有关系的坐标问题，劝诫教员教授时切勿因为学生不易理解而直接略去；教员教授也要因材施教，根据教学实际可以省略部分难以演算的习题；该书多参考德国与法国的书籍，其中"最要者则为Todhunter，Hobson，Casey，Locke，Hall and Knight，Loney，Wentworth，Granville之作"。由此亦可反映出当时国人自编的三角学教科书，无论从形式还是内容均符合当时的国情，摆脱了清末时期完全翻译日本、欧美国家三角学教科书的状况，展现了国人自编三角学教科书的实力，开创了中国近代学制颁布后国人自编中学三角学教科书的先河，体现了近代数学教育家们追求科学的真诚态度和严谨学风。

该书共八章，有146项重要内容，其中重要的知识点或易错点处以"注意"两字作为标注。各章学习内容如下：

第一章 论角：角之计算法（习题Ⅰ）；角之广义；角之正负号；角之位置（习题Ⅱ）

第二章 锐角之三角函数：三角比定义（习题Ⅲ）；余角之各比；同锐角诸比间之关系（习题Ⅳ）；45°，60°，30°等诸角之各比；等诸角之各比（习题Ⅴ）

第三章 对数及三角表，直角三角形：对数；对数表及三角表检查（习题Ⅵ）；直角三角形（习题Ⅶ）；应用问题（习题Ⅷ）

第四章 任何角之三角函数：任何角之八比定义（习题Ⅸ）；各比之变更；0°，90°，180°，270°，360°之各比；任何一角诸比之关系；（90°±x），（180°±x），（270°±x），（360°±x）之诸比；任何象限内诸比化至第一象限法；等比之角（习题Ⅹ）

第五章 几角诸函数间之关系：两角之和之函数；两角之较之函数；两角函数之和较及积（习题Ⅺ）；倍角之函数；分角之函数（习题Ⅻ）

第六章 斜角三角形：三角形诸边及诸角间之关系（习题ⅩⅢ）；斜三角形之解法（习题ⅩⅣ，习题ⅩⅤ，习题ⅩⅥ）

第七章 三角形之性质及多边形：三角形之性质；正式多边形（习题ⅩⅦ）

第八章　反函数，图形，消去法及三角方程：反三角函数（习题 XⅧ）；图形（习题 XIX）；消去法（习题 XX）；三角方程解法（习题 XXI）

公式集要

中西名词索引

该书编写特点如下：

首先，该书在讲授特殊角的三角函数时，结合具体的图形进行求解，严谨周详，一目了然。

其次，该书内容具有"参合与融化"的特点。清末民国时期，中国学者在编写三角学教科书时，常以一种三角学教科书为蓝本，同时参考其他多种三角学教科书，采用"参合与融化"的编译方式编写三角学教科书。

第四节
1922年"新学制"下的中学数学教科书

1922年11月1日，北洋政府颁布《学校系统改革案》（"壬戌学制"），采用了当时美国已普遍实行的小学、初中、高中"六三三制"。1923年8月，在中华教育改进社第二届年会上，数学教学组决定对初级中学数学采用混合教学法，开启了中国"混合数学"之端，同年颁布的《初级中学算学课程纲要》中明确要求初中算学采用混合教学方法，但由于各校师资水平和学生数学基础参差不齐以及历史环境等种种因素，于1941年取消了混合数学教学。

一、混合数学教科书

混合数学是指将算术、代数、几何、三角等数学内容融合在一起，在教学上是与分科教学法相对而言的。混合数学起源于美国，美国数学家穆尔（E. H. Moore，1862—1932）在1902年举行的全美数学年会上作的长篇报告《关于数学的基础》中主张：在中学应将各科（算术、代数、几何、物理）融合在一起，搞统一的数学。在这一思想影响下，美国芝加哥大学的乔治·布利氏（E. R. Breslich）教授率先编写了统一教材，即《布利氏新式算学教科书》。中国传统数学并无算术、几何、代数、三角之分，但随着20世纪10年代末至20年代，杜威和穆尔先后访问中国，美国实用主义教育思想传入中国，混合教学法随之盛行。"新学制"颁布后，旧的教科书已经不能适应"新学制"下的教学，当时国内广泛使用的混合数学教科书除上述的《布利氏新式算学教科书》外，还有：程廷熙、傅种孙编的《新中学教科书 初级混合数学》（6册，中华书局，1923年）；段育华编的《新学制 初级中学教科书 混合算学》（6册，商务印书馆，1923年），该套教科书1923年再版时改名为《新学制 混合算学教科书 初级中学用》，相比其初版内容有所删减；张鹏飞编的《新中学教科书 初级混合法算学》（6册，中华书局，1923年）。

混合数学不是简单地将算术、代数、几何和三角内容交错设置和编排，而是尽可能地找到它们的内在联系并将它们融合在一起。如算术中融入几何观念，用几何方法表述算术内容，其他分支之间的融合也如此。

（一）乔治·布利氏著《布利氏新式算学教科书》

20世纪初，欧美掀起的数学教育改革运动认为分科主义的数学是枯燥无味的、困难的，不符合学生的能力，且在对现实世界的问题进行数学考察时，分科主义数学的作用非常有限，而融合主义的数学能发挥更好的作用。因此废弃了以"形式陶冶说"为基础的分科主义数学教育，倡导融合主义（混合主义）的数学教育。在此背景下，美国数学教育家、芝加哥大学教授乔治·布利氏根据美国数学会"中学算学教授法须彻底改造"的建议，进行"数科融合教授"实验，于1906年打破了几何、代数、三角的界限，编写了"以学生的经验心理为根据，由实验推原理，自原理定证法，用圆周法以明代数几何三角之关系，可以说是20世纪中等数学教育的新作"的《布利氏新式算学教科书》。

《布利氏新式算学教科书》英文名为 *Mathematics*，扉页上名为 *Mathematics for Secondary School*。其中，*First-Year Mathematics* 初版时间为1906年，至1925年共出版二十三个版本；*Second-Year Mathematics* 初版时间为1910年，至1923年共出版十三个版本；*Third-Year Mathematics* 初版时间为1917年，至1925年共出版八个版本，均由The University of Chicago Press出版，在中国上海The Mission Book Company出版誊印本，见图4-57。

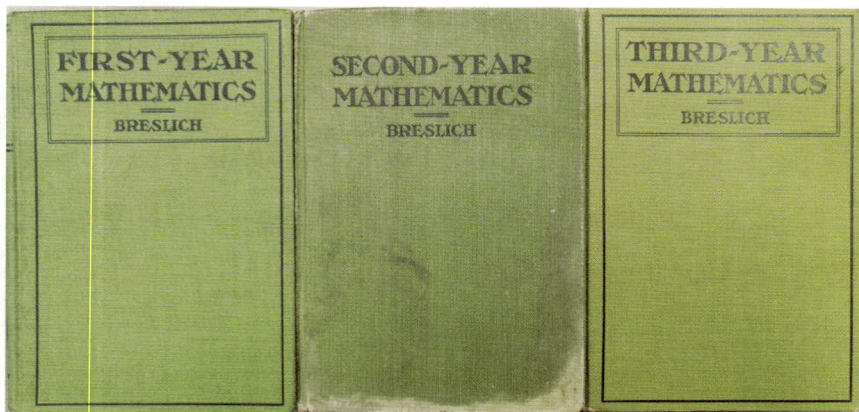

图4-57 *Mathematics*, Shanghai: The Mission Book Company，1923年

《布利氏新式算学教科书》由商务印书馆于1920—1924年出版的版本为三编布面精装版（见图4-58），书脊印有书名、出版社，供初中3个年级6个学期使用。值得关注的是，商务印书馆另发行一套共四编的《布利氏新式算学教科书》，平装16开本，相较于精装本而言，前三编内容完全相同，并在其基础上增加了第四编（图4-59）。《布利氏新式算学教科书》第一编于1920年2月初版，1930年4月第十一版，由徐甘棠译，寿孝天校对。第二编于1922年5月初版，1930年4月第八版，由王自芸译，寿孝天校对。第三编于1924年8月初版，1930年5月第四版，由文亚文、唐梗献译。第四编由余介石译，但无版权页。

徐甘棠（1874—1948），广东花县（今广州市花都区）人，民国藏书家。1917年任商务印书馆编辑。1930年前后，曾在越秀山下创办广州第二中学，并任首任校长。后任广东大学算学系主任，后改任广东教育局局长、广东省通志馆馆长等职。他搜集古今图书2万余册，颇多善本。1948年去世后，其夫人罗秀云将其藏书捐献给岭南大学图书馆。

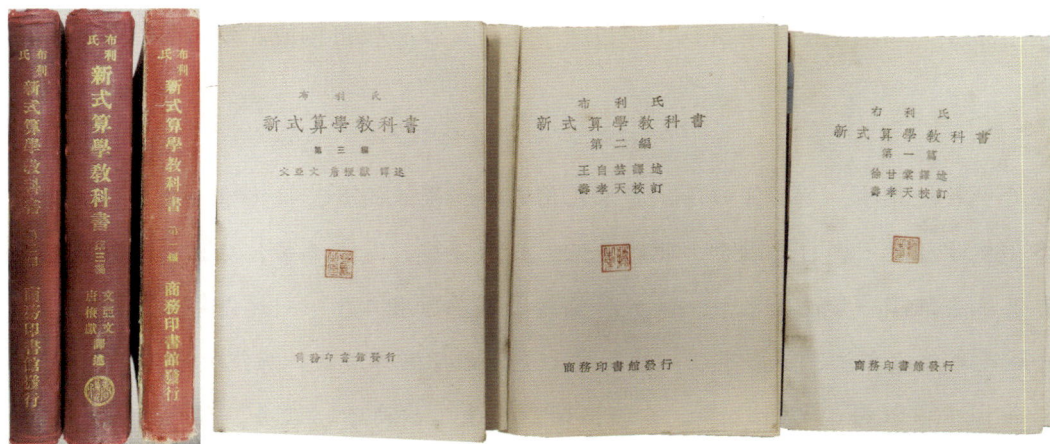

图4-58　《布利氏新式算学教科书》三编本　商务印书馆发行，1930年

图4-59　《布利氏新式算学教科书》四编本　商务印书馆发行，1930年

1923年1月经中华民国教育部审定，将此书作为中等学校及甲种实业学校算术科教学用书。教育部审定批语如下：

> 呈及《布利氏新式算学教科书》第一、二册，均悉查，是书独开蹊径，融合代数几何三角各法，锯元提要，会通发挥，凭人事相关之问题解滞涩易忘之公式，批隙道穷曲类旁通，能使学者造诣于算术之境，可获举一反三之效，其去墨守陈（成）规，仅据理论法敷设之旧籍，实不可以道里计，第二编所述几何三角各题，随事引证，不拘一格，极运用变化之理。至若措词（辞）之浅显，习题之结构，条分比节，允称完备。译笔亦复明朗修洁，准予审定作为中等学校及甲种实业学校算术科用书。

十二年一月三十一日

这套教科书将算术、代数、几何和三角等在内容上独立编排，但彼此之间有着千丝万缕的联系，且组成一个系统。译者在序中对该书这样评价道："近世教授算学，多墨守旧法，算术几何三角，累级而升，惟（唯）恐陨越。各科初级浅理虽多，然步骤既困，自难融会，聪明是塞，日力遂废，是书编纂，独出心裁，融合各法会通发挥，有尽去陈滓一炉而冶之妙，实教科至精之本。"

第一编由两个"原序"、"学生读书法"、"目次"、正文及版权页构成。现借其"原序"说明当时的编排情况。

原序一

（译者按近世教授算学，多墨守旧法，算术几何三角，累级而升，惟（唯）恐陨越。各科初级浅理虽多，然步骤既困，自难融会，聪明是塞，日力遂废，是书编纂，独出心裁，融合各法会通发挥，有尽去陈滓一炉而冶之妙，实教科至精之本。原书二序，一述是书编辑之史旁及美国教育，一述是书编次之法，畅言事理，皆此编之美。兹特概举译法，庶窥大凡）

比年来，美国中学教科，力行改革，首倡格致，而手工、商学、农务、算学，皆接踵而上，列入讲习，气象一新。然著（着）手更革时，讲者深文周纳，肆力抨击。及今日人才蔚起，文学、算学，皆不愿含诸科而独立，即甚守旧者挥斥无厌。及下笔者著书，亦新旧杂进，足知世变方殷，来轨无极。踵事增华者，其进正未可量也。

改良之徒，既与顽旧抗，乃大力合诸科之要，以应学生之求。今日视为重要有益者，厥为临视问学之功，引学生发舒思力，而与人类精力奋勇之性，有恰合之度。然此非修改学科内容不可，变而通之，括其力而充之，此真教师广求善法之良会也。

近数年，诸科皆进而算学独后。代数只稍更节目，引用图线，排次问题，略去繁曲而已。虽变而尚不足以应世运。代数如是，则千载不变之欧几里得之几何学又如何。今之教习，常恨学生不明算学旨趣者何多。其顽旧者，甚以为不必导学生至通晓之程度。夫学生不明教授之理者至于四分一，而拥鼻比者，尚刺刺怨及门之不才，是其人不足与论教育，可以必矣。盖其为人，绝无观察社会之能力，沈酣畅旧籍，梦想高远，失学校之真生命，而尚以为教员执去害马之理以裁黜学生为天职也。甚矣对于故见，不审历史之误人深矣。

中学算学教授法，须澈（彻）底再造。事理昭然，如日月丽天。一九〇三年，美国算学会大会，会长所有建议，而赞成从新组织教科内容及教法者，陈词纷上，交口敦促。芝加哥大学教育院者，教育实验之中心点也，乃以此事自任。一九〇三年以来，求算科再造之法，释纷解难，决定非数科融合教授不可。是故本书随事指列，深得发挥旁通之妙。稍具眼光者，皆趋重此种教法，而决其有教育之力。

是书由实验而来，特叙其历史如下。一九〇三至〇四年之间，芝加哥大学及附属中学算学教员会议，决行采用会通法，定算学之课程。后一年，用模写法，印刷为第一年教科书。阅年增修重刊。一九〇六年夏，修成中学通用本，署曰"中学第一年算学"。未几，本大学印刷局，广印以应别校之求，并收回出版权。一九一〇年，续印"中学第二年算学"。自是以来，本大学附属中学，遂专用此书。此书虽由十二年经验而成，然布利士力（布利氏）一人执笔著述，考验勤劬，劳苦功高，允宜以撰述之名归之。著者当以此书教授，具有阅历，凡所编次，会收奇效。略举特异者如下。

1. 取算学各科性质最相近可互相发明者，贯串出之。习算之难，可释然无余。

2. 是书经同学教员评骘讨论，删繁增要，务求明达。虽无阅历之讲师，亦能按序指授，无由凝滞。盖编次之良美，实臻实验之绝顶也。

3. 心理研究，学务所重。是书取材，恰与学生心理相应，手捧耳聆，自能领悟。

4. 是编多述几何，引人入胜，且能令学者入门之力，拾级而上，升堂入奥，直造玄妙。

此皆本书造福之荣荣大端。至若命词之浅易，习题之秩序，条分节比，皆可称道。总而言之，实津逮初学之兴梁，启发思力之秘钥也。今日十三四岁男女生习之，必知所以著想之道，而获无穷之益。是则同人所深信者。

芝加哥大学印务局司员

摩尔
米尔 ⎬ 同序
昃德

原序二

著者编是书时，所持以为的者，略有数端。

（1）凡中学初级算学，如代数几何三角等，皆搜取浅易，旁及深赜。浅者编入导级，务与初学宜，而引之宛转入繁奥之处。

（2）代数几何三角三种算科，若第一年班生只习一种而遗其余，则往往不明算学之理，驯至广学荒志。旧法，第一年生专习代数。窘于艰深，惭愧退龃者，所在多有，顾虑几何。弥觉高深，无自信力，遂失钻仰之诚。今合二者会通而教之，既能了悟，兴味自生，发扬蹈厉，必愿踊跃进习他种。

（3）代数几何有密切关系，工程诸学，皆已明认。今两科合教，实中学程。且两科未完之理，皆可互补。而图线公式，用达数理，尤有左提右挈之益。阅者一览，自可了然，并能推深解繁，鞭辟入里。故融会教授法，实令学生迈步于算学之途，若履康庄，平荡无罣。本编始终谈几何，而以代数明之，而代数同时发展，解示图形所不能达之理。

（4）近年中学规定卒业之算学范围稍窄。若如旧法，习算一年，所得甚寡。几何学与人事境地相关之益，万无了解处。

（5）学生性喜实用，凡补益物事，愿安承教。今授算者，能以各科精要分配初级，学生明睹美利，定生爱悦。著者深知代数高于几何，允宜明白引用，互相发明，以收实益。若三角术，寻常非至第三四年者，不能窥其绪论，然利用最广，为理非深。宜择其基本名号，援引解题。本编据此理义，开卷未几，即详释名意，以牖初学，大抵测量法即其实用也。

算学专习一科时结果常得公式，代表算理。然公式实非初学所宜。惟会通法能除其蔽，旁通曲达，批隙导窾。理解既畅，公式自明。较强记一式者，为利薄矣。又算理非极要而不易明者，不宜过事著力，徒费精神。今之会通教法，标几何之形，演形图之性，学者步步入胜，发蒙振落，自悟定理。较之徒凭论理法敷陈者，难易不啻倍蓰。所谓公理，乃天然自知之理，宜布置合宜，务中窾会。若论理证法，书中间有，虽非正式，深可裨补。盖学者藉（借）此能知定理之确当，并可作第二年算科之备也。代数驭题解理，最称简利。引而伸之，问题性质，皆可字列，为益多矣。本编于代数条例，详词释义，无有剩理且免代字杂出不知用意之弊，诚以此也。

书中论理之处，区别明白，不苦初学。如正负数之义，无例之理正负数之用等，必俟学生明习无号数字之意，运用变化之理，然后始高陈玄义，而击生之窘难去矣。

著者对于本中学新算学教员，必留意考其所苦，并广求教员评骘本编采用之理法。而芝加高（哥）大学教育院，复以此为实验教育之书，或有批斥，因以修改。其结果，遂成一完美之教科书。

中学教员之教授法，宜令学生不假助他人，自能诵习。著者即本此旨，研究中学生所苦以为难者，避去不用。章末各有提要，使温习一章之节目。第十九章叙别特异之题理，触发学者之兴味。盖是书前后陈义颇广，即非健忘，亦易漏略，得此提之，冀补万一。

本书编次胜于旧法，可简举如下。（1）学生能得算学较广之基础。一年之后，洞悉几何要理代数公式，可以驭数驭题。凡函两三未知数之方程，能合几何演之，有手挥丝桐目送还云之妙。（2）内容丰美。学生与其父兄，恒怪学堂授算，一年所得仅识一科。今既会通，包罗自广。解实用之题，去公式之锢。学生见代算术胜于几何法，而三角术又有高出代数几何之妙。禅房花木，曲径通幽，兴味无穷，益自奋厉。至若费时少，进步多，尤其余事。

教员善于推移者，可由此引伸（申）教授新法。譬之开殖新地，以旧遗之材，成异制之物，样式丰而目的达，乐当无既。且新材杂出尤能使教员对学生有所激发，则尤有裨益矣。

芝加高（哥）大学附属中学算科主任布利士（氏）力序

此后为"学生读书法"，如下：

学生读书时之习惯，较之所习之学科，尤为重要。略举读书法如下。若执以为准绳，则学者之脑，可成有力之机具。凡读书，须以习课之时少，而所习之课精为主。

1. 定一日读书之课程，划定读算之时刻。如此，可得聚精神办一事之习惯。

2. 每习一课，须预备此课应用之物。如课本，扎（札）记簿，尺，规，要用之特别纸件等。写字时，光须由左来。

3. 明晓所读之课，并将教员授课时所提出之意义，随时记之。记录须确当。并示可供参考之书。凡习课之始，须先提出课中之要目。

4. 常用课本，能助学者引用别书。故当明了书中各标目及各注脚之用意，并常引用之。

5. 习课不得失时，坐下即读，聚精会神，不为外缘所动。务令专心一致。

6. 凡读书，当从速读过一遍，然后再精细复阅。譬如解题，必先详读问题，使知何者为已知项，何者为欲求证之未知项，方行著（着）手解题。

7. 读书贵独习。故凡解题，不应求助于人，当习用本有之判断力，因个人独习，方为诚实之温习。

8. 所学之课，当施诸实用，展发之于日常之事，并以素所熟悉之理解释之。

9. 凡读一书，须设法以引起其趣味，故当搜觅同类之书，以为参考，并以校课告父兄。又将有兴味之课，与之共同讨论。

10. 凡旧课，当时常温习，盖课中苟有未明之处，可藉（借）温习补救之。

11. 每日须预备各课，因依时应所需之习惯，为极端紧要也。

以上各节，乃由美国芝加高（哥）大学附设中学所用之学生读书法引录。凡学生欲知应学之课，教员欲学生能实用所学，则上列各节，殊为有用。

《布利氏新式算学教科书》第一编是初中第一年的算学课本，重点讲授代数知识，同时将几何等内容贯穿其中，使学生在一年的学习中掌握一些最基本的代数、几何公式，会解包含两、三个未知数的方程。在全书19章内容中，几何内容占了8章。章目录如下：

第一章　直线

第二章　加法减法

第三章　方程

第四章　角

第五章　面积体积，乘法

第六章　角耦

第七章　平行线，空间中之线与平面

第八章　量空间之线，相似形

第九章　比例，变数，等比例

第十章　相合之三角形

第十一章　求作、对称、圆

第十二章　正数、负数、号例

第十三章　加法及减法

第十四章　乘法及除法

第十五章　特别积，劈因数，二次方程

第十六章　一次方程函一未知数之题

《布利氏新式算学教科书》的一个显著特点是融入了丰富的数学史料，主要介绍数学家事迹，在一页纸的正面附数学家的肖像，并在该页的背面简要介绍其生平，图4-60为"欧几利（里）得小传"。

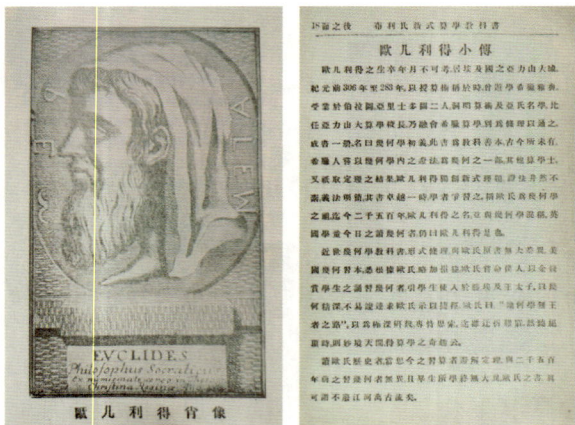

图4-60 《布利氏新式算学教科书》三编本 商务印书馆发行，1930年：第18页

《布利氏新式算学教科书》第二编组成结构与第一编基本相同，由两个"原序"、"学生读书法"、"目次"、正文、附录及版权页构成。现借其"原序"说明当时的编排情况。

原序一

本书已为二版，可继续第一编，作中学第二年之算学课本。然著（着）重者，为平面几何。

本书取算学各科中性质相近，而可互相发明者贯串之，俾中学算学教科，渐收改良之效。

本书编纂，独出心裁。其唯一之宗旨，为仿照第一编之体例，融合各法，会通发挥，并按中学程度，将应授之事项，悉行编入。选材论理，务择其要。卷首述读书法，章末各有提要，所以示学生习课之道，而达温故知新之的也。

本书并未删改原有之算学格式，然取各科之性质相类者，变而通之，以成完美之法式。至于融会立体几何，引人注目，尤为本书之特色。盖此为著是书之要旨，且合于近代之教育原理也。

本书第一编，自出版以来，深荷（获）各校赞许。凡用之者，皆收奇效。故本编之能合于应用，同获良果，无待赘述。而其教育之力，定能超越同等程度之课本，或其他专授平面几何之课本。是则稍具眼光者，皆所信服也。

> 一千九百十六年八月，校订者迈尔士识

原序二

著者编是书时，所持之目的，略有数端：

1. 本编继续第一编之体例，将算学各科，会通教授，而著（着）重于几何学。

2. 本编对于演算各法，及他种算例，皆随机温习，以免遗忘。例如教定理时，或授代数新题时，及其他计算之问题中，皆含有温习演算之性质。

3. 本编将第一年所授之代数，继续而扩充之。凡第三年以前所应授之事项，冀于是编中尽授之。

本编常用代数记号法，及实用方程演几何题法，以期明瞭（了）而简便。代数新题，则随时增授。至元字之比较消去法及代换消去法，因常见于证题法中，或常用以解习题，故先行教授。用公式演二次方程法，演分数法，及劈因数法，皆为第一编中所已授者，可作温习之用。

4. 平面几何于本编中授毕。

第一编已授几何学之基础。本编所授者，其法较前编稍繁，然理论法优于量法，则已先是说明。

本编授解几何题之秘诀，故述证题法多种。然何时宜用何法，是在学者之运机灵敏，判断确当矣。其他普通证题法，想为学生所已知者，不复赘述。

旧式分几何作数本，此编则分作数章，每次仅授緊要，俾合中学程度。较诸旧式，费时少进步多，诚一举而两得也。

5. 本编融会平面几何与立体几何而并授之。

许多立体几何与平面几何之定理含有密切关系。本编特列出而详证之，使学生可获举一反三之益。所授立体几何，包含空间中之线与平面诸定理。

6. 本编继续前编，授三角法。中学学生不早读三角法，实为教授算学之缺点。本编特先授之，于用几何法与代数法时，以三角法代之，使学者知三角法之用，较几何与代数尤为广便。

本编授三角法，除依上述之宗旨外，并授下列事项。（a）用三角函数（正弦，余弦，正切）以解直三角形及其他实用题。（b）此诸函数间之许多基础关系。

7. 本编无极限之论题。

此种论题，本非古时中学之所有。然以后不尽线与不尽数之问题，渐有发生。而极限之命意，遂始于是。

8. 本编按学生之心理，以实用引起其兴趣。

几何学最切实用，故学者易生嗜习之心。著者即本此旨，著（着）重于几何，以展发学生学算之兴味。教授算学之法，莫善于是。

9. 本编依第一编之体例，凡引授定义，必于适当之时，无先后不均之弊。

定义既授以后，则继续引用之，使学生知此定义之应用。

总言之，本书包罗广阔，深合实用。能使学者得算学较广之基础，而算术、几何、代数、三角融会教授，相提并挈，非特可免冗繁之温习，且可节省学生之光阴。用意之美，取材之善，自非旧有之课本可比。

本编习题甚富，教员可选择其要，令学生演之。凡定理或问题之前，作 ↕ 之记号者，可任意删削，或俟全书读毕，始补授之。

凡第一年仅授代数者，亦可用此编为第二年之课本。盖第一编所授之公理及定理，皆依其次序，录于卷首，以作第二年学算之预备也。

一千九百十六年九月，著者布利士（氏）力序

《布利氏新式算学教科书》第二编的"学生读书法"如下：

学生读书之习惯，较之所习之学科，尤为重要。略举读书法如下。若执以为绳准，则学者之脑，可成有力之机具。凡读书，须以习课之时少，而习得之课精为主。

1. 定一日读书之课程，划定读算之时刻。如此，可得聚精神办一事之习惯。

2. 每习一课，须预备习此课应用之物。如课书，扎（札）记簿，尺，规，要用之特别纸件等。写字时，光须由左来。

3. 明晓号定之课，教员号课时所提之意义，练习用笔记之。记时须确当。并记指示参观之书。初习课时，先提出课中之要目。

4. 练习引用课书，则能助学者用别书。故书中标目及注脚等之用意，须明白并常引用。

5. 习课不可失时，坐下即读，聚精会神，不为外缘所动。务令学习之力，能聆令而行。

6. 读书例，须从速读过一遍，然后再精细复读。譬如欲解一题，必先读过，确知何者为已知数，何者为未知数，而求证。明白了解，方行着手解题。

7. 读书须独习。练习独自判题独自解题，凡独习者可称忠实。

8. 试将所学者施诸实用。凡日常之事，能展所学者即为之，且以素所熟悉之理释之。

9. 凡学课须有味，故参观之书须搜读，并以所学告父母。而以最有兴味者与之讨论。

10. 常温习旧课，苟课中有未明者，则温习时必能了解。

11. 日中功课须预备，习惯依时应所求。实极端紧要。

以上各节，乃由芝加高（哥）大学附设中学用之学生读书法引录。凡学生欲知所以学，教习欲学生能得实用所学，则上说殊为有用。

《布利氏新式算学教科书》第二编开始之前，专设一章——第一章，对第一编讲到的全部几何知识进行罗列。对于没有学过第一编的学生而言，可以将该章当成学习纲目，依次序重新学习；而对于已经学过第一编的学生，可将该章当成一次系统的复习。平面几何的知识，在这一编中全部讲完，与第一编相比，几何知识更注重理论上的证明。该编接第一编继续讲解三角函数，用三角函数解直角三角形及其他一些实用性很强的问题，以及各种函数之间的联系。内容简要介绍如下：

第一章 已授之假设，定理，求作法

第二章 证题法

第三章 消元法

第四章 四边形，角柱表面，二面角

第五章 等比例线段

第六章 等比例，劈因数，变数

第七章 相似多边形

第八章 三角形各边之关系，二次方程，根数

第九章 三角比、根数，含两元之方程

第十章 圆形

第十一章 用弧量角法

第十二章 圆内之等比例线段

第十三章 演算分数法

第十四章 不等式

第十五章 空间之线与平面，角，球体

第十六章 轨迹，会合线

第十七章 内接，外切，圆周长度

第十八章 面积，字母方程，劈因数

第十九章 多边形，圆，面积之等比例

附录

名人像传

第三编是初中第三年的算学课本，是在前两编的基础上，讲授中等学校学生应该学习的代数学、三角学与立体几何学。该编在组成结构上与第二编类似，但此编仅有一"原序"，且没有"学生读书法"。现借其"原序"说明当时的编排情况：

此乃中学算学教科书之第三编。本编之旨趣，乃赓续第一、第二两编，而为第三年之课本。即完成中等学校应习之代数学，三角法，与立体几何学。

本编之目的，即贯澈（彻）编辑本教科书之主张，于各门数学中，取其关系密切者，融合教授。

此种编制之立意，在按心理的论理的原则，连续发展学者对于数学之疑识，其使学者领悟数学之意义与实用及科学的性质，较之分门学习，自然更加明瞭（了）。此结果引起学者具继续研究数学之倾向。

此第三年之材料，经此适宜之联络，更属辅车相依，互相蝉联。例如欲解三角法问题，必以对数为工具。再进而欲讨论对数之原则，必先授指数定理。

在直线方程系，及联立二次方程之解答，与两直线相交，两曲线相交之关系，可见以具体的方法解答各种形状之方程系，较用抽象之计算，更为明瞭（了），且便记忆。

由以图线表示成 $y=f(x)$ 之形之方程，——$f(x)$ 可视为多项式，或三角函数——可得函数之

对应的根本概念。此种概念，即为学解析几何学之先河。

此种联络法，削去课目中不适用之部分，而不失其精华，可使学者兴趣横生。有许多学生，深感中学三年级之代数学过于抽象枯寂，而对于本书之代数学与三角法联络，则极表欢迎，因其学得之三角法，有机会可以运用也。

兹将习本书时宜特别注意之点，条举于下：

1. 本书前两编中每章之末，均有提要，故本编之首，不再列入，面迳（径）授以新工（功）课。如此编法，时间与精力，均为经济。

2. 本编每章之末，仍依前例，提出本章重要事项。

3. 本编末章，乃集合前两编所授之几何定理，既可作读本编时之参考，又可作读完本编后之复习。重要之数学公式表，则附于书末。

4. 本编选择材料，几经慎重，以期学者之思想，得以自由发展，并可为研究专门数学之预备。习题之分量，以使学者能有入大学之学力为准。故所编之习题中，采有各大学之入学试验题。

5. 书内间插入历史的注释，以期鼓励学者研究之兴趣。书内所插入之名人像（相）片，乃取自芝加高（哥）Open Court 书社所印行之名人像片集。

承数学界同志，对于本书赐以极有价值之校订，余所深谢。

布利士（氏）力序

该编的主要目的是贯彻融合的主张，在各门数学内容中，取关系密切的内容，融合教授。例如要解三角的问题，必以对数为工具，而要讨论对数的相关知识，必先讲授指数定理。给出了二元一次方程组和一元二次方程的多种解法。例如用行列式解二元一次方程组，用消元法解多元一次方程组，用高阶行列式解多元一次方程组，用代入法、消元法、分解因式法、消常数法、换元法等解二元二次方程组。具体的方法解各种方程组，比用抽象的计算更为明晰，而且便于记忆。同时这一编还融合了相应的数学史内容，旨在激发学生的学习兴趣。这一编的学习有助于学生掌握"数形结合"的重要思想，同时使学生利用方程解决实际问题的能力得到进一步加强。第三编的最后一章，复习了之前所学的几何概念、公理和定理，既可作为第三编学习时的参考，又可作为学习完第三编之后的复习总结。重要的数学公式表，则附于书末。内容简要介绍如下：

第一章 函数，含一元之方程

第二章 三角函数

第三章 一次方程

第四章 含一元之二次方程

第五章 劈因数法，分数

第六章 指数，根数，无理方程

第七章 对数，计算尺

《布利氏新式算学教科书》第四编是继第三编而作，其程度适合具有初等代数、平面几何、立体几何及三角等必要知识的学生使用。高等代数及解析几何通常是分科教授，现将其融于一体，作为大学一年级或高中末年的教本。该编由"原序一"、"原序二"、"目次"、正文和"表及公式"组成。在两个序中交代了该书的编写目的，其具体内容介绍如下：

原序一

本编继新式算学教科书前三编之后，采用数算科融合编制之法。布利士（氏）力君致力于斯，于兹五年，自始至终，各编所取材料，皆以教室中实地试验以及教员会议之评骘讨论为依据。

融合编制法较之前此所通用之分门别类法，时间之节省殊多。平面解析几何及高等代数固美国之大学科目也，今亦得于四年之中学教育课程中习毕之矣。非特中学所固有之算科一无遗漏，即加入之微分材料，亦复不少。学生之修毕是书者，其算学程度当远在始业时之美国大学二年级生之上也。

本书之负责者以为无论何种有计画（划）之科目，苟处理得宜，当使学生于修毕该科之时，深感学术之无穷而不以已习其书为满足。故教法之善否，可以学生之态度验之。设学生习完一书，反觉惘然若失，以为该科尚有要点当前，未之或见，虽无继续修学之力，而亦甚愿一窥全豹者，斯得之矣。若以某科目为最后之课程或最后之必修科目而设教，则学生将以为彼之所真正需要者，尽在于是，决（绝）非真美善之教学法也。讲一科目而能使学者于造诣态度二者咸有选修之准备，始可以当至善之誉而无愧。斯在算学一科，尤为重要。布利氏所著各书莫不依此义而编辑。凡各算科之材料，合于某时期之用者，罔不罗列，与以适当之编制。盖惟能使不论升学与否之学生，均有作更进一步研究之预备，而后可称为最完善之编制法。设预备之观念不超乎一切，则决（绝）无孽生流弊之患也。

布利氏算学教科书实为改良中学算学之适当途径。何以言之？芝加哥大学附中采用布利氏之书籍，极有条理者也，而结果非常美满，观乎各项标准测验及大学入学试验之成绩，毕业生升学后功课之仅优异与夫选修算学课程者之众多，可以知之矣。自本书第一编出版后，中学及大学教科书之采用混合编制法者，渐次蜂起，而美国学界耆宿与夫优良之公私立中学赞成之者日伙，斯则又其一证也。以布利士（氏）力君之贡献谓为有功算学教育之人，其谁曰不宜。

校订者迈尔士谨识

原序二

此书为赓续著者所编新式算学教科书第三编而作。故其程度适合于具有初等代数，平面几何，立体几何及三角之必要知识之学生进修之用。高等代数及解析几何，通常皆分门教授，现将其熔于一炉。以之作为大学一年级或高中末年之教本，均无不可。

本书之编制，仍依前三编之例，将天然有关系之各算科，与以密切之联络。此种融合法使讨论各主题之动机，易于触发。学生藉（借）几何之图线公式，对于数理，更能一目了然，而各种函数乃相对应者之重要观念亦可有天然之启发。向之分科设教，学者每有不能触类旁通之弊。惟（唯）有此种会通之法，始可一以贯之。既有引起学生兴味之益，又可收事半功倍之效。

导微函数之概念，在讨论曲线之切线斜率时即有论列。于函数极大极小值之阐明，亦引用之。

本编仍依前编体例，于书中各处，插入关于算学之史科。

为便于学生温习起见，每章均有提要，以展开之公式亦必列入。书末并附有数学之重要参考表数种及几何代数三角之公式。

书中一切材料，乃著者在教室中实地试教，几经审易而定者。

书中各数学家画像，皆采自伍本壳（Open Court）书社所出之名人像片集。

芝加哥大学教育学院院长朱特（Charles H. Judd）教授与著者以不少之鼓励。今付梓在即，附志于此，以表谢忱。

布利士（氏）力序

《布利氏新式算学教科书》第四编学习内容简要介绍如下：

第一章 点之位置，系数

第二章 直线一次函数

第三章 数直线，二元联立一次方程式，面积

第四章 行列式

第五章 二次式，抛物线

第六章 二次以上之有理整函数

第七章 数字方程式解法

第八章 普通三次式四次式之代数解法

第九章 极限

第十章　无尽连级数

第十一章　分项分数

第十二章　排列及配合

第十三章　圆

第十四章　椭圆，双曲线，抛物线

第十五章　圆锥体之截口，坐标之变换

第十六章　普通二次方程式，直径

第十七章　轨迹

表及公式

对数表；乘幂及方根表；1°～90°各角之正弦余弦正切表；公式；希腊字母表

名人像传

　　该套教科书内容由浅入深，各编均适于一学年教学使用。且前编均为后编学习的基础。该套教科书采用混合编制，涉及了算术、代数、几何和三角的各个方面，内容丰富。编者在序言中指出了这种混合编制的优点。该书习题丰富，且每章末都附加提要，如第一编第二章"加法减法"结束后有以下提要：本章所授各项、本章所用记号、本章所用的公理、本章所用的例子的类型等。每编的编末都附有计算必要的各种数值表和公式，实用主义色彩浓厚。此外，这套教科书在注重代数与几何之间融合并突出数形结合思想、注重多学科内容整合的基础上，穿插了许多数学史料（介绍26位数学家的同时，对一些重要数学概念或事件做了简要介绍）、地理知识、物理现象、社会现象等内容，这些内容都能与数学知识有机结合。

　　《布利氏新式算学教科书》是中国翻译引进的第一套经中华民国教育部审定通过的初中混合数学教科书，该套教科书的翻译对当时中国初中混合编排教科书的编写产生了重大影响，20世纪20年代中国自编的三套混合数学教科书都是在模仿此书的基础上编撰而成的。但《布利氏新式算学教科书》也存在不足，如对数学的"整体性"考虑不足，把几种知识混为一体，学生难以学到系统的知识；且难度过大，中学生接受困难等。所以该教科书使用伊始，就引来了一些批评。但作为中国翻译的第一套混合数学教科书，该书是20世纪中国初中数学首次进行混合教学改革的前奏，是对数学教育界分科教学的一次冲击。混合教学的尝试道路中还有大量的事情需要探索。

（二）程廷熙、傅种孙编《新中学教科书 初级混合数学》

　　程廷熙（1890—1972），安徽歙县人，北京师范大学数学系教授，我国混合数学的创始人。[1]1923年毕业于北师大数学系数学研究科。先后在北平师大、中国学院、北师大附中、北平大学工学院、中国大学、北平高等工业学校任教，解放后任中国数学会第一届理事会理事。程廷熙教

---

[1] 张奠宙，曾慕莲，戴再平.近代数学教育史话[M].北京：人民教育出版社，1991：67.

授对初等数学的内容有较深入的研究。曾编写《初中代数学教科书》（两册，1933年），和马纯德先生编译《初等几何学平面部》（1932年四版），曾任《数学通报》第二届编委会编辑。在《数理杂志》《数学季刊》《数学通报》上发表多篇涉及初等数学、数学史和矩阵的论文。

图4-61　傅种孙像[1]

傅种孙（1898—1962）（图4-61），字仲嘉，出生于江西省高安县（今高安市）珠湖傅村，是我国20世纪著名的数学家和数学教育家，北京师范大学数学系教授。1920年毕业于北京高等师范学校。1920年7月留校任教。曾先后执教于北京女子师范大学、北平大学女子文理学院、北京大学、北平辅仁大学、西安临时大学、西北联合大学、西北大学等。傅种孙是我国最早的数理专刊《数理杂志》的主要创始人之一，先后在该杂志上发表几何、代数等方面的论文和译文16篇。他的论文《大衍（求一术）》用近代数学研究中国古算的创举影响很大。于1922年在国内率先翻译出版了罗素（B·Russell，1872—1970）的《罗素算学哲理》（*Introduction to Mathematical Philosophy*），又于1924年翻译出版了德国著名数学家D.希尔伯特（David Hilbert，1862—1943）的名著《几何原理》（*The Foundations of Geometry*，今译《几何基础》）。1935年当选中国数学会评议委员，解放后担任中国数学会及该会北京分会常务理事，并任该会《中国数学杂志》及其后身《数学通报》总编辑。著有《新中学教科书 初级混合数学》、《高中平面几何教科书》（1982年改称《平面几何教本》）和《平面几何研究》（原名为《初等数学研究》）等，都独具匠心、特色鲜明，在当时的教育界影响颇大。

《新中学教科书 初级混合数学》（图4-62）由程廷熙、傅种孙编，张鹏飞、华襄治校订，共六册，由中华书局出版。第一册1923年3月初版，1924年8月第六版；第二册1923年9月初版；第三册1924年2月初版，1926年5月第六版；第四册1924年7月初版；第五册1925年2月初版，1925年7月第二版；第六册1925年8月初版。

图4-62　《新中学教科书 初级混合数学》中华书局印行，1923—1925年

[1] 图片来源：傅种孙. 傅种孙数学教育文选[M]. 李仲来，主编. 北京：人民教育出版社，2005：扉页.

《新中学教科书 初级混合数学》的第一册有"编辑大意"，第三册有"编者弁言"，叙述了该书的编排根据和教授要点。在此引用"编辑大意"和"编者弁言"，介绍该套教科书的编写理念，其具体内容介绍如下：

编辑大意

1. 新学制初级中学之数学科　旧制中学四年，数学科授算术代数几何三角四种。新学制初级中学三年，高级中学三年。就数学科言之：初级中学当为公民必需知识计，高级中学则升学与谋生当兼筹并顾。且初级中学之数学基础不立，则高级中学亦受其影响。

2. 混合数学之必要　初级中学以三年之光阴，习必需之数学，非力求教学之经济不可。中学三三制创于美国，其教数学也，初级即用混合法。顾彼国小学基础较良，与我国现状，又稍不同；故彼之教材，不尽适我国之用。同人服务北京高等师范附属中学，近两年来，用混合法教授，成绩似较佳。自编课本，铅印讲授，随用随改；教材之支配，理法之说明，似有一日之长。今付中华书局印行，以供各地学校之用。

3. 编辑旨趣之大纲　下列数则，为全书一般的说明。其他则分述于各年级教材要目之后。

一、采混合制，使学生易于了解而收贯通之效。

二、便学生自动的学习。

三、问题多择其切于实用者，力矫从前空泛之弊。

四、每年各自为一段落。

五、插入中外数学家小传以增学者之兴趣。

4. 第一学年之要目

第一学期　（1）几何图形。（2）几何作图。（3）加法——线段加法，角加法。（4）减法——线段减法，角减法。（5）乘法——线段乘法，面积。（6）除法——知长方形面积及一边求他边。（7）四则杂题，速算法，中国度量衡，米突制，小数记法。（8）分数——线段等分法，角度法，非十进诸等数。（9）因数，倍数，公因，公倍——线段的公度。（10）分数四则。

第二学期　（11）分数与小数，循环小数化法。（12）略算法。（13）比及比例，连比，复比——面积比，相似形。（14）诸等数，互变，交易。（15）百分法——利息。（16）商功，均输，盈不足。（17）正方形，长方形，平行四边形，三角形之面积及派达哥拉氏定理（割补数前篇）。（18）开平方。（19）难题杂数。（20）数性通论。

说明

（1）本年以算术为经，以计量几何为纬，所以互相说明也。

（2）首授图形及作图法，所以引起学生之兴味也。

（3）开立方移至第二年教授，因代数开方较易，算术较难，由浅入深，宜次算术开方于代数开方之后。

（4）混合比例移至第三年教授，以其非不定方程式不明也。

（5）第十六章系切于实用之问题，故又另辟一章。

（6）第十七章专以截长补短之法研究面积，不务证明。

（7）第十九章系应用问题，四则问题之较难而有专法者属之。

（8）第十二章专抽象的（地）讲不名数的性质及记数法，用此书者可视时间之有无，或授或不授。

5. 第二学年之要目

第一学期 （1）图表。（2）代数加减，线段及角加减法。（3）一次方程，公理。（4）角及角偶—直线同旁诸角和，一点四周诸角和，接角，补角，余角，对顶角，三角形内外角和。（5）代数乘法。（6）平行线。（7）比例图，相似性。（8）比（分数），比例，正变，反变。（9）相合三角形，圆（仅及弦弧圆心角之关系）。（10）作图法，对称形。

第二学期 （11）正数，负数，符号公律。（12）加法及减法。（13）乘法及除法。（14）一次方程解法及应用问题。（15）联立一次方程代数解法，图线解法及应用问题。（16）特别积，劈因数，二次方程。（17）柱体体积（割补术后篇），平行及垂直的直线与平面。（18）开立方。（19）求积公式及其他公式。（20）全年复习。

说明

（1）本年以代数为经，以计量几何为纬。

（2）首授图表为后来比例图及用图线解方程之预备。

（3）前十章不论正负，所有问题皆不得负值。

（4）第四章之配置，专为一次方程应用。

（5）第九，十两章略示推证几何，只求学生心中生推证几何之印象，不求收若何结果。

（6）前三年不论及虚数，第十六章及其以后各章之问题无得虚根者。

（7）第十七章专用截长补短方法研究各种柱体体积，不尚证明，惟因论及柱体之便，故附带指示直线平面之垂直及平行的关系。

（8）第十八章先论代数开立方法，后论算术开立方法。

（9）求积公式如角椎体体积，圆锥体体积，球体积，圆面积，球表面积之类，实用方面有相当之重要，而因其理论较繁，虽第三学年亦难于推证者，概于此章论之，免至第三年发生教授的困难。

（10）第二十章复习，或授或略，听教者斟酌。

6. 第三学年之要目

第一学期 （1）第二学年所授（代数提纲几何提要）。（2）证定理方法。（3）二元联立一次方程。（4）四边形，三角及四边形面积公式之证明。（5）成比例之线段，平行平面，柱体表面及其面积。（6）比例，相似形，劈因数。（7）多边形面积之比，比例与正变反变之关系。（8）三角形之边相互的关系，派氏定理及其推广的定理二次方程，根式。（9）三角比，根式，二元二次方程。（10）分式及分式方程。

第二学期　（11）圆。（12）以弧度角法。（13）圆内成比例之线段。（14）不等式，极大及极小，直线与平面垂直。（15）轨迹，共点线。（16）正多边形，圆周长。（17）正多边形面积，字母方程，圆面积。（18）指数，对数，复利息。（19）方程通论，不定方程，混合比例。（20）（代数几何）系统表。

说明

（1）本年以几何为经，代数及三角为纬。

（2）第一章几何提要，权当几何基础，为以后推证时便于征引，不必引第二年之定理也。

（3）本年论几何尚推证。

（4）极限及不可通约之理论，本年尚不详论。

（5）本年尚不论虚数，所有第八章及以后各年之习题无得虚根者。

（6）本年仅于五及十四两章论及空间位置几何之重要者，其余空间几何之定理，概行略而不论。

（7）本年仅于九及十七两章论及正弦余弦及正切诸圆函数，其余从略。

（8）第十九章论方程个数与未知数个数之关系及不定方程，混合比例亦附焉。此章授否，著者无成见，教者自行斟酌可也。

（9）本书将算术代数几何三角混合编制，犹恐学者不得系统，故于第二十章录代数系统及几何系统，庶学者一览了然。

7. 本书每年分二册，三年共六册。每册供半年之用。但各校支配教材时，如有困难，不妨活用之。

8. 同人学识有限，本书虽悉心编订，却未敢自信；大雅宏达，幸指教之！

编者弁言

1. 本学年授三四两册，所授教材，以代数为主，以几何三角法为辅。

2. 几何三角法中应用代数之处甚多，第三册第五章至第九章虽多为几何三角法之教材，而以代数为经之主旨，故未可或忽也。

3. 代数之妙用在方程，而方程之立也，在能活用文字以列算式，故于第一章开宗明义，述算学语与通常语之互译，养成学者活用文字之能力，以为立方程之根基。

4. 初学代数，乍见有若干文字，每不能了解其意义，本书于第一章更述代数式之意义及通例与特例之对照以明之，庶以后练习各种代数式时，知其各含意义，各有其用，不致视同无病呻吟也。

5. 初学代数，既难于文字，尤难于正负，故第三册不及负数，使学者先就文字方面练习纯熟，庶习第四册时，不致感两重困难。第二三两章与第十一章，皆论四则，各有所专，非重复也。

6. 第四章授一元一次方程应用问题，分类示例，与第一册第六章之用意相同且题目多采自该章，以便相互参照，授本章时，务令学者与前章对照观之，比较其异同难易之处。

7. 第四章所举各类问题之外，如关于时计环行诸题，与圆弧之关系密切，故于第五章相提而并论之。

8. 第五章既论圆弧，即连类而论角。

9. 因圆弧而及角，因角而及平行线，作第六章。

10. 相似之基本在比例，故比例与相似合为第八章；而论相似形之先，不得不明相合形以穷其理，故论三角形于第七章。且于此章略述几何证法，以发其端，不必求学者能如何严格证明，仅令其涉猎一番，为他日学几何之地步可已。

11. 锐角三角函数之基本，全在相似直角三角形之边成比例，故次于第八章而述之，既可达到解直角三角形之目的，亦可为前数章应用上之归宿。殿之于第三册，与授课结束时期，亦复相合。

12. 读第三册已毕，学者于文字之用已练习纯熟。故第四册之首章（即第十章）专论数之正负。初学正负数者，每将正数视作以前所习之1，2，3等数，因之对于负数，迷离恍惚，莫识其义，本章特别声明，最宜注意。

13. "减负犹如加正" "负负相乘得正" 学者固莫明（名）其妙，教者教授时，亦不免视为困难之点。本章特多举实例，反复说明，庶教学两方面皆可减少困难。

14. "正数之平方根"一语，为正数或负数，不能专指其一，于是 $\sqrt{4}$ 一记号，究为 $+2$，抑为 $+2$ 或 -2，言人人殊。兹为免混淆起见，规定记号 $\sqrt{}$ 专指主根，而另制一记号 $\delta\overline{}$ 泛指各根，于是 $\sqrt{4}$ 专指 $+2$，$-\sqrt{4}$ 方指 -2，$\delta\overline{4}$ 则指 $+2$ 或 -2，寻常所谓4之平方根而未指明正负者，即当记作 $\delta\overline{4}$，不当记作 $\sqrt{4}$ 也。推之：$\sqrt[3]{8}$ 指 $+2$，$-\sqrt[3]{8}$ 为 -2，$\sqrt[3]{-8}$ 亦指 -2，$-\sqrt[3]{-8}$ 为 $+2$，若 $\delta\overline[3]{8}$ 则指 $+2$，或 2ω，或 $2\omega^2$，而 $\delta\overline[3]{-8}$ 则指 -2，或 -2ω，或 $-2\omega^2$ 是也，余仿此。

15. 图象之用，除第二册十三章所述者外，亦算学中解释方面之一利器，第十二章专论坐标者，职是之故，且应用迪卡儿（笛卡尔）坐标之基础，亦于是树立矣。

16. 第十三章述二元一次方程之解法及其应用问题。首以图象阐明方程之是否联立，以别其公解之有无或多寡；更于普通解法之外，列举特例，以谋解法之简便；最后对于应用问题所设未知数之个数，加以讨论，所以明其用也。

17. 初等代数之演算，特别积与劈因数二者，几无时无地而不应用，学者习此愈熟愈妙。

18. 劈因数与求积互为逆运算，且因数之劈法，多根据于积之形式，故第十四章述一特别积之后，即述该特别积劈因数之法，以期相互对照，既易了解，又便记忆，更于一法之后，解用相当方法以解之方程，练习其法亦明其用也。

19. 第一册第九章所习分数四则之方法既明，特别积劈因数又练习纯熟，则分式四则易如反掌。至解分数方程最当注意者，即所求得之根，是否能使某一分母为0，初学者于所得之根，每不再加考察，危险孰甚！教者宜时时提醒之。

20. 一元二次方程可用劈因数法解之者，虽已见第十四章，而一般通法，则于第十六章述之。配方法而外，根之公式，务令学者切记。

21. 虚数（Imaginary numbers）之义，非初中学生所能领悟，本书不论及此。若求得某方程之根含有虚数者，姑谓由此等根所成之方程为不能解。

22. 相关二量，此量变，则彼量因之而变，此种函数观念，几为研究各种科学者所不可缺，即日常生活上需用之处亦复不少，固不仅算学上视为重要也。不过就初中算学教材而论，与之关联处尚不甚多，故本书特立一章而置于第四册之末，万一教学时间不甚充足，姑从略焉可也。

《新中学教科书 初级混合数学》插图丰富，使用的数学符号与现用教科书中的大多相同，但作者用"$\sqrt{\ }$"表示平方根之正根，"$\delta\overline{\ \ }$"泛指任何根，这种表示方法在现行的教科书中已不再出现。新的定义和定理用加大号的字体，并在括号里给出英文翻译。《新中学教科书 初级混合数学》供"三三制"初中教学用，每学期一册，计划每周教授五小时。第一、第二册以算术为主，加入了方程、作图法、面积等代数或几何内容，并介绍了数学在实际生活中的应用。第三、第四册以代数为主，以几何三角为辅。第五、第六册的重点是几何，第六册涉及了实数理论等较为复杂和抽象的内容，难度比较大。

正文内容按照定义、定理或方法或公式、例题、习题的形式展开，部分简单的内容只给出定义便直接进入习题或没有习题。计算题步骤详细清楚，作图题按照设定、求作分析、作图、证的步骤进行，证明题则按照题设、题断、证的步骤进行。正文内容或习题中插入"[注意]"，告诫学生在学习时注意这些容易犯错的地方。出现学生感到陌生的名词时，其后附"[注]""[附注]""[说明]"进行解释，并在个别作图题后附有"[提示]""[示意]"，以上这些用意都体现了这套教科书指导性强的特点。第四册介绍了坐标、圆、椭圆与双曲线等内容。第六册最后一章"形数两科纲领"中"数学纲要"给出53道习题，"形学纲要"给出48道习题进行总复习。最后以附录的形式给出特别高次方程与等差级数、等比级数，也是考虑到这两个内容有可能超出当时部分学校的教学范围和学生的接受能力。整套教科书有两处"[备考]"，说明 π 值的由来及关于正多边形作图的探讨，供学生参考。

下面通过第五册第四章"假如法"中的"例1"，了解该套教科书。

例1. 若 $\dfrac{a}{b} = \dfrac{c}{d}$，$\dfrac{3a-2c}{4a+c} = \dfrac{3b-2d}{4b+d}$。

吾人可证之如次：$\dfrac{3a-2c}{4a+c}=\dfrac{3b-2d}{4b+d}$，　　　　　　　　　　　　　　　（1）

假如 $(3a-2c)(4b+d)=(3b-2d)(4a+c)$，　　　　　　　　　　　　　（2）

假如 $12ab-8bc+3ad-2cd=12ab-8ad+3bc-2cd$，　　　　　　　　　（3）

假如 $-8bc+3ad=-8ad+3bc$，　　　　　　　　　　　　　　　　（4）

假如 $11ad=11bc$，　　　　　　　　　　　　　　　　　　　　　（5）

假如 $ad=bc$，　　　　　　　　　　　　　　　　　　　　　　　（6）

假如 $\dfrac{a}{b}=\dfrac{c}{d}$，　　　　　　　　　　　　　　　　　　　　　　（7）

令 $\dfrac{a}{b}=\dfrac{c}{d}$，故 $\dfrac{3a-2c}{4a+c}=\dfrac{3b-2d}{4b+d}$。

此之谓假如法。其意盖谓（1）随（2）而真，（2）依（3）而立，（3）之因在（4），（4）之因在（5），（5）由于（6），（6）缘乎（7）也。

平常证法由因推果，故书写次序前因而后果；假如法执果索因，故书写次序后因而先果。虽方程之变化往往互为因果，学者不可不明辨目的之所在，究竟孰为因孰为果也。

由此可见，作者通过例题解释了何谓"假如法"[1]，条理清晰。与平常证法进行了比较，总结了两种证明方法书写次序不同的差别和缘由，并强调学者应该明晰因与果。

另外，三角形面积的推导更为巧妙（图4-63），即使是对现在的小学算术教学也颇有参考价值。

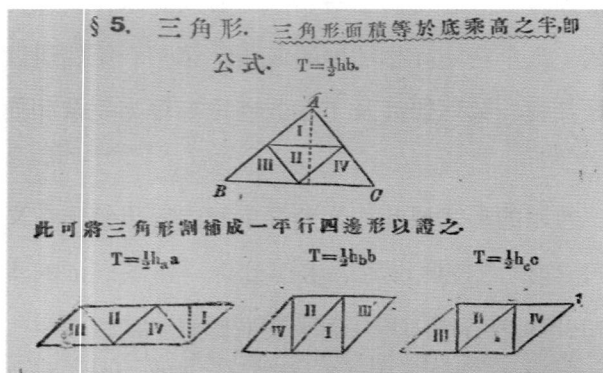

图4-63　《新中学教科书　初级混合数学》（第二册）中华书局印行，1923年：第122页

这里先直接交代三角形面积公式，再介绍三种推导方法，即先连接三角形三边中点作三条中位线，将三角形分割成四个三角形；再用割补法将四个小三角形以不同方式进行拼凑，拼出三种平行四边形，它们的面积均等于原来三角形面积。这样处理三角形面积公式的方法，在其他算术教科书中并没有发现。该方法有以下的教育价值：一是通过三种方式推导出三角形面积公式，对学生一题多解能力的培养具有重要的启示作用；二是该方法对学生探究能力的培养具有促进作用。学生可以以此方法为出发点，探究梯形面积公式的不同推导方法。

该书虽有近百处的名词术语与现行数学教科书不同，但大多已相当接近，读者可以从字面意义上将其与现行数学教科书中的用法对应起来，也有一部分名词术语已不再沿用，具体解释详见

---

[1] 假如法：即现行教科书中的分析法。

表4-10。书中的几何图形都用英文字母表示，简单明了，易于阅读。

表 4-10　《新中学教科书 初级混合数学》与现行数学教科书中名词术语对照表

《新中学教科书 初级混合数学》中名词术语	现行数学教科书中名词术语	《新中学教科书 初级混合数学》中名词术语	现行数学教科书中名词术语
顶	顶点	割线同侧内角	同旁内角
反角	优角	割线同侧外角	与同旁内角互补的角
有向量，方向量，动量	向量	题断	结论
无向量，绝对量，静量	数量	半线	射线
自等性	自反性	相当之边，相当之角，相当之部分	对应边，对应角，对应部分
大于传递性	传递性	圆规公理	圆与圆的位置关系：相交
全大于分	整体大于部分	纯二次方程	一元二次方程
有限性	若$a>b$，则b的倍数中必有大于a的数	数字方程	系数为数字的方程
密接性	若$a>b$，则必有一数c，使得$a<c<a$	升级数	递增级数
多数叠加	连加	降级数	递减级数
括弧，括带，括弓	小括号，大括号，中括号	幺率	单位长度
不可除	除不尽	变数，自变数，从变数	变量，自变量，因变量
可除	可整除	标准形状	标准型
命法	单名数化为复名数	公解	公共解
通法	复名数化为单名数	各别方程	独立方程
复数	合数	相因方程	相关方程
劈因数	因数分解	并立方程	相容方程
L.C.M	最小公倍数	矛盾方程	不相容方程
G.C.D，H.C.F	最大公因数	等置消元法	比较消元法
比率	比例	整方三项式	二次三项式
劣比	前项小于后项的比例式	欧几里得求H.C.F方法	辗转相除法求最大公因数
优比	前项大于后项的比例式	最低公分母 L.C.D	最小公分母
平比	原值比例	顺变	正比
扩分定律	分数的分子和分母同时乘上相同的数，分数的大小不变	反变	反比

（续表）

《新中学教科书 初级混合数学》中名词术语	现行数学教科书中名词术语	《新中学教科书 初级混合数学》中名词术语	现行数学教科书中名词术语
扩比定律	比例前后项同时乘上相同的数，比例不变	椭圆长径	椭圆长轴
约分定律	分数的分子和分母同时除以相同的数，分数的大小不变	椭圆短径	椭圆短轴
约比定律	比例前后项同时除以相同的数，比例不变	斜四边形	不等边四边形
有限位小数	有限小数	倍线段定理	三角形中位线定理
量法	测量	中线	中位线
省略算	求近似值	同序	同向
權（权）度制	度量衡	逆序	反向
同制复名数	单位相同的复名数	假如法	假设法
异制复名数	单位不相同的复名数	无定一次方程	一次不定方程
前比	比例式等号左端	第二级行列式	二阶行列式
后比	比例式等号右端	第三级行列式	三阶行列式
连折扣	折上折	易元法	换元法
平价	汇率	根式之变形	根式变换
派达哥拉斯氏定理	勾股定理	理母	分母有理化
方指数	指数	相似根式	同类根式
方底数	底数	亚几默得公理	阿基米德公理
根底数	被开方数	弧角互度	弧度角度互相转换
不尽根	无理数根	广派达格拉斯定理	广义勾股定理
文字方程	系数为字母的方程	幺率正方	单位面积
独项式	单项式	等积	等面积
始线，终线	边（角）	外内比	黄金分割
邻余角	两角互余	逆系数方程	互反方程

程廷熙、傅种孙编的《新中学教科书 初级混合数学》有如下特点：

（1）整套教科书最大的特点是采用混合编制。算术、代数、几何、三角就内容而言虽然可以分开教学，但也相互联系，不能完全分离。采用混合编制，注重知识的整体性，不以类别为限，能帮助学生将学到的知识融会贯通。

（2）该书的"编辑大意"和"编者弁言"明确了整套教科书的编排特点与根据，为解决中国教师和学生在混合数学教授与学习方面的不适应和遇到的困难提供了重要指导，对研究混合数学教学方法起到了重要作用，也为后来的教学打下了基础。该书倾注了作者高瞻远瞩，严谨治学的教育思想，是研究数学教育史和作者数学教育思想非常宝贵的历史资料。

（3）重视训练，习题题型丰富。该书习题不仅数量多，题型也涉及计算题、作图题、应用题、证明题等类别，每册习题都在500道以上，第四册课后习题多达1 351道。重要知识点后有大篇幅的应用题。习题多采用给出少量计算题以应用题居多的形式，有许多重要定理和公式的证明都以习题的形式出现，更有许多小节内容被习题替代，可见作者重视训练，重视知识的运用，而不是一味地灌输知识。

（4）方法论总结完整。程廷熙、傅种孙二人都对初等数学有很深的研究，编写教科书时对初等数学的许多解题方法进行了全面的总结。例如整数运算中的“捷算法”“凑整法”“以减代乘”“以除代乘”“以乘代除”“约除法”“短除法”；求最大公因数的分解质因数法、辗转相除法；比例中的连锁术，相关比例应用的配分法、百分法、混合法；求解一元一次方程的“集项法”“移项法”；解二元二次方程组的图象解法、代数解法（代入法、消元法、分解因式法、消常数法、换元法、和差法、施除法）；几何作图方法如作一个三角形与已知三角形全等，已知三边、已知两边及夹角、已知两角及夹边求作一个三角形、作垂线等；几何证明方法：叠合法、顺证法、反证法、综合法、分析法、假如法等。

（5）既注重理论，又注重应用，注意多学科知识融合。“经世致用”是我国数学自古以来的传统，该教科书也不例外。如第二册第十二章“时间”，涉及天文学知识；第十六章“利息”，涉及经济学知识；第一册第六章“栽植题算法”“流水题算法”“年龄题算法”等，以及在许多章最后一节的“应用问题”“杂例”等，无不体现该书注重应用这一特点。

（6）注重数学史的融入。该套教科书受《布利氏新式算学教科书》融入数学史的影响，内容编排上重视数学史的融入，特别是重视中国数学史的融入，例如第五册第八章“孙子数物”“大衍求一术”等。在融入方式上，首先，教科书中的一些定理用发现者或证明者的名字命名，如阿基米德定理；其次，以“［备考］”形式个别介绍某一内容的历史，如第六册第143页圆周率历史的介绍（图4-64）。

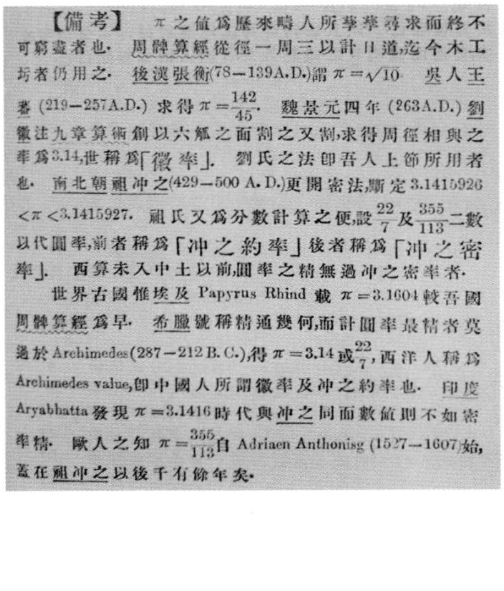

【備考】 π之值爲歷來疇人所孳孳尋求而終不可窮盡者也．周髀算經從徑一周三以計日道，迄今木工圬者仍用之．後漢張衡(78—139A.D.)謂 $\pi=\sqrt{10}$．吳人王蕃(219—257A.D.)求得 $\pi=\frac{142}{45}$．魏景元四年(263A.D.)劉徽注九章算術創以六觚之面割之又割，求得周徑相與之率爲3.14，世稱爲「徽率」．劉氏之法卽吾人上節所用者也．南北朝祖冲之(429—500 A.D.)更開密法，斷定 $3.1415926<\pi<3.1415927$．祖氏又爲分數計算之便，設 $\frac{22}{7}$ 及 $\frac{355}{113}$ 二數以代圓率，前者稱爲「冲之約率」後者稱爲「冲之密率」．西算未入中土以前，圓率之精無過冲之密率者．

世界古國惟埃及 Papyrus Rhind 載 $\pi=3.1604$ 較吾國周髀算經爲早．希臘號稱精通幾何，而計圓率最精者莫過於 Archimedes(287—212 B.C.)，得 $\pi=3.14$ 或 $\frac{22}{7}$，西洋人稱爲 Archimedes value，卽中國人所謂徽率及冲之約率也．印度 Aryabhatta 發現 $\pi=3.1416$ 時代與冲之同而數値則不如密率精．歐人之知 $\pi=\frac{355}{113}$ 自 Adriaen Anthonisg (1527—1607)始，蓋在祖冲之以後千有餘年矣．

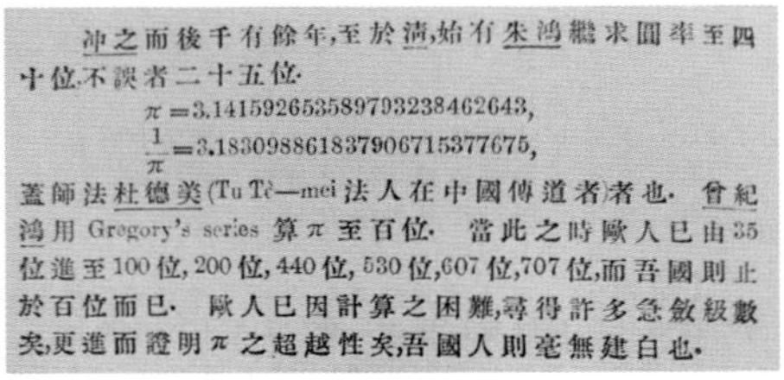

冲之而後千有餘年，至於清，始有朱鴻繼求圓率至四十位，不誤者二十五位．

$$\pi=3.141592653589793238462643,$$
$$\frac{1}{\pi}=3.183098861837906715377675,$$

蓋師法杜德美(Tu Tê—mei 法人在中國傳道者)者也．曾紀鴻用 Gregory's series 算 π 至百位．當此之時歐人已由35位進至100位，200位，440位，530位，607位，707位，而吾國則止於百位而已．歐人已因計算之困難，尋得許多急斂級數矣，更進而證明 π 之超越性矣，吾國人則毫無建白也．

4-64

图4-64 《新中学教科书 初级混合数学》（第六册）中华书局印行，1925年：第143页

《新中学教科书 初级混合数学》的修订版本《新中学混合数学》的第一册于1931年9月出第十三版；第二册于1932年3月出第十一版；第三册于1926年5月出第六版；第四册于1925年12月出第四版。《新中学混合数学》中第一册中的"序言"和"编者弁言"与《新中学教科书 初级混合数学》中的不同，第三册中的"编者弁言"与《新中学教科书 初级混合数学》中的相同。下面通过引用《新中学混合数学》中第一册中的"序言"和"编者弁言"阐述修订版的编辑理念，其具体内容介绍如下：

序言

普通最流行的中等数学教科书不论是编的是译的，大胆可说一句：没有一种令人满意的。有失之简略的，有失之高深的，还有内容分配的不好，教授上反多困难的。然而把算术，代数，几何，三角分开编辑，或者也是教科书不良的一个最大原因。美国布利氏所编中学算学教科书，虽然是采取混合制，然而学制不同以及其他种种的关系，我国中学生的程度自不能与美国中学生相等，即勉强用起来，也难免有程度不相衔接的弊病。

吾友程春台、傅仲嘉两君教授数学多年，详知此弊，且深为我国中学前途忧，常想抽出工夫来，编一部完美的数学教科书，因为总没有相当的机会，所以迟迟不果。

去年春全国教育联合会提出了学制改革案，暑假后北高附中，就有试办六三三新制初级中学之举。学制改后的最大问题，就是旧的教科书都不适用，非自编讲义不可。程傅两君在该校担任教学，于是借此机会，着手编纂起来，一来应学校改革之穷，二来也可实验他们的理想。

本书一二册是初级中学第一年级用的。书中内容以算术为主。程傅两君根据多年的教授经验，采取最新的编制，编纂出来。于教授时，以试验的态度，又细心改易了一番。所以非常完美，真是教科书中不可多得的。现在请把此书的优点和独到的地方介绍于读者。

1. 采用混合编制。算术，代数，几何，三角意义上虽可分开，然后彼此皆有相互的关系，而实际上势有不可分离的。若把教材混合起来，分配时不以种类为标准，而以深浅难易为次序，自不难斟酌适宜。况有时彼此得相互证明，不但节省时间，且易收彻底贯通之效。

2. 算术中复名数是最干燥无味，此书把复名数分开，十进的与小数合起来先讲。其他的复名数与繁分数合起来后讲。不但给学者免去烦（繁）难，增加兴趣，并且对于小数与繁分数，也给了许多具体的实例。

3. 分数除法也用通分法讲。学者易于了解。

4. 四则难题分类举例。使学者得由事理而悟算法，迨习练既熟，遇有问题自不难迎刃而解。

5. 比例与方程合讲，视比例式为方程之一种特例，何等简洁明了。

6. 日用计算及利息两章，力求详尽，学者习此，裨益于日常生活不浅矣。

7. 时间观念，一般人颇不重视，作者特开一章，实存深意。

以上诸端不过略举其大者，馀（余）如割补术，捷算法等，都各有精彩，不必多述。总而言之，此书特为初级中学而编，编辑方法既新，内容分配又当，讲解更精密而明晰，真是教科书中不可多得的。故特为之序以告阅者。

民国十二年六月　保杨韩桂丛序

编者弁言

本书前二册稿成，付梓，韩君满庐为之序，韩君所举数点，人所尽知，闲有一二，不过编者提出之意见耳。阅于此者，不必再赘；今所欲言，在教授时应注意之事及韩君所未道者，条列下方，以资商榷。海内宏达，幸垂教焉！

1. 本书共六册，供三三制初级中学三年之用。每学期一册，每周五小时可以授毕。

2. 本书便于自动的学习，教者务予学生以充分自动的机会，切勿纯用注入法徒以讲解明白为能事。

3. 凡预习问题，务令学生于教授之前先事预备，与普通练习问题，万勿视同一律！

4. 一二两册之教材，均以算术为主，加入代数方面之方程公式、几何方面之图形做图法面积等等。

5. 第一章以输入图形观念及其显著性质为目的。不必多涉理论。

6. 第二章授以简单作图方法，教授时以作图正确为要，不必涉及理论。

7. 一二两章予学者以形之观念，三章则予以数之观念。

8. 三章教材，较为抽象，故略采文学的材料，以增学者之兴趣。

9. 四五两章系论整数四则。整数四则之方法，学者在小学时业已熟练，故此处理论色彩较为浓厚，以立算理基础；并系捷算法于各条定理之下，以便习法窥理，因理悟法。

10. 0之于1，用之偶一不慎，即足以致乱。本书不厌再四申详，务希教者同本斯旨，特加注意！

11. 第六章末附杂题数十则，不复分类，所以令学者能按题悟法也。教授时间如有余裕，可多加问题，俾资熟练。

12. 第七章藉十进复名数说明小数四则其中线索及相互对照之处，请教者注意！

13. 授第八章时，须特别注意因数视察法及制作质数表。

14. 比率与分数，名虽殊而理极相似。故联合为一章以资贯串。

15. 通分之理论方法及其应用，在分数篇极关重要，务特别注意！

16. 定一法为解分数问题之利器，其理务使学者十分了解而后再授习题。

17. 授无理数时，不必以 π 及 $\sqrt{2}$ 为例，缘此二者之为无理数，就理论与实测两方面皆不易证验也。

18. 第十一章习题 I 各种复名数表，务令学者逐一填注。关于面积体积各表，系由长度表诱导而得，尤须令学者自行制作。

19. 授十二章时，最好令学生各购本年观象台历书一本以为参考。甲子推算一节，如时间匆促，不妨从略。

20. 第十三章既经授以简单方程；以后当令学生时常练习，遇有问题之可以方程解者，即用以解之。

21. 第十四章混合法一节，如时间匆促，不妨从略。

22. 我国幅员辽阔，风俗各殊，日用上所需之计算，各地未必相同。授第十五章时，教者可将必要事项，酌量加入，以便学者实际应用。

23. 利息公式之变化，宜用方程之理诱导之。

24. 第十七章专用割补术说明面积，不务证明。教授时务令学生用刀剪纸张实行割补，切勿仅指图空谈了事。

25. 第十八章注意劈因数开方法。普通开立方法，就可从略。

民国十二年六月　编者识

（三）段育华编《新学制 混合算学教科书 初级中学用》

段育华编《新学制 混合算学教科书 初级中学用》（图4-65）共六册，由商务印书馆于1923—1926年发行。段育华曾与周元瑞合编《算学辞典》（商务印书馆，1938年），合译《西洋近世算学小史》（D.E.Smith：*History of Modern Mathematics*，商务印书馆，1934年）并被收入万有文库中。

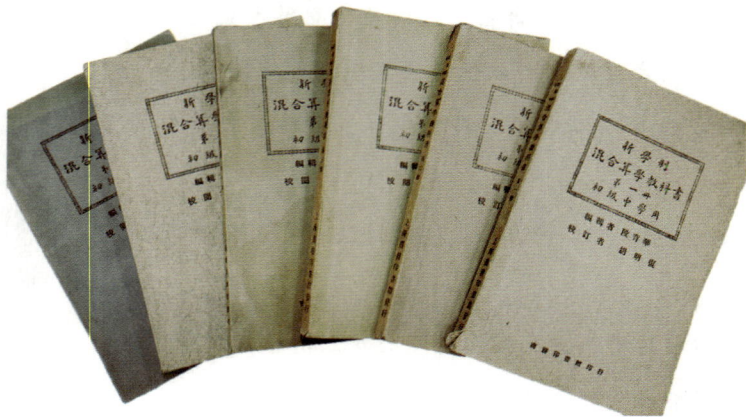

4-65

图4-65　《新学制 混合算学教科书 初级中学用》商务印书馆发行，1923—1926年

《新学制 混合算学教科书 初级中学用》由中国著名数学家胡明复（1891—1927）校订。第一册1923年3月初版，同年12月第四版；第二册1923年7月初版，1924年4月第三版；第三册1924年7月初版；第四册1925年2月初版，1926年2月第二十五版；第五册1925年9月初版；第六册1926年3月初版，同年5月第十五版。

第一册"编辑大意"如下：

——这部书完全是按照新学制同新学制课程纲要编辑出来的。全书共有六册，每学期一册，适合初级中学三年每星期至少五小时之用。

——根据初中课程纲要所规定，采用混合方法。全书用代数几何为主，算术三角为辅，合一炉而冶；不拘门类，循着数理自然的秩序；编法特出心裁，和一切旧本迥然不同。

——初级中学开始，同高级小学紧紧衔接，不能不略带温习；所以这书第一册，便以算术为主。小学算术，只讲方法；中学就须注重基本的理论。但是要懂理论，不能不借径于代数几何；故本册时时输入代数几何的观念，以为辅助，使学生同时得温故知新的益处。

——书中用线段来表示数理，本是算学分析上惯用的方法；在混合教授方面，更有许多利便，分举在下面：

（1）用有形的线段，去显示无形的数理，是引导初学到理论上去最好的方法。

（2）用线段来表数，用字母来代线段，可引起算术、代数、几何三科的关系。

（3）建立后来高等算学的基本观念。

——这书纯用白话讲解，并加新式标点；使学生没有文字上的困难，才有学算的兴趣。

——这书若用在旧制中学，也能适合四年中前三年之用。

——这书对于名词初见的地方，附注西文，可为学生将来研究西书的帮助，并且免去翻译失真的毛病。

——象数通名，在西文本是Mathematics；从前沿用日本名词，叫做（作）"数学"；现在照新学制课程会议改正了，叫做（作）"算学"。

——全书共插有古今畴人肖像三十幅，并附载小传，藉（借）此引起学生崇拜学者的观念，立高尚的志向，同时也可知道些算学发达的历史。

——欧美出版普通算学教科书，为了便于初学阅读起见，往往不令一句文字，或一套算式，分跨在两页上面。这部书也不避麻烦，仿照这法编辑。

——混合算学，我国向来没有，西人偶然有几种，也都不合我国的用，所以编辑上不得不出自心裁，譬如质因数检验法、最大公约图解、去括弧图解、分数乘除图解、连九分数同循环小数单位的关系等，都是本书独创。初版后，外间常常有函来馆询问，疑是从东西籍译出，因此特别声明，且防他数转载。至于方法的浅陋，或者要被大雅所哂，那本来是编者自知不能免的。

民国十二年九月再版　编者识

第一册章目录如下：

第五章　整数（Integral Numbers）

第六章　分数（Fractional Numbers）

第七章　小数（Decimal Numbers）

由目录可知，第一章"数的表示"中，用线段表示数，用字母表示线段，在格栏幅[1]表上放置数，融合了数、线段、字母和函数图象，体现了混合数学的基本观念。这与以往的初中算术截然不同，对数的认识不仅仅再是一个单纯的数，而是在线段、字母和函数图象的联系中去认识数。这里凸显了关于数的认识的广泛性和深刻性，对学生关于数的辩证认识具有重要意义。

第二章"基本四法"就是四则运算。在第一章的基础上，在线段的加减乘除操作中进行数的加减乘除。这对学生的直观能力、作图能力和操作能力的培养均有促进作用，但是对于从小学刚上初中的学生来说很不适应，学习过程显得过于烦琐，同时增加了学习负担。

第五章"整数"中的"辗转相除的理"的介绍采用了线段方法，其具体内容介绍如下[2]：

两数辗转相除，在线段上就是两线段辗转相量。先用小线段量大线段，再用余下的线段量小线段，若还有余剩，就照这样量来量去，直到量尽时，那末后当作尺量的线段就表最大公约数。

如图（图4-66），辗转相量得 e 为最大公约数。由图上结果得：

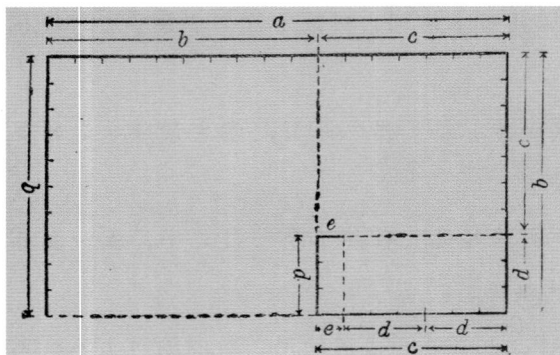

4-66

图4-66　《新学制　混合算学教科书　初级中学用》（第一册）商务印书馆发行，1923年：第110页

$d = 3e,$

$c = 2d + e = 7e,$

$\left.\begin{array}{l} b = c + d = 10e, \\ a = b + c = 17e. \end{array}\right\} \therefore \left\{\begin{array}{l} \dfrac{b}{e} = 10, \\ \dfrac{a}{e} = 17. \end{array}\right.$

前面末了两等式指明 e 是 a，b 的公约数；又因10同17没有公约，所以 e 是 a，b 的最大公约数。但是这种方法，要先知道每次量线的次数，所以还算不得普通的证法。

且看下面普通的证法：

设每次量线的次数是 p，q，r，s，

[1] 格栏幅（Graph）即函数图象。

[2] 段育华. 新学制 混合算学教科书：初级中学用：第一册[M]. 上海：商务印书馆，1923：110.

那么在代数上，可列成右边的除式。

（Ⅰ）先证e是a，b的公约数。

∵ 被除数＝除数×商＋余数，

∴ $a=pb+c$,

$b=qc+d$,

$c=rd+e$,

$d=se$。

$$b)a\ (p$$
$$\frac{pb}{c)\ b\ (q}$$
$$\frac{qc}{d)\ c(r}$$
$$\frac{rd}{e)\ d(s}$$
$$\underline{se}$$

从约数原则B[1]就得下面的推证：

∵e能整除d， ∴也能整除rd+e，就是c。

∵e能整除c，d，∴也能整除qc+d，就是b。

∵e能整除b，c，∴也能整除pb+c，就是a。

所以e是a，b的公约数。

（Ⅱ）再证e是a，b的最大公约数。

在上边四等式中，将前三式移项，就得：

$$a-pb=c,$$
$$b-qc=d,$$
$$c-rd=e。$$

设有一数G是a，b的最大公约数，那么从约数原则B，就有下边的推证：

∵G能整除a，b，∴也能整除a−pb，就是c。

∵G能整除b，c，∴也能整除b−qc，就是d。

∵G能整除c，d，∴也能整除c−rd，就是e。

但是能整除e的数，最大的就是e自己，所以G＝e；那么e就是a，b的最大公约数。

通过线段乘除法给出一个特例之后，再给出了辗转相除的理之一般证明方法。

第二册"编辑大意"与第一册不同之处在于：

——这书第一册大部分都是算术，却也带有些代数几何的观念。第二册便是代数的正式开始，但前册未完的算术，也有许多插在里面。几何只讲作图，那论理式的证解，还嫌太早，等到第三册就有了。总说一句话，本册可算是算术同代数几何的过渡。

民国十二年七月　编者识

第二册章目录如下：

[1] 约数原则B：a能整除b同c，也能整除b，c的和或较；并也能整除b，c的任何倍数的和或较。

第三章 乘法与除法（Multiplication and Division）

第四章 简易几何作图（Simple Geometric Constructions）

第五章 面积乘法及公式（Area，Multiplication and Formula）

第六章 一次方程（Linear Equation）

第七章 开平方（Extraction of Square Roots）

第八章 比与比例（Ratio and Proportion）

算学家的肖像同小传：忒理斯（泰勒斯）Thales；韦达Vieta；柏拉图Plato；梁拿多（列昂纳多）Leonardo；毕达哥拉（斯）Pythagoras

第三册"编辑大意"与第一册不同之处在于：

——这书第一册大部分都是算术，些微带有点代形的观念；第二册是代数正式的开始；现在第三册便是几何正式的开始了。据课程纲要，初中算学以代形为中心，故从本册起，直到第五册，都以代形参伍并授，分量略相称，时合时分，全看数理上的可能，不稍牵强。

附志——去年全国教联会在滇集会，编者参与，费时很多，弄得这书不及按期出版，编者非常抱歉，千万望读者诸公原宥！后来还是友人周坦生、陈邃生、陈岳生诸先生从中帮助，才能早日脱稿，是又编者非常感谢的了！

民国十三年五月　编者识

第三册章目录如下：

第一章 几何的证明（Geometrical Proof）

第二章 相关角与全等三角形（Related Angles and Congruent Triangles）

第三章 不等量与三线形（Unequals and Figures of 3 Lines）

第四章 整式与分式（Integral and Fractional Expressions）

第五章 公式：变与比例（Formula：Variation and Proportion）

第六章 联立一次方程（Simultaneous Linear Equations）

第七章 立体的表面与容积（Surface and Volume of a Solid）

第八章 开立方（Extraction of Cubic Roots）

算学家的肖像同小传：1. 来本之Leibnitz；2. 巴斯可（帕斯卡）Pascal；3. 弗尔马（费马）Fermat；4. 骆必达（洛必达）L'Hopital；5. 卡华列利（卡瓦列利）Cavalieri

第四册"编辑大意"与第一册不同之处在于：

——这册是全书的第四册，继续第三册代形参伍并授，结构天成：从乘积引起因子分解；从因子分解引起二次方程；从二次方程与面积的关系引起平行四边形及几何求面积；从面积的几何引起毕达哥拉定理；从毕达哥拉定理引起根式运算；从根式引起线段比与无理数；从线段比引起比例线段；从比例线段引起相似形；从相似形里的线段比引起三角学的正余弦切；从三角学的应用算法引起近似算与误差，以为收束。

——这书为便于初学阅读起见，不令一段文字或一套算式分跨在两页上面。

民国十四年一月　编者识

第四册章目录如下：

第一章　二项乘积及因子（Binomial Product and Factors）

第二章　二次方程（Quadratic Equation）

第三章　平行四边形（Parallelogram）

第四章　面积与二次根（Area and Quadratic Surds）

第五章　比例线段（Proportional Line-segments）

第六章　相似三角形与多角形（Triangles and Polygons）

第七章　三角比与直角三角形（Trigonometric Ratios and Right Triangle）

第八章　近似算与误差（Approximation and Error）

算学家的肖像同小传：1. 高斯Gauss；2. 达达烈（塔尔塔利亚）Tartaglia；3. 迦但（卡丹）Cardano；4. 韩莫敦（哈密顿）Hamilton；5. 巴罗Barrow

第五册"编辑大意"与第一册不同之处在于：

——这册书是全书的第五册，继续第四册代数几何混合讲授。但关于几何，前册为直线形，这册为曲线形，二者之间，编者认为是教学证辞方法的最好机会；因为一方面有前册的智识，可资这方法的复验，又一方面有这册的教材，做这方法施行的效用。于是这册书，便从此开始了。继此，乃从圆的几何，经其他曲线，渐渐引进代数，末复归到圆，以为收束。

民国十四年七月　编者识

第五册章目录如下：

第一章　几何证辞法（Methods of Geometrical Proof）

第二章　圆与直线（Circle and Straight Lines）

第三章　圆与比例线段（Circle and Proportional Line-segments）

第四章　点的轨迹（Locus of a Point）

第五章　方程的轨迹（Locus of an Equation）

第六章　联立二次方程（Simultaneous Quadratic Equations）

第七章　级数（Progressions）

第八章　圆与多角形（Circle and Polygon）

算学家的肖像同小传：1. 徐光启；2. 利玛窦Matteo Ricci；3. 汤若望Adam Schall；4. 詹姆士·彭禄利（詹姆斯·伯努利）James Bernoulli；5. 约翰·澎禄利（约翰·伯努利）John Bernoulli

第六册"编辑大意"与第一册不同之处在于：

——这册书是全书的第六册，就是最后一册。在前面的第五册已经把几何完全授毕，所以这册只有代数和三角，结束全书。篇末附有总温习一章，将全书分做（作）：算术，求积，几何，代数，三角，五大部，使学生于混合之余，仍得略知分科的系统。

民国十五年一月　编者识

第六册章目录如下：

第一章　三角函数（Trigonometric Functions）

第二章　三角形三大定律（Three Laws of a Triangle）

第三章　三角形解法（Solution of a Triangle）

第四章　二次方程及其图形（Quadratic Equation and Its Graph）

第五章　分指数与负指数（Fractional and Negative Exponents）

第六章　对数与复利息（Logarithm and Compound Interest）

第七章　三角形对数解法（Logarithmic Solution of a Triangle）

第八章　全书的总温习（Recapitulation of the Whole Course）

算学家的肖像同小传：1. 李善兰；2. 尤拉（欧拉）Euler；3. 拉果兰诸（拉格朗日）Lagrange；4. 讷白尔（奈皮尔）Napier；5. 拉普拉斯Laplace

段育华的《新学制 混合算学教科书 初级中学用》的内容体系有以下几个特点：首先，教科书基于混合算学的观点，将算术、代数、几何和三角的相关内容尽可能融合在一起进行编排。其次，教科书中也设置了不少现代数学内容，初中一年级有直角坐标系、函数图象；初中二年级有向量，根据物理中力的分解与合成，用平行四边形解释向量；初中三年级安排了二次曲线内容和三角函数内容。再次，在习题中也安排一些存在矛盾的问题，如"船长故事"中的"65＝64"等。最后，融入了数学史内容，该书介绍了30位数学家小传并附其肖像。其目的是："全书共插有古今畴人肖像三十幅，并附载小传，借此引起学生崇拜学者的观念，立高尚的志向，同时也可知道些算学发达的历史。"[1]该书介绍的30位数学家中的28位与《布利氏混合算学教科书》相同，是外国数学家，与后者不同之处在于该书增加了对中国数学家徐光启和李善兰的介绍。

除上述三种混合数学教科书外，还有张鹏飞编的《新中学教科书 初级混合法算学》（图4-67），由中华书局于1923年8月发行初版，这里不展开介绍。

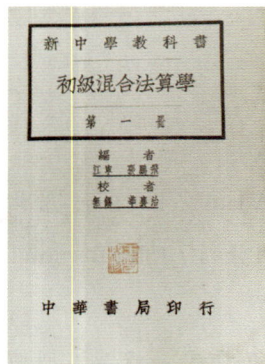

图4-67　《新中学教科书 初级混合法算学》中华书局印行，1923年

[1] 段育华. 新学制 混合算学教科书：初级中学用：第一册[M]. 上海：商务印书馆，1923：编辑大意.

二、分科数学教科书

（一）初中数学教科书

暂行课程标准颁布后，由于正式课程标准尚未颁布，很多书局只是在筹备新教科书的编写，并未出版发行。这一时期，世界书局出版了一套"初级中学算学教科书"和"高级中学算学教科书"以适应暂行课程使用。与此同时，开明书店出版的"开明算学教本"、北新书局出版的"北新初中算学教科书"以及中华书局出版的"新中华教科书"也是供暂行课程标准时期使用的教材。这一时期，中华书局出版的"新中学教科书"系列仍在重新修订再版后使用。

1. 秦汾编《初级中学用 新中学代数学》

《初级中学用 新中学代数学》全一册，精装，由秦汾编纂，张鹏飞参订，华襄治校，上海中华书局于1923年1月印行。图4-68所示的此册为1933年8月出版的第三十二版。另有两册分别是1924年3月第五版和7月第六版（图4-69）。该书的内容及对应页码都没有改变，仅对数表的范围由"1～2 200"变为"1～2 509"。

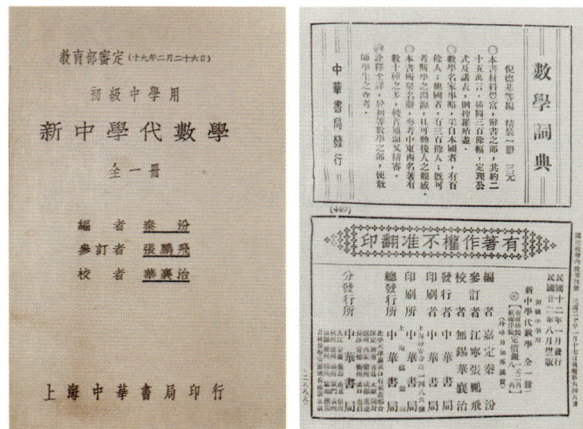

图4-68 《初级中学用 新中学代数学》上海中华书局出版印行，1933年

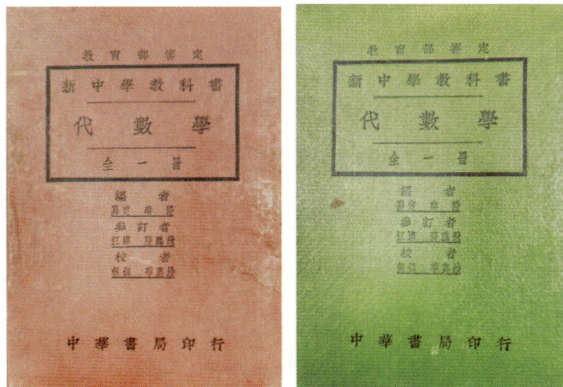

（1）1924年五版　　　（2）1924年六版

图4-69 《新中学教科书 代数学》上海中华书局出版印行，1924年

借"编辑大意"说明当时的编排情况：

　　　——本书编纂，以中等学校适用为目的；故对于程度、材料、分量、顺序、文字五者，除

力主需要显明外，并就最近之趋势，详细讨论，以期用此书者，收效较多。

——凡代数学之理法，与算术相通者，本书逐一比较说明，使学者易于领悟记忆。

——函数及图表，在高等数学及其他应用上颇占重要，故本书特行注重。

——代数学数之演算，其性质之关系，初学每不易明瞭（了）。本书解说浅显，使学者一览了然，不致发生障碍。

——凡遇易于忽略二实为代数学之要项者，本书特详为说明，使学者知所注意。

——本书各节，有习题联络其间，既为前节之温习，兼为后节之准备。

——习题之排比，恒依难易为先后；然见解容有不同，抉择斟酌，更望教师随时之指导。

该书的"程度、材料、分量、顺序、文字"均适用于中等学校的学生学习，且学生已有的算术基础能够为代数的学习提供帮助。值得注意的是，该书比较注重"温故知新"，习题贯穿了整个学习过程，既能帮助学生巩固已学知识，又能为学生后续的学习奠定基础。而习题的设置及教授的先后顺序，教师可依据实际教学情况进行删减或调换。

全书设有九编、两个附录和对数表，具体内容设置如下：

第一编　代数学之基础：代数学之记号及效用；代数式；代数学之数；代数学数之演算规则；代数式变化定则；方程式

第二编　整式：整式之整理；整式之加减；整式之乘除；整方程式

第三编　约式，倍式：析约式法；约式之应用；最高公约式；最低公倍式

第四编　分式：分式之变形；分式之加减乘除；分方程式

第五编　方程组：二元一次方程组；三元一次方程组；无定方程式

第六编　比，比例，对变，图解：比；比例；对变；图解

第七编　开方，根式：开方；根式

第八编　二次方程式：一元二次方程式；二元二次方程组；图解

第九编　指数，对数：指数；对数；指数方程式

附录一　方程式论：一元二次方程式；一元n次方程式

附录二　级数论：等差级数；调和级数；等比级数

对数表

对数表的设置方便学生根据需要进行查找，对数表后还附有"新度量衡简明表"，涉及"长度、面积、体积、容量和质量"五方面在标准制和市用制中进行转换时的进率，而这部分内容在目录中并没有体现。

2. 严济慈编《现代初中教科书 算术》

1922年新学制课程标准起草委员会拟定了初中课程纲要，有一显著改进，即初中课程采用混合法讲授，如算学以代数、几何为主，算术、三角为辅，合一炉而冶。但因师资难得，不少学校对混

合法讲授持有异议，坚持分科讲授。为此，商务印书馆出版了一套"现代初中教科书"。这套教科书按照"新学制"编辑，但适合初中分科之用。教科书编撰者将新学制改革中关注的生活常识、提升学习兴趣等精神较好地融入各科中，并注重实践、实用之引导，同时也十分强调学科研究的目的，培养学生自己解决问题的能力。该书受到学校的广泛欢迎，4年间再版95次之多。

严济慈（1901—1996，图4-70），浙江东阳人，物理学家。1914年严济慈考入东阳中学，1923年从南京高等师范学校数理化部毕业后，赴法国巴黎大学留学，仅用一年时间就获数理科学硕士学位。1949年严济慈参与筹建中国科学院，历任中国科学院应用物理研究所所长、中国科学院副院长、中国科学院主席团执行主席。1958年严济慈参与创建中国科学技术大学，历任副校长、校长、名誉校长。

图4-70 严济慈像[1]

严济慈不仅是中国光学研究和光学仪器研制工作的重要奠基人，同时他还是一位热心的科普作者。根据上海教育出版社2000年版《严济慈文选》中"未包括科学论文部分"的《严济慈论述目录》，从1923年5月在《科学》第7卷第5期上发表《电力线与平面位（一）》，到1996年9月9日为《科圣张衡》写"前言"，70余年间严济慈共发表了近150篇科普性质的文章。这些文章的体裁多样，有序跋、书评，有书信、祝词、寄语，有演讲、讲话、报告、开闭幕词等。其中编写教科书也是严济慈科普写作的重要方面，从1923年开始，他编写的教科书主要有：《现代初中教科书 算术》（商务印书馆，1923年）、《几何证题法》（商务印书馆，1928年）、《普通物理学（上、下册）》（正中书局，1947年）、《高中物理学（上、下册）》（中国科学图书仪器公司，1948年）、《初中物理学（上、下册）》（生活·读书·新知三联书店，1949年）等。此外撰写科普读物，如《青年与科学》（青年出版社，1949年）、《居里和居里夫人》（科学技术文献出版社，1989年）等，也是严济慈科普写作的重要内容。

《现代初中教科书 算术》，由严济慈编辑，段育华校订，上海商务印书馆出版，1923年8月初版，1926年3月第六十五版（图4-71），1927年10月第九十五版，1931年8月第二百六十五版，全一册，分为上、下两篇，正文共100页。该教科书编排顺序为：编辑大意、目次和正文内容。该书采用从左至右横排编写形式，页码均采用阿拉伯数字排序。书中没有名词对照表，字符大小适宜，排版有致，较适合阅读。在该书的最后有商务印书馆出版的其他书目的广告等。

在此引用"编辑大意"中的部分内容，介绍该套教科书的编写理念：

（1）这本书是按照新学制编辑的，最适合现代过渡时之用。

---

[1] 图片来源：卢曙火.科学泰斗：严济慈传[M].杭州：杭州出版社，2004：封面.

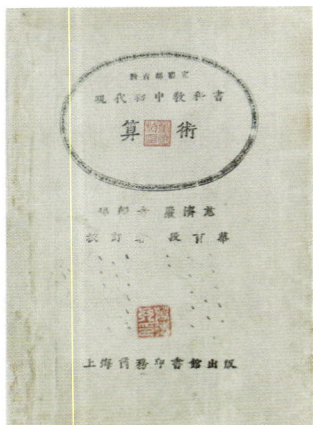

图4-71 《现代初中教科书 算术》商务印书馆出版，1926年

（2）这书每用一法，必详其理；每讲一理，必实以例；发展思索的能力，养成推理的方法，并为学习代数的预备。

（3）这书所设习题所设事件，多属公民常识，日常生活所常遇的，即题中所设的数，也都根据事实，求其确当；庶切实用而富兴趣。

（4）这书于级数不设专章，而于排阵问题附入等差级数，储蓄问题附入等比级数，不但节省时间，且较具体易明。

（5）怎样用数，是算术致用上一个重要问题，本书在末了特设一章，详细讨论。

（6）这书纯用白话讲解，并加新式标点；使读者没有文字的困难才有学算的兴趣。

（7）这书对于名词初见的地方，附注西文，可为读者将来研究西书的帮助。

以上"编辑大意"中，首先，介绍了该书是按照1922年"新学制"编辑，作为"现代过渡时之用"，因而叫《现代初中教科书 算术》，是"现代初中教科书"系列之一。其次，该套教科书注重算术与代数等知识的衔接，作为代数学习的预备，处处渗透着作者对培养学生逻辑推理和独立思考能力的注重。再次，编辑者还特别强调计算原理的学习，以及实例对原理的辅助说明。此外，该书十分注重"数"在生活中的应用，对如何"用数"十分重视，并单设一章讲解。而级数不设专章，将排阵问题附入等差级数，储蓄问题附入等比级数。最后，强调设置的习题也多为日常生活中的实例，强调以事实为基准编写习题。值得注意的是，此书虽然是单科初中算术教科书，但是编辑者具有很强的将各科知识融合、渗透的思想。可见，编辑者还是受到了混合算学编写思想的影响。

《现代初中教科书 算术》上篇的目录为：

第一章 论数量；第二章 基本四法；第三章 整数；第四章 分数；第五章 小数；第六章 复名数；第七章 比同比例

下篇的目录为：

第八章 百分法；第九章 利息；第十章 开方；第十一章 求积法；第十二章 用数

书中正文内容按照定义、定理或方法、举例、习题和章末杂题的形式展开，部分简单的内容则只给出定义便直接进入习题或没有习题。该书作为学习代数的预备，在上篇中，重点讲述一些最基本的算术名词，例如什么是数，什么是运算法则，什么是整数和分数等。下篇与上篇是衔接的，注重算术与平面几何的关系，例如在"开方"一章中设置了"勾股弦定理"，在"求积法"章节中设置了求三角形、矩形、平行四边形、菱形和圆的面积的方法等。

该书内容编排有以下特点：首先，书中核心内容如基本四法、整数、分数、比例等内容设置的例题及习题较多，有利于突出重点，可以加强练习。其次，值得注意的是，"开方"一章也设置了大量的例题与习题，可见该书对代数基础知识的重视程度之高，凸显了初中算术与代数知识的衔接性。最后，相对于之前的初中算术教科书，该书对复名数、小数、百分法、利息等知识点的阐释，习题的设置不是很多。可见，在混合数学时期，初中算术知识与代数、几何知识的联系与衔接更密切，单科初中算术教科书的内容结构也有所调整。

1922年"新学制"颁布以后，初中算术教科书中名词术语基本仿照西方的表示方法，但仍有一部分保留了中国传统的用语。《现代初中教科书 算术》作为此时具有代表性的算术教科书，其中部分名词术语与现行数学教科书中的名词术语对照详见表4-11。

表4-11 《现代初中教科书 算术》与现行数学教科书中部分名词术语对照表

《现代初中教科书 算术》中名词术语	现行数学教科书中名词术语	《现代初中教科书 算术》中名词术语	现行数学教科书中名词术语
目次	目录	正多角形	正多边形
杂题	混合题	阔	宽
若干	多少	直角柱	直棱柱
较	差	长立方形	长方体
简分数	简单分数	直角锥	直棱锥
全径/圆径	直径	用钱	佣金
多角形	多边形	级数	数列

经过对比可知，首先，该书对四则运算中传统的名词术语，只有"差"还用"较"表示，乘法与除法中的"实"与"法"已经不用了。其次，大部分几何图形的称谓仍用传统名词术语表示，如"直径"称为"全径/圆径"，"长方体"称作"长立方形"等。该书使用的数学符号与现行教科书中的大多相同，但是值得注意的是书中的级数（Progression）二字，与我们今天所说的"级数"并不相同，在该教科书中实际上指的是数列（Sequence）。因为欧美教科书中称它为级数，日本教科书沿用了这样的名称，我国翻译的是日本教科书，也就沿用了。再次，书中其他的一些名词术语，有个别与现行教科书的含义不同，例如因式仍称因数，不等号意为大于号或小于号等。

（二）高中数学教科书

1. 何鲁编《新学制 高级中学教科书 代数学》

《新学制 高级中学教科书 代数学》（图4-72）一册，精装，由何鲁编辑，商务印书馆出版发行，1923年8月初版，1927年8月第四版。

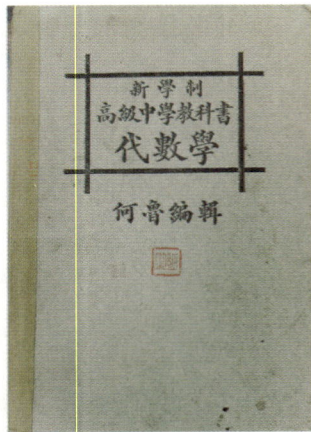

图4—72　《新学制 高级中学教科书 代数学》商务印书馆出版发行，1927年

图4—73　何鲁像[1]

何鲁（1894—1973，图4—73），数学家、数学教育家，曾留学法国里昂大学，是第一位考取法国科学硕士的中国人。回国后不久便在1924年至1925年间撰写了《虚数详论》《二次方程式论》，又在1933年发表了《初等代数依变变迁》，这三册数学科普著作属于"算学丛书"系列读物，是适合大学数学水平读者阅读的数学科普著作。

借"序"说明当时的编排情况：

近行代数学教本，多由欧美书直译，与我国学生程度不合，且于代数意义及方法均付阙如，故习代数者往往不知代数为何物，即知者亦不过能为公式之机械计算而已。欧美学生之深造机会甚多，故中等教科书虽稍嫌不完备，尚不足为累；我国学生则反是，不于中学奠其基础，则研究之兴趣不生，将至一无所得而止，故余以为在中国编教科书，其责任更重大，决（绝）非率而操瓢者所能胜任。兹余以十余年之经验，数阅月之苦思成此书，读者可以见篇名而知代数之意义。至何处为算术之推广；何处为代数之推广；何处为分析之肇始；皆不惮详言，冀为读者一贯之助。吾知此书出，学者研究算学之兴趣，必因之增加。得此津梁，自可进窥堂奥，固不无裨益于世也。

本书第三篇得余友向迪璜教授之助为多，附及之以志（致）谢。

中华民国十二年夏　季曾何鲁识于学海室

直译欧美书籍"与我国学生程度不合"，何鲁的留学经历促使他编写适合中国学生使用的教科书，旨在使学习者明白"至何处为算术之推广；何处为代数之推广；何处为分析之肇始"，并激发学习者研究算学的兴趣。

该书共四篇，164个知识点，每篇末尾均附练习题以便巩固知识及提高训练。各篇章目录如下：

[1] 图片来源：程民德. 中国现代数学家传：第二卷[M]. 南京：江苏教育出版社，1995：43.

第四章　1912—1929年的中小学数学教科书

第一篇　代数之基本运算

第一章　正负数及其运算

第二章　代数式及其运算

第三章　最高公约式及最低公倍式

第四章　方根及指数运算

第五章　对数特性及其运用

第二篇　代数推广之方法

第六章　列式分析，二项式展式

第七章　行列式

第八章　一次联立方程式

第九章　级数e之定义及其数值

第三篇　分析之基本概念

第十章　初等倚数分论

第十一章　无穷小

第十二章　引数

第十三章　倚数展式，极大与极小

第四篇　代数之本身问题

第十四章　方程式论

第十五章　数字方程式解法

第十六章　对称倚数之消去法

　　该书在重要数学概念首次出现时，同样在其后附相对应的英文单词，便于学生对照外文学习的同时提高英文水平。单从学习内容来看，该书涉及的代数学知识要比现行高中数学内容深，如它包含行列式，而在现行数学教育中系统学习行列式则是在大学课堂中。此外，该书根式的符号存在混用的情况。

2. 匡文涛编译《解析几何学讲义》

　　《解析几何学讲义》（图4-74）原著者是日本宫本藤吉，由匡文涛编译，寿孝天校订，由商务印书馆1918年1月初版，1920年5月再版后于1930年六版，1933年第一版。

　　匡文涛（1884—1951），名天禀，号裴章，江西泰和县灌溪镇新居村人。他在数学、古汉语与中国历史方面造诣颇深。曾有江西数学界"四大金刚之一"的称誉。他1907年考入南京两江优级师范学堂（今南京大学的前身），所学专业为农业专科，在校期间学习成绩优异，年年获奖学金。1911年毕业之后，先后任泰和县立千秋书院教员、铅山县鹅湖书院山长。1916年担任商务印书馆数学编辑一职，编著出版了一些数学教科书或教学参考书，其中包括三角学、几何、解析几何、微

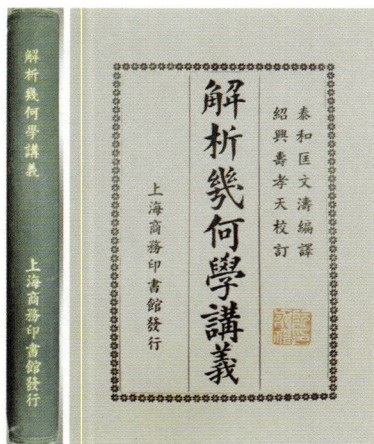

图4-74　《解析几何学讲义》商务印书馆发行，1920年

积分等，有：《平面三角法讲义》（商务印书馆，1919年）、《平面三角法要览》（商务印书馆，1919年）、《立体几何》、《微积分学讲义》（日本根津千治著，匡文涛译，寿孝天校，商务印书馆，1919年初版，1924年第三版）和《高等范式大代数解答》等。他曾在九江甘棠湖担任中学教员，在抚州女中任教导主任一职，抗日战争时期，先后任教于省立南昌二中、南昌中学、吉安扶园中学、泰和县立中学、省立泰和中学。他是我国教育界的老前辈，人们常称他为"老翁"。执教39年，为我国培养出了大批人才。

下面通过引用《解析几何学讲义》（1920年版）"序言"来了解该书编写理念等内容，具体如下：

解析几何学（Analytic Geometry）者，几何学与代数学相连锁，为研究几何学之第一良法，而学微分积分学者万不可少之阶级也。盖天下事有常有变，万象之变，尤为繁赜。微分积分者，正推算各种变量之数学也。考其自变因变之理，详其续变飞变之法，以及变之形状有大有小，变之速率有增有损，皆可以比例求之。然任其变性之所至，而原性究不灭，故其反也，变性渐减，原性渐见。消长盈虚，变化万千，此则微积分之大观也。习算者靡不以此为登峰造极，望而却步，闻而心悸。然苟得驭变之方，通变之术，亦易如反掌。解析几何学，其驭变通变之不二法门乎。其法以二坐标为主，一切几何学之性质，均可推求其所含变数之各次方程式。有代数学之各次方程式，即可蹑求其轨迹。任天下变化无穷之量，都可按其迹象以求之。就其图形以推之，求得之位置不爽毫厘，推得之状态不差累黍。所谓万变不离其宗者非耶。是以代加德氏（笛卡儿）Descartes（法人，西历1596年生，1650年殁）发明斯学以来，为数学界开一新纪元。前之所谓百思不得其解者，今则有术可求矣。风靡一世，几有不胫而走无翼而飞之慨。虽十九世纪之初，使用组织几何新法之学者，辈出如鲫。如法人可鲁氏（卡诺）（Carnot）著《位置几何学》（Geometry of Position），设正负线以扩张一般之证明。法人旁士勒氏（彭赛列）（Poncelet）与英人查理士（查尔斯）（Charles）及德人士突拿氏（Sterner）等相继阐发，终不能破其藩篱，而成完善之专门学科。我国科学幼稚，惟数学尚有一线光明。

解析几何学，亦有译本可读。如谢译《代形合参》，李译《代微积拾级》之代数几何，华译《代数术》之方程界线，各虽不同，实则一也。至于今日，翻译之本，充斥坊间。若龚君元凯所译斯密氏改勒氏合著之原理，彭君觐圭所译长泽氏之讲义，邓君家斌及仇君毅所译温特渥斯及查理斯密之教科书等，皆有可观。但对于平面部，应有尽有。对于立体部，大都简约难悟。日人宫本藤吉所著之讲义，平面部略人所详，然亦简而该（赅），颇得撮要之旨；立体部详人所略，然亦浅而明，尚无繁碎之弊。以之为专门研究，虽不无盈胸之可言，而采为高等教科，颇适于用。故特译之，以公同好。奈鄙人中文和文，均少研究。学力时日，亦属有限。不达之辞，讹谬之点，自知不免。尚乞海内进而匡正之，幸甚。

民国五年夏泰和匡文涛自识于江右高等师范学校

全书共两卷，共340页，上卷为平面部，共五篇，下卷为立体部，共七篇。目录如下：

上卷　平面部

第一篇　绪论

第一章　解析几何学之意义；第二章　坐标；第三章　坐标轴之变换；第四章　点之轨迹之方程式；第五章　平面曲线之分类

第二篇　直线

第一章　一次方程式；第二章　关于直线之基本问题；第三章　虚直线；第四章　直线之群；第五章　关于直线之杂题

第三篇　圆

第一章　圆之方程式；第二章　切线及对极线；第三章　根轴；第四章　二圆之相似心；第五章　三圆

第四篇　二次曲线总论

第一章　分解一般二次方程式适于某要件之圆锥曲线；第二章　二次曲线之中心，直径及轴；第三章　二次曲线之切线及对极线；第四章　二次方程式之简约

第五篇　二次曲线各论

第一章　椭圆；第二章　双曲线；第三章　抛物线

下卷　立体部

第一篇　绪论

第一章　射影；第二章　坐标；第三章　坐标轴之变换；第四章　含有 x，y，z 之方程式之意义，面之分类

第二篇　直线

第一章　直线方程式；第二章　关于直线之基本问题

第三篇　平面

第一章　一次方程式；第二章　关于平面之基本问题；第三章　关于平面与直线之基本问题

第四篇　球

第一章　球之方程式；第二章　球之外接圆锥，切平面，及对极平面；第三章　球之群

第五篇　二次曲面总论

第一章　中心；第二章　径平面，直径；第三章　主平面，缩约方程式，曲面的回转面之要件；第四章　切平面，外接锥，对极平面

第六篇　有心二次曲面之性质

第一章　椭圆体；第二章　一张双曲线体；第三章　二张双曲线体

第七篇　无心二次曲面之性质

第一章　椭圆的抛物线体；第二章　双曲线的抛物线体

上述学习内容与顾澄译《高等教育解析几何学》、仇毅译《解析几何学教科书》目录完全不同，可以断定该书并不是译自宫本藤吉转译的英国查理斯密的解析几何学教科书，而是译自宫本藤吉之讲义，从其"序"中"日人宫本藤吉所著之讲义"也可得知。该书的最大特点是选材广泛、内容丰富，尤其是立体解析几何部分内容介绍详尽，其中许多知识点如"射影几何"在现行的数学教育中于大学中学习。平面解析几何部分相对较为简略。这与译者选其进行翻译的目的有关。该教科书没有设置习题及复习题。

三、吴在渊编数学教科书

吴在渊毕生致力于中国的数学教育，编著中学数学教科书数种，影响甚大。他编著数学教科书有两个目的：一是传播算学知识，二是提倡中国自编高水平的教科书。吴在渊所编写的教科书，内容总是难易并列，富于弹性。所以他所编的数学教科书深受人们的欢迎。

4—75

图4—75　吴在渊像[1]

吴在渊（1884—1935，图4-75）是我国现代著名的数学家、数学教育家，为我国现代数学教育做出了杰出的贡献。1884年，吴在渊诞生于江苏省武进县（今常州武进区）一个贫困家庭，他的母亲为了让他接受良好的教育，节衣缩食，送吴在渊到私塾学习。吴在渊天资禀赋，十分聪明。19岁时，吴在渊去南京求职，到周彣甫所在书院当抄写员，白天抄写，夜间学习日文原版数学书籍，无师自通，成为一位自学成才的数学家、数学教育家。

吴在渊所处的时代，正值中国教育事业大变革的时期，他为中国的教育事业和学术研究工作贡

---

[1] 图片来源：中等算学月刊[J]. 1935, 3（19）：扉页.

献了自己毕生的精力。1911年，吴在渊同胡敦复等人创办立达学社，立达学社于1912年在上海创办了大同学院，也就是大同大学的前身。吴在渊自大同大学创建直至他辞世，一直担任该校数学系主任，终生从事数学教育工作。

吴在渊在教学中编写大量讲义，在如何对待西方科技文化知识的传入、如何处理西方文明与中国固有传统之间的关系方面，他反对抱残守缺、故步自封，主张吸收先进的科学知识学术思想，但不崇洋媚外。他提出中国学术要求自立，主张"自立之道奈何？第一宜讲演，第二宜翻译，第三宜编纂，第四宜著述"[1]，同时身体力行，编著了数量繁多的教科书，对我国教科书事业的发展起到了重要作用。吴在渊编著的教科书书目如表4-12所示。

表 4-12　吴在渊编著的主要教科书

序号	教科书名	出版社	出版时间
1	近世初等代数学	商务印书馆	1922年
2	近世初等几何学	商务印书馆	1926年
3	数论初步	商务印书馆	1933年
4	新中学教科书 算术	中华书局	1924年
5	新中学教科书 初级几何学	中华书局	1924年
6	新中学教科书 高级几何学	中华书局	1925年
7	现代初中代数学	商务印书馆	1924年
8	中国初中教科书 算术	上海中国科学图书仪器公司	1932年
9	中国初中教科书 初中代数	上海中国科学图书仪器公司	1932年
10	中国初中教科书 初中三角	上海中国科学图书仪器公司	1932年
11	中国初中教科书 几何	上海中国科学图书仪器公司	1934年
12	新课程标准适用 高级中学 几何学教科书	中华书局	1934年
13	修正课程标准适用 高中平面几何	中华书局	1941年第七版
14	修正课程标准适用 高中立体几何学	中华书局	1937年再版
15	中国初中教科书 初中几何	上海中国科学图书仪器公司	1947年

当时的出版社纷纷向吴在渊约稿，争相出版他的著作，从表4-12可看出出版吴在渊所编教科书的单位均为当时著名的出版社。除上述教科书外，吴在渊去世时还留下了《微积分纲要》等十余种编著的教材和讲义。在吴在渊所编著的这些数学教科书中，有些曾多次再版，如表中"中国初中教科书"是吴在渊根据1932年新课程标准编写的，一直出版到20世纪40年代末，1947年12月出版的是第十一版。由此可见吴在渊所编著的教科书影响之大[2]。

[1] 吴在渊. 近世初等代数学[M]. 上海：商务印书馆，1922：序一.
[2] 代钦，李春兰. 吴在渊的数学教育思想[J]. 数学通报，2010，49（3）：2.

吴在渊参与了数学名词术语的审定以及中学数学课程标准的制订，对初等数学研究颇有心得。他生前在《学生杂志》上连载了多篇关于几何、代数和三角方面的文章，去世后的若干遗稿在《中等算学月刊》上被集中刊载。[1]

古语有云："工欲善其事，必先利其器。"教科书便是教员教学的"利器"。吴在渊对于教科书的观点，在其编著教科书的序言及"编辑大意"中可见一斑。吴在渊认为，好的教科书能够节省教员和学生的时间，教员可以把注意力集中在观察学生对知识的理解和演算的过程上，专心教学，可收到事半功倍的效果，正所谓"教贵有善书"。

在民国初期，中国使用的中学数学教科书以直接使用国外或翻译国外教科书居多，国人自行编纂的教科书甚少。吴在渊在《近世初等代数学》序二中有言："壬寅癸卯以后，翻译东籍者日多，教科书之出版于斯五六年间为最盛。丙午丁未以来，津沪皆用西籍。英美书之译本虽亦稍稍出，然而衰矣。嗣后吾国学子醉心西化，日进靡已。"胡敦复在该书序一中则道："近四五年来，各省中学毕业生科学之程度，日益低降。其故固不止一端；然不得参考之书缺少自动之力，非其主因乎。此其故可深长思矣。""学校之中，教师所授，学者所诵，不问何级，不问何科，非蚓行蚯曲之文，即嗒然而若丧。崇奉外人之心日盛，而自立之心渺不可睹。"为了改变这种状况，使教科书本国化，吴在渊等人开始自己编写教科书和参考用书。

吴在渊认为，直接照搬外国教科书，不能突显我国的特色，参考国外教科书中精华之处的同时，也要避其重规叠矩、冗而不精的毛病。如算术教科书中，度量衡中的丈、尺、石、斗、斤、两等单位为我国独有，外国的教科书不曾提及，而这些单位在当时的生活中的运用又必不可少。所以吴在渊指出，应当将我国文化的精髓融入数学教科书的编写中，以展现我国的文化特色。参考不同国家的教科书，取其精华，去其糟粕，再结合本国学者特点，编写出来的教科书才能适合国人使用。

吴在渊在编写几何教科书与代数教科书时力求贯通，尽量避免将其割裂开来。例如在编写代数教科书时，会适当介绍几何图形的量的名称，阐述如何求简单图形的面积、简单几何体的体积等，与几何学建立一定的联系。

（一）《新中学教科书 算术》

《新中学教科书 算术》（全一册，282页，图4-76）精装，由吴在渊、胡敦复编，华襄治、张鹏飞校订，中华书局印刷发行，1925年5月十四版。另有一版为1932年4月四十五版，平装，292页，书名《初级中学用 新中学算术》。与此版教科书相比，正文内容没有改变，仅在"复利表"后增设了4页"中华民国权度标准方案"。

---

[1] 代钦，李春兰. 吴在渊的数学教育思想[J]. 数学通报，2010，49（3）：3.

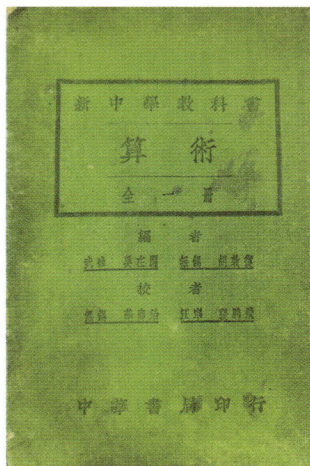

图4-76　《新中学教科书 算术》中华书局印行，1925年

借"编辑大意"说明当时的编排情况。

——本书之编纂，按照中等程度及最新数学教学法，供中学校及师范学校等教学之用。

——从前所编之中学算术教科书，不啻为小学算术之复习，致学者兴味索然，本书于小学中已习事项，概从简略，而于未习事项，则求详备，既免虚耗光阴，且可不生厌倦。

——凡法异理同者，如名数四则与整小数四则，比例与乘除等；或法之互为顺逆者，如减与加，除与乘，开方与乘方等：本书皆一一详细比较，反复说明，俾学者得由此悟彼，而收贯通之效。

——本书每用一法，必详其理，每言一理，必举例以明之，且可与代数学相对照；故学习代数时，参考此书，尤能事半功倍。

——本书于重要各法下，皆有验算之法，使学者演习题时，得自知其误否，而无倚赖教师之习惯。

——习题所设事项，取其为实际所应有者，即题中所设之数，亦必求其确当，以期切实用而富兴趣。

——计算方法，本书于常法外兼载各种特别算法，使学者得练习速算，并引起其奋勇前进之心。

——自第一编到第三编，尤为注重自习，教师可斟酌学生程度，择要指示，以省时间。

该书依据最新数学教学法编写，为中学校及师范学校教授算术使用；为了激发学生的学习兴趣，简化了学生已经掌握的算术基础，同时在习题设置上联系学生生活实际；此教科书比较注重原理的掌握和知识间的相互转化，适时设置例题，方便学习训练及为后续代数学的学习奠定基础；对于前三编的教授，该书还提出了相应的建议，即可依据实际教学情况及学生的掌握程度，有选择性地进行讲解。

该书共九编四十五章，目录如下：

第一编　绪论

第一章　整数；第二章　小数；第三章　复名数；第四章　特别记数法

第二编　四则

第一章　加法；第二章　减法；第三章　乘法；第四章　除法；第五章　四则杂例；第六章　应用问题

第三编　诸等数

第一章　度量衡；第二章　诸等数之通法和命法；第三章　货币，时间，角度，弧度；第四章　诸等数之四则；第五章　面积及体积；第六章　米突制；第七章　外国度量衡及货币

第四编　整数之倍数及约数

第一章　倍数；第二章　约数；第三章　最大公约数；第四章　最小公倍数；第五章　应用问题

第五编　分数

第一章　绪论；第二章　基础理法；第三章　约分及通分；第四章　分数加减法；第五章　分数乘法；第六章　分数除法；第七章　分数杂例；第八章　应用问题；第九章　分数与小数之关系

第六编　比及比例

第一章　比；第二章　比例；第三章　应用一；第四章　应用二；第五章　应用三；第六章　应用四；第七章　应用五

第七编　成数算法及利息算法

第一章　成数算法；第二章　成数算法之应用；第三章　利息算法；第四章　利息算法之应用

第八编　求根法

第一章　开平方；第二章　开立方；第三章　开平方之应用

第九编　量法

附复利表

全书在重要名词术语首次出现时以下划线作标注，并且部分名词后附有对应的英文单词。所学的特别记数法包括特别单位记数法、罗马数字。对于选修内容，教师可选择略去不讲。虽学习了阿拉伯数字，但表示序号时存在大写汉字与阿拉伯数字混用的情况，如"例题三""3多位数之加法"。前三编例题的编排分左右两列进行，左边为算式，右边为解释，学生可用其进行自学。后几编的例题以"理由"的形式对计算过程中各步转化的原理进行说明，同时标注"注意"来对这一类问题进行总结或者对易错点、关键点进行强调，如图4-77（a）为第25页第二编例题"从87减29"，图4-77（b）为第143页第五编"以一整数除真假分数"。该书将勾股定理设置在第八编"求根法"第三章"开平方之应用"部分，以图形进行展示，但没有"勾股定理"字样的出现，如图4-77（c）。此外，还学习立体几何知识，如直圆柱、正角锥、球等的体积。书末还附有本银/金一之本利和（自1期至30期）的"复利表"。

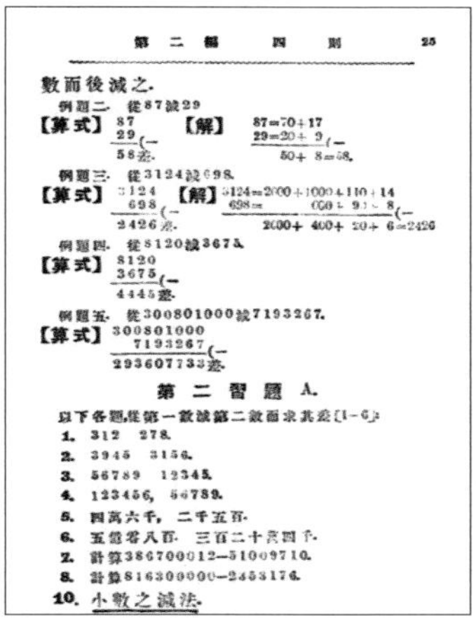

(a) 第25页

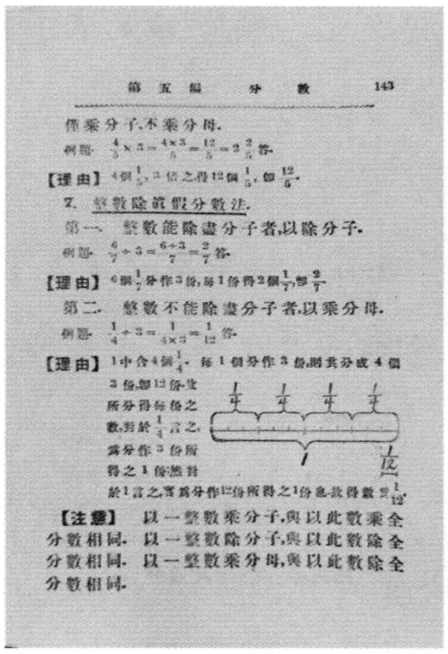

(b) 第143页

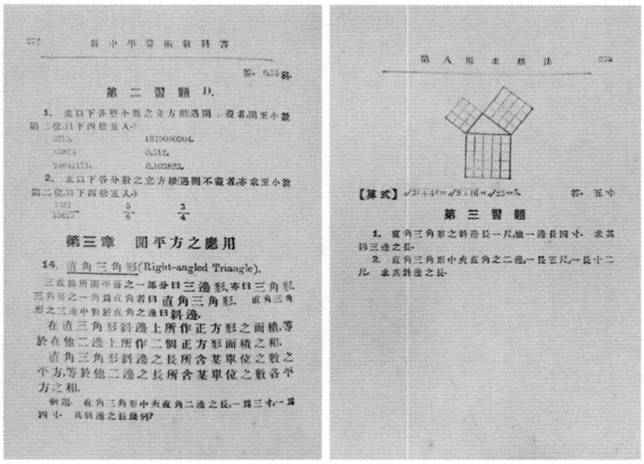

(c) 第272页、第273页

4—77

图4—77 《新中学教科书 算术》中华书局印行，1925年

（二）《中国初中教科书 算术》

《中国初中教科书 算术》（图4—78）由上海中国科学图书仪器公司发行，1932年8月初版。

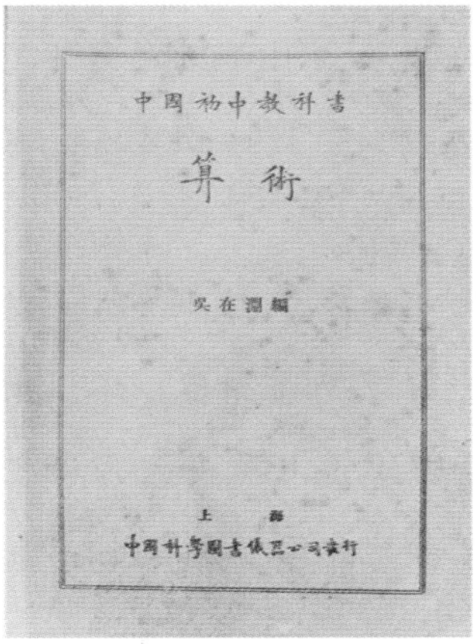

4—78

图4—78 《中国初中教科书 算术》上海中国科学图书仪器公司发行，1932年

借该书的“序”及“编辑大意”说明本书的编辑情况。

该书“序”如下：

不佞在前清时，糊口于北平，困于贫，多所兼课。高等学校寥寥无几，则兼教中学，以是编教中等数学，各科都自辑讲义，每教一过，辄不自满，则易一稿，如是者十年。民国肇造，南返，合友人创办大同大学，此调遂以不弹。已经用欧美教本，美其名曰原文，沪上尤甚，虽……[1]亦然。不佞时虑长此不变，不特文化无自立之望，且所造就皆外国国民，乃逢人强聒，期期以为不可。嗣后国人编译之教科书亦稍稍出；间亦当以所编一二教本就正于国人，书肆有即发行者，亦有迟至若干年后乃发行者，其中较数种，蒙教育界引以为戒可，用者日

[1] 因原书页受损，部分文字无法识别，故本序以省略号表示。

多。日企望有识者之评判，得自知所短，逐渐改良，顾空谷足音，阒焉无闻，书肆又大都好与编辑者绝缘，不愿频有改动，且不好全套教科书归局外一人编辑，以故不佞之旧丰，东肆发行一编，西肆发行二集，绝不能有所布置联络于其间。时隔多年，学制已易，再版多者至百数十次，而无缘得以增删修改，乃尚蒙学界称许引用，不佞清夜自思，兹自恧矣。

今国人已群知文化之亟宜自立，此不佞所喜而不寐者也。此事大难，固非蹶所能几，而中学教科书之足以自给，则为初步之最低限度。起视国中，果何如乎高中分立，已近十年，就数学教科书观之，惬心贵当者，可谓绝无一二，市上之所有，殆皆马蒙虎皮，如是而欲不用外籍，自为势所不能，至初中教科书之足称良者究有几何，若不佞之固陋，所见殊苦未多也。

往岁中央厘定中学课程标准……得稍贡意见，顾标准虽定，亦尚托之空言，必编成……始能齐一各校功课，同一标题，教材之良莠可判霄壤，一也，悬一大纲而编书，至临文执笔，必由活变，始能得良构，教课亦然，二也，标准仅示人以至低限度，其不在此限度内者未能列举，三也，故欲达此目的，非有教科书示之轨范不可，否则虚应故事多此一举而已。此种模范教科书之出，不佞属望于教部也有年矣，今国立编译馆已有编辑教本之说，庶有豸乎?

今者，中国科学公司特约不佞编辑全套初中数学教科书，此固不佞向所期望为社会尽力之一事，惟材轻力薄，课务既多，为期又极匆促，殊恐有覆𫗧之忧。第同人相约，未许固辞，年来与门人中教授中学数学者时相讨论，修改旧作之年久蕴于怀，不得于彼，或且于此发布近年来之见地，亦可稍减不安，且编译馆所编教科书之出版，实现未知尚在何时，故略加踌躇，亦即允诺，要旨尤在抛砖引玉，非好为冯妇也。

初中教科书编辑之目标，自应以课程标准中所定者为归纳，在此可毋庸赘述。今所注重者，如何合于学生心理，使教者少费劳力而不浪掷时间，学者多收效能而不感觉困苦，体用兼顾而不偏，识力潜滋而默长，各科回环联络而仍各自保有其精神，步骤由浅入深而无强输之弊病，教材恰当，配置适宜。不佞虽心长力短，未必能自副所言，然于此诸端，固无时不注意也。

市上所通行之初中教科书，不佞在编辑本书之前，皆曾涉猎一过，凡有所长，多经节取，不敢掠美，特直一言。

中华民国二十一年五月二十六日 吴在渊识

该书"编辑大意"如下：

本书编辑目的，在与高小算术紧密联络，由复习奠其概念，以发展学生之正确思想；本常识整其统系，以养成学生之推理能力；关于数量知识方面，凡环境所常遇，公民所当知者，悉引学生体认，使能处理有方；至理解方面，则由浅入深，绝不凌躐，以植学生向上之基；务使时间劳力，两俱经济，而收效能阔。

本书教材，大致依照去夏"审定中小学课程标准委员会"所厘定。惟排列次序略有变更，期于时间支配难易先后诸方面皆得裨益，而于标准大纲仍丝毫无损。

标准中以小数排列分数之后，要旨在小数不如分数之易于抽象，且分数之发见在小数以前。后者与教授先后本无关系；至前者，则学生在小学第四五六三年中已习小数（见小学数学课程标准），至此自无儿童心理能否了解之问题发生。将小数提前教授，则在教授四则时，可促学生注意听讲，较之单讲整数四则兴味自然不仅在连续方面认识较真也。

四则杂题，要旨在使学者渐有分析，比类，推理等能力，与基本算法厘然两途，而与四则简便算法（或称速算法）同为算术中第二步之要事；其第一步则当先注意于基本算法。标准依普通习惯，在四则之后紧接杂题，题少则不足练习，题多则费时劳神，第一步之工作将因而受挤，减其成绩；年来升级学生发见此弊已数见不鲜。故本书以杂题移置于后，以期有所纠正。

分数杂题紧接分数教授，弊与上同，故本书亦改列于后。

用Euclid方法求最大公约数初学时不易了解其理，置四则后教授实非所宜，今亦移列于后；在整数性质中，仅讲用析因数求最大公约数法。析因数本为一要法，今藉（借）此多用，实能有益于学生。

连锁，配分，混合在算术中实居次要位置，故亦移列在后，使主要之百分利息可以先授。

开方系自乘之还原，非用乘法公式无从讲其理法，故本书列置甚后，使学者已知代数式乘法而后学之，则无含糊影响徒恃记忆之病。

往昔习惯，中学教授算术为期一年，自分初高中后，仍多因循未改；代数教授时间一年尚虞不足，于是几何三角遂至缺少时间教授；几何教至平面一半，三角开讲二三星期装点门面初中遂告毕业；就初中毕业学生问其经过，是有六七者如此也。中学标准中，规定一年级上学期每星期教授算术五时，下学期每一星期教授算术二时代数三时，一即要救此弊，一则期收分科共教之益，然教科书一仍旧贯，殊难革新。本书在分配方面，以前所述诸理由，得一自然分界：自第一至第七编为基本算法，一学期可以教完；第八编以后为第二步之培养，可在第二学期教之；分量多少亦与标准所定时间为比例。

至教材方面，亦稍有变更：繁（烦）冗之复利息及其应用，置之算术，不如移入几何为善；至求三件以上物品之混合比，在初步代数且不能普遍讲解，而惯例列入算术，此于儿童心理实至不相宜，故决然去之。

用线分，面积解释分数，用平方立方图解释开方，自能助学生之理解，然实属旁面观察，不应混淆正文，本书入之例中，期收其效而不乱数与量之分界。

省略算法在中学标准中为规定应教之一项目。此法须与标准程度同讲，庶学生不致缘省致误，然准确程度，非初步算术所能详论故此法虽便而理不易明，在算术中实居第三阶之位置。今从最便易之路径述准确程度及省略法，置于附录中，备教授时间有余时讲之。若时间不足，可以略去。

珠算四则须熟练庶能有用，学校当斟酌情形别设选科教授；若仅在算术中附录歌诀而无充分实习，是为涂饰欺人实所不取。

算术为初学入门之径，宜屏绝专门风味。向来教科书，先立原则，再述理由，至不合宜。本书每于一法初讲，恒用例引导，俾学生能先体会，再述方法，有特别处，亦就例加以说明，使学生能具体明瞭（了）而止。

等数公理，本具普遍性，数学各科皆不能外。本书在分数末特别提出，以后遂直捷应用，非特教授公式时便利良多，即学生亦可获益不少。

开方全用乘法公式讲述，因学生此时已学至代数式乘法，万不致有杆格也。

应用题本书中虽未显明分类，实则分类讲解，且在例题中每类多有活变，以养学生类比推想之能力，勿使陷入机械式之动作。

本书在每编后有问题集备教完一编令学生复习之用。全书末更附总习题，则备有优秀特出之学生选拔演习之用，故比较略为繁赜。

本书原载问题甚多，因为篇幅所限，不得不大加删节，倘学界不弃，视本书尚可采用，则当再出一小册，发表书中诸题答案，提示较难问题之解法，并加增补题为实验出题之用，以便用此书教授之诸君子。

不佞以前所编无一不为人处例题详解，致学生转辗抄录，不必再用心演习，图私人之利而害百万青年事堪痛恨，莫过于此。其实一教科书而有例题详解，则此教科书已不堪再用。望国中各大书肆对于本书勿再出详解以渔利害人，为社会留一可用之教科书，亦一功德也。

本书既成，曾命女儿学敏校算一过，想不至（致）再有大误；惟一月中匆促成书，疵瑕或不能免，望用此书诸君子驰书督责，俾得于再版时改良为幸。

本书编辑之初，承曹梁厦先生提议编制纲领，继承胡宪生先生在财政部调查国税地方税之区别，叶上之先生在盐务稽核总所调查盐法，林振当先生在海关调查海关税则，又承门人徐君燮均在中央研究院社会统计科为不佞搜集统计资料编制问题，许君天申在银行界调查银行实例，谨附一言，以志（致）谢忱。

吴在渊识

全书共十二编，目录如下：

第五编　分数

第一章　总论；第二章　分数四则

第六编　比及比例

第一章　比；第二章　比例；第三章　复比及复比例

第七编　成数及利息算法

第一章　成数算法；第二章　基利息算法

第八编　四则的继续

第一章　四则杂例；第二章　四则应用

第九编　分数的继续

第一章　分数杂例；第二章　循环小数；第三章　诸等数的继续；第四章　分数应用

第十编　比例的继续

第十一编　求根法的继续

第一章　开平方；第二章　开立方

第十二编　约数倍数的继续

附录一　罗马数字记数法

附录二　省略算法

附录三　练习题

　　该教科书的编辑以"课程标准中所定者为归纳"，大致依照"审定中小学课程标准委员会"所厘定，充分考虑到学生学习算术的心理，知识学习由浅入深并与"高小算术紧密联络"。每讲一个新知识点，均先设例进行引导，继而再讲方法，同时每编后设问题集以便学生适时复习。全书末附总习题，学有余力的学生可作能力提升之用。例题及问题集所用材料皆来自实际生活，旨在发展学生的推理能力、想象能力及分类解决问题的能力。书中具体内容还融入数学史知识，如在讲解"勾股定理"时，全文没有出现"勾股定理"的字样，且先以文字来表述此定理，其后通过一个实例进行验算，最后简要介绍毕达哥拉斯的生平及对应的"商高定理"。

（三）《现代初中教科书　代数学》

　　《现代初中教科书　代数学》（上、下册，图4-79），原著者吴在渊，经吴上千改编，胡敦复、胡明复校订，王云五发行，商务印书馆印刷发行，1937年7月审定本第一版，1938年10月审定本第九版。

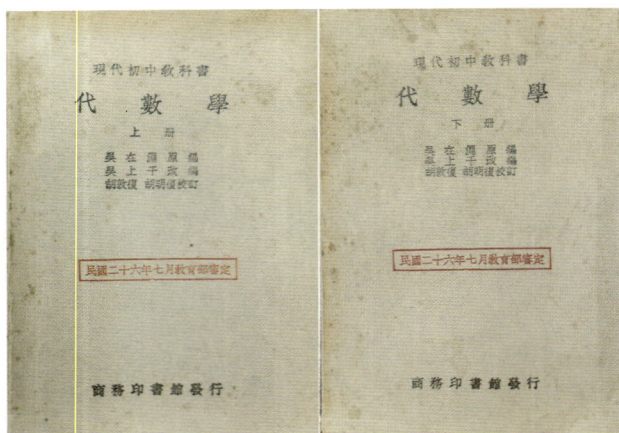

图4—79 《现代初中教科书 代数学》（上、下册）商务印书馆印刷发行，1938年

该书没有"序"或"编辑大意"，但在封底印有中华民国教育部教科图书审定执照：

兹据商务印书馆呈送吴在渊编现代初中代数共二册经本部审定合于初级中学之用其有效期限三学年自二十六年七月二十六日起至二十九年七月三十一日止合行发给执照

中华民国二十六年七月二十六日

该书由封面、目录、正文组成。其目录如下：

上册

第一章 算术与代数

第二章 一次方程式

第三章 代数数

第四章 代数式

第五章 一次函数及其图形一次联立方程

第六章 简易不等式

第七章 乘方及开方

第八章 析因式法

第九章 最高公因式及最低公倍式

第十章 分式

下册

第十一章 根数及虚数

第十二章 二次函数及其图形二次方程式

第十三章 分式方程式及无理方程式

第十四章 特种一元高次方程式

第十五章 比及比例

第十六章 指数及对数

第十七章 级数，排列及二项式定理

四角号码索引

英华名词对照表

书中各式虽应用阿拉伯数字，但在表示序号时还是采用了大写汉字，如"注意一""例四"。其中"注意"处表示重要知识点和易错点，需要学生引起重视。此书于重要定理或名词术语处以波浪线作为下划线以作标注，同时名词术语处字体加粗。在学习"去括号"时，将不能够进行转化所依据的原理以方括号的形式标注在其后。下册学习的内容范围超过了现行初中数学教科书，如此书的级数及极限的概念，出现在现行数学教学体系的大学数学教科书中，并且极限符号与现在有所不同，此书用"$S_\infty = 0$"表示极限接近于0。

（四）《新中学教科书 初级几何学》

《新中学教科书 初级几何学》（图4-80），为布面精装，由吴在渊编辑，胡敦复、胡明复校订，教育部审定，中华书局印刷发行。此版本为1925年9月第五版。

图4-80　《新中学教科书 初级几何学》中华书局印行，1925年

借"编辑大意"说明当时的编排情况。

——本书依据新学制案编纂，以供中学校及师范学校教学之用。

——向来之几何学教科书，重理论者墨守旧法，重实用者遗弃精神；本书则注重精神而亦顾及实用，凡关于测量，建筑，器械，航海各方面，在可学之时随时插入，分量虽少而重要之基础已立，学者循此进求，不难成为有用之材（才）。

——实用几何家恒混数与量，紊乱几何学之系统；本书则既保有严密之理论，又力求二者之沟通，使学者知数与量厘然各别而亦不相背驰。

——几何学之主要目的在养成推理之能力，故本书选择例题至为谨严：除实用题外，凡不假思索而即得者不录，亦决不采取初学者所不能解之问题；俾学者足以发展能力而不至畏难。

——定理不熟，推阐无由，然学者仅为机械的记忆为不能活用，亦所大忌；故本书于篇末特附摘要，就图形分类，变更定理之形式及次序，俾学者于活用之途知所从事。

——依新学制案几何学教授之时间有二百小时，本书所列定理，问题，及系共二百余条，例题五百余；教师尽可从容配置，决（绝）无时间不足之患。

　　——民国十二年暑期中学数学名词审查会已审定之名词，本书一律照用，其尚未审定者暂用最通行之名词，俟定后再改。

根据"编辑大意"，该书依据"新学制"编写，适用对象为"中学校""师范学校"，其编写体系综合了理论与实践，名词术语的使用也遵循了当时最新要求，并于书末附该书之重要结论，便于学生巩固，重在培养学生的推理能力，同时旨在遵循几何学知识的同时补充实用主义几何学的不足，"实用几何家恒混数与量，紊乱几何学之系统；本书则既保有严密之理论，又力求二者之沟通，使学者知数与量厘然各别而亦不相背驰"。

全书共设六编二十二章，含两百多条定理、问题及推论，五百多道例题。目录如下：

第一编　绪论

第二编　直线图

第一章　直线及角；第二章　平行线；第三章　三角形；第四章　多角形；第五章　平行四边形

第三编　圆

第一章　基础性质；第二章　中心角，弧及弦；第三章　相交及相切；第四章　内接形及外接形；第五章　作图题；第六章　轨迹；第七章　作图之方法

第四编　面积

第一章　矩形之面积；第二章　平面图之面积；第三章　面积之计算

第五编　比例

第一章　基础性质；第二章　中心角；第三章　比例线；第四章　相似多角形；第五章　面积之比

第六编　正多角形及圆

第一章　正多角形；第二章　圆周及圆面积

摘要

直线图；圆；面积；比例

书中在重要名词首次出现时，其后附对应的英文名词，第一编末附全书所用之几何符号，所列各符号已与现行数学教科书相同，书末的"摘要"部分仅含文字，不涉及图形。定理的证明分"假设、终决、证明"三步，其后有此定理的变形并以"系"的形式标注，同时以"注意"的形式提醒学生在定理或例题求解过程中可能出现的多种情形或易错点。对于书中的作图问题，则需借助直尺和圆规，基本分"已设、求作和解法"三步，偶尔还涉及"注意"一步。

（五）《中国初中教科书 几何学》

《中国初中教科书 几何学》（上、下册，图4-81），由教育部审定，中国科学图书仪器公司印刷发行。上册[1]为1947年5月第十一版，下册为1947年12月第十一版。

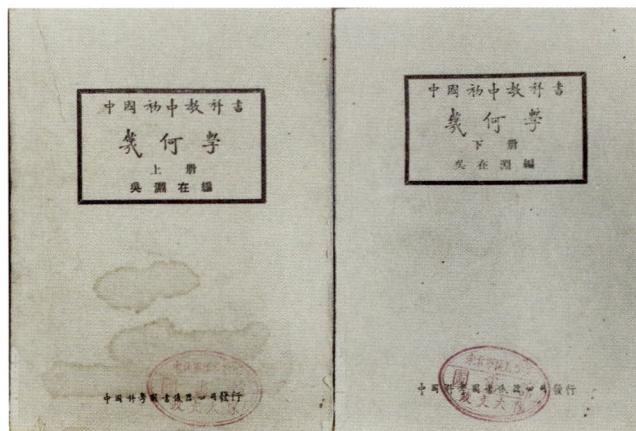

4-81

图4-81 《中国初中教科书 几何学》（上、下册）
中国科学图书仪器公司印刷发行，1947年

该书由"编辑大意"、目录、正文、附录及版权页构成，借"编辑大意"说明当时的编排理念。

本书编辑目的，在与算数密接联络，一方面顾及同时教授之代数。先，从观察，实量，作图入手，逐渐培养学生研究量之兴趣，使学生对于几何之概念，如深宵观火，表裹洞彻，对于几何之图形，如宜僚弄丸，高下咸宜。于是引入理论，自有水到渠成之乐。

本书共分五编，实验几何学一编，理论几何学四编，系依教部最新所颁《初中课程标准》所编辑。对于时间分配，约实验几何教授三十小时，理论几何教授一百四十小时。

以前坊间所出几何学中，其有实验部分者，大都凌乱，散漫，芜杂无章（例如平面立体多数图形突然争涌出现，定义不给，天降名称，时或给以"不科学的"意义等）一似实验既脱出理论范围，则当力争自由，表其不羁之德者，殊令人疑其是否能成学科。本书力矫此弊，固不以理论拘实验，而处处有条不紊，使学生自得一以贯之之益。

实验之目标，在为理论作前驱，尤在使学生自动觉察若有种种图形性质隐跃于心目间呼之欲出。本书为欲达此目标，除有若干性质为后欲应用特别表明者外，更以多数性质藏之题中，令学生自行发现。

学生初学几何学，至感困难者厥有数端：（一）骤遇学术名称，往往莫名其妙；（二）不知何故须有证明，理论有何用处；（三）证之格局见尚未多而即须作题，殊苦无从下手；（四）几何习题殊少，每题又各相异，记忆已苦不易，运用自觉更难。以是种种，学生对于几何遂视为畏途，聪颖者尚须学至直线图过半，方能略得门径，锥鲁者甚或始终不能入门，仅能记诵以塞责。

本书以免除学生困难为鹄，先使学生认识图形，一一名称皆藉作图实量等而潜入其意识，

---

[1]《中国初中教科书 几何学》上册，把作者名"吴在渊"误写成"吴渊在"。

第一困难已解除不少。学生初学几何陷于若明若昧之境者，其症结所在，即在认识不真；譬之言"等量加等量其和相等"，量之一名辞，在算术中虽早已讲过，然学生亦早已遗忘，于是对此公理遂觉模糊影响，谓为不解不可，谓为了解不能，则嗣后当然不足以运用矣。本书于此等处，皆先取实例一一令学生实验，既已累得解答，始明提以告学生，摸（模）棱之弊，学此者庶可免矣。

问尝询初学者曰：图中某二部份（分）何故相等，则应曰：量得相等，故相等耳。如此者数见不鲜。彼方以证明为多事，何能纳之于理论之轨范中，故要须先破除其成见。本书第二编绪论，先明无理论之实验不可恃，此如象（像）教小乘讲法而大乘乃破法，初非自相矛盾，实进一步之途径所必由；执著（着）既除，近求论证，庶廓乎其能容矣。

学证定理，为入门最难一步。学之步骤有三：为"看""笔""仿"，合格须多看，上路在动笔，入手宜摹（模）仿。本书在第一编讲公理以后即略讲证理，意即令学生早看，早动笔，早摹仿。至第二编初，更将此讲过之定理重证，其不重证者使学生根据已知路径整理就范，盖易一方面令学生再看，再动笔，再摹仿。此时再诏学生以用心之道，初学无从下手之苦，其亦可以免矣。

学力随演习而增，徒事记诵无益也。几何练习题，须至合同形后而始丰。寻常几何教本，先讲垂线，斜线，平行线等，虽欲多与学生以练习机缘，恒不可得，学者乃至感枯燥及困难。本书特以合同形提前教授，使学生能早感兴趣。

作图，在实验几何中学生早熟手法，至理论几何，当然分配于各部分，庶证题时学生能活泼绘图，作种种探索。

轨迹，以基本者为限，亦分配于各部分中。轨迹二方面之证法，初学者恒视为畏途，其实一证图形之充实，一证图形之完全，故不可缺一，学生深明乎此，自能视为当然而不至多所畏悼矣。

初中几何应以证理为主，轨迹，作图，计算题等，皆归附属。学过几何后，于普通证理题必确有把握，教学方有效能。本书对此特加注意，在每编末附摘要，专为指导证明之用。

面积体积之计算，颇合实用，故在实验几何中，择最便途径先讲其公式。至理论几何，则探索得此公式之源，似不相悖而相济也。

面积，若置比例以后，则其中有若干定理将绝少练习之机缘，因用比例可代而教者学者皆将趋用比例也。以是，今以其中不受比例束缚者提讲于前，使学生多得练习之益。

比例中不可通约量，用插合法固太觉困难，用极限法讲亦不易明瞭（了），故本书仅讲可通约量，使初学者不至扞格。至不可通约量之证明，留载于附录中，备进一步者之研究。

实验几何虽已含有多数定义，定理，作图题等，然理论几何应自有一完全系统，决不因实验已见而遂于理论中减料省工，惟于讲论详略间或有调剂之处。

实用部份，若插入理论中，既乱统系，又占篇幅，今汇集附录，备教者可随时采用，斟酌情势，多少从心。

从来几何学教本，恒隔若干定理以后始有一例题集，此在编者可省工，而在学者则少益。本书每讲一二定理，必有数题，可应用最近所学定理练习，题虽不难而成文，决不以算术题滥竽充数。至每编末有一问题集，则当杂用学过之定理，以练抉择判断之能力。至全书末更附总习题，则备有优秀特出学生选拔演习之用。

全书定理一百十余条，作图题三十余条，计算题十余条，平均每小时约讲授一条有余。实验部份集题三百七十，约学生每学一小时练习十二题，题易，不费时也。理论部份集题八百余，约学生每学一小时练习六题，似亦在适中之数，倘某级学生多数材力有余，可再讲附录补充；倘某级学生多数材力不足，则可酌减练习题。若教材尚嫌太多，则可裁去面积比例中之轨迹及计算题，再进，更可截去面积比例中之作图题；教师苟自始即有支配而无特别延误，则教授时间不至于再感不足矣。

本书曾经女儿学敏校算一过，想可免大误，惟匆促成书，难免罣漏，望用此书之人诸君子驰书督责，得于再版时改正为幸。

中华民国二十二年八月二十八日　吴在渊识

全书目录如下：

该书的编写依据为"最新所颁《初中课程标准》"，共五编内容，含有理论几何与实验几何，且所占编数为四比一。几何的学习讲究循序渐进，先认识图形，再通过测量、作图等方法增强学生的动手操作能力及参与感。对于初学者来说，定理的学习须采用"看—笔—仿"三个层次。全书共计定理一百一十余条，作图题三十余条，计算题十余条，教师在实际教学过程中可依据学生掌握情况进行适当删减。此外，上册书末附有两个问题集，下册书末除问题集外还附有总习题，可供学生进行训练，学有余力的学生也可作提高之用。

（六）《近世初等代数学》

《近世初等代数学》（图4-82）为布面精装本，由吴在渊编辑，胡敦复、胡明复校订，1922年9月初版，1928年9月六版。

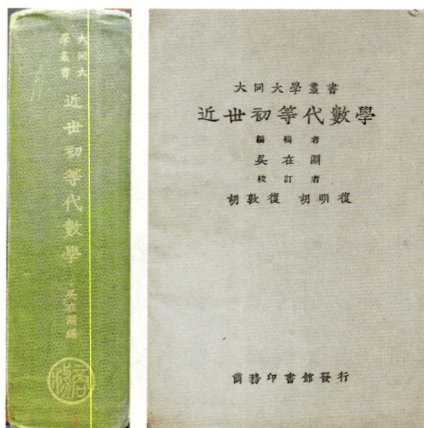

图4-82　《近世初等代数学》商务印书馆发行，1928年

该教科书有两个序言，其中序一署名为胡敦复，序二署名为吴在渊。实际上这两个序言都是由吴在渊所写。吴在渊先生的女儿吴学敏说："父亲的主张，在他的《近世初等代数学》的序里说得很透彻。此序被胡敦复先生所见，便说：'你处于教员地位而如此放言高论，批评当世学者，似乎不妥，还是用我的名字发表吧。'那时敦复先生仍是立达学社的社长和大同学院院长，且在位日久，成绩斐然，社会中人无不知大同之敦复先生。敦复先生改了末一段，用他的名字发表，即现在的序一。父亲另做一序，即现在的序二。当时敦复先生对父亲是一片好意，第一怕父亲得罪人，第二如此之言论，出于敦复先生之口，效力大些。即所谓'登高而呼，声非加疾而所闻者远'的意思。"[1]

吴在渊所处的时代，也是中国教育事业的一个大变革时期。他提出了"中国学术，要求自立"的主张。序一中有言：

我国古代文化，蔚然可观；数学一门，尤足为世界之先进。虽周髀经解，孙子算经，后人或疑为假托；然厘工熙绩，岁实定于唐尧；洛书河图，魔阵启夫周易；见之经籍，无可疑也。至六朝之始，推得圆周密率；（南北朝宋末，祖冲之推得圆周密率为 $3.141\,592\,6 < \pi < 3.141\,592\,7$。）有宋之时，代数已兆胚胎；（宋秦九韶大衍求一术为代数之祖，日本数学家已承认矣。）稽其时代，远迈欧西。不意历数千岁以迄今兹，流韵余风，闻焉灭绝，转至仰他人之余沥，作我国之末光。静夜自思，殊可痛矣。

诗亦有言，他山之石，可以攻玉；学者原不可废借助之功。然返（反）观我国，岂借助乎。学校之中，教师所授，学者所诵，不问何级，不问何科，非蚓行蚯曲之文，即嗒然而若

[1] 吴学敏. 我的父亲[J]. 中等算学月刊，1935: 3（9，10）.

衰。崇奉外人之心日盛，而自立之心渺不可睹。学术不图自立，而望国之同兴，其难也盖可知矣。

世有彦硕，固不必问其属于何国，皆应崇拜之。学至精微，固不必问其出于何国，皆应探索之。顾此已成材者之所有事也。若乃咿唔一编，索解方艰，而种种科学必皆即由斯焉升阶而入室，则非特玩时愒日已也，科学之因以遗弃荒废者固已多矣。

学外国文，由认字而至能阅书无碍，历二三年犹恐尚难。吾人求学之时能有几何年，求学而无阻力能底于成者有几何人，能使子弟求学者有几何家。今也青年求学之时，精力耗费于文字间者十而七八，能用之于科学者十仅二三。使学者皆志为文豪，皆必远出重洋，吾无言矣。抑或徒恃文学即可兴国，而无藉（借）乎科学也，吾亦无言矣。非然者，书必用西文，教必操西语，果何意乎。

世界万国，除印度安南缅甸朝鲜等已亡诸国外，其中等学校一切科学有悉用外国文教授者乎。吾虽未尽知，窃恐绝无而仅有也。中学教科书，必有关于国故者有关于国俗者容纳于其中，所以培植其国民者也。吾就最狭之范围言之，算术即其例也。今吾国不问何种科学悉取材于外国，是国未亡而豫为外国培植其国民也。语曰，哀莫大于心死，吾不禁为此惧也。

吾尝闻欧西诸国中，有鞋工发匠用其余力而成博学之士者。彼必取材阂而用力易，故能然也。为彼国民，但能通本国之文，苟有志向学，则足资其研究者俯拾即是，故工余即可博学储能以备他日之用；使其生于我国，能如是乎。我国昔时畴人，尝有以嗜痂之癖而得阐明绝学者；使生于今日，能如是乎。何也。今日之我国人，苟不能通外国文者，目虽明而若瞽，耳虽聪而由犹聋，虽欲上达而末由也。夫如上所举之人，固不得不推为俊杰者也。然使由今之道，无变今之俗，则此能为俊杰者，虽欲不为弃材，不可得也。

吾国今日之科学，百不如人，此固不能讳言者也。取人之长补己之短，固为当今之急务。惟取人之长者，非特取其文字而已也，尤宜取其学术焉。然学术因文字之阂隔而不能尽人皆知，则少数通外国文者虽能得其所长，亦只能作为此少数人之专利品，而未足以丕变国俗也。人方举国以赴，而我能知之者寥若晨星焉。此寥若晨星之人，即穷日夕之力以赴之，容有济乎。矧未必尽能穷日夕之力以赴之耶。

即以数学言，古昔先进之资望，今已堕落无遗矣。此其故不在研究者不力，而在问津者不多。盖昔之人视为奇技淫巧，无当实用，故相率而弃之。今也群知其误矣。群知其误，则当相率而趋之，勿徒诿之于一二有嗜痂癖者运其一手一足之烈以踯躅于中道也。然欲国人之相率而趋，则有赖于少数彦硕之"筚路蓝缕以启山林"。其道无他，勿使外国文足为其梗是矣。

语曰，眇者不忘视，跛者不忘履。吾国今日之科学，已眇矣，已跛矣；长此以往，国将不国矣。视乎履乎，不佞敢大声而疾呼曰，吾国学者宜亟谋学术之自立。

自立之道奈何。第一宜讲演，第二宜翻译，第三宜编纂，第四宜著述。务使初学科学之人，可尽脱外国文之束缚，而多得参考之材。学者研究既多，自能群趋于发明之一途。不如是，则吾国之学术，终为他国之附庸而已。

其在德意志，自脱拿破仑羁轭以至大战之前，不及百年，科学家之多，他国莫若也，科学书籍之众，他国莫若也。迄今虽败，谈虎者犹色变焉。彼人也，我亦人也，岂彼能是而我竟不能乎。

近四五年来，各省中学毕业生科学之程度，日益低降。其故固不止一端；然不得参考之书缺少自动之力，非其主因乎。此其故可深长思矣。

前十余年，东籍之翻译甚盛；迩已寂然。年来甚嚣尘上者，大抵皆新文学小说哲理之书。科学虽有一二杂志，要皆断缣零锦不成篇段者居多；此非当务之急也。鄙意今尚宜从中学之教科书入手，渐及参考之书，层累而上，以至高深之学。材料不妨浅近而说理务宜精详，结构不必闳大而见地须有独到。务使中学之士，先得观摩之益；至盈科而进，而后引之入百宝之林。此则诸先觉者之天职也。

吾观欧西，一国有名著出，他国恒翻译而传播之，德意志其最著者也。彼之国中，已有书籍之多，与吾国何若；能读原书者之多，与吾国何若。然而尚如是不惮烦者，其间必有道矣。夫觇一国之文化，固须从各方面观察之，而书籍之有无，则其最浅显切近者也。兴国宜重实学，在今日已成为陈语矣。起视国中，科学之书，不假外求而能自得师者有几何，吾不禁皇然而欲涕也。

是故即为已成材者言，慎勿曰彼已能读他国之书不必再为谋译著以供其研究也。科学之精神，初不在于文字而在于内容。彼尚有需于研究乎，资之以本国之书，何所薄于彼。且人之爱国，谁不如我；彼苟能得本国之书内容不弱于西文者，购置便而备价易，岂必甘为外人之学奴唾弃先辈之手泽也。彼已无需于研究乎，示之以诱掖之苦心，亦足为彼效法，使知苟有寸进，亦当从事译著，以诱掖后起而开拓文化为国人应尽之天职，不能以自了为归宿也。且夫能成材者，在学校中固有，在学校外未必即无也；能通他国文者固多，不能通他国文者未必即少也；能渡重洋备西籍者固不乏，不能渡重洋备西籍者更不知有几何人也。彼不能渡重洋备西籍，甚至不能通他国文，不能入学校，而有志于学，学而能杰出者，古今中外亦已数数观矣。此其人岂非所谓笃信好学，守死善道，吾人所当馨香以奉之者乎。而非待译著之书多，则只足令其抱才怀志郁郁以没耳，否则挺（铤）而走险横决其才志以干利禄而姑快意耳。先觉者于此，将高举西书以示之曰，外人已著书备汝研究而汝自不能乎；抑将动启发之心，自起而为之谋耶。

就著书者言，有所发明而独标己见者，上也。即掇拾陈材引人入胜者，其功岂在发明家之下哉。使世无此第二流之人，吾恐第一流之发明家亦且以无材供其獭祭而感触无从，将旷世而不一遇也。即彼发明家之著书立说，岂徒为名高哉，必且期人之传播之矣。使发明有人而传播无人，吾恐发明家亦且因而却步也。一国之中，为发明家者固宜有人，为传播家者尤须多人；否则学术之生气都尽，奄奄待毙而已矣。

　　吾国兴办教育，二十余年于兹矣；游重洋而成博学士者，亦不鲜矣。然而环顾国中，工业则未萌芽也，商业则方萎靡也。科学上之建设绝不闻于耳中。政治固不良乎，而在下者之设施曷尝有形格势禁之患也。顾成效若此。迄且青年之学业，有日益退步之观。此非有学之人以能顾身家为已足，惜其余力不以饷人，故致若是乎。此其咎，非先觉者任之而谁任。

　　政府不良之声，充于耳者有年矣。顾学成归国者仍趋之若鹜，何也。虽实业界中未始无人，教育界中未始无人，而为数则已仅矣。此仅数之人，出其所学以导后进，犹虞其不给也；奈之何阒寂无闻若是。至在教育界中者，彼将日吾何尝不日夕教导后进哉。虽然，能亲炙公等之雨化者，一岁中有几人乎格于势而不能负笈以从游者，不知有几何人也。公等不出一书，不著一字，岂遂谓能尽责乎。

　　吾每闻友人之言曰，吾国文字之组织不良，西书一经翻译，即易失真，观之反不若观原书之便，恒缘是而搁笔。迄来出书之寡，或亦以是为一主因。顾吾细案之，此仍推诿语耳。西文之与吾国文，组织之法诚厘然不同。故于辞气抑扬关键聊络之间，翻译后恒不易保其精采（彩）。虽然，此特于文之一方有然耳。若质之一方，有何不可达者。惟（唯）须出以经营，不能走笔即成耳。使其果不能达，则试问彼以欧美教科书教初学者，何术能达其旨乎。借曰不能，则是历年所教误尽学子，罪不容于诛矣。如曰能之，则生为中国人，岂仅仅具中国人之口舌而已乎。其为推诿自便，无可讳矣。且翻译之事，不自今日始也。自晋迄唐，翻译佛学者，以较今日之译科学，其难易若何乎。明徐光启译几何原本，辟开创之局，其难易视今又若何乎。古之人前无师法，后无隆名，以笃信之故，历万难而志不少挫，（徐光启时，人皆责其变夷。）斯诚可谓泱泱乎大风也。今之人受万人之仰望，为一族之先知，乃不愿牺牲少许光阴，传播其擅长之学，以侪吾国于文化之林，此诚足令人心灰气短者矣。

　　不佞忝事教育，垂二十年；自愧学浅才疏，无所建树。二三知友，凤以精研学术相期许，至责以舍己而芸人。今兹所言，乃专及"芸人"之术，逐末遗本，吾知过矣。然外国文字之难关，确为国人谋学术自立之最大障碍。此在吾院大学诸教授身负提携后进之责者，几视为国中有志实学者之公论，而数学吴教授在渊持之尤力。故是篇之作，实取诸同人平素交相勖勉之谈资。今笔之吴教授所著初等代数学之篇首，所以自励，且以责备吾国之贤者。尚望大雅君子，更进而教之也。

中华民国十一年九月一日，胡敦复序于上海大同学院

　　可见序一所用言语强硬而不留情面。他自己在"自立"方面身体力行，在中国的教育事业和学术研究工作上可谓鞠躬尽瘁，死而后已。

　　其序二又云：

　　语曰，"工欲善其事，必先利其器"；教科所用之书，教师工作之器也。用书而善，则搜集教材之时可省，配置当而无事更张；教者得专注意于学生理解之力，演习之程，必收事半功

倍之效。用书不善者反是。此教科之所以贵有善书也。

我国之有代数学，自李壬叔先生所译之代数学始。自后代数术，代数难题，代数通艺录等继出，国人之研究代数者始多。然此皆非教科书，影响于来兹者至鲜。惟代数备旨一书，则于前二十年间颇有用之者。壬寅癸卯以后，翻译东籍者日多，教科书之出版于斯五六年间为最盛。丙午丁未以来，津沪皆用西籍。英美书之译本虽亦稍稍出，然而衰矣。嗣后吾国学子醉心西化，日进靡已。至今凡商埠所有学校殆无不用美籍者。自民国纪元后，代数教科书之出版者不过一二种；参考之书更寂无闻焉。寥落亦已甚矣。

返（反）观学子：十余年前，于其所学教科书外，多有购置一二新出者就教师而请益焉。至于今，此风亦稍替矣，新出者固无有，即前有之书亦若弃置而不屑一观，以其非西籍也。夫凡百学业，固非皆文字之附庸；而学者之心，则以为书之非蚓行蚯曲者，其中必无学问。于是中学之课程乃悉为西文之俘虏，固不特代数然也。学者如是，教者亦迎而导之。书必用美籍，且必择其最易者；既能得多数之欢迎，讲解又且甚易，诚计之得者也。自此以后，欲望教科书出版之发达，盖戛戛乎其难矣。

更观历年来教育之成绩：前此二十年视作至要之图者，为舍旧谋新。改横式也，用西码也，不佞亦尝大声疾呼从事于其间。彼时学者之耳目一新，实有欣欣向荣之象。教者以乏可用之教科书，则多手辑讲义缮印以代书。求学者亦甚勤，常从所听受（授）讲义外更请教师增发参考之讲义。故学校虽少，教师虽苦，而造就之才颇有可观。近十年来，教师皆径用西书，可免编辑之劳；而学者则半耗力于索解西文，无暇旁参而互证。才力佳者，亦仅能毕所读之书；求其搜罗课外书籍就正于教师者，千百中不一觏矣。至最近二三年来，颇闻各省中学校生往往不自演习；教科书中所有问题，即最易者，皆须教师在黑板详解；其所居级次则欲高，所学功课则欲易；毕业欲速，而考试欲废；其不肯专心用力之弊，乃至于此，此其因固非一端；而教师之求媚学生因陋就简，教科书之范围浅隘不足启发智慧，致影响渐及于学者自动之能力，其殆为众因中之主因乎。

今即就代数学言之：代数为数学入门之书。其范围甚大，包罗至广，上为高等数学之基础，下集算术之大成；在教科书中固万不能举其全体，而其高远自亦非初学者所能知。顾有必不可不注意者，则教师语其一体时，必当统全局在胸而导其窍，学者学其卑近时，必当以高远为鹄而索其源。今也教者学者，皆自囿于他国浅近之教科书中，以敷衍塞责为教学之能事。即使尽其所有，精神上已无一足观；而况"取法乎中所得者下"；种瓜不能得豆，此固可断言者也。

在欧洲各国间，中学之教材虽大体不甚相差，然亦颇有出入。其配置之方，大抵本之历史，核之以学者之年龄，教授之时日，又必有标准之点以为鹄。夫而后教者得以斟酌于其间，搜罗必须之材，编之成集。故虽渺焉一书，必有宗旨在也。我国兴办教育已二十余年矣，全国鸿儒，于此根本之端末尝少一商榷。一时心醉于东，则群译东籍；一时目迷于美，则又竞贩美書。不求心得而俯仰随人；以此而言教育，其效恐无几矣。

　　今也从事高等教育之人，已渐知国内中等教育之不足恃；报章中亦竟有人作不满意之言论，合于不佞数年来与二三友人所私议者。于是应运而起，遂有新学制之磋商，欲提高中学之程度，意至善也。顾不佞之意尤重在实际。使精神不立，方法依然；制虽善，窃恐教育未必能有起色也。精神奈何？曰，学者宜为己，常存探源之决心；教者宜化人，俾发自动之能力；继之以不畏难，不欲速，不蹈虚，不盗名，庶有豸乎。

　　于是定标准之点其要务矣，标准之点托之空言无益也；宜有教科书出，使学者群知求学宜达至若何之程度；非可以浅尝止而钉饻得也必有实力以赴之；非可以铺糟始而啜醨终也，必得实学而守之；而教者亦可含英咀华，知所从事。夫改革之事固非一端，而有良善之教科书实为最先。我国彦硕有能牺牲时日而为后学一谋者乎？不佞馨香以祝之矣。

　　吾友胡君敦复迩乃责不佞曰，“子知今之急需良善教科书而不自从事，人将谓子责人厚而责己薄矣”。浅陋如不佞，固何足以语此。虽然，不佞之以是期之人也，诚有年矣。今胡君引以相责，若终藏拙，将无以自解于同人。乃取往时所存教授之材，略加编次，先成初等代数学一书，进之胡君，聊以为朽骨之荐。实不副言，不佞固有自知之明，所望高明不弃，诲我不逮（怠），而千里之马且日至而不已也。

中华民国十一年一月一日　吴在渊识

除上述序一、序二外，另附有“编辑大意”，更清楚地指明了教科书的编写指导思想。

　　本书教材，约计每周教授三小时，可教二年余。题问备学者自习。惟每一小时中，除备教师讲授以外，有三分之一时可为教师考问学者学业，或答复学者质疑之用。

　　代数学在初等之范围中初无一定。所谓教科书者，大抵搜集几何学以外之事，择其不可少者掇拾而成。理论不能高深，编次但便初学；势使然也。本书亦然；略数学之系统而一依初学者之易学为归。凡严密理论之可避者即避之。重演算，备应用，而力矫流于机械之弊。略奠解析之基而不深入。凡所论列，必在初学者理解能及之范围中。

　　本书编次排列之间，略师Hall及Knight二氏所著初等代数学之意，而力免其重规叠矩冗而不精之病。

　　限制者，数学进步之原也。欲撤去除法之限制而分数生，欲撤去减法之限制而负数生，欲撤去开方之限制而根数虚数生。既以撤去旧数之限制而生新数，则新数之算法自当一一扩充固有之法而保存之；即或另命新法，亦当以不与旧法矛盾为职志；似毋庸假道曲说，致学者饮流而忘源也。如Charles Smith氏之论负数等，有不敢赞同者矣。

　　寻常教科书，其开端第一章，大抵皆罗列若干定义，继以代数式之计算及整式之四则。及至以方程式解应用问题时，则渚然杂陈，学者又有一时无从措手之叹。本书力矫此弊，于开宗明义之次，即标代数之方针，揭应用之华表；一以使学者有味，一以为解题储能；似于初学，

第四节　1922年“新学制”下的中学数学教科书

317

较相宜也。

线分之正负，殊足为理解正负数四则之助，且可输入坐标之观念。故于正负数之后，即系以数之图形表示。

形式不易之原则（如交易律，缔合律等），绝不仅存于整式之间；其普遍证明之法又不易易；似不必在整式四则中言之。故本书于此，决然舍去；惟于乘法中应用之间，略为言及。

廉法表及综合除法等。习熟之殊为便利，初学者又未尝不能了解。故附之于四则之后。

方程式为代数学之主体；学者欲得代数学之骊珠，必当于是三致意焉。故本书于方程式，陈述再四，进之以渐；于普通解法之外，少加理论，著立法之原；略附探讨，养推理之力；举偏曲以窥其全；穷变化以明其体；时分类以助记忆；多举例以资（兹）会通；欲学者渐入解析之门，备学高深之用也。

变数函数之观念至为重要，初学者又未始不能知；理宜提早输入，不必俟高等数学中始学之也。故本书于方程式后即论及之。

函数之图形，能使学者明晰函数真义，及旁察方程式之性质。故本书论之甚详；一方面仍力避侵入解析几何之范围，不论图形上之关系；期学者能切实体会，以收贯彻之效。

英国派之教科书，于分数数值一端，侪之不足轻重之列；遇 $\frac{a}{0}$ 形之数值，径名之曰无限大。然变数之极限，既尚未详言；遽用此名，似嫌无据。盖 $\frac{a}{0}$ 之为无限大，当在其分母0为无限小之时。顾0之为0，本有二义：一为绝对之0，一为极限之0。绝对之0，于此式为不可通；极限之0，始能化成无限。自算术以来，学者所学，止有绝对之0，尚未知有极限；于此忽焉取极限之一义而不顾其绝对者，学者恐生彷徨歧途之感，论理亦有绝迹飞行之病；非所宜也。至美国之教科书则反是；于 $\frac{a}{0}$ 之数值径以为不可通，取绝对之0而不顾极限之0；则于高等数学方面似又有隔绝之嫌。本书并列二者而严其界限；揆之理论，似较完备。

析因数法之重要，人无不知；第置此于分数式之前，而即论普遍二次三项式之因数，步骤似觉凌躐，且亦无必须论之于此之故；故暂从缓论。

不定系数法，用处甚多，了解亦易；对称交代式，为函数特殊形式之一；初学者皆宜略知之。故并附之于析因数法之后。

不等式及极大极小，语其全固非初等数学所能论；然不一及之，则既嫌疏漏，且将缘此牺牲方程式中主要之理论；今故附此二者于方程式中，不立专篇，求足应用而止。

从来之代数教科书中，论比例者恒有数病：以数之比例及量之比例混而一之，一也；重视数之比例而不及量之比例，二也；论量之比例时与算术中所言之比例迥异其面目，使学者不易得融会贯通之益，三也。本书虽力矫此弊，然或有失之繁（烦）冗之嫌，此不佞所自引咎者也。

级数，顺列，配合，及二项定理等，非代数学之正文，似不必甚详；然在高等数学中用处至广，则亦不宜太略；故本书于此，就初学者所能学之范围，应有尽有，笔之于篇中。

对数以应用言，仅论常用对数已足；以理论言，则指数定理及对数级数实系至要之端；故本书亦略论之。

记数法，不定方程式等，在初等代数中非必须之科，稍知已足；故列之末篇，备教授时间不足时可以略去。

此外各事，皆非初等代数学所能详论，当在较高之代数学中论之。

本书所用名词，一仍先贤李氏华氏等所已用者。

编列问题之目的有三：（一）练习已知之方法，（a）使学者当前之所学，无稍阂隔；（b）今学者时时复习以前之所学，不致有所遗忘。（二）养成推理之能力，（a）就浅近之范围，寓讨论之微意，使学者遇一问题，得从种种方面观察，无微不显，以作他日探赜索隐之基；（b）问题之范围时时微有变易，使学者不能胶执陈法，而必量为变更。（三）预作高深之准备，选择易于证明之公式定理等，于适当之地位随时输入，使学者学较高之数学时，遇此等处，可如逢旧两，相得益彰。

不佞历来教授代数时，使学者练习，每苦问题不足。故本书搜集问题甚多。教师可于此中选择若干作为全体学者必演之题，余可择要令有余力者练习。

凡初学代数之人，每以演习死法为惟（唯）一之能事。示以理论，则漠不经心，欲演一题，恒先观答案，广览详解，以图其苟安。语以旨归，乃殊嫌多事。以此求学，即学之至熟，不过成一机械，初无人之能力存乎其间，使其不熟，更无论矣。本书欲力矫此弊，故于推理之浅近者论之不厌其详；而于题问中亦时寓讨论之微意；且题之答案不附书中，以免学者逆探强凑；劳而无功。所望用此书者共守此旨，俾学者可由此而入求学之正轨也。

本书篇幅虽多而由浅入深初未躐等；初学者循序渐进，自无扞格之虞；惟教授之序尽可变通，如剖分为二，循环教授，学者尤易获益。兹依鄙意略为分配，列表于下，以备教师之采择：

第一次教授

第一篇 第一章至第四章

第二篇 第一章至第六章又第八章

第三篇 第一章至第五章

第四篇 第一章至第四章

第五篇 一二两章

第六篇 一三两章

第七篇 全篇

第八篇 第一章至第四章

第九篇 全篇

第十篇 一二两章及第四章

第十二篇　一二两章

第十三篇　全篇

第十四篇　1至4款

第十五篇　第一章至第四章

第二次教授

第一篇　第五章

第二篇　七九两章

第三篇　第六章至第九章

第四篇　第五章

第五篇　第三章

第六篇　二四两章

第八篇　五六两章

第十篇　三五两章

第十一篇　全篇

第十二篇　第三章

第十四篇　第5款以后

第十五篇　第五章

第十六篇　全篇

各篇中杂题可作第二次演习之用。

普通中学数学之授课时少，则第二循环中之教材可选教少许，或全行略去。至教授新学制中之理科学生，则此教材殊不为多；惟教师酌量情形亦可量为伸缩。爰于篇中更加星标（★）下附注脚，以备简约材料时可立时删节。

不佞见闻寡陋，才短心长。罣漏之处，自知不免。所望海内大师指摘而匡正之。

编者在"编辑大意"提到，初等代数学并无固定内容。所谓的教科书，大多是搜集一些几何之外的知识，选择一些必须教授的知识整理而成。所编内容理论不能过深，编排次序更要适于初学者学习，这是大势所趋。该书亦是这样，数学系统知识从略，一切以便于初学者学习为宗旨。凡是涉及严密理论之处能避则避。注重演算以备应用，还要竭力矫正流于机械演算的毛病。简单地为解析打下基础，但不进行深入探究。该书所罗列的知识，一定是在初学者理解范围之内。

此外，"编辑大意"中对于某些具体知识的编排缘由、呈现方式进行了声明：

首先，对于数系的扩充，编者认为，打破限制是数学发展的原因。

其次，各篇中的杂题可以在第二次讲授的时候使用。书中编列问题（习题）的目的主要有三点：第一，练习已经学习的方法。一方面使学生对当前所学习的知识更加清楚明了；另一方面使学生能够时时复习以前的知识，不会有所遗忘。第二，培养学生的推理能力。对于浅显的题目会进行讨论。第三，为后续学习做准备。

一般的教科书，开篇第一章大部分都是罗列若干定义，接着便是代数式的计算和整式的四则运算。而到了列方程解应用题的部分，就变得混淆而杂乱，使学生有无从下手的感觉。该书尽量矫正这个弊端，开宗明义，指明代数的含义以及学习目标、方向、应用。书中原文如下：

<u>代数学者，用文字代数，以研究关于数之问题者也。</u>

算术中用数字表数，其数值之多少皆有一定。代数学中，则以文字代数，其数值之多少不一定；可随吾人之意以命之。故由此演算所得之结果，无论数之大小若何，皆可通用。且足以令计算之方法简便而明晰。

该书一方面使学生学得津津有味，另一方面为学解题储备理论知识，这样安排对于初学者是比较合适的。

该书目录如下：

第一篇　绪论

第二篇　代数式及其四则

第三篇　一次方程式

第四篇　约数及倍数

第五篇　分数式

第六篇　一次方程式之续

第七篇　无理数及虚数

第八篇　二次方程式

第九篇　幂及幂根

第十篇　比及比例

第十一篇　二次方程之续

第十二篇　级数

第十三篇　错列及配合

第十四篇　二项定理

第十五篇　对数

第十六篇　杂算法

该书所使用的名词，仍沿用先贤李氏、华氏[1]等所用的词汇。

书中认为"0既为正数，又为负数"。这与现今的"0既不是正数，也不是负数"不同。

---

[1] 李氏：李善点；华氏：华蘅芳。

（七）《近世初等几何学》

民国初期，中国的大学和中学的数学教科书几乎均取于国外，所以使教科书本国化，是促进数学教育发展的一个根本环节。

4-83

图4-83 胡敦复像[1]

胡敦复（1886—1978，图4-83），出生于江苏省无锡县（今无锡市）教育世家，数学教育家，被章士钊誉为"中国第一流教育家"。胡敦复幼年聪颖好学，先后在南洋公学、震旦学院与复旦公学师从蔡元培与马相伯等人。1907年9月胡敦复赴美求学，在康奈尔大学专攻数学。1911年，胡敦复出任清华学堂（迁入清华园的游美学务处）教务长。后因抵抗清华学堂的殖民教育，胡敦复率11位中国教员忿然辞职，于1912年3月19日在上海创办了中国人自己的大学——大同大学。

在大同大学成立后不久，胡敦复便领衔成立了"大同大学丛书"编辑部，编辑人员有胡敦复、吴在渊等14人，他们都是学贯中西的饱学之士，大同大学所用的教材和参考用书，大都由他们自己编写。这些书包括《近世初等代数学》《近世初等几何学》《数论初步》《新中学教科书 算术》《新中学教科书 初级几何学》《新中学教科书 高级几何学》《初等几何学轨迹》《几何圆锥曲线法》等，这些书籍的编写对我国早期的大学和中学的数学教科书建设起了重要作用。

《近世初等几何学》（图4-84）是"大同大学丛书"之三，为布面精装，由商务印书馆出版，上册于1925年2月初版，于1926年2月再版；下册于1925年5月初版，1930年12月三版，由吴在渊和胡敦复编著，由胡明复和华绾言校订。

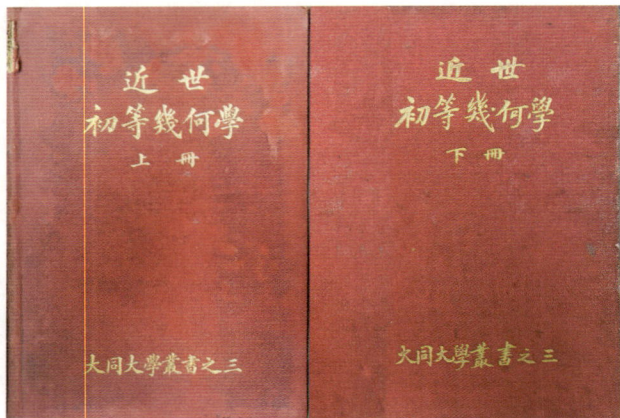

4-84

图4-84 《近世初等几何学》商务印书馆出版，1926年

该书扉页设有明代数学家徐光启《几何原本》杂议中的一段话："下学工夫，有理有事。此书为益，能令学理者祛其浮气，练其精华；学事者资其定法，发其巧思，故举世无人不当学。闻西国

---

[1] 图片来源：程民德. 中国现代数学家传：第三卷[M]. 南京：江苏教育出版社，1998: 16.

古有大学，师门生常数百千人，来学者先问能通此书，乃听入。何故？欲其心思细密而已。"通过该段话和"序"，作者回答了一些人对于几何学的疑问，下面引用"序"予以说明具体内容：

往者当有多数已修毕几何学之人问不佞曰：几何学有何实用？法艰而思繁，徒令人劳精弊神而羌无所益，是亦不可以已乎？不佞应之曰：子习几何已毕而渺不知其所用，是诚教者之过；而以有用与否衡几何，则又子之陋矣。坐。吾姑举其荦荦大者以相告。夫几何研究空间之学问也。凡人不能自外于空间，即不能自外于几何。夫鱼处水而忘水者，以其为鱼耳。若吾人固巍然为万物之灵。居空间而不知空间之性质，乌乎可？他不必问，即就此一端而言，几何学已当在锲而不舍之列矣。

问者曰：几何既为论空间之学问，奈何不设空间之定义？且吾遍观几何学教科书，无一涉及空间之性质者。何耶？不佞应之曰：子自不察耳。几何学论图形。图形有位置，空间之位置也。有形象，空间部分之形象也。有大小，空间部分之大小也。有关系，空间部分之关系也。几何学固无一语不论空间，奈何熟视之若无视睹？至不失空间之定义者，非不欲也，势不能也。吾人以渺小之身，处浩无涯岸之空间，前不知其所止，后不知其所届，四游上下皆然。而欲恃四肢五官微弱之感觉以定空间之义，苟非超人，吾知其难矣。铢铢而累之，寸寸而积之，就可见以推所不能见，就可知以推所不能知，斯亦无可如何者也。惟然，而研究之任，吾人益不能自已矣。会而通之，是在学者，固无取乎哓哓然形之口舌笔墨间。

问者曰：凡科学之基础皆从归纳而来。几何学殆亦不能外是乎？应之曰：唯，唯，否，否，不然。归纳固为研究学之一要法，而要不能用之于几何。夫归纳者，必有实验开其先，而空间无从实验也。空间大莫能外，不能知其外延。又广莫能穷，不能知其普遍，既不能切而脔分之，又不能捕而键置之。以云实验，夐乎难矣。且实验归纳之时，必吾人先有感觉此实验，建设此归纳之概念，而后实验归纳乃可施。然而此概念之存在，不能离空间时间而独立。即空间之形式，实居吾人概念之前，而吾人概念，乃与空间形式共生而偕没。故实验归纳虽为一切科学之原，而几何学乃又居实验归纳之巅。归纳生于几何而不足以生几何也。

问者曰：信如子言，则几何学中之公理将亦非从实验来乎？毋乃骇人太甚矣。应之曰：公理之外貌虽似由实验而来，而一为推究其原，则亦不过托之于实验耳。今试举一例言之。如（图形可不变其形象大小而任意变其位置。）此非所谓由实验而来之一公理乎？然此公理有一背景，即（空间之任何部分必皆匀称而齐一。）不承认此后者，则前之所谓公理显然不能成立也。此后者之为假定而无从实验，不待言而可知。然则前者之不过貌托为实验，亦即不烦言而可解。推之其他公理，殆无一不然。故自不佞言之，几何学之公理无一不为臆说。必此臆说成立而后乃有实验之可言。否则无从实验也。惟为初学者言，亦不妨姑谓从实验所得云尔。

问者曰：几何学全部皆从公理演绎而来。今言公理不过为臆说，则其不足恃已甚矣。毁几何学之严密而纳之于不足恃之途，先生其忍人哉！应之曰：学问之从实验建设者，其真确为相对而非绝对；从臆说建设者，其真确为或然而非必然。此固源于人类才能之薄弱，无可如何者也。就几何学而言。公理固不过为或然之真确，而假使此公理不误，则由是推演之定理即能绝对真确，固无损其尊严。至于论证之绵密，自有其确乎不拔者存，价值自在，何损之有。且几何学者，固非特欧几里得之一种而已。学者尽其臆说之所可起，各推其极之所能至，无党无偏，以待后人之探用。此各种者，其真确虽无一不具或然之性质，然所或然者既尽起而无遗，则必然者亦必涵中而莫外。故人类可灭而几何之理不可灭，星球可毁而几何之理不能毁。子所谓不足恃，正乃大可恃之基也。

以故，几何学实建筑于吾人理性之上。理性可贵，故几何学亦可贵。其基虽为臆说，而要无荒诞不经之谈。推至无垠，虽若渺茫，而缩其范围，则一一皆合于寻常所闻见，不与时俱变，而为后起科学之所取汲。其效用之广如是，而欲以实用范围之，此不佞之所以谓为陋也。

至于欧几里得几何，创始最早而构造最简。舍远而图近，略大而究小，去变而取常，故尤合于浅近日用之事物。虽不规规于实用，而如航海，测量，绘图，建筑，物理，工作等各方面无一不可见予取予求之踪。故即以实用言，亦万无可以舍弃之理。第学者不当舍本逐末，弃其本干而专务其枝叶耳。

更就其论证之方法观之，有条不紊，推陈出新，既已无懈可击矣；而教人用心之法，出话之程，尤随在可觉其宝贵。其材浅，为童子所易知。其效阔，为成人所莫逾。其理又为各科学之所需。求之他科，无与并者。故不特不可或缺而已，即缘学此而屏弃他科，所得者尤将远胜于所失。盖几何学，实为修养身心之学，非徒作工具之学所能望其项背也。

抑且几何学为千古贤哲所经营。其壮丽，伟大，优美，尊严，高尚殆皆有登峰造极之观。学者苟能寝馈于是中，则鄙倍之气将潜移而默化，而蝇营狗苟之行或可消弭于无形乎？

问者曰：几何学之当学，既闻命矣。敢问有减少困难之道乎？应之曰：吾闻以难能而可贵，未闻有易能可贵者也。古昔欧几里得曾言曰：几何不能以王者之尊严而改难为易。此其语已足答子之问矣。虽然，天下事欲则不难。难者，自画之代名词耳。在中学校之教科中，既循序以进，复有例可模，所谓难者，亦已仅矣。此仅少之难而尚无力以胜之，非有志求学者所宜出也。解除困难之道，在授课者固宜悉心研求，而在为学者则宜勉力自克。且难之中有趣，趣生则感难之心自灭，且将乐此而不疲。至趣之由来，第一在向往，第二在自得。不佞教授几何二十余年，每遇克（刻）苦自励者，恒向不佞索难题。题不难，且不乐也。得题一时不能解，不佞悯其劳而欲告之以法，则深拒，请勿告。既而自有得，来告不佞，述其思索之途径，津津乐道而不倦也。不佞因亦乐其所乐而不能自已，如是者已数见不鲜焉。盖惟乐之者不见其难，而见难者始日感其苦也。是可见授课者但宜引学者入能乐之途，而不宜导学者至避难之境。一有避难之心，则教者学者将日务相遁之法，渐进，则甚易者亦将视为至难，而学问二字不能言矣。至是虽竭力汰难就易，求媚学者，庸有济哉。庸有济哉。

以上皆不佞平日问答之言。问固不一人，言亦非一时，今拉杂记之，以作本书之序。并祈高明之指正。

中华民国十四年夏历元旦夜
吴在渊识

在"序"之后给出了该书的"编辑大意"，交代了该书在具体使用上的事项：

本书教材，约计每周教授五小时，可教一年。绪论中题问，备学者自作，及教师口问。以后题问，则备学生轮流上黑板演习，教师在旁指导。大抵每五小时中，可以二小时讲解，三小时令学生练习。

本书为新中学及师范学校教学而辑，故力避艰深之理论。凡所论列，以初学所能了解者为限。更备诸实用题，令初学者知几何学在寻常日用方面亦有莫大之功用。

绪论一篇，叙述几何图形种种基本概念，略参近世思想，而决不流入高深之境。同时令初学者从事实验，藉（借）以使此诸概念明确而精熟。虽微有喧宾夺主之嫌，而实为初学最相宜之程序。

半轴转，半旋转，平行移动诸法，实不过为叠置法之变形，初学者万无不能了解之理。而其效用绝大，提前练习，则随在可得其益，故本书于第二编证定理时即用之。寻常证法，则在问题中一一更使学者练习，似更足以启发初学之心思，且亦不患不能谐世而协俗。

以参加近世几何思想之故，定义中有与普通教科书相异者；其间颇费经营。自问或尚能斟酌尽善，不至新不如故。（例如直线之定义，在教科书中有定作"二点间最短之径"者。此语实仅可作为公理，用作定义，殊觉未安。又有定作"线中无处不具同一方向"者。此实犯倒果为因之病。以方向之概念，须先有直线之概念而后能发生也。本书中之定义，较此似尚为妥洽）。

量与数，在高等数学中往往不细加区别，（在纯粹几何方面不然）因学者已知量度方法之原理，无庸再为馈缕也。至学本书者，则方在履端之始，又值理论严密之科。混而一之，心殊未安。故不辞烦渎，斤斤致辩。

间接证法，用处固属不多，学者亦以能避为佳。然就方法方面言，实不可不知详且尽。故在第二篇中，历举靡遗，反覆（复）申说。

从来几何学教科书，除解析法外，无告学者以入手之方法。故学者得题，恒苦无从措手，遂致畏难欲破此关，除举例指导外，别无普通合用之道。本书故于每编之末，举例以示初学者若何构思之路。惟限于篇幅，无从详尽。教师于此，宜更增益，多多益善。

证题时添加辅助线，羌无成规，实为初学者最感困难之点。本书勉就可言者略述其法。虽题情万变，不能一例而论。然学者如能举一反三，即不难自得康庄之道。

一题数证，既能活用定理，又足启发心灵，且极能引起学者之兴趣，能使学者难中感乐。因乐忘难，端在此事。本书每编，略示范例。引而伸之，是在教者。

　　轨迹为几何学重要子目之一。其效用及分量，不亚于定理。且有多数作图题，赖此而得解法。似不宜因陋就简，略而不论。惟初学者畏之殊甚。本书先示实例，后明证法，或可稍解困难。至所举轨迹定理，以学者时间有限，故裁足应用即止。他日不侫当更出专书，详示探究之法。

　　作图题与定理相辅而行，尽人皆知其解法，除最简者基于定理之外，稍繁复者即须驾御有方。本书在第三篇及第五篇中，略示数法，初学者得此，可不必畏难矣。

　　法美二国之几何教科书，混面积于比例之中，有长而亦有短。长者为讲解之便利，短者此一部分之特性将不显。且学者证题之途宽，则练习本部分定理之机会少。本书从英德日体裁，以可从比例分出者特立一编。

　　比例基础定理之论证，从纯粹几何学家之插合法。虽尽善，而初学太难。从实用几何学家之代数法，虽简便，而系统太乱。本书斟酌其间，采取代数证法之意，而以不毁量之系统为限。

　　调和性，相似轴，相似中心及根轴，共轴图等，为近世几何中重要之性质。欲于此详论，固不免失之太难，然略示端倪，而不涉艰深之境，于学者有益而无损也。

　　反形，非调和比，对合，圆锥射影等，初拟皆稍涉藩篱，终以不宜于初学，决然舍去。

　　本书为初学者实用方面之便利起见，凡工程，建筑，航海，测量，绘图，物理等各方面，能应用初等几何而为初学力所能胜之问题，皆尽量载入。

　　三角法除解析方面外，实皆为初等几何之附属品，本可悉行附入。为节省学者之时力起见，仅附三角函数定义及其最简之关系，并及一部分特别角之函数值。盖后一部分，在三角法中论之，不如在此为便也。

　　解析几何学中之坐标，于此纯粹几何学，大体可谓格不相入。惟于实用问题方面，略有可沟通者。附之，令学者略见一斑。

　　正多角形及圆周圆面积，本可在圆及比例中论之。惟就实用方面，分之殊便，故另立一编。

　　本书以理论为经，实用为纬，纯为便于初学之故。颇闻有学毕几何，而渺不知其何用者。几何学大用，固不在此区区日用寻常之间。然即此区区者而尚不知，则教者及编辑教科书者之过也。本书所搜罗之实用问题，似较以实用自名者尚多。初学者得此，其亦足副所望乎？

　　本书计共一百九十九款，练习题千零六十余。照新中学案，几何学授课有二百小时。则教师每小时平均教授一款，学者每受课一小时平均作题五六个，或不为多也。

　　本书中练习题，除实用题外，凡不假思索而即得者不采用，亦决不列入初学所不能解之问题，俾学者足以发展能力而不致畏难。

　　本书编制，取可伸缩性。如学者程度不齐，或时间短促，则在实用问题中，可删去绘图，建筑，求积等类问题，及以下各处：

　　第二编第六章及以后联带之诸例

　　第三编第五章及以后联带之诸定理及例

第四编第三章之轨迹定理及以后联带之诸例

第五编第六章及以后联带之诸例

第五编第七章之轨迹定理

第五编第八章

第五编第九章之54，55两款

第六编第一章中关于计算问题及系

应用以上各节诸定理及问题之练习题

第二三四五编末章中例之为近世几何学定理者

又若学者能力有余，且时间充足，则可拣选附录中之问题俾学者练习。

凡算学名词审查会已审定之名词，本书一律照用。是尚未审定者，姑用通行之名词，俟定后再改。

不佞才短力薄，纰缪知所难免，所望海内宏（鸿）儒，进而教之。

"编辑大意"中详细介绍了该书教授所需要的时间、编排顺序、编排内容的设置及习题的选取等。该书为新中学和师范学校教学而编辑，所以内容并不深奥，以初学者了解为限。为了让学生明白几何学在日常生活中的作用，还加入了很多实用题，如：工程、建筑、航海等相关题型。值得一提的是，由于学生程度不一，时间有限，书中有些章节可以略去，而能力强的学生则可以从附录中选取题目进行练习，故而伸缩性强。可见作者在编辑此书时，考虑周全，颇费经营。该书的定义、公理、定理、系等都统一编号，混在一起，上、下册共254个条目，上册245页，下册173页。书中需要特别注意的地方都用下划线进行标注，定义的中文名词后跟着对应的英文单词，有英文作指导，学生学习不会出现名词误差。推理用到前面所学内容时，在内容后设有括号注明其序号，便于学生查看。

在"编辑大意"之后，有"告初学者"，将初学几何者在学习中遇到的困难一一列出，并给出了解决方法，如记忆定理时"务须在证法上，图形关系上，会通上着意，不必在字句上死忆"；证题前要绘图，"图不精则将陷于谬误"；做题时"不宜轻视易作之题"，求轨迹题时，如做不出来，"可先就题义绘出轨迹中若干点，得其全线，于是再考察此线之特征以定施解之途径"。一篇简短的"告初学者"，却可使初学几何的学生在学习中省了不少力气，可见编者用心良苦。

《近世初等几何学》分为上、下两册，上册目录为：

第一编　绪论

第一章　几何学之目的及要素；第二章　几何要素从运动而成；第三章　直线及平面；第四章　线分；第五章　角；第六章　封闭图；第七章　数量；第八章　理论之基础

第二编　直线图

第一章　直线及角；第二章　平行线；第三章　三角形；第四章　多角形；第五章　四边形；

第六章　三角形之心；第七章　证法及杂例

第三编　圆

第一章　圆之基础性质；第二章　圆及直线之关系；第三章　内接形及外接形；第四章　二圆之关系；第五章　轨迹；第六章　作图题；第七章　证题作图方法及杂例

下册目录为：

第四编　面积

第一章　矩形之面积；第二章　等积形；第三章　作图题及轨迹；第四章　杂例

第五编　比例

第一章　基础性质；第二章　中心角；第三章　直线形之面积；第四章　比例线；第五章　相似形；第六章　相似中心；第七章　轨迹及作图题；第八章　计算题；第九章　方法及杂例

第六编　正多角形及圆

第一章　圆内接及外接正多角形及圆；第二章　圆周及圆面积

附录一　杂题

附录二　三角函数表

附录三　希腊字母

在《近世初等几何学》中，大部分名词术语同现行教科书一样，如点、线、同位角、平行线等，只有少部分和现行教科书中的名词术语不同或在现行教科书中并未出现。一些定义、定理内容表述与现在虽不同，但其几何意义是一样的。表4-13给出书中部分与现行教科书不同及在现行教科书中未出现的名词术语。

表4-13　《近世初等几何学》与现行教科书中部分名词术语比较

比较	《近世初等几何学》	现行教科书
不同的名词术语	线分	线段
	延线	延长线
	等分线	角平分线
	多角形	多边形
	系	推论
	假设	条件
	终决	结论
	两定理之倒	逆定理
	本定理	原定理
	倒否定理	逆否定理
	归谬证法	反证法

（续表）

比较	《近世初等几何学》	现行教科书
现行教科书中未出现的名词术语	旁心	—
	弓形角	—
	线束	—
	旁接圆	—
	鸢形	—
	二点分于调和	—
	调和相属点	—
	调和点列	—
	应位相似	—
	相似轴	—

书中还有一些数学符号与现在的表示有所差异，如表4-14所示。

表 4-14　《近世初等几何学》中部分数学符号

名称	符号	名称	符号
轴对称于	∧	平行移动关系	⫫
中心对称于	И	角	∠加一撇
已经证明	Q.E.D.	已经解得	Q.E.F.
差	～	诸正方形	Ⓢ
诸三角形	◬	诸平行四边形	◇Ⓢ

书中其他一些符号与现行教科书中所用一致，但在用字母标注图形时，会对一些字母进行明确规定，如：在三角形中，a，b，c为顶点A，B，C所对之边，而用A'，B'，C'表示a，b，c之中点。

该书练习题"照新中学案，几何学授课有二百小时。则教师每小时平均教授一款，学者每受课一小时平均作题五六个，或不为多也"。书中的练习题除实用题外，其他练习题均需经过思考方可得出答案，每一编末均有相对应的习题供学生练习，最后一章还有杂题，可供掌握程度较好的学生进行学习。习题中的定理题即证明题，与实用题、作图题均分开设置。问题设置的难易程度适宜，内容和问题的量适中，既能达到练习之目的，也不致使学生厌烦。

教科书中的相关知识点不按概念、定理等进行分类，而是混在一起，采用统一编排序号的形式排列。例题紧跟在相关知识点的后面，即介绍一个知识点，后面大多会设计几个例题。有些知识点后面即使没有例题，也会有相应的举例介绍，有些则加注有"注意"二字，以此提醒学生。

书中的证明题在求证时分左右两部分，左侧是证明过程，右侧是证明步骤中所用到的定理、定义或是需要提醒学生注意的地方。下面以第二编第二章"平行线22.定理十六"进行说明（图4-85）。

定理十六

夫于二平行线间之平行线分相等。

[假设]$AB/\!/CD$，$AD/\!/CB$，而AD及BC夹于AB及CD之间。

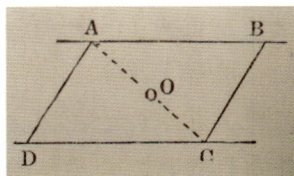

4-85

图4-85　《近世初等几何学》（上册）商务印书馆出版，1926年：第103页

[决终]$AD=BC$

[证]联AC，以AC之中点O为对称中心，

因$AB/\!/CD$，$AD/\!/CB$，　　　　　假设。

故ABиCD，ADиCB；　　　　　定理十五系八。

由是　　BиD；　　　　　　　　　定理十四（三）。

然　　　AиC，　　　　　　　　　定理十四系五。

$\therefore AD=BC$。　　　Q.E.D　　　定理十四（二）。

从该定理的证明可以看出，该定理先将文字转化为数学语言即数学符号后再进行证明。证明过程中将依据写在该步骤旁边，帮助学生理解。证明过程用符号表示，没有过多的文字叙述，简单明了，一目了然。

（八）《新课程标准适用　高级中学　几何学教科书》

《新课程标准适用　高级中学　几何学教科书》（上、下册，图4-86）由吴在渊编，胡敦复校订，上海中华书局印行，上册1934年8月初版，下册1935年8月三版。

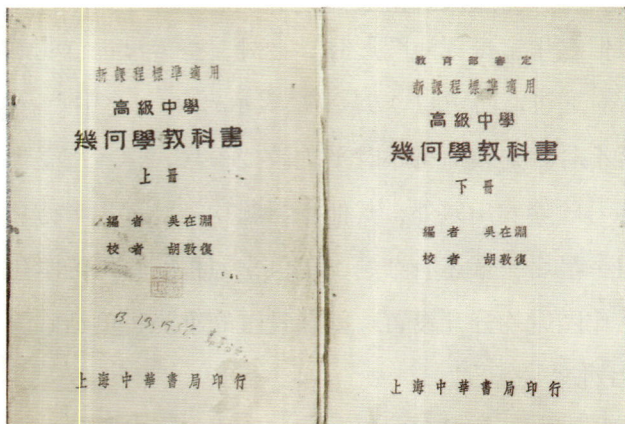

4-86

图4-86　《新课程标准适用　高级中学　几何学教科书》上海中华书局印行，1934年

该书由序、目录、正文、广告及版权页组成，借"序"说明当时的编排情况。

自中学划分初高，算学科中对于几何学教材之分配，议论最为庞杂：或主初中仅教实用而以理论全部归入高中；或主理论在初中不妨教授，惟教材太多，应以平面中直线及圆归初中而以面积比例及立体全部归高中；或主初中应教平面全部，但宜具体而微，至高中再事补充完备。从第一说，则初中学生费甚多时间乃不能窥理论户牖，至高中时间减少反足尽量容纳，初中之学生何其愚，高中之学生何其智？同一人也，前后相隔二三年，智愚之判竟若霄壤，此说固未能圆满也。从第二说，则平面几何学须受腰斩之刑；初中毕业生之无力升学者固末由窥其全豹，即就升学者言，学校既易，环境已更，教本不同，先后必殊，中途更张，能否获益，实为绝大疑问。惟第三说较为圆满，所不足者微嫌空泛，实际分配仍不易耳。

历年以来，得全国初中算学教员之努力，理论几何学平面全部得在初级中学中从容教授完毕，上之第一第二两说遂不攻自废。惟第三说之缺点仍未有以弥补。于是坊间所出几何学教本中平面部分对于初高中遂无所分别，同一西籍几何学，去其立体部分译之，名为初中几何，加入立体，平面一仍旧贯，遂名之为高中几何。甚或有高中教本之平面部分反不若初中教本之翔实者，程度之纷乱，教育之不齐，概可见矣。

往岁国民政府厘订（定）初高中课程标准，几何学之教材乃稍稍见其分野。然标准虽定而合此标准之教科书至今仍渺不可见，此则出于不佞意外者也。

本书出版已几及十年。当时虽欲稍加教材而社会不我容许，故虽名为高中教本，其实不副此名。乃历年来蒙教育界不弃而采用，恧而滋愧，久拟稍事修改，苦无机缘。今蒙书局编辑部以修改至合于新标准相嘱，乃得与用此书之诸君子再相讨论。

平面几何学在高中尚须复习自无容疑惟复习须何种方式？应否胪列定理从头再教？抑或提挈纲要补苴罅漏？新标准中未规定，乃留一变通余地。前者易致优等生厌倦生惰，后者或虑庸劣者竭蹶难从。至斟酌盈虚，要在授课者之审择。兹姑仍从胪列，外加教材，盖根本改编固逸出修订之范围也。

高中几何平面部分与初中分别之主点在充分介绍证题证轨迹作图之方法，而与轨迹作图尤宜特别注意，此新标准之所定。故本书修订部分大半属于轨迹作图，小半属于证题方法。

极点极限旋转根轴反形，皆属轨迹部分，关于向上进修尤占重要位置。既欲充分介绍轨迹，自在必讲之列。惟（唯）其完备理论究非初等几何学所能详，故仅讲初步而止。至线之轨迹，倒极图，非调和比等大半已超越初等几何之范围，故概从割爱。

作图法中，变位法固应熟习，旋转法及反形法所包由广，宜更应注意。惟讲此诸法时切应注意初等几何学之范围，不可越雷池一步也。

不佞迩来体质日衰，在寒假中匆促修改，思虑尤不能周，罣漏所不能免，所望用此书之诸君子匡我不逮，不吝督责为幸。

中华民国二十三年三月十九日　吴在渊识

两册书除绪论外共七编三十三章，目录如下：

第一章 角；第二章 三角形；第三章 垂线及斜线；第四章 平行直线；第五章 多角形之角；第六章 平行四边形；第七章 证法及例

第二编 圆

第一章 弧及弦；第二章 切线及二圆；第三章 中心角及圆周角；第四章 关于直线及圆之作图题；第五章 轨迹作图及例

第三编 比及比例

第一章 比例线；第二章 相似形；第三章 关于比例之作图题；第四章 截线，极线及作图法

第四编 面积

第一章 多角形之面积；第二章 比例线分及面积之关系；第三章 关于面积之作图题；第四章 正多角形；第五章 圆周及圆面积；第六章 根轴及反形

第五编 直线及平面

第一章 直线与平面之关系；第二章 二面角；第三章 多面角

第六编 多面体

第一章 多面体之定义及性质；第二章 角柱之体积；第三章 角锥之体积；第四章 正多面体

第七编 三圆体

第一章 直圆柱；第二章 直圆锥；第三章 球；第四章 球面多角形

杂题

该书依据"新标准"要求进行修改再版，学习内容涉及平面几何及立体几何知识，绪论后附的"记号"部分为全书所用符号，已基本接近现行数学教科书的用法。再版之后的书"大半属于轨迹作图，小半属于证题方法"。轨迹部分的内容超越了初等几何的范围，为后续继续学习做准备，该书对于部分轨迹内容进行了删减。在平面几何作图法中，强调应充分熟悉变位法，而旋转法、反行法需引起注意。作图题的解决分"解""证"两步，具体的作图过程在"解"中加以阐释，若出现需要分类讨论的情形，则用"注意"加以标注。

（九）《高级中学用 新中学几何学》

《高级中学用 新中学几何学》（全一册）为精装本，经教育部审定，由胡敦复、吴在渊编，胡明复校订，上海中华书局印刷发行，1932年7月第十六版，见图4-87（a），1933年9月第十九版，见图4-87（b）。第十六版版权页又名《新中学教科书 高级几何学》。

(a) 1932年　　　　　(b) 1933年

图4-87　　《高级中学用 新中学几何学》上海中华书局印行

各版书内容设置相同，都由封面、编辑大意、目录、正文、附录及版权页构成。借该书"编辑大意"说明当时的编排情况。

——本书程度，备供高级中学校及后期师范学校等教学之用。

——本书取材丰富，证题详明，理论应用，兼筹并顾。每章末增加演算及解题之例，每编末再增加练习题数十为学者复习之用。

——本书前四编属平面，凡平面几何图之一切基本定理，已包括无遗，关于轨迹及作图题，较他书尤为详备；后三编属立体，凡空间之点线以及柱体锥体球体等之重要性质，无不应有尽有，以适合高级中学之程度为限。

——本书对于已习混合算学者，读之尤觉合宜：盖混合编纂之教科书，几何之分量甚少，入高级中学后，再授是书，所以补足未竟之学程，决（绝）无重复之弊病。

——我国旧有之几何学教科书，先属英派，后为美派。本书参酌英美，加以法派之教材。讲比例则避去插合论之沈闷，导计算则先明量数间之关系，时加应用，而以不背严恪之理论为归。

——本书于算术及代数方面力求贯通；然仍保守系统，决不以理论迁就，致失几何学之精神。

——关于测量之问题，本书详示简易方法，用以沟通三角法而不侵占三角法之范围。

——本书所用学语，依照算学名词审查会之已审定者，其未定者暂用现今广行之语俟定后再改。

依据"编辑大意"，该书的编写融合英美及法国教科书体系，所学内容既承接混合算术又为后续学习奠定基础，如测量的学习力求简单并为三角法的学习奠定基础。该书内容涉及平面几何及立体几何，专供"高级中学校""后期师范学校"教授几何使用，每编末附练习题供学生巩固知识及练习使用。

全书除绪论外，共七编二十九章，目录如下：

绪论

第一编　直线图形

第一章　角；第二章　三角形；第三章　垂线及斜线；第四章　平行直线；第五章　多角形之角；第六章　平行四边形

第二编　圆

第一章　弧及弦；第二章　切线及二圆；第三章　中心角圆周角；第四章　关于直线及圆之作图题

第三编　比及比例

第一章　比例线；第二章　相似形；第三章　关于比例之作图题

第四编　面积

第一章　多角形之面积；第二章　比例线及面积之关系；第三章　关于面积之作图题；第四章　正多角形；第五章　圆周及圆面积

第五编　直线及平面

第一章　直线与平面之关系；第二章　二面角；第三章　多面角

第六编　多面体

第一章　多面体之定义及性质；第二章　角墙（柱）之体积；第三章　角锥之体积；第四章　正多面体

第七编　三圆体

第一章　直圆墙（柱）；第二章　直圆锥；第三章　球；第四章　球面多角形

杂题

该书于重要名词术语首次出现时，以脚注形式标注其对应的英文单词。正文后附杂题以供学生复习，书末附长度、面积、地积、体积、容量及重量单位的标准制与市用制转化进率之"新度量衡简明表"，以便学生掌握。定理的证明只有"证"一步，而例题的解答也只有"解"一步，借助直尺和圆规完成的平面几何作图问题分"解""证"两步，直线和垂线的作图则可借助三角板完成。

（十）小结

从总体上看，吴在渊编写的中学数学教科书有以下特点：

（1）吴在渊发现，当时在市面上发行的教科书，第一章普遍是直接罗列若干定义，接着是代数式的计算和整式的四则运算。而到了列方程解应用题部分，就变得混淆而杂乱，使学生有无从下手的感觉。故吴在渊在编写数学教科书时尽量开宗明义以便改善这一情况。例如，《近世初等代数学》开篇即交代了代数学的含义："代数学者，用文字代数，以研究关于数之问题者也。"[1]《现代初中教科书 代数学》第一章第一节便说明代数学的第一目的："代数学之第一目的，在以文字

---

[1] 吴在渊. 近世初等代数学[M]. 上海：商务印书馆，1928：1.

表数，宛转如题意以立式，使演算简单而显明。"[1]之后又指出第二目的："代数学之第二目的，在使计算所得之结果可以普遍适用。"[2]此种安排或阐明了代数学的含义，或指明了学习目标和方向。之后再介绍具体的数学新定义，学生学习时就能够对代数学先有一个宏观上的认识，进而能够明确学习的方向。这种安排对初学者可谓恰到好处，不仅使学生学得津津有味，目标清楚，又为解题储备了充分的理论知识和能量。

（2）教科书取材丰富，不论几何还是代数，都在参考各国教科书的基础上，选取适合本国的知识，加以讲解证明，过程详细，理论应用兼筹并顾。《高级中学用 新中学几何学》中关于比例的内容，除了参酌英美的教科书外，还融入了法国的教科书内容，既避去了英美教科书中比例内容的沉闷之感，又激发了学生学习的兴趣。

（3）在编写过程中，吴在渊所著教科书的部分定义、定理内容在不同版本中也是有所差异的，但整体呈现出越来越清晰明了的趋势。吴在渊斟酌衡量之下，选择了最适宜学习者理解的内容，可谓颇费经营，用心良苦。如1926年的《近世初等几何学》中，直线的定义是"一线过其上二点旋转而各新位置恒与其原位置相合者曰直线"。1932年的《高级中学用 新中学几何学》中，直线的定义是"直线者任置其任一部分于又一部分上，两点重而全相合者也"。1947年的《中国初中教科书 几何学》中，直线的定义是"一线，打着滚，但其中两点不离原处，若此线在打滚中各新位置始终与原位置相合，则此线叫做（作）直线"。由以上三种定义可以看出，第一种定义中"旋转"一词易引起学习者误解，不易于学生学习，而后两种定义就更为形象具体。吴在渊所著教科书中的内容和其他教科书也有所不同，有些教科书中直线被定义为"二点间最短之径"。该定义被用作定理可以，但其并没有对直线的本质特征做出确切的说明，所以作定义有些不妥。比较而言，吴在渊所给出的定义则更为妥恰。

（4）几何教科书中，除了给出定理习题的一般证法外，有时还在每一编编末给出一题多证的示例。一题多证，除了能启发学生活用定理，还可以锻炼他们的思维，引起学习者兴趣，使"学者难中感乐，因乐忘难，端在此事"。[3]吴在渊也认为，学习或做事，如若有兴趣，就不觉难。解除困难的方法，"在授课者固宜悉心研求，而在为学者则宜勉力自克。且难之中有趣，趣生则感难之心自灭，且将乐此而不疲"。[4]如《高级中学用 新中学几何学》中：

"317. 作图题三。求所设二线分之比例中项。设二线分 m，n，求其比例中项。

【解一】引任意直线 AC，在其上取 $AB=m$，$BC=n$，但令 C 在 AB 之延长线上，以 AC 为直径，作半圆 ADC；从 B 引 AC 之垂线，与半圆周会于 D；则 BD 即为所求之比例中项。（图4-88）

[1] 吴在渊. 现代初中教科书：代数学[M]. 上海：商务印书馆，1938：1.

[2] 吴在渊. 现代初中教科书：代数学[M]. 上海：商务印书馆，1938：7.

[3] 吴在渊. 近世初等几何学[M]. 上海：商务印书馆，1930：编辑大意.

[4] 吴在渊. 近世初等几何学[M]. 上海：商务印书馆，1930：序.

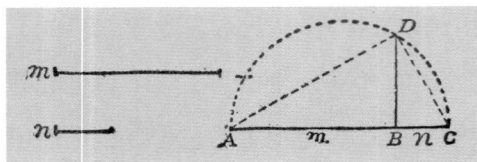

4—88

图4—88　《高级中学用　新中学几何学》上海中华书局印刷发行，1933年：第223页

【解二】取$AB＝m$，$AC＝n$，而令C在A，B之间；以AB为直径作半圆周ADB；从C引AB之垂线CD，与半圆周会于D；连结（接）BD，BD即为所求之比例中项。（图4—89）

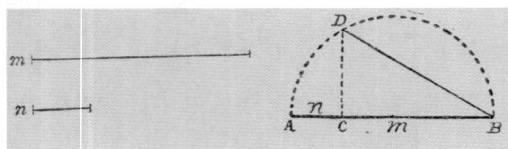

4—89

图4—89　《高级中学用　新中学几何学》上海中华书局印刷发行，1933年：第223页

【解三】如前，取$AB＝m$，$BC＝n$，而令C在A，B之间；以线分AC为直径，画半圆周；从B引切线BD，则BD即为所求之比例中项。（图4—90）

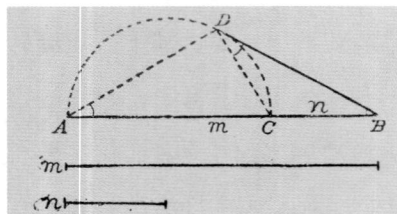

4—90

图4—90　《高级中学用　新中学几何学》上海中华书局印刷发行，1933年：第224页

书中除了给出以上三种不同解法，另给出相应证明。学生在学习一种解法后，发现还有其他方法，探求知识的欲望会被激发。同时，学生也可以根据自己的情况，选择最适合自己的方法来掌握该学习内容。

（5）初学者在初始学习几何或代数时，做题时总觉得毫无头绪，没有思路。因此教科书编写时，在详细讲解的基础上，另于章末总结做题方法，举例向学习者展现分析问题、解决问题的过程。如代数学书中，总结做题的公式、方法；几何学书中，总结定理、辅助线的作法。如此安排，使学生对该章所学内容、做题方法理解更具系统性。

（6）教科书中的相关知识点不按概念、定理等分类，而是混在一起，采用每一编统一编排序号的形式。在编排形式上完全采用横排编写形式，名词后加上英文原名，统一名词的表述，为熟习英文的学生提供方便，不致混淆。如《中国初中教科书　几何学》第三编"理论几何学　圆"，"198. 定义六十八　旁接圆。一圆切于三角形的一边及他二边的延线，则此圆叫做（作）三角形的旁接圆（Escribed circle）"[1]。

（7）例题联系生活实际，每讲一两个定理后设置例题。吴在渊认为教科书中的例题应该尽量联系实际生活，"令初学者知几何学在寻常日用方面亦有莫大之功用"。[2]几何学中，凡工程、建筑、航海、测量、绘图、物理等各方面，能应用初等几何解决的问题，书中皆尽量载入。如《近世

[1] 吴在渊. 中国初中教科书：几何学[M]. 上海：中国科学图书仪器公司，1947：302.

[2] 吴在渊. 近世初等几何学[M]. 上海：商务印书馆，1926：编辑大意.

初等几何学》中，讲到直线图三角形的内容时，根据所讲定理，有这样一例题："A 为一发光点，光之射线 AC 遇一镜 SR 于 C，其折线为 CB，若 C'C⊥SR，则 ∠ACC' 为投射角（Angle of incidence），∠C'CB 为折射角（Angle of reflection），依物理定律，折射角与投射角相等，即 ∠i = ∠r；从定理七，∠a = ∠b，即 ∠ACS = ∠BCR。声浪之反折，弹力之反弹，等皆与此同。"（此题中有些符号与图中所示不符，如图 4-91 所示，图中 c 应为 C，图中 C 应为 C'，图中 ∠z 为例题中 ∠i。）在定理之后，依据定理内容，与物理中镜面反射、声波反折、弹力反弹知识相联系，使学生知道数学与物理等其他学科也有一定的联系。

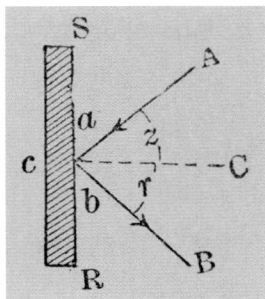

图 4-91 《近世初等几何学》商务印书馆出版，1926 年：第 136 页

此前的教科书，总是在介绍若干定理以后才有一例题，这样对于编者确实可以省去很多工夫，但对于学习者，学习的新知识得不到及时巩固，长此以往没有一点益处。吴在渊在《中国初中教科书 几何学》"编辑大意"中说："每讲一二定理，必有数题，可应用最近所学定理练习，题虽不难而成文，决不以算术题滥竽充数。"

（8）习题设置。

吴在渊编列问题（习题）的主要目的有三点：

第一，练习学过的方法。一方面，紧随新知识点的问题，学生能够及时巩固当前所学的知识，不至于因为时间关系对所学知识产生隔阂。另一方面，相间安排的杂题是为了"杂用学过之定理，以练抉择判断之能力"[1]，学生能够时时复习先前学习的知识，不至遗忘。

第二，培养学生的推理能力。在相对简单的问题中渗透讨论的思想。遇到问题，引导学生从多个角度进行观察思考，从而发掘隐蔽、不明显的条件，为日后探赜索隐打下基础。问题涉及的范围时有变化，这样做是为了督促学生不要过分依赖于一贯的解法，应依据题目的变化而采取相应措施，调整解题策略，做到因题而异。

第三，为进一步学习数学做准备。在习题设置时，选择一些易于证明的公式或定理，以问题的形式呈现，使学生解决这些问题的同时，对所证明的公式或定理有一定程度的了解。等到日后学习更深的数学知识，再遇到相关定理公式，学生就会感到熟悉。

在练习题选择方面，吴在渊选择的都是一些"俾学者足以发展能力而不致畏难"[2]的习题，除

[1] 吴在渊. 中国初中教科书：几何学[M]. 上海：中国科学图书仪器公司，1947：编辑大意.

[2] 吴在渊. 近世初等几何学[M]. 上海：商务印书馆，1926：编辑大意.

了一些实用题外，凡是不假思索就可以得到答案的题目不采用，初学者解决不了的题目也不采用。对于学习者来说，经过一番思考之后方可得出答案的题目才更具有挑战性。

17世纪西方数学开始传入中国，数学名词的翻译一直没有统一规范。1918年，科学名词审查会成立，教育部以及社会各界的学术团体共同商讨审查各学科的名词，会后将统一的数学名词术语公之于众。

1923年7月，该会开始审查算学名词，吴在渊是审查委员之一。此后直至1925年，先后召开了几次会议，统一规定大量的数学名词，如代数学、平面三角、函数论等。故吴在渊编著教科书时使用的名词术语大体分为两个阶段，第一阶段为1923年审查算学名词之前，"所用名词，一仍先贤李氏华氏等所已用者"[1]，第二阶段为审查名词之后，"凡算学名词审查会已审定之名词，本书一律照用。是尚未审定者，姑用通行之名词，广行之语，俟定后再改"[2]。

《近世初等代数学》1922年初版，《现代初中教科书 代数学》1937年由教育部审定，一个出版于算学名词审查之前，一个在后。两套教科书部分名词术语略有差异。如关于"括号"的定义，《近世初等代数学》如是说："有诸数当演算而成一数者，宜用括弧括之，其形如（ ），｛ ｝，[]，……，有时用一线（——）代括弧，是名括线。"[3]《现代初中教科书 代数学》则有："括号有数种形式，如纵括｜，横括—，圆括（ ），方括[]，曲括｛ ｝等。"[4]再有，数的加减法部分，前者"正数，零，及负数，总名曰代数学上之数""0既为正数，又为负数"[5]。后者则避开0的正负问题，只是说"正数负数为代数学中的数，略称代数数""故正数为比0大的数，负数为比0小的数，正负数有相反的性质"[6]。

[1] 吴在渊. 近世初等代数学[M]. 上海：商务印书馆，1922：编辑大意.

[2] 吴在渊. 近世初等几何学[M]. 上海：商务印书馆，1926：编辑大意.

[3] 吴在渊. 近世初等代数学[M]. 上海：商务印书馆，1922：4.

[4] 吴在渊. 现代初中教科书：代数学[M]. 上海：商务印书馆，1937：8.

[5] 吴在渊. 近世初等代数学[M]. 上海：商务印书馆，1922：7-8.

[6] 吴在渊. 现代初中教科书：代数学[M]. 上海：商务印书馆，1937：75-76.

第五章

1929—1949 年的中小学数学教科书

1929

南京国民政府成立后，对中小学教科书继续采用审定制。1927年12月，国民政府大学院公布《教科图书审查条例》，1928年设编审处。1929年1月，国民政府教育部又公布《教科图书审查规程》，该规程规定"学校所用的教科书，未经教育部审定，或失审定效力者，不得发行或采用"。而在《审查教科图书共同标准》中列出的三项规定是：（1）适合党义；（2）适合国情；（3）适合时代性。

民国期间中小学根据课程标准设各科，各科都必须使用教育部审定的教科书。1933年，教育部组建教科用书编辑委员会，开始统一印制中小学教科书。不过，当时各大书局审定印制的教科书仍较部编的教科书更多地流行于各地，且销量十分惊人。商务印书馆、中华书局、世界书局三大书局的小学教科书每种过三至五年重编一次。1937年后，除正中书局外，许多大书局最初并未迁到后方，教科书的印刷、运输都比较困难。教育部遂大规模组织编印，并由正中书局、商务印书馆、中华书局等七大书局联合供应。1938年，陈立夫接任教育部部长，对教育部中小学教科用书编辑委员会再次改组扩充，编辑了各种中小学教科书。1942年，国民政府将中小学教科用书编辑委员会并入国立编译馆，规定中小学使用的各种教科书必须由国家编辑，交由该馆负责办理，发行"国定本"。加之这一时期，战争引发书荒，国民党借解决书荒而大量发行"国定本"，这样，国定制便名正言顺地代替了审定制。当时参加发行"国定本"的书局有正中书局、商务印书馆、中华书局、世界书局、开明书店、大东书局及贵州的文通书局，共计七家，号称"七联"。抗战胜利后，又加入"中国文化服务社""独立出版社""胜利出版公司"及"儿童书局"四家，号称"十一联"，中小学教科书的编辑、审订工作全部掌握在政府手中。

国民政府时期，中小学教科书的编辑出版十分活跃，尽管教科书要受到严格的审定，但是，几大书局争先编辑教科书的势头并未衰减。当时在教科书编辑中存在着三种不同的观点：第一种观点认为，教材编写应以一学科的逻辑体系为主线，这类教材常偏重于学科的性质，以"学术"作为教材的价值取向，着眼于培养儿童对科学研究的兴趣，强调知识之间的系统性和整体性。第二种观点认为，教材编写应以儿童的生活经验为主线，强调教材应充分考虑儿童的年龄特征和生活环境。这类教材常以大单元作为基本单元，每个单元又以儿童生活中的某些现象作为问题，并围绕问题，从各方面展开，使儿童从中受到教育，增加知识和提高能力。这类教材的排列是根据由近及远、由浅入深、由熟悉到不熟悉等原则进行的。第三种观点认为，教材应该混编。这类教材常有几条主线交替进行，在组织教学单元时，一方面从儿童的生活实际出发，一方面也要注意各知识点之间的联系，使知识系统化。

在上述观点中，第二种最为盛行，因为过去的教材"枯燥呆板"，不符合儿童的年龄特征，所以不能引起学生的兴趣，不易为儿童所理解、所接受，脱离儿童的生活经验。因此，在教材编写中，第一，必须首先遵循从心理排列到论理排列的原则，心理排列即根据儿童的经验，以满足其心理需求的排列法，论理排列即只根据教材本身的逻辑体系，毫不顾及学习者情况的排列法；第二，坚持从具体到抽象的原则；第三，坚持从旧经验到新经验的原则；第四，坚持从重要到次要的原则。在小学教材的编制方法上，各书局既根据学校类型，又根据形势的发展，推出各种版本的教材及教学法用书。

第一节
小学数学教科书

20世纪30年代初，根据《小学算术课程标准》，编写并经审定的有代表性的小学算术教科书有商务印书馆出版的"复兴算术教科书"。除此之外，中华书局出版的新课程算术课本、新中华书局出版的算术教科书、世界书局出版的算术课本等也有部分地区使用，影响颇大。以教材审定本为依据，杨茂芬、茅文培编辑出版的《复兴算术教学法》（初小八册、高小四册，商务印书馆出版）、王骏声的《小学各科教学法》（世界书局印行）、宋文藻编著的《小学珠算教材和教法》（商务印书馆出版）和俞子夷编著的《小学算术科教学法》（商务印书馆出版）是当时小学算术教法研究方面较有代表性的著作，它们集当时教学方法之大成。

抗日战争全面爆发后，为了进一步贯彻国民政府在抗战时期的教育方针、政策及主张，同时为了适应当时的形势，重庆国立编译馆出版了许用宾等编的《初小算术》（八册），胡达聪等编的《高小算术》（四册），在教学内容和体例上，与以前相比变动不大。在"国防文学""国防戏剧"等口号的影响下，商务印书馆出版了高小、初中补习用书《国防算术》（1937年9月初版，程宽沼著）。该书提出的问题都与战争有关，如：炸弹破坏力与圆周长和圆面积的计算；炸弹的成分用分数表示；等等。作者力图"寓国防训练于算术"。其不足之处是不顾算术的系统，脱离学生经验，难以引起学生兴趣。1942年，重庆国立编译馆又出版了由俞子夷组织编写的《国防算术》，该书每单元课本只印开始之例题、插图及初步习题若干，与结束之综合题、复习题或应用题，中间大部分习题均载教师用书中。教师用书详记各单元之进行过程，习题、补充材料，以及其他参考资料等。师生各用一套，互相配合。[1]这是一大进步。另外在应用题上注重如下两个方面：①国防不限于军事，生产、科学均包括在里面；②数据必须符合实际。与其配套的教师用书，详记各单元的教学进程，还有补充习题及补充教材，以及其他参考资料。

根据《小学算术课程第二次修订标准》，除重庆国立编译馆编写的初、高级小学算术课本外，还有上海出版的初、高级小学算术课本，这是由文通、正中两家书局的选稿本改编而成。俞子夷也曾编写了初、高级小学《算术》，1949年由大东书局出版。低年级按规定采用随机教学的模式，课本中只印些插图，题材则取自国民实验区的经验。例题分步较细，说理较少，应用题以一件事为中

---

[1] 董远骞，施毓英. 俞子夷教育论著选[M]. 北京：人民教育出版社，1991：451.

心，前后连续若干题均围绕这一中心，前题的答案作为后题的条件，没有两步以上的复合应用题。此教科书的影响较大，从1949年秋季起，上海、浙江、江苏等地均采用这套教科书。

一、"复兴小学数学教科书"

1932年"一·二八"事变之后，商务印书馆将教科书出版置于首要地位，迅速编辑出版了适合教育部所正式颁行课程标准（1932年）的教科书。这套教科书出版正值商务印书馆为复兴而奋斗之际，故定名为"复兴教科书"，由王云五等主编。该套教科书共出版75种教科书，既用于自勉，又向社会各界表明其不改初衷、继续奋进的决心。商务印书馆向各地教育局呈送的公函中表明了出版"复兴教科书"的缘由及初衷，如图5-1所示。

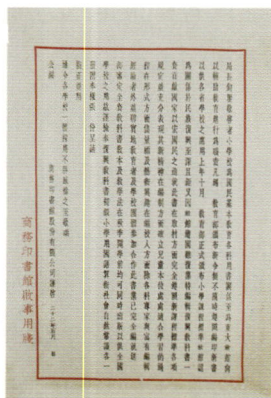

图5-1　商务印书馆"复兴教科书"公函

"复兴算术教科书"是根据1932年10月颁布的《小学算术课程标准》编写、审定的有代表性的小学算术教科书，全套课本包括：许用宾和沈百英编《复兴算术教科书（初小）》八册；顾楠、邹尚熊编著的《复兴算术教科书（高小）》四册；顾楠等编《复兴算术教科书（高小）》四册；宋文藻等编《复兴珠算教科书（初小）》二册；宋文藻等编《复兴珠算教科书（高小）》二册。

（一）许用宾、沈百英编《复兴算术教科书（初小）》

许用宾、沈百英编的《复兴算术教科书（初小）》八册，由商务印书馆发行，如图5-2所示。第一册：1933年5月初版，1937年4月审定本第一版，1937年6月审定本第九十版；第二册：1937年7月审定本第一版，1945年12月审定本第二百二十二版；第三册：1933年5月初版，1933年7月第七十版；第四册：1933年6月初版，1937年4月审定本第一版，1937年6月审定本第七十版；第五册：1937年4月审定本第一版，1938年7月审定本第二百六十二版；第六册：1937年4月审定本第一版，1938年7月审定本第二百四十八版；第七册：1933年7月初版，1937年4月审定本第一版，1937年5月审定本第二十六版；第八册：1937年4月审定本第一版，1938年5月审定本第一百八十六版。

图5-2 《复兴算术教科书（初小）》商务印书馆发行，1933年、1937年

《复兴算术教科书（初小）》目录如下：

第一册

大小的认识；长短的认识；1到9各数字的认识；日和星期的认识；1到9各数字的练习；0的介绍；1到9序的观念；1到9各数字的应用；月和年的认识；年岁的认识

第二册

10到19的数法；10到19各数的认识；10到19各数的应用；10到19各数的练习；尺、寸的认识及应用；铜币、铜元和镍币的认识；三角形、方形、圆形的认识；和不过9的加法和基本练习；镍币的应用

第三册

9以内数的减法和基本练习；关于0的加法九九的练习；关于0的减法九九的练习及相应速算；20以内不进位加法的练习；20以内不退位减法的练习及相应的速算；积在18以内的乘法练习；减法基本九九的练习

第四册

百以内数的认识；升、斗的认识和应用；法币的应用及儿童活动中所用物品的调查和估价；正方形和长方形的认识；双数和单数的认识；2的乘除九九的练习；5的乘除九九的练习；3的乘除九九的练习；4的乘除九九的练习以及相应的速算；法数一位不进位的乘法练习；时、分的认识和应用；法数一位不退位的除法练习；温度计的使用

第五册

千以内数的认识；丈、尺的认识和应用；进位加法、退位减法及相应的速算；石、斗的认识和应用；圆的认识，椭圆的认识；6的乘法和除法九九的练习，7的乘法和除法九九的练习，8的乘法和除法九九的练习，9的乘法和除法九九的练习，0的乘法九九的练习；不尽数的除法

九九的练习

第六册

方寸、方尺的认识和应用；乘数是一位数的乘法练习及相应的速算；法数是一位数的除法练习及相应速算；乘数是10或10的倍数的乘法练习；小数（名数）的练习；斤、两的认识和应用

第七册

万以内数的认识和应用，万以内数目的写法；四位整数的加法、减法及相应的速算；算盘的认识、定位和拨珠方法；梯形、平行四边形的认识和应用；1到5的珠算加法；方分、方丈的认识和应用；正方形的求积法，长方形的求积法；6至9的珠算加法；亩、分、厘、毫的认识和应用；1至5的珠算减法；法数二位的乘法；6至9的珠算减法；法数二位的除法；简易的四则练习；日、星期、月、年的计算；元、角、分、厘的应用；分的应用，秒的应用

第八册

10到19的珠算加法，10到19的珠算减法；法数三位的乘法，法数三位的除法；100以内的珠算加法，100以内的珠算减法；里的实验和计算，担的认识和应用，吨的计算；1000以内的珠算加法，1000以内的珠算减法；整数乘有名小数，整数除有名小数；折扣、成分的初步认识及计算

（二）顾楠、邹尚熊编著《复兴算术教科书（高小）》；顾楠与胡达聪编《复兴算术教科书（高小）》

顾楠与邹尚熊编著的《复兴算术教科书（高小）》四册，由商务印书馆发行，如图5-3所示。第一册：1933年7月初版，1935年9月第六十五版；第二册：1933年7月初版，1935年5月第一百四十版；第三册：1933年7月初版，1933年11月第八十五版；第四册：1933年7月初版，1933年7月第二十版，1933年9月第五十五版。此出版次数说明其影响很大。

5-3

图5-3 《复兴算术教科书（高小）》商务印书馆发行，1933年

顾楠与胡达聪编的《复兴算术教科书（高小）》四册，由商务印书馆发行，如图5-4所示。

第一册：1937年7月审定本第一版，1938年4月审定本第九十六版；第二册：1937年7月审定本第一版，1939年4月审定本第一百四十四版；第三册：1937年6月审定本第一版，1939年5月审定本第一百四十版；第四册：1937年6月审定本第一版，1939年5月审定本第一百一十八版。

5－4

图5－4 《复兴算术教科书（高小）》商务印书馆发行，1937年

顾楠与邹尚熊编著的《复兴算术教科书（高小）》"编辑大意"如下：

（一）本书遵照教育部正式颁布的小学课程标准编辑。全书四册，供高级小学两学年之用。

（二）本书与初级算术教科书相衔接。其取材分技能的、思考的、实用的三种。

（三）本书编辑方法，采用归纳法教学。先举具体实例，再由实例归纳为原则，次运用原则反复应用练习。

（四）本书采用珠算与笔算混合编辑，便于彼此联络，互为应用。

（五）本书形式优美，插图正确，可以增进儿童学习之兴趣。

（六）本书另编教学法一套，详载各单元教学方法、习题解答及补充材料，以供教师应用。

顾楠与胡达聪编的《复兴算术教科书（高小）》目录如下：

第一册

1. 万到千万万各数的认识；2. 珠算加法；3. 项、括弧；4. 珠算减法；5. 整数四则的应用和速算；6. 复习一；7. 珠算乘法——乘数一位；8. 两钱分厘的认识和应用；9. 续珠算乘法——乘数两位；10. 小数的认识、十进复名数和小数的关系及换算；11. 珠算除法——除数2；12. 非十进复名数的化聚法；13. 续珠算除法——除数3；14. 非十进复名数加法；15. 续珠算除法——除数4；16. 非十进复名数减法；17. 续珠算除法——除数5；18. 非十进复名数乘法；19. 续珠算除法——除数6；20. 非十进复名数除法；21. 续珠算除法——除数7；22. 复习二；23. 面积和地积的关系的认识和计算；24. 方里的认识和应用；25. 续珠算除法——除数8；26. 圆周的长和圆面积的计算；27. 续珠算除法——除数9；28. 立方寸、立方尺、立方丈的认识和应用；29. 总复习

第二册

1. 小数的意义和种类；2. 小数（不名数）加减法的练习；3. 珠算（乘数三位的乘法）；

4. 小数（不名数）乘法的练习；5. 小数（不名数）各式除法的练习；6. 小数整数的四则应用；7. 复习一；8. 珠算（除数二位的除法）；9. 整数的性质；10. 分数的意义和化法；11. 约分；12. 珠算（续除数二位的除法）；13. 同母分数的加减法；14. 通分；15. 异母分数的加减法；16. 珠算（续除数二位的除法）；17. 分数的乘除法；18. 复习二；19. 珠算（续除数二位的除法）；20. 百分的意义和化法；21. 折扣，百分的初步练习；22. 珠算（续除数二位的除法）；23. 简利息的初步练习；24. 总复习

第三册

1. 分数和小数的关系的认识和计算；2. 珠算（小数加减法）；3. 分数和成分的互化法；4. 珠算（小数乘法）；5. 复习一；6. 浅易分数的四则练习；7. 珠算（小数除法）；8. 浅易分数的四则练习（续）；9. 复习二；10. 珠算（续小数除法）；11. 百分的应用；12. 复习三；13. 总复习

第四册

1. 合作商店的研究和实习（和课外作业联络）；2. 物价涨落的调查和计算（和课外作业联络）；3. 关于度量衡市制和公制的比较和应用；4. 日常应用的利息的计算；5. 总复习一；6. 珠算（斤两法）；7. 家用簿记的练习；8. 总复习二；9. 附录

《复兴算术教科书》初小和高小的编写多采用单元制，把教程分成若干个大单元，而每个大单元又分成若干个小单元。一个课时与一个课时之间界限分明，每一课时为一页。

（1）在内容选择上，低年级的教学内容比较重视儿童的经验和需要，高年级的则注重社会应用。

"学用图画及故事，从直观欣赏引起儿童习算的动机"。因为初小程度的儿童一开始学习算术有两方面的困难：①"没有学习算术的需要：初小程度的儿童，年龄小，与社会很少接触。在自己的生活状况里，无论衣、食、住、行大都由家长代办，用不到什么计算。"[1]因此，当时有人主张，对于初小程度的儿童，不必特设算术时间练习算术，只需教师随时随地为儿童寻求需要来教学计算，用种种方法增进儿童的经验和常识，这种主张使算术科的教学时间不能保证，会有被其他学科挤占教学时间的可能；并且算术教学重在练习，既要从儿童的经验和需要出发，又要有足够的练习时间。②"缺乏数量方面的常识：初小程度的儿童，常识缺乏，普通的度、量、衡、货币等单位都不了解。教'升'不知升的大小，教'尺'不知尺的长短"。[2]因此这套教科书对教学内容的处理，比较重视上述两方面的因素。如初小复兴算术第二册第十六课"铜币、铜元和镍币的认识"，教材的主题图是妈妈领着小孩在商店里买东西。先要求儿童看图，教师问儿童"是否拿铜元去买过东西""买的是什么东西""这些东西大约需要几个铜元"，然后再做买卖游戏。教学内容的处

[1] 许用宾. 复兴算术教学法：第一册[M]. 上海：商务印书馆，1937：1.

[2] 许用宾. 复兴算术教学法：第一册[M]. 上海：商务印书馆，1937：1.

理，从儿童的社会生活的经验出发，从教学需要出发，既使儿童认识了铜币、铜元以及它们的用处，并在实际应用中达到教学目的。

高小则较注重社会应用。除了计量单位包括长度、时间、重量、容量等的认识和应用之外，在学习分数乘除法之后，把折扣的应用、利息问题（求利银、求本银、求利率、求时间）等列入教科书。如高小第二册第二十三课"求利银"，先教学利银的计算法，然后应用计算。同样，在学习第三册第十一课"百分的应用"时，教学内折、佣钱、关税、保险、汇兑、损益等社会实际应用的知识。

尽管教科书中有意识地编入了一些实际、具体的事例，但在联系学生生活实际方面尚有欠缺的地方。主要是选择的例题，仅考虑学习概念、法则的需要，缺乏与实际的紧密联系。

（2）在内容编排上，有些内容前后联系不够紧密，重复内容较多。

如学习2至9的乘法九九之前，先进行18以内的乘法练习。练习从2个2个地数、3个3个地数、4个4个地数到5个5个地数，然后进行乘法竖式练习，对乘法的意义及口算方法不做讲解。这样尽管花了5课时，但到2至9的乘法九九学习时又要重新教学乘法的有关知识。如2至9的乘除法九九练习，学习9的乘除法九九时，只有9×9、81÷9的乘除法还没有学习过，其余的均在前面2至8的乘除法九九中学过，内容编排上与前面的几个课时一样，没有侧重点。前面已学过的知识，在后面又作为新的内容进行教学，用这样的形式学习九九，教学效率不高。再如高小第二册"小数（不名数）加减法的练习"中出现了几分之几，以及用几分位来定小数部分各数的位置等，而分数教学在小数部分教学之后，内容编排显得有些混乱、不合理。

（3）比较重视心算和速算。

该套教科书把计算放在首位。在上课前或上课中常有心算或速算练习。帮助儿童熟练计算，提升技能。从初小第三册至第八册，还专门设有一至两课时的速算教学。从内容的安排来看，速算教学主要是进行练习，而较少讲具体的速算方法。低年级每一课时都是将游戏作为一种教学形式。

（4）使应用题故事化。

应用题是当时小学算术教学中的一个重要内容。但"儿童学习算术，最怕的是算术应用题，这是根本上的缺点"。而学习算术，就是"要解决种种生活里的应用，倘使怕算，不会算，那么学非所用，何贵于算术一科"。那么怎样才能使儿童学好应用题呢？就要使儿童"明了境遇里的需要，使应用题故事化"。"倘使一类里的应用题，叙述得像故事一样"，他们便觉得这种问题接近实在的"境遇"，很容易把儿童的心引到他们的经验里去。并要求儿童对于这种问题，"不必想是加还是减，是乘还是除，只需照了想象的境遇去解决就是了。"[1]在低年级的教学中，应用题故事化更为突出。当时编者还指出，要求常常在故事中插些数量的问题，这是应用题教学的基础。到中高年

[1] 许用宾. 复兴算术教学法：第一册[M]. 上海：商务印书馆，1937：6.

级，应用题教学故事化的程度减弱。但应用题又称"事实题"，本身也是一个简短的故事。所以仍然要把应用题的事实一一给儿童讲清楚。由此可知，那时应用题教学的主要方法为教师唤起儿童对有关生活经验的回忆和想象，并由此发现解答方法。这种经验主义的教学方法自然不能有效地发展儿童的逻辑思维能力。

二、其他小学数学教科书

（一）人民解放军华北军区政治部编印《初级算术》

《初级算术》（图5-5）和《中级算术》由人民解放军华北军区政治部编印。《中级算术》将在后文"初中数学教科书"部分介绍。

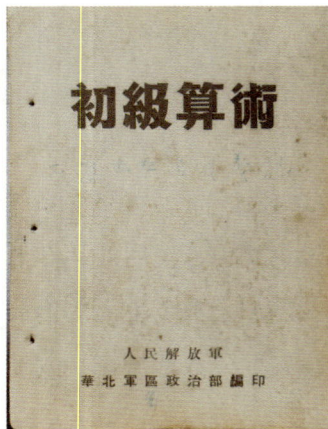

5-5

图5-5　《初级算术》人民解放军华北军区政治部编印，1949年

下面通过《初级算术》"几点说明"来了解其编写理念等内容，具体如下：

1. 初级算术全一册，供在职干部初级算术班教学之用。

2. 本书包括整数四则、小数四则、复名数四则，及面积和地积四大单元，凡没有学过笔算的干部，从这里可以学到最基本的算术常识及其应用。本书包括二十九节及习题三十四组，初级算术班平均每周可教学一至二节及演算习题一至二组、教学时间约为二十六周，即半年左右，教学中应多联系工作中的实际问题，以便达到学以致用的目的。本书学习完毕，即升入中级算术班继续学习。

3. 本书的再版，修正了某些错误之处，又增添了些内容，但仍嫌不够完善，望诸教学同志，多多提供意见，以便再加修正。

华北军区政治部

一九四九年十月再版

《初级算术》具体内容如下：

整数四则

一、算术与人们日常生活的关系；二、数字的种类和通用数字；三、计数法和读数法，习题一；四、数、整数、单位；五、什么叫做（作）四则；六、加法，习题二；七、减法，习题三，习题四；八、加减法的关系，习题五；九、乘法，习题六；十、乘法定律及速算法，习题七；十一、除法，习题八；十二、整除与余数；十三、除法定律与速算法，习题九；十四、乘除法的关系，习题十；十五、混合计算法，习题十一；十六、项与括号，习题十二；十七、整数四则的应用，习题十三

小数四则

十八、什么叫小数；十九、小数的记法和读法，习题十四；二十、小数加减法，习题十五；二十一、小数乘法，习题十六；二十二、小数除法；二十三、四舍五入法与近似值，习题十七；二十四、小数四则混合法及应用，习题十八

复名数四则

二十五、十进复名数，习题十九，习题二十，习题二十一，习题二十二；二十六、非十进复名数，习题二十三，习题二十四，习题二十五，习题二十六；二十七、市用制和万国公制，习题二十七

面积和地积

二十八、什么叫面积，习题二十八，习题二十九，习题三十，习题三十一；二十九、地积的认识和计算，习题三十二，习题三十三，习题三十四

该书内容较为简单，且含有大量与生活相关的内容，这对于学习者来讲较为容易理解和接受；从目录可知，该书含有大量习题供学习者练习，且习题背景也多与军事活动有关，如图5-6所示。

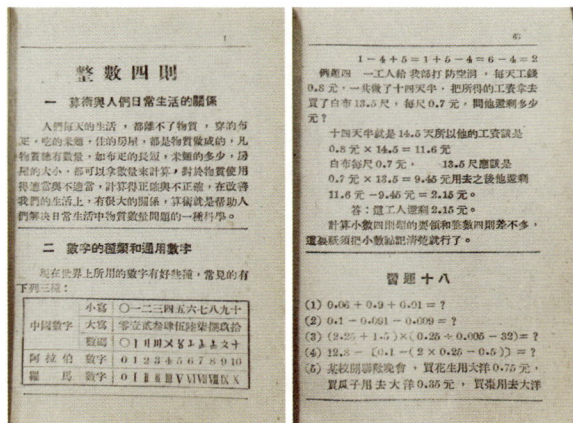

图5-6 《初级算术》人民解放军华北军区政治部编印，1949年：第1页、第63页

（二）程宽沼著《国防算术》

《国防算术》（图5-7），程宽沼著，商务印书馆出版，1937年9月初版，1938年4月第三版。此书分上、下两册，适用于高小、初中学生补习，共十六章。在该书自序中标明了编写此书的背景、目的及算术对儿童思维的训练及其对国防常识掌握的重大意义。

5—7

图5—7 《国防算术》商务印书馆出版，1938年

《国防算术》的"自序"如下：

我国自鸦片战争以迄于今，饱受帝国主义的压迫与凌辱。河山破碎，疮痍满目，言之真令人痛心。究其原因，实由于过去人民总是苟且偷安，自私自利，徒顾小我，没有国家观念，终至民族精神萎靡，民族意志消沉。我们今后欲打破民族危机，救亡图存，最根本的办法，要赶快把握现代的新国民——趁他们富于可塑性的时期，充分予以国防的训练，使每个儿童都有丰富的国防学识，从而激起他们爱国雪耻的思想和实践的志愿，那便是国防教育的适合时代性。

在德国，做父母的常常在家里教他们的儿子，应该如何爱国家、爱民族，孩子们的日常玩具，大都含有国防观念的重大意志。在苏俄，儿童玩具都是国防的工具模型。日本儿童的父母与教师最努力的就是教孩子们要如何"忠君爱国"。总之，他们是在想出种种方法，激起儿童爱国家、爱民族的思想，并养成他们国防应用上的技能，可见儿童关系国家民族的深切。在国防空虚民族危机一天深刻一天的今日的我们，国防教育的实施，诚然是刻不容缓的了。

算术是锻炼思想的唯一学科，寓国防训练于算术，使儿童由严密的事实的分析，进为事实的深刻的认识，踔厉的情绪的奋发，那便是著者要使国防常识与算术沟通联络的微意，也便是本书的一点小小的贡献。

本书遵照教育部最近颁布的《小学算术课程标准》和各大书局所出版的教科书加以补充而成。

本书分上下两册，专供小学高级儿童课内或课外练习，每册足供一学年之用。

本书取材，以儿童为本位。纵的方面，包括着上自欧洲大战，下至前近的国防常识与逐渐进步的情形。横的方面，包括着各帝国主义的军备竞争与未来的动向。

本书各单元，各叙述以简单而容易明了的事实，各问题各自成一个段落，前后一贯时，儿童易于分别计算。

本书计算的数字，都有所根据，问题力求自然而有兴趣，可以帮助儿童事实的想象。

《国防算术》目录如下：

上册

一、欧洲大战经济上的损失

万到万万各数目的认识

1. 财政上的耗费，记数法；2. 人口的损失，读数法；3. 财产和航业上的损失，整数四则的应用

二、农业与国防

1. 战时粮食问题，两钱分厘的应用；2. 我国的农业，十进复名数和小数的关系：甲. 耕地面积，小数的记法；乙. 米和小麦，小数的读法；丙. 农民的负担，元角分和小数的关系；丁. 中国农业经管的形态，亩分厘和小数的关系；戊. 食粮自给的路径，石斗升合和小数的关系

三、国防与航空

非十进复名数的加减乘除练习

1. 美法英德四国的民用航空，非十进复名数的化法；2. 俄日意中四国的民用航空，非十进复名数的聚法；3. 航空技术的进步，非十进复名数的加减法；4. 飞机的最高速度，非十进复名数的乘法；5. 惊天动地的大成功，非十进复名数的除法；6. 航空大事年表，历法问题；7. 航空站，面积和地积的换算；8. 航空站的代价，方里的认识和应用；9. 破坏弹，圆周长和圆面积的计算：甲. 破坏弹对于各种目的物的效力，圆周长；乙. 破坏弹投落泥土中爆炸口的大小，圆面积；10. 破坏弹和毒气弹，立方寸、立方尺、立方丈的认识和应用：甲. 破坏弹投落泥土中爆炸口排出的泥土，立方寸、立方尺、立方丈的意义；乙. 投下毒气弹的威力，立方体体积的求法

四、气象与防空

小数加减乘除的练习

1. 大气，小数的记法和读法；2. 气温与防空，小数加减法；3. 气压与防空，小数乘法；4. 气压的变化，小数除法；5. 湿度与风，小数整数的四则应用：甲. 湿度与防空，小数和非十进复名数；乙. 风与防空的影响，小数整数的四则应用题

五、各国陆军实力的发展

百分法

1. 各国军队的实力，求成数；2. 陆军战斗力的加强：甲. 炮兵和工兵在军队中百分数的提高，求子数；乙. 步兵火力的增长；丙. 炮兵火力的暴增，求母数；丁. 军队中摩托的应用，求母子和；戊. 对于士兵投资的增长，求母子差；3. 战时军队的物质要求：甲. 步枪和机关枪，由母子和求母数；乙. 大炮，由母子差求母数

六、答案

下册

一、几种重要毒气的性状和效用

分数和小数的关系

1. 窒息性类，分数化有限小数；2. 催泪性类，有限小数化分数；3. 喷嚏性类，分数化循环小数；4. 中毒性类和糜烂性类，循环小数化分数

二、毒气的使用量与给风力飞散的时间

分数和复名数的关系

1. 毒气的使用量，分数化复名数；2. 毒气给风力飞散的时间，复名数化分数

三、爆炸物

分数和成数的关系

1. 推射药，分数和成分的认识；2. 炸药，分数和成分的计算

四、化学武器的发展

分数四则

1. 欧战中美军受毒气伤害的人数，异分母分数加法；2. 欧战中英军受毒气伤害的人数，异分母分数减法；3. 欧战时所用的化学武器，分数乘法一；4. 化学武器的技术与效力的改进，分数乘法二；5. 化学工业的发展与毒物产量的暴增，分数除法；6. 各国毒气战设备的现状，分数四则的练习；7. 烟雾的原料，温度问题

五、毒气的攻击与防御

度量衡公制

1. 施放毒气的兵器，长度；2. 毒气空袭的效果，面积与地积；3. 毒气对于人最小的致死浓度，体积与容量；4. 防毒器具，重量

六、航空路与空军的攻击

外国度量衡制

1. 航空路，英美制和市制公制的换算；2. 空军的攻击，日本制和市制公制的换算

七、列强的国债额与军事预算

外国货币制

1. 各国国债额与现金存底额，外国货币；2. 各国军事预算，外国货币与中国货币的换算

八、列强的海军竞争

统计图表

1. 战斗舰的数目与吨量的变更，线段表；2. 战斗舰发动机的力量与炮力的增加，格栏幅线；3. 伦敦海军协定所定英美日三国的海军力，百分比较图；4. 海军预算，中数和平均数

九、防空枪炮

和差问题

十、高射炮射击的效力

倍数问题

十一、战费的发展

总复习

十二、答案

此书题目取材，上至一战，下至当时的国防常识。目录框架按国防常识排列，在国防常识标题下列出算术学习的知识点，题型较单一，但有丰富的实物图片，有利于知识的记忆。此书遵照课程标准，尽可能以最佳方式把国防常识与算术知识相结合，既可以锻炼儿童思维，激发爱国情感，又可掌握国防知识。但是国防标题与算术标题的结合不是很好，正文与标题标注区分不明显。练习题除了学习数学知识外，还交代了一些历史事实。

（三）赵侣青等编《新课程标准适用 小学算术课本》

由赵侣青等编，上海中华书局于1933年出版的《新课程标准适用 小学算术课本》（图5-8）"编例"说明了作者的编写理念：

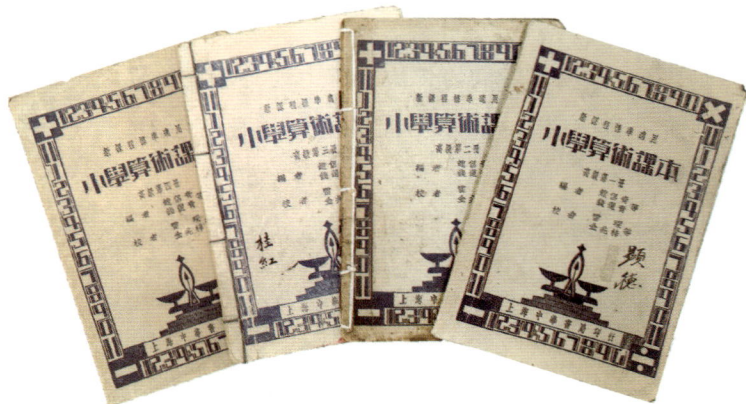

5-8

图5-8　《新课程标准适用 小学算术课本》
上海中华书局印行，1933年

一、本书遵照教育部最近颁布的《小学算术课程标准》编辑。

二、本书供给全国小学校高级学生课本之用，共分四册，一学期一册。

三、本书各单元编法，大致如次：

1. 问题——就儿童生活中所有的事实或想像（象）发问。

2. 解答——就事实或想像（象）题解答。

3. 方法——指示计算的方式，逢有注意事项或公式或表解都附入。

4. 定义——用文字来解释初见的名词或术语的意义。

5. 例题——举题例设，书中不列算式，让儿童自己试算。

6. 练习——计划适当机会，配置计算题，使学生多所（做）练习。

四、本书每若干单元有一复习，每一册有一总复习。

五、本书特点：

1. 用归纳法编制。

2. 教材排列多活动，富兴趣。

3. 应用题以适合儿童生活为标准。

4. 度量衡遵用国民政府颁布的市用制与标准制。

六、本书每册都有教学法，详述教学方法，并有补充题及测验题。

《新课程标准适用 小学算术课本》共四册，目录如下：

第一册

第一章 万到万万各数的认识：记数法；读数法

第二章 括号的认识和应用：小括号；中括号和大括号

第三章 整数四则的应用

复习一

第四章 两钱分厘的应用

第五章 十进复名数和小数的关系：小数的记法和读法；元角分厘和小数的关系；丈尺寸分和小数的关系；石升斗合和小数的关系

第六章 非十进复名数的加减乘除练习：非十进复名数的化法；非十进复名数的聚法；非十进复名数的加法；非十进复名数的减法；非十进复名数的乘法；非十进复名数的除法

复习二

第七章 面积和地积：面积的实测和计算；地积的实测和计算；面积和地积的换算

第八章 方里的认识和应用

第九章 圆周的长和圆面积的计算：圆周长；圆面积

第十章 立方寸、立方尺、立方丈的认识和应用

总复习

度量衡及时间表

第二册

第一章 小数的加减乘除的练习：加法；减法；乘法；除法

第二章 小数整数的四则应用

复习一

第三章 分数的认识：意义；记法和读法；种类；化法；续化法；性质；同分母分数的加法；同分母分数的减法；约法

复习二

第四章 百分法：意义；母数、子数、成数的相互关系；母子和与母子差；折扣

第五章 利息的计算：利息；本银；利率；时期；本利和

总复习

第三册

第一章 分数和小数的关系：分数化有限小数；有限小数化分数；分数化循环小数；循环小数化分数

第二章 分数和复名数的关系：分数化复名数；复名数化分数

第三章 分数和成数的关系

复习一

第四章 分数四则：最小公倍数；通分；异分母分数加法；异分母分数减法；分数乘法；续分数乘法；分数连乘法；分数除法；续分数除法；分数连除法

第五章 百分法的应用：折扣的续；佣钱；汇兑；国税

复习二

复习三

复习四

第六章 利息的应用：零借总还；总借零还；复利法；续复利法；零存整取；整存零取

总复习

第七章 附表：复利表；零存整取表；整存零取表

第四册

第一章 合作商店的研究和实习：开办；进货；营业；过账；盈亏

第二章 物价的调查和计算：市价的调查；市价的计算；市值的估定

复习一

第三章 度量衡公制：长度；面积与地积；容量；重量

第四章 外国度量衡制：英美制；英美制和市制公制的换算；日本制；日本制和市制公制的换算

第五章 外国货币制：外国货币；外国货币与中国货币的换算

复习二

第六章 家用簿记：现金出纳簿；分类簿

第七章 统计图表：线段表；格栏幅线；百分比较图；中数和平均数

总复习

中外度量衡换算表

第二节
初中数学教科书

一、"复兴初级中学数学教科书"

1936年修正课程标准颁布后，各相关编者陆续对"复兴教科书"进行了修订。这套"复兴初级中学数学教科书"一直用到1949年，如表5-1所示。

表 5-1　复兴初级中学数学教科书

书名	编著者	版次
复兴初级中学教科书 算术 上册	骆师曾	1937年10月初审核定本第一版，1947年4月初审核定本第二百四十一版
复兴初级中学教科书 算术 下册	骆师曾	1937年10月初审核定本第一版，1947年4月初审核定本第二百二十九版
复兴初级中学教科书 代数 上册	虞明礼	1933年7月初版
复兴初级中学教科书 代数 下册	虞明礼	1933年7月初版，1934年11月第二十九版
复兴初级中学教科书 算术 上册	余介石重编	1933年7月修订本第一版
复兴初级中学教科书 算术 下册	余介石重编	1938年7月修订本第一版
复兴初级中学教科书 几何 上册	余介石、徐子豪	1933年7月初版，1935年5月第四十四版，1940年5月第一百三十三版
复兴初级中学教科书 几何 下册	余介石、徐子豪	1933年7月初版，1935年5月第三十六版，1940年1月第九十一版
复兴初级中学教科书 三角	周元瑞、周元谷	1933年7月初版，1948年5月第一百五十版
复兴初级中学教科书 三角	周元谷	1933年7月初版

虞明礼（生卒年不详，图5-9），字叔和，江苏江浦人，毕业于东南大学物理系，著有《虞氏

大代数》等，由商务印书馆出版。

余介石（1901—1968，图5-10），字竹平，号慰慈，祖籍安徽省黟县，出生在安徽省芜湖市。主要研究数学教育和珠算改革，是中国著名的数学教育家、珠算家、科普教育家。早年毕业于南京的东南大学（今南京大学）。曾执教于东南大学、重庆大学、四川大学、金陵女子文理学院、四川师范学院、北京农业机械化学院，从事高等数学教育四十余年。1954年，他在《清明上河图》上发现算盘模式，从而把我国算盘发明年代推到北宋以前。1965年在北京图书馆发现明代数学家程大位所著的《算法纂要》一书，还到屯溪访查珠算历史资料，使这一著作得到重视。他毕生从事数学教学和研究，尤热心于珠算研究，对珠算史和珠算改革均有独到见解并取得成就。他编著有《高等方程式论》《高中代数学》《高中平面几何学》《高中立体几何学》《算学通论》《速成珠算法》《简易珠算法》《计算机使用法》《经济计算教程》《筹珠联合使用法》《高等数学》《单行倍数助算方筹》《算盘上见子直拨法》等。他曾翻译Bôcher的《高等代数学通论》《摄温斯三氏高中解析几何学》、Petersen的《几何作图题解法及其原理》、Carslaw的《非欧几何学》等。在重庆大学任教期间，他利用课余时间编写三角学与解析几何学教科书，如《建国教科书 高级中学 平面解析几何学》《建国教科书 高级中学 立体解析几何学》与《数值三角》。1944年余介石编写的《新中国教科书 高级中学 平面解析几何学》（第一、第二册）与《新中国教科书 高级中学 立体解析几何学》，是在金陵女子文理学院任教时完成的。在算具改革上，余介石曾先后设计并制成定位尺、倍数尺、联合算盘、机械式倍数助算器等。[1]20世纪30年代，余介石和赵淞、傅种孙被誉为"三大中等数学权威"。

图5-9　虞明礼像[2]

图5-10　余介石像[3]

周元瑞（生卒年不详），上海商科大学1923届乙种特别生，曾任职于商务印书馆。1937年3月，周元瑞在王云五成立的中山大辞典编纂处兼管行政等事宜。与段育华合编《算学辞典》（商务印书馆，1938年）、合译《百科小全书 西洋近世算学小史》（D.E.Smith: *History of Modern Mathematics*，商务印书馆，1934年）并被收入万有文库中。与周元谷合作编著《初中临时教材 三

[1]《安徽历史名人词典》编辑委员会. 安徽历史名人词典：下[M]. 合肥：安徽教育出版社，2008：119.
[2] 图片来源：江苏省江浦高级中学. 虞明礼[EB/OL]. [2021-11-03]. http://www.jpgjzx.com/WarticleView.aspx?articleid=UocVeOJyPXM=.
[3] 图片来源：程民德. 中国现代数学家传：第四卷[M]. 南京：江苏教育出版社，2000：53.

角》（东北书店，1949年）。译著有《圣地及叙利亚（卡奔德世界游记）》（F.G.Carpenter：*Holy Land and Syria*）等。

周元谷（生卒年不详），上海浦东中学1923届高中春季班学员，与周元瑞合作编著《初中临时教材　三角》（东北书店，1949年）。

（一）骆师曾编著《复兴初级中学教科书　算术》

骆师曾编著、段育华校订的《复兴初级中学教科书　算术》有多个版本，如1937年10月初审核定本第一版（图5-11），1938年5月初审核定本第二十六版，1947年4月初审核定本第二百四十一版（上册），1947年4月初审核定本第二百二十九版（下册），1947年11月初审核定本第二百六十七版（上册），1946年11月初审核定本第一百七十九版（下册，图5-12）。其编排顺序为：编辑大意、目次和正文内容。完全采用从左至右横排编写形式，与现在的教科书排版形式相同。页码均用阿拉伯数字表示。定义解释及例题部分的字体比习题大两号，醒目、清晰，字符大小适宜，排版整齐有序，适合阅读。

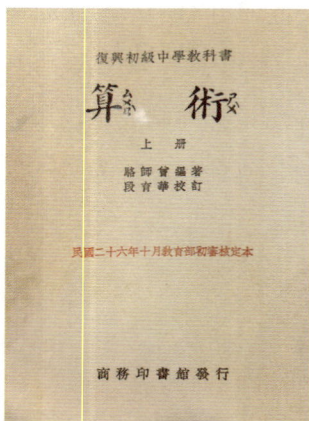

图5-11　《复兴初级中学教科书　算术》商务印书馆发行，1937年

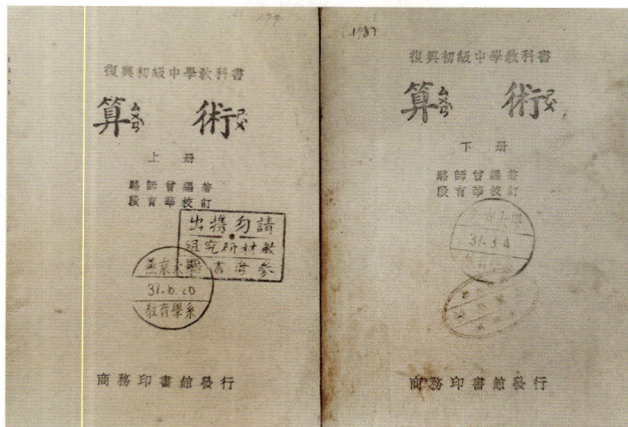

图5-12　《复兴初级中学教科书　算术》商务印书馆发行，1947年、1946年

骆师曾编写《复兴初级中学教科书　算术》时，经历了根据商务印书馆的修改意见而修改的过程，为此他给商务印书馆总经理王云五致信询问相关事宜，信函如图5-13所示。

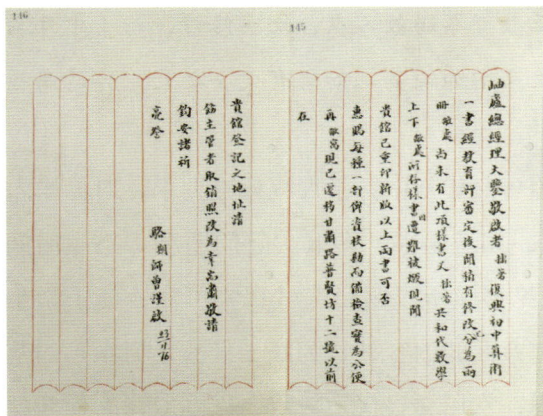

图5-13 骆师曾致王云五的信，代钦藏

在此引用书中"编辑大意"说明作者的编写理念：

（1）本书依据民国二十一年十一月教育部公布《初级中学算学课程标准》编纂，专备初中第一学年学习算术之用。

（2）教材不取重复繁重，凡是小学已经学过的，只略述大意，以资温习，没有学过的，就择要详述，并且于社会生活，特别注重，使将来涉世应用，不致隔膜。

（3）书中习题丰富，每节或数节之后有练习题，每章之后，又有总习题；至题目的选择，力避艰深枯燥，多取实际问题和常态生活问题；并且含蓄爱国材料，以图鼓励，隐示国耻事实，以资警惕。

（4）书中材料崭新，搜集到最近为止，并且都调查社会上的实例编入，和凭空悬疑的，截然不同。

（5）权度一章，依据十八年二月十六日国民政府公布"中华民国度量衡法"编入，籍资提倡，而利推行，并把同旧制营造尺库平的比较，列入附注，以便民间契约上的参考。

（6）关于度量衡币各章，都略述沿革的历史，使读者明瞭（了）改革精神之所在。

（7）利息开方二章中，常用文字代表数目，以图叙述的便利，而预先灌输代数观念，并附复利表和乘方开方表，使学生便于检查应用。

（8）省略算同小数合并一章，图线表和统计图表等，附在比例一章之中，使学生明体达用，在欣赏之中，引起向上搜讨的志趣。

（9）形体求积，是初中经验几何的材料，所以本书并不编入，以免侵占。

（10）书中名词初见，都附注英文，使将来研究西籍，有所印证。

（11）本书是汇集二十余年编辑校订上的经验和历年在学生杂志社同全国学生通讯（信）答问的心得，并参考西文名著十余种，调查社会上教育上的实际情形编纂成功的，处处以便于教学切合实用为主，不过从着手到脱稿，时间不及三月，又在遭逢国难毁家之后，心绪不宁，匆促下笔，难免有欠妥的地方，尚（倘）蒙教育家在实地试验以后，赐函匡正，尤所欢迎。

（12）本书于民国二十二年出版以来，蒙各学校采用，迄今已历三年之久，最近教育部课程标准已有修改，环境亦有变迁，特根据修正标准及教育界赐教各点，切实修订，而于中外货币、田赋、公债、物价指数、生活费指数各节，修改及增加较多。如仍有欠妥之处，再请高明指教为幸。

在"编辑大意"中，作者提到该书编写的依据，按照1921年初中算学课程标准要求，对算术内容进行了合理的编排。其中特别强调对实用知识的学习，如习题中"多取实际问题和常态生活问题""书中材料崭新""调查社会上的实例编入"，可见书中所设题目选材真实可靠，便于学生毕业后直接运用所学解决实际问题。作者并没有编写几何方面的内容，认为属于经验几何学习的范畴，这里不予编入，以免侵占。但是在"利息开方二章中，常用文字代表数目，以图叙述的便利，而预先灌输代数观念"，强调代数知识的初步学习。此外，教科书的设计充分考虑了教师的教和学生的学，教学安排有弹性，注重激发学生的兴趣及培养学生的实际操作能力，这在教师水平参差不齐的年代，尤为重要。

《复兴初级中学教科书 算术》共两册十章133个知识点，正文内容225页，并附有复利表和乘方开方表。例题185道、习题946道，设置丰富，注重实用计算能力的培养。习题的难度适宜。目录与例习题数量如下：

《复兴初级中学教科书 算术》上册

　　　第一章　整数四则（例题45，习题118）

　　　第二章　整数性质（例题17，习题94）

　　　第三章　分数（例题8，习题39）

　　　第四章　小数同省略算（例题28，习题152）

　　　第五章　复名数（例题13，习题137）

《复兴初级中学教科书 算术》下册

　　　第六章　中外货币（例题9，习题54）

　　　第七章　百分法（例题24，习题111）

　　　第八章　利息（例题11，习题50）

　　　第九章　比同比例（例题19，习题94）

　　　第十章　开方（例题11，习题97）

由上述内容可知，整数四则、小数同省略算、复名数、百分法设置的例题与习题较多，可见该书仍重视基本计算能力的培养，分数、比例、开方方面的题目设置也不少，遵循了算术教科书内容设置的基本规律，说明该书对代数知识中的开方也是非常重视的。值得注意的是，作者非常重视知识点间的合理联系，将小数与省略算放在一章，将比例、平均数、统计图表、物价指数等放在一章，这样有助于学生对不同知识的连贯掌握，促进知识体系的系统化，从而达到事半功倍的效果。随着中外联系的加深，作者单独设置了"中外货币"一章，更有利于学生对当时实用知识的有效吸收。

书中"省略算"的部分，主要用于小数的应用练习，在很多情况下要考虑小数的位数问题。对于一些钱币交易、造屋制衣等简单的生活问题，使用到的小数位数一般不会超过三位小数，但有些实际问题却要使用更多位数的小数来计算，如计算田地、货币交换等要用到小数第五、第六位，使用到圆周率的则更多。而事实上，即使是辛苦地计算出来了最终结果，往往也使用不到那么多位数的小数。因此，有必要进行省略算。对于省略算，一方面要节省计算时间，另一方面还要保证结果的准确性。故对于省略算的加减乘除也有各自的方法。如图5-14所示，省略加法，要求算到小数第三位：

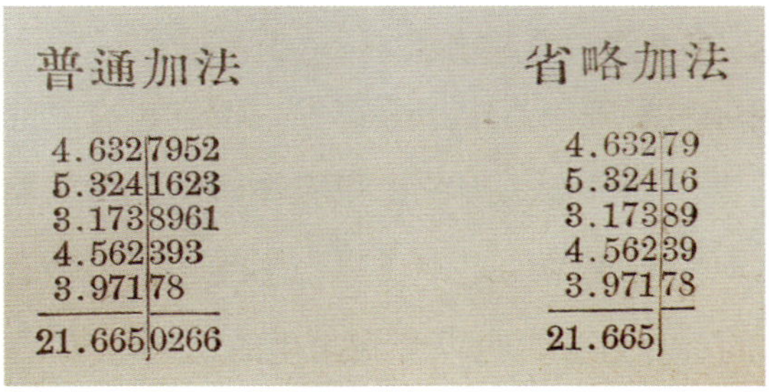

图5-14　《复兴初级中学教科书 算术》商务印书馆发行，1947年：第61页

对照图5-14所示的例子，就可以知道省略加法和普通加法不同的地方，只要按照要用的小数位，多截二位，另外都弃掉不算；这多截的二位，一样照加，但只要心中暗算，不必写出。

书中用文字清楚地交代了省略加法的计算方法，并用具体竖式将普通加法和省略加法对比在一起，直观地展示出省略加法的计算方法，同时看到结果的精确性。

那么对于省略减法，如图5-15所示（图为算到小数第三位），其方法是只要按照要用的小数位截位，另外都弃掉不算，而如果弃掉的第一位被减数比减数小，那么该多截一位，但也只要暗算，无须写出。

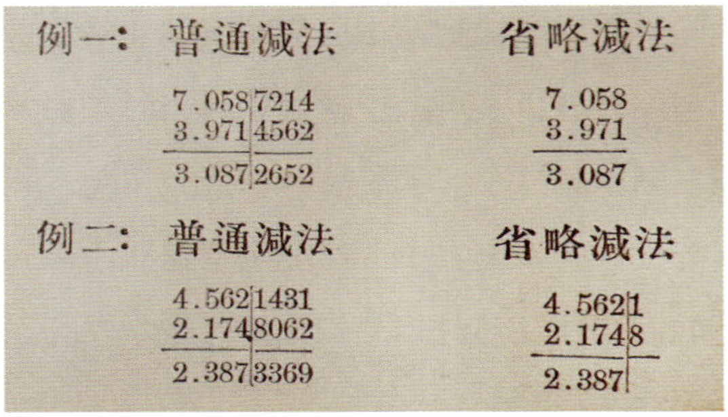

图5-15　《复兴初级中学教科书 算术》商务印书馆发行，1947年：第61页

而对于省略乘法的计算如图5-16所示（图为要求计算结果到小数第二位）。（A）式为普通乘法，（B）式是从乘数左边的数字乘起，（C）式为省略乘法，（C）式和（B）式列法相同，先写被乘数，按照要用的小数位多截二位，就在所截的末位下面写乘数的各位，但要把乘数的次序颠倒，这样就可以从右侧开始计算，然后用乘数各位同上面对着的被乘数向左乘起，右边的被乘数弃掉，如图中（C）式各部分积所示，但如舍弃的第一位需进位，还要并入积中，就这样乘完再将各行相加，弃掉右边多截的二位后便得出最终的积。

第二节　初中数学教科书

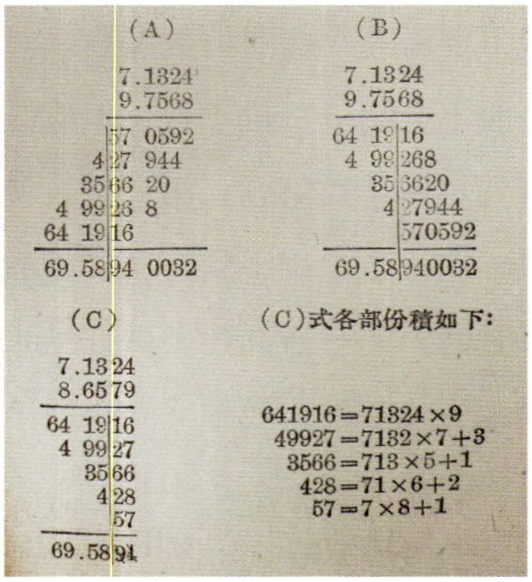

图5-16　《复兴初级中学教科书 算术》商务印书馆发行，1947年：第63页

省略算的学习确实使多位的小数计算变得简单，在实际生活应用当中十分得力，但它也有它的计算方法，若有不慎，将会得到错误的结果，尤其是省略乘法的计算。因此，只有在熟练掌握省略算的计算方法后，才能更加有效地将其运用。省略算在当时教科书中的呈现，对于学生学习小数计算，甚至是所有的计算来说，无疑是另一种不局限于常规的计算方法，可以开阔学生的思维。

该书内容简洁明了，用最通俗易懂的语言表述算术概念、定理。经过了民国前期的积累，此时的许多名词术语及概念表述与现行的已无差别，如除法的表示方法便与现在完全一致。但是，有时过于简洁，对学生的启发性又显不足，不能让学生理解更深的含义，促成知识间的互通。书中没有把概念加粗，也没有在定理下加下划线，而是在有些地名、人名下加了较细的下划线。"利息"一章中出现了"合作社"的概念，这是以前没有的，突出了教科书联系当时社会实际的特点。在讲"比"时，讲了"比与除法""比与分数"，突出了概念之间的联系与区别，有助于学生在知识间的联系中更加牢固地掌握所学知识点。此外，"比例"中增设了一个"量树法"的知识点，这是比例的一个应用，通过比例关系阐释了大树的测量原理，使学生可以很快把知识应用到实际生活中。"比例"中也增加了"统计图表与物价指数"的相关知识与图表分析，可以使学生了解当时的算术知识应用，利用图表来分析社会生活现象中的规律性问题。书中删掉了"求积法""级数"与"用数"的章节，可见该书分科性更强，把与算术相关的几何与代数知识删去了。实际上，这对于高年级学生的知识学习不是有利的，因为切断了数学知识学习的连续性及与对相关知识的比较学习与联系学习。

（二）虞明礼编著《复兴初级中学教科书 代数》

虞明礼编著、段育华校订的《复兴初级中学教科书 代数》于1933年7月初版后，有多个版本，如1944年10月版（图5-17），该版本由山东省第十四行政督察区中等学校教材编审委员会翻印；1946年12月审定本第二百二十八版（图5-18）；1946年4月审定本第一百零二版（下册，图5-19）、1946年6月审定本第一百四十九版（上册）；1948年7月修订本第一版（图5-20），该版本由荣方舟改编，浙江大学理学院数学系教授钱宝琮校订，私立光华大学附中数学教员倪若水协校。

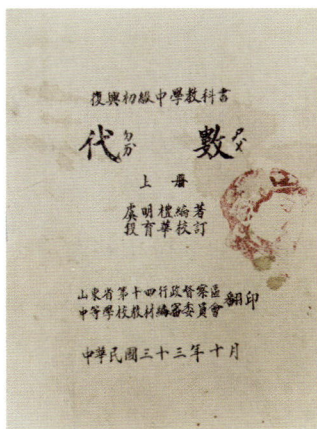

5-17

图5-17 《复兴初级中学教科书 代数》山东省第十四行政督察区中等学校教材编审委员会翻印，1944年

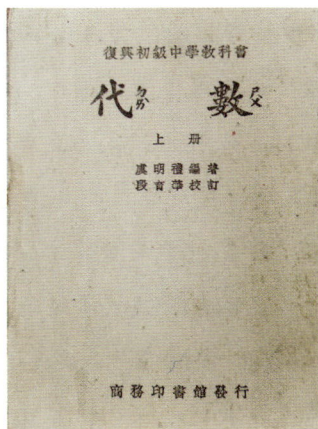

5-18

图5-18 《复兴初级中学教科书 代数》（上册）商务印书馆发行，1946年

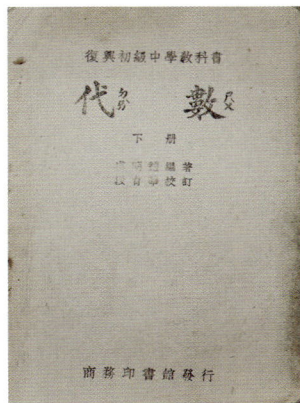

5-19

图5-19 《复兴初级中学教科书 代数》（下册）商务印书馆发行，1946年

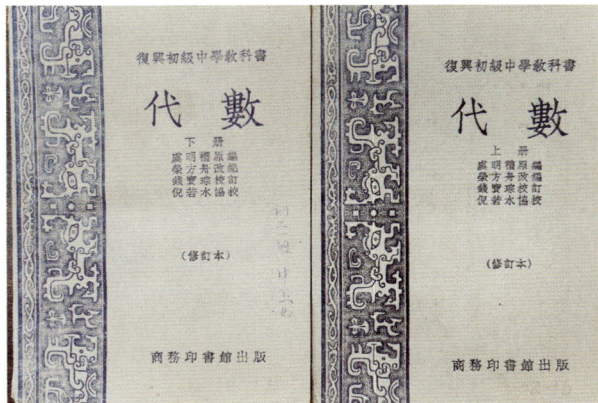

5-20

图5-20 《复兴初级中学教科书 代数》商务印书馆出版，1948年

《复兴初级中学教科书 代数》"编辑大意"说明了作者的编写理念。

1. 本书依照教育部最近颁布修正课程标准编辑，分上下两册，上册供初中第二学年，下册供第三学年之用。

2. 本书编制除注意逻辑次序外，兼顾学习心理，藉（借）以提高学习兴趣，增进教学效能。

3. 本书教材排列，务使各类方程式解法尽先提出，盖以解方程式，及解应用问题，最易引人入胜故也。

4. 本书以计算为中心，基本观念，务求澈（彻）底明瞭（了），教材不取复杂繁重。其偏重理解及形式训练之教材，一律从略。

5. 本书叙述任何算法与原理，必先提出问题，吸引学生注意，树立学习目标，启其向前探讨之志趣，然后逐步解析归纳，加以论证。

6. 本书于说理处，力求透澈（彻），以培养学生良好之心理习惯与态度。

7. 本书所授教材，以解方程式为主体；但初中代数又为高中代数之基础，不宜囿于求解方程，故本书于代数式之各种运算，亦复加意训练。

8. 初学代数者，往往对于某种算法，略知其意而未能澈（彻）底了解，演算时依样葫芦，每至错误叠（迭）出，编者根据教学经验，在本书前半部内，常将普通之误解随时提出，使学者寻求有无错误，以期纠正似是而非之思想，而立正确之观念。

9. 本书习题为重要教材之一部，务宜逐题演算，以期纯熟而收实效。

10. 本书编著时，得良师段抚群先生多方指示，益友胡春池先生详为正误，使本书能免大谬，编者曷胜感激。尚望海内专家，进而教之，俾此书更臻完善，则尤幸甚。

《复兴初级中学教科书 代数》（上、下册）简要目录如下：

Ⅱ．开方

第十三章　简易不等式

第十四章　不尽根数；虚数；根式方程式

Ⅰ．不尽根数

Ⅱ．虚数

Ⅲ．根式方程式

第十五章　比；比例；变数法

Ⅰ．比

Ⅱ．比例

Ⅲ．变数法

第十六章　级数

Ⅰ．等差级数

Ⅱ．等比级数

第十七章　指数；对数

Ⅰ．指数

Ⅱ．对数

该书内容非常丰富和详细；每章附有大量的习题供学生巩固练习；几乎每章均有"……的需要""……的目的"来交代所学内容的意义，使学生可以从现实需求、知识的发展顺理成章地进入知识点具体内容的学习；重点概念和语句均用加粗字体或波浪线加以标注，以示学生注意和重视；书末附有"代数学英汉名词索引"供学生参考学习。

（三）余介石等编著《复兴初级中学教科书　几何》

余介石、徐子豪编著的《复兴初级中学教科书　几何》（图5-21）于1933年7月初版，1940年5月第一百三十三版（上册），1940年1月第九十一版（下册）。

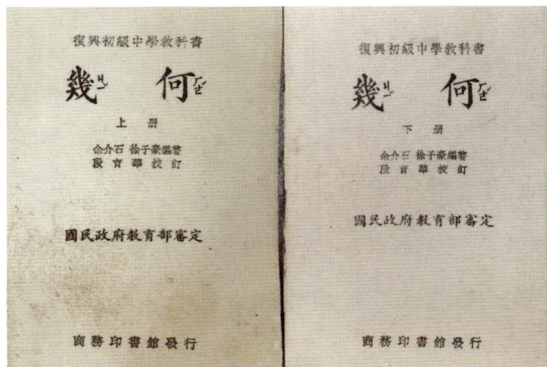

图5-21　《复兴初级中学教科书　几何》商务印书馆发行，1940年

此后由黄缘芳改编，国立交通大学理学院数学系主任汤彦颐校订，江苏省立上海中学数学教员余元庆协校，于1948年7月出版修订本第一版（图5-22）。

图5-22　《复兴初级中学教科书　几何》商务印书馆发行，1948年

余介石、徐子豪编著的《复兴初级中学教科书　几何》的"编辑大意"说明了作者的编写理念。

1. 这册几何，完全是按照最近部颁课程标准编辑，适合初级中学第二三学年之用。

2. 按部颁课程标准，初中第二三学年，代数和几何并授，并略及数值三角，本书与复兴初中教科书代数及数值三角二书联络密切，同时采用，可收互相启发之效。

3. 本书分八编，第一、二两编为实验几何学，第三至第八编为理解几何学，其中第四、五两编论直线形，但轨迹与三角形内共点线部分，初学每感难解，故移入第六编圆内合并讲授（此种编制，系依据段育华著混合算学）。正多角形性质，则分配于圆、比例内相当部分，其与圆的关系则与面积合为第八编几何计算。故本书篇幅虽不多，对重要教材，已无缺漏。

4. 书末附有总习题一百四十则，供学生于习完本书时之复习，藉（借）收融会贯通之效，教师可视时间之多少及学生程度之高下，酌量分配选习。

5. 本书遵照部颁课程标准，详于直线形，而略于圆及以后各部分，轨迹及作图题，仅言大要，对于不可通约的理，则未能提及。

6. 旧时几何教本，往往拘泥于理论的严谨，不特初学习之，绝不能感受必要，且其所谓严谨亦多可议之点。盖完备的严谨，决（绝）非初中程度所能谈到，本书求于初学所能了解之范围中，达于适当严谨的程度。

7. 英美新著几何每混合实验、理论二方面，自是引导初学循序渐进之良法。对于作图题，这点区别，尤为重要，本书对此特加注意，以救新派几何之弊。

8. 几何定理的证法，本应从解析入手，但教本体裁，自只能以综合法为主。本书特于每定理证法前，加列解析一项，以引起学生自动研究的习惯，而养成其解题的能力。

9. 本书习题与正文关系密切，尤其是在实验几何中，习题简直就是正文的一部分。教师与学子，对此宜特加注意。其尤重要者，并加星号（＊）为记。

10. 这书纯用简洁的白话讲解，使学生不至生文字上困难，致阻其学习的兴趣。

11. 本书所用名词，于初见处，附注英文原名。

12. 编者承吾师段育华教授特允，从混合算学教科书中，采用许多教材，并定理名称证题格式等，本书因此增色不少。谨此附志，以表谢忱。

13. 本书另编教员准备书，详载（1）教材摘要（2）时间支配（3）教法要点（4）问题略解等项，专供教师参考。

14. 此次部颁课程标准，初中算学部分，以几何特色最多，与旧案颇多出入，编者虽系该标准案起草之一人，只以学校需要甚急。且奉段师令嘱编，期限至迫，以数月之力，仓卒（促）成书，疵谬在所难免，深望海内专家及教师严加指正，俾得随时修订。

民国二十二年元月编者自识

《复兴初级中学教科书 几何》上册目录如下：

第一编 基本图形及其作图

第二编 量法

第三编 理解几何引论

第四编 三角形

第五编 平行论

《复兴初级中学教科书 几何》下册目录如下：

第六编 圆和轨迹

第七编 比例论

第八编 几何计算

总习题

该书注重概念、名称的严谨性，采用"汉译（英译）"的模式，即在汉语概念后用英文加以备注，以表示概念的指向准确性；该书在重点部分下方均用波浪线标注，以示学生加以关注和重视；该书注重几何作图，第一编的大部分内容都是在培养学生的几何作图能力；该书大多讲授平面几何，仅在第二编有少量立体几何内容。

（四）周元瑞等编著《复兴初级中学教科书 三角》

周元瑞、周元谷编著的《复兴初级中学教科书 三角》（图5-23）由商务印书馆于1933年7月初版，1937年6月第五十五版。

周元瑞、周元谷编著的《复兴初级中学教科书 三角》的"编辑大意"说明了作者的编写理念。

1. 本书依据最近部颁《初中算学课程标准》编辑，只讲数值三角（numerical trigonometry）。

2. 本编习题之选择，仅及实际问题，以切于学生生活状况者为限。

图5-23 《复兴初级中学教科书 三角》商务印书馆发行，1937年

3. 本编除应用上必需之三角函数公式外，其他一切恒等式概从省略。

4. 本编共计六章，适于一学期每周二小时教授之用。如时间尚感不足时，可将第四章及第五章之教材，酌量缩短，或将第六章完全省去。

在此"编辑大意"中，编著者周元瑞、周元谷明确指出该书的编写背景，即根据1932年《初级中学算学课程标准》的要求，仅在初中讲授数值三角的内容，其属于必要的三角函数初步知识，其他知识一概省略，并移至高中讲授。该书以简洁为特色，主要目的在于培养学生对三角的初步认识。所以正文编写的内容比较简要，以使学生能够在规定的年限内顺利完成学习任务。且习题多从实例入手。

《复兴初级中学教科书 三角》目录如下：

第一章 三角比

1. 间接量度法；2. 正切；3. 正弦和余弦；4. 三角比；5. 三角函数；6. 六种三角比；7. 仰角和俯角

第二章 基本公式

8. 余角函数公式；9. 特别角的三角函数；10. 同角函数的基本公式；11. 解三角方程式的例

第三章 三角函数及其应用

12. 三角函数；13. 三角函数表的说明；14. 三角函数表检查法：（1）已知角度找正函数；（2）已知角度找余函数；（3）已知函数找角度；（4）角度带有分秒的检查法；15. 直角三角形解法

第四章 对数解法

16. 对数；17. 对数的性质；18. 常用对数；19. 定位部与定值部；20. 对数表及三角函数对数表；21. 余对数；22. 用对数解直角三角形；23. 应用问题上几个名词

第五章 任意三角形的解法

24. 钝角三角函数；25. 补角函数公式；26. 解任意三角形；27. 解任意三角形所根据的定

律；28. 第一类　已知一边与任两角；29. 第二类　已知二边与一非夹角；30. 第三类　已知二边与一夹角；31. 第四类　已知三边；32. 已知三边求面积；33. 三角形内切圆的半径；34. 三角形外接圆的半径

第六章　三角法的应用

35. 三角法在物理上的应用；36. 三角法在测量上的应用

附表

正余弦表；正余切表；分秒化度、度化分秒；对数表；正余弦对数表；正余切对数表

《复兴初级中学教科书 三角》中将"三角函数"亦称为"三角比"，三角比都是跟着角度改变的。在角度一定的时候，三角比就有一定的数值。如果角度改变，三角比也就相应的改变。那么按照函数的定义，三角比是角的函数，所以三角比又叫作三角函数。符号方面，《复兴初级中学教科书 三角》中的符号已接近现行表示，如已经出现"∵""∴"等符号。但该书中还没有使用角的符号"∠"，面积的表示方法也与现行教科书表示有所不同，采用直接写出字母的方式表示面积，如四边形 *ABCD* 的面积就用 *ABCD* 表示，三角形 *FBA* 的面积用 *FBA* 表示。根号的写法与《中学校用 共和国教科书 平三角大要》中一致，也是采用"$\sqrt{}$"表示。以10为底的常用对数用 log 表示，如以10为底100的对数，书中表示为 log100。常用对数中经常出现类似 $\overline{3}.6732$ 的表示，这种写法表示3是负数，0.6732是正数。

在1933年7月初版《复兴初级中学教科书 三角》出版中，编著者发现书中部分内容有误，并给出了勘误表，如表5-2所示，但在1948年5月第一百五十版中已得到更正。

表5-2　《复兴初级中学教科书 三角》勘误表

序号	书中写法	正确写法	页码
1	$\tan A = \dfrac{\sin A}{A}$	$\tan A = \dfrac{\sin A}{\cos A}$	16
2	6909	0.6909	33
3	b	d	35
4	$\log_2 9 = 2$	$\log_3 9 = 2$	39
5	A=48.28	A=48°28′	48
6	$\dfrac{a}{a\cos A} = \dfrac{b}{\sin B}$	$\dfrac{a}{\sin A} = \dfrac{b}{\sin B}$	62
7	=90°	B=90°	64
8	5°66′	56°6′	84

《复兴初级中学教科书 三角》根据1932年课程标准编写而成，是民国中期商务印书馆出版的使用范围最广的三角学教科书之一，其特点如下：

（1）从量上来讲，《复兴初级中学教科书 三角》是中国自有三角学教科书以来，再版次数最

惊人的一本。其编印精良，图形、图表丰富且细致，是民国时期三角学教科书发展史上的一座里程碑。

（2）该书最大的特点在于，以应用"三角法"为目的，因此编排内容时以三角比定义三角函数，"除应用上必需之三角函数公式外，其他一切恒等式概从省略"，三角表之用法、三角形的解法也都是为应用三角法服务的。

（3）注重举例、说理明显，易于掌握，避免平铺直叙，以满足学生学习心理的需要。例如，在平常实际的工作中量度距离，因直接量度有时很不精确或难以测量，故有时须用间接方法。书中以具体的例子将实际问题转化到直角三角形中进行解答，并配以图形，根据相似三角形原理得出需要测量的距离。其中涉及一些步骤的理由，均在该步骤后增加"何故"二字，并在证明之后予以解释，帮助学生明理达意。

（4）重视体现数学的价值。1932年《初级中学算学课程标准》的目标第四条指出："使学生能明了算学之功用，并欣赏其立法之精，应用之博，以启向上搜讨之志趣。"因此，该书在素材的选择、内容的呈现方式上均特别注重体现数学的应用价值，以此提高学生的学习兴趣。从选材上看，编入了三角法在物理和测量上的应用。例题与习题的选择也倾向于与学生生活相关的实际问题。正如其编辑大意中所声明的"本编习题之选择，仅及实际问题，以切于学生生活状况者为限。"内容呈现遵从1932年《初级中学算学课程标准》实施方法概要中的要求："新方法与原理之教学，应多从问题研究及实际意义出发，逐步解析归纳，不宜仅用演绎推理。……故宜就实例入手，讲授三角函数定义及直角三角形解法，简易测量。"如在直角三角形解法中，将问题分为五种情况，每种情况各举一实例分别讲解，以此学习解直角三角形的方法。

（5）注重数学思想和方法的渗透。书中蕴含分类讨论（图5-24）、特殊到一般（图5-25）等数学思想。如，在学习解任意三角形时，首先将已知条件分成四种情况分别讨论，在对每一种情况进行具体操作的过程中，渗透了分类讨论的思想。在学习解直角三角形后，又安排了解任意三角形的方法，达到由特殊到一般的转化。

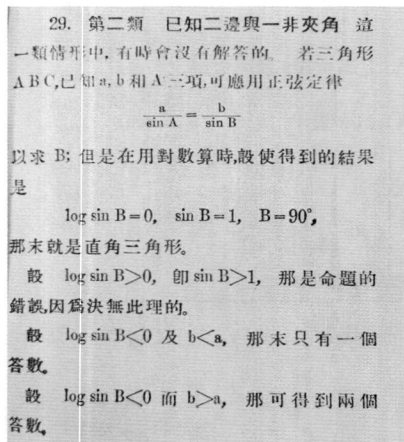

5-24

图5-24 《复兴初级中学教科书 三角》商务印书馆发行，1937年：第75页

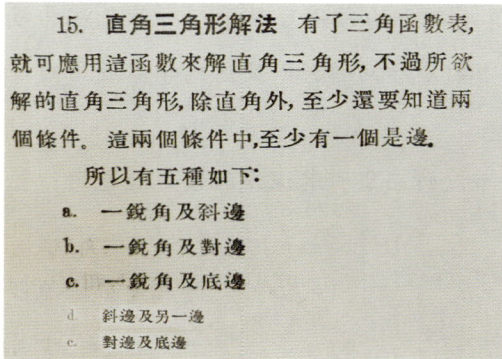

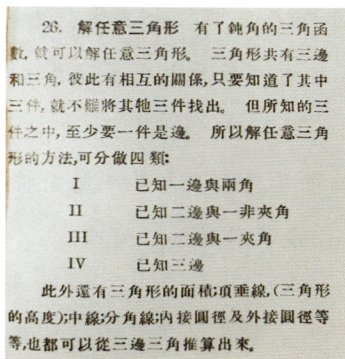

图5-25 《复兴初级中学教科书 三角》商务印书馆发行，1937年：第37、第69页

（6）初步体现了各科间的融合。1932年《初级中学算学课程标准》实施方法概要中规定："本科用分科并教制，或混合制，可由各校自行酌定。惟不拘用何方式，须随时注意各科之联络并保持固有之精神。""复兴初级中学数学教科书"采用分科制编排，各科作者在编写时也都考虑各科间的融会贯通。例如，算术、代数、几何、三角四科均有比和比例的内容，代数上所讲的比和比例以算术中的比和比例的算法为基础，而几何中的线段比、三角中的三角比又以前二者为基础，初步体现了各科间的融合。但总体而言，各科自成体系，各自为政，缺乏上位观点的统领。

二、其他初中数学教科书

（一）人民解放军华北军区政治部编印《中级算术》

人民解放军华北军区政治部编印的《中级算术》共两册（图5-26），上册于1948年10月初版，下册于1949年9月再版。书本单薄，上、下册均为87页，纸张粗糙，可以看出战时经费紧张，资源匮乏，出版条件较差。

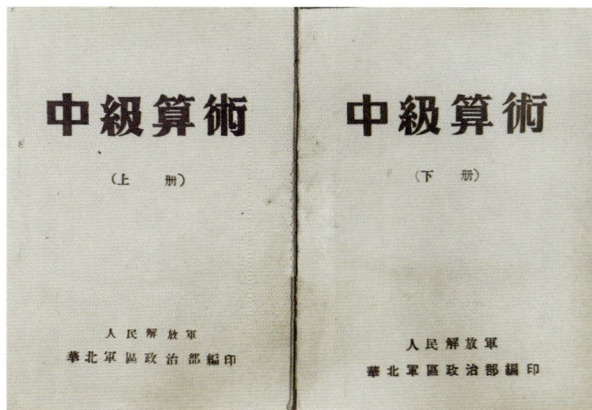

图5-26 《中级算术》人民解放军华北军区政治部编印，1948年

下面通过《中级算术》的上、下册"几点说明"来了解其编写理念等内容，具体如下：

《中级算术》上册"几点说明"：

1. 《中级算术》上册供在职干部中级算术班教学之用。

2. 本书包括整数的因数和倍数及分数两大单元，凡学过初级算术的可以学习。

3. 本书包括四十八个小节及习题二十三组，中级算术班平均每周可教学二小节及演算习题一组，教学时间约为半年左右。教学中应多联系工作中的实际问题，以便达到学以致用的目的。本书学习完毕，即开始学习下册。

4. 本书系采用抗大所编中学算术课本第三册，将章节改订而成，其深浅程度是否适用？望诸教学同志多多提供意见，以便再版时加以修改。

华北军区政治部
一九四八年十月

《中级算术》下册"几点说明"：

1. 《中级算术》下册，供在职干部中级算术班教学之用。

2. 本书包括比和比例与百分法及其应用两大单元，学完上册后即学本书。

3. 本书包括五十五个小节及习题三十三组，平均每周可教学二至三个小节及演算习题一至二组，教学时间约为二十六周，即半年左右。教学中应多联系工作中的实际问题，以便达到学以致用的目的。由初级算术班循序渐进，以至在中级算术班学完本书，则数学的基础知识——算术的教学，即已基本上完成。

4. 本书系采用抗大所编中学算术课本第四册，略加增删而成，其内容深浅程度是否适用？望诸教学同志多多提供意见，以便再版时予以修改。

华北军区政治部
一九四九年九月再版

《中级算术》上册目录如下：

《中级算术》下册目录如下：

全书内容删减很多，开篇即讲整数的因数与倍数，将数的认识、整数四则运算、小数及小数四则运算、复名数、开方、求积等省略掉了，只保留了整数的因数与倍数、分数、比和比例、百分法及其应用四章，而且内容相对简单，例题较少，习题较多，这与当时以生产劳动、支援战争需要为主，学习时间和精力受限有关。由初级算术班循序渐进，以至在中级算术班学完此书，算术的教学便基本完成。

（二）余信符等编著《建国教科书 初级中学 算术》

1936年，正中书局根据修正中学课程标准将已经编纂出版的教科书重新规整并新编一些学科的教科书，命名为"建国教科书"。这套教科书一经出版，受到许多中学的广泛欢迎。

由余信符、汪桂荣编著，任诚校订的《建国教科书 初级中学 算术》（图5-27）上册于1938年7月初版，1944年4月赣四十一版；下册于1938年7月初版，1943年11月赣二十四版，并一直被使用至1948年。

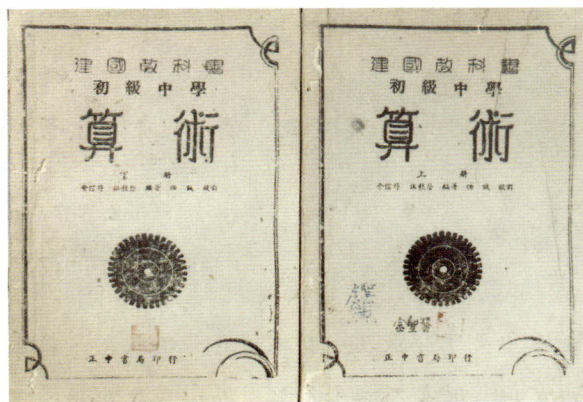

图5-27　《建国教科书 初级中学 算术》正中书局印行，1943年

余信符（生卒年不详），民国时期数学教育家，编著有《建国教科书 初级中学 算术》《新中国教科书 初级中学 算术》等。

汪桂荣（1899—1949），字静斋，出生于江苏江都，1919年毕业于南京高等师范学校，同年8月留校任教。1927年开始任扬州中学数学教员，其间参与了教育部中学数学课程标准的修订，并担任浙江大学暑期讲学会算学教学法讲师等。1937年后在国立四川临时中学教数学。1939年赴国立中央技艺专科学校教高等数学。1944年，经大学推荐赴美国考察。1949年春，汪桂荣病逝于南京。汪桂荣在民国数学教育思想的形成、课程标准的制定与修改、数学教材建设、数学师资培养等方面都做出了突出贡献。

《建国教科书 初级中学 算术》的"编辑大意"全面、翔实，对教材、内容组织、练习问题都进行了详细说明，具体如下：

（一）关于教材方面：

1. 根据部分标准，并参考江苏省算术教学进度表。

2. 教材力求实用，关于速算法、省略算法、统计方法，均立专章研究；关于度量衡，以及百分法、利息算法种种应用题，均根据我国最近情形编辑。

3. 关于整数、分数，以及比例中太繁难之问题，概行删去。

4. 初中算术虽注重计算之方法与应用，但究竟须与小学算术稍有差别，计算之原理自当略为说明。本书完全利用数字例题，于夹叙夹议之中，使学者对各种计算之原理完全了解，不感困难。

5. 太专门之问题，如天干、地支之推算，分日线、标准时之研究，以及商业算术方面之高等利息算，等等，均非普通算术中所宜讨论，本书一概从略。

6. 侧重直观教材，无论计算原理及应用问题，均参用图解，用以帮助思想，并增加学者研究之兴趣。

7. 关于引起学者民族观念之问题，本书习题中插入甚多，如东北四省土地之面积，前清失地赔款，等等，计算题是。

8. 注重学者理解能力，形式教材力求减少，换言之，对于记忆方面力求减少，对于思考方面力求增加，一切计算问题，均注重方法之练习，一切应用问题，均注重理解能力之养成，一切死记公式及死代公式之计算，力求减少。

9. 每章之末均有提要，使学者在习完每一段落后，即加一番整理，便于记忆，更便于应用。

10. 酌采算学史及算学游戏教材，增加学者研究算学之兴趣。

（二）关于组织方面：

1. 注意心理次序，而不打破论理系统。一般教本中关于分数及小数之次序，有先讲分数后讲小数，或先讲小数后讲分数两种办法。但分数之发明，远在三四千年前，而小数之应用，不过近三四百年事。可见分数较小数易于了解，故根据学习心理，分数应列于小数之前。

2. 注意归纳步骤，一切名词之解释，一切计算之方法，以及一切数之性质、重要公式、理解问题，均用归纳步骤，引导学者思想，由浅入深，逐渐引入，使学者能自行推求结果，毫不困难，且有充分兴趣，绝无干燥之弊。

3. 条理力求清楚，解说力求简明，务使学者头绪清楚，易于学习，易于记忆，易于应用。盖教本与参考书专门著作不同，教本之职责在使学者将根基打好，关于基础事项，宜为有条理的、简明的叙说，其余宜多留教者伸缩余地。

4. 采用融合制度之精神，关于百分法、利息算法之公式，使学者略知代数原理，仅须讲一公式，其余公式可应用等量公理推求之，但用冗长之代数式证明，或用方程式解四则难题似不相宜。关于复名数，求积诸章，充分介绍形之观念，绝不将整堆公式忽然写出，使学者干燥无味也。

（三）关于练习问题：

1. 有充分练习任何方法之介绍，任何原理之讨论，均有充分例题，使之透彻了解，更继之以充分练习，务使学者将感应结打得牢固，然后再逐渐变换习题式样，使学者能举一反三。

2. 练习之支配，力求适当，务使每一次教学均有一次练习。

3. 有充分复习。每一二章之末，均有复习题，除总复习本章教材外，并复习以前两三章，务使学者有日知所无月无忘所能之效。上下册均附总复习题。均系就最近两三年各省市会考试题，各中学入学试题，加以整理者，以便学者参考，较之一般无秩序会考试题解答效用更大也。

4. 注重验算之法，使学者对于所求得数有正确之把握。习题均有答数，用供教学上参考之用。

通过该书的编辑大意可以看出，书中内容编辑严密、条理清晰、繁简得当，注重知识间的联系与融合，讲求实用，将当时实际情形编于应用题中；在引导学生学习方面，注重引导学生对知识的归纳与理解，减少单纯依靠记忆与套代公式计算的方法，对于知识的编排遵循心理认知规律，采用直观图解方法，融入数学史与数学游戏，从而激发学生学习兴趣；习题设置充分而恰当，有利于学生对知识举一反三、温故知新，总复习的题目来源于当时会考真题，有助于学生实战能力的培养，习题注重验算，有利于学生对知识的掌握。值得一提的是，习题中也涉及了很多民族观念的问题，有助于学生对国情的了解，并增强爱国情感。但是，书中对于小数与分数关系的说法似乎并不正确，因为小数可以说是特殊的分数，因而将小数安排在分数后面讲授是有道理的。但是该书说学习分数的历史要比小数长，所以分数易于小数，因而先学分数，这样的解释就是不合理的了。

全书共18章199节，上册共11章155页，下册共7章187页。每册后面另有习题的答数（即答案）十多页。每一章后面有一个提要，概括本章内容。

《建国教科书 初级中学 算术》上册章目录如下：

第一章 数的表示

第二章 整数四则

第三章 速算法

第四章 整数四则应用题

第五章 整数性质

第六章 公约数和公倍数

第七章 分数

第八章 分数应用问题

第九章 小数

第十章 循环小数

第十一章 省略算法

《建国教科书 初级中学 算术》下册章目录如下：

第十二章 复名数

第十三章　比同比例

第十四章　百分法

第十五章　利息

第十六章　统计大意

第十七章　开方法

第十八章　求积法

上册中，第一章主要讲授基本知识，设置习题5道。第二章讲授整数四则，共设置例题39道、习题49道。第三章讲授速算法四则，第1节速加法，首先利用凑十法，进行整数的加法，其次讲了"奇数个连续整数相加的和，等于其个数乘中间一数的积""偶数个连续整数相加的和，等于其个数的一半乘首尾两数和的积"，利用这些方法可以大大节省计算时间，对于日常生活中的计算有很大的帮助，设置例题8道、习题12道；第2节速减法，讲了减数和被减数是10，100，…或接近10，100，…时的速算法，设置例题4道、习题12道；第3节速乘法，通过例题计算得出：凡是5乘某数，可在某数后加一圈，然后用2去除，以此类推；诸数相乘有可以凑成10，100，…或其倍数的，则先行凑合，然后再求各数的积等，设置例题14道、习题16道；第4节速除法，通过例题计算得出：凡是5除某数，可先用2乘，然后用10去除；若用25除，先用4乘，然后用100去除，依此类推；多位数可以化成单位数去除，设置例题4道、习题6道、复习题30道。第四章讲授利用整数四则解决应用题，设置例题15道、习题58道、复习题16道。第五章讲授整数的性质，即几个数经过乘法、除法运算以后，被乘数、乘数、积或被除数、除数、商等具有的数的性质。其中，因数检验法依据奇数和偶数以及10以内几个奇数倍数的性质，总结出这些数的倍数规律。质数决定法是依次用质数从小到大除这个数，除到商比除数小时得不到整商，即可决定此数是质数。该章设置例题16道、习题42道。第六章讲授公约数和公倍数以及求最大公约数和最小公倍数的方法。该章设置例题10道、习题45道、复习题22道。第七章讲授分数，设置例题27道、习题99道。第八章讲授分数应用题，分数应用题比整数应用题题型简单了很多，这里只讲了四种类型，但是体现了一种量的整体与部分及倍比关系。该章设置例题7道、习题26道、复习题20道。第九章讲授小数，小数概念中讲了小数是分数的特例；命数法现在已不常见，一位小数称作分，两位小数称作厘，三位小数称作毫。该章设置例题23道、习题46道。第十章讲授循环小数，该章设置的铺垫性很强，循环小数通位法的讲解为循环小数加法、减法做了铺垫，提醒学习者在小数加法、减法之前首先要对不同小数进行通位；而循环小数乘法、除法前讲解化循环小数为分数，为计算提供了方法依据。该章设置例题12道、习题35道。第十一章讲授省略算法，主要是通过小数保留有效位数，进行小数的计算。该章设置例题5道、习题30道、复习题20道。此外该书还设置总复习题90道，以及所有习题、复习题、总复习题的答数（即答案）。

下册中，第十二章讲授复名数，复名数在算术课程的学习中是很重要的一部分，突出有单位数字的计算。首先要进行单位转换，而单位转换又涉及不同类型、不同国家的多种单位，因而确保单位转换正确后，才能进行数字的混合计算，培养、训练学生对数学知识的综合运用能力与计算能力。该章设置例题18道、习题138道。第十三章讲授比同比例，衣服剪裁各部分的比例、黄金比例的应用等，可见比同比例在实际生活中应用广泛。该章设置例题20道、习题117道，习题中计算题39道、应用题78道。第十四章讲授百分法，介绍在商品交易中百分法相对于分数、比与比例更显实用性。其中折扣、赚赔、佣钱、保险、汇兑、租税都是商业上经常用到的计算。该章设置例题24道、习题126道，习题中计算题34道、应用题92道。第十五章讲授利息，阐述利息对学生数学计算能力的考查更为专业，为实际生活中银行储蓄业务的熟悉奠定基础。该章设置概念10个、例题21道、习题64道，习题中计算题10道、应用题54道。可见该章主要培养学生的算术应用能力。第十六章讲授统计大意，介绍统计主要培养学生的总结、综合数学知识及数形结合的能力。该章设置概念5个、例题8道、习题22道，全部是应用题。第十七章讲授开方法，设置概念11个、例题15道、习题62道，习题中计算题46道、应用题16道。第十八章讲授求积法，设置概念17个、习题68道，其中计算题41道、应用题27道。

（三）汪桂荣编著《初级中学 实验几何学》、马文元编《新中学教科书 实验几何学》

20世纪30年代，实验教育思潮在中国中小学的自然科学和数学教育中兴起，特别是在初中数学教育中开始实施实验教育，首先出现的是实验几何教学。这种实验几何教学不是几何教学实验，而是把自然科学教育中的实验思想渗透到初中几何教育中。于是出现了与实验几何教学计划配套的实验几何教科书，实验几何教科书是相对于理论几何（亦称理解几何或证明几何）而言的。下面介绍民国后期两种具有代表性的实验教科书，分别是汪桂荣的《初级中学 实验几何学》（正中书局，1935年）和马文元的《新中学教科书 实验几何学》（戊辰学社，1935年）。

1. 汪桂荣编著《初级中学 实验几何学》

汪桂荣所编著的《初级中学 实验几何学》（图5-28），由正中书局于1935年初版。该书是根据 Shibli 的《最近几何教学之趋势》、Breslich的《中学算学教学法》、Smith的《几何教学法》，以及英国、美国实验几何的教材、混合算学等十多本教材，并结合作者的几何教学经验编辑而成。

图5-28 《初级中学 实验几何学》正中书局印行，1935年

《初级中学　实验几何学》全书共九章，132页。作者在"编者自序"中阐明编写实验几何学的缘由：

> 推理几何之教学，开始时最感困难。第一，学者初无几何观念，对于术语不易了解。第二，学者尚无运用圆规和直尺作精确图形之训练。盖无论证定理、求轨迹、作图以及计算问题，均非有精确图形，不足以助其思考。第三，关系严格之论理思想，学者不易领会，即优秀学者，亦只照书死记，毫无教育价值。第四，所有教材大都离生活情形太远，学者不感兴趣。第五，根据实际之测验，学者开始读推理几何时，个性差别甚大。有对于已习功课尚能了解者，亦有毫无所知者，欲免以上诸困难，除在教推理几何之前，先教实验几何外，别无办法。

在"编者自序"中还介绍了德国、英国、美国等国实验几何学发展及推广的历史及中国中学算学教学的弊端。

> 德国自二十世纪开始，由Klein之提倡，对于实验几何实验异常重视。先用实物使学者认识各种几何形体及熟悉各项几何名词，但不正式告以几何之定义。次使学者练习如何运用尺、圆规、量角器、三角板等，作成各种图形，注重精确与整洁。复次使学者根据作图量度，发现简单关系。

> 英国之注重实验几何，自Spencer之提倡始。其所著之发明几何，学者读之，颇为生动而有兴趣，其后更有Peny之连动，一切几何关系，均由学者自量长度及角度得之，面积则用方格纸算出。至1912年，国际算学会议开会于英之剑桥，实验几何乃有更新的发展，从此英国各中学对于实验几何格外重视，大概英国中学对于几何分三个阶段：第一阶段为实验的归纳的，学者年龄至十三岁止；第二阶段注重演绎，但实验归纳仍然用之，至十五岁止；第三阶段注重严格的论理，一切定理均由少数公理推得，将已读者加以整理，更加以扩充，至十六岁或十七岁止。我国部颁课程标准初中实验几何及推理几何，相当于英之第一第二两阶段，高中几何则颇似英之第三阶段。

> 美国之重视实验几何，可谓自十九世纪中叶起。Hill所著之几何初步课程，注重由实验几何形体引起儿童研究之兴趣，使儿童由观察得到几何观念，而不注意纯粹思考，实为实验几何之萌芽。至十九世纪末叶，中学校中即有采用英国Spencer之发明几何者，但尚未十分重视。直至1912年国际算学会议后，美国各初级中学均读实验几何。近年来美国通行之初中融合算学，乃融合算术，代数，实验几何，数值三角于一炉。在美国初级中学内大概不教推理几何。

> 返（反）观我国，中学几何教学对于实验几何向未重视。大概因教者主观成见太深，以为实验几何浅近无用，且教时甚感麻烦。不知近来我国中学算学教学所急需改进者，即在太重注入方法，太重抽象理论，太重演绎思考。若采用实验几何，则师生合作讨论，自免偏入之弊。一切教材，均切实用，使学者常与大自然接触，自免死读课本，太偏理论之弊。一切结果，均由学者自动量度归纳而得，自免太重演绎思考之弊。凡读西洋科学史者，均知欧洲科学受

Aristotle演绎理论影响，二千年间，可谓毫无进步。虽至十七世纪Francies Bacon及Descartes提倡归纳方法，欧洲科学始有萌芽，可见归纳方法之重要。算学虽为演绎的科学，然中学算学教本，若不采用归纳编纂，注重实用教材，则中学算学教学，永无改进之日矣。

教实验几何的目的是，使学者由观察及实验认识几何形体，发现其简单的关系，以及求几何量的大小。关于该书的编写原则，"编者自序"中提道：

①注重实用教材。使学者与大自然接触，认识各种几何形体，了解几何与人生之关系，并使学者能用几何解决各种实用问题。②注重自发活动。一切命题，均由学者自行作图，自行测量，自行寻求结果。一切模型，均由学者自行制造，自行研究。③注重归纳方法。一切结论，均由学者从实例中归纳得来，应用演绎之处甚少。④注重学习心理。关于名词之解释，注重实例说明，不用严格定义，常引用折纸方法，指示结论，学者读之，颇有兴趣。⑤注重融合制度。凡与算术及代数有关之处，务使与各该科设法联络。⑥注重充分练习。凡尺、圆规、量角器、三角板等之使用，均给以多数有变化的习题，使之练习，务使学者对于若干名词，若干结果，得与充分练习之中，不知不觉，记忆纯熟，并能自由使用之。

同时，编者在"编者自序"中明确地提出了实验几何的13条教学目标：

①发展学者空间观念（量的观念）及空间思想；②养成学者于自然、工艺及家庭诸方面所遇几何形体有欣赏之能力；③训练学者如何运用直接量法及间接量法；④给予学者自动研究之机会，如此可以使学者智慧日渐增进；⑤指示学者如何使用尺、圆规、量角器、三角板等绘图器具；⑥使学习者估计几何量之大小；⑦使学习者自由观察认识几何事实；⑧使学者有自行发现几何关系之能力；⑨使学者有从特别事实，推求普遍结论之能力；⑩使学者有爱精确整洁之习惯；⑪从游戏及职业两方面，提起学者对于几何学习之兴趣；⑫使学者认识几何与文化之关系；⑬为研究推理几何及其他算学，建一良好基础。

章目录如下：

第一章　线段量法

第二章　角度量法

第三章　垂直线和平行线

第四章　圆

第五章　简易作图

第六章　用割补术求直线形的面积

第七章　相合形与对称形

第八章　比例线段与相似形

第九章　立体的面积和体积

该书注重几何与算术的结合，善用割补法，利用割补法求平行四边形、三角形、梯形面积等。

如书中让学生通过倒水对同底同高的不同容器的体积进行比较，用实验的方法让学生感知圆柱体和圆锥体体积的关系。

书中多是让学生通过实验测量得出结论，如平行四边形的对边相等、对角相等，圆的内接四边形对角互补等。另外，书中对于制作模型的方法有较详细的介绍。

2. 马文元编《新中学教科书 实验几何学》

马文元编、秦汾校订的《新中学教科书 实验几何学》（图5-29），由戊辰学社于1935年出版。

图5-29　《新中学教科书 实验几何学》戊辰学社出版，1935年

图5-30　马文元像[1]

马文元（1903—1972，图5-30），字汉雄，北京人。1928年从北京大学数学系毕业。1935年至1950年在北京四中任数学教师，同时兼任北京师范大学数学系教授。后调至山东大学、武汉测绘学院任教。马文元一生勤奋于著书立说，1928年著有《初等代数教科书》，1930年出版了《平面几何教科书》，1935年出版了《平面三角教科书》，1938年出版了《高等代数教科书》，1940年出版了《代数补充教材》。1949年以后出版了《小宁学几何》《小宁学代数》和《数学的历史知识》等科普著作。

《新中学教科书 实验几何学》首页说明了编写的依据与目的，简要介绍了书的页码、习题设置，并为教师的课堂教授及学生的学习准备提出建议。首页内容如下：

按教育部最近颁布课程标准，初中第二学年第一学期应受（授）实验几何学（experimental geometry）二小时，以为学习平面几何学（plane geometry）及立体几何学（solid geometry）之预备。用意至善。著者最近遵照课程标准，根据教学经验，参考西文名著，编成实验几何学一部，附于平面几何学之前，以便讲授。虽仅有四十余页，但有习题二百五十个。平均每小时演习六七题。教师可以斟酌各题之性质，令学生在黑板练习，或在练习本上演习，或就实物练

[1] 图片来源：北京四中校友网. 北京四中一代名师：马文元[EB/OL]. [2005-12-01]. http://edu. sina. com. cn/y/news/2005-12-01/175349228. html.

习，或与劳作教员合作令学生制作各种立体模型，并宜令学生预备圆规（compasses）、公尺（meter）、半圆规（protractor）、三角板（set square）、透明纸（tracing paper）、硬纸（hard card）、硬铅笔（hard pencil）、剪刀、小刀、针等。以便演习。

实验几何学编著时所用重要参考书如下：

Godfrey and Siddons：*Experimental Geometry*.

Forder：*A School Geometry*（1930）.

Carson and Smith：*Plane Geometry*.

Stevens：*Mensuration For Beginers*.

一九三五年三月编者志

《新中学教科书 实验几何学》目录如下：

（Ⅰ）直线；（Ⅱ）角；（Ⅲ）有法多边形；（Ⅳ）三角形；（Ⅴ）四边形；（Ⅵ）角锥体；（Ⅶ）三角形（续）；（Ⅷ）平行线及垂直线；（Ⅸ）平行四边形 矩形 正方形 菱形；（Ⅹ）立方体 长方体 柱体；（Ⅺ）应用题；（Ⅻ）画直线形法；（ⅩⅢ）对称图形；（ⅩⅣ）点线面体

全书共45页，例题、习题连续编号，共21道例题，250道习题。书中所学数学名词后都附有相应的英文，关键概念下用波浪线标注，需要强调的地方标有"注意"，图文并茂，立体图形画有阴影（图5-31），习题紧扣所学知识，难易适中，对于稍难的题目，书中还会给出"提示"，以助扩展学生数学思维，强化练习所学知识。

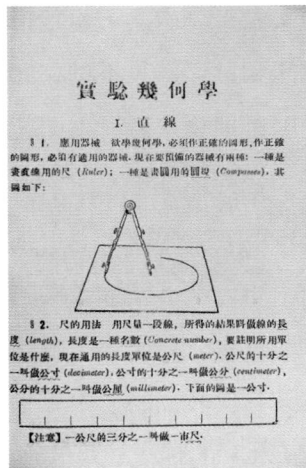

图5-31　《新中学教科书 实验几何学》戊辰学社出版，1935年：第1页

几何概念引入的方式灵活多样，在例题中直接给出，在习题中通过操作引入，还有的在"注意"中进行简单说明［图5-32（a）、（b）］。对概念定义后还给出学生易于理解的例子加以说明，如点线面体的定义如下：

点仅有位置，并无大小。

点动则生线。例如以铅笔在纸面随意一画可生一线。

线动则生面。例如用粉笔横卧黑板上移之。可以在黑板上留白痕，就是一块面。

面动则生体。例如注水杯内。水面徐徐上升，所造成者为体。

(a)

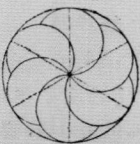

(b)

图5-32 《新中学教科书 实验几何学》戊辰学社出版，1935年：第13、第14页

（四）张幼虹编《修正新课程标准适用 实验初中算术》

中国数学教育从清末开始学习日本和欧美中学算术教育，然而欧美算术教育19世纪初已经完全摆脱理论算术，一方面，其在学校基础教育中不设置理论算术知识而设置实用算术。另一方面，在很大程度上，实用算术知识的学习过程就是一种计算经验的学习过程，其中蕴含着丰富的实验成分。数学中的实验可以分为外部操作的显性实验和内部心理思考的隐性思想实验，算术学习也包括这两点。这里说明这一点的目的在于说明学校算术学习中本来就存在实验思想和过程，只不过在20世纪30年代实验思潮的背景下实验被提高到更重要的位置而已。在清末及民国时期算术教科书即便是没有"实验"的标签，但是其中均有丰富的实验内容。

与著名数学教育家汪桂荣的《初级中学 实验几何学》（正中书局，1935年）平行地出现了张幼虹的《修正新课程标准适用 实验初中算术》（上、下册，建国书局，图5-33，以下简称《实验初中算术》）。上册1934年8月初版，1941年8月第六版；下册1934年8月初版，1945年1月第十版。在上海和江苏等教育发达地区影响很大，也可以说《实验初中算术》是当时具有代表性的初中算术教科书。汪桂荣先生为《实验初中算术》写的序言充分肯定了《实验初中算术》的优点。《实验初中算术》上册开篇依次设有"学习算学最应注意的几件事""汪桂荣先生序""自序""编辑大意""目录""告学者""引言"。下面通过引用原文来展示序言者和作者的教育理念、编写理念、学习指导和内容特点。

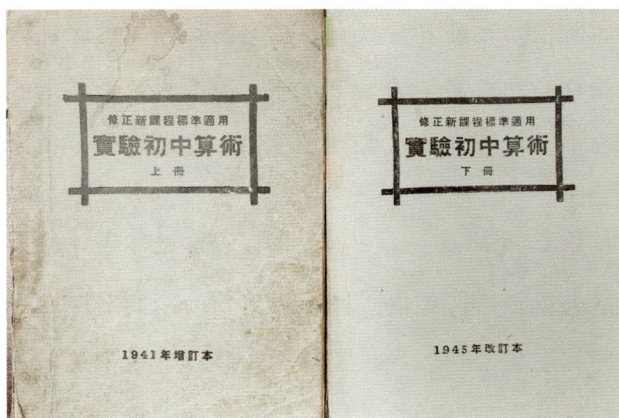

图5-33 《修正新课程标准适用 实验初中算术》建国书局，1941年、1945年

学习算学最应注意的几件事

1. 听讲时有不明了处，未到一段落不要就问。

2. 勤演多演习题是学算学的不二法门。

3. 演算时要细心，免中途发生错误。中途凡能化简者必须化简。

4. 为式子要排列整齐，不要省纸。

5. 每题计算完毕方能核对答案。

6. 与答案不符的，先检理解的合不合，次查计算的错不错；无已再去问同学或教师。

7. 演难题未思索前，不要就去问同学或教师。

8. 遇困难，既思索而不能解，不要怕羞去问较好的同学，不要骇（害）怕去问担任的教师。

9. 懂的地方，有同学问你，你就要有耐心地讲给他听。既能帮助别人，且足增加自己的熟练。

10. 算学抄人家的练习是算学中的盗贼。给人家抄是算学中的诲盗者。千万都不要犯。

《实验初中算术》的显著特点之一就是交代了学习算术的听课、练习、细心与纠错、书写规范、核对答案、理解是否错误、困难面前不退缩与不耻下问、互相学习和帮助、不做学习中的"盗贼"这10条注意事项。这就明确告诉学生学习数学只有勤奋、踏实才行，否则就学不成，就像欧几里得向托勒密国王所表述那样："学习几何学没有为国王铺设的大道"。[1]还强调互相学习的方法，用现在使用的"合作学习"表述也不为过。

汪桂荣先生序

现今算学教学趋势，关于教材之选择，在切合实用，在富有兴趣，在多含直观教材。关于教材之组织，在合于学习心理，在能用归纳方法，在多取融合主义。此外教法方面，在能引起充分兴趣，在有适宜练习，在能顾及个性差别。今阅张君幼虹本多年教学经验与研究所编之初中算术一书，觉内容组织至为适当，解说举例亦甚详尽，对于上述诸点，确能一一顾到。非特教材之选择与组织有许多独到之处；而选题之苦心排练，尤难能可贵。诚易教易学之良书也。

[1] 莫里兹.数学家言行录[M].朱剑英，译.南京：江苏教育出版社，1990：57.

第二节 初中数学教科书

用此书者非特教材方面可感适应，即教法方面亦有借助之处。前教育部拟定高初中算学课程标准时，鄙人曾有意见贡献。去年江苏省教育厅编订高初中算学进度表，鄙人亦参加讨论。张君此书，对于部颁课程标准及省订进度表算术部分中，均有详尽之发挥，与鄙人意见亦颇多相合之处。爰志数语，以告读者。

民国二十三年八月汪桂荣序于省立扬中

由于汪桂荣本人极力主张实验教学的缘故，他从教育背景、教材选择、学习心理及编写理念等方面言简意赅地高度评价了《实验初中算术》。该序言中也反映了当时实行混合数学（融合主义）教学的情况。一言以蔽之，《实验初中算术》是张幼虹基于自己经验领悟与研究体会、数学教育改革之需要和融合主义之思想编写而成的。

自序

研究教学方法，第一须有适宜之教材；否则每多徒托空言，无补于事实也。譬如说引起兴趣一端，若教材之组织与解说，杂乱不明，虽教者想尽方法，亦难能使学生注意也。又如说适应能力一层，若练习题难易之次序排列不合，或难易之分量不能适当，教者亦无法施其术也。廿二年夏教育部颁订新课程标准，对于算学各学程内容均有增删之处。编者一方面为适应新课程标准，一方面为作改进教法之依据，乃编辑是书。脱稿后，先用讲义在所任学校实验一遍，考察学者之心理；并按江苏省教育厅所订进度表，增删付印。八一三后修改重排，就正方家，颇受沪上各校之欢迎采用。今就实验者之意见，复详加增订，冠以实验二字，并分为上下两册装订。至于此书之一再修改增删，实非敢与方家所编之教科书比美，实愿与教算学者作一研究耳。

民国三十年五月张幼虹序于上海光华附中

由"自序"中可知，张幼虹《实验初中算术》与实验几何不同，它不仅包括算术学习中的实验，而且包含算术教学实验之意。

编辑大意

1. 本书编辑完全遵照教育部最近颁布课程标准及江苏省教育厅所订进度表。其最重要之点有三：

（1）部颁标准主张算术中应教省略算和统计大意，编者特各列一章。

（2）部颁标准主张算术中应教速算法和心算练习，编者特按其应用的法则，分列于各章。

（3）部颁标准和省订进度表主张求积法在实验几何中教学，又省订进度表主张数的开方在代数中教学。编者特将此两章列为附篇。教者可按各校实况及教学时间斟酌取舍。

2. 本书教材完全与高小算术密接联络，不取重复。凡小学已习者，只略述大概；容易忽略及应须补充者，详为说明。且重理解，以树研究算学之基础。其各章重要之点分述于下：

第一章论数量（a）中国数码与罗马数字至今仍有沿用之处，故与亚（阿）拉伯数字一并编入。（b）线段表数，对于解应用问题及说明分数等，最足帮助想像（象），特为预先说明。

（c）命数法，我国沿用的与欧美的，各有优点，特列表比照。

第二章基本四法（a）四则意义在算式名数上的表示，单位不等四则的运算，零在乘除法中的变化，同底乘方的乘除法，四则连续式及有括号式之运算几件事，小学生最易忽略错误。特详为说明。（b）等量公理为研究算学之基本法则，特早说明。并藉（借）此申说加减之关系与乘除之关系及验算诸理。（c）讲四则诸定律最易流入干燥无味，编者特于每一定律后，插以速算法或验算之应用于定律者，使学生发生兴趣。

第三章四则杂题（a）解答问题之立式，本书主分不主合。且每式之前或后均须作一之简单说明。式中名数之记载亦特别留意。（b）问题解答，虽分类示例，但每一习题中，均包含两类之问题，且本章之末加一杂题，于摹仿之中，仍予以自动思索之机会。

第四章整数的性质（a）由二整数结合四法判定分整，说明整除诸定理。根据整除诸定理说明质因数检验法之理论。（b）分解因数法本为求G. C. M.与L. C. M.之准备。但亦可应用于乘除法之速算，特为插入。（c）辗转相除求G. C. M.及L. C. M.之理，程度较低之学生，每不易了解，本书虽编入，教学时若只注重方法，理论或可略去。

第五章分数（a）用除法与分数单位比照说明分数之意义。用分数单位说明分数定律。用分数定律说明分数乘除之理。（b）分数杂题最紧要之事，为认识母数子数与分率，故特详为说明。

第六章小数（a）用$\frac{1}{10}$分数单位解释有限小数，说明分数化小数时，有限与循环之判定法。（b）用连九分数单位解释循环小数，证明循环小数化分数之理。（c）循环小数四则直接计算法，骤看似甚繁复，但据编者经验，学者先用间接法计算，其繁更甚，故对于直接法颇感需要。

第七章省略算（a）省略算似为节省时间而设，其实结果之准确更为重要。故研究省略算，准确度之理论不可不知，特详为说明。（b）有限小数后之零，可以略去。近似数后之零则不然，初学者每不易明了，特列表比照解释。

第八章诸等数（a）权度除万国制与市用制必需教学外，英美制亦编入。因英美制科学书中间有采用的，且我国商场应用较广。市用制完全依据民国十八年政府所公布，并将营造尺库平旧制列入附注，以便民间契约上的换算与参考。（b）教求正方形面积与正方体体积时，插入用析因数开平方及开立方法。设附篇暂时不习，使学者对于开方求积之观念，亦可预知梗概。（c）改用法币，关金单位为我国货币上最近的改订，均行采入，以符实用。（d）阴阳历至今为我国并用之历法，特详为说明置闰之理。（e）经纬度、时差、标准时、分日线等，学者习地理时，遇计算问题，每不易明了，特详为说明。

第九章比及比例（a）比与较，比与除，比与分数之异同，初学者往往不易辨别，特详为解释。（b）比例正反之决定，初学者最感困难，特详举各例说明。（c）复比及复比例问题，学者判断正反最感棘手，特示列表之法，先定正反，然后立式，便觉容易。（d）混合比，各损益之量过多，其配合之法，可至无穷，岂初学算学者所能领会。故本章所举各题，诸量对于均量，只限一个损量余为益量，或一个益量余为损量为范围。

第十章百分法（a）百分法时为分数之复习，本书特与分数分编为（位）于上下篇。（b）百分法重在应用，故租税、开税、统税、营业税、汇兑等均按吾国目前实况编入。

第十一章利息算（a）活期存款结息之法，一般教本中往往不载。其实此种计算，凡存户均应明了，方能复核银行所结之息有无错误。编者特将此法（即实利简求法）详细说明。（b）利息算重在应用，故公债、股息、邮政储金等，亦按吾国目前实况编入。

第十二章统计大意（a）本章教材完全按统计之过程编辑。先令搜集材料，作次数分配。次令算出中数、众数或平均数。再次令列表绘图。（b）格栏幅线于统计上应用甚广，特与线段表一并编入。（c）倒数、平均数为计算平均速度必要之方法。又物价指数为人生必需之常识，故均编入。

第十三章开方法（a）开方法在算术中既不能用二项平方及立方公式教学；当采平方及立方图解说明。教者讲立方时，应再备模型一套，当更亲切。

第十四章求积法（a）求面积完全用割补术证验。求表面积与体积或用展开图，或用实验法说明。（b）知三边求三角形面积之理，非割补法所能说明；但量地时颇具应用。故亦将该公式编入。（c）直角三角形定理，应用于求积之处甚多，且其理亦可用割补术证验，故亦编入。

3. 本书如依部颁标准，上下学期算术每周均 4 小时，上学期教上篇，下学期教下篇及附篇。如依省订进度表初一上学期算术每周 4 小时，适可教完上篇八章；下学期算术每周 2 小时应该为 3 小时，适可教完下篇四章。附篇两章可在代数与几何时间内补教。又程度较差之班级，有些教材，如感太深，或教学时间不够，教者可将书中有星点（*）记号之教材，略去不教。或每周增加 1 小时。

4. 本书应用问题均按难易程度排列，大概一个习题中，开始 $\frac{2}{3}$ 的题目较易，其次 $\frac{1}{6}$ 的题目较难，最后 $\frac{1}{6}$ 的题目最难。教者可令优中劣三等之学生分别练习，各算一个习题中 $\frac{2}{3}$ 的题目。劣等生取上端的 $\frac{2}{3}$，中等生取当中的 $\frac{2}{3}$，优等生取下端的 $\frac{2}{3}$，例如一个练习共 12 题，劣等生从第一题做至第八题，中等生从第三题做至第十题，优等生从第五题做至第十二题。不分优中劣三组，每人最少算一个习题的 $\frac{2}{3}$，能多算尽量算下去，但一个习题开始注明"不分组"字样，即表示该练习题各等生均须全做。

5. 算学教科书，一经出习题详解，则学生可以私自抄袭，教师无法督促，该书即成废物。望仁人君子幸勿为本书作详解，渔利害人。至于问题答案，附列书后，学生计算时可随算随对。准则必怡然自乐，逐一演算；错则可以随时思索改正，似乎比必须等待教师上课时方有核对机会，兴味较浓。教者于每课之始，应先巡查学生对于前一课所指定之习题是否计算。无故全未计算者应受相当处罚。然后将该习题中多数学生感觉困难之处，一一加以指导，务嘱其于课内或课后细心检出开始错误之点，从头一一改正，再缴（交）教师检阅。此法比教师直接批改，省力多多；而学生反增兴趣与注意，实收事半功倍之效。

6. 书中遇算学名词初见者，概附注英文，使将来研究西书，有所印证。

7. 本书编者凭多年教学经验与参考各家教本之优点编辑而成，并在编者现任学校试验后，且按采用者之意见修改付印，处处以便于教学，切合实用为主。但自愧谫陋，唯恐纰缪多多，尚望海内方家，赐予纠正。

在第1条中，省略算和统计大意，是当时算术教育中受到重视的内容，尤其是"统计大意"，属于新内容。其在整个教科书中占31页之多，内容也丰富。另外，将开方法和求积法设置在一起，主要考虑数学内部的逻辑联系，例如就正方形、正立方体的求积问题而言，乘方和开方是互逆的运算。求积法中也设置了三角形面积、四边形面积、多边形面积、立体图形的体积和圆面积，在三角形和四边形面积的基础上进入勾股定理的学习。从不同几何图形面积知识的衔接性看，这种安排是极为科学的。但是从初中数学整体角度讲，这种设置与实验几何（或分科几何教科书）的相关内容有些重复。这就要求授课教师根据实际情况灵活分配教学任务。

第4条习题设置理念说明《实验初中算术》遵循因材施教理念，除照顾多数学生的需求外，同时也充分考量学有余力的学生学习诉求。以现在的语言来说，就是兼顾了大众教育和精英教育。第5条主要考虑到学生的独立完成作业情况，实际上强调了自主学习。

这些编写理念都是站在施教者的立场上提出的。《实验初中算术》在"编辑大意"之后，也提出了"告学者"8条，实际上站在受教者的立场上重新表白了《实验初中算术》的理念，这种做法无论是从教师角度看还是从学生的角度看，都充分体现了一种亲近感。

告学者

1. 本书每一练习题前的教材，大半约供教师一小时的讲述。学者应于上该课的前一日，细心预习一遍。凡自己看不懂的地方，可用色笔标出。至听讲时，方有所注意。

2. 演算习题前，应将书中所举各例，复看一遍。

3. 过较难的问题，学者应一再思索。如实无法解答，再去探问教师或较优的同学。

4. 预习明日教师所讲的教材，应在今日演毕上——习题之后。

5. 演今日习题之前，应将昨日所演习题中核对答案已知不正确者，自己从头至尾一一改正，缴（交）卷后，再从事今日之工作。如遇不会改正者，应去请问教师，切勿含糊过去。

6. 算式排列，学者每因省纸，将一式随意分作两段，甚至一数分为两行。又名数记载，每因偷懒，或竟不记，或前记而后不记，或后记而前不记。均属非是。演算时，应以本书所举诸例形式为准绳。

7. 缺课之学生，如仅缺一两课，应将所缺之习题，赶速补演后，再演所受之新课。设缺课较多，应将全部所缺之课，先略读一遍。然后分日补演所缺之课，与各日新受之课同时进行。

8. 温习已受之课，应先将书中诸例复看一道，然后将所演之习题中曾因错误改正，另取稿纸，复演一遍。如有余暇，可取他书中校难之问题研究之。

引言

为什么要研究算学？当科学发达的现在，世界上发明了很多的东西，例如火车、轮船、汽车、电车、飞机、潜水艇以及无线电话，等等都是。他（它）们都能帮助我们做种种有益的事业。但是关于这些文明利器，我们只要稍微考察一下，便可以知道，他（它）们都和算学具有密切的关系。简单的（地）说，我们是依靠着算学方才能制造这些东西出来。算学不但和现代文明利器有密切的关系，就是别的学科也不能完全脱离他（它）。至于日常生活关于算学，更是日不可缺。总括一句说，为应付生活，为研究科学，均须精通算学。

何谓算术？算术（Arithmetic）是算学（Mathematics）的一种。专门研究真数的计算和性质，及算术上一切能解的应用问题。何谓真数？细别之有整数、分数、小数和诸等数等。计算的方法有加、减、乘、除、自乘、开方、统计七种。算术以上还有代数、几何、三角，等等；你们学完这本书，都要依次来学习。

初中算术与小学算术有何区别？你们在小学时代不是已经学过了算术，到了初中为什么还要学习呢？因为小学算术的范围小，初中算术的范围大。小学算术关于数的计算只研究加减乘除四种，且甚简单。初中算术便加深多了，且要研究自乘、开方、统计诸术。小学算术对于数的性质不去研究，所以算法上许多的道理，只知其然，而不知其所以然。换句话说，就是从前只晓得算学上许多的方法，今后还要晓得那许多方法（之）所以能成立的理论。关于各种应用问题，小学里只教简单日用的，初中便分门别类研究关于算术上能解的一切问题。

如何研究算学？关于这层，在引言之前特告学者学习算学的规则八条，应切实履行为要。今再将预习、练习、温习三事重言以申说之。

第一要细心预习。肯预习比不肯预习的人，到听讲时效果立刻就分晓了。前者一听便懂，后者常常需要教师讲第二遍。教师那（哪）有许多时间课课讲两遍。结果，课后不能寻得教师来问，或不敢去多问，那就越过越糊涂了。

第二要努力练习。学算学必须要做习题。做习题必须要自己做。做不起来的应一再思索，不要立刻就去问教师或同学。不对的地方总应自己改正，方能深入脑筋。有许多不明白的学生，既不肯预习，又不用心听讲，再不敢多问教师，结果对于习题，常常请人代做，或抄他人已经做现成的，这是研究算学最要不得的事。

第三要时常温习。每章受毕，总要将以前数章，详细温习一遍，算学这门功课前后是有连环性的，前面不懂或忘记，后面就无法懂了。温习的效力，可以抵得忘记了以后，再看十遍的效果。此事万勿忽略。

总之算术是算学的根基，开始能不偷懒，不畏难，将根基打好，他日方有成就的可能。

"引言"向学生展示了学习算学的"为什么""是什么"和"怎么做"的问题，促使学生更加主动地学习算学。

《实验初中算术》中将学习和研究的概念没有加以区分，研究也是学习的意思。"如何研究算学"中的研究，即是将学习算学的活动当作一种研究活动。这就说明，算术的学习既是一种实验活动，又是一种研究活动。这种理念具有很强的超越时代的特点，简言之，初中算术学习就是一种研究性活动。在另一层面上，作者论述学习算学的目的，他说："他（它）们（现代文明利器）都和算学具有密切的关系。""我们是依靠着算学方才能制造这些东西出来。算学不但和现代文明利器有密切的关系，就是别的学科也不能完全脱离他（它）。至于日常生活关于算学，更是日不可缺。总括一句说，为应付生活，为研究科学，均须精通算学。"

概言之，《实验初中算术》的"学习算学最应注意的几件事""汪桂荣先生序""自序""编辑大意""告学者""引言"，十分简要地提出了学习算学的目的、方法、学习兴趣和毅力，通过认真学习算术培养良好的习惯、坚韧不拔的毅力和诚实做人的道理。从这个意义上说，《实验初中算术》既是一部算学教科书，又是一部德育教科书。

《实验初中算术》上册章目录如下：

上篇

第一章 论数量

第二章 基本四法

第三章 四则杂题

第四章 整数的性质

第五章 分数

第六章 小数

第七章 省略算

第八章 诸等数

《实验初中算术》下册章目录如下：

下篇

第九章 比及比例

第十章 百分法

第十一章 利息

第十二章 统计大意

附篇

第十三章 开方法

第十四章 求积法

附求积公式一览

《实验初中算术》下册仍包含"学习算学最应注意的几件事"，内容同上册，此外设有"注意”，内容同上册“编辑大意”第4条，在此不做赘述。

例1：《实验初中算术》中非统计章中的统计题。《实验初中算术》“第二章 基本四法”中的与统计有关的习题，见图5-34。由题（a）看，求清政府议和赔款总数。从两方面理解该题：一是该题为后续学习统计知识打基础；二是该题的学习，使学生了解列强欺辱中国、掠夺中国以及清政府腐败无能等历史事实，同时也使学生树立爱国主义思想和民族危机意识。

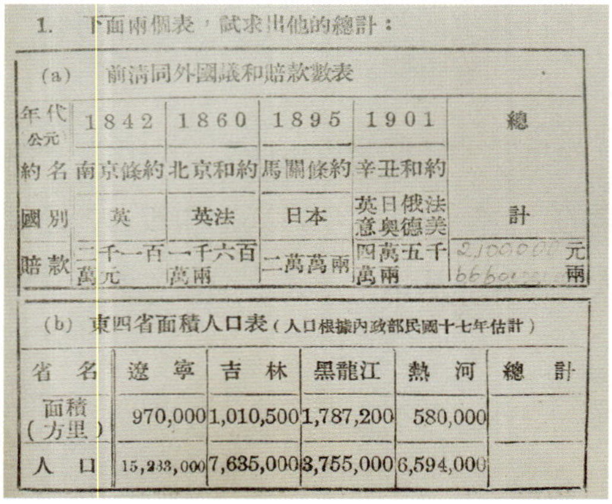

1. 下面兩個表，試求出他的總計：

(a) 前清同外國議和賠款數表

年代（公元）	1842	1860	1895	1901	總計
約名	南京條約	北京和約	馬關條約	辛丑和約	
國別	英	英法	日本	英日俄法意奧德美	
賠款	二千一百萬元	一千六百萬兩	二萬萬兩	四萬五千萬兩	元 兩

(b) 東四省面積人口表（人口根據內政部民國十七年估計）

省名	遼寧	吉林	黑龍江	熱河	總計
面積（方里）	970,000	1,010,500	1,787,200	580,000	
人口	15,233,000	7,635,000	3,755,000	6,594,000	

5—34

图5-34 《实验初中算术》（上册）建国书局，1941年：第15页

《实验初中算术》内容丰富，这里对统计内容作简要举例分析。统计内容不是中国传统数学内容，是19世纪末从西方传入中国的。一开始中学没有统计内容，后来随着西方中学教科书的传入便逐渐在中学数学中设置该内容，有的教科书单设一章统计，有的教科书不设单章，有的教科书在设单章的同时在不同的章节中设置与统计有关的例题和习题。《实验初中算术》采用了最后一种方式，这对学生更好地掌握统计知识并解决相关问题极为重要。

例2：《实验初中算术》第十二章为“统计大意”，包括统计大意、统计的功用、次数分配、位数数量、众数、中数、平均数（通常算法、简捷算法）、物价指数、列表法、线段表、格栏幅线、格栏幅线的效用、直条图、圆形图等14项内容。每一项内容首先介绍概念，其次举例说明，最后给出若干习题。

搜集同事实的一群数量，依次归类，再由此算出一种考察通盘的新数量，有时还列表画图使阅读者容易明了，便于考察，这叫统计。统计可分为社会统计、经济统计、教育统计等。初中主要学习日常见到的统计大意。统计的功用：化纷乱各套的数量为简括，并求变化及相互间的比较和关系，以推测未来的趋势，藉作改进的方针。位置数量包括众数、中数和平均数三种。《实验初中算术》中用列举法描述性地定义了位置数量。例如：

学者在学生期间，日辛月勤，每以获得优良的考分，为无上的报酬。所以每次小考后，同学中有喜有悲，有愤而用功的，有益求上进的，种种情形，皆由分数比较而生。然一般人只就表面比较，其悲喜之感，或实（适）得其反。譬如，某甲第一次算学小考为76分，76分就表面论，已近优等，似可喜。如该次全班的考分，76分尚为最少之数，当转喜为悲，辈不如人。又第二次小考为68分，就表面论中等，且较第一次少8分，似应悲。但该次全班的考分，68分为最多之数，当转悲而喜，喜人之不如我。由是可知一套数种一数，欲求其比较之价值，必须明了该数在该群中的位置如何。欲探得位置，须先在该群中推求一种新数量，作为比较的标准。此种所得的数量，叫做（作）该数的位置数量。

其他概念的界定都直接给出定义，然后举例解释。从整体上看，《实验初中算术》中统计内容占31页，占全书内容的10%，需要12～15课时。

《实验初中算术》的第十四章是"求积法"，在"第十三章 开方法"之后。"求积法"包括三项内容，这是第十四章的提要。从该提要可以发现以下两点：首先，"割补法"（该书中亦称"割补术"），是实验几何的方法之一，也是中国传统几何学中构造有规则整体的重要方法。该方法的学习符合初中生的数学直观思维、归纳类比思维等转向演绎思维的过渡期的心理特点。其次，《实验初中算术》中没有采用"证明"这个术语，而采用"证验"这个术语。这是非常贴切的，因为在初中几何中进行的所谓"证明"的过程，都是采用割补法进行截图和拼图，只体现经验和直观，并没有进行真正意义上的证明。因此，采用"证验"，证验也就是现在的验证。在清末及民国时期，有些汉字是从日本汉字借用的，如现在的"介绍"，一开始为"绍介"等。总之，"证验"和"割补法"是相互呼应的。求积法的内容以三角形面积、直角三角形定理、多边形面积和圆面积的次序展开，均采用了割补法，如图5-35所示。

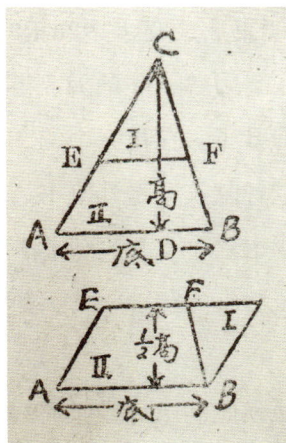

（a）三角形面积公式求法　　　　（b）直角三角形定理的证验

5-35

图5-35 《实验初中算术》（下册）建国书局，1945年：第317页、第319页、第321页、第322页

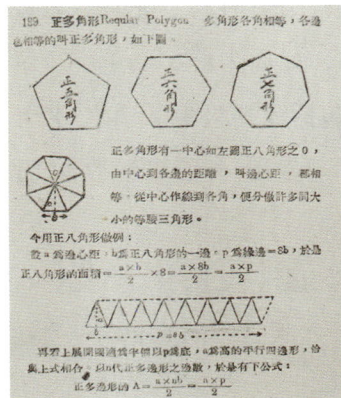

（c）正多角形面积公式求法　　　　（d）圆面积公式求法

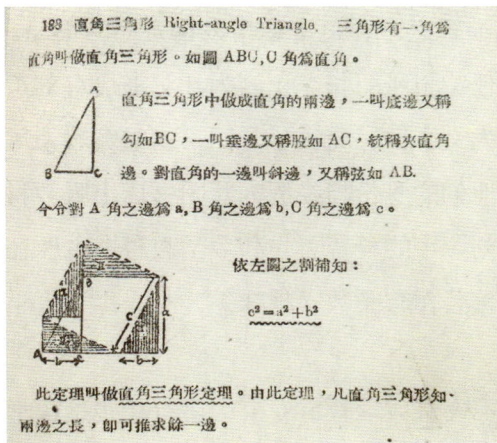

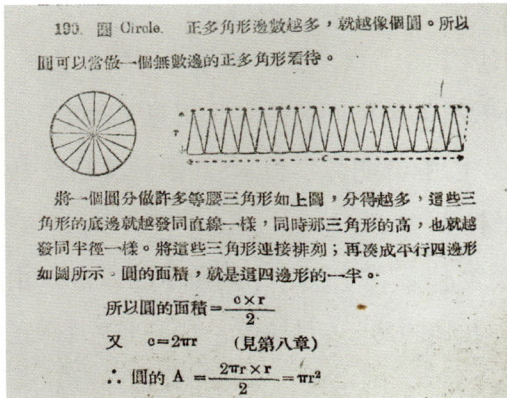

第二节 初中数学教科书

由图5-35可知，《实验初中算术》推导平面图形面积时采用了逐步递进的方式，即从三角形到四边形、三角形到正多角形、正多角形到圆。在求圆面积时采用直观方法，将圆从圆心处进行多次平均分割，得到很多个扇形，扇形越多其形状越接近等腰三角形，于是把每一个小扇形当作等腰三角形。这里也体现了直线和曲线的辩证关系。

（五）周为群、刘薰宇等编《初级中学学生用 开明算学教本 算术》

刘薰宇（1896—1967），又名心如，贵州贵阳人。中国现代数学教育家、数学家、出版家。1919年毕业于北京高等师范学校数理系。先后在河南省立第一师范学校、湖南常德第二师范学校、浙江省春晖中学、上海大学附中、上海立达学园等任教。1928年留学法国，在巴黎大学研究数学。1930年回国后，在立达学园工作，并在暨南大学、大夏大学、同济大学等校任兼课教师。1937年以后，在贵阳高中、西南联大任教。1949年后，任贵阳中学校长。1950年调任人民教育出版社担任副总编辑，曾审定全部中小学的数学教材，并亲自参加编写。

1930年后，刘薰宇和夏丏尊、叶圣陶、丰子恺等一批人一起创办了《中学生》《新少年》等青少年期刊，并积极为其撰稿。刘薰宇毕生论著颇丰，以教科书、小品文、科普著作而著称。有关数学教育方面的文章和小品文主要刊登在《中学生》（1930年至今）杂志中，该杂志深受学生和教师的喜爱。刘薰宇曾是开明书店的编辑之一，负责编辑数学方面的书籍。开明书店成立于1926年8月。1927年，夏丏尊进入开明书店任编辑所所长。正因为开明书店有刘薰宇、夏丏尊、叶圣陶、丰子恺等人，大大提高了开明书店的人文水准，充实了开明书店的编辑力量，提升了它在社会中的文化身份。由于这些人多身为人师，他们的身份与经历为开明书店出版教科书献计献策，是开明书店占领当时教科书市场的强大后盾。刘薰宇的科普著作和数学教科书主要在开明书店（上海、台北）或人民教育出版社出版。其中，科普著作有《数学趣味》《马先生谈算学》《数学的园地》《因数与因式》《实用微积分》。

民国自编数学教科书的编写者不仅有数学教育专家，还有一些是数学教师，他们结合多年的数学教学经验，对当时国内很多数学教科书都进行过教学，所以对于哪些教科书更有利于学生学习以及数学教学中的困难等问题都很熟悉，于是这些教师组织编写的数学教科书更有利于完善当时数学教科书的建设。1930年开明书店集合了众多数学教师编写数学教科书，如周为群、刘薰宇、章克标、仲光然，他们参考国内外教科书编辑而成的"开明算学教本"，包括《初级中学学生用 开明算学教本 三角》《初级中学学生用 开明算学教本 代数》《初级中学学生用 开明算学教本 几何》《初级中学学生用 开明算学教本 算术》。

《初级中学学生用 开明算学教本 算术》上、下两册（图5-36）由周为群、刘薰宇、章克标、仲光然合编，由开明书店出版，上册1929年7月初版，1935年7月修正十六版；下册1929年7月初版，1935年12月修正十六版。

图5—36 《初级中学学生用 开明算学教本 算术》
开明书店出版，1935年

下面引用书中"开明算学教本序"和"算术编辑大意"阐述编者编写理念，具体如下。

开明算学教本序

我们都教过算学，现在也还是在教算学，教算学的生涯，多则八九年，少的也三五年了；对于现在各家所出的教科书，也大概都采用过，试教过；也就因此而感着不少困难过，我们分毫不愿非难那些教科书的编辑者，校订者的粗疏，不亲切，和一切的缺点；因为我们知道他们大多数不曾实地教授过，他们不知道教室中的困难和书本上的困难是另一种的东西。就是他们在算理上的错误简陋，我们也不想加以指摘；因为要构成一本完全无缺的教科书，原是不容易的。但是我们实地做算学教师的人，总想要有一本比较好的教科书，使容易教容易学，而且可以收巨大的效率。我们曾经搜求过，采访过，但是我们的努力总是徒劳。

"求人不如求己！"我们决心了，就协商开手自编一部教科书，于是成功了这一套书。我们分毫不敢自夸本书比别的原来的好，但可以负了全责说，也决（绝）不比别的坏一分一厘，因为我们编辑时曾经很注意要使它成功一部容易教容易学，而又能收巨大效率的书，并曾参考调查各国的教科书多种，再看（勘）察我国现下教育状况，很慎重地工作出来的。

全书三部可供初级中学三年之用，我们不取混合的形式，因为我们知道除了混合以外有更加好的方法使各科得著连（联）络；本来算学原是一个系统，算术、代数、几何（三角）即不混合，也是互相关联的。而且想到了用混合制，则中途要更换书本，就简直不可能；极不方便。我们的分开，在分开中有着统一，因为有统一，所以才分开的。

教授时间可以采用下列的分配：

科目	第一学年		第二学年		第三学年	
	上	下	上	下	上	下
算术	4	4				
代数			3	3	2	2
几何（三角）			2	2	3	3

算术是一切算学的基础，所以在第一学年专教算术，第二、三学年代数，几何并授，第三学年更略教三角。分量按照算术8，代数10，几何（三角）10的比例。

取这样一种分配，自然在算学的各方面会有连（联）络发生，根本用不到什么扰乱系统的混合编制了。如能在第三学年增加些时间，几何、三角每种各多一小时，那么在教授上更可发挥充分的能力。

各书均力求浅显，抛弃一切繁（烦）冗而寡要的理论，专注于如何去把握住算学的核心：这是编辑方面的共通要点。

要算学上达，练习是不能轻忽的，书中特多设问题，使学者有充分的练习。

在程序方面，有打破传统的形式之处，那是因为觉得可以获得更好的效率的缘故。

教科书能力的发挥，大半还靠教师的活用，本书在许多地方很留有余地，使教师可以不受书本的束缚，也希望教师不要受书本的束缚，因为算学一科，决（绝）不是死板的学问，在本性上是很活泼健全的。每种科学都脱离不了算学，算学实是一切科学的基础。

本书在未付印时，曾由编者在立达学园及上海中学审慎地试验，以后仍想力求改良。如有缺点，希望采用的人，能提出意见讨论。倘本书能对于中国算学教育有些少的贡献，那是我们所非常愉快，而且引为光荣的。

编者识

算术编辑大意

1. 本书虽名为教本，实则注重学生自习，故说理力求透彻，举例力求详尽，习题力求丰富，教师只须（需）指示大概，学生即可按书求进。

2. 算术是一切算学的基础，重要非常。小学毕业生虽曾学过算术，但究不完全；本书取材一面注重复习，而在复习中又有提高的意向，一面用适当方法插入一些代数、几何的知识为学习代数几何的预备。教学时间定为两学期，上下学期每周各四小时。

3. 一般的算术教科书，开首是命数法，记数法，加法，减法，……，本书开首只是四则复习，列若干加减乘除的习题而已，因为那些呆板方法，学生在小学时早已晓得，不必再为详说。

4. 交换、结合、分配三大定律特别重要，故论之甚详，而对于分配律的还原法尤加注意，因其可作代数上分括因数的先导。简捷算法，颇能开发学生活用定理的心思，故亦加详论。

5. 第四章，简单图形，常用作图法，是给学生以一些几何知识，学生学习后一定会感到无穷的趣味；照顺序说，学生必须先有图形的智（知）识，才能明瞭（了）复名数里的长度，容量，重量，面积，体积，……的意义，才能约略懂得以后的求积法，而在现在流行的算术教科书里却都把这顺序忽略了。

6. 第五章，复名数。在这一章里很注意通法、命法和化法，而对于化法尤为重视，说得详明，这一点也是现在流行的算术教科书里所没有的。

7. 算学固有实用上的价值，但在中等教育上，其重要价值反在锻炼思想，故将第六章特定为应用问题解法指导，在以后各章中，对于较难的问题，亦详为指导，教以如何着想，如何推究，如何布算，养成学生深刻、分析、精密的头脑。

8. 第八章，分数。分数的概念，分数的四则，分数的应用，学生都不易了解，视为畏途，本书不但反复例示，详为说明，务使学生对于分数上所感困难，尽行解除。

9. 编者对于比例一章，花费了大大的努力，就中对于连锁法、配分法、混合法，特加以透澈（彻）的解释。

10. 统计图表，很有实用，故会举例详说，学生得益必多。算术级数与几何级数编入附录，时间有余，可以教授。

编者识

上册目录如下：

下册目录如下：

此书作者基于多年教学经验，就教学中的困难及其他教科书中的不尽如人意之处进行了深入思考，联合编写了这本算术教科书。在编写时，编著者注重如何将教科书变得容易教、容易学及教学效率高，曾调查参考多种他国教科书，并观察了国内当时教育状况，慎重编辑其内容。全书三部可供初级中学三年之用，不取混合的形式，因为算学原是一个系统，算术、代数、几何、三角即不混合，也是互相关联的。而且想到了用混合制，中途还要更换书本，极不方便。算术是一切算学的基础，所以在第一学年专教算术，第二、三学年并授代数、几何，第三学年更略教三角。分量按照算术8，代数10，几何（三角）10的比例。各书均力求浅显，抛弃一切烦冗而寡要的理论，专注于如何把握住算学的核心，这是编辑方面的共通要点。要在算学上熟练，练习是不能轻忽的，书中特多设问题，使学者有充分的练习。此书在许多地方留有余地，使教师可以不受书本的束缚，灵活发挥运用。

（六）汪桂荣编著《建国教科书 初级中学 数值三角法》

由汪桂荣编著、任诚校订的《建国教科书 初级中学 数值三角法》（图5-37）于1935年8月初版，1936年8月第12版，并一直被使用至1948年。该书最早根据1932年《初级中学算学课程标准》编写而成，根据历次课程标准的修订而不断完善。其间，三角作为几何学科的一部分，以"数值三角"的形式呈现。"此书奉教育部编陆7第11311号批审定"，并在封面上印有"教育部审定"字样。该书内容为三角课程的初步知识，较为简单。从再版次数和使用时间跨度来看，是当时较受欢迎的初中三角学教科书之一。该书是正中书局于1935年出版的一套"初级中学数学"教科书之一，此套书还包括：余信符、汪桂荣编著的《初级中学 算术》（上、下册），黄泰、戴维清编著的《初级中学 代数学》（上、下册），万颐祥编著的《初级中学 几何学》（上、下册），汪桂荣编著的《初级中学 实验几何学》，算术、代数、几何（实验几何与论证几何）、数值三角完备。该书以《建国教科书 初级中学 数值三角法》（以下简称《数值三角法》）单独成书，没有附于几何教科书中，具有一定的代表性。

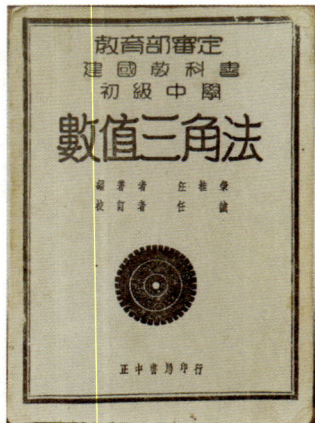

图5-37　《建国教科书 初级中学 数值三角法》正中书局印行，1936年

1932年《初级中学算学课程标准》中规定，将三角学的正式讲授移至高中，初中仅学习数值三角的内容。此后，至1948年《修订初级中学数学课程标准》都如此规定，即在初中仅学习简单的三角初步知识。但这一规定使得一些初中视三角这门科目无足轻重，而只注重代数与几何难题的注入，只是在闲暇之时，才稍稍涉及三角，从而忽视了数值三角法的真正价值。

该书的出版，基于"初中是否教授三角法问题"而展开。在此，引用书中"编者自序"，说明当时编排的情况：

兹先述数值三角法之功用：

（1）数值三角法甚为实用，对于简易测量，如高低、距离、面积等计算，以及空间概念之养成，均极有效。

（2）数值三角法非特实用，且每日学习，亦至饶兴趣。

（3）数值三角法对于算术、代数学、几何学，均有密切之关系，学之可藉（借）以复习上述诸科。

（4）数值三角法可以使学者对于数字计算之准确与否，有练习检验之机会。

（5）数值三角法，可以使学者对于函数观念得一相当之了解。

（6）中学既分为初中、高中两阶段，则初中算学自宜自成系统，学者读完数值三角法，对于初等算学可以告一段落。

该书所注意编纂之处如下：

（1）使学者由实际作图，自行量度，用归纳方法了解三角函数的意义。

（2）使学者对于三角函数之应用，有初步之练习。

（3）只论正弦、余弦、正切，其他函数从略。因在初中时代，其他函数无大用处也。

（4）注重用真数解三角形。因在初中时代用真数比用对数尤为重要。

（5）除稍讲简易恒等式及方程式外，其他理论部分，一概从略。

（6）凡大于 90° 之三角函数，均避免不谈。

（7）解题注重原理及方法，关于形式的公式一概不列。

（8）关于斜三角形解法，只指示如何化为直角三角形解之，不讲各种公式。

（9）论及三角对数表，均用四位小数，且极简单，在实用上似已足用。

在编者自序中，作者阐明数值三角法的重要性，并对"在初中是否讲授数值三角法"这一问题给出了明确的理由。编排方式上，突出了以上9个方面。总体来讲，该书内容较为简单，其中删去了不少较为复杂的公式，适合初步学习三角的学生使用。

1933年，江苏省教育厅编制《初中算学科教学进度表》，其中关于数值三角法部分，由汪桂荣起草。而在编纂《数值三角法》时，除根据该表外，对于取材及次序等各方面也进行了一定的改进。全书共6章26节内容，正文内容75页，章目录如下：

第一章　锐角的三角函数

第二章　直角三角形解法及其应用

第三章　对数

第四章　直角三角形的对数解法

第五章　斜三角形的解法

第六章　三角函数的关系

第一章，学生通过作图，用归纳法了解三角函数的意义。对正弦、余弦、正切函数的应用，分别举例说明，使学生对三角函数有所了解，并达到熟练的程度。三角函数表检查法，应使学生充分练习。

第二章，使学生熟习直角三角形、等腰三角形、正多角形的解法。注重理解，一切形式上的公式一概删掉。最后说明各种简易测量的方法，学生读后可引发其兴趣。

第三章，理解对数的意义及其性质。因其定义并未正式讲解，故没有对公式进行证明。但关于对数的检查及对数应用的计算，则多予以充分的练习。

第四章，直角三角形的对数解法，一切原则与之前的相同。但在数值三角法内，三角形的对数解法，不如真数解法重要。

第五章，讲授将斜三角形如何化为直角三角形进行求解的方法，并避免钝角三角函数及两个解的情况出现。

第六章，略述三角函数的关系，一概用实例，由学生自行归纳 $\sin^2 A + \cos^2 A = 1$ 和 $\dfrac{\sin A}{\cos A} = \tan A$ 两个基本公式。这两个公式均为学习三角法的必学公式。之后引导学生利用这两个公式，证明其他简易三角公式。

值得指出的是，20世纪20年代实验几何传入中国后，教育部在1932年制定的《初级中学算学课程标准》中首次设置了实验几何课程，受实验几何的影响，同一时期出版的《数值三角法》也具有实验的味道。例如，该书在探究"正切"时，就是采用实验的方法，如图5-38所示。

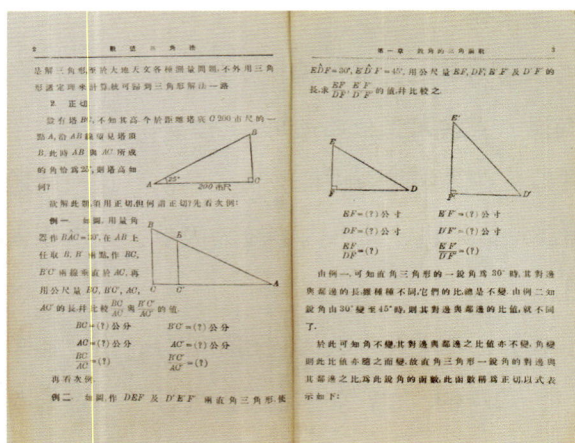

5-38

图5-38　《建国教科书 初级中学 数值三角法》正中书局印行，1936年：第2~3页

书中在讲解正切概念时与以往直接在直角三角形中定义不同，而是首先抛出一个求塔高的实际问题。接着给出两道例题，帮助学生在实验的过程中找到突破口。通过实验第一个例题，学生可以获得"当直角三角形一锐角为30° 时，其对边与邻边的长虽不同，但它们的比值不变"的结论。第二个例题将锐角由30° 变为45° 时，其对边与邻边的比值虽与前者不同，但学生通过实验，可进一步得到"角不变，其对边与邻边的比值也不变"的结论。至此，引出正切的定义。正切的定义既已明白，于是就可以利用该定义去求前面的实际问题。随后，正弦及余弦的定义也是采用同样的实验

方法给出。

此外，该书的习题中也包含了一定数量的实验题。如"第一章 锐角的三角函数"习题2中共设置习题16道，其中涉及实验方法的有如下题目：

用量角器求A，使适合于次列诸函数：

（1）已知$\tan A = \frac{2}{3}$；（2）已知$\sin A = \frac{1}{2}$；（3）已知$\cos A = \frac{2}{3}$。

用量角器作$80°$的角，然后用量法求$\tan 80°$，$\sin 80°$及$\cos 80°$的值。

作直角三角形ABC，使$\hat{A} = 25°$，试求$\sin A$及$\cos B$的值，并比较之，则所得的结果如何？

作直角三角形DEF，使$\hat{D} = 40°$，试求$\cos \hat{D}$及$\sin \hat{E}$的值，并比较之，则所得的结果如何？

1937—1949年，历次颁布的初中数学课程标准中均将三角作为几何课程的一部分，没有单独成科。故这一时期出版的三角学教科书呈现三种形态：其一，作为几何课程的一部分，内容融合在几何教科书中，书名为"××几何教科书（附数值三角法）"。如黄泰编著的《黄氏初中几何（附数值三角）》（世界书局，1944年）等。其二，以"数值三角"为书名，独立成书出版。如余介石编的《数值三角》（北新书局，1937年）等。其三，仍将三角学视为一门独立的学科，出版相应三角学教科书。如徐谷生编的《初中三角》（南昌艺文书社，1935年）等。

《数值三角法》是遵循这一时期课程标准的要求编写、修订而成的，其呈现以下几个特点：

（1）教科书封面上方印有"教育部审定"字样，"建国教科书 初级中学 数值三角法"置于中上方，下方印有正中书局的标识以及"正中书局印行"字样。

（2）该书第一章第一节即阐明了学习数值三角法的目的，并给出了理由，可使学生在开篇即对这门学科有一个较为完整的认识，令其可以知晓所学的这门学科包含的范围及其用途。

（3）具有实验的特点。受这一时期实验几何的影响，该书具有明显的实验味道。其中，定义、例题、习题中都不同程度地渗透了实验的方法，利用实验的方法引导学生探索问题。

（4）教科书简明扼要，表述简洁。包括习题共75页。在一些章节后附有习题1~2组，习题多以实际问题呈现。所讲内容点到为止，不继续引申，学生了解即可。解题注重原理及方法，而对于形式上的公式则一概不列。

由此可见，汪桂荣所编著的《建国教科书 初级中学 数值三角法》是这一时期较有代表性的一本数值三角法教科书。

（七）中等算学研究会编《新学制 初中算学教科书 三角》

由中等算学研究会编辑，段调元和周家树校订，南京书店于1933年2月初版的《新学制 初中算学教科书 三角》，如图5-39所示。

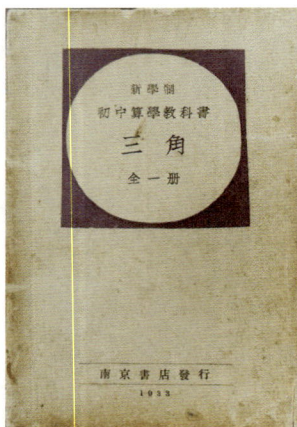

图5-39　《新学制 初中算学教科书 三角》南京书店发行，1933年

中等算学研究会是民国时期研究算学的组织，出版了多种算学教科书，如《中等几何研究法》《微积术大要》《简明几何学》，于1932年在《中华教育界》刊载的"部颁高初中算学科课程标准意见书"等。民国时期数学家、数学教育家余介石曾加入过该组织，并参与工作。

南京书店是民国时期的重要出版机构，位于上海，从《汉译高中算学课本》发表的一则广告可以看出其编译数学教科书的目的。具体内容如下：

南京书店谨启如下：

自学制改革以来，高中算学科迄未有适宜之课本。故大多数学校均纷纷采用外版书籍，以致学生经济精力两方面，均遭重大之无谓损失。本店有鉴于此，特请算学专家而对中等教材极有研究之余介石先生，选取最流行之英文高中算学教本一套，并罗致经验丰富学识优良之大学中学算学教师十一人，分别担任移译。每种均由二人合译互校以期完善无疵，并承中央大学教授算学名家段调元、周家树、张鸿基三先生及余介石先生分别校订。且每种亦均由二人阅过，如此慎重，其价值可见。

南京书店出版过多种数学教科书，如《新学制 初中算学教科书 算术》《新学制 初中算学教科书 代数》《新学制 初中算学教科书 几何》《新学制 初中算学教科书 三角》《霍氏高中代数》《三S氏高中平面几何》《三S氏高中立体几何》《格氏高中平三角》《格氏高中球三角》《格氏对数表及三角表》《温氏平面解析几何》《温氏立体解析几何》《代数升学指导》《汉译霍克士高中代数学》《汉译舒塞司三氏高中平面几何学》《汉译舒塞司高中立体几何学》《汉译格氏高中平面三角学》《汉译格氏高中球面三角学》《汉译摄温斯三氏高中解析几何学》等。

《新学制 初中算学教科书 三角》章目录如下：

第一章　引论

第二章　锐角三角函数

第三章　直角三角形的解法和应用问题

第四章　特殊的三角函数简易恒等式和方程式

第五章　斜角三角形的解法和应用问题

附录

Ⅰ. 任意角的三角函数

Ⅱ. 和角较角函数的公式和应用

Ⅲ. 反三角函数和三角方程式

该书没有编辑大意之类的内容，可通过上述目录了解到该书所讲授的具体内容，其内容较多，覆盖知识点较广，且将一些对于初中较为次要的内容和较为困难的内容置于附录部分，需要教师在具体教授过程中灵活把握。在这个时期，关于“三角函数关系”和“直角三角形解法”这两部分内容的次序安排有所不同。在中国自编的三角学教科书中，大多将“三角函数关系”放在“直角三角形解法”之前。当时翻译的日本三角学教科书也是按照先“三角函数关系”，再“直角三角形解法”的顺序安排。而《新学制 初中算学教科书 三角》则是按照《葛氏平面三角学》先“直角三角形解法”后“三角函数关系”的方式编排，当时翻译欧美的三角学教科书有些是按照先“直角三角形解法”后“三角函数关系”排列的。在书末附有“余介石先生编译各书”，供学生和教师选择学习，供研究者选择参考，如图5-40所示。

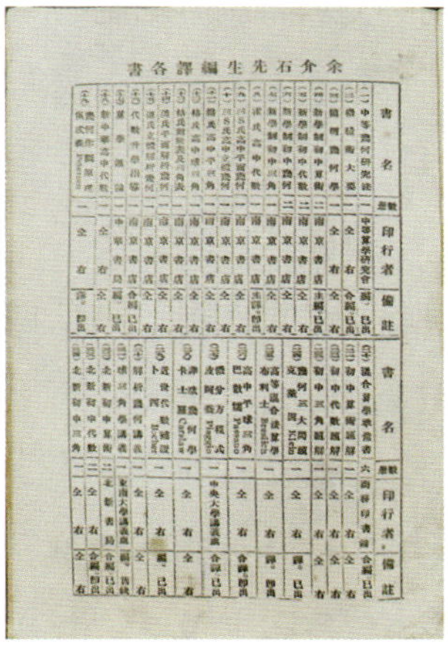
余介石先生編譯各書

5-40

图5-40 《新学制 初中算学教科书 三角》南京书店发行，1933年：里封

第三节
高中数学教科书

　　1929—1936年的数学教育基本上仍采用1922年的"壬戌学制"，并于1929年暂行高中算学课程标准，1933年正式实行，此后，高中算学课程标准又于1936年、1941年及1948年经历修订。此外，1941年颁布了《六年制中学数学课程标准草案》，不分初高中。1929—1949年这一时期的高中算学课程标准共经历了五次修订，每次的修订都与当时的学制及数学教育现状紧密相连。

　　1929年以后使用的高中数学教科书有国人自编本、外文原版及其汉译本。国人自编本受国家教科书审定制度的制约，依每一时期颁布的课程标准进行编纂，而翻译的数学教科书则不受教育制度的制约。

一、"复兴高级中学数学教科书"

　　1932年"一·二八"事变中，商务印书馆总厂及东方图书馆被毁于日军燃起的战火中。时任商务印书馆总经理的王云五表示要为中国人争点气，于是怀着民族义愤和复兴图书馆业的雄心，本着"服务文化之奋斗精神，特编'复兴教科书'一套，以为本馆复兴之纪念。"[1]王云五利用北平、香港两家分厂，在秋季开学前赶印出教科书，且满足全国各学校的需要，利用劫后余存的旧纸型，选出一批重印，称作"国难版"。1936年《高级中学算学课程标准》颁布后，商务印书馆对"复兴教科书"陆续进行了修订。商务印书馆出版的"复兴高级中学数学教科书"共9种，包括代数、几何（平面几何和立体几何）、三角、解析几何，具体见表5-3。

表 5-3　复兴高级中学数学教科书

标准	书名	编著者	时间（版次）
高级中学算学课程标准（1932）	代数学（上、中、下册）	虞明礼	1935年2月初版
	几何学	余介石、张通谟	1934年7月初版，1934年9月第四版
	几何学	余介石、张通谟	1934年7月初版，1935年5月增订十一版，1947年12月增订第四十九版，1949年12月增订第五十二版
	三角学	李蕃	1934年3月初版，1934年8月第四版
	解析几何学	徐任吾、仲子明	1934年9月初版，1946年6月审定本第三十一版

---

[1] 商务印书馆. 商务印书馆图书目录：1897—1949[M]. 北京：商务印书馆，1981：附录.

（续表）

标准	书名	编著者	时间（版次）
高级中学算学课程标准（1936）	代数学（甲组用上、下册）	虞明礼原编，荣方舟改编	上册于1934年8月初版，1936年5月二次订正第十一版，1946年9月二次订正第五十三版；下册于1935年2月初版，1926年5月二次订正第八版，1947年1月二次订正第五十版
	代数学（上、下册）	荣方舟	上册于1936年8月初版，1946年1月第三十版；下册于1936年8月初版，1948年8月第三十四版
	平面几何学	胡敦复、荣方舟	1936年7月初版，1948年12月第一百零九版，1949年12月第一百一十七版
	立体几何学	胡敦复、荣方舟	1936年7月初版，1946年9月第三十一版

（一）虞明礼编著《复兴高级中学教科书 代数学》

虞明礼编著的《复兴高级中学教科书 代数学》（上、中、下册，图5-41）。全书共二十六章，四大段：第一段（第一章），略论全部代数的基本；第二段（第二至十一章），详论各种代数式的重要运算；第三段（第十二至二十一章），详论方程式及不等式的解法和理论；第四段（第二十二至二十六章），略论方程式以外的实际问题，如序列、组合或然率、级数等。[1]

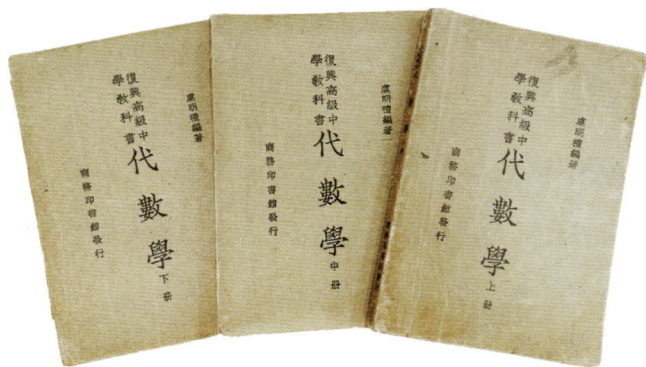

图5-41 《复兴高级中学教科书 代数学》商务印书馆发行，1934年

《复兴高级中学教科书 代数学》上册目录：

第一章 总论；第二章 整式四则；第三章 因子分解；第四章 公因式，公倍式；第五章 分式；第六章 比及比例，变数法；第七章 二项式定理，数学归纳法；第八章 开方，二项式定理之逆用；第九章 根式；第十章 指数论；第十一章 对数；第十二章 一元一次方程式

《复兴高级中学教科书 代数学》中册目录：

第十三章 不定方程式及矛盾方程式；第十四章 联立一次方程式；第十五章 行列式；第十六章 一元二次方程式；第十七章 多元二次方程式；第十八章 复素数；第十九章 三次四次方程式；第二十章 一元高次方程式通论

《复兴高级中学教科书 代数学》下册目录：

第二十一章 函数的图解，方程式之图解法；第二十二章 不等式；第二十三章 序列，组合或然率；第二十四章 简易级数及其求和法；第二十五章 极限；第二十六章 无尽连级数

[1] 虞明礼. 复兴高级中学教科书：代数学：上册[M]. 上海：商务印书馆，1934：编辑大意.

《复兴高级中学教科书　代数学》在内容编排上：（1）一次方程式出现较晚。因一次方程式在初中代数中虽宜尽量提早，以显示代数之功用；但在高中代数则不然。高中代数，关于方程式，应注重同根原理及根之变化等。理论较严，讲授不宜过早。（2）各种方程式集中安排。不同于其他教材，由一次至二次，三次，四次以至n次。连续讨论，原原本本，一贯相承，比之分期叙述，零零碎碎，实有事半功倍之效。（3）行列式紧接联立一次方程式之后。行列式提供了方程的简便解法，使此前消元困难完全免除。此在学者、心理上实有无上的愉快。（4）将序列、组合等移至方程式之后。因为此类问题较难。

该书注重：（1）理论的严密性。（2）应用技能训练。（3）学生自学。例如，复习初中代数部分时，往往只列标题，使学生将固有知识自主回味，并加以整理。又如，习题及备注中，也略加提示，使学者自行探讨，培养自学习惯。（4）知识的弹性。若学生较有根底，附有"*"节可略去；若学生基础较为薄弱，则较难习题可以不做。

此外，该书不滥用函数名称。函数虽为高等数学中重要概念之一，但其意义，乃在研究函数与其所含变数两者相应变化之关系，和代数式之各种基本运算，实为两回事。故非确有需要时，决不滥用函数名称，以免头绪增繁，学者感受辨别不清之苦。且图解扼要。图解属于解析几何范围，其在代数之用，不过是说明方程式之性质及解法。[1]

（二）虞明礼原编，荣方舟改编《复兴高级中学教科书　代数学》

荣方舟，民国时期数学教育家，1934年将虞明礼原编教科书改编成《复兴高级中学教科书　代数学》（甲组用，上、下册），1936年出版《复兴高级中学教科书　代数学》（上、下册），1936年与胡敦复共同编著出版《复兴高级中学教科书　平面几何学》和《复兴高级中学教科书　立体几何学》。

虞明礼原编，荣方舟改编而成的《复兴高级中学教科书　代数学》（甲组用，上、下册）见图5-42，上册于1934年8月初版，1936年5月二次订正第十一版，1946年9月二次订正第五十三版，下册于1935年2月初版，1936年5月二次订正第八版，1947年1月二次订正第五十版，均由商务印书馆出版。

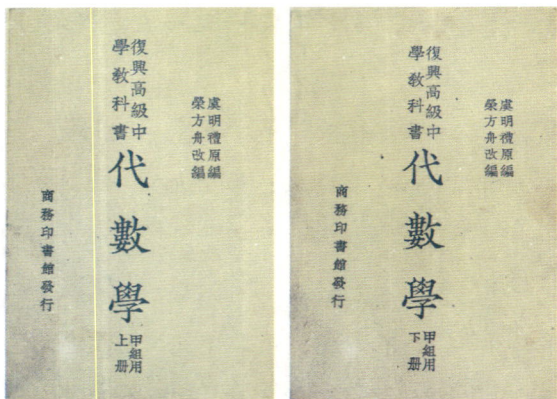

图5-42　《复兴高级中学教科书　代数学》（甲组用，上、下册）商务印书馆发行，1946年

[1] 虞明礼. 复兴高级中学教科书：代数学：上册[M]. 上海：商务印书馆，1934：编辑大意.

该书的编写理念可从其"编辑大意"了解到，具体如下：

本书依据教育部最近修正课程标准编辑，供高级中学代数科甲组教本之用。

本书分上下二册。上册所论类较浅显易明，篇幅较多，供高级中学第二学年之用。下册所论较为深邃，篇幅则较少，供高级中学第三学年之用。

本书关于初中代数部分，注重学生自动复习。故往往只列标题，使学生将固有知识自行回味而加整理。

本书关于简易各节，凡初中学生所习知者特附星标。如学生程度甚为整齐，则凡附有星标诸节可从略讲授。

本书论述一次方程式较迟。因一次方程式在初中代数中虽宜尽量提早，以示代数之功用；但在高中代数则不然。高中代数，关于方程式，应注重同根原理及根之变化，等等，理论较严，讲授不宜过早也。

本书关于图解方程方面取其扼要。盖图解本属解析几何范围以内。图线性质，当于解析几何中详论之。故本书仅论以图形表数法及方程式，不等式之图解法，不离代数本旨。

本书将理论较深之各章，如高次方程式、行列式、序列组合、无尽级数等，编入下册，使学生于已习知代数学之大体后而进修之，庶无格格不入之虞。

本书初稿，原著者成于民国二十三年。当时曾经沈式寰先生指正，并得胡春池先生及钮庭来君之助力不少云。

民国二十五年五月　荣方舟识

《复兴高级中学教科书　代数学》（甲组用，上、下册）章目录如下：

上册

第十四章 联立一次方程式

第十五章 一元一次方程式

第十六章 多元二次方程式

第十七章 函数的图表，方程式之图解法

第十八章 不等式

第十九章 简易级数及其求和法

下册

第二十章 复素数，一元二次方程式

第二十一章 一元三次或四次方程式

第二十二章 一元高次方程式通论

第二十三章 行列式

第二十四章 序列，组合，或然率

第二十五章 数学归纳法

第二十六章 二项式定理

第二十七章 极限

第二十八章 无尽连级数

《复兴高级中学教科书 代数学》（甲组用，上、下册）内容较多，上册316页，下册190页，其中重点概念和句子的下方用波浪线标注，以示学生注意和重视；且全书均使用西方数学符号，较为简便；每章均有大量习题供学生巩固练习。在书末附有汉英（英汉）名词索引，供学生参考学习。

（三）余介石等编著《复兴高级中学教科书 几何学》

余介石、张通谟编著的《复兴高级中学教科书 几何学》（图5-43）由商务印书馆于1934年7月发行出版，1934年10月第六版。该书分为平面几何和立体几何两部分，由于标准实施方法概要中明确指出立体几何可仅授大意，因此平面几何部分约占全书的3/5，立体几何部分约占2/5。平面几何部分分六编，第一编为几何基本观念和方法，第二、第三编为证法的各种结论，第四编为几何度量与计算，第五、第六编为轨迹与作图。立体几何部分分三编，为空间重要立体特征与量法。

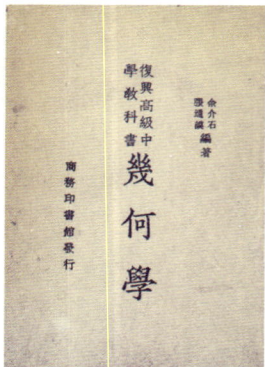

图5-43 《复兴高级中学教科书 几何学》商务印书馆发行，1934年

目录如下：

几何一科最重系统性，因此，该书注重与初中几何密切衔接，更在开篇配以"初中平面几何复习"一编，以便学生后期学习查找。而对于初中几何学习中一些理论的不完备之处，该书颇加注意，如不可通约量定理，都有严密的讨论。对于轨迹与作图，考虑到它有助于发展学生探求发明的能力，因此，该书分别特立一编，详加研究。

该书配备了丰富的习题，旨在帮助学生了解各种定理及方法；该书全部采用简洁的白话叙述，避免文字理解给学生带来的困难，提高学生学习的兴趣；由于很多专有名词并无汉译标准，因此该书中的名词采用最常见的用法，并配以英文原名。由于在本次课程标准中，高中算学部分、平面几何部分编制最为新颖，虽然中西佳作颇多，但均不能借用，因此编制该书时困难很多，即使编著者是该案起草人之一，也感到不易入手。因此，肯定会存在很多问题，待他日根据专家、教师、学生意见再修订。对于极大、极小以及对称两部分，参考了《三S平面几何学》第二、第三编中的各种证法，也参考了这本书中的"证明方法"。[1]

（四）胡敦复等编著《复兴高级中学教科书 平面几何学》《复兴高级中学教科书 立体几何学》

胡敦复、荣方舟编著的《复兴高级中学教科书 平面几何学》（图5-44）于1936年7月初版，

---

[1] 余介石，张通谟. 复兴高级中学教科书：几何学[M]. 上海：商务印书馆，1934：编辑大意.

1949年12月第一百一十七版；《复兴高级中学教科书 立体几何学》（图5-45）于1936年7月初版，1946年9月第三十一版，均由商务印书馆发行。

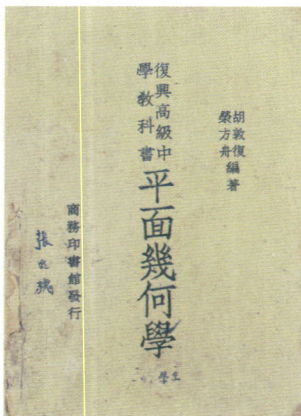

图5-44 《复兴高级中学教科书 平面几何学》商务印书馆发行，1949年

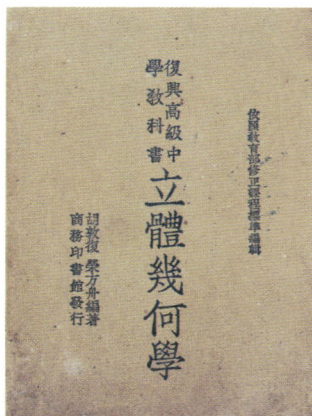

图5-45 《复兴高级中学教科书 立体几何学》商务印书馆发行，1946年

《复兴高级中学教科书 平面几何学》与《复兴高级中学教科书 立体几何学》是上、下册关系，具体编写理念可从"编辑大意"中了解，其内容如下：

1. 本书依照民国二十五年部颁修正高中算学课程标准编著。

2. 本书共分十一编四十六章。其编章之程序分配，完全以学者进修之便适为标准。

3. 几何学为最谨严之学。一语不可随便，语语须有根据。本书一方面将一切需用定理从头依次证明，不令遗漏，一方面将学者于初中几何中已习知之定理用最简括之法述之。使学者既收复习之功而又不感重复之味。

4. 本书于第一编之末分别详述证题之方法，加以各种例题，学者至此，初中时所觉几何之困难盖可释然矣。

5. 轨迹作图题，学者最视为畏途。本书至第二编之末始详论之。并举种种例题详述其解法。务使学者有所依据，不致茫然。

6. 关于面积之定理，除等积形外，常可归纳于比例中。故几何学教科书往往先论比例，而于面积则甚略。然如此则将使学者失去面积之观念，几视矩形为两线分之相乘积，不复知其为一二向度之平面部分之量矣。故本书特在未讲比例之前先专编论面积。且开始特定"面分"一名词，先论等积异形面分，次论正方形及矩形，如此，学者对于面积之真意义，庶几明瞭（了）无遗矣。

7. 量与数学者务宜辨别清楚。本书至比例之末第二十五章始论单位及数。在此章之前，一切图形，不定单位，皆为一独立量，不屑入一毫数之意义。至二十五章比例之末，此时学者于几何中各量已一再研究深印脑际，方论单位及数，即以避免学者对于量及数之混淆不清也。故圆心角，圆周角与弧之关系，亦至此始论及之。

8. 根轴、相似中心、调和线束、极大极小等，为初中几何所或未涉及者。本书集为一编，学者至此虽未可云窥见初等几何之全貌，然已可觉得图形之变化莫测，愈钻研愈精深而有味也。

9. 作图题为几何学中最难解者。在未论比例之前作图题之范围尚狭。多数作图题，须赖面积比例之定理方得解。第十六章所论仅为作图题之意义及初步解法。故于平面几何学之终再专编分类论之。

10. 普通几何学教科书对于立体几何学，常专重面积体积之计算。对于理论方面几付阙如。本书依据最近部颁课程标准立体几何学专为高中理组修习，故对于理论较多。并于第十一编杂举各例以示各种解法之一斑。

11. 本书对于例题之选择非常注意。凡过于艰涩及无甚意义者，概不选入。故习题为数虽少而精彩特多，学者务须按题演习，定收事半功倍之效也。

12. 本书编著忽促，难免错误。希高明正之。

民国二十五年二月　编者识

《复兴高级中学教科书 平面几何学》简要目录如下：

《复兴高级中学教科书 立体几何学》简要目录如下：

《复兴高级中学教科书 平面几何学》将勾股定理内容设置在"第三编 面积"中，导致证明方法与初级中学不同。这里主要强调的是图形之间的面积关系，而不在于讨论线段之间的关系。所以，该定理的描述以及证明方法在本书中都是从面积的角度叙述，如图5-46所示，证明方法则是采用欧几里得的证明法，与初级中学类似的本书是也将语言文字描述改为数学命题形式，提出"假设""终决""证"的形式，完成定理的证明。该证明方法以分析法为主，执果索因，用三角形共底等高面积相等的方法证明，从而得出结论。

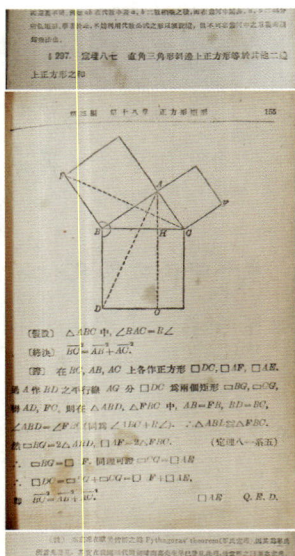

图5—46　《复兴高级中学教科书　平面几何学》商务印书馆发行，1949年：第155页

全书共11编，46章，248个定理，相对于《复兴高级中学教科书　立体几何学》而言，《复兴高级中学教科书　平面几何学》内容较多，平面几何部分359页，立体几何部分138页。在内容中，重点概念使用加粗字体，以示学生注意和重视；且全书均使用西方数学符号，较为简便；共有41套习题供学生巩固练习；在内容中适当穿插数学史，有助于学生理解数学知识的来源和发展，并提高学生学习兴趣；书末附有"英汉名词对照表"，供学生查阅学习。该书更注重详细讲述证题的方法，并且加以各种例题，让学生感受到初中时所觉几何的困难皆可释然。

（五）李锐夫（李蕃）编著《复兴高级中学教科书　三角学》

李锐夫（1903—1987），原名李蕃，以字行，平阳项桥乡李家车村（今苍南县钱库镇）人，自幼熟读经史，擅长书法。1925年中学毕业后，便立志攻读数学，考入东南大学数学系。毕业后获学士学位，在江苏省立常州中学等校任数学教师。李锐夫精通英语，毕生从事数学教学和研究，编有《三角学》，并翻译英国中学数学教材SMP，把世界现代数学教学方法介绍到中国。李锐夫的《高中三角学》在国内首次介绍任意角的三角，风行一时，人称"李蕃三角"。

李锐夫编著的《复兴高级中学教科书　三角学》，由商务印书馆初版，1950年12月出版第一百版，如图5—47所示。该书依据教育部颁布的三角课程标准，并参考Hobsen、Loney、Todhunter Rothrock等学者的著作编写而成。普通三角教科书将锐角三角函数和任意角三角函数分别叙述，这样容易导致读者将它们看作为两种数学对象。因此，该书中所有定理和公式的证明，并不区分锐角和任意角三角函数，以向读者灌输了普遍的观念。普通三角教科书多选入对数一章，但是对数并不属于三角范畴，因此，该书只是在解三角形时使用对数，以简化计算。此外，为了有利于学生进一步学习高等数学，该书将三角应用于代数，即第十章的内容。[1]

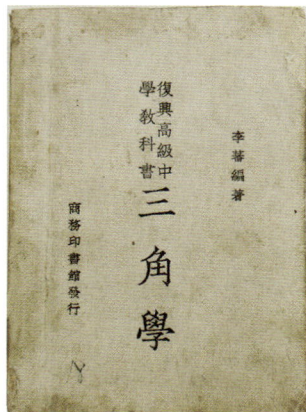

5-47

图5-47　《复兴高级中学教科书　三角学》商务印书馆发行，1950年

《复兴高级中学教科书　三角学》共十一章内容，目录如下：

第一章　角之量法

1. 三角学；2. 角之单位；3. 各单位之关系；4. 弧之长

第二章　三角函数及其基本性质

1. 锐角之三角函数；2. 坐标；3. 任意角之三角函数；4. 余角函数；5. 特别角函数；6. 三角函数之线表示法；7. 函数之变化；8. 负角之函数；9. 化第二象限之函数为第一象限之函数；10. 化第三象限之函数为第一象限之函数；11. 化第四象限之函数为第一象限之函数；12. 函数之基本关系

第三章　直角三角形之解法，对数

1. 直角三角形之不用对数解法；2. 对数；3. 直角三角形之对数解法

第四章　三角分析

1. 二角之和之函数；2. 二角之差之函数；3. 倍角之函数；4. 半角之函数；5. 函数之和与差

第五章　三角形边与角之函数之关系

1. 正弦定律；2. 余弦定律；3. 正切定律；4. 半角定律

第六章　斜三角形之解法

1. 已知三角形之一边及二角；2. 已知三角形之二边及一对角；3. 已知三角形之二边及其夹角；4. 已知三角形之三边；5. 高及距离；6. 航海

第七章　三角形之性质

1. 三角形之面积；2. 三角形内切圆之半径；3. 三角形旁切圆之半径；4. 四边形面积及圆之内切四边形面积；5. 正多边形之面积；6. 圆之面积

第八章　反三角函数三角方程式

1. 反三角函数；2. 反三角恒等式；3. 三角方程式；4. 联立三角方程式

[1] 李蕃. 复兴高级中学教科书：三角学[M]. 上海：商务印书馆，1950：编辑大意.

第九章　三角函数之图解

1. 应用单位圆；2. 应用分析法

第十章　德摩（棣莫弗）定理及三角级数

1. 复数；2. 复数之三角表示法；3. 德摩（棣莫弗）定理；4. 德摩（棣莫弗）定理之扩充；5. $\sin x \to x$，$\tan x \to x$；6. $\sin n\phi$、$\cos n\phi$ 之展开；7. 三角级数

第十一章　三角函数造表法，表之精确度

1. 绪论；2. 应用三角级数造表；3. 小角之函数之值；4. 求相差 $10°$ 之角之函数之值；5. 求大于 $30°$ 之角之函数之值；6. 表之精确度

《复兴高级中学教科书　三角学》呈现以下特点：

（1）从内容的组织与呈现来看，内容以单元组织，知识以条目呈现。该书采用单元制度组织内容，全书共分十一章内容，各章自成单元。在每一单元中，采用条目编码的方式呈现知识，这些条目或以知识点（如锐角之三角函数、余角函数等）命名，或以知识类型（如正弦定律、德摩定理之扩充等）命名。呈现方式为"第一章……1.……2.……例……习题……"。采用单元制度组织内容是这一时期中学数学教科书的趋势，并沿用至今。对于在中学采用单元制，余介石认为："算学中定义、定理、法则的繁多，往往使学生感到有如七宝楼台，拆下来不成片段，其流弊限于机械的记忆，将学习的兴趣，尽行失去。又算学的组织，本在精炼零碎的常识，成一精密普遍的系统，但为心理次序的关系，仍须从常识引入，不能采取严密逻辑的方式编制，故在此情形，学生虽可步步入胜境，而易生散乱无序的感想。欲救此弊，宜将最基本的观念为中心，将各部教材与此等观念关系，归纳成若干单元，如此易使学生透彻了解基本观念，则对其他部分，亦易明白，且由此记忆较便，并可增应用能力。"[1] 例如，"三角函数及其基本性质"这个单元，就是以三角函数观念为中心，将坐标、余角函数、特别角函数、函数值、负角函数、函数基本关系等内容组织在一起。知识以条目形式呈现，从视觉角度就是一些知识点的累积，零碎有余而系统感不足，如今这种呈现方式已成为历史。

（2）论述严谨，讲究方法，富有启发性。教科书的记述没有一味平铺直叙，凡遇简易部分为学生易于自动探索的，则采用发问的形式，逐步将知识点导出。这样可使学生感觉所得结果是自己搜索的收获，可以提高兴趣并增强其自信心。同时，经过独立思考的过程，对抽象观念与运用方法能够较为透彻明了。该书涉及定理、公式均给出严格的推导过程，即对于数学，不仅要知其然，而且要知其所以然，这样才能举一反三，触类旁通。对于这一时期高中三角教科书多将对数单列一章，如赵修乾编的《新学制高级中学教科书　三角术》（商务印书馆，1924年）、傅溥编著的《高级中学学生用　高中三角法》（世界书局，1932年）、裘友石编著的《新课程标准世界中学教本　高中新三角》（世界书局，1936年）等。李蕃则认为："对数非三角学之范围，惟在解三角形时，应用之

---

[1] 余介石. 编撰中学算学教科书的原则[J]. 中等算学月刊，1935，3（1）：12—13.

以简其运算，故本书不另设一章，而仅在第三章中稍加复习。"[1]强调知识间的逻辑顺序及因果关系。正如刘宏谟所说："故鄙意以为编教本者应于此特别注意，或插叙一法之史迹，或表彰发明者之研究经过，或于分节述论之先，作一概括的描述，或于既经讨论之后，加以综合的观察，庶学者能深透其意义，增广其见识。……如是则纲系严整，意味盎然，斯为完善之教本矣。"[2]

（3）注重数学思想方法的渗透。书中内容贯穿了数形结合、分类、极限等数学思想。在"第五章 三角形边与角之函数之关系"中，通过推理论证得出正弦定理的公式表达，并利用文字进行表述，随后给出正弦定理的几何意义。该方法实现了代数与几何的结合，体现了数形结合的思想。在证明余弦定理时，渗透了分类的思想，即将三角形分为锐角三角形和钝角三角形两种情况分别进行讨论，最后得出同一结论。此外，在三角形解法中也将已知条件分类进行讨论，体现了分类的思想。本书对0°及90°的三角函数利用极限值法进行求解。此外，渗透的方法也较多，如三角函数的线表示法、应用单位圆、分析法绘制三角函数图象等。

（4）注重数学史知识的渗透。但凡科学的发现，必有一番原委，三角学也不例外。介绍该领域的相关知识，有利于学生了解其发展的过程，更好地学习。例如，该书开篇第一章就给出三角学的定义、起源及其研究范围，"三角学英文trigonometry源于希腊文 τριγωνον（三角形）及μετρον（量）二字，盖量三角形之意也；换言之，即在研究三角形之边与角之关系耳。但时在今日，其范围大加扩充，所有关系于角之代数研究亦所属焉。"更明确了三角与代数之间的关系。再如，书中介绍六十分制时，同时给出其来历，即巴比伦天文学家取一年为三百六十日之意也。又如，在推导圆内接四边形面积公式后，补充说明"此乃十六世纪印度数学家白拉美格朴达（Brahmegupta）所发明。"并在发明者及其国籍的下方加下划线以表强调。

（5）体现普遍的观念。该书的最大特色在于贯穿了普遍的观念。与之前出版的其他三角学教科书将锐角三角函数与任意角三角函数分别讲授不同，该书为避免学生将锐角三角函数与任意角三角函数看作为两种数学对象，故在所有定理与公式的证明中，没有分锐角与钝角，以此向学生灌输普遍的观念。此外，一些学者为李蕃所编著的《复兴高级中学教科书 三角学》配备解题指导等。如，程士徹编著的《复兴高中三角学题解》（新智书店，1948年），将前者中的习题逐一讲解，详略得宜，繁简有序，实为教与学两便之作。

总之，高中三角在初中三角的基础上有了很大的提升。内容多而全，且难度相对较大。习题数量适中，既能达到练习的目的，也不致使学生厌烦。三角函数的诱导公式全（余角函数、倍角公式、半角公式、和差化积、积化和差等），定理全（正弦定理、余弦定理、正切定理、半角定理）。其内容按照基础知识（角的单位）、核心知识（三角函数及其性质、三角恒等变换、三角形边与角的函数关系）、具体应用（解三角形、求三角形、四边形、正多边形、圆的面积）、推广

---

[1] 李蕃. 复兴高级中学教科书：三角学[M]. 上海：商务印书馆，1950：编辑大意.

[2] 刘宏谟. 算学教科书改良意见[J]. 中等算学月刊，1934，2（9）：7.

（反三角函数、三角级数）的顺序展开。有些知识难度相对较大，如利用极限值法求解0°及90°的三角函数，每一定理、公式都进行推导等。应用方面较广，如从三角形面积扩展到四边形面积、正多边形面积、圆面积等。此外，注重与代数、几何间的联系，如正弦定理的本质在于三角形边角关系的定量化。平面几何中只有大边对大角这样的定性描述，而三角学把它定量化了。同样，余弦定理将三角形两边之和大于第三边这样的定性陈述更加精确地加以定量化。而所有关于角的代数的研究属于三角学所研究的范围，实现了三角与代数、几何的结合。

（六）徐任吾等编著《复兴高级中学教科书 解析几何学》

徐任吾，曾在武昌教书。仲子明，浙江嘉兴人，曾在东南医学院教授化学，毕业于日本高等工业学校。二人合作编著的《复兴高级中学教科书 解析几何学》（图5-48）是根据1932年颁布的正式课程标准编写的，其出版次数较多且使用范围较广，1934年9月初版，由商务印书馆发行，1949年出版第四十七版，其流行程度可见一斑。

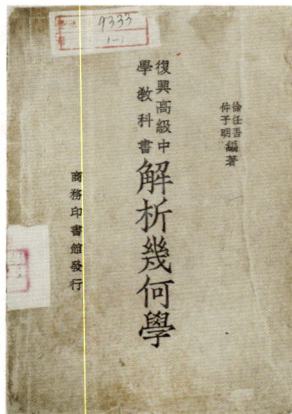

图5-48　《复兴高级中学教科书 解析几何学》商务印书馆发行，1934年

《复兴高级中学教科书 解析几何学》没有"编辑大意"等内容，共分为十章，仅涉及平面解析几何。该书目录只给出章的标题（除第七章有小节的标题）。

下面对其各章主要内容进行系统分析：

"第一章 坐标"共分7小节。第一节"平面上点之位置"，给出横坐标、坐标轴、纵坐标、象限、射影、两点间的距离等的定义及公式，坐标轴没有方向与单位长度。第二节"有向线分及射影"，举例给出射影及射影定理。第三节"两点间之距离"，通过推导给出了两点间的距离公式。在第三节之后设有习题20道，其中解答题较多，证明题较少。第四节"线分之分点及中点"，通过推导给出定点分比公式与中点公式。第五节与第六节分别为"直线之斜角"与"平行线及垂直线"，给出了斜率的定义及已知直线上两点求斜率的公式，在此基础上，给出平行与垂直的定义：两直线平行，则其斜率相等；两直线互相垂直，则一直线之斜率等于他直线斜率之负逆数。最后一节为"三角形之面积"，三角形面积公式是通过几个几何图形面积相减而得出的。

"第二章 曲线"共包括3部分，14小节。第一部分首先论述了变数与常数、方程式之轨迹、两轴上的截距、对称及其定义，其中给出了学习解析几何的两个目的："其一，已知方程式而探讨之形状；其二，已知曲线而求其方程式，并由方程式用代数方法研究曲线之性质。"这也正是解析几何学科的自身特点。之后，给出方程式轨迹的画法，采用描点法，且给出方程式轨迹关于x轴或y轴对称的充要条件。第二部分给出判别一点是否在曲线上的三个法则，法则一：欲决定某已知点是否在已知曲线上，只需验明已知点之坐标是否适合于曲线的方程式。法则二：用解析方法表明一点在曲线上的条件，只需将曲线的方程式求出，然后将此点的坐标代入即得。法则三：若已知曲线上一点的横坐标，欲求其纵坐标，则将横坐标代入方程式中的x，解出y值即得。若已知纵坐标欲求其横坐标者，其法亦同。第三部分为二曲线的交点，直接给出两曲线的交点的求法，然后举例说明。

"第三章 轨迹"共分两部分内容。在上述两章的基础上介绍了动点的轨迹，以及求轨迹的方程式，并给出两个例子说明。

"第四章 直线"共8部分内容，13小节。第一部分首先讲述了平行于x轴或y轴的直线方程式，之后给出已知一点坐标及斜率的直线。第二部分讲述了过两个已知点的直线方程式与已知斜率及与y轴的截距求直线方程式。第三部分给出直线的普通式，且给出判定两直线平行与垂直的方法，即将方程式化成斜率式，然后根据两直线的斜率值是相等还是互为相反数来判定。第四部分给出直线方程式中含有未定常数，该无限数曲线称为曲线族。在上述的论述的基础上，以斜率式为例，给出求直线方程式的两个条件，即$y=mx+b$，只需知m、b的值，即可求得直线方程式。第五部分论述了截距式，以两三角形的相似推得直线的截距式方程式。第六部分直接给出直线法线式方程式，然后给出推导过程。之后给出直线方程式的普通式与法线式互化的法则。最后给出两平行线间距离的计算规则。第七部分介绍了直线外一点到直线的距离，且给出点到直线的距离公式。最后一部分为求两直线的夹角，首先化直线方程式为斜率式，然后根据两直线夹角的公式，求出夹角的正切值，最后得出夹角度数。

"第五章 圆"共7部分内容，14小节。第一部分首先给出圆的定义："一动点与一定点依一定距离而动之轨迹曰圆"。之后给出中心与直径的定义以及圆的标准方程式，圆心在原点与圆心不在原点的圆的标准方程式。在此基础上，给出圆的普遍方程式，也就是一般方程式，之后给出二次方程式表示圆的充要条件。第二部分简要介绍了初等几何学与解析几何学中决定圆的三个已知条件。第三部分论述了用联立方程式求得直线与圆、圆与圆的交点。第四部分讲述了三个知识点，即平面曲线的切线，直线与曲线相切的条件与一定斜率的切线方程式。第五部分主要论述了过圆周上一定点，即切线与过圆外一点的切线方程式的解法。第六部分论述了经过两曲线交点的曲线与经过两圆交点的圆的方程式。最后一部分论述了两圆的公共弦的直线方程式，切线长的解法等。

"第六章 极坐标"包括3部分内容，4小节。第一部分为极坐标与曲线的描写。这里给出极坐标、极角、极轴等定义。且给出极坐标下曲线轨迹的图象。第二部分论述了轨迹问题，且给出圆的极坐标方程式。最后一部分讲述了极坐标与直角坐标的互换。

"第七章　圆锥曲线"共6部分内容。第一部分为总论，开门见山，直接给出圆锥曲线的定义，焦点、准线以及离心率的定义，将圆锥曲线分为椭圆、抛物线与双曲线。第二、第三与第四部分分别讲述了椭圆、抛物线与双曲线的定义、标准方程式及其性质。第五部分介绍了坐标转换，重点论述了坐标的平移与回转。最后一部分总结了一般二次方程式，且给出圆锥曲线种类的判别式。最后，在上述直角坐标系的基础上给出圆锥曲线的极坐标方程。

"第八章　抛物线之续"实际上是在"第七章　圆锥曲线"的基础上，主要探讨了抛物线的性质，论述了过抛物线上一点的切线方程式，给出求曲线上一点的切线方程式的普遍方法。之后论述了抛物线的切线，给出抛物线的切线影与法线影的定义。接着介绍了过曲线外一点的切线方程式、抛物线的两个定理——定理1：过抛物线上任何一点的焦半径与过此点而与轴平行的直线所成的角适为过此点的切线所二等分。定理2：由焦点向任一切线所引垂线的垂足必在过顶点的切线上。最后介绍了圆锥曲线的接触弦与直径以及直径的两个定理。

"第九章　椭圆与双曲线之续"共3部分内容。第一部分重点论述椭圆与双曲线的另一种定义，在此基础上给出了椭圆与双曲线的切线方程式以及切线的性质。第二部分介绍椭圆的辅助圆与椭圆的参数方程。最后一部分介绍椭圆的接触弦、直径方程式、直径的定理、共轭径以及以渐近线为坐标轴的等边双曲线。

"第十章　高等平曲线及超性曲线"在给出高等平曲线和超性曲线的定义的基础上简要介绍这两种曲线。首先给出两个定义：曲线方程式的次数为三次以上的方程式的曲线称为高等平曲线；方程式中含有超性数，如$\sin x$、$\log x$、10^x等曲线称为超性曲线。其次，依次介绍了蔓叶线、蚌线、摆线、阿基米德螺线、指数曲线、对数曲线、三角曲线。

书的最后附有"附录　公式集"，但未在目录中呈现。

《复兴高级中学教科书　解析几何学》特点如下：

第一，将解析几何学与其他数学学科相结合。在学习解析几何中，用到大量的代数、几何、三角等知识。如解决一个问题，往往需从图形的几何性质出发，归纳出代数或三角的恒等变形，通过较复杂的运算，才得出结论。可以说，解析几何是代数、几何与三角知识的综合运用。该书注重解析几何与代数、几何、三角的学科间的融会贯通，尤其是与初等综合几何的区别与联系，论述最多，如解析几何学中切线定义与初等几何学的不同："切线之定义与初等几何学上定义不同。初等几何学上与曲线仅交于一点之直线为切线，实有欠缺之处。"再如，初等几何学与解析几何学中线段的区别："初等几何学中之线分有大小而无方向，解析几何学中则线分除大小外兼有方向。"

第二，注重数学思想方法的渗透。在该书中得出某些结论时，有时从特殊到一般，有时需要从一般了解特殊。在"第五章　圆"中，先给出圆心在原点（0，0）的圆的方程式$x^2+y^2=a^2$之后，推广到圆心在任一象限内一点（h，k），圆的方程式为$(x-h)^2+(y-k)^2=a^2$。又如"第四章　直线"

中，在给出截距式的标准方程式之后，指出直线方程式$\frac{x}{a}+\frac{y}{b}=1$，若直线与$x$轴或$y$轴平行，或通过原点，则不能写成此方程式。另外，书中蕴含了分类讨论的方法，在"第七章 圆锥曲线"的"圆锥曲线种类之判别"中，首先将方程式$Ax^2+Bxy+Cy^2+Dx+Ey+F=0$中B^2-4AC的值分成三种情况分别进行讨论，若$B^2-4AC<0$，为一椭圆；若$B^2-4AC=0$，为一抛物线；若$B^2-4AC>0$，为一双曲线。

第三，采用标注法。主要体现在三个方面，一是在数学名词旁注英文翻译，如曲线（curve），变数（variable），常数（constant）等。二是对于重点知识点，加有"注"与"注意"字样，如图5-49所示，以达到提醒、解释、总结的目的，以便学生更好地掌握。三是给出脚注的形式，对部分知识点给出解释与提示。且在书末附有"附录 公式集"，供学生学习。

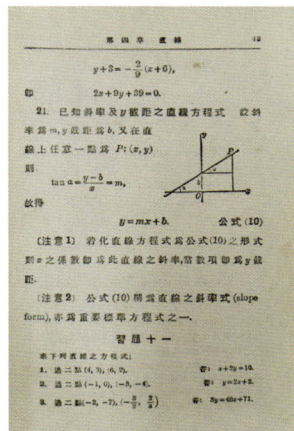

图5-49 《复兴高级中学教科书 解析几何学》商务印书馆出版，1949年：第43页

总的来说，徐任吾与仲子明编著的《复兴高级中学教科书 解析几何学》在当时很受欢迎，教育总署编审会编写的《解析几何》（全一册）与该本的内容完全相同，且于1939年8月印刷，1941年6月修正印刷。

二、陈建功编高中数学教科书

图5-50 陈建功像[1]

陈建功（1893—1971，图5-50），浙江绍兴人，我国著名数学家和数学教育家。他在正交函数、三角级数、函数逼近、单叶函数与共形映照等领域中作出了杰出贡献。他是我国函数论研究的开拓者之一。

陈建功5岁时开始附读于邻家私塾。他聪颖好学，几年后就进了绍兴有名的蕺山书院。1909年又考入绍兴府中学堂。1910年进入浙江两级师范的高级师范求学。1913年，陈建功毕业于浙江两级师范的高级师范，同年留学日本。1914年考入东京高等工业学校染色科

[1] 图片来源：陈建功. 陈建功文集[M]. 北京：科学出版社，1981.

学习。次年又考入东京物理学校学习数学和物理。1918年和1919年，他先后从两所学校毕业。毕业后立即回国，应聘于浙江省立杭州甲种工业学校，任教染色科方面的专业课，业余时间学习钻研数学。1920年夏天，陈建功第二次东渡日本，在日本东北帝国大学深造。1923年，陈建功从东北帝国大学毕业，立即回国并再次受聘于杭州甲种工业学校，主讲数学。一年后，他应国立武昌高等师范学校之聘，主讲数学，直至1926年。1926年秋，他第三次东渡日本，到东北帝国大学攻读博士学位，师从著名数学家和数学史家藤原松三郎教授，专攻三角级数论。陈建功在两年多的研究中获得许多创造性成果。1929年，他获得理学博士学位，这是在日本获此殊荣的第一个外国学者。正如苏步青教授所说："长期被外国人污蔑为劣等人种的中华民族，竟然出了陈建功这样一个数学家，无怪乎当时举世赞叹与惊奇。"其导师藤原先生在祝贺陈建功获得博士学位的庆祝会上说："我一生以教书为业，没有多大成就。不过我有一个中国学生，名叫陈建功，这是我一生之最大光荣。"为感谢恩师的教诲，陈建功在自己研究工作的基础上，综合当时国际上最新成果，用日文撰写了专著《三角级数论》，并在日本最有名的出版社岩波书店出版。该书不仅内容丰富，而且不少数学术语的日文表达均属首创，数十年后仍被列为日本基础数学的重要参考文献。1929年，陈建功婉言谢绝了导师留他在日本工作的美意，毅然回国，并在浙江大学工作，任数学系主任。1931年，在陈建功的建议下，校长请来了中国的第二位日本理学博士苏步青，接着又请苏步青担任数学系主任。从此两位教授密切合作20余年，为国家培养了大批人才，形成了浙大学派。1945年抗战胜利后，陈建功赴台湾任台湾大学代理校长兼教务长之职。1946年，他又回到浙江大学任教，并在当时由陈省身教授主持的中央研究院数学研究所兼任研究员。1947年，他应邀去美国普林斯顿研究所任研究员，一年后他又回到浙江大学。1952年院系调整，浙江大学文、理学院部分并入复旦大学，陈建功、苏步青等教授都调至上海。1958年，任新建杭州大学副校长。1971年4月11日，一代宗师陈建功教授与世长辞。

　　陈建功的数学教育思想及其对数学教育史和数学史的认识是较系统而深刻的。虽然他的《20世纪数学教育》发表于1952年，但实际上他的数学教育思想和精神早在20世纪30年代已经形成，并付诸了实践，他积极投入中等数学教育工作，编写了教科书《高级中学甲组用　高中代数学》《高级中学学生用　高中几何学》，这些教科书被广泛使用，并产生积极影响。

（一）《高级中学甲组用　高中代数学》

　　《高级中学甲组用　高中代数学》由陈建功与毛路真合编，于1933年11月初版，1935年9月第六版，1936年6月长一版[1]，1950年9月第十一版，均由开明书店出版，如图5-51所示。

---

[1] 长一版：长沙印行一版。

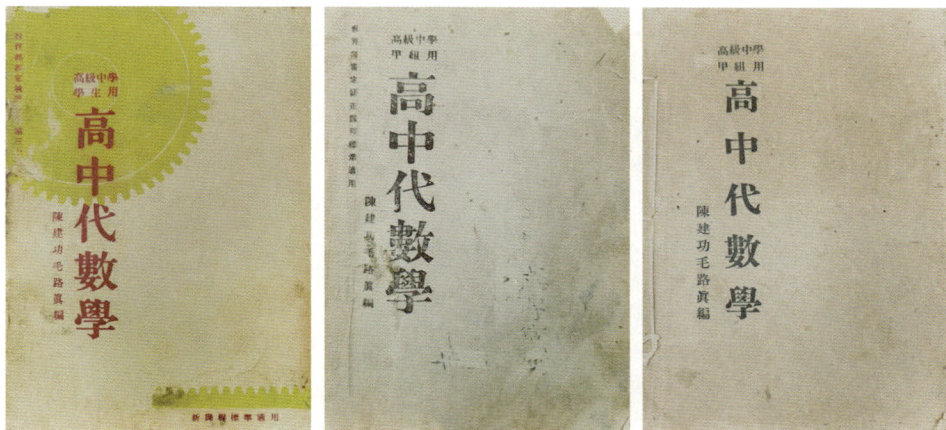

5-51

图5—51 《高级中学甲组用 高中代数学》开明书店出版

(a) 1935年第六版　　　　(b) 1936年长一版　　　　(c) 1950年第十一版

下面通过引用《高级中学甲组用 高中代数学》的"编辑大意"阐明该书编写理念等内容，具体如下：

本书依照教育部颁布的修正高级中学算学课程标准编辑，供高级中学代数学甲组教科之用。

高级中学学生，虽曾习代数学之初步，而于代数学之基础智识，多未巩固，故本书不嫌重复，发端于代数式之基本运算，循序渐进，引入堂奥，庶几教者学者皆得其便。

本书第十六章数论为课程标准所未列，教师尽可依时间之充足与否斟酌取舍。

本书修改数次，务求理论严密，说明简洁，习题得其要领，然缺点或不能免，切望海内君子，进而指示之。

编者识

《高级中学甲组用 高中代数学》章目录如下：

第一章 代数式之基本演算

第二章 一次方程式

第三章 因数分解

第四章 分数式

第五章 根数及复素数

第六章 二次方程式

第七章 比及比例

第八章 特种数列

第九章 顺列及组合

第十章 二项式定理及多项式定理

第十一章 对数

第十二章 不等式

第十三章　无限级数

第十四章　连分数

第十五章　一次方程式之整数解

第十六章　数论

第十七章　或然率

第十八章　行列式

第十九章　方程式论

附录

　　1936年6月长一版和1950年9月第十一版的《高级中学甲组用 高中代数学》内容完全一致，1935年9月第六版相较于前两个版本，内容有少量删减。从目录可知，该书内容难度不小，且有部分术语与现代术语有所不同，如最高公因数（最大公因数）、最低公倍数（最小公倍数）、顺列（排列）等。

　　徐荣中、孙炳章、何籽嵚、冯克忠、张廷襄、袁天柱和朱文虎合编的《陈建功氏高中代数题解》于1942年12月初版，1946年8月第三版，如图5-52所示。其"序"中这样写道：

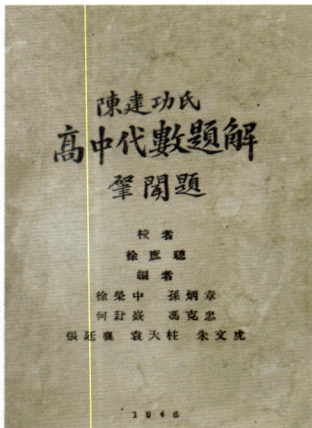

图5-52　《陈建功氏高中代数题解》复兴书局，1946年

　　陈建功博士自东京归国，主讲浙大有年，以其余力，编成是书。条目不紊，选材唯精。洵高中善本也。惜书末无答案。学者解证，无所景附，因于去岁函托诸友各解数章，历时一载，始观厥成，金一年章有一百二十次一百八十次方程，章袁二先生探索数日乃得近似值，成县中之曾详，蜀华谢世鑫之，颇称敏悟，手书发端十章，臂助之力，诚不可忘也，书既成，录数语以述由来，瑕疵或有，然比诸脱陋抄袭者谅亦有间焉。

民国三十一年长至节

何籽嵚记于成都县立中学校

　　该书与1936年6月长一版和1950年9月第十一版的《高级中学甲组用 高中代数学》中的十九章内容完全配套，全书共计53套习题的解答。

（二）《高级中学学生用 高中几何学》

《高级中学学生用 高中几何学》由陈建功与郦福绵合编，于1935年1月初版，1936年1月四版，1944年3月第八版，1946年5月长一版，均由开明书店出版，如图5-53所示。

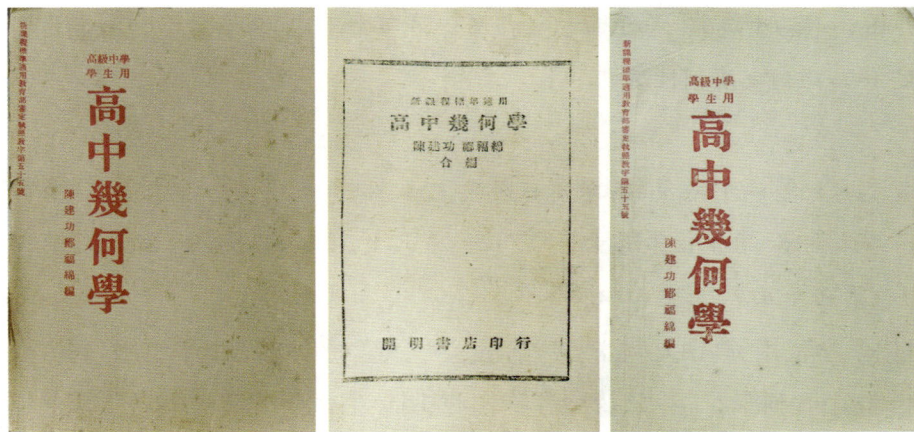

5-53

图5-53 《高级中学学生用 高中几何学》开明书店印行

(a) 1936年四版　　(b) 1944年第八版　　(c) 1946年长一版

下面通过引用《高级中学学生用 高中几何学》的"编辑大意"阐明该书编写理念等内容，具体如下：

1. 本书系依照二十一年十一月教育部所颁布之高级中学算学课程标准编辑，供高级中学几何学教学之用。

2. 本书分平面几何学及立体几何学两部。平面几何学共二十四章，足供一学期每周三小时之教学；立体几何学共十一章，足供一学期每周二小时之教学。

3. 高级中学学生，虽曾习平面几何学，而于几何学之基础智识，往往未能巩固，本书不嫌重复，仍从基本公理，定义，定理等发端，循序渐进，以求深入，使教学者两得其便。

4. 本书卷首绪论，略述几何学原理及定理之证法，使学者对几何学先得一明确之概念。

5. 本书术语西文原名不一一散附，卷末附列几何学名词中西对照表，以便检查，且为学生涉猎西文原书之准备。

6. 本书说理力求简洁，证法前后保持一律，俾学者易得要领。

7. 本书每章之末，附有习题多则，俾学者得随时练习。

8. 本书如有误漏之处，尚望识者有以教正，俾得随时改正。

编者识

《高级中学学生用 高中几何学》目录如下：

绪论

平面几何学

第一章 几何图形；第二章 角；第三章 三角形；第四章 垂线与平行线；第五章 直线形

第三节 高中数学教科书

之角；第六章 平行四边形；第七章 对称；第八章 轨迹；第九章 圆弧及弦；第十章 相交及相切；第十一章 弓形角；第十二章 圆之内接图形及外切图形；第十三章 直线图形之作图；第十四章 切线及圆之作图；第十五章 线分之比与比例；第十六章 多角形之面积；第十七章 圆幂；第十八章 多角形之相似；第十九章 位似图形；第二十章 三角形中各量之关系；第二十一章 关于比例之作图；第二十二章 关于面积之作图；第二十三章 正多角形；第二十四章 圆周及圆面积；附录 比与比例之基础性质

立体几何学

第二十五章 直线与平面；第二十六章 二面角；第二十七章 多面角；第二十八章 多面体；第二十九章 角柱；第三十章 角锥；第三十一章 柱；第三十二章 锥；第三十三章 球；第三十四章 球面多角形；第三十五章 球之面积及体积

上述三个版本的《高级中学学生用 高中几何学》内容完全一致。《高级中学甲组用 高中代数学》和《高级中学学生用 高中几何学》在"编辑大意"中说明该书依照《高级中学算学课程标准》编撰，《高级中学甲组用 高中代数学》中还说明了部分内容并不是《高级中学算学课程标准》中所要求的内容，事实上《高级中学学生用 高中几何学》"第七章 对称""第十七章 圆幂""第二十四章 圆周及圆面积""第二十七章 多面角""第二十九章 角柱""第三十章 角锥"内容均不在《高级中学算学课程标准》之列，而《高级中学算学课程标准》规定的有关作图的变形与变位的内容，《高级中学学生用 高中几何学》中却没有。《高级中学甲组用 高中代数学》和《高级中学学生用 高中几何学》主要选取美国、英国等国流行的数学教材内容，将之移植于基本参照《高级中学算学课程标准》自行建构的章节框架中。对此，陈建功等人未予说明。《高级中学甲组用 高中代数学》大量内容取材于美国普林斯顿大学数学教授范因所著的《范氏大代数》以及英国学者霍尔、乃特合著的《大代数》。《高级中学学生用 高中几何学》多取材于美国数学家史密斯修订的温德华士的《平面和立体几何学》以及美国学者舒塞司、塞未诺克合著，斯凯勒修订的《平面和立体几何学》（简称"《三S平面和立体几何学》"）。陈建功等人向上述美国、英国等国数学教材取材时，基本没有整章、整节地简单照搬，而是从中挑选部分内容，将之移植于自行建构的章节框架中。有时还对挑选的内容进行了改编。

《高级中学甲组用 高中代数学》和《高级中学学生用 高中几何学》两书注重与初中知识的衔接，循序渐进；《高级中学甲组用 高中代数学》知识覆盖面较广，对方程与方程论等中学代数学核心内容的介绍相对详备；《高级中学甲组用 高中代数学》比较注意融入具有现代数学意义的中国古代数学成就。如第八章第四节"自然数之级数"介绍了朱世杰《四元玉鉴》中"三角垛"与等同"四角垛"的"正方垛"等的求和公式；与多数同类教科书相同，陈建功等人编撰的上述两书注重采用科学名词审查会公布的数学名词中译名，但有部分名词采用日译名。[1]

---

[1] 郭金海. 陈建功与高中数学教科书的编撰[J]. 自然科学史研究，2017，36（1）：76-85.

在清末及民国时期，我国使用的中学数学教科书多为翻译本、原版书或改编国外教科书，这些教科书存在不同程度的内容冗繁、陈旧等问题。陈建功、吴在渊和胡敦复等数学家以长远之计，编写了适合国人使用的教科书。陈建功编写的高中数学教科书尽力考量了内容的简洁性和逻辑性、结构的合理性、国人的接受度、初高中内容的衔接性等方面。

三、其他高中数学教科书

民国中期，中国中学数学教育主要借鉴、学习西方中学教育的体制、方法和经验，引进国外教材，并结合中国的实际情况，摸索创建适合中国国情的教育体系。经过数十年的努力，数学教育日趋完善。1932年《高级中学算学课程标准》颁布，各大出版企业先后出版了多种数学教科书和教学参考书。除商务印书馆、中华书局两家仍占主要地位外，世界书局、民智书局、正中书局等均出版了一定数量的高中数学教科书，达到民国中期国人自编高中数学教科书的鼎盛时期。从数量上来看，1937—1949年出版使用的国人自编高中数学教科书较民国中期大有增加。民国后期，除再版一些民国中期反响较好的高中数学教科书外，仍在相对困难的条件下编写了一些供高中使用的高质量的数学教科书，且在此期间出版的教科书相对较多。此时高中数学教科书的出版数量也以商务印书馆和中华书局为多，正中书局、世界书局、龙门联合书局等出版企业积极地加入高中数学教科书出版的行列，使得1937—1949年高中数学教科书的出版行业呈现出繁荣的景象。

民国时期虽然有数学教科书审定制度，但是该审定制度仅作为对国人编写的数学教科书的一种制约，而对翻译国外的数学教科书没有具体的规定，所以翻译的数学教科书在中国被自由地、大量地出版。这里将其称为"数学教育制度之外的数学教科书"。由于翻译的数学教科书与数学教育制度的要求并不一致，故具有一定的独立性，民国时期翻译的数学教科书是清末的延续与发展。这一时期，数学教科书从翻译日本转向翻译欧美，并出现大量汉译本，有些汉译本在中华人民共和国成立初期仍被使用，可见其使用跨度之长，影响之远。然而，转向学习欧美并不意味着全盘向欧美学习，事实上，日本的影响仍一直存在。这一时期，翻译的数学教科书，多在高中使用。北京、上海等一些文化接受程度较好的中学直接使用英文原版三角学教科书，在一定程度上体现了当时的精英教育。

（一）国人自编高中代数教科书

1929—1949年出版使用的国人自编高中代数学教科书如表5-4所示。

表 5-4　1929—1949 年出版的国人自编高中代数学教科书概览

序号	书名	编著者	出版者	年份
1	新中华代数教本	张鹏飞	中华书局	1929
2	代数因子分解教科书	顾澄	科学书局	1929
3	高级中学学生用　高中代数学	傅溥	世界书局	1931
4	高级中学用　新中华代数学	余介石	新国民图书社	1932
5	复兴高级中学教科书　代数学	虞明礼	商务印书馆	1934
6	高级中学甲组用　高中代数学	陈建功、毛路真	开明书店	1933
7	高级中学学生用　薛氏高中代数学	薛天游	世界书局	1933
8	最新代数学	仇毅	长沙晓星书店	1933
9	新课程标准适用　高中代数学	余介石	中华书局	1934
10	修正课程标准适用　高中甲组代数学（四册）	余介石	中华书局	1936
11	修正课程标准适用　新编高中乙组代数学（二册）	陈荩民、王疏九	中华书局	1936
12	建国教科书　高级中学　代数学（甲组用）	尹国均	正中书局	1936
13	复兴高级中学教科书　代数学	荣方舟	商务印书馆	1936
14	高级中学学生用　高中新代数（乙组用）	裴友石	世界书局	1937
15	高中代数	教育总署编审会	教育总署编审会	1939
16	新中国教科书　高级中学　代数学（甲组、乙组）	李仲珩、孙振宪、尹国钧	正中书局	1945
17	代数（二册）	黄丹初	商务印书馆	1945

　　民国各个阶段的数学教科书均有所侧重。民国初期商务印书馆的教科书再版较多，尤其是"复兴系列教科书"。从编者来看，骆师曾、吴在渊、秦汾、秦沅、刘薰宇、余介石等编辑的书较受欢迎。有的图书不仅再版次数多，而且时间跨度长，甚至中华人民共和国成立后，也选用了部分作为课本（当然也有适当改编），如刘薰宇的开明教本等。另一方面，初等中学所用的代数课本，出版种类较多，也多为国人自编。而涉及高中代数的课本，只有《温氏代数》《范氏大代数》等少数几种课本被广泛使用。这些科目以翻译外国教科书为主，是不难理解的。究其原因，可能为当时学习的人较少，所以出版较少，或者学者用的英文版，所以中文版本少。总之，从教科书的出版发行量亦可看出国人比较薄弱的科目。

　　在此须强调的是，表5-4中所列教科书目录并非全部。民国时期是特殊的历史时期，政治动荡、经济贫困、文化落后，人民生活在水深火热中，其对教育的认可度，对教育投入的承受力等方面都是有限的。民国时期的教育虽然有较大的发展，但其所面对的困境也是不容忽视的。如师资匮乏、教师的薪资难以维持正常的生活、教学条件简陋等，而能买得起教科书、安心于学习的学生少之又少。表5-4所列书目均为民国时期使用范围较广的代数学教科书。

1. 余介石编《高级中学用 新中华代数学》

余介石编《高级中学用 新中华代数学》（图5-54），由中华书局印行，1932年由新国民图书社出版，1933年再版，根据部颁课程标准编辑，材料多采自名著，并参加教学经验，特创之点甚多。教材富有弹性与启发性，且知识由浅入深，符合学习心理。

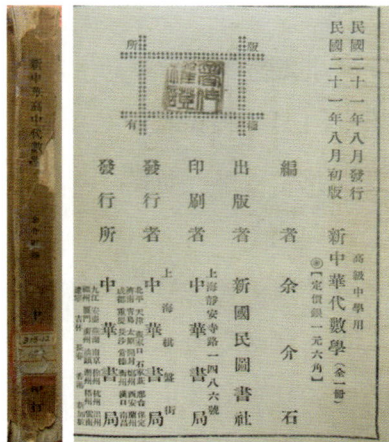

图5-54 《高级中学用 新中华代数学》中华书局印行，1932年：封里

下面可从《高级中学用 新中华代数学》"编辑要旨"了解编者编写理念，具体如下：

1. 本书以教育部最近颁布的高中普通科课程标准为依据，并加入其他的适当教材，和中等算学研究会编辑的新学制初中算学教科书，程度紧相衔接，用作高中课本，极为相宜。

2. 本书共分十四章，382页，内有习题八十。按教育部课程标准，高中教授代数时间，约共有100小时之谱，每小时约授3～4页，有习题一次，以资练习。

3. 本书依据学习心理，排列教材，由浅入深，并将互相关联的教材，集于一处，反复申说，使学生的注意集中，增加练习的机会，而达到纯熟的目标。

4. 本书分三大段。第一章到第五章为第一段，讲授代数学的基本原理和方法，并和算术充分联络。第六章到第十一章为第二段，研究各种函数和方程式解法，处处用图解，作平行的比较。末三章成第三段，注重代数的实际问题，计算方法，以明算理的效用。各章又自成单元，章末附有提要，以便温习。

5. 代数学的基本算法，初中都曾习过，本书即从此等处入手，先略作（做）温习，再徐徐引入新教材，作更深一步的研究，俾学生有温故知新的乐趣，无仰高钻坚的困苦。

6. 本书各习题是书中极重要的一部分，选择和分配，都经过慎重的考察，务使已习过的理论和方法，都在习题中遇着应用的机会，以为理解的帮助。各题均按难易次序排列，由浅入深，其中难题可引起学生向上探求的兴趣，养成自动研究的习惯。

7. 本书对于各种重要函数特性，细加研究，用图解来表变迹，藉有迹的图形，说明抽象的算理，算学中形数两种基本观念，得以联络，并可为日后进修高等算学的准备。

8. 方程式在理化和其他实际问题，颇多应用，本书于此，尽量罗致，以说明抽象算理的实用性，并使学生能充分了解抽象算理的具体意义，增加研究自然和社会现象的兴味和能力。

9. 代数和算术几何等科，互有极密切的联系，本书对于各科联络的地方，随时加以贯通。如第一二两章中，由代数基本法则，说明算术中的各法则；第三章中，由整式除性推论整数性质，方程式应用题里，讨论几何的问题，对数级数计算题里，研究误差的范围，都无非是要学生认识算学全体的和谐性，以资其融会。

10. 向来代数教本，每多忽视实际问题，本书力矫此弊，例如对数是计算数值的重要工具，效用宏伟，无可比拟，本书则详论其算法和用表的误差，以便于应用。又如或然率为推测人事变迁的唯一方法，统计学以他做基础，而成研究社会现象、生物现象的唯一利器，本书也列举要义，以导进修的先路。

11. 初学代数的人，每易囿于机械的算法，而暗于理解，这是进修高等算学的最大障碍，向来教本对这点也漫不经意，本书对于运算方法，固然详举靡遗，而在理解方面也毫不放松，如第一章里，阐发代数学的公律，表述推广的方法，且于证题的步骤，题理的层次，解法的讨论，各章中都不惮烦言，以唤起注意。涉及高深理论，为本书所不能证的，也分别提明，并指示要在何时，方能学到，以启发学生向上学习的志趣。

12. 本书编辑时，很得下列各书的帮助，特在此列名，以示不敢掠美。

（1）Fine：*College Algebra.*

（2）Bourlet：*Lecons d'Algebra.*

（3）Williams：*College Algebra.*

（4）Hawks：*Higher Algebra.*

（5）Hawks，Luby，Touton：*Second Course in Algebra.*

（6）Hall，Knight，Sevenoak：*Algebra for Colleges.*

（7）Bauer：*Mathematics Preparatory to Statistics and Finance.*

（8）Davisson：*College Algebra.*

（9）Laroix，Ragot：*A Graphic Table of Logarithms.*

（10）藤泽、黄际遇：续初等代数。

（11）何奎垣：二次方程式详论。

（12）张鹏飞：新中学高级代数学。

（13）长泽龟之助：代数学辞典。

（14）伊藤政治：代数学问题解法。

（15）中岛秀次郎：代数学根柢。

（16）林鹤一：方程式应用问题。

（17）林鹤一：不等式。

13. 本书每页，皆自成起讫，以便于初学。

14. 本书编辑时，颇蒙中等算学研究会总干事余介侯先生相助，后又承教育部编审黄守中先生指示应行修订者若干条，著者甚为感激。仍望海内方家，多加匡正，俾得随时修改。

15. 本书问题，另编解答，但只能售与教师。购阅者须由校中正式具函证明，方能发售。

《高级中学用 新中华代数学》各章内容如下：

第一章 基本观念和法则；第二章 整式的基本算法；第三章 公因式和公倍式，式的整除性；第四章 等式；第五章 函数和图解；第六章 一次方程式；第七章 二次方程式；第八章 不等式；第九章 二次函数；第十章 分式函数；第十一章 无理函数；第十二章 指数函数；第十三章 级数；第十四章 排配分析 或然率

教育部审查余介石的《高级中学用 新中华代数学》批语为"内容充实，理论精当，编制取材，两俱新颖，可供高中教科之用。"由于该书融会诸说而独成机杼，出版后受到各地中学教师的赞许，曾在一年内再版四次。该书在重庆大学附中试教后，被誉为"我国高中代数中，最合教科之用"的教科书。

2. 傅溥编著《高级中学学生用 高中代数学》

图5-55　傅溥像[1]

傅溥（1897—？，图5-55），江西省新建县人，毕业于日本东京高等师范学校，专攻数学。曾任中央陆军军官学校数学主任教官，台湾大学、台湾师范大学、新加坡南洋大学教授。编写了一系列高中教科书，由世界书局出版，有《高级中学学生用 高中代数学》（1931年）、《高级中学学生用 高中立体几何学》（1933年）、《傅氏高中代数学》（1933年）、《傅氏高中平面几何学》（1934年）、《傅氏高中立体几何学》（1934年）、《傅氏高中解析几何学》（1934年）、《傅氏高中三角法》（1936年）、《傅氏高中物理学》（1935年）等。数学史方面的著作有《中国数学发展史》（台北：中央文物供应社，1982年）、《中国数学揽胜》等。译著有《数学漫谈》《中国之科学与文明》（第四册）等。

傅溥所编著的《高级中学学生用 高中代数学》（图5-56），1931年10月由世界书局初版，1932年9月三版。

下面可通过《高级中学学生用 高中代数学》"例言"了解作者编写理念等，具体如下：

---

[1] 图片来源：傅溥. 中国数学发展史[M]. 台北：中央文物供应社，1982：作者介绍页.

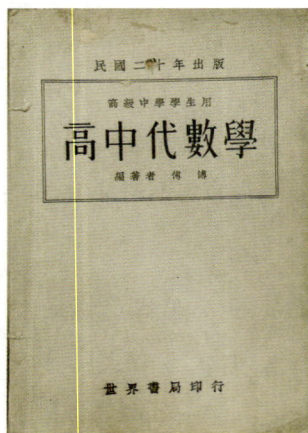

图5—56　《高级中学学生用 高中代数学》世界书局印行，1932年

1. 本书系依照教育部颁布之高中暂行课程标准，及根据编者多年之教授经验编纂而成。专供高级中学普通科，及与此同程度学校之用。

2. 本书程度系与初中相衔接，假定学生已具有相当之数学知识，故有多数名词解释在后而引用反在前者，职是之故。

3. 本书起首数章重在复习，故对于计算之法则及定理，仅揭其纲要而略其证明。

4. 学语译名我国极不统一，本书所采用者均系通行已久之名词，兹更于卷尾附一中英学语对照表，俾使学者参阅，且可作翻读西文原书之助。

5. 初等方程式及联立方程式最足以磨练（炼）学生之思想，惟（唯）其计算方法学生大率已于初中时习得之，故本书仅侧重于解法之原理，而于讨论方面则于可能范围内详为叙述。

6. 图表为代数学与几何学互相融合而成者，本书于不与解析几何学相重复之范围内，特辟一章叙述之，俾学者得知代数学与几何学之沟通情形。

7. 确率不仅在数学上占有重要之位置，即于吾人之实际生活上亦颇为必要，故本书特辟一章于可能范围内详加叙述，学者如能融会贯通之，则于复杂社会之生存上，当可得多少之助益。

8. 本书问题，虽仅只五百余题，然选择精当，难易适度，学者如能一一演习之，则对于代数学一科可谓已入门墙，编者他日有暇当一一演出，藉供学者自修之助。

9. 本书付印仓促，谬误之处，在所难免，海内门达，如承见教，则不胜感谢之至。

《高级中学学生用 高中代数学》各章目录如下：

第八章 不等式

第九章 应用问题

第十章 函数

第十一章 图表

第十二章 数学的归纳法

第十三章 顺列及组合

第十四章 二项定理及多项定理

第十五章 确率

第十六章 对数

第十七章 级数

第十八章 级数之和

附录 1. 对数表；2. 中英学语对照表；3. 答数

（二）国人自编高中几何教科书

1929—1949年出版使用的国人自编高中几何教科书如表5-5所示。

表5-5 1929—1949 年出版的国人自编高中几何教科书概览

序号	书名	编著者	出版者	年份
1	平面几何教本	曹绍模	民智书局	1931
2	高中平面几何教科书	傅种孙	算学丛刻社	1933
3	高级中学用 新中学几何学	胡敦复、吴在渊	中华书局	1925
4	傅氏高中平面几何学	傅溥	世界书局	1934
5	复兴高级中学教科书 几何学	余介石、张通谟	商务印书馆	1934
6	高中平面几何	王绍颜	北平文化学社	1934
7	高级中学学生用 高中几何学	陈建功、郦福绵	开明书店	1935
8	高中平面几何	阎静山、王汝钧、张伯丞	北平文化学社	1935
9	高中平面几何学	郑文华	正大学社	1935
10	平面几何学	谢宪泽	天津百城书局	1935
11	复兴高级中学教科书 平面几何学	胡敦复、荣方舟	商务印书馆	1936
12	高中平面几何学	吴在渊、张鹏飞	中华书局	1937
13	高中平面几何	（伪）教育总署编审会	（伪）教育总署编审会	1939
14	建国教科书 高级中学 平面几何学	居秉瑶	正中书局	1939
15	新高级平面几何学	华祇文	新科学书店	1939
16	修正课程标准适用 新编高中平面几何学	余介石	中华书局	1934
17	高中平面几何	汪桂荣	钟山书局	1942
18	高中平面几何学	金品	建国出版社	1941
19	高级中学学生用 高中新平面几何	裘友石	世界书局	1949

第三节 高中数学教科书

1. 傅种孙著《高中平面几何教科书》

1922年，"壬戌学制"颁布后，国立北师大附中于1925年开办三三制高中班，在"壬戌学制"下并没有合适的教材可用，北师大附中教员建议复习平面几何内容。当时傅种孙正教授平面几何，于是他将之前编写的平面几何补习讲稿进行修改，油印出来作为试用教材，第二年又增订一次继续使用，直到1932年教育部颁布各科课程标准。课程标准颁布后，算学丛刻社认为该教科书与教育部的要求相符，委托傅种孙再订正一次，于1933年出版，即《高中平面几何教科书》（图5—57）。该书由文言文叙述，1933年初版，1937年第四版（图5—58所示的白话文版本《平面几何教本》由北京师范大学出版社于1982年出版）。遗憾的是，该书第四版修订到一半时，"七七事变"爆发，随后傅种孙随同学校转移至西北。于是，留京的程廷熙教授建议将已修订的前半部分和第三版的后半部分合成一本出版，其内容包含了傅种孙想修订但未来得及修订的部分。

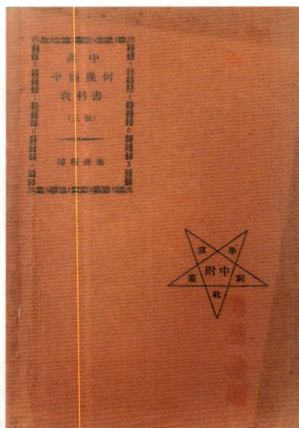

图5—57 《高中平面几何教科书》算学丛刻社印行，1937年

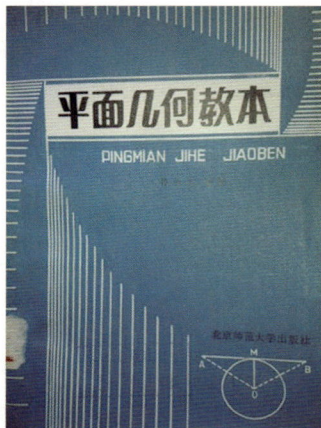

图5—58 《平面几何教本》北京师范大学出版社，1982年

《高中平面几何教科书》因较高的学术水平，在当时北平数学教育界影响很大，使得敢采用它为教科书的只是包括傅种孙执教的国立北师大附中在内的少数几所中学，教授者也都是数学教育界的名人及与傅种孙志同道合的友人。为方便后来的学生阅读，1950年前后，时任清华大学数学系主任的段学复先生提议将其翻译为白话文再出版，对此傅种孙是不支持的。果然，白话文版《平面几何教本》出版后，参与翻译的学者们证实了之前的担忧，即"书的原有风格、韵味恐怕就不能保持了"[1]。即便如此，后来用过《平面几何教本》的师生都觉得该教科书公理体系严密，蕴含深刻的数学方法论思想，不论教与学都有事半功倍的效果。据赵慈庚先生回忆，傅种孙每年都择期邀请一些专家到家中来讨论授课中的经验，集思广益，提出修改意见，使得该书每次再版都有提升。正因如此，《高中平面几何教科书》不仅仅是一部由几何知识堆砌的教科书，更是一部集结傅种孙数学

[1] 李仲来. 中国数学教育的先驱：傅种孙教授诞辰110周年纪念文集[C]. 北京：北京师范大学《数学通报》编辑部，2007：88.

方法论研究成果，体现傅种孙独特教学之道、教育思想和个人色彩的著作。

《高中平面几何教科书》由"序""再版序""三版序""目录"和正文组成。三个版本的序主要交代了正文每一篇内容的编写根据和理念，具体如下：

序

民十四，北京师大附中初有三三制高中班，议订课程之时，同人多主复习平面几何。种孙方任教此科，因取曩日为新京学院补习几何之讲稿，稍加增辑油印之而试教焉。明年，又复增修，石印为讲义。其后附中虽沿用之，而未尝订正也。去年教育部颁布各科课程标准，算学丛刻社认为此编对于教材之取舍，颇有与部令暗合之处。因嘱重订而应印行之。仓卒（促）将事，于教材之详略，章节之排次，习题之选择，文字之润色，犹皆有未能惬意者。迫于付印，不及斟酌矣。

教书以复习难教，编书亦以复习难编，本书之不易完善，此原因之属于事者也；学欠贯通，文难达意，见闻未博，经验不丰，此又原因之属于人者也。除此二因之外，尚有属于书者，则凑集弥缝而成，体例形式，容难一贯。订正工作，惟（唯）有俟之他日耳。

至于操觚时着意之处，约有数端。谨略陈于此，幸同好教正之。

（一）几何本极有系统之学。今高中于平面几何，半途起首，论证时究应何所根据耶？故为设首篇，列举基本义理，汇录初步命题，以备征引之用。学者在初中时，所读异书，所学异师；入高中后，难免各道其道。故首篇之设，除备征引外，尚有一视听之意。

（二）本书用无定义之名词一，曰点；无定义之关系二，曰A点介乎B、C二点之间，曰（A，B）符合于（C，D）。其他一切之形，如线段、直线……皆认为点之集合。一切关系，如角之符合，形之相似……皆由上述二关系辗转以界说之。至于浅近名词及关系，无关基本，又不复杂，其名甚通行，其义可想而见者，定义概从略焉。

（三）几何之务，不在知其然，而在知其所以然；不在知其所以然，而在何由以知其所以然？读定理，既知其然矣；又从而证之，以见其所以然。若此所谓证者，仅口得而传，心不得而求，则此流传二千载，用遍五大洲之十三章经，亦特教员专利之秘方耳，曷足贵哉？初中于平面几何之教材，已讲授不少，惟于方法之运用尚欠熟练耳；故高中宜特别偏重焉。本书于第一篇泛论推证之法；而第二篇之于证定理，第四篇之于解作图题，概以方法为经，教材为纬。凡此种种，皆欲启发学者，示以思维之道耳。

（四）存在问题，在每门数学中皆极困难。作图能不能问题之在几何亦然。虽不足为初学道其详，要不可不使闻其略。本书第四篇于作图之时，特别注意交点之有无，解数之多少；且于代数分析法之后，略述能不能问题解决之概要。亦欲进学者于有无能否之辨，而不以画法技能自足耳。

（五）线段相乘之基础在比例，比例之基础在平行。学者苟明乎此，则代数学中之法理，多可举而用之于几何。故本书第三篇于形数沟通之方，特加申说。

（六）轨迹定理，本不难明。学者所以不循规矩而证之者，为惮烦耳。若教科书不示以论证之规矩，教员不加以严厉之督责，则学者取法乎中，仅得其下矣。此本书第五篇所以力加矫正也。

（七）认轨迹为点之集合，各书之所同然。本书既认任何形皆为点之集合，则某种点之轨迹为某形云者，不亦犹谓此集合即彼集合耶？故于讲轨迹之先，略论两类全同之意，以为之引。

（八）初等几何范围内，一切极限问题中之变数，但使以次代表一序贯之数值可耳。不必涉及连续变化也。故本书第六篇论极限，皆以系之于序贯，而不空言变数。

（九）极大极小问题，以初等方法解之，有易解者，有难解者，有绝不能解者。本书第六篇第二章，于极大极小定理之易证者证之，其用初等方法难证及绝不能证者，则将题文变更，使内容微弱，至能证而止。不敢稍存武断欺骗之心。

（十）教学之道，指示正规，与矫正错误，须兼施并用，其效始大。本书除绍学者以须如此如此外，间又告以不可如彼如彼。盖有鉴于中学生易犯之错误，而欲吾读者免除之也。

（十一）本书分量大约相当于新颁课程所定之时数。复习课程，进度较速，故篇幅稍多。次要之处，特别注明，教者可量为取舍焉。

凡此等等，果是耶，非耶？将心至而笔未至耶？是则所厚望于博达君子之指正者，不胜盼祷之至！

此书之成，怂恿而督促之者为程春台学长；迭经试教而指正之者，有韩问渠、李宇涵二兄及魏庚人同学；屡共讨论参阅者，则四君之外，尚有春台兄哲嗣京，及丁寿田、傅超寰、黄仲良诸君，与旧讲义读者诸生；而傅黄二君于校稿绘图尤始终其事。书此志感。

民国二十二年秋　高安傅种孙序于北平师范大学

再版序

此次重印，章之移前者一（今第六篇之第一章），节之移后者二（今§§106，107），他皆补缀校订而已，无他更革也。

编辑微意，尚有一事，为前序漏列者，谨补述于此：

（十二）相似一名，自来教科书皆无统一之定义。以至于多边形、弓形、扇形、多面体、圆锥、圆柱、鼓形、球底锥、漏斗形……之相似，一形一定义。相似之定义十数见，而不为贯通焉，谓之同，则有异义（议）之说；谓之异，又有同名之雅。此其不便一。且各书之论相似多边形者，靡不涉及对应点（不限于顶点），对应线（不限于边），对应角（不限于倾角）。吾人试问之曰"何谓对应角？"必曰"对应线之交角也。""何谓对应线？"必曰"对应点之连线也。""何谓对应点？"必又曰"对应线之交点也。"辗转循环，无以自解。此其不便二。今本书视形为点之类，而二形相似之第一要件为二形之点能一一对应。——"二类类员

"一一对应"之观念，乃各门数学之所通用而不可避免者。吾人用之之时，但说明如何使之一一对应可耳。至于"一一对应"之根本观念，犹之"类""类员"……，乃论理学之名词，数学虽通用之而不加究诘也。——线、角……本皆点之类，吾人指对应点组成之线为对应线，对应线组成之角为对应角，乃极其自然。二形之点一一对应之法既定，于是相似之义可以二法定之：

（ⅰ）每逢此形之A，B，C，D与彼形之A'，B'，C'，D'对应，则

$$AB : A'B' = CD : C'D';$$

（ⅱ）每逢A，B，C与A'，B'，C'对应，则

$$\angle ABC = \angle A'B'C'。$$

此二条件本互相隐含，定义中但举其一可耳。然前者须用比例，涉及亚几默德公理（阿基米德公理）。故本书取后者。相似之义，规定如此，不但可用之于多边形、多面体、圆、球、圆锥、圆柱、弓形、鼓形，且可用之于任何度空间之任何形。

初版出后，同好多有教正之者，本版类皆采纳。其或见解各殊，未之从同，亦于争议处稍加诠释，以明原意。删削之未能，则以太费事也。教者选择而授焉可耳。

廿三年夏　傅种孙又识

三版序[1]

此版视再版稍有增删修订之处，然大体未变也。印成勘误，鲁鱼亥豕之处较少；皆同学赵慈庚、底钟英二君雠校精细之力。谨此致谢。

廿四年夏　编者识

《高中平面几何教科书》篇章目录如下：

---

[1] 原书此处为"三序版"。

第四篇 作图

第一章 基础；第二章 方法；第三章 代数分析法

第五篇 轨迹

第一章 释类；第二章 轨迹之意义及轨迹定理之证法；第三章 描迹；第四章 轨迹问题；

第五章 轨迹应用

第六篇 极大极小及极限

第一章 极大极小；第二章 极限

记号

"首篇 征引录"讲述了几何学作为一门系统性极强的学科，每一阶段的学习都对系统掌握平面几何知识起到至关重要的作用。当时，学习高中平面几何的学生来自不同的初中，且使用不同的教材，统一概念是新教科书中必不可少的内容。此外，几何的根源在于公理和原名，不同的公理体系生成不同的几何派别。因此首篇引入了作为几何论证根据的一系列定义和公理，先讲直线公理，后讲平面公理，统一了学生的知识概念。该教科书公理体系是按照Forder：*The Foundation of Euclidean Geometry*（欧几里得几何）建立的，书中唯一没有定义的原名是点，而是将点解释为：有一种东西，不予定义，叫它做点（points），用A、B、C、…表示。两点A、B或者相同，或者不同。没有定义的关系有两个，一个是B点介乎A、C两点之间（一点B对于两点A、C可能有一种关系），另一个是（A、B）符合于（C、D）（A、B两点对于C、D两点可能有一种关系），并认为其他一切图形，例如线段、直线等都是点的集合。一切关系，例如图形的相似等都是由上述两种关系变化来的，这样公理体系就清晰起来了。

"第一篇 推证通法"有顺证法、反证法、逆定理制造法、逆定理证法、综合法、分析法、普通归纳法、算学归纳法等在初等几何中常用但关键的证明方法。以例题展示这些方法的思路，附以图解说明，又设置大量习题使学生运用这些方法。

"第二篇 证题杂术"，"术"即"法"，即"方法"。在第一篇中几何证明"通法"的基础上，引进一些证题"杂术"，如证明相等、垂直、平行、和差、不等的方法，代数证法、相关共圆点与共点圆的证法等共30种证题术。

"第三篇 几何计算"讲解线段、相似形和多边形的面积计算等内容。在该书序中傅种孙说"线段相乘之基础在比例，比例之基础在平行。学者苟明乎此，则代数学中之法理，多可举而用之于几何。故本书第三篇于形数沟通之方，特加申说。"[1]用代数方法解几何问题的例题是该篇的主要特点。

"第四篇 作图"首先讲解作图的基础，如作图的根据、作图器具、作图的规范，后给出如拼合法、造因法等作图方法。该篇特别注意交点的有无、解的多少，又讨论了如尺规作正多边形问

---

[1] 傅种孙. 高中平面几何教科书[M]. 北京：算学丛刻社，1937：序.

题与是否能作图的问题，作者在序中说目的是"亦欲进学者于有无能否之辨，而不以画法技能自足耳"[1]，即学生不应当满足于作图法的技巧，而教师也应当有意识地启发学生思考这类问题。

"第五篇 轨迹"在讲轨迹之前，先以两类全同的含义为引导，后讲轨迹的意义、描迹、轨迹问题和轨迹应用。强调循规蹈矩的论证和论证的根据，竭力矫正之前教科书中的说法。

"第六篇 极大极小及极限"首先给出了极大极小值的定义和求解方法，之后讲了极限的求法以及一些特殊极限的确定方式。

《高中平面几何教科书》的编写呈现以下特点：

第一，重视数学思维方法的培养，作者在序中说："几何之务，不在知其然，而在知其所以然；不在知其所以然，而在何由以知其所以然？"[2]这句话几乎是每个研究《高中平面几何教科书》的学者必提到的至理名言，意为学习几何，不仅要知道结果，而且要知道论证过程，还得领会通过怎样的思考和什么样的思路得到这个结果。结果和论证过程固然重要，但傅种孙强调学习几何的最终目的是要启发学生思考，锻炼学生的几何思维和解题思维，从而形成思维习惯。

第二，傅种孙在序中说："方法为经，教材为纬"[3]是此书主要的理念。傅种孙认为中学生在学习几何之时，掌握具体知识并不成问题，但是在掌握方法方面还很欠缺，归根结底是学生数学思维方法相关的训练不够，遇到具体问题则不会思考。强调教师不能就几何教几何，就数学教数学，一定要在讲授具体内容的时候，启发学生思考，为其指明思维方向才是最根本的目的。

第三，从20世纪20年代引进几何基础以来，严密的公理化思想就一直是傅种孙教育思想的最主要内容。从首篇的内容不难看出，傅种孙认为在几何学里，说话要明确，用词要肯定，绝不允许有模棱两可的东西存在，几何论述中的每句话都要有根据，对几何的基础一定要谨慎，不能敷衍了事。一般的教科书只证后一步，前一步就"理所当然"地跳过，此书却在此类根本处毫不马虎。

第四，"指示正规"与"矫正错误"的教学之道。傅种孙认为教师在教学时，不仅要教会学生正确的方法，即"怎么做是对的"，更要借助错误的例子时刻提醒学生"这么做是不对的"。

第五，例题编排新颖，取材广泛。书中列举了多个历史名题，不仅可以作为例题，又能向学生展示名家的数学思想，可谓一举两得，如欧拉线、帕斯卡定理、九点圆定理等。此外该书习题编排也很有特色。以习题证习题（如习题99，根据习题93中的定义来证明；习题95，引用习题48、52和93的结果），"姊妹"题（习题70和71）等，学生在这种情况下，不得不联系前后内容进行思考，有助于知识的融会贯通和解题思维的形成。

第六，讲究规范。例如，反证法分四个步骤，作图题的解法应按五个步骤来叙述，证轨迹定理有五步，求轨迹的正确解法应分六步等。

---

[1] 傅种孙. 高中平面几何教科书[M]. 北京：算学丛刻社，1937：序.

[2] 同[1].

[3] 同[1].

2. 余介石著《修正课程标准适用 新编高中平面几何学》

1942年，已编成的教科书依照新编修订的课程标准重新修订，形成统一的教科书，交由商务印书馆、中华书局、正中书局等书局联合组织的"国定中小学教科书七家联合供应处"印行。1946年以后，教科书由审定制改为国定制。不过当时各校基本上仍采用原来的教科书。如商务印书馆的"复兴教科书"、中华书局的"修正课程标准适用"数学教科书。

《修正课程标准适用 新编高中平面几何学》分上、下两册，1937年初版，1941年第十二版，如图5-59所示。

图5-59　《修正课程标准适用 新编高中平面几何学》（上、下册）中华书局印行，1934年

全书由何奎垣先生序、编辑要旨、告读者、目次、正文和附录组成。以下借序、编辑要旨和告读者说明该书的出版情况及使用说明。

何奎垣先生序

几何为空间形式科学。自非欧派几何发明后，觉察空间可依于各种不同方式。换言之，即几何待原理而成，空间待几何而表，故原理派尚矣。余君介石编辑是书，根于原理派观点，洵为近日教科书中之有极大进步者也。至其秩序紧密，说理周详，适合学子，抑其次也。此书之最精处，在于比较平面与球面几何。爱恩（因）斯坦之意，以为如人在球面，而不能离此球面，则彼之直线，乃大圆弧。假如从一定点起，取半径作圆，当半径甚小时，周长与半径之比，极近于π。如半径渐增大时，则周率渐小于π，以至为零。此球面学者解释此现象曰，吾之平面几何，乃非欧派几何也。审此则虽初学亦能分别欧派与非欧派几何。吾之为此言也，以客观空间，近于非欧派几何，故当先养成学子觉察之力也。此外，余意以为中等几何，尚有应注意者数事。一者，平面及空间轨迹，所当注意，此为解决一切问题之根本。二者，平面之对称、平移、旋转及位似图，应推广于空间，依克乃恩Klein之意，此等概念，乃初等几何之不变群。换言之，即初等几何图形性质，对此等群而为不变也。三者，初等几何，乃可度几何，故当注意长短、面积、体积、容积之量法。四者，圆锥形截线，除直线与圆而外，尚有抛物线、椭圆、双曲线等，应细研其几何性质，及其公（共）同性质。五者，书中多依综合法叙述，以示谨严，而不适于寻求。学者宜常将定理改作问题，以为寻求，必能助其精进。余君此著，对上述诸端，颇知注意。平面部于定理复习，甚重解析，于轨迹及作图题之寻求，亦能揭示运思着手之途径，此皆最有裨益于初学之处。惜以取材限于官方规定，对空间之变图各法，与抛物线、椭圆、双曲线等，皆未能备载，故不能不赘数言，以告学子，而望其能参考其他书藉（籍），以补其阙，想余君及善读是书者，或不河汉斯言，是为序。

何鲁

何鲁先生所作的序言中，不仅说明了平面几何与立体几何的关系，还借用爱因斯坦的观点，说明了《修正课程标准适用 新编高中平面几何学》不同之处是比较了平面几何与球面几何，同时指明了在几何学习中培养学生觉察之力的重要性。此外，提出了中等几何教学中应当注意的五个要点。特别地，限于教材编写中素材的限定要求，此"序"还针对初学者提出了平面几何的学习要点。

编辑要旨

1. 本书以教育部二十五年所颁布的高级中学课程标准为依据，并加入其他适当教材，和本局出版的新课程标准适用初中算学教科书，程度紧相衔接，极合高中一年级之用。

2. 本书共分九编，256页，内有习题四七。按教育部课程标准，高中教授平面几何时间，约共有90小时之谱；每小时授$2\frac{1}{2}$页，每二小时有习题一次，足资练习。

3. 本书依据学习心理，排列教材，由浅入深，并将互相关联的教材，集于一处，反复申说，使学生的注意集中，增加练习的机会，而达到纯熟的目标。

4. 编者所撰高中三角，高中代数，用单元编制，注重原理教学法，出版以来，颇得海内教师赞同，复蒙重庆大学理学院长何师奎垣嘉许，至为荣幸。本书特仍采同一方法编述，以期收易学易教之效。

5. 部颁课程标准内教法要点，谓"初中已习之定理，宜再用启发式之解剖，尽量用逆证法，以明思考之途径"，此即本书第一编至第四编所注意的事项。凡初中几何各定理，无一不提出，除少数极简易者外，皆加解析，指示证解的线索。且提示的证法，皆与一般初中课本所载的不同，以期引起学生学习的兴趣，且免生重复乏味的感想。

6. 几何定理颇多，易觉头绪纷繁，而生混淆，初学每不能运用定理证题，此为一因。本书根据部颁标准所述教法要点，"从理论上着眼""就定理间关系，组成系统。"凡可以联络各定理，均集于一处，述其关系，较其异同，力求"显出几何各部一贯的线索。"

7. 第五、第六、第七三编，为本书第二段。第五编由比例的理，引入许多重要新教材。第六编阐述代数在几何上的应用，而徐徐导出极大极小问题。第七编，就几何题待证事项，举其主要证法，这三编目的为补充初中几何所缺略的教材，且指示初中所习各部分扩充和运用方法。

8. 轨迹和作图题，"于推理证题之外，尚可发展学生探求发明的能力"，为部颁标准所示教法要点之一。本书特立第八第九两编，分别详细讨论，不但各种重要方法，已列举靡遗，且对基本原则，讲述也力求透澈（彻），以期收提纲挈领之效，是为本书的第三段。

9. 初中几何所述各基本图形的定义，高中生断无尚不明瞭（了）之理，部颁标准的教法要点中，也未有一语及此，故本书概不补述，以避重复，而免学之生厌。

10. 本书各习题，为书中极重要的一部分，选择和分配，皆经过慎重的考虑，务使已习过的理论和方法，都在习题中遇着应用的机会，以为理解之助。各题均按难易次序排列，由浅入深，其中难题，可引起学生向上探求的兴趣，养成自动研究的习惯。

11. 江苏省教育厅据各校实际情形，编定进度表，对教学颇称便利，本书特依其次序编制，以求切合实用。

12. 此稿着手于二十二年冬，第因高中几何标准，为一种创制，中西几何教科书，虽多名著，皆不能取作蓝本，故随编随付油印，托友人张通谟、梅慕埙、陆子芬、李修睦、张伯康、陈伯琴诸先生试教，并承金陵女子文理学院数理系主任鲁淑音教授交金陵大学暑期理科讲习班诸会员批评。凡诸友人会员认为编制太深，或陈述过略诸点，皆一一修正，最近复遵部颁新课程标准厘订（定）全稿，迄今稿凡三易，以视初稿，改窜已过半，本书出版一再延迟，即系此故，此应向赐教诸先生鸣谢，并向读者道歉者也。又中华书局因稿屡易，致一再重排，这种超越年利的精神，亦至可感佩，谨附志于此。

13. 本书编辑时，深得下列诸书的帮助：

（1）Schultze, Sevenoak, Schuyler：*Plane Geometry.*

（2）Johnson：*Modern Geometry.*

（3）Court, Altshiller：*College Geometry.*

（4）Hudson：*Ruler and compasses.*

（5）中岛秀次郎：受验几何之根柢。

（6）伊藤政治：几何学问题解法根本的研究。

（7）柳原吉次：几何学轨迹及作图。

（8）林鹤一：轨迹问题。

（9）林鹤一：初等几何学作图。

（10）林鹤一：几何作不能问题。

（11）长泽龟之助：几何辞典。

（12）长泽龟之助：续几何辞典。

（13）Hadmard：*Lecons de Gosmetric elementaire*，*Tome* Ⅰ，*Geometric plane.*

（14）F.G.M：*Exercices de Geometric.*

（15）余介石译：佩忒森几何作图原理。

谨此志明，以示不敢掠美。

14. 本书每页皆自成迄，图与说明，绝不令其分截前后两面上，以便初学研阅。

15. 本书习题，另编有解答，稍迟即可出版，仍由本局印行，但此解答只能售与教师，购阅者须由校中正式具函证明，方可发售。

16. 本书编时，虽曾参考名著多种，并据友好在各校试教的结果，加以改订，始行付梓，但恐疵谬，仍所不免切盼海内方家，各校教师，严加指正，以便随时修正。如蒙赐教，请寄南京钟英中学内中等算学研究会编辑者收，无任感盼。

民国二五年六月编者谨识，

时次四川省立重庆大学数理系

"编辑要旨"说明该书以教育部于1936年所颁布的高级中学课程标准为指导，参照了三S、林鹤一、长泽龟之助等众多国外数学教育工作者编写的教科书，结合了江苏省教育厅各校实际情形，适用于高中一年级学生使用。全书九编内容可分为三个阶段，内容由浅入深，使用过程中亦可结合其他教材。此外，该书根据学习内容由易到难设置了大量习题，方便学生掌握定理及方法；难度较大的习题亦有激发学生探求兴趣的作用；习题答案单独成册，既便于学生检查，又能避免学生过度依赖答案。

高一正处于初中与高中的衔接阶段，学生的身心发展和接受水平等参差不齐。针对不同层次的班级，《修正课程标准适用 新编高中平面几何学》还设置了"告读者"以方便教师实施教学。具体如下：

告读者

高一学生程度不甚整齐，故本书编制，采取极有弹性的方法，以求能多方适应。

（一）如班中学生程度均甚优良，则第一段中除第一编全部，第二编中的对称，第三编中的有向角、九点圆、西摩松线，第四编中的不可通约论各节外，其余只须（需）略作说明，而令学生自习，定无困难。本书篇幅虽不甚多，内容颇为充实丰富，虽略去一部分浅易者，决不至不敷教授时间分配。

（二）遇程度较逊的一班；则第一段的教授时间，宜尽量延长，复习各定理时，须在教室中举行问答，或令学生板演，以补足证明中所略各步。第二段的第七编可完全省略外，尚可略去极大极小的一部分。第三段的第八编只须（需）授重要轨迹以前各节，并最后的阿波罗尼斯圆；第九编中涉及作图范围的理论、四切圆应用、等积作图各节，也可省略；而以充分时间，在教室中讨论并补充书内所略去的叙述。如此学生即不至感受教材太重的困苦，部定标准各项，也无遗漏。

（三）一班中常有程度优劣不等的情形，则宜参酌（二）所述方法教授，以顾及程度较低诸生的困难。其不及在教室中讨论各部分，可充参考教材，由教师指导天资学力较优者自习，庶高材（才）生也不至丧失兴趣。

《修正课程标准适用 新编高中平面几何学》九编目录如下：

第六编 几何计算 极大极小

第七编 几何证法各论

第八编 轨迹

第九编 作图题

纵观上述内容，《修正课程标准适用 新编高中平面几何学》具有如下特点：

第一，编排上采用总—分结构。从整体上讲，第一编列明了全书学习的数学概念和符号表示，后续内容是对第一编内容的详细运用和掌握。此外，每编末设有该编摘要，既便于教师把握教学重、难点，以及学生的学习情况，又便于学生复习和回顾。

第二，强调尺规作图，同时要求学生掌握作图题的解法。作图题大致分为解析、作法、证明、讨论四个步骤，根据实际情况可适当删减。

第三，以"注"标注定理的推论，以"注意"形式标注证题过程中的重要步骤或提示其他方法。

值得一提的是，虽然中西名词对照表仅在下册目录中呈现，但实际上两册书末都附有西中名词对照表和中西名词对照表。

（三）国人自编高中三角学教科书

1929—1949年出版使用的国人自编高中三角学教科书如表5-6所示。

表5-6　1929—1949年国人自编高中三角学教科书概览

序号	书名	编著者	出版者	年份
1	高级中学生用　高中三角法	傅溥	世界书局	1932
2	新学制高级中学教科书　三角术	赵修乾	商务印书馆	1933
3	高级中学用　平面三角学	汪桂荣	民智书局	1933
4	高中平面三角法	李菱镜	中华印书局	1934
5	新课程标准适用　高中三角学	余介石	中华书局	1934
6	高中复习丛书　三角术	周元谷	商务印书馆	1935
7	高级中学　三角法教科书	王邦珍	中华书局	1935
8	复兴高级中学教科书　三角学	李蕃	商务印书馆	1935
9	新课程标准世界中学教本　高中新三角	裘友石	世界书局	1936
10	建国教科书　高级中学　三角学	余介石	正中书局	1936
11	高级中学教科书　三角术（重编本）	赵修乾	商务印书馆	1937
12	新课程标准适用　高中三角学	余介石	中华书局	1937
13	傅氏高中三角法	傅溥	世界书局	1937
14	高中三角学纲要	苏盛甫	中国编译社	1937
15	高级中学　三角法教科书	王邦珍	中华书局	1939
16	高中三角（全一册）	（伪）教育部编审会	（伪）教育部编审会	1939
17	新三角学讲义	朱凤豪	龙门联合书局	1940
18	高中三角（全一册）	（伪）教育总署编审会	（伪）教育总署编审会	1941
19	新撰高中三角法	孙瀚	普益图书公司	1942
20	三角术	周元谷	商务印书馆	1943
21	三角	骆师曾	世界书局	1944
22	建国教科书　高级中学　三角学	余介石	正中书局	1944
23	三角（大学先修班及高中适用）	范际平	正中书局	1944
24	新中国教科书　高级中学　三角学	余介石	正中书局	1944
25	三角学（大学先修数学）	董树德	国立山东大学员生消费合作社	1945
26	三角学	赵型	中国科学图书仪器公司	1946
27	高级中学教科适用　最新实用三角学	钱克仁	开明书店	1946

（续表）

序号	书名	编著者	出版者	年份
28	高中新三角学	姚晶	上海新农企业股份有限公司	1947
29	复兴高级中学教科书 三角学	李蕃	商务印书馆	1948
30	高中三角学	王明夏、张玉寿	国立北平师范学院附属女子中学	1948
31	三角学（大学先修丛书）	范际平	正中书局	1948
32	高级中学学生用 裘氏高中新三角	裘友石	世界书局	1949
33	三角学	朱凤豪、余源庆、余源熙	龙门联合书局	1949
34	高中临时教材 专科学校适用 三角学	钱克仁	东北新华书店	1949

1. 赵修乾编《高级中学教科书 三角术》

赵修乾所编《高级中学教科书 三角术》以原《新学制高级中学教科书 三角术》为蓝本，重新编辑而成。原书于1924年1月初版，如图5-60所示，重编本于1937年6月根据1936年《高级中学算学课程标准》审定出版，如图5-61所示。《高级中学教科书 三角术》与原书15章、100节内容相比，删减了部分内容。

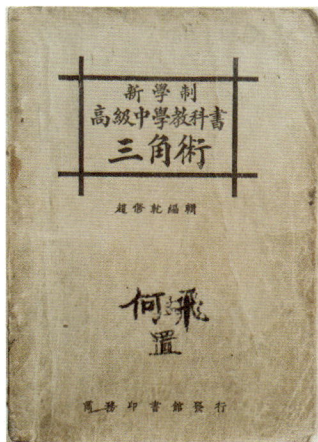

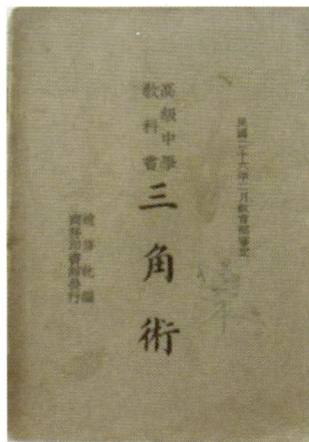

图5-60 《新学制高级中学教科书 三角术》商务印书馆发行，1924年

图5-61 《高级中学教科书 三角术（重编本）》商务印书馆发行，1937年

《高级中学教科书 三角术》"编辑大意"如下：

1. 本书依据教育部最近颁布修正课程标准编著，供高级中学程度之用。

2. 本书论角约分二段：第一段论锐角之三角函数，为初中三角之复习；第二段论一般角之三角函数，而繁以三角方程之解法。至于倍角、半角诸函数均置于斜三角形解法之后者，期于由浅入深不致开卷茫然也。

3. 三角级数、极坐标之曲线、函数之指数式（exponential form）、双曲线函数（hyperbolie

function）等，因课程关系，或缺而不书，或语而不详。有志之士，尚宜于高等数学中求之。

4. 一式每引二证，一问或设数解，意在使能者知变化之妙，而兴趣弥增；不能者则虽蔽于此，亦可悟诸彼。

5. 演算错误，每不自觉，施以校对，是非判然。故本书注重校对。

6. 习题之答数，不全载出。其载者固可充校对之用，其不载者则得数非自行校对不可。

7. 此书层节大致仿Moritz三角学，教材则傍采Loney，Hobson，Hall and，Knight，Wentworth等书。至于编者出意之处，亦不为少。

8. 度量衡之不统一，亦现世纪之一憾事。原书所有哩（里）、呎（尺）、磅、吨等非十进之单位，兹皆以公尺、公斤等换算之。

《高级中学教科书 三角术》共11章、72节内容，章目录如下：

第一章 锐角之三角函数

第二章 直角三角形之真数解法

第三章 对数

第四章 直角三角形之对数解法

第五章 任意角及其计算法

第六章 任意角之三角函数

第七章 三角形之性质

第八章 斜角三角形之解法

第九章 两角和及较之三角函数

第十章 三角方程式

第十一章 三角函数造表法

答数

附录 汉英名词对照表，英汉名词对照表

开篇即讲述图象法的优势及三角学的目的，一方面突出强调了图象法的便利，以此展示三角学的严密性；另一方面使学生明白其功用，以此激起学习者的兴趣。书中论角分成三段，分别为锐角之三角函数、钝角之三角函数、一般角之三角函数。直角三角形解法和普通三角形解法在三角术里最有实用上的价值，故举例较多。整本书的章节大致仿Moritz三角学，内容则为旁采Loney，Hobson，Hall and Knight，Wentworth等所著三角学教科书中精华编写而成。

2. 周元谷编《三角术》

周元谷编《三角术》（图5-62）于1935年4月初版，至1945年仍被使用，属于高中复习丛书。采用单页宣纸印刷，纸质轻薄。该书根据1932年颁布的《高级中学算学课程标准》及商务印书馆的《复兴高级中学教科书 三角学》编写而成。下面从其"编辑大意"了解其编写理念，具体如下：

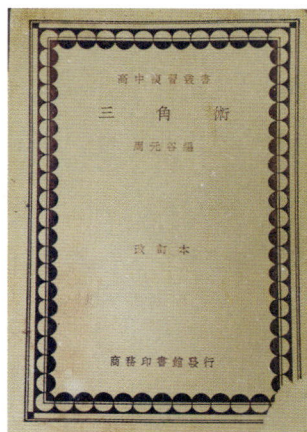

图5-62　《三角术》商务印书馆发行，1935年

1. 本丛书系根据最近教育部颁布之高级中学课程标准，及本馆高中复兴教科书分科编辑而成。

2. 本丛书编著纲要，表解与图解并用，务使读者对于每一科的基本知识，有具体的了解。

3. 本丛书搜集近年来全国各省市高中会考试题，按题作答，分析清楚，更可帮助读者对升学会考作（做）相当的准备。

4. 本丛书除参考各教科书编纂外，更于东西文参考书中搜求新颖的解题方法，故益完备。

5. 本丛书为供读者需要，匆促出版，内容或有忽略脱漏之处，如蒙读者来函更正，尤所欢迎。

全书内容共分两编五章，目录如下：

第一编

第一章 三角函数（三角函数，余角之三角函数，45°、30°及60°角之函数，同角函数之关系，三角函数相互之关系，弪制，直角三角形之解法）

第二章 任意角度之三角函数（角之正负，线段之正负，象限，各象限中三角函数之正负，四象限中函数之变化，三角函数之图解，负角函数，90°±a之函数，任意角函数之值）

第三章 斜角三角形之解法（对数，斜角三角形各种解法，三角形之面积）

第四章 三角函数之关系（加减法定理，正弦与余弦之和及差，倍角函数，分角函数，反函数）

第五章 德摩定律及三角级数（虚数，复数，德摩定律中复数之n次幂，用德摩氏公式求幂及根，$\frac{\sin\theta}{\theta}$之极限及其他关系之极限，三角级数）

第二编

补充习题及解答

此书在不同语言的参考书中搜求新颖的解题方法，故益完备。该书图象与表格并用，向学生展示三角的基本知识，使其对该门学科有具体的了解。书中搜集当时全国各省市高中会考试题，按题作答，分析清楚，更可帮助学生为升学会考做充分的准备。

3. 余介石编《新课程标准适用　高中三角学》

余介石编《新课程标准适用　高中三角学》（全一册，图5-63）于1934年8月初版，至1947年4月已出第二十四版。该书以教育部颁布的高中普通科课程标准为依据，并参考其他合适教材，和中华书局出版的"新课程标准适用　初中数学教科书"内容紧密衔接，适合高中教学之用。

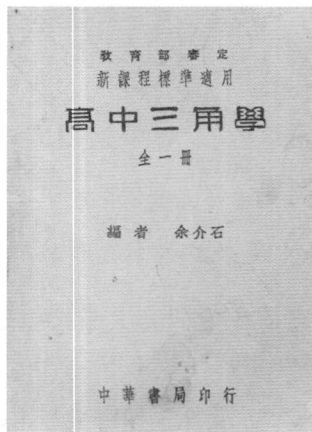

图5-63　《新课程标准适用　高中三角学》中华书局印行，1947年

《新课程标准适用　高中三角学》"编辑要旨"如下：

1. 本书以教育部颁布的高中普通科课程标准为依据，并加入其他适当教材，和本局出版的新课程标准适用初中算学教科书，程度紧相衔接，极适合高中之用。

2. 本书共分七章，148页，内有习题三六。按教育部课程标准，高中教授三角时间，约共有50小时之谱；每小时约授3页，每周有习题二次，足资练习。

3. 本书依据学习心理，排列教材，由浅入深，并将互相关联的教材集于一处，反复申说，使学生的注意集中，增加练习的机会，而达到纯熟的目标。

4. 本书第一章论锐角三角函数的应用，将初中已习的数值三角，加以系统的复习，并为全书作一总纲。以后六章，共分三段，第二、第三两章，研究广义的三角函数，讨论其性质以及公式的变化，是为三角学的基础。第四、第五两章，详述三角形性质和实际应用问题，以明三角学的效用。第六、第七两章，以角的观念为中心，自弧度法入手，论及造表法，各表精密度，以及小角等的计算问题，是为第六章；第七章则由函数值定角，以立反函数的意义，而论三角方程式的普遍解。故全书以角、函数、三角形性质三基本事项，分成三单元，为中心编制，俾初学者学后，对于三角学一科，易得一条理明晰的概念，并可了然于全部教材互相联络及阐发的关键。

5. 本书各习题，是书中极重要的一部分，选择和分配，都经过慎重的考察，务使已习过的理论和方法，都在习题中遇着应用的机会，以为理解的帮助。各题均按难易次序排列，由浅入深，其中难题，可引起学生向上探求的兴趣，养成自动研究的习惯。

6. 三角与代数、几何等科，关系颇为密切，本书中对各科联络的地方，极为注意，力求与本局出版的新课程标准高中几何、高中代数等书，互相贯通。如第四章三角形性质中，论三角形各相关圆半径公式，足为研究几何的帮助。第三章中复角函数公式，多于习题中指示几何的证法；其中论恒等式以及第七章论三角方程式，均可与代数恒等式方程式等问题比较，如此可助学生认识算学全体的和谐性，而易于融会。

7. 高一学生程度每不甚整齐，故本书编制，采取极有弹性的方法。如学生在初中时，不甚了解数值三角，则宜详授第一章，而略去本书中附有星号各节，如此可省去全书五分之一，且均系较难部分的补充教材（即不在课程标准订定各项以内者），则学生自易了解，而全书不至有不及授完之虞，其补充教材，可指定班中程度优良学生，自行研习。如班中学生均甚优良，则第一章可作为初中数值三角的复习，而详授附有星号的各部分或一部分。故程度较劣的学生，习本书尚可循序渐进，高材（才）生仍有发展才力的机会，建立优良的进修基础。

8. 三角式的变化（即恒等式推演）在高等算学中，应用甚大，而初学对此，每感困难。本书就三角函数独立性以揭示证法的主旨，并详述各种基本证法，庶学生得明瞭（了）本问题意义的所在，洞悉驭题的要领，不至有茫无头绪的感想。

9. 反三角函数，也是初学极难了解的一部分，故列于最后一章，其中说理透澈（彻），论证严谨，颇与一般坊本不同，读者如能细心研习，大可助其精进。又本书除此一处外，编制次序，皆与江苏省教育厅颁布的高中算学科进度表相同。如欲照该表教授，则只须（需）将本书第六七两章次序调换即可，对于教学上，毫无不便的地方。

10. 三角学的实际应用极广，本书除第五章专论三角形解法和应用外，更于第一章、第六章中，罗列许多相关的应用题，附以多数习题，以资练习。又因计算题繁而易误，故详述布算的方式和手续；并讨论算表的精密程度的实际情形和其理论，以求学生有娴熟整洁的计算技能，且知如何使结果精密合度。

11. 三角计算，以对数为最要工具，故著者另编五位算学用表一册，与本书相辅而行，以便检查，又对数原理属于代数范围，插入正文中，恐妨教材的联络；故将对数原理和检表方法，列于五位算学用表内，以作说明。教师可斟酌学生的需要，而定教学的方法。如因学生在初中学习过代数，已能熟娴对数的计算，可就那表稍作练习后，即令其用对数解习题二中各题。否则应在习题一前讲授三角函数表检查法，习题二中各题以用真数计算为宜。对数计算，可待至第五章内讲授。

12. 三角函数造表法，原以用无穷连级数计算为便，但无穷连级数的敛散性，须学过高等代数的，方可明瞭（了），又展三角函数为连级数的方法，不但高一学生不易了解，且须先讲过二项式定理与棣美弗（De Moivre）定理，涉及的问题太多；故本书改用辛普孙（Simpson）方法。这法虽非实际，尚所用，但在高一教授造表法的目标，不过是略示表的由来，并非要学生去自行造表，就这一方面看来，则辛氏方法较为适宜。

13. 三角级数，对初学颇难求其领悟，且为部颁课程标准所未载。本书不欲立异以为高，故未论及。

14. 本书编辑时，深得下列各书的帮助：

（1）Hobson：*Plane Trigonometry.*

（2）Hall and Knight：*Elementary Trigonometry.*

（3）Lock and Child：*A New Trigonometry.*

（4）Brink：*Plane Trigonometry.*

（5）Granville：*Plane Trigonometry.*

（6）Chauvenent：*Plane and Spherical Trigonometry.*

（7）Todhunter：*Plane Trigonometry.*

（8）Loney：*Elements of Trigonometry.*

（9）C.Bourlet：*Lecons de Trigonometrie rectiligne.*

（10）E.Borel：*Trigonometrie，Second Cycle.*

（11）武田建清：三角问题解法及其着眼点.

（12）林鹤一：三角方程式.

（13）长泽龟之助：三角法辞典.

（14）Chamber：*Seven Figures Mathematical Tables.*

（15）Holman：*Computation Rules and Logarithms.*

又承友人李修睦先生等助编，并在南京市立第一中学、钟英中学、汇文女中等校试教数次，合并附志，以表谢忱。

15. 本书每页皆自成起讫，以便初学研阅。

16. 本书问题另编有解答，但只能售与教师，购阅者须由校中正式具函证明，方可发售。

17. 本书编时，虽曾参考名著多种，并据友人在各校试教的结果，加以改订，始行付梓，但恐疵谬，仍所不免。切盼海内方家，各校教师严加指正，以便随时改正。如蒙赐教，请寄南京钟英中学内中等算学研究会转编者收，无任感谢。

《新课程标准适用 高中三角学》章目录如下：

第一章　锐角的三角函数和应用

第二章　广义角三角函数

第三章　三角恒等式

第四章　三角形性质

第五章　三角形解法及应用问题

第六章　弧度法 造表法略论

第七章　反三角函数，三角方程式

该书在南京市立第一中学、钟英中学、汇文女中等校试教多次，普遍反映良好。其已成为中华书局在1937—1949年主打的国人自编高中三角学教科书之一。

4. 余介石编著《新中国教科书 高级中学 三角学》

由余介石编著的《建国教科书 高级中学 三角学》与《新中国教科书 高级中学 三角学》（图5-64）内容相同，均由正中书局印行。《建国教科书 高级中学 三角学》自1936年7月初版，至1944年9月已再版九十九次，该书使用至1947年。

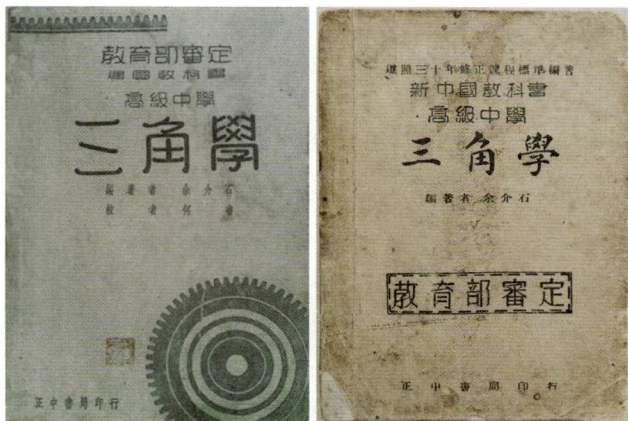

图5-64 《建国教科书 高级中学 三角学》正中书局印行，1944年；《新中国教科书 高级中学 三角学》正中书局印行，1947年

《新中国教科书 高级中学 三角学》以葛蓝威尔所编的《平面三角法教科书》为蓝本，取其精华，同时遵照1936年《高级中学算学课程标准》，间或参考了1934年7月江苏省教育厅颁布的《修订高中算学科教学进度表》，适用于高中一年级。并经胡术五、胡渼荪、张伯康等人在学校各试教数次，以期适合实际教学情形。

该书"编辑大意"如下：

（一）本书取材，完全遵照教育部最近修正的高中课程新标准，高中一年级采用，最为相宜。

（二）本书编制，力求适合我国实际情形，会托友人章春木、胡术五、胡渼荪、张伯康诸先生，及郑秉彝女士，各将稿本试教数次，以期适合实际教学情形。

（三）美国人Granville所编《平面三角学》一书，在我国流行甚广，本书即采用这书为蓝本改编而成。

（四）Granville原书优点如下：

（1）选材取舍，斟酌至当，对理论、实用二方面，皆能顾及。

（2）排列条贯井然，合于理论次第，又多用归纳法，兼能不背心理程序。

（3）注重函数等基本观念，为学生留有自动机会，能养成其理解能力。

（4）说理详明显豁，易学易教。

（5）习题极丰富，实用问题尤多，已有一二百则，约占全部习题五分之一。

本书对此等优点，皆尽量保存。

（五）Granville原书，亦不无缺点：

（1）未论造表法与表的准确度，不合我国部颁标准。

（2）三角形解法，分真数对数二重计算，过耗教学时间，又不甚用余对数，且解任意三角形的对数计算格式嫌散乱，均感不甚便利。

（3）论三角恒等式证法，有易滋初学误解的弊病，且部颁标准，于教法要点内，指明要注意三角恒等式，而原书对这部分，说理不甚透澈（彻），取材稍嫌简略，未足以应需要。

（4）反三角恒等式，为初学最感困难的部分，原书对此，未能阐明其要义，且小有错误。

（5）说明每有过详而流于繁（烦）冗处。

（6）论三角方程式部分过略，又未论消元法，失去与代数上的联络。

（7）正切律和由边求半角正切公式，系各以化和为积与半角函数公式证明，故不能移到二角和差公式前教授，以致斜三角形解法的应用题等具体教材，不能在理论教材前教学，不甚合学生心理顺序。

（8）此外尚有不经意的错误若干处。

以上各点，改编时均已一一订正，故本书对于我国情形，自信较原书尤为切合实用。

（六）本书对于重要关键，每特为提出，对于初学易忽略处，则多列注与注意，以作说明。又书中前后关联的地方，亦时时揭示，如此颇可增进初学的理解力，而为进修较高深数学的帮助，这些地方，似觉也较Granville原书为胜。

（七）本书极富弹性，以便教学时伸缩活用，如教师欲先授和差函数与恒等式，再及三角形解法（即照Granville原书次序），即可将论三角形边角关系式的§77，移入三角形解法一章内适当地位，而第四章内的正切律，和已知三边情形二节（§§59，63），可改用§75例二，和§77例三与注意所述证法。

（八）本书除以Granville原书为蓝本外，并参考下列各书：

Hobson: *Plane Trigonometry.*

Hall and Knight: *Elementary Trigonometry.*

Chauvenent: *Plane Trigonometry.*

Wentworth: *Plane Trigonometry.*

长泽龟之助：三角法辞典（薛德炯译）。

余介石：新课程标准适用 高中三角学（中华）。

何籽嶔译：龙氏高级三角学。

倪德基：数学辞典。

诸书，并合附志，以明所本。

（九）本书附有四位函数表、对数表、函数对数表及他种表，以便学生检查，又附有全书公式撮要（附录二），编制方法，以理解为经，性质为纬，以期既便检查，更易记忆。

（一十）本书所用数学名词，皆依据教育部所订定的数学名词；人名地名译音，则照商务印书馆出版的《标准汉译外国人名地名表》一书。

（一十一）本书虽系据流行的优良教本，参照我国部分标准，及实际情形，并蒙师友的指示，改订而成；但疵谬终恐不免。甚望海内教师，多加指正，俾得随时修改，不胜感幸。

（一十二）本书蒙重庆大学理学院长何师奎垣，惠予校订，多所指正。又蒙章春木、胡术五、胡蓂荪、李绪文、范际平、张伯康诸先生，及邹秉彝女士，就试用经验，以意见多条相示，谨此附志，以表谢忱。正中书局编审部同人，对整理稿件，颇多赞助，亦所深感。

《新中国教科书 高级中学 三角学》目次如下：

第一章 锐角三角函数；直角三角形解法

第二章 对数的理论和应用

第三章 任意角三角函数

第四章 任意三角形解法及其应用

第五章 三角恒等式

第六章 反三角函数；三角方程式

第七章 三角函数极限；造表法略论

附录一 三角形解法的应用问题

附录二 平面三角公式撮要

附表

表Ⅰ．四位对数表：邻近0°或90°诸角三角函数的对数公式

表Ⅱ．三角函数的四位对数表（角以度与分表出）；化分和秒为度的小数或为弳表；化度的小数为分和秒表

表Ⅲ．三角函数本值表

由"编辑大意"和"目次"可见，民国时期的一些三角学教科书是在参合外国三角学教科书编写经验的基础上，进行融合，取多家之长，补己之短，逐步编写出适合中国人使用的三角学教科书。

该书在涉及学生易忽略的关键之处，多以"注意"说明。对于前后联系的知识，则时时提示，帮助学生理解。书后附有若干表格，以便学生查阅。附录二中附有全书的公式撮要、编制方法，以理解为经，性质为纬，既便检查，更易记忆。书中所有算学名词都是依据国立编译馆整理的算学名词稿本所写。人名地名译音，则按照商务印书馆出版的《标准汉译外国人名地名表》一书。书中的习题另编答案印行，且仅售予教师，但未经学校盖章，概不发售。

5. 裘友石编著《高级中学学生用 裘氏高中新三角》

世界书局在1937—1949年间出版的高中三角学教科书有三种，分别为裘友石编著的《高级中学

学生用 裘氏高中新三角》（图5-65，简称《裘氏高中新三角》）、傅溥编的《傅氏高中三角法》及骆师曾编的《三角》。其中，第一种为民国中期再版的三角学教科书，而后两种均为民国后期重新编写出版的。从再版次数来看，世界书局以《裘氏高中新三角》为主打，于1936年10月初版，1938年9月新三版，并一直使用到1949年9月。该书系遵照教育部1936年《高级中学算学课程标准》编写而成。

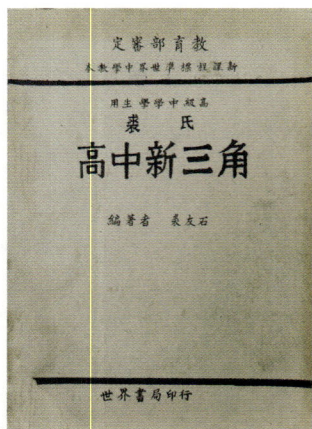

图5-65 　《高级中学学生用 裘氏高中新三角》世界书局印行，1938年

下面引用该书"编辑大意"原文阐明其编写理念：

本书系遵照教育部二十五年四月修正之高中课程标准编纂而成，专供高级中学及同等程度学校之用。

本书遵照标准规定，自一般三角函数开始，自成一体系，故先后次序井然，易于教学。

对数理论，虽属代数范围，然其应用方面，在习代数时，多略而不详，故本书仍遵照标准规定，详细叙述。

本书举例特多，俾读者演算练习时，可资模范。

本书于解三角形之演算排列，特别注重简洁明瞭（了），庶几演算练习时，可收事半功倍之效。

本书于三角形解法之应用一章，叙述较详，并将测量上实测之三角纲编入，藉（借）以引起读者之兴趣。

本书于公式之推演，力求简明，以免繁复，盖因教学时必有补充之机会也。

本书卷末，附有对数表及三角表，以便学习。

本书所采用之名辞（词），多依据科学社所审定者，但为读者参阅原书起见，于卷末仍附中西名辞（词）对照表，以资应用。

本书卷末，附三角与几何及三角与代数二节，俾学者得知三角在数学上应用之大概。

本书遇外国人名时，即写原文，不加翻译，以存其真。

本书习题支配，力求适合教学时间，但高中一年级文理尚未分组，故为谋性近理科学生充分学习起见，于卷末附有补充习题，以便教师酌量取用，且该项习题，大多系各省市会考题及大学入学试题，俾易引起学生演习兴趣。

本书编述，虽本十余年教学经验，且经长时间考虑，但不妥之处，在所难免，希海内明达，多多赐教，不胜感激。

民国二十五年七月于杭州

《高级中学学生用 裘氏高中新三角》"目次"如下：

第一章　角之定义及度量法

第二章　三角函数

第三章　复角之三角函数

第四章　反三角函数及三角方程式

第五章　三角形之边与角之关系

第六章　对数及附表之用法

第七章　三角形解法及其应用

第八章　造表法及表之精确度

附录一　三角与几何

附录二　三角与代数

附录三　补充习题

附录四　术语中英对照表

附录五　三角法常用公式

附表一　常用对数表

附表二　三角真数表

附表三　三角对数表

附表四　S.T.表

附表五　重要常数表

　　裘友石编著的《高级中学学生用 裘氏高中新三角》的内容从一般三角函数开始，自成体系，先后次序井然，易于教学。对数虽属代数范围，但其在学习代数时大多略而不详，故遵照标准中的规定详细论述。书中三角函数部分术语与现行使用三角函数术语有所不同，如和角（两角和）、较角（两角差）、主值即为$\theta = \sin^{-1}a$的解的最小者，通值可理解为现在的通解，用一个式子将所有解表示出来，如图5-66所示。书中例题较多，可供学生练习时做参考。习题分两部分，一部分在每章节内容后设置，另一部分为补充习题，设在卷末，供教师和学生酌量选用。且习题大多来自各省市会考题及大学入学试题，以此可激发学生练习的兴趣。公式的推理，较为简明，教师在教学时可以根据实际情况进行补充。书后附有对数表、三角表及中英文对照表，以便查阅。同时，将三角与几何、三角与代数两节内容以附录形式呈现，以使学生了解三角在数学上的应用。该书经过十余年的实践，已被证实是一本较为完善的三角学教科书。

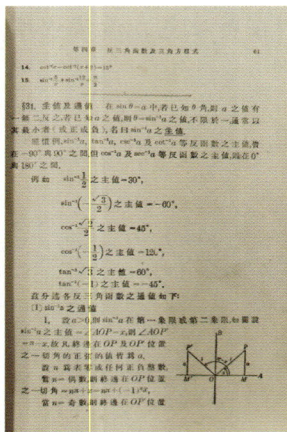

图5-66 《高级中学学生用 袠氏高中新三角》世界书局印行，1938年：第61页

6. 赵型编《三角学》

赵型编写的《三角学》（图5-67），系根据1941年《修正高级中学算学课程标准》，以及实际教学情形编纂而成，为教科书或高中学生自修之用，在民国时期反响较好，并一直沿用至中华人民共和国成立初期，是一本高质量的三角学教科书。该书由中国科学图书仪器公司于1946年9月初版，至1950年已再版七次。

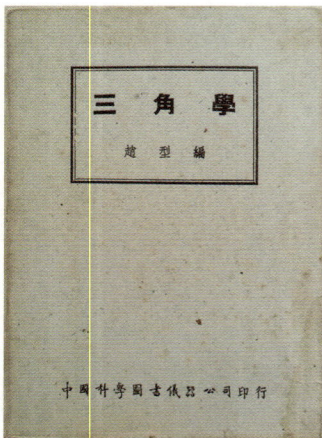

图5-67 《三角学》中国科学图书仪器公司印行，1950年

赵型（1907—1998），又名赵宪初，出生于浙江嘉善县西塘镇。出生时正值清朝廷被迫宣布立宪，父亲就为他取名为"型"，寓意宪法已有雏形，字"宪初"意味着立宪的开始。1912年，5岁的赵宪初进入当时新办的洋学堂学习，初小毕业后升嘉善县第二高等小学，随后通过入学考试被南洋公学附小录取。1920年进入附中学习，并以全校第二名的优异成绩毕业。1924年被交通大学电机工程系录取。1928年7月毕业。此后执教于南洋模范中学，1931年兼任校教务主任。中华人民共和国成立后，1978年任南洋模范中学副教导主任、副校长，1979年任校长，1984年任名誉校长。

赵宪初毕生致力于教育事业，为祖国培养了大批人才，被教育界公认为"一代名师"。他在数学方面有很深的造诣，曾担任上海市数学学会副理事长。赵宪初一生注重教书育人、言传身教、身体力行地实施素质教育，强调培养学生的科学思维能力和勤于思考的良好习惯。

赵宪初著有《三角学》（中国科学图书仪器公司，1946年）、《初中代数复习参考资料》（上海教育出版社，1963年）、《怎样列方程解应用题》（上海教育出版社，1964年）、《代数》（上海科学技术出版社，1966年）、《一元二次方程》（上海教育出版社，1980年）、《算术自习与辅导》（上海科学技术出版社，1986年）、《中学数理化错解辨析辞典（初中卷）》（上海辞书出版社，1990年）、《中学数理化错解辨析辞典（高中数学卷）》（上海辞书出版社，1991年）等。发表了多篇中学数学教育研究论文。

赵型编写的《三角学》由17章、172节内容构成。

该书"编辑说明"如下：

一、本书依据高中课程标准，参酌实际教学情形，编纂而成，供高中学生三角课本或自修之用。

二、三角一科之目的有二，一为作研究高深科学之工具，二为作测量应用之练习。本书较重前者，故对于恒等式、方程式，及应用问题等之训练，较为详尽。

三、三角教者学者，均视查表计算为畏事。盖既少新鲜理论，复无特殊技巧，费时多而错误易，编者以为算学之目的，在理论之领悟与方法之练习，耗长久时间于查表计算，似属不必，故除对数一章外，颇少用表习题，应用问题内尤力避查表之烦，所见是否有当，敢质海内高明。

四、任意三角形之解法，包括解三角方程式之意义在内，故本书将三角形之解法，置在三角方程式及反三角函数之后。

五、三角一科与代数之关系甚深，本书最后四章，须与高等代数教材互相联络，方能收事半功倍之效。

六、本书最后一章，对于近似值与准确值，有效数字位数与小数位数，误差率及精确度，均有详细说明及论证，俾学者能得一较清楚之观念。

七、算学教学，首重练习，本书习题特多，大抵每讲授一次，即可有一习题，使学生对于讲授要点，可得一咀嚼消化之机会。

八、本书全部教材，约需九十小时，若省去最后四章则五十小时足矣。时间较少者，自133节以下，均可删去不读。

九、编书者，抄袭之美名也，本书习题，抄袭者十之九，杜撰者十之一，不敢欺人，所供是实。

十、编者学识简陋，本书舛误必多，如蒙方家教正，自当竭诚接受。

《三角学》"目次"如下：

第六章 复角、倍角及半角之函数

第七章 三角恒等式

第八章 三角方程式

第九章 反三角函数

第十章 任意三角形解法

第十一章 对数之理论及应用

第十二章 应用问题

第十三章 三角形及多边形之性质

第十四章 三角级数之总和

第十五章 三角式之代数性质

第十六章 三角消元法

第十七章 造表法略论及表之精确度

7. 朱凤豪编著《新三角学讲义》

龙门联合书局在民国后期加入三角学教科书的出版行列中，并出版了两种使用范围较广、使用时间跨度较长的三角学教科书——朱凤豪编著的《新三角学讲义》和朱凤豪、余源庆、余源熙编著的《三角学》。说是两种，实为同一种，前者于1940年3月初版，1947年2月第六版（图5-68），后者于1949年8月初版，用至1955年8月，共计出版至第十七版。陈鸿侠以朱凤豪所著三角学教科书为蓝本，重新出版，取名为《三角学讲义》，由科学出版社于1984年11月出版。可见其影响之大。

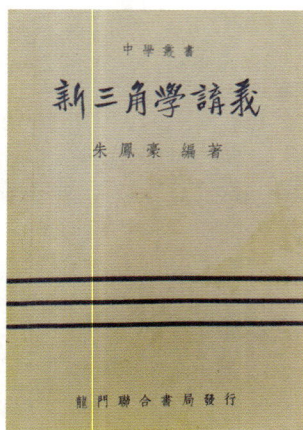

图5-68 《新三角学讲义》龙门联合书局发行，1947年

朱凤豪（1899—1969，图5-69），江苏宜兴人。毕业于上海大同大学，曾在江苏南通农科大学、江苏省立常州中学任教，曾任江苏省立上海中学理科主任、吴淞中学校长、杨浦区第五届人大代表、上海市第四届政协委员、中国数学学会上海分会副理事长等。朱凤豪深受民主革命思想的

图5-69 朱凤豪像[1]

---

[1] 图片来源: 刘冰楠. 清末民国时期中学三角学教科书发展史[M]. 北京: 社会科学文献出版社, 2019: 191.

影响，主张教育救国。担任吴淞中学校长期间，在提高数学教学质量上取得了显著成效。朱凤豪十分关心青年教师的成长，经常与他们一起学习教学大纲、分析教材、研讨教学方法，并给他们传授教学经验。曾多次主持上海市中等学校招生考试数学命题工作。由于他在教育岗位上作出的重大贡献，被评为上海市特级校长。曾参与《数学通讯》的编辑工作，著有《新三角学讲义》《初步代数讲义》等，主编数理化自学丛书《平面解析几何》等。这些书籍至今仍在东南亚的一些华语学校中被列为教科书。[1]

朱凤豪的《新三角学讲义》从世界文献中收集各种难题，可谓是三角学大全。据叶思九回忆："在'证恒等式''解三角方程''三角应用'三大部分中，难题最多，常在散课前向学生布置一两道难题，课外解答。在阅卷中发现往往有三、四种解法，各有技巧不同，他在课上给予评点，比较指出解题的关键，思考的窍门在哪里，并收录在他的著作《新三角学讲义》之中。该书是一本指导学生如何在学习中探索思考的好书，出版后风靡港、沪，中学生竞先购买，一时洛阳纸贵。"[2]

《新三角学讲义》是朱凤豪集十余年的教学经验并结合国内外多种三角学名著编写而成的。其曾在江苏省立常州中学用过五年，又在省立上海中学教过十余次，反响良好。在此引用该书的"编辑大意"，以便具体了解该书编写理念与编排方式等。

1. 本书编辑取材悉遵照教育部最近颁布之中学课程标准，可采为高中三角复习教本。同时教师可选为高一三角补充教材，又可作学生升学准备参考之用。

2. 本书编法新颖，材料充实切要，内容虽多而富有弹性。高中文理两组，一律适用：如文组采为复习之用，约计二十五小时可以授毕（所有带星号之本文及例题可以略去）；如理组采为复习之用，二十五小时亦可教毕（Ⅰ至Ⅵ章进度不妨加速，Ⅵ章以下之例题可以略去一部分）；至本书全部教毕约须五十小时左右。

3. 本编习题，搜罗甚富，所有温氏、龙氏、霍氏、白氏等书中重要问题及历届各大学三角入学试题比较有兴趣者无不收集在内。选其普通切要者，列为例题。全书例题计三百，习题数近七百。较难习题并附有解法提示。

4. 本编于恒等式（Ⅲ章及Ⅶ章）、方程式、测量问题（Ⅳ章及Ⅺ章）、反函数及消去法等列为专章，每章分类加以充分讨论。关于解题之各种方法皆有详细说明，以指导读者应用：此为本书特点之一。

5. 本编重要例题，均列有数种之不同解法，以提高学者研究之兴趣：此为本书特点之二。

6. 本编采用傍注法（即于例题傍加划方框注明该题解法上之特点）以醒眉目，以加深读者之影像（印象）：此为本书特点之三。

7. 本编不特注重题解之方法，即对于其写出之格式亦极注意。以整齐，简明为原则。印刷

[1] 上海市宝山区史志编纂委员会. 吴淞区志[M]. 上海：上海社会科学院出版社，1996：476.

[2] 叶思九. 生死沉浮[M]. 香港：香港华夏文化出版有限公司，2005：13.

排列亦清楚醒目：此为本书特点之四。

8. 本编对于三角在解析几何学上应用，选例甚多，俾读者得收触类旁通之益：此为本书特点之五。

9. 关于三角计算题，在初高中普通三角教本上所述已多。本编只略叙原则，举例甚少。此类问题均采入习题中，留待学者自己练习。又三角函数图形，在解析几何学中已有充分之讨论，因此本编未曾列入。

10. 本编排印，虽经再三核校，但错误之处，仍所难免，深望读者随时予以指正，则幸甚矣。

编辑大意中明确指出了该书的使用范围及授课时间。1935年江苏教育厅的调查结果显示，全省初中教三角者不及三分之一，故该书编排仍由八个三角函数的定义开始，从头教起。全书在编写的过程中遵循两个原则，一是在解三角形方面，即数值三角是测量学的基础；二是在公式运用方面，为学习高等数学及物理学做准备。

《新三角学讲义》目录如下：

Ⅰ章　角之度量法

Ⅱ章　角之八函数

Ⅲ章　三角恒等式（简易）

Ⅳ章　简易测量题（关于直角三角形者）

Ⅴ章　任意象限角函数化为锐角函数法

Ⅵ章　复角之函数

Ⅶ章　证题杂例（恒等式续）

Ⅷ章　反三角函数

Ⅸ章　三角方程式

Ⅹ章　任意三角形

Ⅺ章　测量题续

Ⅻ章　消去法

附录一　重要三角公式汇录

附录二　与本编有关之几何及代数上重要命题

答案

1949年出版的《三角学》对1940年出版的《新三角学讲义》重新进行了修整，将有些章节拆分或合并，形成新的章节。例如，《新三角学讲义》"第三章　三角恒等式（简易）"，在《三角学》中被分为第四、第五、第六章三章。而有些内容方面也根据情况进行了调整。例如，《新三角学讲义》中第二章第八节讲述"八函数之关系公式"，而《三角学》将其改为"六函数之关系式"，并独立成章。

例题与习题的设置方面，《三角学》一书中没有直接照搬《新三角学讲义》中的例题与习题，而是对其进行了大量的增加与替换。《三角学讲义》则采用了《新三角学讲义》中的大部分例题与习题，且另增加了一些新的题目。

朱凤豪编著的《新三角学讲义》"据悉香港、新加坡均有原书翻译本，深受读者欢迎。新中国成立以来，中学里三角学课本，虽然一再更新，日臻完善，而屡次编写是类有关教学参考资料，教学中增补内容或编写复习资料，甚至在编选试题中，亦多取材于是书。"[1]该书具有以下特点：

第一，渗透了分类思想。该书将恒等式、方程式、测量问题、反函数、消去法等单独成章，每章均以分类的方式进行讨论，而每类的解题方法都有较为详细的说明，有利于指导学生学习。

第二，例题解法多样化。书中对于一些重要的例题有多种解法，有利于激发学生的探索精神，提高学生学习数学的兴趣。例如，"第三章 三角恒等式（简易）"中例一：求证（$1-\tan^2 A$）^{2}＝（$\sec^2 A-2\tan A$）·（$\sec^2 A+2\tan A$）给出了5种证明方法（图5-70）。

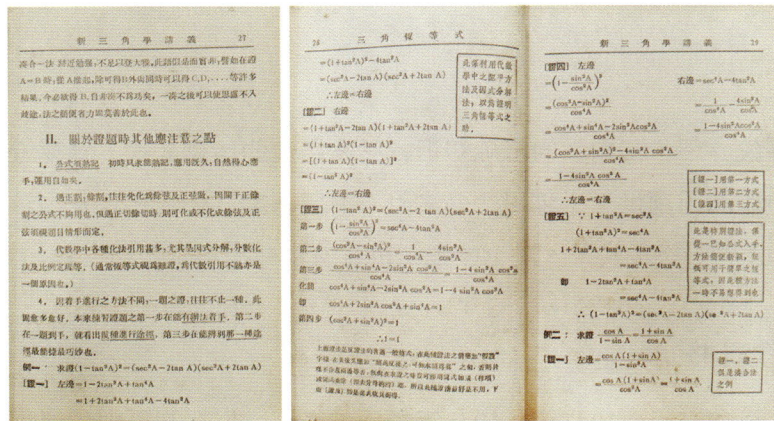

图5-70 《新三角学讲义》龙门联合书局发行，1947年：第27～29页

第三，采用旁注法。即在例题旁，采用加旁注的方法注明该题在解法上的特点及需要学生特别注意的地方，以达到醒目、加深学生印象的作用。如图5-70中的5种证明方法，就利用方框在旁边进行了3次标注。

第四，注重例题格式的书写。基于例题是学生模仿的基础，故该书在编排时十分注重例题格式的规范化，以整齐、简明为原则。此外，该书在印刷方面也较为清晰醒目，排版细致，字号、行距等较为合适。

第五，注重与其他学科间的融合。该书对于三角在代数、几何上的应用选例甚多，使学生对三角有一个新的认识，即各门学科间的融会贯通。如在解三角形时，常用三角方法及几何定理来考查其边与角之间的关系。再如"第四章 简易测量题（关于直角三角形者）"中涉及了大量的用三角

---

[1] 陈鸿侠，朱凤豪. 三角学讲义[M]. 北京：科学出版社，1984：i-ii.

说明：改革开放后，重新编辑出版民国时期的个别数学教科书时，把书名做了一些修改，如朱凤豪的《新三角学讲义》改为《三角学讲义》、傅种孙的《高中平面几何教科书》改为《平面几何教本》，等等。

法解几何题。又如，"第九章 三角方程式"中例八：$\dfrac{\tan(\theta-15°)}{\tan(\theta+15°)}=\dfrac{1}{3}$ 利用代数中的合分比定理进行证明等。

此外还有与之配套的讲义精解。1948年8月，朱凤豪编著的《新三角学讲义精解》（图5-71）由龙门联合书局初版，至1954年1月已再版七次。该书是与《新三角学讲义》配套的习题详解，且每一组习题详解中均标有《新三角学讲义》中相关习题的页码，便于与原书做对照。

图5-71　《新三角学讲义精解》龙门联合书局发行，1948年

朱凤豪编著的《新三角学讲义》系统介绍了三角学的基础知识，三角函数的运算公式、计算方法和技巧，每章都给出了一定数量的例题和习题供学生练习，书末附有习题答案、公式集录及与该书有关的几何、代数上的重要命题等。该书对今天数学教科书的编写仍具有重要的启示作用。

（四）国人自编高中解析几何教科书

1929—1949年，中学数学课程标准在1936年、1941年和1948年经历了修订。但在初级中学课程标准历次的修订过程中，均未设置解析几何课程的内容。解析几何课程在高中正式讲授，如1929年《高级中学普通科算学暂行课程标准》规定在第四和第五学期讲授解析几何课程，每周授课时数为2小时。1932年《高级中学算学课程标准》将授课学期调整为第五和第六学期，授课时数不变。1936年《高级中学算学课程标准》中分甲、乙两组，授课时数调整为甲组每周4小时，乙组每周3小时。1941年《修正高级中学算学课程标准》进一步将授课时数调整为第五学期甲组每周2小时，乙组每周3小时；第六学期甲组每周5小时，乙组每周3小时。1948年《修订高级中学数学课程标准》大幅缩减解析几何授课时数，仅在第五学期讲授，每周授课时数为3小时。

自1922年"壬戌学制"颁布之后，高中开始学习解析几何学，原有的汉译解析几何学教科书与英文原版解析几何学教科书不再适合高中使用。在这种历史背景下，国人开始尝试着自编解析几何学教科书。1929—1949年间中国自编解析几何学教科书具体书目见表5-7。

表 5-7　1929—1949 国人自编解析几何学教科书汇总

序号	书名	编著者	出版者	年份	备注
1	高级中学教本　解析几何	张敬熙	北平文化学社	1928	1932年9月第三版，如图5-72所示
2	新学制高级中学教科书　解析几何学	段子燮	商务印书馆	1928	1928年6月初版，1932年6月国难后第一版，1933年国难后第五版
3	平面解析几何学	郑太朴	商务印书馆	1929	1929年9月初版
4	解析几何学ABC	庞守白	ABC丛书社	1931	1931年3月初版，10月再版
5	高级中学用　解析几何学	黄泰	中华书局	1932	1934年修订版，1947年再版
6	高中解析几何教科书（上、下卷）	黄恭宪、郎好常	算学丛刻社	1933	—
7	开明新编高级解析几何学	刘薰宇	开明书店	1933	—
8	高级中学学生用　傅氏高中解析几何学	傅溥	世界书局	1934	—
9	复兴高级中学　解析几何学	徐任吾、仲子明	商务印书馆	1934	—
10	解析几何纲要	萧佩荪	北平宣明书社	1935	—
11	高中复习丛书　解析几何学	董涤尘	商务印书馆	1935	1935年5月初版，1935年8月改订第三版，1935年10月改订第四版，如图5-73所示
12	建国教科书　高级中学　平面解析几何学	余介石	正中书局	1940	1940年初版
13	建国教科书　高级中学　立体解析几何学	余介石	正中书局	1936	—
14	高中解析几何教科书（上、下卷）	黄宪恭、郎好常	算学丛刻社	1936	—
15	高级中学教科书　解析几何学（乙组用）	段子燮	商务印书馆	1936	1928年6月初版，1936年9月改编本第一版，1947年12月改编本第十版
16	高级中学教科书　解析几何学甲组用（上、下册）	陈怀书	商务印书馆	1936	1947年第九版
17	高中师范通用　解析几何学教科书	陈守绂编，程廷熙校订	算学丛刻社	1937	如图5-74所示
18	高中解析几何教科书（下卷）	闵嗣鹤、郎好常	算学丛刻社	1937	—
19	解析几何（全一册）	（伪）教育总署编审会	（伪）教育总署编审会	1939	1941年修正发行
20	世界中学校本　高级中学生用　高中新解析几何（乙组用）	许渭泉	世界书局	1940	1947年第四版
21	高级中学学生用　高中解析几何学	李蕃	开明书店	1941	1948年第三版
22	新中国教科书　高级中学　立体解析几何学	余介石	正中书局	1943	1945年沪四版

（续表）

序号	书名	编著者	出版者	年份	备注
23	新中国教科书 高级中学 平面解析几何学（第一、第二册）	余介石	正中书局	1944	1946年12月第一册审定本沪十七版 1946年8月第二册审定本沪七版
24	高中解析几何学（复习用）	余文琴	商务印书馆	1948	高中复习用
25	解析几何学大意（全一册）	余源庆、刘遂生	中华书局	1948	—

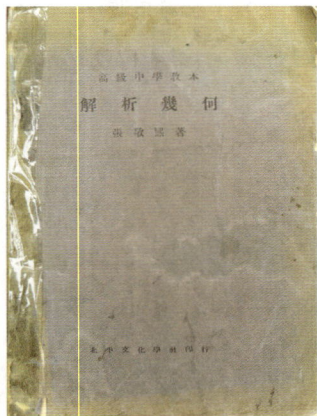

5—72

5—73

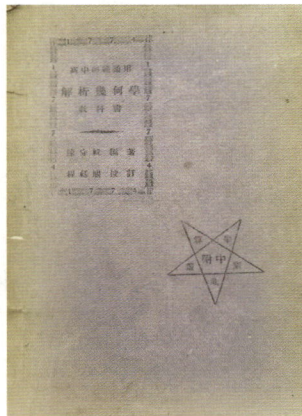

5—74

图5—72　《高级中学教本 解析几何》北平文化学社，1932年

图5—73　《高中复习丛书 解析几何学》商务印书馆，1935年

图5—74　《高中师范通用 解析几何学教科书》算学丛刻社，1937年

下面简要介绍部分具有代表性的解析几何学教科书。

1. 段子燮编《新学制高级中学教科书 解析几何学》《高级中学教科书 解析几何学（乙组用）》

段子燮（1889—1969），字调元，四川江津人。曾在四川法政学堂学习。1913年赴法国留学，在里昂大学学习数学。1920年获得科学硕士学位。毕业回国后，曾担任国立成都高等师范学校教授兼数学系主任、国立东南大学数学系主任、国立女子大学数学教授、国立中央大学理学院数学系主任兼副教授、重庆大学教务长等职务。[1]他编写了许多大学数学教科书，如《解析几何学》《微分学》《行列式详论》等。他培养了大批数理人才，对数学教育作出了重要贡献。

段子燮编《新学制高级中学教科书 解析几何学》（图5—75）由商务印书馆于1928年6月初版，1932年6月国难后第一版，1933年国难后第五版。三个版本的内容完全一致。

[1] 王莉. 中国中学解析几何教科书发展史研究（1902—1949）[D]. 呼和浩特：内蒙古师范大学，2016.

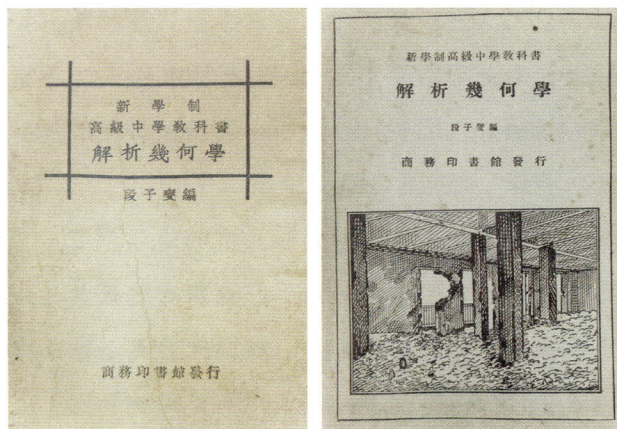

图5-75　《新学制高级中学教科书　解析几何学》商务印书馆发行

(a) 1928年初版　　　　(b) 1932年版

《新学制高级中学教科书　解析几何学》供高中学生使用，全一册共148页，是一部平面解析几何学教科书，没有序言，仅有目录，共十章，目录如下：

第一章　坐标（coordinates）

1. 坐标轴；2. 正坐标制；3. 坐标之方向；4. 坐标之数值

第二章　点（point）

1. 点之坐标及位置之决定；2. 描点；3. 点与点间之距离；4. 二点联（连）线间分点之坐标；5. 几何上之应用

第三章　轨迹与方程式（loci and equations）

1. 绪论；2. 例题；3. 普通作图法；4. 作图简法；5. 截距；6. 对称；7. 间隔；8. 几近线；9. 例题

第四章　直线（straight lines）

1. 直线线坡；2. 求一直线之线坡；3. 由线坡求二直线之交角；4. 直线之普通式；5. 二点式；6. 点坡式；7. 线坡式；8. 截距式；9. 法线式；10. 公式之变换；11. 普通式与线坡式之变换；12. 普通式与点坡式之变换；13. 普通式与二点式之变换；14. 普通式与截距式之变换；15. 普通式与法线式之变换；16. 由已知之直线式求其他之直线式；17. 线与线及线与点间之距离；18. 几何学上之应用例题；19. 结论

第五章　圆（circle）

1. 定义；2. 圆方程式；3. 普通一般圆方程式；4. 上式之讨论；5. 圆方程式之所呈形；6. 圆方程式中之常数；7. 例题；8. 切线之法线；9. 圆切线方程式；10. 圆法线方程式；11. 求圆切线法线之例题

第六章　圆锥曲线（conic sections）

1. 定义；2. 圆锥曲线之由来；3. 各项名辞（词）；4. 曲线之斜坡；5. 圆锥曲线之分类

第七章　抛物线（parabola）

1. 定义；2. 基本方程式；3. 抛物线之焦点及准线之位置；4. 抛物线之作图法；5. 普通一般抛物线方程式；6. 抛物线之切线方程式；7. 抛物线之法线方程式；8. 次切线与次法线；9. 切线长与法线长；10. 抛物线之特性

第八章　椭圆（ellipse）

1. 定义；2. 关于椭圆之各项名辞（词）；3. 椭圆心至准线之垂距；4. 椭圆心之焦点之距离；5. 基本方程式；6. 椭圆之又一定义；7. 普通一般之椭圆方程式；8. 椭圆方程式之概论；9. 椭圆之线坡；10. 切线方程式；11. 法线方程式；12. 切线、法线在 X，Y 轴之截距；13. 次切线及次法线；14. 椭圆之特性

第九章　双曲线（hyperbola）

1. 定义；2. 关于双曲线之各项名辞（词）；3. 双曲线心至准线之垂距；4. 双曲线心至焦点之距离；5. 基本方程式；6. 共轭双曲线；7. 等边双曲线；8. 双曲线之又一定义；9. 普通一般之双曲线方程式；10. 双曲线方程式之概论；11. 切线方程式；12. 法线方程式；13. 切线、法线在 X，Y 轴上之截距；14. 双曲线之特性；15. 圆锥曲线之机械作图法

第十章　坐标之变形（transformation of coordinates）

1. 坐标轴之移动；2. 移轴方程式；3. 转轴方程式；4. 坐标轴转移之总式；5. 应用

《新学制高级中学教科书　解析几何学》强调根据"壬戌学制"所编，但内容编排顺序与课程内容不同，如将"坐标之变形"章节放到了最后一章；采用叙述式的编写体例，即采用定义—公式、方程式—例题—习题的叙述式编写体例，每章直接给出定义，有些是以图文并茂的形式给出，有些仅有文字叙述，如圆的定义"圆者，一点对于一定点以定距离移动时之轨迹也"，本书仅给出文字定义，没有结合图形；书中部分术语与现行术语不同，如几近线（渐近线）、线坡（倾斜角、斜率）；强调应用解析几何学解决几何问题，编者在正文部分的绪论中对解析几何与代数、几何三者的关系进行了论述："于数学中，以文字代表数值，以符号表示运算之方略，使各种问题之解法，归于简明者；谓之代数学，处理图形之位置形状，点线面的三者移动时之轨迹与关系者，谓之几何学，或称形学。至所谓解析几何学者，乃综合二者之学，以代数之方程，处理点线面固定之位置形状及移动之迹象者也。"在"第四章　直线"中，直角坐标系下证明了"三角形各边之垂直二等分线交于一点"，且给出四道几何学习题"证明等边三角形之三垂线相等"和"证平行四边形之对角线互为二等分"等。

后来段子燮将《新学制高级中学教科书　解析几何学》改编为《高级中学教科书　解析几何学（乙组用）》（图5-76），由商务印书馆于1936年9月发行改编本第一版，1947年12月发行改编本第十版。《高级中学教科书　解析几何学（乙组用）》相较于《新学制高级中学教科书　解析几何学》，删改了部分内容，并增加了三章的内容，总体来说，不仅广度有所增加，难度也有所提升。

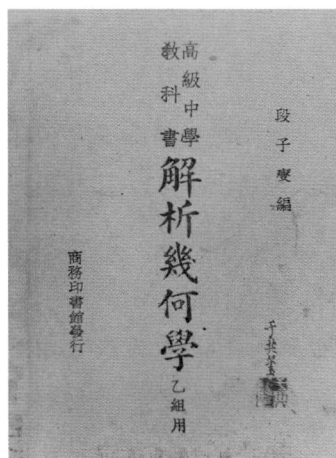

图5-76 　《高级中学教科书 解析几何学（乙组用）》商务印书馆发行，1947年

具体目录如下：

第一章　坐标（coordinates）

1. 坐标轴；2. 正坐标制；3. 坐标之方向；4. 坐标之数值

第二章　点（point）

1. 点之坐标及位置之决定；2. 线段之方向；3. 点与点间之距离；4. 二点联（连）线间分点之坐标；5. 几何学上之应用

第三章　轨迹与方程式（loci and equations）

1. 绪论；2. 例题；3. 普通作图法；4. 作图简法；5. 截距；6. 对称；7. 间隔；8. 几近线；9. 例题

第四章　直线（straight lines）

1. 直线线坡；2. 求一直线之线坡；3. 由线坡求二直线之交角；4. 二点式；5. 点坡式；6. 线坡式；7. 截距式；8. 法线式；9. 由普通式求线坡斜度角及截距之法；10. 化普通式为法线式；11. 由已知之直线方程式求其他直线之方程式；12. 线与线及线与点间之垂直距离；13. 几何学上之应用例题；14. 共线点与共点线；15. 直线之参变数方程式

第五章　圆（circle）

1. 圆之定义；2. 圆方程式；3. 普通一般圆方程式；4. 圆方程式中之常数；5. 例题；6. 切线及法线；7. 圆之切线方程式；8. 圆之法线式；9. 求圆切点及切线之例题；10. 圆之公共弦；11. 一点关于圆之幂；12. 等幂轴；13. 圆族

第六章　圆锥曲线（conic sections）

1. 定义；2. 圆锥曲线之由来；3. 圆锥曲线之分类

第七章　抛物线（parabola）

1. 定义；2. 基本方程式；3. 抛物线之作图法；4. 一般之抛物线方程式；5. 抛物线之切线方程式；6. 抛物线之法线方程式；7. 切线长与法线长；8. 次切线与次法线；9. 抛物线之特性

第八章　椭圆（ellipse）

1. 椭圆心至准线之垂距；2. 椭圆心之焦点之距离；3. 基本方程式；4. 椭圆之作图法；5. 第二焦点及第二准线；6. 椭圆之又一定义；7. 一般之椭圆方程式；8. 椭圆方程式之概论；9. 椭圆之切线方程式；10. 法线方程式；11. 次切线及次法线；12. 椭圆之特性；13. 补助圆；14. 椭圆之直径；15. 配径

第九章　双曲线（hyperbola）

1. 双曲线心至准线之垂距；2. 双曲线心至焦点之距离；3. 基本方程式；4. 双曲线之作图法；5. 第二焦点及第二准线；6. 双曲线之几近线；7. 共轭双曲线；8. 等轴双曲线；9. 双曲线之又一定义；10. 一般之双曲线方程式；11. 双曲线方程式之概论；12. 双曲线之切线方程式；13. 法线方程式；14. 次切线及次法线；15. 双曲线之一性质；16. 圆锥曲线之机械作图法；17. 双曲线之直径；18. 配径

第十章　坐标之变形（transformation of coordinates）

1. 坐标轴之移动；2. 移轴方程式；3. 转轴方程式；4. 坐标轴移转之总式；5. 应用

第十一章　一般二次方程式

1. 一般二次方程式之移轴方程式；2. 一般二次方程式之转轴方程式；3. 二次方程式所表之曲线；4. 任何圆锥曲线之方程式；5. 圆锥曲线之分类；6. 圆锥曲线族

第十二章　极坐标制（polar coordinates）

1. 极坐标制；2. 记号之转换；3. 特例；4. 正坐标与极坐标之互换；5. 极坐标之图解

第十三章　高等平曲线（higher plane curves）

1. 代数及超性方程式；2. 指数曲线；3. 对数曲线；4. 三角曲线；5. 反三角曲线；6. 摆线；7. 蔓状线；8. 蚌线

2. 黄泰编著《新课程标准适用　高中解析几何学》

黄泰（1904—1979），字阶平，江苏省扬州人，毕业于国立东南大学（今东南大学），曾在扬州中学任教时编写教科书。当时扬州中学所使用的数学教科书，除英文版《范式大代数》外，其他所教数学课程均使用黄泰所编或翻译的教材。他出版的数学教材有七种，分别为《初中代数（上、下册）》《高级中学用　解析几何学》《高中立体几何》《黄氏初中几何（上、下册）》《高中复习数学》《抛物线、椭圆双曲线的几何讨论》与《几何学分类习题》。他在扬州师院担任数学系副主任期间，编写了中学与大学的教材，如《微积分学》《中等数学教学法》《高等代数》与《初等几何》等。他与黄应韶、黄久征三人被誉为数学教育界扬州"三黄"。

由黄泰编著，徐子豪修订，段子燮校阅的《高级中学用　解析几何学》由中华书局于1932年9月初版，该书以《斯盖尼三氏新解析几何学》为蓝本而编成，且被东南亚国家的华侨学校使用，影响较大。该书于1935年被教育部审定为全国新课程标准用书，改名为《新课程标准适用　高中解析几何学》（图5-77），1934年4月初版，1947年4月第十四版。

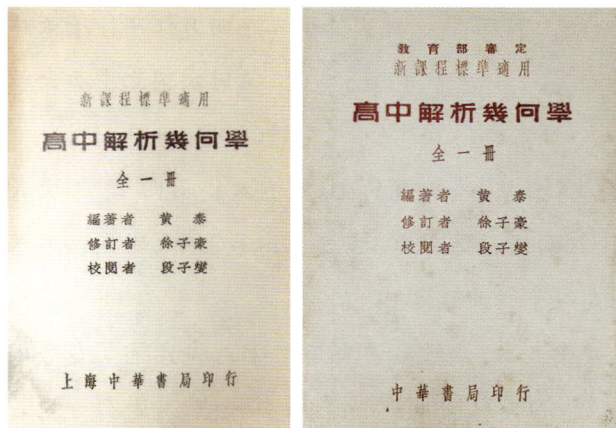

(a) 1934年版   (b) 1947年版

图5-77　《新课程标准适用 高中解析几何学》中华书局印行

《新课程标准适用 高中解析几何学》专供高级中学使用。序言有二，一为段子燮于1931年4月所作：

> 我国于高中算学，向少良书，如解析几何其一也。以致教者多取材于英文原本。然以东西异地，教育异制，而必按书以授，无怪教者之事倍而功半也。况黉序讲学，一国之文化所系，乃仰给于西文，殊为不和。黄君阶平，前在东南大学肄业时，对于算学，甚有研究。毕业后讲授于江苏省立扬州中学高中部，常感英文原本之不合用。爰列取各书之精密者，就其平日所得，而删无撷英，用中文辑之，以为教本，年来成绩甚著。日前以美国史盖聂（斯盖尼）三氏解析几何为蓝本，辑成高中解析几何一书，请益于余，余览其程序井然，于我国中学，甚为适宜。而制曲线等之分类详明，不惮繁述，尤可为大学一年级之参考书。是真能融西哲之学为国用者，因劝其付梓，以公国人，并深望其本斯志于几何、三角、大代数者，亦有所贡献。庶我国人讲学不借乎外语也，特为之序。

> 民国二十年四月段子燮序于国立中央大学算学系

另一序为徐子豪所作，具体如下：

> 解析几何一科，通形数二者之邮，实为高等算学之阶梯，抑亦中等算学之一总结束，其重要可知。我国高中教授此科，大率采用英美原本，颇多不便。黄阶平先生本其在江苏省立南京中学扬州中学等校多年教学之经验，以美人史、盖、聂三氏Smith，Gale，Neeley著*New Analytic Geometry*及史、盖二氏著*Elements of Analytic Geometry*二书为蓝本，编成是书，取材编制均甚合今日之需要。兹者教育部新颁高中课程标准，因受中华书局主人之嘱，谨遵部颁标准解析几何大意部分，并参考黄禹敷先生之批评（见《图书评论》第一卷第八期），从事修订。修订时，自形式方面至内容方面，大抵仍保存原书固有面目，惜以时日仓促，不及商之于原著者，深以为歉。

> 中央大学工科高材（才）生邱侃君，曾演解书中各习题，在修订时得其裨益不少，附志于

此，以表谢忱。

民国二十二年四月江阴徐子豪序

时次国立中央大学

《新课程标准适用 高中解析几何学》目次如下：

第一章 点及坐标；第二章 函数变迹总论；第三章 一次式的变迹 直线；第四章 二次式的变迹 圆；第五章 二次式的变迹 抛线 椭圆 双曲线；第六章 移轴术；第七章 切线；第八章 极坐标；第九章 一般二次方程式；第十章 高级平面曲线

该书最大的特点是给出了函数与极限的定义。"第二章 函数变迹总论"中首先介绍了变数与常数，然后给出函数的定义："设变数x的类，同变数y的类有相应关系：使x有一值，y就有一对应值，而仅有一对应值，我们叫y为x的单值函数（single-valued function）。假如x有一值，y有两个或几个对应值，我们叫y为x的复值函数（multiple-valued function）。"极限定义："假如一个变数x，同一个常数a之差，能小于任何甚小的正数ξ，则称变数x以a为极限。"[1]可看出，上述的定义与现在的定义大致相同，只是极限的数学符号与现今符号不同。该书每课后均编排有例题与习题，习题数量共332道[2]，习题包括解答题、计算题、证明题与作图题等。该书内容编排程序井然，分类详明，不惮繁述，尤其在直线、圆以及圆锥曲线章的分类中，以方程式的次数进行编排，即"一次式的变迹 直线；二次式的变迹 圆；二次式的变迹 抛线 椭圆 双曲线"。段子燮认为该书"是真能融西哲之学为国用者"。对于我国中学，甚为适宜，且可为大学一年级参考之用。书末附有"中西名词对照表"，供学生和教师参考使用，避免因翻译差异所致错误。

3. 余介石编著《建国教科书 高级中学 平面解析几何学》和《新中国教科书 高级中学 平面（立体）解析几何学》

《建国教科书 高级中学 平面解析几何学》（图5-78）由余介石编著，何鲁校订，由正中书局于1940年初版，1943年12月赣五版。该书共310页，其中正文285页。1936年出版了余介石编著的《建国教科书 高级中学 立体解析几何学》，专供甲组学生使用。

5-78

图5-78 《建国教科书 高级中学 平面解析几何学》正中书局印行

[1] 黄泰. 高级中学用：解析几何学[M]. 上海：中华书局，1932：23.

[2] 该数字是按照习题的序号总计，因有部分习题，一题多问，这里均按一道题处理。

正中书局是当时教科书市场较大的出版机构，创办人陈立夫，1931年在南京成立，是一家隶属于国民党，所谓中央的国民党营出版机构。当时书局主要出版政治读物以及中小学教科书、参考书籍。1933年之后，陈立夫将书局的全部资产捐献给国民党，国民党将书局进行扩充。由于国民党的大力支持，延揽了一批知名学者编辑教科书以及各种书籍，书局的业务发展迅速，享有"全国六大书局"之一的称誉。1933年出版了一套适合于1932年教育部颁布的正式课程标准的教科书。之后，1936年组织一些学者编写且出版了遵照1936年教育部颁布的修订课程标准的教科书。这批教科书封面均有"教育部核定建国教科书"的字样，被称为"建国教科书"。其中很多版本是1932年的修订版，余介石编著的《建国教科书 高级中学 平面解析几何学》与《建国教科书 高级中学 立体解析几何学》也属于此类。当时编写这些教科书的学者均是一些名流，如叶楚伧、陈立夫、何鲁、孟宪承、周佛海等人。其中叶楚伧也是正中书局的主要负责人之一。

《建国教科书 高级中学平面解析几何学》书首设有"何先生序"（该序由何鲁先生于1936年5月所作）和"编辑要旨"。具体内容如下：

何先生序

近年出版界，对于理科书籍，无论中等高等，皆较前数年为多，且有进步，实为可喜现象。数学亦然。至著者，则以余君介石，为最努力之一人。彼之学问经验，既足以副之，故其所译著，皆透澈（彻）丰富。读其所译Bôcher之高等代数通论，可为明证。余君在重庆大学教课之余，又成三角，解析几何各书，经余详加参订，其内容具如编辑要旨，兹不赘述。余之所以乐为介绍者，知其必大有裨益于读者也。今再略贡其愚于读者，以为自修之助。即在三角，宜注意于用助角变和为乘积法，对数不适用于加法故。又宜注意三角方程式之通解，三角函数皆有周期性故。在解析几何，则宜与几何平行探讨，几何定理，可以解析几何证之；解析几何问题，须先用几何眼光观察之，后再用解析方法，二者可互相发明故。于是锥线（包含圆、椭圆、双曲线、抛物线，及一组之二直线）性质，务须从纯粹几何方面研究之，此吾国高中学生所需也，是为序。

民国二十有五年五月何鲁识于学海室

编辑要旨

（一）本书完全遵照教育部最近颁布的修正高中课程标准编辑，适于高中三年级之用。

（二）按教育部最新标准，高三分甲乙两组，本书均能适用。但乙组采用本书时，可略去第十二章，此外理论方面，也可斟酌情形省去一部份（分）（参看第七条）。又解析几何教材大纲中的立体部份（分），系甲组所专用，故另编立体解析几何一册，专供甲组之用。

（三）美国人Smith，Gale，Neelley三氏合编的新解析几何学一书，在我国流行极广，江苏省教育厅所颁布的进度表，大体也依照其次序，本书即采用此书为蓝本。

（四）Smith等原书优点如下：

（1）教材取舍，斟酌至当，支配亦极匀称；对理论实用二方面，无偏重与忽略的弊病。

（2）以函数概念为中心，对形数相互为用处，指示详尽；适合最新算学教学趋势。

（3）教材排列，条例明晰；推理多用归纳法，引人入胜；对论理次第，心理程序，皆能顾及。

（4）重用分析方法，能促进学生自动作业，增加其理解能力。

（5）说理详明显豁，易学易教。

（6）习题极为丰富。

本书对这些优点，皆尽量保存。

（五）Smith等原书，亦不无缺点。

（1）对于解析几何学的定义，坐标法的目标，变易在几何学上作用等基本概念，未能揭示，致使初学即读毕这书，对解析几何学，也不易得一概括的见解。

（2）射影定理为初等解析几何的基本法则，原书竟未提及，不足为初学建立良好基础，且亦与部颁标准和教厅进度表不合。

（3）解析几何与综合几何互有出入的地方，部颁标准所附教法要点中，曾特为指明，原书对这点，实未能注意。

（4）理论方面每多疏忽，如推求椭圆、双曲线的方程式时，并未证实经二次平方的结果，仍与原式同解。

（5）极坐标的对称条件，圆锥曲线二种定义的一致性等教材皆有相当重要，不列入正文，殊不便于初学。

（6）直线的参数式和所用参数的意义，颇多应用，又参数式应如何设立，以求达某种目标，也为初学所应知，因这类问题的研究最能培养学生的思考力。原书皆付阙如，未免美中不足。

（7）初等解析几何学，虽以圆锥曲线为主，但对各著名的他种曲线，亦应稍作（做）较有系统的叙述，原书所论，微嫌散乱。

（8）双曲线函数、反三角函数，皆为极重要的超性函数，仅列习题中，毫无说明，似欠允当。

以上各点，编辑时均已一一订正，故本书对于我国情形，自信较原书尤为适用。

（六）本书对极重要关键处，每特为提出；对于初学易忽略处，则多列注与注意，以作说明，又书中前后关联处，亦时时揭示，如此颇可增进初学的理解力，而为进修较高深数学的帮助。这些地方似觉也较Smith氏等原书为胜。

（七）我国地方广大，各校程度高下不胜一致，本书编制极富弹性，凡可省略者，均特别注明以便教学时伸缩。

（八）本书蒙重庆大学理学院长何师奎垣，惠予校订，多所指正。又蒙胡术五、陈伯琴、李修睦三先生，就试用经验，以意见多条相示，仅此附志，以表谢忱。

（九）本书除以Smith等所著为蓝本外，并曾参考下列各书：

（1）Osgood and Graustein：*Plane and Solid Analytical Geometry*.

（2）Smith，Gale：*Elements of Analytical Geometry*.

（3）Brink：*Analytical Geometry*.

（4）V.C.Poor：*Analytical Geometry*.

（5）Benny：*Plane Geometry*.

（6）Loney：*Coördinate Geometry*，*Part* Ⅰ.

（7）Wentworth，Smith，Siceloff：*Analytical Geometry*.

（8）Breslich：*Correlated Mathematics*，*Book* Ⅳ.

（9）Love：*Analytical Geometry*.

（10）Papelier：*Precis de Géometrie Analytique*.

（11）Hess：*Analytisch Geometry*.

（12）余介石：解析几何学讲义（中央大学油印本）。

（13）匡文涛：解析几何学讲义。

（14）倪德基：数学辞典。

合并附志，以明所本。

（一十）本书有附表数种，以便初学检查，而减计算的麻烦。

（一十一）本书所用算学名词，皆依据国立编译馆所整理的算学名词稿本；人名地名译音，则照商务印书馆出版的《标准汉译外国人名地名表》一书。

（一十二）本书虽系据流行的优良教本，参照我国部颁标准及实际情形，并蒙师友的指示，改订而成；但疵谬终恐不免，尚望海内教师，多加指正，俾得随时修改，不胜感幸。

（一十三）本书习题，另编答案印行，惟只能售与教师，非经学校盖章概不发售。

民国二十五年五月编者识于四川省立重庆大学

《建国教科书 高级中学 平面解析几何学》章目录如下：

第一章 绪论

第二章 坐标，几何量的解析表示

第三章 轨迹和方程式

第四章 直线

第五章 圆

第六章 圆锥曲线

第七章 移轴术

第八章 切线与法线

第九章 极坐标

　　"新中国教科书"是正中书局于1944年"遵照三十年修正课程标准"出版的教科书。正中书局出版此套教科书是正当1943年教育部三令五申要求必须使用国定教科书，且要求停止出版其他教科书的时候。所以，出版此套教科书实属不易。《新中国教科书 高级中学 平面解析几何学》（第一、第二册）与《新中国教科书 高级中学 立体解析几何学》便是在此背景下出版的。1944年8月正中书局出版余介石编的《新中国教科书 高级中学 平面解析几何学》，第一册于1946年12月出版审定本沪十七版，第二册于1946年8月出版审定本沪七版，如图5-79所示。1943年9月《新中国教科书 高级中学 立体解析几何学》初版，1945年12月沪四版，如图5-80所示。经对比可发现其内容与《建国教科书 高级中学 平面解析几何学》《建国教科书 高级中学 立体解析几何学》大体相同。

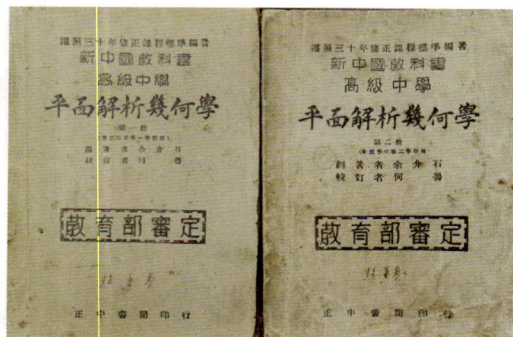

图5-79 《新中国教科书 高级中学 平面解析几何学》（第一、第二册）正中书局印行，1946年

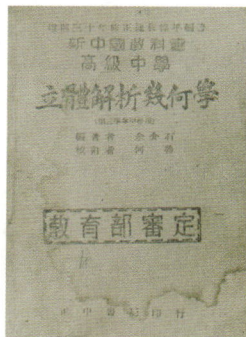

图5-80 《新中国教科书 高级中学 立体解析几何学》正中书局印行，1945年

　　下面通过引用《新中国教科书 高级中学 平面解析几何学》（第一册）"编辑大意"来介绍其编写理念和变化，具体如下：

　　（一）本书完全遵照教育部三十年度颁布的修正高中课程标准编辑，计分为二册，适于高中三年级上下二学期之用。

（二）照教育部最新标准，高三分甲乙两组，本书均能适用。但乙组采用本书时，对理论方面，可斟酌情形省去一部分（参看第七条）。又解析几何学教材大纲中的立体部分，系甲组所专用，故另编立体解析几何学一册，同时印行。专供甲组之用。

（三）美国人Smith，Gale，Neelley三氏合编的新解析几何学一书，在我国流行极广，本书即采用此书为蓝本。

（四）Smith等原书优点如下：

（1）教材取舍，斟酌至当，支配亦极匀称；对理论实用二方面，无偏重与忽略的弊病。

（2）以函数概念为中心，对形数相互为用处，指示详尽；适合最新数学教学趋势。

（3）教材排列，条例明晰；推理多用归纳法，引人入胜，对理论次第，心理程序，皆能顾及。

（4）重用分析方法，能促进学生自动作业，增加其理解能力。

（5）说理详明显豁，易学易教。

（6）习题极为丰富。

本书对这些优点，皆尽量保存。

（五）Smith等原书，亦不无缺点。

（1）对于解析几何学的定义，坐标法的目标等基本观念，未能揭示，致使初学即读毕这书，对解析几何学，也不易得一概括的见解。

（2）射影定理为初等解析几何的基本法则，原书竟亢提及，不足为初学建立良好基础，且亦与部颁标准不合。

（3）解析几何学与综合几何互有出入的地方，部颁标准所附教法要点中，曾特为指明，原书对这点，实未能注意。

（4）理论方面每多疏忽，如推求椭圆、双曲线的方程式时，并未证实经二次平方的结果，仍与原式同解。

（5）极坐标的对称条件，二次锥线二种定义的一致性等教材皆有相当重要，不列入正文，殊不便于初学。

（6）直线的参数式和所用参数的意义，颇多应用。又参数式应如何设立，以求达某种目标，也为初学所应知，因这类问题的研究最能培养学生的思考力。原书皆付阙如，未免美中不足。

（7）初等解析几何学，虽以二次锥线为主，但对各著名的他种曲线，亦应稍作（做）较有系统的叙述，原书所论，微嫌散乱。

（8）双曲线函数、反三角函数，皆为极重要的超恒函数，仅列习题中，毫无说明，似欠允当。

以上各点，编辑时均已一一订正，故本书对于我国情形，自信较原书尤为适用。

（六）本书对极重要关键处，每特为提出；对于初学易忽略处，则多列注与注意，以作说明，又书中前后关联处，亦时时揭示，如此颇可增进初学的理解力，而为进修较高深数学的帮助。这些地方似觉也较Smith氏等原书为胜。

（七）我国地方广大，各校程度高下不一，本书编制极富弹性，凡可省略者，均特别注明，以便教学时伸缩。

（八）本书蒙重庆大学理学院长何师奎垣，惠予校订，多所诲正。又蒙胡术五、李绪文、刘汉三、李修睦、戴良平诸先生，就试用经验，以意见多条相告。章春木、钱介夫二先生曾细阅全稿，颇多匡正。正中书局编审部同人，对整理稿件，颇多赞助，均所深感。

（九）本书除以Smith等所著为蓝本外，并曾参考下列各书：

（1）Osgood and Graustein：*Plane and Solid Analytical Geometry.*

（2）Smith，Gale：*Elements of Analytical Geometry.*

（3）Brink：*Analytical Geometry.*

（4）V.C.Poor：*Analytical Geometry.*

（5）Benny：*Plane Geometry.*

（6）Loney：*Coördinate Geometry，Part* Ⅰ.

（7）Wentworth，Smith，Siceloff：*Analytical Geometry.*

（8）Breslich：*Correlated Mathematics，Book* Ⅳ.

（9）Love：*Analytical Geometry.*

（10）Papelier：*Precis de Géometrie Analytique.*

（11）Hess：*Analytisch Geometry.*

（12）胡少襄：解析几何学。

（13）余介石：解析几何学讲义（中央大学油印本）。

（14）匡文涛：解析几何学讲义。

（15）倪德基：数学辞典。

合并附志，以明所本。

（一十）本书有附表数种，以便初学检查，而减计算的麻烦，又附有全书公式撮要，以便检阅，而助记忆。

（一十一）本书所用算学名词皆依据教育部所订定的算学名词稿本；人名地名译音，则照商务印书馆出版的《标准汉译外国人名地名表》一书。

（一十二）本书虽系据流行的优良教本，参照我国部颁标准及实际情形，并蒙师友的指示，改订而成；但疵谬终恐不免，尚望海内教师，多加指正，俾得随时修改，不胜感幸。

民国三十二年元旦编者识于成都金陵女子文理学院

何鲁为《新中国教科书 高级中学 平面（立体）解析几何学》所写的序与《建国教科书 高级中学 平面（立体）解析几何学》的序基本一致，兹不赘述。下面通过引用《新中国教科书 高级中学 立体解析几何学》"编辑大意"阐述编者编写理念，具体如下：

（一）本书遵照三十年教育部颁布之修正高级中学数学课程标准编辑，适合高级中学第三学年甲组之用。

（二）本书编制与平面解析几何学紧相衔接，仍以美国人Smith，Gale，Neelley三氏合编的新解析几何学一书为蓝本，并参考下列各书，有所损益。

（1）Osgood，Graustein：*Plane and Solid Analytic Geometry.*

（2）Smith，Gale：*Elements of Analytic Geometry*（此书有著者和龚君译本二种，前者系建国书局印行，后者系商务印书馆印行）.

（3）Wentworth，Smith，Siceloff：*Analytical Geometry*（有徐尉平君译本，南京书店印行）.

（4）Synder，Sisam：*Analytic Geometry of Space*（有倪可权、刘汉三诸君译本，即可印行）.

（5）Dresden：*Solid Analytic Geometry and Determinants.*

（6）Bell：*An Elementary Treatise on Coordinate Geometry of Three Dimensions.*

（7）Papelier：*Precis de Géométrie Analytique.*

（8）Hess：*Analytische Geometrie.*

（9）余介石：解析几何学讲义（中央大学油印本）。

（10）胡少襄：解析几何学讲义（四川大学油印本）。

（11）何鲁、段调元：高等立体解析几何学讲义（重庆大学油印本）。

（12）倪德基：数学辞典。

合并附志，以明所本。

（三）Smith等原书优点，已见平面解析几何学编辑要旨，兹不赘述。本书对这些优点，皆尽量保存，以便教学。

（四）Smith原书立体部分，不无缺点，除一部分与平面部分相类，也不再重述，兹举其余数点如下：

（1）未言及直线平面与二次曲面的关系，不合最新部颁课程标准。

（2）平面与直线部分，乃立体几何学的基本，三氏原书所论微嫌简略，初学不易得一透澈（彻）的观念。

（3）柱、直纹面、回转面等，几全限于特殊情形，未略提及普遍方法，每不能使好学深思者感觉满足。

（4）论证间有欠完善处，如未言平移和旋转的反变换，则次数的不变性，失其依据，又如述直纹二次曲面时，漏一要点［即本书§97（三）在原书竟列p.306第7题］，论证殊欠周密。

（5）论二次曲面分类，误称奇的锥和柱为变态情形，且未列表，眉目不清。

（6）二次曲面宜与锥线尽量比较，如径面、渐进锥面、切面等项，虽限于难度，不能项言，似亦不妨以特例示其端倪。

以上诸点，编辑时已一一订正或加补充。

（五）表解易助初学了解，故本书特多。

（六）本书对重要关键及前后联络处，多列注与注意说明，以求增进初学理解力。

（七）四面体体积公式，初等教本，均未载入，因旧法须用面积射影定理，比较冗长，编者曾自拟一简法，并自行试教，初学尚不难了解，特与旧法一并列入本书。

（八）我国地方广大，各校程度高下不一，故编制本书时，力求富有弹性，以期合用。

（九）本书蒙重庆大学理学院长何师奎垣惠予校订，指正甚多。又蒙友人李绪文、刘汉三、苏鸿甫、李修睦、张伯康诸先生，就试教经验多所指示，整理时又承钱介夫先生惠予襄助，谨附志以表谢忱。

（十）本书所用算学名词，皆依据国立编译馆所整理的算学名词稿本，初见时皆附英文原名。

（十一）本书虽系据流行的优良教本，遵我国部颁标准并参照实际情形，又蒙师友的指示，但如有疵谬，仍应由编者负责，尚望海内教师，随时指示，俾得修正，不胜感幸。

民国三十一年八月编者识于成都金陵女子文理学院

《新中国教科书 高级中学 立体解析几何学》章目录如下：

余介石编著的《新中国教科书 高级中学 平面（立体）解析几何学》，是民国后期使用范围较广与再版次数较多的解析几何学教科书之一。该套教科书在遵照课程标准的基础上有所调整；且从学生的角度出发补充内容，如"解析几何学的定义""坐标法的目标"；书中术语与现今使用的解析几何学术语较为接近，如点斜式、两点式、斜率、判别式；也有一些与今有差别的，如二次锥线（圆锥曲线）；交代即将要学知识点的原因与意义，如"2.解析几何学的目的与应用"和"61.本章目的"；对重要内容采用标注法；内容丰富、条例清晰，体现各科间的联系；注重分析、归纳、数形结合等数学思想和方法的渗透。总之，《新中国教科书 高级中学 平面（立体）解析几何学》的编写极富弹性，集课程标准、我国实际教学情形与初学者能力的培养为一体，在遵循课程标准的基础上有所创新，又从学生的角度出发，对教科书内容的选择进行调整。无论是内容增加与删减，编写者主要从我国学生的实际情况出发，关注学生能力的培养。

4．刘薰宇编《开明新编高级解析几何学》

《开明新编高级解析几何学》由刘薰宇编纂，初稿完成于1933年，由开明书店出版，直到1944年重印十多次，刘薰宇将其作为教本二十余次。1944年之后的版本是经过再次修改的，校正了排印的错误。即《开明新编解析几何学》在《开明新编高级解析几何学》的基础上，适当补充欠精确的地方，并对章节稍做调整，1948年5月初版（图5-81），1948年9月再版。该书成为1950年颁布的《高中解析几何精简纲要（草案）》所用参考书。

在此引用《开明新编高级解析几何学》1938年版中的"序"，以说明当时教科书的编写背景：

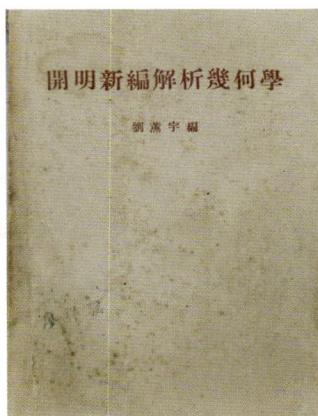

5-81

图5-81　《开明新编解析几何学》开明书店出版，1948年

当我用了英文的课本对高级中学生讲授数学的时候，我总感到这不是一个妥善的办法。第一，我们所采用的英文课本，不是来自英国，便是来自美国，不用说，这些书是依了他们的学生的程度和需要编成的，对于中国的高中学生在这两方面都未能适合。第二，虽则阅读数学课本所需的英文程度不必十分深，但这只是不得已而思其次的说法，以不十分高深的英文程度而阅读英文的课本，在心理的过程上，少不来一度翻译的工夫，这是很容易体会到的。即使因多读的缘故，对于point, line, curve, plane, equal to, perpendicular, parallel……已经用不到在心里翻译一次，但在思索的时候，却免不了成为中英合璧的状态，如"到两个point distance相等的point的locus是一条perpendicular bisector"之类。这一种思索，一方面说来在心里总多些弯转；而另一方面，就数学讲，则欠精密，所谓"两个point"应当是"两个定点"，所谓"一条……"应当是"联这两定点的直线的垂直平分线"。若就英文说，至少在量词方面常常是用错的。这样地思索成了习惯，无论在数学上在英文上都会铸成一些不自觉而且难于纠正的错误。

因为这些理由，我觉得中国学生至少在上课的时候应当听中国话，看中文的书——自然，学习外国语应当反过来。然而没有书读，却是一个大大的问题。这便是我写这册书的动因。当我提笔的时候，很想编成教本，但是在中国，教本很难编，要经过我们的教育部审定，还要遵守我们的教育部所公布的所谓课程标准。而我动笔时，这课程标准，也许在起草的专家的脑里都还没有影儿，当然，要依据也无从找来依据了。

我后来一想，像这类的书，即使不作教本，也是需要的，要打破用英文的课本作教本的关口，无论在哪方面都要使中文书的量大大地增加。供给和需要在著作物上，是互相促进的；因此我就请求开明给我出版，而我居然得到他们的允许，这使我很愉快，而且对他们怀着很大的谢意。

　　　　　　　　　　　　　　　　　　　　　　　　一九三三，四月五日

《开明新编解析几何学》"改订版序"具体如下：

　　本书初稿的写成，在一九三三，四月五日，距离现在已十一年多了。这十一年中，重印过十多次，我自己用作教本在二十次以上，每次教学，都觉到（得）有修改的必要，但只在应该修改的地方记上个符号，始终不曾动手。直到最近，本书的旧版子已不能再印，须得重行排版，这才决心把它修改。除校正排印的错误以外，对于说明欠精细的地方都补充了，在第十章末尾又加上了五节，都是关于反形的。最初，本想让这五节独立成一章，使容纳的材料更多些。但本书极和极线的部分仅占三节，这样一来，似乎不很相称；若将极和极线也独立成一章，又觉全书的容量太重了。经过以上的考虑，这五节便收在第十章的末尾，如以上所说。

　　　　　　　　　　　　　　　　　一九四四，八月十五日，于贵阳市

《开明新编解析几何学》共十二章，前十章为平面解析几何学，后两章为立体解析几何学，章目录如下：

　　　　第一章　直坐标，点

　　　　第二章　直线

　　　　第三章　轨迹，曲线

　　　　第四章　圆

　　　　第五章　坐标的转换

　　　　第六章　抛物线

　　　　第七章　椭圆

　　　　第八章　双曲线

　　　　第九章　圆锥曲线通论

　　　　第十章　斜坐标，极坐标，坐标的变换

　　　　第十一章　点，平面，线

　　　　第十二章　面

　　该书的一个明显特点是平面解析几何部分的内容丰富、论述详尽，相比而言，立体解析几何的内容较为简略。另一个特点是习题数量较大，共611道，每一小节之后均设有大量习题。然而，该书没有遵照课程纲要或课程标准编写，"序"中有所交代："……而我动笔时，这课程标准，也许在起草的专家的脑里都还没有影儿，当然，要依据也无从找来依据了。"

　　5. 傅溥编《高级中学学生用　傅氏高中解析几何学》

　　《高级中学学生用　傅氏高中解析几何学》如图5-82所示，由傅溥编写，世界书局印行，1934年9月初版，1934年12月再版，可见其受欢迎程度。该教科书是世界书局发行的"新课程标准世界中学教本"系列之一。该书封面突出其根据新课程标准而编写，专供高级中学及与此同程度学校使用。

其"例言"如下：

1. 本书系遵照教育部最近颁布之高中课程标准编纂而成，专供高级中学及与此同程度学校之用。

2. 学语译名，我国极不统一。本书所采用者，均系通行已久之名词，俟教育部统一学语颁布后，再行照改。兹为便于学者参阅他书及翻读英文原书之助起见，特于卷末附一中英学语对照表，俾便参考。

3. 直交（角）坐标不过为平行坐标中之一种，故本书采用坐标，皆以一般平行坐标为主，直交（角）坐标为副（辅），藉使学者熟习后，知其妙用。其凡未经注明坐标轴为直交或斜交者，皆系指一般平行坐标而言。

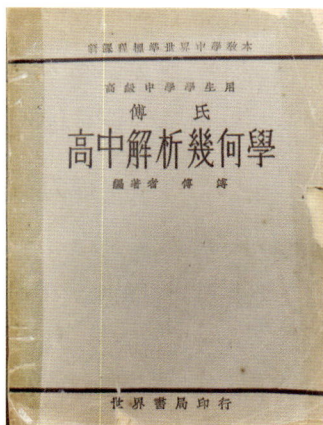

图 5-82 《高级中学学生用 傅氏高中解析几何学》世界书局印行，1934年

4. 圆锥曲线关于一般平行坐标之方程式过于繁复，学者不易了解。故本书为使学者易于得知其形状及性质起见，不得不采用某一定之直交坐标轴而推求其方程式。

5. 椭圆与双曲线之方程式极相类似，随之其各种性质之类似处亦多，故一般书籍多有将此二种曲线合并研究之者。本书为使学者易于了解起见，故仍行分别叙述之。

6. 高等平面曲线为高等数学中之一分科，理论艰深，决非本书程度所可详述。故本书仅于篇末将数学史上富有兴趣之曲线十余种叙述，才藉使学者知其一斑。

7. 立方倍积及任意角之三等分问题，为几何学中有名之作图不能三问题中之二。故本书于高等平面曲线中附带的与以解法，藉使学者知所谓作图可能与不能，全视其所用工具，及所守公法如何而定。

8. 本书问题，虽仅二百余题，然选择精当，难易适度，足资学者练习之用。

9. 本书付印仓促，谬误之处，在所难免。海内明达，如承见教，则不胜感谢之至。

该书为平面解析几何学教科书，共9章、91节，书后附有"中英学语对照表"与"人名中译对照表"。目录如下：

第一章 坐标；第二章 直线；第三章 坐标之变换；第四章 圆；第五章 椭圆；第六章 双曲线；第七章 抛物线；第八章 二次曲线总论；第九章 高等平面曲线；附录 答数；中英学语对照表；人名中译对照表

该书呈现以下特点：

第一，教科书内容相比课程内容有增删。与课程标准中的课程内容相比，删减了射影、斜率等内容，增加了极与极线。另外，该书将"极坐标"在"第一章 坐标"中给出，学习完直角坐标接着给出极坐标的定义，这样的安排是不太合理的，学生易将知识混淆，难以掌握。轨迹与方程式的知识点也安排在"第一章　坐标"中，且篇幅太少。"坐标之变换"安排在第三章，没有按照课程标准将其置于"高等平面曲线"之前。

第二，以斜坐标为主，直角坐标为辅。该书大多采用斜坐标，极少使用直角坐标，编者的编排目的为"藉使学者熟习后，知其妙用。其凡未经注明坐标轴为直交或斜交者，皆系指一般平行坐标而言。"在圆锥曲线章中由于在平行坐标系下的方程式归于复杂，学生不易理解，因此在该章中使用直角坐标。从学生的角度来讲，这样的编排是不妥的，学生学习起来会感到吃力，且不容易掌握坐标法。

第三，每章第一页为起始页码。该书的页码没有按照全文排序，而是以每一章的第一页作为起始页码，这是解析几何学教科书编排中极为少见的。

第四，给出立方倍积与任意角之三等分问题的解法。"第九章　高等平面曲线"中给出了立方倍积问题的解法，首先介绍了代数曲线、超越曲线以及高等平面曲线的定义，接着介绍了垂蔓线，然后应用垂蔓线解立方倍积问题的方法。任意角三等分问题是应用贝壳形解答的，如图5-83所示，与1932年颁布的《高级中学算学课程标准》中"解析几何实施方法概要"的要求相符，即"欲图形与数量得相应之关联，不得不用推广之几何元素，故解析几何，遂不能不与综合几何互有出入（如分角线求法之问题）。凡此等处，最宜使初学者注意，以期其见解明晰，无所惶惑。"[1]

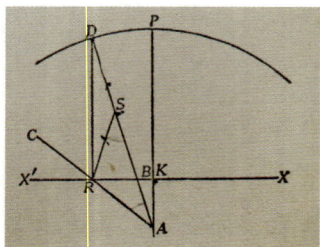

图5-83　《高级中学学生用　傅氏高中解析几何学》世界书局印行，1934年：第九章第6页

6. 陈怀书编《高级中学教科书　解析几何学》（甲组用）

陈怀书（1884—1951），江苏吴江人。1913年毕业于南开大学堂电机科，主要从事工科和数学教育方面的工作。1928年任教于上海交通大学，曾担任中国数学会第一、第二、第三届评议会评议等职务，且为《数学杂志》第一卷编委。他编写且翻译了一些数学教科书，如《解析几何学》《数值三角学》，且翻译林鹤一著的《初等几何学》等，在《数学杂志》中发表了关于大学数学入学考试试题分析的论文。[2]

陈怀书编纂《高级中学教科书　解析几何学》（甲组用，图5-84），由商务印书馆出版发行，1936年12月初版，1947年第九版，分上、下两册。为凸显其遵照课程标准编写，因此，在其封面标有"依照教育部修正课程标准编辑"的字眼。专供高中甲组使用。

---

[1] 课程教材研究所. 20世纪中国中小学课程标准：教学大纲汇编：数学卷[S]. 北京：人民教育出版社，1999：237.

[2] 张美霞.《数学杂志》（1936—1939）研究[D]. 呼和浩特：内蒙古师范大学，2013.

全书共23章，上册13章，下册10章。章目录如下：

上册

绪论；第一章 有向线段，正射影，坐标，曲线及方程式；第二章 直线；第三章 圆；第四章 轨迹导论，曲线之对称；第五章 抛物线，椭圆；第六章 双曲线；第七章 切线，曲线族；第八章 极坐标；第九章 坐标之变换；第十章 一般二次方程式；第十一章 轨迹详论；第十二章 直径，极及极线；第十三章 反形

下册

第十四章 极与极线；第十五章 反形；第十六章 射影，坐标；第十七章 方向余弦，方向系数；第十八章 平面；第十九章 直线；第二十章 平面及直线之关系；第二十一章 球面，柱面，锥面，旋转面；第二十二章 二次曲面；第二十三章 球面坐标，柱面坐标，坐标之变换

图5-84 《高级中学教科书 解析几何学》商务印书馆发行，1936年

该套教科书有以下特点：

第一，教科书内容在课程内容的基础上有删减。该套教科书虽在封面标有"依照教育部修正课程标准编辑"，但将其内容与1936年的课程标准中的课程内容进行比较，存在删减现象。在平面解析几何部分，删减了三变数方程式及高级平面曲线，在立体解析几何部分"特殊曲面"中删减了直纹面。

第二，教科书编排顺序与课程标准中略有不同。课程标准中"轨迹与方程式"置于"坐标"之后，而该教科书将其置于"直线"与"圆"章之后；课程标准中"一般二次方程式"置于"极坐标"之前，而该教科书中将其置于"极坐标"之后。教科书编写者对内容编排顺序的调整，一方面体现了当时学术相对自由，另一方面亦可反映出编写者的编写思路。

此外，书中仍有错误若干。如教科书目录排序错误。上册最后一章为第十四章，下册第一章也为第十四章。"反形"章重复出现，且内容完全一致。另外，上册"直径，极及极线"章与下册"极与极线"章题目大致相同，上册中仅论述了直线的极及极线的性质，具体包括：直线之极、极及极线之性质、极及极线之位置关系、作图问题。而下册中论述了圆以及二次曲线的极与极线，包括：关于圆之极及极线、极及极线之作法、关于二次方程式之轨迹之极及极线。这样的编排使知识点较为散乱，缺乏系统性。

7. 李蕃编《高级中学学生用 高中解析几何学》

李蕃（1896—1973），字云凡，湖南资兴人。1919年考入国立北京大学。1920年赴法国勤工俭学。1928年考入巴黎大学统计系学习，之后一直在法国任教。1933年回国，曾担任南京国民政府实业部统计专员、中央政校朝阳学院教授、上海复旦大学商学院统计学系系主任、中南财经学院编译

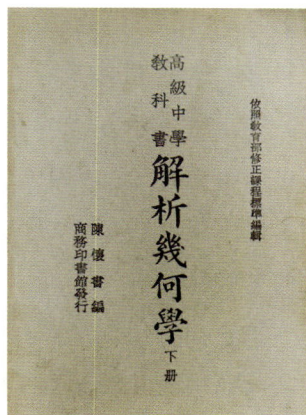

部主任、中国科学院经济研究所研究员等职务。他在统计学方面的著作较多，有《生命统计》《高级统计学》《统计学》与《统计制图》等。[1]

李蕃编纂《高级中学学生用 高中解析几何学》（图5-85），由开明书店出版，1941年7月初版，1944年4月第四版。该书是一本平面解析几何学教科书。

下面通过引用《高级中学学生用 高中解析几何学》的"序"，介绍编者编写理念等内容，具体如下：

图5-85

图5-85 《高级中学学生用 高中解析几何学》开明书店出版，1944年

> 本书为依照教育部最近颁布之高中解析几何标准，更参酌Loney，Osgood-Graustein，Smith-Gale，Sommerrville，Salmon诸氏之作，编纂而成。依作者经验，吾国中学与大学之间，数学程度，颇不衔接；大学学生因中学根基微未善，进习高深学理，常感困难。解析几何为治数学之基础，是以本书取材与说理，力求切实与严整，俾读者进习高深数学，得易升堂入室。
>
> 解析几何为代数之方法研究几何图形；亦即将几个问题，藉坐标之沟通，用代数方程式以判别其性质。代数能以简单之方程式，示无穷之变化；是以解析几何用代数之方法，能使万变之几何图形，得以就范，虽稍失纯粹几何之齐整，但事半功倍，远非综合几何之所能及。本书第三章论轨迹与方程式，即谋几何与代数之沟通，为解析几何之基础；惟以此时读者之观念为深，不能详论，故特作附录于篇后，藉补不足，教授时如时间充裕，宜加讲解也。
>
> 按教育部颁布之课程标准，高中解析几何分甲乙两组，乙组授课时间每周较少一小时；若乙组选用本书，谨须略去第十一章即可也。
>
> 全书问题分为习题与杂题两种；习题尽属浅易，其目的在补助读者对于定理与公式作深切之了解与纯熟之应用。杂题则稍难，其目的在启发读者作进一步之探讨。二者之分量已减至最少限度，读者务须逐题演习，未可省略。
>
> 本书原稿成于民国十八年秋，旋先后在各中学印为讲义，其中几经修改。二十二年春蒙陈建功教授校阅，再遵陈教授所示诸端，重行改订。最近复承李达、陈传璋、周绍濂诸教授多所指正，合此志（致）谢！
>
> 民国二十五年四月，作者识于青岛

该教科书共有11章，正文268页，书后为附表和中英名词对照及索引，章目录如下：

第一章 向量射影

第二章 笛卡儿（尔）坐标，几何量之解析

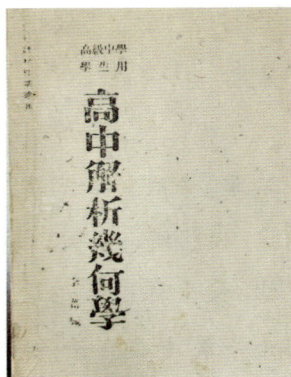

[1] 湖南省地方志编纂委员会.湖南省志：第30卷：人物志：下[M].长沙：湖南人民出版社，1995：405.

第三章　轨迹与方程式

第四章　直线

第五章　圆

第六章　圆锥曲线

第七章　坐标轴之变换

第八章　一般二次方程式

第九章　极坐标

第十章　高次平面曲线

第十一章　极与极线，反形

附录　代数曲线之切线，次切线及次法线，代数曲线之渐近线，轨迹无穷远枝之情形，轨迹性状之讨论

附表

中英名词对照及索引

该书有如下特点：

第一，向量内容出现。书中第一章安排了向量内容，是当时解析几何学教科书中罕见的，其介绍了向量的定义、有向线段、向量的坐标与角。

第二，习题设置新颖。书中习题分为习题与杂题两种，杂题相比习题稍难，杂题并不是每一节都有设置。杂题共198道，部分难度较大的题型均给予提示或证明过程，设置杂题的目的是让学生或读者做进一步的研究。习题在每一小节之后均有设置，数量较大，共472道，设置目的是辅助学生与读者对书中的定理公式做深切的了解，并可以熟练地应用。

第三，内容安排有伸缩。通过将该教科书内容与1936年修正课程标准对比发现，教科书内容与课程内容较为契合，该教科书适合于高三年级的甲组与乙组使用。对于乙组学生而言，仅需学习平面解析几何，且授课时数少于甲组1学时，因此乙组学生选用该书，仅需学习前十章内容，"第十一章　极与极线，反形"可以略去不学。

8. 余源庆等编《解析几何学大意》

余源庆，曾在江苏省立上海中学教授数学，是当时上海中学的十大名师之一。他曾担任人民教育出版社中学数学教材主要编辑，编写了许多数学教科书，与朱凤豪合著《初等代数复习讲义》，与刘遂生合译《新三S平面几何学》且合编《解析几何学大意》和《高等代数学概论》等。

余源庆、刘遂生编纂《解析几何学大意》（图5-86）由中华书局出版发行，1948年5月出版，正文共111页，是一本平面解析几何学著作。该书虽没有注明是否是教科书，但其内容编排与"1948年修订课程标准"规定解析几何学教科书内容的难度极为符合。该书内容浅显易懂，与编写者的编写宗旨有关。

该书"编辑大意"具体如下：

一、本书目的在将解析几何学用最浅近之方法作一有系统之介绍，务使学者习毕本书后，对于解析几何学能得一明确之认识，并能应用解析方法以解决几何问题。

二、本书程度，习毕初等代数、初中几何及初步三角者即可了解。

三、本书内容共分十一章，关于解析几何学中重要事项均已论及，惟斜坐标因应用不广，从阙。

四、本书重要定理后均附有例题，以作解题模范。

五、本书设有习题一百八十则，分配各章，以供学者练习。问题均附有答案，俾学者演解后得核其结果之误否，较难之问题并附有提示，以启发学者之思路。

六、本书编末附有参考书籍，学者对于解析几何学如欲作进一步之研究，可就书目中选读一二种。

七、编者业余时少，匆促编辑，恐有错误，尚希高明指正为幸。

该书适合学过初等代数、初等几何以及初等三角的学生学习。简要目录如下：

该书解析几何学的重要内容均有论及。对于书中的重要定理，均附有例题，且有详细的解题过程。每章都配有习题，共180道，均附有答案，以便学生解题后核对答案。对于较难题型，都附有提示，以启发学生的思路。书后附有参考书籍列表，以供学者进一步研究。

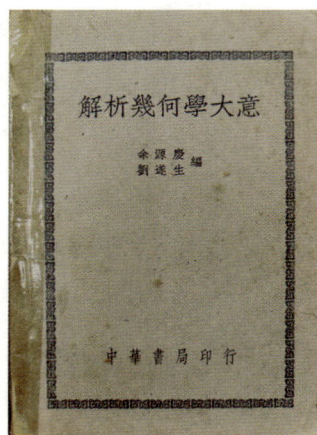

图5-86 《解析几何学大意》中华书局印行，1948年

第六章

1912—1949 年翻译的高中数学教科书

民国时期对国人自编教科书有审定制度，却对翻译教科书没有严格审定要求，从客观上讲对翻译教科书也很难实施审定。因为仅就翻译的中学数学教科书情况而言，其种类较多，各种原版教科书出版的前后时间有的相差数十年，如温德华士教科书原版是在19世纪80年代出版的，而布利氏混合数学教科书原版是在20世纪初出版的。数学教育工作者根据国内教学需要和各自的喜好翻译了大量的外国中学数学教科书，这些教科书不受我国教科书制度的制约。因此，本书中不打算把民国时期翻译的中学数学教科书放在各不同阶段中介绍，除布利氏混合数学教科书放在1922年"壬戌学制"背景下进行介绍以外，其他翻译教科书的介绍，在此独立成章，主要介绍《范氏大代数》《温德华士几何学》《葛氏三角学》等翻译教科书，以便更好地展示翻译中学数学教科书情况。

第一节
高中代数学教科书译本

这一时期翻译出版的代数学教科书如表6-1所示。

表6-1　1912—1949年翻译出版的高中代数学教科书概览

序号	书名	原著者	译者	出版者	时间（版次）
1	汉译温德华士代数学	G.A.Wentworth	屠坤华译述，寿孝天、骆师曾校订	商务印书馆	1910年11月初版，1917年7月第七版，1923年9月第十八版
2	汉译温德华氏代数学原理	G.A.Wentworth	魏孝谦	人文书社印刷	1934年5月初版
3	汉译温德华氏初等代数学	G.A.Wentworth	李树荣	北平文化学社	1936年初版，1948年第三版
4	汉译温氏高中代数学	G.A.Wentworth	屠坤华	商务印书馆	1929年
5	汉译温德华士初等代数学	G.A.Wentworth	田镜波	华北科学社	1936年
6	汉译范氏高等代数学	Henry Burchard Fine	沈璇、曹龍译，吴静山校	新亚书店	1933年9月初版，1940年1月第二十版，1941年8月重排初版，1945年9月重排后二版
7	汉译范氏高等代数学	Henry Burchard Fine	沈璇、曹崟译，薛德炯校	新亚书店	1934年9月初版，1939年1月第十四版
8	韩译范氏高等代数学	Henry Burchard Fine	韩桂丛译，傅种孙、程廷熙校	北平厂甸师大附中算学丛刻社	1936年初版，1936年再版
9	汉译范氏大代数	Henry Burchard Fine	田长和	北平华盛书局	1935年7月初版
10	范氏高级代数学	Henry Burchard Fine	余介石、李绪文、张伯康译述，何鲁重订	建国书局	1944年1月改订第六版
11	范氏高等代数学	Henry Burchard Fine	陈岳生	开明书店	1949年9月初版
12	汉译范氏大代数	Henry Burchard Fine	高佩玉等译	北平科学社	1934年初版，1936年第六版，1940年第十二版
13	范氏大代数	Henry Burchard Fine	骆师曾、吴维一	世界书局	1940年初版，1949年第二十三版

（续表）

序号	书名	原著者	译者	出版者	时间（版次）
14	汉译范氏大代数	Henry Burchard Fine	赵馀勳	三民图书公司	1948年
15	汉译范氏大代数	Henry Burchard Fine	王绍颜、路科名	北平文化学社	1947年
16	新译范氏大代数	Henry Burchard Fine	郑宗元	群益书社	1949年
17	舒尔慈初等代数学	舒尔慈	孙天民等	百城书局	1933年
18	布利氏新式算学教科书	Breslich	余介石	商务印书馆	1934年
19	高等代数学	H. E. Hawkes	马纯德	北平文化学社	1934年
20	汉译西氏增订霍尔乃特高等代数学	H. S. Hall, S. R. Knight	李友梅	长沙湘芬书局	1932年初版, 1934年再版
21	威斯两氏大代数	E. J. Wilczynski, H. E. Slanght	萧文灿	商务印书馆	1934年初版

一、G. A. Wentworth 著《温德华士代数学》

温德华士是美国数学家、数学教育家，曾在哈佛大学跟随本杰明·皮尔士（Benjamin Peirce）学习数学，毕业后在菲利普斯埃克塞特学院（Phillips Exeter Academy）成为一位名教师。他一生出版著作53部，大多为数学教科书。

这些教科书涉及算术、代数、几何、三角等学科，多为中学所采用，也有一些用作大学教科书之用，如《温特渥斯解析几何学》（1908年）。他的数学教科书及再版的数学教科书在当时美国教科书市场占有重要的地位，1898年他称自己的中学代数教科书已售一百万册以上，并且销量仍在逐年增加。1906年温德华士去世后，他的儿子乔治·温德华士（George Wentworth）与史密斯（D.E.Smith）对其数学教科书进行了多次修订，使得温德华士系列教科书在19世纪80年代至20世纪20年代期间主宰着整个美国数学教科书市场。

温德华士所著原书*Elementary of Algebra*（Complete Edition）于1881年由Ginn & Company出版（图6-1），另有一版为1906年复印版（图6-2）。

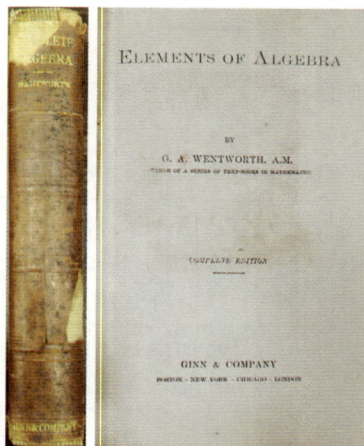

图6-1　*Elements of Algebra*（Complete Edition），Ginn & Company，1881

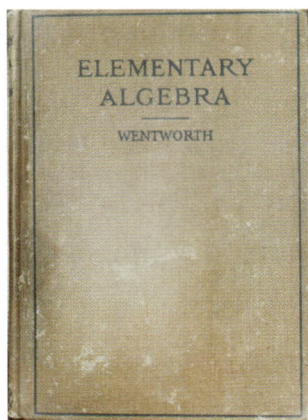

图6-2 *Elementary Algebra*，Ginn & Company，1906

《汉译温德华士代数学》（图6-3）译自*Elementary of Algebra*，由屠坤华译述，寿孝天、骆师曾校订，商务印书馆印行。1910年11月初版，1923年9月第十八版。

图6-3 《汉译温德华士代数学》商务印书馆印行，1923年

《汉译温德华士代数学》共461页，由序言、目录及正文构成。现借助其"序言"说明其编写理念。

> 温德华士代数（*Elementary of Algebra* by G.A.Wentworth）为美国近出之名著，甚为我国中学及中学以上各学校所欢迎。盖其包罗甚富。迥异因陋就简之模。排列适宜。深合先易后难之旨。为理论透澈（彻）计，参列图解，以期贯通。为练习纯熟计，采集问题，无不丰富。斯诚教科之善本。抑亦独修所必需也。本馆同人，有鉴于此，既将原书校订付印，又恐仅用欧文研究，无译本以资参考。则于我国固有之术语、惯用之文例，或未谙悉。因复译为汉文，处处与欧文相符合。学者得此，则习欧文者，可以对照而会其通。即未习欧文者，亦可藉（借）此觇新世界学术之一斑焉。译本既竣，志数言以告读者。

该书既可作为中学及中学以上的学校教学使用，又适于学生自修。全书采用先易后难的方式进行编排，同时采用图解及问题的形式，方便学生理解并深入学习。因该书译自西方学者温德华士，学生也可在汲取知识的同时学习英文，进而达到开拓视野的目的。

《汉译温德华士代数学》目录如下：

第一章 界说及符号；第二章 一次方程；第三章 正负二数；第四章 加法减法；第五

章 乘法除法；第六章 特式法术；第七章 生数；第八章 公生及公倍；第九章 命分；第十章 命分方程；第十一章 同局一次方程；第十二章 同局一次方程问题；第十三章 图解；第十四章 无定一次方程；第十五章 偏程；第十六章 乘方及开方；第十七章 指数之理；第十八章 根式；第十九章 幻数；第二十章 二次方程；第二十一章 同局二次方程；第二十二章 比例，同理比例，对数；第二十三章 级数；第二十四章 变数及极限；第二十五章 杂级数；第二十六章 对数；第二十七章 错列法及排列法；第二十八章 二项例；第二十九章 杂例题

全书各知识点后紧附"习问"以便学生练习巩固之用，遇到知识学习的关键点则会以"注意"二字作为提醒。涉及应用题的"习问"会在之前设有"问题之语及解"，其作用相当于现行教科书中的"例题"，而例题中的问题解答步骤包括设未知数、寻找题设中的关系并用符号表示、列等量关系式、求解和作答。该书虽在翻译时与当时国内已有名词术语进行结合，但仍存在不统一的情形，如根号的符号表示有多种形式，如"√"或"√"（如第9页）。此外，所用名词术语也与现行教科书有所不同，如用"共生"表示"公约数"，用"质生"表示"两数互质"，用"倍生"表示"公倍数"，用"叠分"表示"分式"，用"幻数"表示"虚数"等。

该书另有译本：《汉译温德华氏代数学原理》（魏孝谦译，人文书社，1934年，图6-4）；《汉译温德华氏初等代数学》（李樹棻译，北平文化学社，1934年，图6-5）。

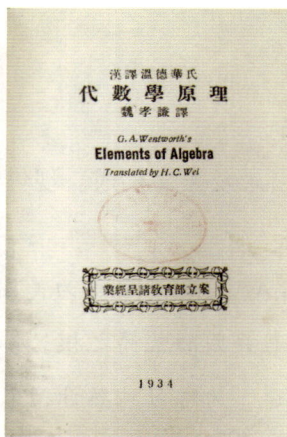

6-4

图6-4 《汉译温德华氏代数学原理》人文书社印刷，1934年

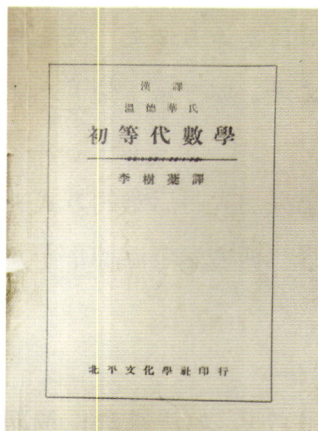

6-5

图6-5 《汉译温德华氏初等代数学》北平文化学社印行，1934年

二、Henry Burchard Fine 著《范氏大代数》

民国时期，条件好的高中使用英文原版教科书。在为数不多的英文数学教科书中，《范氏大代数》被使用最多、影响更大。该书原名*College Algebra*，系美国高等学校教科书，由Ginn & Company 于1901年初版，1904年再版（图6-6）。作者为亨利·伯查德·范因（Henry Burchard Fine，美国普林斯顿大学数学教授）。该书被引进中国后出现了多种汉译本，如图6-7至图6-13所示。

| 6-6 | 6-7 | 6-8 | 6-9 |
| 6-10 | 6-11 | 6-12 | 6-13 |

图6-6　*College Algebra*，Ginn & Company，1904
图6-7　《汉译范氏高等代数学》（沈璇、曹鲲译，吴静山校）新亚书店印行，1945年
图6-8　《汉译范氏高等代数学》（沈璇、曹鲲译，薛德炯校）新亚书店印行，1939年
图6-9　《韩译范氏高等代数学》（韩桂丛）北平厂甸师大附中算学丛刻社印行，1936年初版
图6-10　《韩译范氏高等代数学》（韩桂丛译）北平厂甸师大附中算学丛刻社印行，1936年再版
图6-11　《汉译范氏大代数》（田长和译）北平华盛书局印行，1935年
图6-12　《范氏高级代数学》（余介石等译）建国书局发行，1944年
图6-13　《范氏高等代数学》（陈岳生译）开明书店发行，1949年

著名数学教育家张奠宙先生也曾学习过《范氏大代数》，并对书中排列组合之后的"概率"计算印象深刻。《中等算学月刊》第二卷1～10期"教科书难题解答"连续刊载高中代数、几何、三角、解析几何等科的题目解答，而代数内容就是选择了《范氏大代数》中的部分难题，并作了解答，由此可见其在当时的影响。

《范氏大代数》的内容分为两编：

第一编 数：自然数；数法；加法及乘法；减法与负数；除法及分数；无理数；虚数及复素数

第二编 代数：基本演算；一元一次方程；联立一次方程组；除法；有理整式之因数；最高公因数与最低公倍数；有理分式；对称函数；二项式定理；开方；无理函数；根式及分指数；二次方程；二次方程之讨论；极大与极小；高次方程之可用二次方程解之者；联立方程之可用二次方程解之者；不等式；无定一次方程；比及比例；变法；等差级数；等比级数；调和级数；逐差法、高级等差级数；插入法；对数；排列与组合；多项式定理；或然率；算学归纳法；方程论；三次方程与四次方程；行列式及消去法；无穷级数之收敛；无穷级数之演算；二项级数、指数级数、对数级数；循环级数；无穷连乘积；连分式；连续函数之性质

著名数学家程廷熙在《韩译范氏高等代数学》"序"中这样写道：

《范氏高等代数学》一书，近十数年，风行海内，中学教以斯，大学试以斯，盖其理论谨严，材料丰富，诚中学教科之一善本也。顾中学算学，授以西文，事倍而功半，矧教部明令必用中文课本乎，于是译述尚已。

严几道先生谓：译书须信、达、雅。窃怪坊间译本，有于其内容任意改削，而犹剽范氏之名者，"信"已不足示于人，"达，雅"云乎哉？满庐学长设讲席于师大附中，授范氏原著十余遍，大之全部线索，小之一字精微，无不融贯焉，推敲焉，以明其究竟，课暇移译，易稿再三；复由仲嘉学长，悉心校订；余间亦妄参末议，总期于"信"之中以求"达"，不敢于"信"之外而言"雅"，此堪为读者告也。付梓伊始，聊缀数言以为序。

1951年，《范氏大代数》在我国高中仍在使用，世界书局将其内容删减后再版。具体删减后内容为：

基本演算；一元一次方程；联立一次方程组；除法；有理整式之因数；最高公因数与最低公倍数；有理分式；对称函数；二项式定理；开方；无理函数，根式及分指数；二次方程；二次方程之讨论；极大与极小；高次方程之可用二次方程解之者；联立方程之可用二次方程解之者；不等式；无定一次方程；比及比例；变法（删）；等差级数；等比级数；调和级数；逐差法、高级等差级数；插入法（删）；对数；排列与组合；多项式定理；或然率；算学归纳法；方程论；三次方程与四次方程（删）；行列式及消去法；无穷级数之收敛（删）；无穷级数之演算（删）；二项级数、指数级数、对数级数（删）；循环级数（删）；无穷连乘积（删）；

连分式；连续函数之性质（删）

这样处理是缘于教育部和出版总署下发了一份通知，鉴于当时新教材编纂尚未完成，旧有教材可以继续使用，但要做删节。选用《范氏大代数》作为底本删节使用，是因为此书之前被广泛使用，颇受好评。而删去仅占很小比例的"变法"等，仍然反映了"以方程为纲"的思想。事实上，1908年，数学家F·克莱因主张以"函数"为中心，后期苏联实行了他的主张，而英国、美国则未必。当然该书初版时间是1905年，当时"函数"这一概念在教学中还没有得到足够的重视。而苏联的教科书，在初中就引入了"函数"的概念，介绍函数的三种表示方式，具体研究正比例函数和反比例函数，高中加强函数教学，突出指数函数、对数函数、三角函数的教学，这些知识现在看来平常不过，但在当时，足见苏联教科书的先进。从这个角度上讲，学习他人无可厚非，关键是学什么，《范氏大代数》在1905年无疑是较为优越的，但在1950年就不一定了，所以学习者不仅要有谦虚的态度，还应有一定的鉴别和判断能力，明白何当学，何不当学。

前已论及，即使条件较好的学生上了条件较好的学校，学校为显示自己的实力，多选择程度较深的教科书或英文原版教科书进行教授，甚至超前学习（当然，他们也有自身的苦衷，因为当时很多大学入学考试的数学题都是英文的）。这些都导致教科书在选用上出现变数，虽然名曰"教育部审定教科书"，但事实上各校的课程教材多有不同。

第二节
高中几何学教科书译本

1912—1949年出版使用翻译的高中几何学教科书如表6-2所示。

表6-2　1912—1949年出版使用翻译的高中几何学教科书概览

序号	书名	原著者	译者	出版者	时间（版次）
1	汉译温德华士几何学	G.A.Wentworth	张彝译，周藩、寿孝天、孔庆莱校订	商务印书馆	1912年4月初版，1923年3月第十八版
2					1928年7月第二十四版，
3					1931年2月第三十九版，
4	汉译温氏高中几何学	G.A.Wentworth	张彝译，周藩、寿孝天、孔庆莱校订	商务印书馆	1932年6月国难后第一版，1934年6月国难后第二十六版，
5					1937年8月国难后第四十一版，
6					1946年12月第四十七版
7	温特渥斯平面几何学	G.A.Wentworth	马君武	科学会编译部	1922年6月初版，1929年2月第八版，1932年8月国难后第一版，1939年3月国难后第二版
8					
9	汉译温斯二氏平面几何学	G.A.Wentworth, D.E.Smith	万允元、于勤伯等	北平科学社	1935年
10	*Plane and Solid Geometry*（Special China Edition）	Schultze, Sevenoak, Schuyler	中国誊印本	Shanghai：The Commercial Press, The Macmillan Company	1930年
11	舒塞司三氏平面几何学教科书	Schultze, Sevenoak, Schuyler	中国誊印本	算学丛刻社	1929年
12	初等几何学	Schultze, Sevenoak, Schuyler	马纯德译，秦汾、程廷熙阅	北平文化学社	1928年3月初版，1930年2月再版，1931年2月第三版，1932年2月第四版，1932年9月第五版，1937年6月第六版
13	中等学校用 三S立体几何学	Schultze, Sevenoak, Schuyler	仲光然、严幼芝、徐任吾	新国民图书社出版，中华书局印行	1941年第十六版

（续表）

序号	书名	原著者	译者	出版者	时间（版次）
14	中学适用教本 S.S.S.平面几何学	Schultze，Sevenoak，Schuyler	陈岳生、戴玉衡、方俨	中外图书公司	1938年初版
15	汉译舒塞斯三氏平面几何学	Schultze，Sevenoak，Schuyler	吴静山	新亚书店	1948年第十三版
16	S.S.S.新平面几何学	Schultze，Sevenoak，Schuyler	严幼芝、徐任吾、吴文俊	龙门出版公司	1944年初版
17	新三S平面几何学	Schultze，Sevenoak，Schuyler	余源庆、刘遂生	中华书局	1947年初版，1948年第七、八、九版
18	S.S.S.重编平面几何学	Schultze，Sevenoak，Schuyler	薛德炯、薛鸿陆合译	中国科学图书仪器公司	1947年初版
19	中等学校教科适用 三S立体几何学	Schultze，Sevenoak，Schuyler	薛德炯、吴载耀、薛鸿陆合译	开明书店	1941年11月一版，1951年3月第十一版
20	三S平面几何学	Schultze，Sevenoak，Schuyler	南秉阳	奉天艺光书店	1940年
21	S.S.S.立体几何学	Schultze，Sevenoak，Schuyler	骆承绪译，骆师曾校订	世界书局	1943年新一版
22	S.S.S.立体几何学题解	Schultze，Sevenoak，Schuyler	蒋伯苍编演	世界书局	1943年新二版
23	解析几何题解	Schultze，Sevenoak，Schuyler	蒋宪淞编演	世界书局	1947年新七版
24	三S平面几何学习题解答	Schultze，Sevenoak，Schuyler	潘执中编著	中国科学出版社	1935年初版
25	汉译司塞司三氏高中平面几何学	Schultze，Sevenoak，Schuyler	钱介夫、李修睦合译，余介石主译	南京书店	1933年2月初版
26	汉译舒塞司平面几何学	Schultze，Sevenoak，Schuyler	高佩玉等	北平科学社	1933年初版
27	平面几何学：汉译三S本	Schultze，Sevenoak，Schuyler	肖奉宗等	北平宣明学社	1935年
28	三S平面几何学	Schultze，Sevenoak，Schuyler	南秉阳、韩镜湖	华北科学社	1935年
29	三S平面几何学	Schultze，Sevenoak，Schuyler	钱介夫、李修睦	大东书局	1946年
30	新译三S平面几何学	Schultze，Sevenoak，Schuyler	马君常	东方书店	1947年
31	三S平面几何学	Schultze，Sevenoak，Schuyler	黄锡祺、汪壶君、王德勋	上海书局	1947年第八版
32	S.S.S.平面几何学	Schultze，Sevenoak，Schuyler	骆师曾	世界书局	1948年

（续表）

序号	书名	原著者	译者	出版者	时间（版次）
33	三S平面几何学	Schultze, Sevenoak, Schuyler	骆承绪	世界书局	1947年5月新十四版
34	新三S平面几何学	Schultze, Sevenoak, Schuyler	许彦生	开明书店	1948年3月初版，1948年9月第三版
35	新三S平面几何学	Schultze, Sevenoak, Schuyler	周文	新科学书店	1948年
36	改编三S平面几何学	Schultze, Sevenoak, Schuyler	赵型	新中国联合出版社	1949年
37	平面几何学	G.A.Wentworth, D.E.Smith	李荫亭	惠民勤工印刷局	1934年
38	纳氏平面几何学	N.Altshiller, Court	蔡研深	开明书店	1947年4月初版

一、G.A.Wentworth 著《温德华士几何学》

《温德华士几何学》原名*Plane Geometry*，由美国G.A.Wentworth撰写，于1888年初版，1899年重印，如图6-14所示。该书在美国受到众多教师的欢迎。后由他的儿子乔治·温德华士与史密斯于1913年出版*Plane and Solid Geometry*，如图6-15所示。

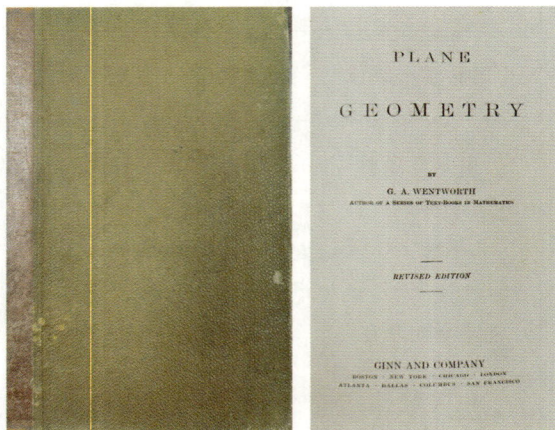

6-14

图6-14　*Plane Geometry*（Revised Edition），Ginn & Company，1899

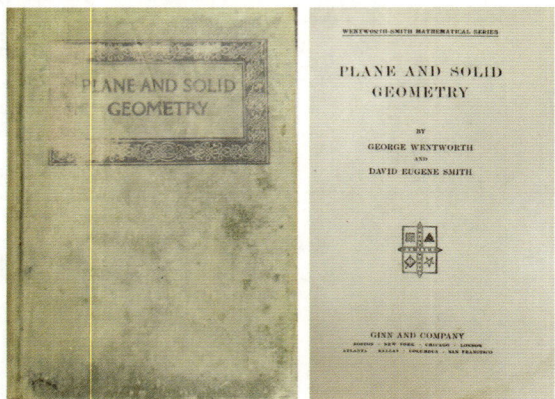

6-15

图6-15　*Plane and Solid Geometry*，Ginn & Company，1913

史密斯（D.E.Smith，1860—1944），美国纽约州科特兰市人，哥伦比亚大学教授，国际著名数学史家和数学教育家，在第二次世界大战前，他是美国数学史界无可争议的权威。[1]幼年在母亲的教育下，他在家里学习了希腊语和拉丁语。曾先后在科特兰的纽约州立师范学校学习艺术、古典语言，在叙拉古大学学习希伯来语。1881年获得该校的博士学位，1884—1887年先后获得叙拉古大学的数学博士学位和艺术史方面的哲学博士学位。1891—1901年，史密斯在伊普西兰蒂的纽约州立师范学校任教。1901年任哥伦比亚大学师范学院数学教授，直至1926年退休。曾于1928—1932年任国际数学教育委员会（ICMI）主席，美国数学会（AMS）和美国数学协会（MAA）的发起人，并担任主席。[2]20世纪初，史密斯关注日本和中国的古代数学史研究，他与日本数学家三上义夫合著的《日本数学史》于1914年在美国出版。同时，他与青年时代的李俨也曾有过书信往来，二人计划合作出版《中国数学史》一书，但由于种种原因[3]未能如愿。史密斯在数学史方面的著作颇丰，所著 *History of Modern Mathematics*，*Number Stories of Long Ago*，*History of Mathematics*（两卷本）等一版再版，风行世界。

清末及民国时期，温德华士的几何学教科书传入中国并被广泛使用，产生了很大的影响。清末民初时期使用英文原版（图6-16），即为中国誊印本，*Plane and Solid Geometry*（Revised and Adapted），由商务印书馆于1911年发行。随着温氏数学教科书的使用量不断增多、影响力不断增大，各种汉译版本不断地涌现，具体书影如图6-17至图6-24所示。后来还出现相应的题解著作，如魏镜译《温特渥斯平面几何学解法》由商务印书馆于1911年闰六月初版，1924年4月第十版，如图6-25所示；黄宇敏著《温德华士几何学题解》由大连书店于1934年10月初版，如图6-26所示。

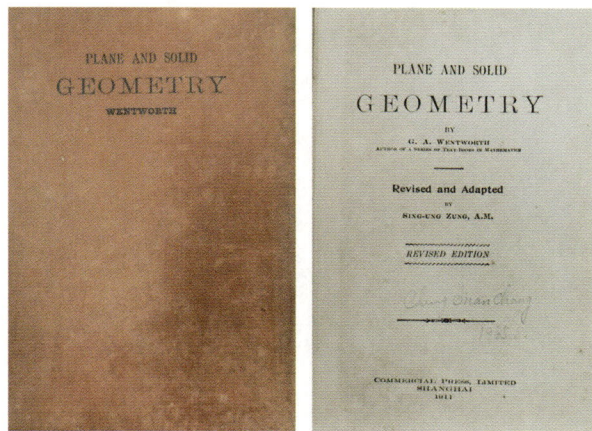

6-16

图6-16 *Plane and Solid Geometry*（Revised and Adapted），Shanghai: Commercial Press, Limited, 1911

[1] 张奠宙. 中国近现代数学的发展[M]. 石家庄：河北科学技术出版社，2010：45.

[2] 刘秋华. 20世纪中外数学思想交流[M]. 北京：科学出版社，2010：158.

[3] 据张奠宙先生在《中国近现代数学的发展》中记载，李俨于1915年1月23日，从福州给时任美国数学会主席的史密斯发出一封亲笔信，邀请史密斯与其合作完成《中国数学史》一书，史密斯对李俨的计划极有兴趣并希望李俨将现有材料译为英文，同时搜集有关书籍。李俨的《中国数学史》于1916年完成，并请茅以升帮助译为英文，后将译稿送至哥伦比亚大学，但因史密斯要求过严而未能成功。1915年，李俨年仅23岁，在没有经费、没有现成资料的情况下，他孤身一人敢于用近代科学观点全面总结古代数学遗产，并提出与国际数学史名家合作写书，是需要何等的勇气与胆识. 这次挫折对其后来的成功起到了激励的作用。

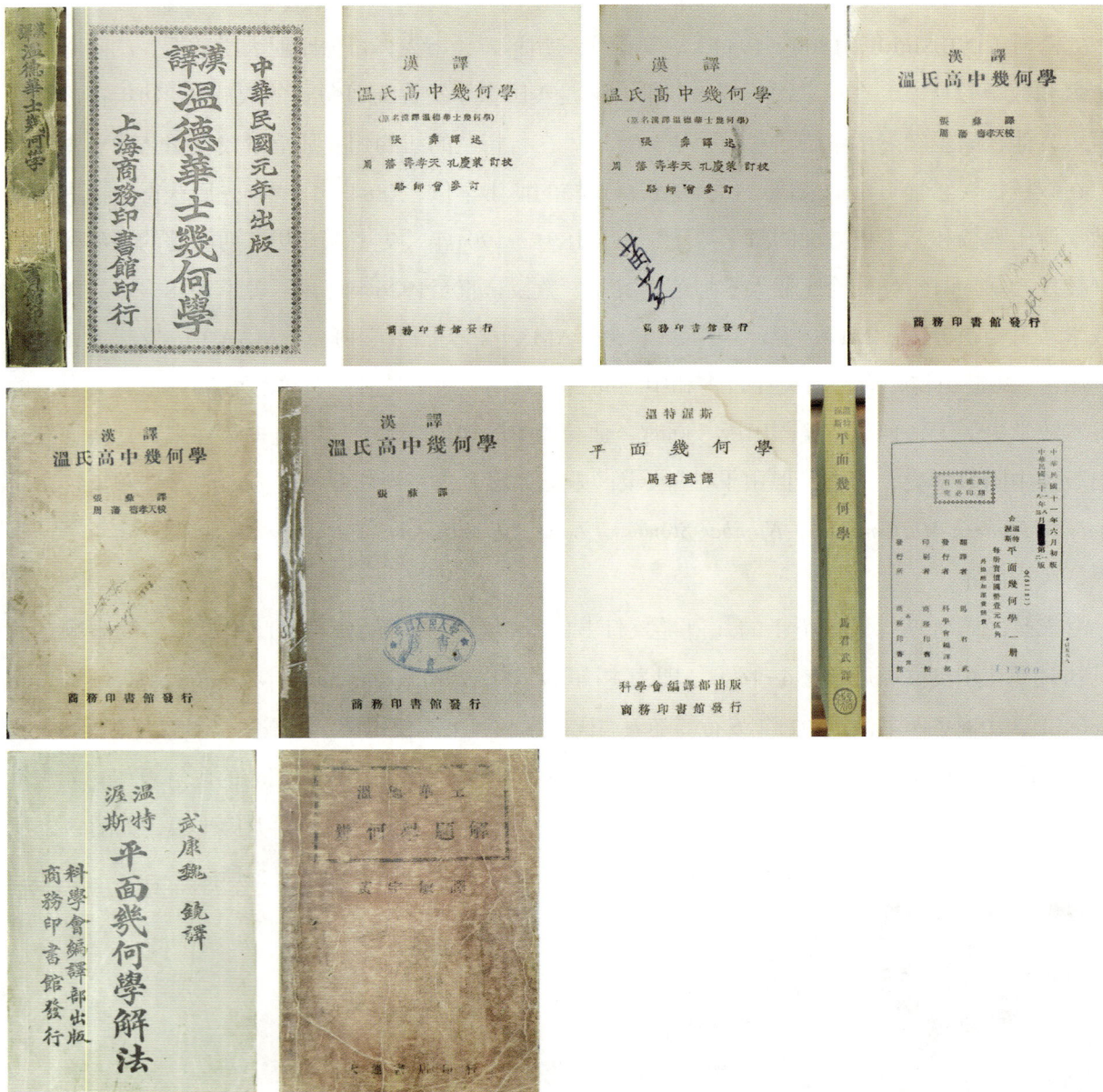

图6-17 《汉译温德华士几何学》（张彝译）商务印书馆印行，1923年
图6-18 《汉译温氏高中几何学》（张彝译）商务印书馆发行，1928年
图6-19 《汉译温氏高中几何学》（张彝译）商务印书馆发行，1931年
图6-20 《汉译温氏高中几何学》（张彝译）商务印书馆发行，1934年
图6-21 《汉译温氏高中几何学》（张彝译）商务印书馆发行，1937年
图6-22 《汉译温氏高中几何学》（张彝译）商务印书馆发行，1946年
图6-23 《温特渥斯平面几何学》（马君武译）科学会编译部出版，商务印书馆发行，1929年
图6-24 《温特渥斯平面几何学》（马君武译）商务印书馆发行，1939年；封里
图6-25 《温特渥斯平面几何学解法》科学会编译部出版，商务印书馆发行，1924年
图6-26 《温德华士几何学题解》大连书店印行，1934年

《汉译温德华士几何学》（图6-17）的编辑理念等内容可从其"序言"中了解大概，"序言"内容如下：

  各种科学，大别之为二类。以研究自然的现象为目的者，曰自然科学。以研究人为的现象为目的者，曰精神科学。人为的现象，随精神之活动作用而万变，故美术文学，甲国与乙国殊。宗教伦理，东洋与西洋殊。法律政治，民主国与君主国殊。设欲取人之书，适我之用，盖未见其可也。自然科学则不然。数学书所言之数理，物理学书所言之物理，化学书所言化分化合之理，此皆放诸西海而准，放诸东海而准，放诸南海北海而无不准者。所研究之现象，既归于大同，则研究者所用之书，即各国不妨通用矣。温德华士之几何学，最适用于教科，由美而日，风行已久。我国中学以上，近年亦多采用之。其英文原本，已剞劂行世，今此本复由张君则民，译为汉文，与彼本互相对照，于未通英文已通英文者，均有益焉。客有进言者曰，我国今日，易君主为共和，国体已改矣。此书为前时各学堂所欢迎。今后恐未必适用。应之曰，几何学者，数学之分科，自然科学也，非精神科学也，与国体之变更，固毫无关系者也。又笑谓之曰，子必以为曾在君主国适用之书，不能再适用于共和国，则子亦知此书之原著者为何国人，其人之国为何如国乎。夫以西半球共和国人所著之书，译而供东半球共和国人之用，其适宜也。孰有过于此者，客唯唯而去，适手民来索序，即书此言以付之。

中华民国元年三月

绍兴寿孝天志于商务印书馆编译所

此"序言"说明我国开始摆脱只翻译一个国家几何教科书的现象，逐步接纳其他国家的几何教科书，这无疑使得所翻译几何教科书的质量有所提高。《汉译温德华士几何学》共九编，前五编为平面几何，后四编为立体几何，具体目录如下：

  绪论，普通名词，普通公理，记号

  平面几何学

  第一编 直线形（定义，直线，平面角，角之广义，角之单位，垂线及斜线，平行线，三角形，点之轨迹，四边形，多边形，对称形，证定理法，例题）

  第二编 圆（定义，弧、弦、切线，极限论，度角法，例题，作图题，作图题之解法，例题）

  第三编 比例，相似多边形（比例论，相似多边形，例题，图形之数值性质，例题，作图题，例题）

  第四编 多边形之面积（多边形之面积，多边形之比较，例题，作图题，例题）

  第五编 有法多边形及圆（有法多边形及圆，作图题，极大及极小，例题）

  立体几何学

  第六编 空间之线及平面（定义，线及平面，二面角，多面角，例题）

  第七编 多面体，圆柱体，圆锥体（多面体，角柱体及平行六面体，例题，角锥体，多面体

之普通定理，相似多面体，有法多面体，圆柱体，例题，圆锥体，类似角柱体之公式，例题）

第八编 球（截面及切面，球面形，球面度量法，球之体积，例题，杂例题）

第九编 圆锥曲线（抛物线，例题，椭圆，例题，双曲线）

公式表

绪论末尾的"记号"部分附有此书所用的几何符号表示，其中大部分与现行教科书相同，但还有一些英文简写目前已消失不用，如"Q.E.D"表示"合理"，"Q.E.F"表示"合法"。书中特设一章学习圆锥曲线，关于作图的学习则多集中于平面几何部分。值得一提的是，此书各编末设置的、供学生巩固知识及进行训练的是例题或杂例题而非习题或杂题。

在编写方面，内容说理明晰、选材详备，使教师易于教授且学生易学，这为后续数学教科书的编写工作提供了一定的参考价值。1925年，我国出版较早的一部数学专业词典收录的数学术语及英文名称的注释就参考了温德华士的代数和几何教科书。关于该书的题解，有魏镜译《温特渥斯平面几何学解法》及《温特渥斯立体几何学解法》两种。

《汉译温德华士几何学》特点如下：

第一，采用欧几里得几何公理论证体系进行严格的编写。

第二，在习题选择上偏向于巩固所学知识和利用所学知识解决问题。但由于习题量太大和有些习题、作图题的繁、难、偏、旧等问题，使得学生无从下手，增加了学生的学习负担，同时学生做大量习题这种重复性的劳动也会抹杀他们的创造力。

第三，学习几何的难点，关键在于理解题意，并从中找到证明问题的方法，尤其是作图题。作者有鉴于此给出了解题和证明问题的策略：综合法、分析法、间接法，并对三种方法及其应用进行了详细的解释。

第四，定理的后面均配有图形。学生在读文字的同时结合直观的图形，分析定理的证明，使得他们更容易接受对定理的证明过程。数形结合很利于初学者，同时为定理的记忆和理解提供了方便。

第五，每一编均由多个定理组成，其中每个定理均给出证明过程（除命题的相同证明方法略证外）。证明步骤后均注释依据并标明所在页码。这样的证明过程将"叙述"和"理由"分开进行，有很多好处。

首先，可以让学生明白证明步骤成立的根源，对不知道此定理的学生，可以根据书中标注的页码快速找到此定理及其证明过程。这使学生不仅理解了证明过程，同时也巩固了所学的知识点，一举两得。

其次，由于书中每个定理的证明均采用此种方法。学生整体思路清晰，不会出现知其然（知识点）而不知其所以然（知识的背景等）的情况。很大程度上可以提高学生学习的兴趣和自信心，同时也利于学生课后自学。

再者，很多老师在平时的授课过程中为节约时间只写证词，口述理由或者只简单地口述证明过程。这种教学中的权宜之计导致很多学生在做证明题的时候不知道该怎样写"理由"。而这种将"叙述"和"理由"分开进行的证明过程，给学生树立了写解题步骤的模范，使得学生有据可依。现在的教科书编写也值得参考这种编写形式。

二、Schultze，Sevenoak，Schuyler 著《三 S 几何学》

1912年，温德华士几何学在我国使用极广，到20世纪30年代逐渐被《三S几何学》所代替。《三S几何学》英文原版为Arthur Schultze，Frank L.Sevenoak，Elmer Schuyler合著的 *Plane and Solid Geometry*（图6-27、图6-28）。《三S几何学》有多种中文翻译版本，如图6-29至图6-43所示。

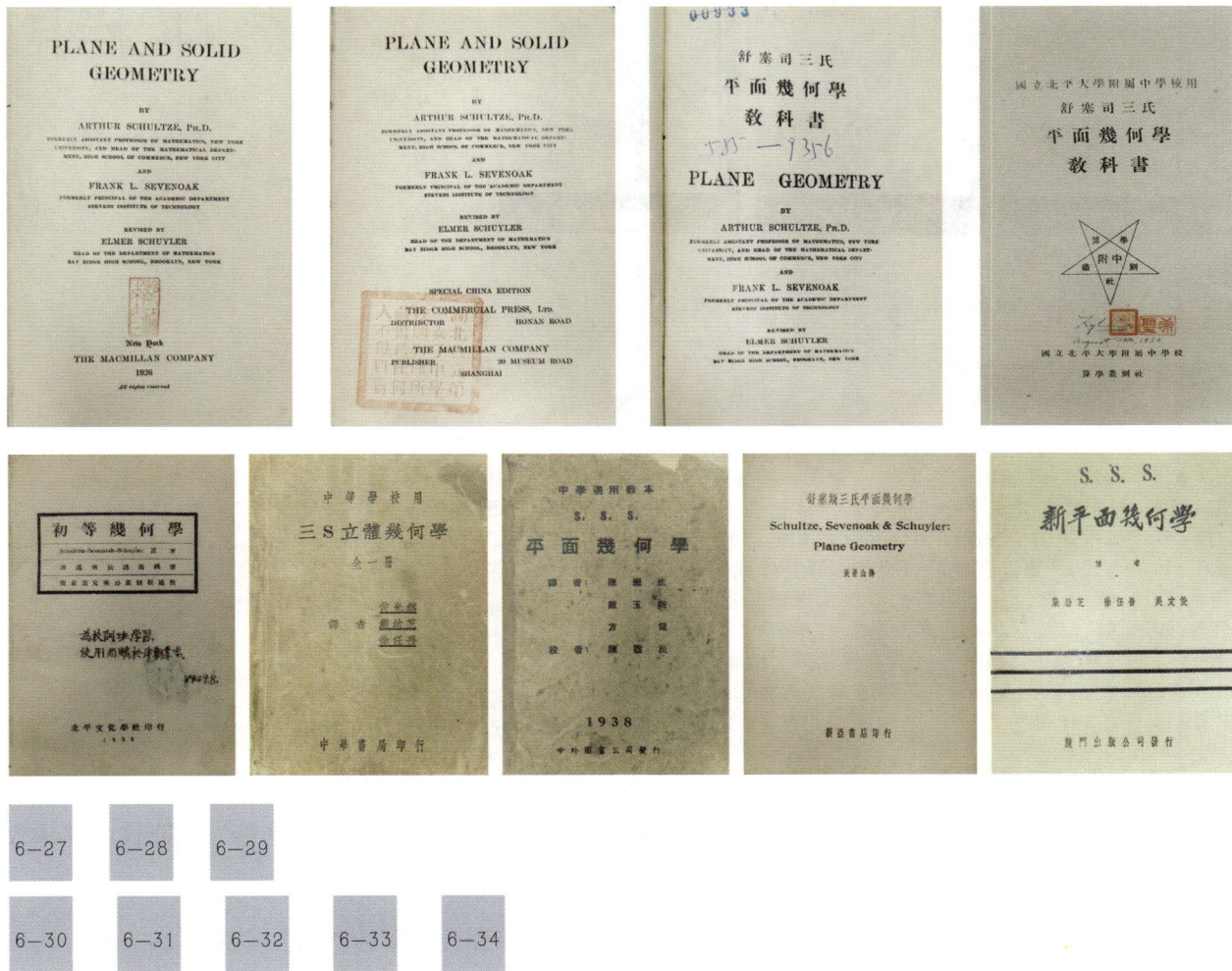

| 6-27 | 6-28 | 6-29 | | |
| 6-30 | 6-31 | 6-32 | 6-33 | 6-34 |

图6-27　*Plane and Solid Geometry*，The Macmillan Company，1926
图6-28　*Plane and Solid Geometry*（Special China Edition），The Commercial Press and The Macmillan Company，1930
图6-29　《舒塞司三氏平面几何学教科书》国立北平大学附属中学校算学丛刻社，1929年
图6-30　《初等几何学》（马纯德等译）北平文化学社印行，1933年
图6-31　《中学学校用 三S立体几何学》（仲光然等译）中华书局印行，1941年
图6-32　《中学适用教本 S.S.S.平面几何学》（陈岳生等译）中外图书公司发行，1938年
图6-33　《舒塞斯三氏平面几何学》（吴静山译）新亚书店印行，1948年
图6-34　《S.S.S.新平面几何学》（严幼芝等译）龙门出版公司发行，1944年

第二节　高中几何学教科书译本

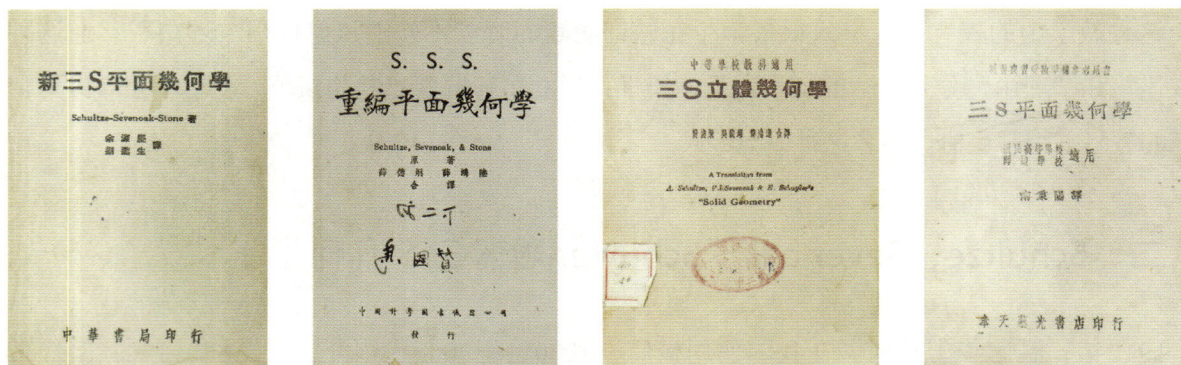

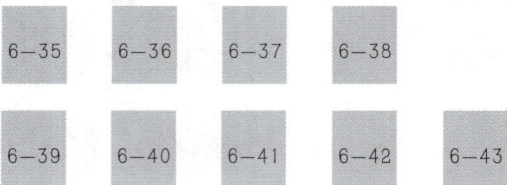

图6—35　《新三S平面几何学》（余源庆、刘遂生译）中华书局印行，1948年
图6—36　《S.S.S.重编平面几何学》（薛德炯、薛鸿陆译）中国科学图书仪器公司发行，1947年
图6—37　《中等学校教科适用　三S立体几何学》（薛德炯等合译）开明书店，1951年
图6—38　《三S平面几何学》（南秉阳译）奉天艺光书店印行，1940年
图6—39　《S.S.S.立体几何学》（骆承绪译）世界书局发行，1943年
图6—40　《S.S.S.立体几何学题解》（蒋伯苍编演）世界书局发行，1943年
图6—41　《解析几何题解》（蒋宪淞编演）世界书局发行，1947年
图6—42　《三S平面几何学习题解答》（潘执中编著）中国科学出版社印行，1935年
图6—43　《汉译司塞司三氏　高中平面几何学》（钱介夫、李修睦合译）南京书店发行，1933年

　　"三S"是美国数学家Schultze，Sevenoak，Schuyler三氏的名字，他们三氏对于美国中等数学的教学法有深入研究，并有丰富的教学经验，所以他们所编的教科书，说理严密精当，选材适宜，教的人容易教，学的人容易学。

　　国立北平大学附属中学校算学丛刻社译《舒塞司三氏平面几何学教科书》（图6-29）共八编和附录。前五编为平面几何部分，后三编为立体几何部分，目录如下：

　　　　绪言
　　　　第一编　直线与直线形
　　　　第二编　圆
　　　　第三编　比例，相似多边形

《三S几何学》是一本较为优秀的教科书。关于该书的特色，傅种孙在算学丛刻社翻印本卷首"重刻序"中有过中肯的评价：

> 自欧几里德得集几何之大成，几何原本一书擅思想界无上之权威，盖二千年于兹矣。……百年以前几何原本而外无通行之教科书，即有之，其名必曰"欧氏原本"，而其实亦不过欧氏原本焉已耳。

> 近百年来，几何教科书犹如雨后春笋，既萌既滋者，原因所在，约有三端：一曰适应实用，二曰便利教学，三曰谨严理论。……即今所见之几何教科书，独此篇为具备三义。

> …………

> 本篇主旨极能注意实用。除次要命题概归之附录，艰涩无甚实用之习题摒而不取外，最著之点厥为无理数理论之采取。盖初等几何学与无理数有关之部分，如以弧度圆心角、比例基本定理、面积基本定理等十余命题，历来为教学之难关。曩者几何原本论断之法（如英文Hamblin，Smith之书，及中文民国新教科书几何学即系采用此说者），说非不通，费解特甚。应用之难，尤为罕见。自后以极限说之（如英文Wentworth之书及中文新中学教科书高级几何学即可视为此派代表），应用较易矣，而甚难为初学者道。本篇用小数譬说之，既便教学，复易实用。揆之Cantor数串之说，亦无不通。

> 温德华士一流之几何，往往不授作图而先讲定理。学生不习规矩不能成方圆。绘图不正，误谬滋生。本篇先授以简单作图，俾演题时得所凭依，此便于教学者一。

> 初习几何者遇文字题往往不知绘图、释义，以写题设、题断，是诚宜以渐而进，不可以骤而能。本篇开始数十页之习题皆有图有说。及习之既久，学生思想较深，然后渐用文字题。此便于教学者二。

> 辞说（statement）与理由（reason）皆论证之所不可缺。书本为偷工减料故，往往具辞而缺理。教员为节省时间计，或但笔其辞而口说其理。此皆权宜之计，非正轨也。而学者往往视为固常，习之而不疑。及正式与考，因有辞无理被屈，则诞焉怪之，而不知偷怠之不足以入大方之门也；诚可慨矣！本篇将辞说，理由分行并举，树之风声，俾学者知所法守。此便于教学者三。

夫习几何之难，非默写定理背诵定义之难也，又非领会证法，记其层次之难也。习几何之难，在辨析问题要点，宜用何法当之之难耳。本篇有鉴于此，特插证题术数十则，指明驭题要点。此便于教学者四。

作图之难较证题尤甚。初学者往往有无从下手之叹。本篇既详示三角形奠基之方，略述分析要旨，复荟萃一次齐次式之作法，以为一切作图之准绳。此便于教学者五。

本篇于理论方面，颇能顾全。即遇深奥难为初学道者，亦必设法声明，不敢信口雌黄为似是而非之论。请略举数端，以见一斑。

三线会于一点之题，初学者往往易流于循环之误谬。本书于此等题，绘图时往往少画一线，或虽画而不汲汲于相会。学者师之，可免循环混说之弊。不特此也，两线之交与不交，宜由理由以判断之，不可随意假定。此则Wentworth一流几何之所梦想不到，而本书曾三致意焉者也。

圆周之长（及圆面积）最不易讲。圆周与直线、曲直之性质不同，长度之意义自异。流行几何书往往不制定"圆周之长"之意义而贸然断定"圆周之长为圆内接正多边形之极限"。在"圆周之长"一次无解说之前，此语毫无意义，更无真伪之可言，流行几何书亦有顾及此点而制定定义者，其略曰"圆周之长者，内接正多边形与外切正多边形之公共极限也"。然内接正多边形之极限是否存在？外切正多边形之极限是否存在？即俱存在，两极限是否同一？此三问题未解决以前，上述定义亦无价值之可言。凡此种种，固不足为初学者道。然不可遂欺孺子无知而瞒盱武断于其间也。此又Wentworth一流几何之所梦想不到，而本书知所注意者也。

空间二平面之公共点成一线，非藉"二平面有一公共点即有二公共点"为根据以证之不可。Wentworth一流几何胆敢设二平面相遇于二点。此例一开，则两线相遇者将尽皆重合矣。盖设两线相遇于A，B二点，则AB直线即此线亦即彼线也。此又坊间流行几何之所不经心，而本篇知所注意者也。

同人从事于中等教育有年矣，所见几何教科书不下数十百种，依违更易，未知所从。若Hamblin-Smith一流之书，以时代思潮论之，已远在十八世纪之末；Wentworth之书，彷（仿）佛十九世纪初叶之风，Wentworth-Smith之书，小处有进步，大处无足取。近世外邦虽有较切实用之作，然国情不同，器用具异，彼邦之切于实用者，吾国用之转多窒碍。纯尚理论之书固迭有出版，然皆不足为初学道。惟本书敬慎周详，尚合吾国中学教学之用。（Schultze-Sevenoak-Schuyler: *Plane Geometry*，北师大附中算学丛刻社，1929年，卷首。）

当时《三S几何学》不但在美国早已普遍地成为中等学校的教科书，而且在我国各地的中等学校也被广泛使用。民国时期，在我国的中等学校，教数学的教师谈到《三S几何学》，没有一人不称赞的。原书的优点很多，南秉阳译本（图6-38）将其优点概括为以下七个方面：

第一，注意启发学生的思想，和他们日常生活所需要的几何学的知识。

第二，注重事实的论列，绝少抽象的叙列。

第三，注意引起学生研究的兴趣。

第四，特别注重实用，并能使学生感有实际应用的需要。

第五，命题和习题的排列，颇能顾到和各科相当的联络。

第六，所采用的符号和证法，都很简明易晓，最宜于初步的学习。

第七，第五编后附有实用题，几何学略史，及重要公式等，以供参考。

第三节
高中三角学教科书译本

1912—1949年间，翻译高中三角学教科书种类和版本较多，中国使用翻译的高中三角学教科书如表6-3所示。

表 6-3　1912—1949 年翻译的部分高中三角学教科书概览

序号	书名	原著者	译者	出版者	时间（版次）
1	汉译温德华士三角法	G.A.Wentworth	顾裕魁译述，寿孝天、骆师曾校订	商务印书馆	1911年
2	汉译温氏高中三角法				1928年
3	平面三角学	G.A.Wentworth, D.E.Smith	高佩玉、王俊奎	北平文化学社	1932年再版，1934年第三版
4	汉译温斯二氏平面三角学	G.A.Wentworth, D.E.Smith	封嘉义	北平科学社	1936年
5	汉译赫奈二氏平面三角法	Hall，Knight	马文元	戊辰学会	1932年
6	汉译葛氏平面三角学	W.A.Granville	褚保熙	北平文化学社	1933年
7	汉译葛氏平面三角学	W.A.Granville	高佩玉、卢晏海、王俊奎	北平科学社	1933年
8	汉译葛兰威尔平面三角	W.A.Granville	徐谷生	艺文书社	1933年
9	汉译葛蓝威尔平面三角法教科书	W.A.Granville	王国香	戊辰学社	1933年
10	汉译葛兰氏高中平三角术	W.A.Granville	陈湛銮	蔚兴印刷厂	1933年
11	汉译葛蓝威尔氏高中平面三角学	W.A.Granville	庄子信、李修睦	南京书店	1934年
12	汉译葛氏平面三角学	W.A.Granville	王绍颜	华北科学社	1935年
13	葛兰蕙氏平面三角法	W.A.Granville	吴祖龙	世界书局	1935年
14	Granville Smith Mikesh平面三角学高中教本	W.A.Granville	邱调梅	世界书局	1938年
15	葛氏最新平面三角学	W.A.Granville	王允中	科学书局	1939年
16	汉译葛氏平面三角学	W.A.Granville	程汉卿	科学书局	1939年
17	葛斯密三氏最新平面三角学	W.A.Granville	王允中	科学书局	1939年
18	汉译葛氏平面三角术	W.A.Granville	虞诗舟	新亚书店	1940年
19	中等学校用 葛·斯·密·平面三角学	W.A.Granville	金立藩	中华书局	1940年
20	高中平面三角法教科书	Granville	韩桂丛、李耀春、王乔南	算学丛刻社	1946年删订第七版

（续表）

序号	书名	原著者	译者	出版者	时间（版次）
21	增编葛兰氏高中平三角术	W.A.Granville	陈湛銮	清华印书馆	1947年
22	葛氏重编平面三角学	Granville，Smith，Mikesh	周文德	中国科学图书仪器公司	1947年
23	葛氏平面三角	Granville，Smith，Mikesh	邱调梅	世界书局	1948年
24	龙氏平面三角学	S.L.Loney	何籽嵚	建华书局	1948年
25	汉译龙氏平面三角法	S.L.Loney	章彬	新亚书店	1932年
26	波邻特氏新三角法	波邻特、剖洛脱	薛仲华	世界书局	1932年
27	霍尔乃特高中三角学	Hall，Knight	李友梅	湘芬书局	1937年10月初版，1948年3月第十五版
28	二B平面三角学	G.N.Bauer，W.E.Brooke	王允中	开明书店	1941年12月初版，1948年8月第六版
29	罗氏平面三角法	D.A.Rothrock	严春山、刘遂生	中华书局	1949年

一、G.A.Wentworth 著《温德华士三角法》

美国数学家温德华士编写的*Plane Trigonometry and Tables*由Ginn & Company于1882年初版，后出版了1895年、1902年版本，如图6-44所示。

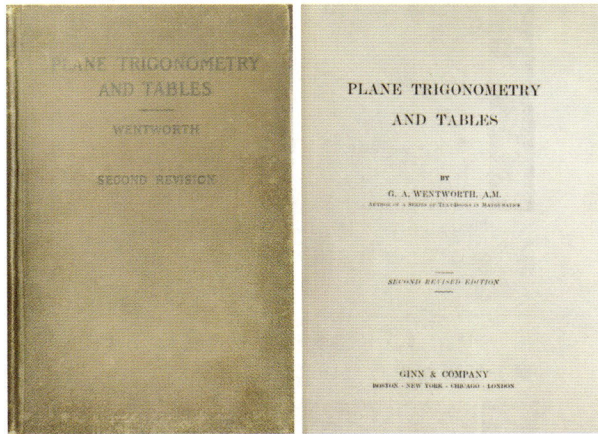

图6-44　*Plane Trigonometry and Tables*（Second Revision），Boston：Ginn & company，1902

该书在美国引起较大反响，其影响还传播到日本、中国等多个国家，成为清末及民国时期最为流行的翻译三角学教科书之一。《温德华士三角法》在美国流行一段时间后，由中国经日本引进，并衍生出若干汉译本。温德华士去世后，其子乔治·温德华士与数学史家史密斯对其所著三角学教科书进行不断地修订，1914年在Ginn & Company出版*Plane Trigonometry*（图6-45），至20世纪20年代该书一直主宰着美国三角学教科书市场。且该书在中国被使用到20世纪50年代初期，伴随了一代学者的成长。

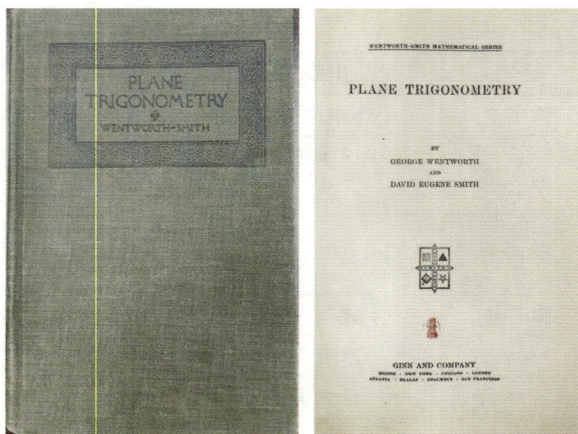

图6—45 *Plane Trigonometry*, Ginn & Company, 1914

中国流传的英文版教科书有两个版本，一种为美国出版出口至中国，另一种为中国誊印本。在英文原版流行于中国的同时，还出现了众多的汉译本，由顾裕魁翻译，寿孝天、骆师曾校订的《汉译温德华士三角法》（布面精装，商务印书馆于1911年11月初版，1913年5月再版，图6—46，1928年10月第十五版，图6—47）是中国最早的汉译版本。随后，又有温斯系列三角学教科书的汉译版本相继问世。如高佩玉、王俊奎译《平面三角学》（北平文化学社，1932年9月再版，图6—48，1934年3月第三版，图6—49）等。

图6—46 《汉译温德华士三角法》（顾裕魁译）上海商务印书馆印行，1913年

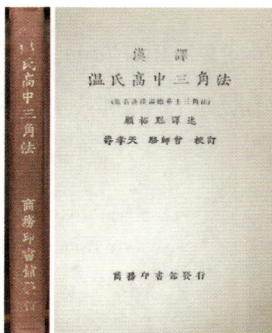

图6—47 《汉译温氏高中三角法》（顾裕魁译）商务印书馆发行，1928年

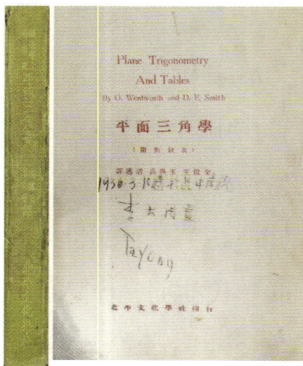

图6—48 《平面三角学》（高佩玉、王俊奎译）北平文化学社印行，1932年

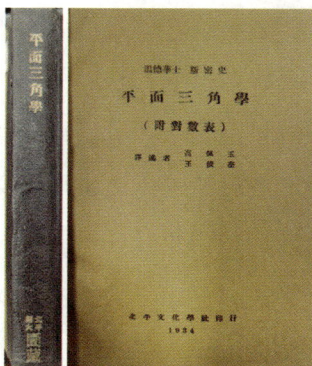

图6—49 《平面三角学》（高佩玉、王俊奎译）北平文化学社印行，1934年

温德华士三角法教科书中图形丰富。在此引用英文原版的"序"，以此了解原著者的编写意图等。[1]

编写这本书的目的在于为重点学校的实际教学提供足够多的三角学知识。因而，所有针对个别学生设置的问题均被删除，除了函数的发展。书中定理以最简洁的方式展开，简单明了。问题的选取以有趣为主，以此唤醒学生热爱数学的意识。作者在设计最简洁的证明方式上花费了大量的时间，并且呈现利用对数证明的最好方法。

测量的目的是清晰展示这个主题，在如此小的罗盘上，学生一般会通过实践去获得这一重要课题的有关知识。

在英文原版序中，作者表明了该书编写的特点。例如：定理叙述简洁，证明简单明了；问题设计以趣味性为主，以此激发学生学习数学的兴趣；书中设置了学生动手测量的课题——罗盘，让学生通过实际操作，发现相关问题。

《温德华士三角法》汉译本中均未包含温德华士所作的"序"，而仅以译者"序言"代替。例如，1911年顾裕魁在其编译的《汉译温德华士三角法》[2]的"序言"中写道：

美人温德华士氏（Wentworth）近世算学大家也。其所著算学各书，为我国各学校所采用者，已不止一种。盖以温氏之书，说理则明晰，选材则详备。教者易于教，学者易于学，以视他种教科书，实有比较的优点也。惟原书概为英文，在已通英文者，不难就原书而研求；在未通英文者，同抱此研求之志，而为文字所阻，致不得一窥美备之著作，亦为憾事。三角一法，在算学中，程度已高。学校中习是法者，大都为中学以上已通英文之生徒，故各学校用温氏书，多直接用原书讲授，以无藉乎译本。虽然，学堂之高等生，无虑不能读温氏书，而喜读温氏书者，必不以学校高等生为限。为普及计，则译本之不可少者一。各种术语，中西本虽强同，但诵习西书，知彼而不知此，于应用必多窒碍，为贯通计，则译本之不可少者二。夫学术之为物，传播愈多其途，则昌明愈趋于速。本馆前于温氏之书，如代数学，如几何学，已先后译成汉文，岂好为骈枝哉。诚欲使不能读原书者，有捷径以探其奥，已曾读原书者，可对照而会其通云尔。今此三角法之译，亦犹前志也。印既成。用述其原意如此。

顾裕魁在其译本的序言中，用8个字概括了温德华士所著三角学教科书的优点，即说理明晰、选材详备。其英文原版在中国使用范围较广，而鉴于对该书的普及与学习西籍的编写等方面的思考，催生出汉译本若干。学者在学习英文原版的同时，可以参考汉译本进行学习，方便大多数学生进行学习。

高佩玉与王俊奎编译的《平面三角学》是以《温斯二氏平面三角学》教科书为蓝本进行的。书中引用了乔治·温德华士与史密斯所作的"序"：

---

[1] 英文原版中该序言为英文，此处为笔者翻译。

[2] 顾裕魁编译的《汉译温德华士三角法》，自1911年11月初版后，至1950年，出版了30余版次。

温德华士三角一书，在美国教育界已有极长之历史。故欲代替此书，必须有相当之理由。虽算术上之真理，永久不变，然教育政策随时代而变更；而现在学校已需要一种合法的方法以适应此潮流。

在美国关于基本科学种种之改造计划，主要之要素，须视材料之效用及实际上之应用方法如何而定。就效用方面而言，凡一切新原则之发现，须注重实际，不必偏重于抽象之理论。例如自然函数之功用，乃示吾人以对数计算之重要，正割与余割并不居于重要地位；且无论何种科学，凡过于应用三角法则，可以减少初学者之兴趣。大角之函数及两角之和或差，在三角学上，必须用另外之方法以研究之，而钝角三角形虽有多数人应用，然已变为不专门之方法矣。

度数之小数除法，虽有相当之价值，然一般人已承认其居于次要之地位。在他种科学上，六十分制虽可取消，但其应用上之便利，学者仍当注意其重要。

至于弧度、各种函数表、三角学对于高等代数之应用，及三角方程式之原理，在平面三角上皆占有相当之地位，仍须应环境之需要而注重之。

著者欲使教师及学生明瞭（了）三角学之内容，故每类俱准备多数之问题，藉作每年之选择材料。关于理论方面，省略甚多，如第九至第十二章。

书中各表精心造成，既能实际应用，又可省目力，均为学生所最需要者。并可使学生得因角之除法，除至小数或六十分制之机会。

本书材料之整齐，适于应用；注重实际，不重理论；舍弃一切不甚重要之材料，而使人感觉兴趣，深得一般人之赞成焉。

《温德华士三角法》英文原版教科书共6章、58节。正文内容141页，后附习题答案21页及对数表76页。其目录[1]为：

第一章　锐角三角函数［1. 角的测量；2. 三角函数；3. 以线表示三角函数；4. 函数随其角度的改变而变化；5. 余角的函数；6. 角之函数的关系；7. 已知角的某一函数求其它（他）函数的公式；8. 45°角的函数；9. 30°、60°角的函数］

第二章　直角三角形（10. 已知直角三角形的部分条件；11. 不用对数的解法；12. 解直角三角形的通法；13. 对数解法；14. 直角三角形的面积；15. 等腰三角形；16. 正多边形）

第三章　测角法（17. 测角法的定义；18. 正量与负量；19. 平面内一点的坐标；20. 任意角；21. 任意角的函数；22. 变角的函数；23. 大于360°角的函数；24. 公式的推广；25. 化各函数为第一象限函数；26. 相差90°角的函数；27. 负角的函数；28. 两角和的函数；29. 两角差的函数；30. 二倍角函数；31. 半角函数；32. 函数之和与差；33. 反三角函数）

第四章　斜三角形［34. 正弦定理；35. 余弦定理；36. 正切定理；37. 已知部分；38. 斜角三角形的解法（已知一边与两角）；39. 已知两边及其一对角；40. 已知两边及其夹角；41. 已

---

[1] 本目录依据英文原版教科书翻译而成。

知三边；42. 三角形面积〕

第五章 杂题（43. 平面三角问题；44. 直角三角形；45. 斜三角形；46. 面积；47. 平面航海术；48. 平行及中纬线航海术；49. 周游航海术；50. 测角法问题；51. 简单方程式的解法；52. 方程式的一切解法）

第六章 表的构造（53. 对数；54. 指数级数与对数级数；55. 小角的三角函数；56. Simpson三角函数造表的法则；57. 棣莫弗定理；58. $\sin x$、$\cos x$、$\tan x$无穷级数展开式）

顾裕魁译本除包括以上内容外，另涉及三章球面三角内容。目录设置、内容安排与原著相同。沈昭武译本与原著结构相同，但由于译者理解有所不同，导致一些名词术语不统一。整理《温德华士三角法》中的主要内容简介如表6-4所示。

表6-4 《温德华士三角法》中主要内容简介

核心概念	子概念
角之测量	角度制；弧度制；角度制与弧度制间之转化；正角及负角；平面内一点之坐标；象限角
锐角之三角函数	三角函数的定义；以直线表示函数法；余角函数（余角之正弦、余角之余弦、余角之正切、余角之余切、余角之正割、余角之余割）；同角三角函数关系（平方关系、比值关系、倒数关系）；特殊角之三角函数
直角三角形	真数解法；解直角三角形之通法；对数解法（已知斜边及一锐角、已知一直角边及一锐角、已知斜边和一直角边、已知两条直角边）；直角三角形之面积；等腰三角形；正多角形
任意角之函数	公式之扩张；化各函数为第一象限内之函数；相差90°之两角之函数；负角之函数；两角和（较）之函数；二倍角之函数；半角之函数；函数之和及较；逆三角函数
斜三角形	正（余）弦定律；正切定律；斜三角形之解法（已知一边及两角、已知两边及一对角、已知两边及夹角、已知三边）；三角形之面积
表之构造	对数之性质；对数底之变换；两种重要对数（常用对数、自然对数）；指数级数及对数级数；对数之计算；棣莫弗定理

乔治·温德华士与史密斯根据时代环境的变迁，对《温德华士三角法》的内容进行了修订。首先，修订后的教科书沿袭原著的风格，仍注重实际，不重抽象的理论。其次，受时代环境的影响，将原来书中比较强调的知识变为次要的，这就需要将教科书中的内容进行一定的调整。如，度数的小数除法，虽有一定的价值，但当时已被承认居于次要地位，故需要做一系列的调整。再者，书中素材的选择根据实际情况不断更新，此外，还设置了一定数量的习题，以供练习。

高佩玉与封嘉义均根据改编后的温斯二氏系列教科书为底本进行翻译，其内容设置为：

第1章 锐角之三角函数；第2章 自然函数表之应用；第3章 对数；第4章 直角三角形；第5章 任何角之三角函数；第6章 两角和或差之函数；第7章 斜三角形；第8章 应用杂题；第9章 平面航海术；第10章 函数之图解；第11章 三角上之恒等式及方程式；第12章 三角学对于代数学之应用

其中，《汉译温斯二氏平面三角学》中的主要内容简介如表6-5所示。

表6-5　《汉译温斯二氏平面三角学》中主要内容简介

核心概念	子概念
锐角之三角函数	角之测法（六十分制、百分制）；角之六个函数；余角之函数；特殊角之函数（45°、30°、60°）；三角函数间基本关系（倒数关系、平方关系、比关系）；函数之实用（正弦之实用、余弦之实用、正切之实用、余切之实用、正割之实用、余割之实用）
直角三角形之应用	解直角三角形（已知一锐角及一弦、已知一锐角及对边、已知一锐角及邻边、已知弦及一边、已知两边）；等腰三角形；有法多边形
任何角之三角函数	正角及负角；点之坐标（定义、坐标之符号、点之作法、点至原点之距离）；象限（定义、各象限内坐标之符号）；任意角；任意角之函数；以线表函数法；化各函数为第一象限内之函数；相差90°之两角之函数；负角之函数；函数之关系（函数关系之扩充、符号）；两角和或差之函数（正弦、余弦、正切、余切）；倍角之函数；半角之函数；函数之和及差（正弦、余弦）；函数之图解（二次函数之图解、正弦之图解、函数之周期）；反三角函数；三角恒等式及方程式（方程式及恒等式、恒等式之证法、三角方程式之解法、联立方程式）
斜三角形	三角形之几何性质；正弦律（正弦律诸关系式、正弦律之推广、正弦律之应用）；余弦律；正切律；三角形之应用（利用三律求解三角形、三角形之面积）

温斯二氏修订的《温德华士三角法》与原著相比，在内容上做了一定的修改。主要体现在以下几个方面：

首先，明确了三角学的研究范围。例如，第一章开篇即给出数学各科的性质——算术之性质、代数学之性质、几何学之性质、三角学之性质。对三角学描述为："今兹开始研究他一支算学，此支算学，虽用数目，而数目非其主要部分。虽用方程式，而非专研究方程式，虽用图形亦非专研究图形。三角学者，系研究三角形内诸线之关系，亦即量三角形之意。并为测量学，工程学，机械学，测地学，及天文学之基础也。"[1]

其次，补入了三角函数的图象、周期等内容。如，"第十章 函数之图解"中，从探讨一次函数、二次函数图象的方法（描点法）出发，引出正弦函数的图象与周期。至于余弦、正切、余切、正割等函数的图象则放置在习题中，留给学生去验证（图6-50）。

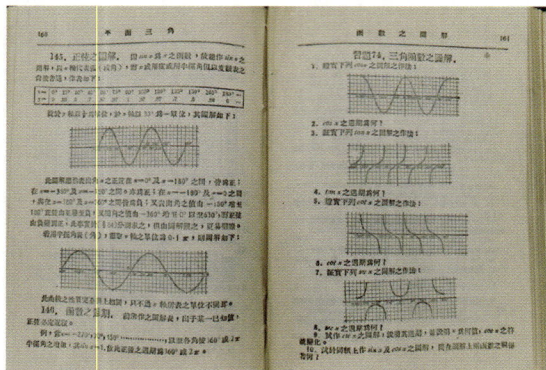

图6-50　《平面三角学》北平文化学社印行，1934年：第160~161页

[1] George Wentworth, David Eugere Smith. 平面三角学[M]. 高佩玉，王俊奎，译. 北京：北平文化学社，1934：1.

再者，强调数学各科间的衔接，重点突出了三角学与代数学之间的联系。例如，在"函数之图解"一章，用图象代表函数的方法与代数学相同，体现了三角学与代数学之间的联系。另增加了"三角学在代数学上之应用"一章，更进一步展示了三角学对于代数学应用范围之广。

由以上整理发现，《温德华士三角法》一书以单元形式组织而成，以任意角及弧度制为中心，以三角函数为主线展开。知识的呈现遵循由特殊到一般的原则，如由直角三角形扩展至斜三角形、由特殊角的三角函数推广到任意角的三角函数等。书中内容的选材较为完备，但也存在一些不合理的地方。例如，"表的构造"一章对于高中生来讲偏难，可以酌情删去等。

通过对比英文原版及其四种汉译本，不仅可以感受各译者翻译风格的不同，而且可以看到同一数学名词在不同时期的变化情况（表6-6）。

表 6-6　《温德华士三角法》英文原版及四种汉译本中名词术语对照表

序号	英文原版	顾裕魁译本	沈昭武译本	高佩玉译本	封嘉义译本	现行名词
1	the regular polygon	正多角形	有法多边形	有法多边形	正多边形	正多边形
2	difference	较	较	差	差	差
3	anti-trigonometric functions	逆三角函数/反函数	反函数	反三角函数	逆三角函数	反三角函数
4	law of sines（cosines）	正（余）弦定律	正（余）弦之例	正（余）弦律	正（余）弦律	正（余）弦定理
5	the oblique triangle	斜角三角形	斜角三角形	斜三角形	斜三角形	斜三角形
6	right triangle	直角三角形	正三角形	直角三角形	直角三角形	直角三角形
7	perpendicular	垂直	正交	垂直	垂直	垂直
8	unit circle	单位圆	准圆	单位圆	单位圆	单位圆
9	reciprocals	反商	反数	倒数	倒数	倒数
10	perimeter	周	周界	周界	周界	周长
11	abscissa/ordinate	横（纵）坐标	横（纵）距	横（纵）坐标	横（纵）坐标	横（纵）坐标
12	adjacent sides	邻边	倚边	邻边	邻边	邻边
13	angle of elevation（depression）	仰（俯）角	仰（俯）视角	仰（俯）角	仰（俯）角	仰（俯）角
14	circular system	真弧度法	—	弧度	弧度	弧度制
15	radian	本位弧	径率	半径弧	半径弧	弧度
16	answers	答数	答	答案	答案	答案
17	De Moivre's Theorem	马氏定理	莫非尔定理	底茅尔氏定理	马氏定律	棣莫弗定理
18	inscribed circle	外接圆	外切圆	外切圆	外切圆	外接圆

由表6-6可见，这些名词术语呈现以下几个特点：

第一，顾裕魁译本与沈昭武译本为20世纪10年代出版的，其中使用的名词术语大多与现行表示相同。顾裕魁译本虽先于沈昭武译本出版，但相比而言，沈昭武译本中的名词术语更显陈旧。如，perpendicular——顾裕魁译本已将其由“正交”改译为“垂直”，但沈昭武仍将其译为“正交”等。

第二，高佩玉译本与封嘉义译本为20世纪30年代出版，其名词术语已与现行表示基本一致。如，差（difference）、单位圆（unit circle）等。其间虽有一些与现行不一致的词语表示，但可视为基本一致。如，正弦律（正弦定理）、弧度（弧度制）等。

第三，三个数学名词——law of sines，law of cosines，law of tangents，即正弦定理、余弦定理、正切定理首次在三角学教科书中出现是在温德华士所著*Plane Trigonometry*中，其在教科书中并提始于该书。

此外，数学符号方面有两点说明。第一，《温德华士三角法》汉译本中的数学符号未完全采用英文原版中的表示方法。例如，“极限”在英文原版中已采用符号“limit”表示［图6–51（a）］，而汉译本未引入其符号表示，仍以汉字“极限”或“限”代替［图6–51（b）］，表明当时中国学者在接受西方数学符号时有所选择与保留。第二，“温斯二氏平面三角法”对《温德华士三角法》中的数学符号作了修订。例如，“阶乘”在《温德华士三角法》中采用符号“∟”表示［图6–51（c）］，而《温斯二氏平面三角学》改用“！”代替。符号“∟”开始用于英美两国，而“！”的写法用于欧洲各邦，后英美两国改用“！”，这个符号一直沿用至今。

It only remains to find the value of k, and this can be obtained by dividing the last equation through by x and letting x approach 0 indefinitely.

Then we have

$$\underset{x \doteq 0}{\text{limit}}\left(\frac{\sin x}{x}\right)=\frac{1}{i}\log k.$$

But

$$\underset{x \doteq 0}{\text{limit}}\left(\frac{\sin x}{x}\right)=1.$$

$$\therefore \log k = i.$$

$$\therefore k = e^i.$$

Therefore, we have

$$\cos x = \frac{1}{2}(e^{xi}+e^{-xi}) = 1 - \frac{x^2}{\underline{|2}} + \frac{x^4}{\underline{|4}} - \frac{x^6}{\underline{|6}} + \cdots,$$

$$\sin x = \frac{1}{2i}(e^{xi}-e^{-xi}) = x - \frac{x^3}{\underline{|3}} + \frac{x^5}{\underline{|5}} - \frac{x^7}{\underline{|7}} \cdots$$

From the last two series we obtain, by division,

（a）

$$\sin x = \frac{1}{i}\left\{x\log k + \frac{x^3(\log k)^3}{\underline{|3}} + \frac{x^5(\log k)^5}{\underline{|5}} + \cdots\right\}.$$

於此祇須求k之值。次以x除方程式，並令x近於0，即得。

如是乃有

x近於0之$\left(\frac{\sin x}{x}\right)$之極限$=\frac{1}{i}\log k$.

但 x近於0之$\left(\frac{\sin x}{x}\right)$之極限$=1$。

$$\therefore \log k = i.$$

$$\therefore k = e^i.$$

（b）

1·2，1·2·3，1·2·3·4等數可以2！，3！，4！寫法代之，或用$\underline{|2}$，$\underline{|3}$，$\underline{|4}$，代之亦可。2！之寫法用於歐洲各邦，而$\underline{|2}$昔時用於英美兩國，今兩國亦改用2！寫法矣。

（c）

6–51

图6–51 （a）*Plane Trigonometry and Tables*（Second Revision），Ginn & Company，1902：136；
（b）《汉译温德华士三角法》商务印书馆印行，1913年：第156页；
（c）《平面三角学》（高佩玉译）北平文化学社印行，1934年：第178页由以上分析可知，《温德华士三角法》教科书具有如下特点：

第一，说理明晰，选材详备，体例井然，简明易懂。以"变角之函数"一节内容为例，书中结合具体图形，分别探讨了正弦、余弦、正切、余切、正割、余割六个三角函数值随角度变化的情况。随后将结论以表格的形式整理出来，十分直观。最后对整理出的结论进行文字的补充说明（图6-52）。这一节内容脉络清晰，教师易于教，学生易于学。该书便于初学，是一部标准的高中用三角学教科书。

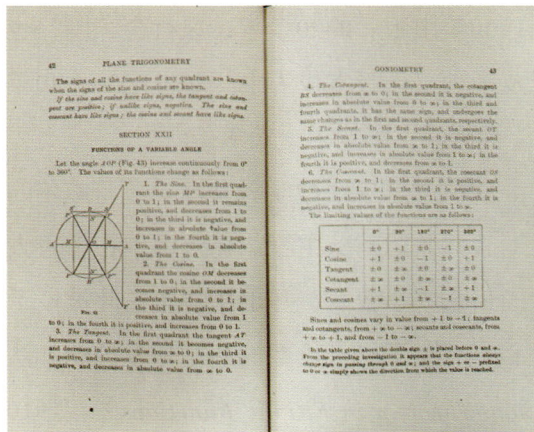

图6-52　*Plane Trigonometry and Tables*（Second Revision），Ginn & Company, 1902：42～43

第二，注重实用性。该书中的例题与习题的设置大多以实际问题为题材，且习题数量较多。以第十四节"直角三角形的面积"为例，这一节设置例题2道，习题66道。其中前52道习题是对直角三角形的简单计算，后14道为利用解直角三角形的相关知识进行解答的实际问题。如，求塔高、求江宽、求树高、求梯长、求街宽、求山高等。

第三，重视广告宣传。《温德华士三角法》教科书注重利用广告的力量进行自我推销，尤其是在一些影响较大的教科书或杂志中做宣传，对其传播起到一定的促进作用。例如，在沈秉焜编译的《球面三角法新教科书》（商务印书馆，1913年）及马君武所译的《中等平三角新教科书》（商务印书馆，1913年）中的版权页上均印有《温德华士三角法》的宣传广告语，且广告语相同。内容为"民国初建，辨方经野测量需才三角法之研究最为切要，是书共分九编，前六编论平面三角，后三编论球面三角。说理明晰选材详备，书成于美国算学大家温德华士氏，久为吾国各学校所欢迎。今特译成汉文，以供当世有志三角测量者之需用。"

第四，具有与之配套的习题详解。《温德华士三角法》中的习题在《平三角术习题详解》中均有较为详细的讲解。该习题详解由温德华士原著，郑辅维将其翻译成中文，文明书局于1912年5月初版。习题详解的出版一方面有利于教师做教学指导，另一方面方便学生课后复习与自学。此外，国人为该书的例题配备了《温氏高中平面三角法例题详解》，由汤镜荣、张春明编演，于1934年8月由广州宏文学社出版。

总之，温德华士所编三角学教科书自1911年传入中国后，在神州大地生根发芽，流行甚广。其主导作用一直延续至20世纪30年代初期葛蓝威尔所著的三角学教科书传入中国，直至40年代开始逐渐退出三角学教科书市场。温德华士所著的三角学教科书为中国三角学教育的发展产生了积极的推动作用，几代学者在其影响下成为中国数学教育领域的中坚力量。

二、W.A.Granville 著《葛氏平面三角学》

民国时期，继《温德华士三角法》之后引进中国的外国三角学教科书中，以《葛氏平面三角学》尤为突出。《葛氏平面三角学》由葛蓝威尔所著，自1909年出版后的20余年，风行全美国，也是20世纪30年代风行于中国的三角学教科书，其英文原版及多种汉译版本成为中国20世纪30—40年代最有影响力的翻译的三角学教科书之一。该书在学术界流行甚广，影响了一代学子。

葛蓝威尔（William Anthony Granville，1863—1943），美国数学家、数学教育家。葛蓝威尔的教学生涯是从贝瑟尼学院开始的，那时，他只是一个数学助教并兼职财务主管。葛蓝威尔在耶鲁大学数学系取得学士学位，15年后（1895年）成为耶鲁大学的一名数学教授，并于1897年在此被授予数学博士学位，师从James Pierpont。他博士学位论文的题目是《基于椭圆函数的起源与发展的加法定理》（*Referat on the Origin and Development of the Addition-Theorem in Elliptic Functions*）。1910年，葛蓝威尔以全票通过被选为美国本雪凡尼亚大学（现译作宾夕法尼亚）校长，一直到1923年卸任加入华盛顿国民保险制度公司。1943年2月4日，因突发心脏病不幸在家中逝世，享年80岁。

葛蓝威尔的著作颇丰，所著数学教科书在美国的各个州被广泛使用。其数学方面的著作主要有：

1. *Plane and Spherical Trigonometry and Four-Place Tables of Logarithms.*

2. *Elements of the Differential and Integral Calculus.*

3. *Elementary Analysis.*

4. *The Fourth Dimension and the Bible.*

他的这些著作被翻译成多种文字，在世界上多个国家出版，对世界数学教育产生了一定的影响。

葛蓝威尔的《葛氏三角学》是一部众所周知的经典三角学教科书，如图6-53所示。自1909年英文版问世以来，被广泛使用。该书于1937年由美国耶鲁大学数学教授P. F. Smith及J. S. Mikesh重新增订，书名订正为《葛斯密三氏平面三角法》，订正后的内容更加充实，编制与叙述等方面更加完善。《葛氏三角学》原书包括平面三角和球面三角两部分，中国在引进该书时，将两部分内容分开出版。其中，平面三角英文版有两种版本，一种由算学丛刻社进行誊印，封面书名为英文，内附中文书名《葛蓝威尔平面三角法教科书》和中文的"重刻序"，并有精装和平装两种版本（图6-54）。中国流行的另一种英文版本是截取英文原版的平面三角部分进行出版，没有中文。在《葛氏平面三角学》英文版畅销中国的同时，也出现了大量的汉译版本，并对20世纪30年代的中国影响至深。《葛氏平面三角学》在神州大地生根发芽，开花结果，对中国数学教育产生了重要的影响。

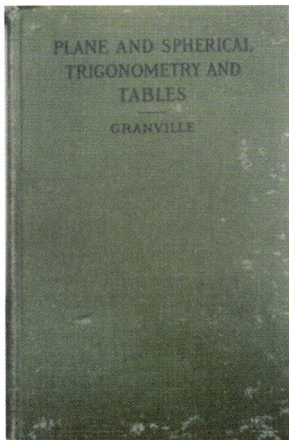

图6-53 *Plane and Spherical Trigonometry and Tables*

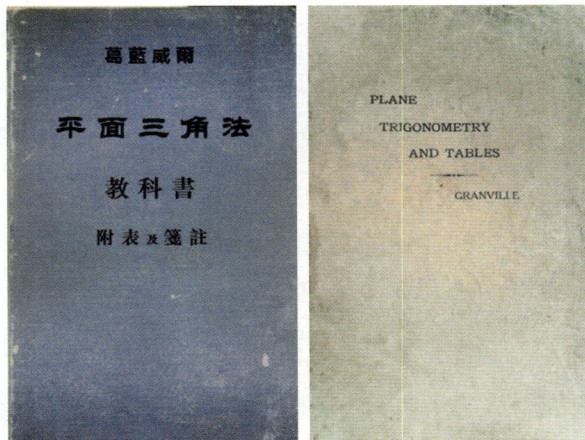

图6-54 《葛蓝威尔平面三角法教科书》算学丛刻社誊印精装本和平装本

《葛氏平面三角学》英文原版采用从左至右横排的形式编写。书中图形、图表、图象等较为丰富，且附有彩图。在此引用英文原版"序"，了解该书的编写情况等。[1]

　　本书作者的目的在于，用最新、最完善的方法来编辑三角法教科书。本书可供高等学校、专门学校、师范学校、高级中学以及自修之用。对于大学入学考试所需的题材尤为注意。虽书中所含材料对于初学者来讲似过多，但问题组织得法，教师可根据教学的实际情况酌情删减。

　　用比来定义三角函数。首先，介绍直角三角形中的锐角，然后通过坐标，将定义延伸到任意角，使学生先使用锐角的三角函数来解决直角三角形中简单的问题。值得注意的是，对于第一象限以外诸角函数的化法，在第23～29节已经阐释。一般地，在每一章节后的第一组习题多数可使用三角函数作出。书中多数习题依难易次序，审慎排列，并将解题的方法，归纳为通用的定则。至于每节下的例题，皆详加阐释，以资参照。

　　将对数独立成章，并对于用对数减少计算的繁杂应特别注意。本书所用葛氏四位对数表的普通排列法并没有根本的变更，但有几点改进之处使得计算更加方便。如，用该对数表所得的结果，其精确程度极高。又如，在每类三角形解法中均有两组习题——一组的角以度和分等表示，另一组以度和度的小数表示。这种编制方法，是本书的特色所在，对于预备考取大学的中等学校，大有裨益。因在大学预备学习中，这两者均十分必要。

英文版作者"原序"明确指出该书的使用范围，即可供高等学校、专门学校、师范学校、高级中学及自修之用，但作为高级中学教科书尤为适用。书中所含内容较多，如果按照中国数学课程标

---

[1] 此"序"是笔者根据英文版翻译而成，在此仅呈现葛蓝威尔"原序"中有关平面三角部分的论述。

准中对三角课时的进度安排，未必能够讲授完毕，故教师在教学时可以根据具体的情况选择内容进行讲授。对于平面三角部分内容，葛蓝威尔特别指出两个方面，一为三角函数，是用比来定义的。二为对数，指出学习对数的目的在于简化计算。书中例题的演示十分详细，一方面帮助学生逐步理解，另一方面可以作为模板供学生效仿。习题的选择经过仔细地推敲，并按照习题的难易程度进行排列，以此达到逐层深入的目的。

算学丛刻社誊印的英文版《葛蓝威尔平面三角法教科书》在页码的设置上与原书保持一致。英文原版中所附图形、图表、图象等在算学丛刻社誊印本中无一漏掉。在其誊印的过程中保持了英文原版中附彩色图案的做法，在处于较为困难时期的中国这一举措是十分不容易的。而中国其他机构所誊印的该书英文版中的图片则一律为黑白色。此外，中国誊印的英文版教科书在印刷的质量、图形的清晰程度等方面明显不如英文原版。在誊印本中，每涉及重点内容及证明步骤中易错之处，书中均采用黑体形式进行标注，以引起学生的注意。

在此引用算学丛刻社在1929年所印"重刻序"[1]具体说明当时的编排情况[2]：

民国十一年春，附中同人商订三三制课程标准，平面三角法一科，在高中第一部（寻常称为文科）第一年为必修，采用温司二氏三角法为课本，取其易读而通行也；在第二部（寻常称为理科）第一年亦为必修，采用郎乃氏三角法第一编为课本，第二年则为选修，专习第二编，取其材料丰富，注重解析，搜罗习题，亦较寻常课本为艰深，学者习此，不难法乎上而得乎中也。行之数年，多方试验，觉温司之书繁（烦）琐而不精，读之令人生厌；郎乃之书，材料过多，限于时间而不能从容将事，学者亦苦之。职是之故，两部必修科三角法教科书，实有改用他本之必要。

葛蓝威尔所著之三角法，浅而精，简而扼要；取舍详略之间，斟酌至当；排列条贯之处，布置得宜；询乎匠心之作也。非富有经验者盖克臻此？返（反）观吾国之现行学制及初中毕业生之程度，采用此书以课高中一年级，正甚相宜。本社同人曩亦用此试教多次，颇觉允当，拟自今始，附中一二两部之三角必修科均改用此本；二部选科或仍其旧，而先授以第一编之第十九章以发其凡。

近年西籍昂贵，高中学生当学年开始，图书之费动耗数十金中产之家所不易办，况等而下之者乎？同人有见及此，拟自印教科书以谋减轻学子之担负。亦教育者应有之举欤？虽然，此亦不过一时救急之策耳，非长久之计也。所望海内学术界及早编译适当之中文教科书以供学子之用，庶免借助他山，永贻邦国之羞，此则同人所愿共勉者也。兹当付厥伊始，特缀数言略陈所以，用策将来。

---

[1] 重刻与誊印有所不同，重刻是将书籍重新排版后印行，而誊印是照着底稿印制而成。

[2] W. A. Granville. Plane and Spherical Trigonometry and Four-Place Tables of Logarithms [M]. 北京：算学丛刻社，1929：重刻序.

该"重刻序"介绍了《葛氏平面三角学》引入中国的背景及其使用范围。即原有的三角学教科书暴露出一些弊端且已经不能满足当时的需求。如，内容烦琐不精炼、材料过多、情境与中国国情不符等。故亟须引进其他优秀的外文原版三角学教科书，以解中国三角学教科书的燃眉之急。与之前使用的《温德华士三角法》等三角学教科书相比，《葛氏平面三角学》的内容简明扼要，取舍于详略之间，斟酌至当，排列条贯之处布置得宜，能够使学生在规定的修业年限内顺利完成。然而，由于直接使用外文原版教科书的成本较高，对于普通家庭的孩子来讲负担过重，中国算学丛刻社担起誊印外文原版教科书的重任，以此减轻学生经济上的负担。

《葛氏三角学》英文原版中平面三角部分共10章94节，正文内容191页，后附三个对数表38页。其目录[1]为：

第一章 锐角三角函数，直角三角形解法（1. 锐角三角函数的定义；2. 45°、30°、60°三角函数；3. 直角三角形的解法；4. 解直角三角形的通法；5. 等腰三角形的解法；6. 正多边形的解法；7. 插入法；8. 三角问题中常用名词）

第二章 任意角的三角函数（9. 角的产生；10. 正角与负角；11. 任意角；12. 四个象限；13. 平面内一点的直角坐标；14. 一点与原点的距离；15. 任意角的三角函数的定义；16. 三角函数的代数符号；17. 已知函数值求其角；18. 万能公式；19. 三角函数的直线定义；20. 函数值依角度而变化；21. 角度制；22. 弧度制；23. 化三角函数为锐角函数；24. 补角的三角函数；25. 第二象限内三角函数的化法；26. 第三象限内三角函数的化法；27. 第四象限内三角函数的化法；28. 负角三角函数的化法；29. 任意角三角函数的化简通则）

第三章 三角函数间的关系（30. 三角函数基本关系式；31. 任意函数用其他五种函数表示）

第四章 三角分析（32. 两角之和与差的函数；33. 两角和之正弦与余弦；34. 两角差之正弦与余弦；35. 两角和与差的正切和余切；36. 一角之函数表其二倍角之函数；37. 倍角函数；38. 半角之函数表该角之函数；39. 用一角之余弦表其半角的函数；40. 函数之和与差；41. 三角恒等式）

第五章 角的通值，反三角函数，三角方程式（42. 角的通值；43. 具有同一正弦或同一余割所有角的通值；44. 具有同一余弦或同一正割所有角的通值；45. 具有同一正切或同一余切所有角的通值；46. 反三角函数；47. 三角方程式；48. 解三角方程式的一般方法）

第六章 三角函数图象（49. 变量；50. 常量；51. 函数；52. 函数图象；53. 三角函数的图象；54. 三角函数的周期；55. 用单位圆作三角函数图象）

第七章 斜三角形的解法（56. 三角形边与角的关系；57. 正弦定理；58. 两种情况；

---

[1] 基于各汉译本均有不同程度的错误，故本目录是在参考各汉译本的基础上，作一定程度的修改而成。

59. 余弦定理；60. 正切定理；61. 三角形中半角的三角函数；62. 求斜三角形面积的公式）

　　第八章　对数的理论及应用（63. 三角学中对数的意义；64. 对数的性质；65. 常用对数；66. 决定对数特性的法则；67. 对数表；68. 由表Ⅰ求任一数的对数；69. 求与已知对数相对应的数；70. 对数在计算中的应用；71. 余对数；72. 对数底的变换；73. 指数方程式；74. 三角函数对数表的用法；75. 表Ⅱ的用法，含度与分的角；76. 求任一角度某一函数的对数；77. 与已知对数相应的锐角的求法；78. 表Ⅲ的用法，角度及度的小数表示；79. 求一角的函数的对数；80. 与已知对数相应的锐角的求法；81. 用对数解直角三角形；82. 用对数解斜三角形〔第一类：已知两角一边；第二类：已知两边及任一对角（两种情况）；第三类：已知两边及其夹角；第四类：已知三边〕；83. 用对数求斜三角形的面积；84. 土地面积的测量；85. 平行航海术；86. 平面航海术；87. 中纬线航海术）

　　第九章　近于 0° 或 90° 的锐角（88. 当 x 趋近于 0 时，$\dfrac{\sin x}{x}$ 与 $\dfrac{\tan x}{x}$ 的极限；89. 近于 0° 和 90° 的正锐角的函数；90. 近于 0° 的锐角函数法则；91. 近于 90° 的锐角函数法则；92. 求近于 0° 和 90° 角的函数的对数法则；93. 测量与计算的一致性）

　　第十章　公式集要（94. 平面三角公式集要）

LIU GWANG DJAO 翻译的《最新中等教科书　三角法》（山东基督教共合大学出版社，1914年）是《葛氏三角学》在中国最早的译本。该译本将英文原版全盘翻译，平面三角与球面三角内容完备。然而，该书虽早在 1914 年就引进中国，但并没有推广开来。直至 1933 年，《葛氏平面三角学》开始在中国流行起来。首先以王国香为代表，于 1933 年 1 月由戊辰学社出版社发行《汉译葛蓝威尔平面三角法教科书》，随后在同一年，蔚兴印刷厂、艺文书社、北平科学社、算学丛刻社、北平文化学社等出版企业也有译本或编译本相继出版。此后，1934—1948 年间，不同作者在不同的出版企业仍不断地出版其汉译本。据目前所搜集的资料来看，前后共有 16 个出版机构参与《葛氏平面三角学》的出版工作，其汉译本有 19 种之多（表6-7）。

表 6-7　《葛氏平面三角学》汉译本概览

序号	书名	译者	出版者	年份	备注
1	最新中等教科书　三角法	Liu Gwang Djao	山东基督教共合大学出版社	1914	—
2	汉译葛蓝威尔平面三角法教科书	王国香	戊辰学社	1933	1933年1月初版
3	汉译葛兰氏高中平三角术	陈湛銮	蔚兴印刷厂	1933	1933年2月出版
4	汉译葛兰威尔平面三角	徐谷生	艺文书社	1933	1933年8月初版
5	汉译葛氏平面三角学	褚保熙	北平文化学社	1933	1933年12月初版，1946年9月4版，1948年1月第六版，如图6-55所示
6	高中平面三角法教科书	韩桂丛、李耀春、王乔南	算学丛刻社	1933	1933年8月初版，1946年9月删订第七版

（续表）

序号	书名	译者	出版者	年份	备注
7	汉译葛氏平面三角学	高佩玉、卢晏海、王俊奎	北平科学社	1933	1933年6月初版，1935年9月第四版，如图6-56所示
8	汉译格氏高中平面三角学	庄子信、李修睦	南京书店	1934	1934年2月初版，1935年8月第三版
9	汉译葛氏平面三角学	王绍颜	华北科学社	1935	1935年8月初版，1947年6月第四版
10	葛兰蕙氏平面三角法	吴祖龙	世界书局	1935	1935年11月初版
11	葛氏最新平面三角学	王允中	科学书局	1939	—
12	汉译葛氏平面三角学	程汉卿	科学书局	1939	1939年7月初版
13	葛斯密平面三角学	顾树森	中华书局	1914	—
14	中等学校用 葛·斯·密·平面三角学	金立藩	中华书局	1940	1940年10月初版，1947年6月第五版，1948年4月第六版，如图6-57所示
15	汉译葛氏平面三角术	虞诗舟	新亚书局	1940	—
16	最新葛氏平面三角	王允中	上海书店	1946	—
17	葛氏重编平面三角	周文德	中国科学图书仪器公司	1947	1948年7月第二版
18	增编葛兰氏高中平三角术[1]	陈湛銮	清华印书馆	1947	1933年2月初版，1951年9月增编第十四版
19	葛氏平面三角	邱调梅	人民教育出版社	1947	1947年2月世界书局初版，1951年3月第一次修订版，1951年8月上海再版，如图6-58所示

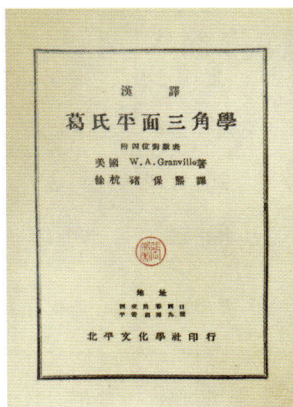

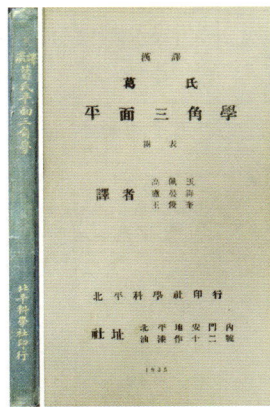

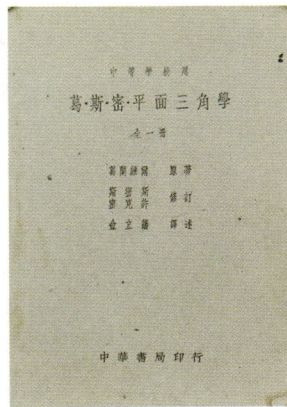

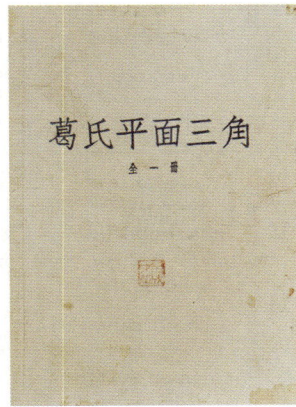

6-55　6-56　6-57　6-58

图6-55　《汉译葛氏平面三角学》（褚保熙译）北平文化学社印行，1948年
图6-56　《汉译葛氏平面三角学》（高佩玉等译）北平科学社印行，1935年
图6-57　《中等学校用 葛·斯·密·平面三角学》（金立藩译）中华书局印行，1948年
图6-58　《葛氏平面三角》（邱调梅译）人民教育出版社出版，1951年

---

[1]《数学教育》杂志［南中国数学会，1947，1（1）］对该译本进行了宣传："以原书为蓝本，依新课程标准，重行改编，异常衔接，天衣无缝，且简要详明，教学两方感感便利，加以排印精致，校对正确，战前已风行各著名高级中学，现托本馆刊行，特介绍如上！"现在看来，其中有些评价是不恰当的。

通过对比英文原版及其汉译本，不仅可以明显感受到译者翻译风格的不同，也可以看到一些名词术语大致的演变过程。如表6-8所示。

表6-8 《葛氏平面三角学》英文原版及六种汉译本名词术语对照表

序号	英文原版	王国香译本	高佩玉译本	韩桂丛译本	褚保熙译本	庄子信译本	王绍颜译本	现行名词
1	difference	差	差	差	较	较	差	差
2	angular measure	度分法	度制/六十分制	度量法/六十分法	六十分法/度计算法	量角法	度制/角制	角度制
3	circular measure	弧度法	弧制	弧量法	环周计算法	圆弧量法	弧角制	弧度制
4	general value of an angle	角之一切值	任意角	任意角/角之通值	角之通值/任何角	角之通值	任意角	任意角
5	inverse trigonometric functions	逆三角函数/反三角函数	逆三角函数	逆三角函数/反三角函数/逆圆函数	逆三角函数	逆三角函数/反圆函数	反三角函数	反三角函数
6	graphs of functions	图式	图示/图形	图象	图解/图形	图示/图形	图形/图解	图象
7	variables	变量	变数	变量	变数	变数	变数	变量
8	constants	常量	常数	常量	常数	常数	常数	常量
9	periodicity	周期性	周期	周期性	周期性	周环性	周期	周期性
10	law of sines（cosines）	正（余）弦定律	正（余）弦律	正（余）弦定律	正（余）弦之定律	正（余）弦定律	正（余）弦定律	正（余）弦定理
11	regular polygons	有法多边形	正多边形	正多边形	正多边形	正多边形	有法多边形	正多边形
12	vertical line	直立线	直立线	直立线	垂直线	直垂线	垂直线	垂线
13	horizontal line	水平线	水平线	水平线	水平线	平直线	水平线	水平线
14	rectangular coordinates	直交坐标	直交坐标	垂直坐标	矩形坐标	正坐标	直坐标	坐标
15	common system of logarithms	常用对数	常对数	常用对数	常用对数	常用对数系	常用对数	常用对数
16	trigonometry functions	三角函数	三角函数	三角函数	三角函数	三角函数	三角函数	三角函数
17	quadrants	象限	象限	象限	象限	象限	象限	象限
18	logarithms	对数	对数	对数	对数	对数	对数	对数
19	limit	极限	极限	极限	极限	极限	极限	极限

由表6-8可见，这些名词术语呈现以下几个特点：

第一，书中大部分名词术语与现行名词表述一致。如三角函数（trigonometry functions）、象限

（quadrants）、对数（logarithms）、极限（limit）等。这一现象反映了20世纪30年代出版使用的三角学教科书中，名词术语的继承性较高。

第二，有一些名词术语虽与现行有一定的差异，但可视为基本一致。如逆三角函数（反三角函数）、常量（常数）、变量（变数）、周期（周期性）等。

第三，有些名词术语在各译本中意思相近或相似，但表达不同，是译者根据各自的理解进行翻译的，体现了各自的翻译特色。如，角度制一词有度分法、度制、度量法、量角法等译法。再如，弧度制被译为弧制、弧量法、环周计算法、圆弧量法、弧角制等。又如，任意角一词被各译者译为角之一切值、角之通值等。

英文原版《葛氏三角学》自出版以来的二十余年，风行全美国，其优点如下：

（1）圆背精装，封面印有英文书名及作者，书脊除印有英文书名及作者外，还印有出版公司信息。纸张较厚且很平滑，手感较好，保存至今依然如新。

（2）内容的选材取舍，斟酌至当，兼顾理论与实用两个方面。前后知识间的衔接，遵照学生学习心理的特点及理论的次序，深浅适宜，条理清晰。

（3）系统严谨，定义、定理等知识准确，说理详明、显豁，论述言简意赅，多采用归纳法。学生易学，教师易教。书中涉及重要的知识，采用黑体字加粗的形式，起到强调醒目的作用。

（4）注重函数等基本观念的渗透，同时为学生自主学习留有余地，以培养学生的理解能力。书中习题极丰富，以实用问题尤多，有一二百组，约占全部习题的五分之一。

然而，再完美的教科书将其置于一定的社会背景下也有弊端所在，葛蓝威尔所著的《葛氏三角学》自然也不例外。如该书中造表法与表的准确度不符合中国部颁课程标准。三角形解法，分真数与对数两种计算，过分耗费教学时间，余对数不常用，且解任意三角形的对数计算格式散乱。对数在三角学中虽重要，但仅限于数值计算，而对三角学本身的理解则没有丝毫作用，该书对对数部分过分强调。虽然该书存在一些不足之处，但瑕不掩瑜，故在当时的情况下，《葛氏三角学》不失为三角学教科书的一大善本。故一些学校或直接采用英文原版或汉译本作为教科书。如，开封高中1940年使用的三角学教科书即为《葛氏平面三角学》，由孙文谟讲授。[1]

在《葛氏平面三角学》各种汉译版风靡中国的同时，也出版了大量与之配套的习题详解。如，李直钧编的《汉译葛兰威尔平面三角法习题详解》，高佩玉编译《葛氏平面三角法习题详解》（北平科学社，1933年），吴秉之编译的《汉文葛氏平三角法习题详解》（中原书店，1934年），江泽、关廷栋编演的《葛氏平面三角习题详解》（北平科学社，1933年），王静岚和柯玉芬编演的《汉译葛氏平三角法习题详解》（东方印书馆，1935年）等。其中，高佩玉编译的《葛氏平面三角法习题详解》再版次数较多，至1946年10月已再版十三次。

---

[1] 常跃进，等. 百年开高：1902—2002[M]. 北京：中国档案出版社，2002：448.

1950年7月，教育部颁布《数学教材精简纲要（草案）》，选定了一批教科书，其中三角教科书仍包括《葛氏三角学》。可见，《葛氏三角学》在中国的影响一直延续到20世纪50年代初期。

三、章彬译《汉译龙氏平面三角法》

章彬译、吴静山校订《汉译龙氏平面三角法》（新亚书店，1932年3月初版，图6-59）是译自S.L.Loney的*Plane Trigonometry*。

图6-59　《汉译龙氏平面三角法》新亚书店印行，1932年

全书共21章，其目录如下：

　　第一章　角之度量，六十分法，百分法及弧度法；第二章　锐角之三角比值；第三章　高与距离之简易问题；第四章　代数符号在三角法上之应用；第五章　任意角之三角函数；第六章　同函数诸角之普遍式；第七章　和差角之函数；第八章　倍角与部分角之函数；第九章　三角恒等式及三角方程式；第十章　对数；第十一章　对数表及三角函数表比例分之原理；第十二章　任意三角形边角函数之关系；第十三章　三角形之解法；第十四章　高与距离；第十五章　三角形之性质；第十六章　四边形与正多边形；第十七章　极小角之三角函数，圆之面积，地平俯角；第十八章　反三角函数；第十九章　简单之三角级数；第二十章　消去法；第二十一章　射影；总复习题；答案；中英名词索引；附录　对数表及三角函数表

该书S.L.Loney原序如下：

　　著者颇望本书得为初等平面三角法之完善课本，适合一般学校采用。书内较高部分，间有涉及复杂数量之近代理论者，著者于叙述时，靡不力求简易，俾学者于开始学习较深之章时，绝不感觉困难。

　　三角法含有甚多之公式，以及此等公式之应用，故于编首附一重要公式表，学者应熟记之。此等公式之尤较重要者，课文内概以粗体黑字印刷，可以一望而知。其他之仅以普通字体印刷者，多为辅助性质或重要性较少者。

　　习题之题数极多，初学三角法者得选习之。

又节数前之附有星号者，初学可略。

下略。

汉译本再版序言如下：

本书于再版时业经详慎校订，不论课文或答案中，当不至有严重之谬误。

对数及对数表等数章，已加以相当之改编，编末并增射影章。

汉译本第五版序言如下：

本版系重新排印；课文内新增材料不少，而于书末之附表中并加入弧度量法一表。

《汉译龙氏平面三角法》在书首设有"主要三角公式"，可供学生学习、参考使用；对锐角三角函数和任意角三角函数定义的表述，仅采用终边定义法；书中含有大量习题，实际问题主要有求竿高、求塔高、求树高、求山高、求气球高、求墩高、求柱高、求河宽等。第四章包含三角函数图象的内容。首先用文字叙述的方法探讨了六个三角函数在各个象限的变化情况，随后利用图示法作出正弦、余弦、正切、余割的函数图象，而余切及正割的函数图象则采用描述法，分别类比于正切和余割的图象。

四、薛仲华译《波郤特氏新三角法》

薛仲华译《波郤特氏新三角法》（图6-60）译自波郤特和剖洛脱所著的《新三角法》，于1932年由世界书局初版，全书共24章。

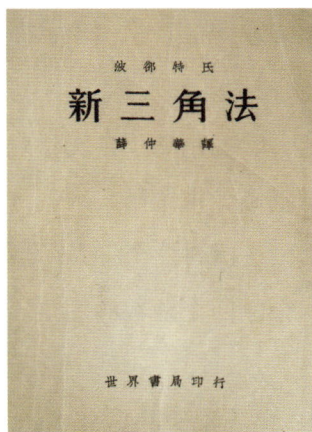

6-60

图6-60　《波郤特氏新三角法》世界书局印行，1932年

其目录如下：

第一章 角之度量；第二章 三角函数；第三章 三角函数之关系；第四章 特别角之三角函数，方程式，正弦余弦等之表；第五章 简易问题；第六章 代数符号之应用，任意大小之角，三角函数之图解；第七章 对数；正弦余弦等之对数表；第八章 三角形边和角之关系；第九章 应用对数解三角形；第十章 高及距离；第十一章 复角函数；第十二章 积及和之变换；第十三章 三角形边角之关系（续）；第十四章 三角形之性质（续）；第十五章 四边形及多边

形；第十六章 同三角函数三角之一般值；第十七章 分角；第十八章 反函数；第十九章 消去法；第二十章 不等式及极限；第二十一章 级数之和；第二十二章 指数定理；第二十三章 De Moivre定理；第二十四章 正弦及余弦之展开式；试验习题；杂题

在此引用书中"例言"，说明该书编排情况：

1. 年来国内出版的三角法书籍，种类颇多，但欲求一种比较完善之书，实不可多得，所以特将波邻特、剖洛脱所著《新三角法》译出，以应研究数学者的需要。

2. 本书取材新鲜，内容渊博，凡可以供高深学理研究之问题与三角法之理论，均一律采纳，可以作（做）教师的参考书，更可以作高级中学三角法课程的教本。

3. 本书讨论三角法的理论，力求精详。举凡三角法中极有兴趣之问题，本书均一一举出，以作解决问题的实例，能使读者趣味盎然，并藉（借）以引导学者向研究高深数理的前途迈进。

4. 书中关于证明三角函数及三角方程式的问题，举例特多；同时一个例题也有许多的证法。本书每举一例，必用各种方法证明，此为本书的特色。

5. 本书对于三角函数的变迁，和特别角函数，讨论特详，举例亦特多。

6. 关于三角形的性质，在其他三角法书中，每多略而不详，使学者不得要领。本书对于三角形的性质，详细讨论，并举例以资佐证。

7. De moive 之定理，本书特设一章，专事介绍，目的在使读者能明瞭（了）De moive 定理的源流及在三角法中的地位与功用。

8. 反三角函数，本书亦有详细正确的说明，并指导学者研究三角反函数的捷径。

9. 本书除于每章之末附习题以外，并于编末附总编题数百则，以资练习。

10. 本书仓卒（促）脱稿，错误在所难免，希望海内明达之士，加以指正。

《波邻特氏新三角法》中对锐角三角函数和任意角三角函数定义的表述，除利用终边定义法对锐角三角函数进行定义外，还采用了单位圆定义法；书中实际问题主要有求塔高、求竿高、求气球高、求屋高、求太阳高、求山高、求河宽等。"第六章 三角函数之图解"，在探讨六个三角函数在各个象限的函数值的变化的基础上，利用图示法作出正弦、余弦、正切、余割四个函数的图象。而正割和余切仅给出文字描述，并未见其图象。

五、李友梅译《霍尔乃特高中三角学》

李友梅根据英国学者霍尔（Henry Sinclair Hall，1848—1934）和乃特（Samuel Ratcliffe Knight）合著的 *Elementary Trigonometry*（图6-61）译成《霍尔乃特高中三角学》（图6-62）。

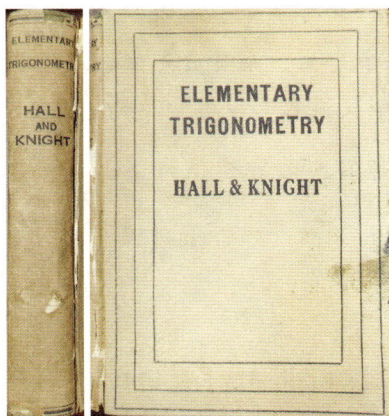

图6-61 *Elementary Trigonometry*, The Macmillan Company, 1905

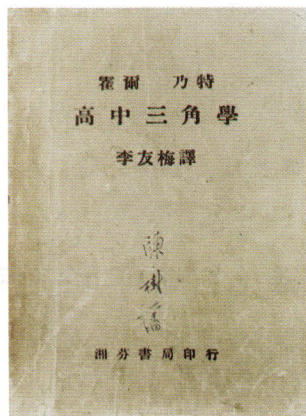

图6-62 《霍尔乃特高中三角学》湘芬书局印行，1948年

《霍尔乃特高中三角学》于1937年由湘芬书局初版，1946年9月第十版，全书共24章，其目录如下：

第一章 角之度量；第二章 三角比；第三章 三角比间之关系；第四章 某种角之三角比；第五章 直角三角形之解法；第六章 简易应用问题；第七章 弧度法；第八章 任意角之比；第九章 函数之变迁；第十章 联合角之圆函数；第十一章 复角之圆函数；第十二章 积与和之变换；第十三章 三角形边角间之关系；第十四章 对数；第十五章 对数表之应用；第十六章 对数解三角形法；第十七章 高与距离；第十八章 三角形及多边形之性质；第十九章 一般值及反函数；第二十章 分角之函数；第二十一章 极限与近似；第二十二章 有限级数之和；第二十三章 消去法；第二十四章 德摩定理；答案；对数表，真数表，自然函数表，对数函数表

在此引用书中"例言"，说明该书编排情况：

一、英国剑桥大学教授霍尔、乃特二氏合著之书，如代数学、三角学在欧美各国早已脍炙人口，认为算学课程之标准教科书我国中等学校亦多采用之，惟是英文非常人所素习或习之不甚精，故读此实不无索然寡兴之。概译者有见及此爰，于前年将二氏之代数学加以移译之，以饷我国学子，颜曰高中三角学。

二、原书材料丰富，包罗万象，惟用之于我国高中颇有改订之必要，一因时间之关系，分量既多恐不能如期授完，二因课程前后之关系，是书与高等代数学互相发明之处甚多，普通先授三角学，次授高等代数，故于此等处，学者恒苦难于领略，是以移译本书时，略为损益，其间以期尽善尽美。

三、德摩定理De Moivre's theorem 为研究复虚数之利器，而为治高深算学之津梁，故本书为特辟一章以介绍其原理，其他如三角函数表之制造亦略加论述。

四、是书译事繁（烦）冗屡辍屡作，承王师季范颜师星莹之鼓励与指导不少，其奖掖后进

之心殊有足多者，又本书之校订者为陈鹿苹先生、曹泰宇先生、唐瑞先生、彭先泽先生、郑涤邦先生、邹芝山先生、李天雄先生，参订者为汪澹华先生、谭创余先生、梨赞唐先生、周涤殷先生、杨少岩先生、劳启祥先生等于本书均有莫大之贡献，私衷尤不胜感激之至。

五、本书匆促脱稿，错误之处，在所难免，所望海内算学大师不吝叱正之。

六、王允中译《二B平面三角学》

王允中译《二B平面三角学》于1941年12月初版，1948年8月第六版（图6-63），1949年9月第十版，由开明书店发行。该书译自G.N.Bauer和W.E.Brooke的*Plane Trigonometry*。

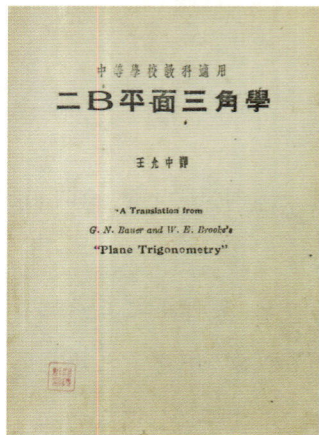

图6-63 《二B平面三角学》开明书店发行，1948年

全书共10章，136节，其章目录如下：

第一章 正坐标及角

第二章 三角函数

第三章 直角三角形

第四章 三角函数之变化

第五章 基本关系 线值

第六章 二角之和之函数

第七章 反三角函数

第八章 斜三角形

第九章 代莫伏尔定理及其应用

第十章 对数

习题答数；数之对数表；三角函数对数表

该书"序"由顾均正所作：

近来中等学校中最流行的三角学教本，为Granville，Smith，Mikesh三氏所著之*Plane Trigonometry*，即一般所称之"葛氏平面三角学"。该书程度之深浅与教材之选择，均甚得当，

惟条理清晰与剖析精到，则犹不及Bauer与Brooke两氏所著之*Plane and Spherical Trigonometry*甚多。葛氏三角之缺点在教材的编排过于零乱，仅就每章而论也往往没有一个共通中心。例如他（它）特地把直角三角形的解法与斜三角形的解法，错综地编入应用与（于）对数的理论及用途两章之中，这在作者也许是要增加读者复习的机会，然其结果，反使读者迷乱恍惚，而不得要领。即如以应用一章而论，其中竟包括近似数计算、直角三角形解法、斜三角形解法、半角等项目，而关于半角一项教材，则又于三角的解析一章中再为申述，徒见多事。盖科学的叙述贵层次分明，不若文艺作品之曲折有致也。又葛氏书中关于对数部分之过分强调，亦所不取。对数在三角学中之重要，自不待言，然此仅谓其便于作冗长之数值计算，至其与三角学本身之理解，则并无丝毫关系。且学习三角学之读者，早经于代数学中习得对数之知识，对于此项计算工具之使用，纵须稍加温习，但绝无强调之必要。

准此以观Bauer与Brooke两氏的三角学，将见其具有葛氏等之长，而无葛氏等之短。此或如原序中所谓"由于教师之经验而作（做）种种之订正及改编"之故。本书之内容及程度，与葛氏等之著作并无多大出入，而篇幅亦大致相等，然在编制方面则较有严密的层次，但这并非他（它）的特点。其重要特色在演算上采用图解式之计算轮廓，这至少具有（1）节省时间，（2）易于检算，（3）免除错误等三种优点。本书对于对数的安排，亦颇得当，即把他（它）列于最后一章，如是则可使一般读者能集中注意于三角学本身之研习，而不致分心；即有一二对于对数较为生疏之读者，亦可提前补习，盖此与三角学之学习顺序并无妨碍也。此外书中又随处插入种种有价值的提示，足以指引读者解除不自知的迷惑，也极难能可贵。

译者王允中先生任中等学校数理教师多年，故能独具双眼，将此书之平面部分译出，定名为"二B平面三角学"，交由开明书店印行，其对于我国数学教学上之贡献，当非浅显。笔者以职务关系，得与本书校读之役，书成之日，爰识其感想如此。

《二B平面三角学》没有对锐角三角函数进行定义，而对任意角的三角函数的定义，分别采用单位圆定义法和终边定义法两种；第四章设有"三角函数的图示"。在探讨六个三角函数在各象限的函数值变化的基础上，采用了两种方法——图示法和射影法，作出三角函数的图象。首先以图示法作出正弦和正切的函数图象，之后用射影法作出正弦和余切的图象。实际问题主要有求山高、求旗杆高、求塔高、求湖长、求云高、求河宽、求气球高等。

综上所述，这一时期中国翻译的三角学教科书呈现以下特点：

首先，从翻译引进的渠道来看，高中所采用的西文三角学教科书大多为美国出版，很少有欧洲国家出版的三角学教科书，如德国、法国等由于文字的关系，他们的教科书不易被我国采用，但英国出版的教科书未必就无一本比美国出版的好，可供采用，这反映了我国在采用他人现成的教科书时没有进行充分的调查。正如任鸿隽在1933年调查后感言道："无怪乎国联教育考察团对于美国教本的流行中国要失色惊顾，而要建议中国政府，派遣专家前往欧洲研究教本课程了。"[1]这是当时中国三角学用书的一个特殊情形。然而，中国在当时由学习日本转向学习西方，在美国出版物占主要市场的同时，从日本引进的三角学教科书译本仍占有一定的份额。

其次，这一时期多家出版企业参与翻译外国三角学教科书，使得三角学教科书呈现多元化发展的特点。

再者，从引进教科书的原著者来看，这一时期最受欢迎的当属美国葛蓝威尔所著的三角学教科书，美国温德华士所著的三角学教科书也较受欢迎。另外，日本的远藤又藏、长泽龟之助、上野清，美国的霍尔和乃特所著三角学教科书，英国的突罕德、克济等所著三角学教科书在中国均有译本，且具有一定的市场规模。

与国人自编高中三角学教科书相比，民国时期翻译的三角学教科书占据大部分市场份额，尤其在20世纪30年代及以后，译本的数量远远超过国人自编高中三角学教科书的数量，其使用的范围也较自编的教科书广泛。在一定程度上反映了民国时期中国三角学教科书的编写规律，即一方面翻译国外优质的三角学教科书，另一方面不断编写适合中国使用的三角学教科书。而在其发展的过程中，稍有停滞，即20世纪30年代可看作是国人自编三角学教科书的短暂停滞期，其间不断吸收来自国外的营养，为后续编写出优质的三角学教科书积蓄能量。

[1] 任鸿隽. 一个关于理科教科书的调查[J]. 科学，1933，17（12）：2033-2034.

第四节
高中解析几何学教科书译本

民国时期国人自编高中解析几何学教科书呈现繁荣景象。国人在自编的同时，选取与新学制课程标准接近的欧美解析几何学教科书进行翻译，汉译解析几何学教科书的英文底本主要来自欧美，有斯盖二氏、斯盖尼三氏、摄温斯三氏、许来曷与施伯纳的解析几何学教科书。在这些汉译本中，以《斯盖尼三氏新解析几何学》为主，书目如表6-9所示。

表 6-9　汉译解析几何学教科书汇总（1912—1949）

序号	书名	译者	出版者	年份	备注
1	汉译摄温斯三氏高中解析几何学	余介石	南京图书社	1932	—
2	汉译摄温斯三氏高中解析几何学	徐尉平、张伯康	南京书店	1932	—
3	汉译斯盖尼新解析几何学	丁梦松、王俊奎	北平科学社	1933	1933年8月初版，1936年第四版，1937年7月第五版
4	施盖倪三氏新解析几何	李熙如	北平文化学社	1934	1934年8月初版，1947年第三版
5	斯改尼三氏新解析几何学	程凯丞	商务印书馆	1934	1934年11月初版，1938年第十版，1947年第十八版
6	施盖倪高中解析几何学	霍宏基	北平人文书店	1934	—
7	汉译解析几何学	佟韶华译、孙国封校	北平华北科学社	1935	—
8	汉译斯米司盖尔解析几何学	黄颂尧、于勤伯、赵国昌	北平科学社	1935	1935年初版，1936年再版，1947年第十一版，1948年第十二版
9	解析几何与代数（第一、第二册）	樊土畿	商务印书馆	1935	1946年第二册初版
10	汉译斯盖尼三氏新解析几何学	江泽、黄彭年	北平华北科学社	1935	1935年初版，1936年修订再版
11	汉译解析几何学	王子述	北平励进学会	1935	1935年1月初版
12	施盖倪解析几何学（上、下册）	缪玉源	北新书局	1936	1943年11月蓉版
13	汉译斯盖尼新解析几何学	黄锡训	荣兴书局	1939	1949年第六版
14	汉译斯盖尼三氏新解析几何学	董永清	新亚书店	1940	1953年第十六版
15	斯盖二氏解析几何学	吴世礽	湘芬书局	1940	1940年3月初版，1946年9月第三版
16	施盖二氏解析几何原理	余介石、陈伯琴等	建国书局	1941	1942年再版

（续表）

序号	书名	译者	出版者	年份	备注
17	李译斯盖尼三氏新解析几何学	李友梅	中南印书馆	1943	—
18	施盖勒新解析几何学	周绍濂	中华书局	1945	1947年8月第四版，1948年8月第五版，1951年第七版
19	汉译斯盖二氏解析几何学	科学社	科学社	1946	—
20	斯盖尼三氏新解析几何学	邱调梅	世界书局	1946	—
21	龙氏解析几何学（上、下册）	韩焕堂、孙梅生	中华书局	1946	1948年再版
22	斯盖两氏解析几何	黄锡祺	上海书店	1947	1947年新一版
23	斯盖尼新解析几何	徐谷生	艺文书社	1948	—
24	汉译斯米司盖尔解析几何学	黄颂尧、于勤伯、赵国昌	科学社	1948	1948年新一版
25	汉译斯盖二氏解析几何学	吴菊辰	新亚书店	1948	1948年6月渝初版，1948年第八版
26	新译斯盖二氏解析几何学	胡世桢	求益书社	1949	1950年第三版
27	新解析几何	钱介福	龙门联合书局	1949	1949年5月初版，1952年10月第六版，1957年第十六次印刷

一、Percey F.Smith，Arthur Sullivan Gale 著《斯盖二氏解析几何学》

The Elements of Analytic Geometry（《斯盖二氏解析几何学》，约1904年，图6-64）由美国耶鲁大学教授Percey F.Smith与罗切斯特大学数学教授Arthur Sullivan Gale合著而成，英文原版在美国的大学使用较为广泛。1922年"壬戌学制"颁布之后，《斯盖二氏解析几何学》不同汉译本随之大量出现，如图6-65至图6-69所示。

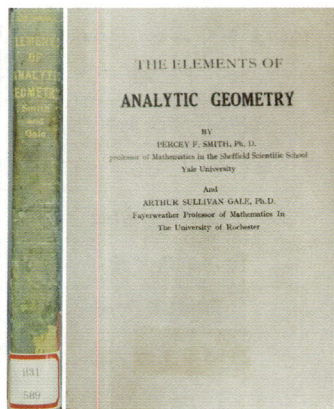
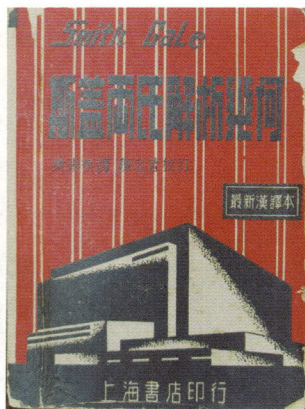
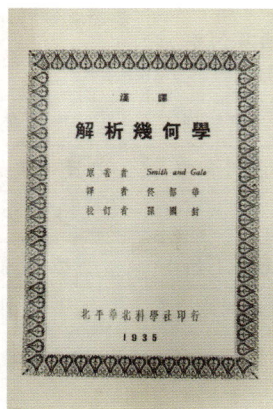
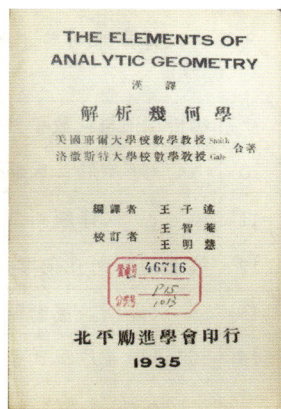

6-64 | 6-65 | 6-66 | 6-67

图6-64 *The Elements of Analytic Geometry*，约1904年

图6-65 《斯盖两氏解析几何》（黄锡祺译）上海书店印行，1947年

图6-66 《汉译解析几何学》（佟部华译）北平华北科学社印行，1935年

图6-67 《汉译解析几何学》（王子述译）北平励进学会印行，1935年

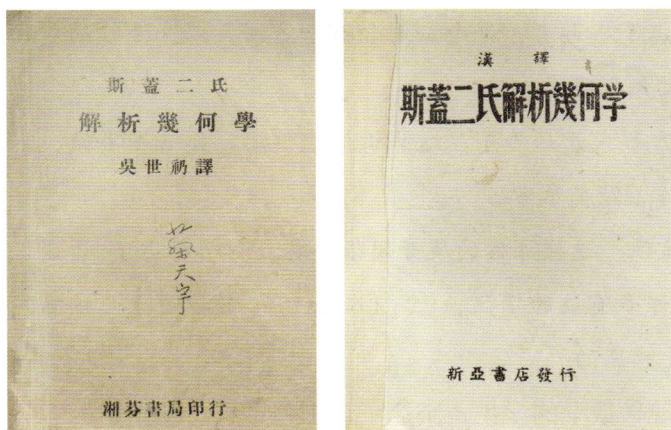

6-68   6-69

图6-68　《斯盖二氏解析几何学》（吴世礽译）湘芬书局印行，1946年
图6-69　《汉译斯盖二氏解析几何学》（吴菊辰译）新亚书店发行，1948年

　　新亚书店出版了许多当时较为流行的数学教科书翻译本，如《舒塞斯三氏平面几何学》（吴静山译）、《汉译范氏高等代数学》（沈璇与曹隆合译）、《汉译葛氏平面三角术》（虞诗舟译）、《汉译龙氏平面三角法》（章彬译）、《汉译斯盖尼三氏新解析几何学》（董永清译）。这些教科书均是当时各地学校采用的数学教科书。翻译者均是当时数学教育界的知名人士，且教学经验丰富，翻译水平较高，译文辞义明显。据吴菊辰翻译的《汉译斯盖二氏解析几何学》一书最后的广告栏可知，这些数学教科书"在坊间所出同类书中，殆无有出其右者。加以校勘详尽，排印精美。"

　　《斯盖二氏解析几何学》英文原版，纸质较好且印刷清晰，易于保存。相对而言，汉译本的纸质与排版印刷质量明显不如英文原版。该教科书内容配列适当，说理明白晓畅，易教易学，它与《斯盖尼三氏新解析几何学》堪称中学教育完善之教科书。关于《斯盖二氏解析几何学》的编写目的与思想，在英文原版"原序"中已给出答案，下面引用"原序"[1]以了解编写该教科书的情况等，具体如下：

　　　　为了计划这本册子，著者早已决心要写一本包括许多现代概念的基本问题的书来供作初学练习之用。可是因为代数学的知识只涉及二次方程式论并且必需足以应用，这样书的范围便不能不有限度。而圆锥曲线论则当例外。事实上，著者已细心地留意而使这书能保持这样的形式。圆锥曲线是当然出现的，不过大都是着重于一般解析法的说明。这使它们占了一章之多，而这些线的许多性质也由方法之应用附带予以导出，非常重要。

　　　　说到主旨，这六十个习题的课程的必需是远胜其他一切的。它是极费用心予以完成的，一方面固然是使教师可以选择，而另一方面则可以把所有很基本的上述意义都包括起来。目次所示的标题并不完全表示内容。例如，在讨论一般二次方程式的轨迹的情形一章中（第十二章），有不变式参入其内。再者，平面的简单变换竟占了三章之多。如果学生读熟了这全书之后，那么对于所有现代解析几何学可说都精悉无遗了。

　　　　对于处理的方法是需要注意的，这在欧式方法的定义和定律之后已有演述，它的好处很是

[1] Percey F.Smith，Arthur Sullivan Gale. 新译斯盖二氏解析几何学[M]. 胡世桢，译. 上海：求益书社，1949.
说明：个别教科书在译者前言或译序中给出了原序的概要。

显然，学生对于每个多获得正确性质便认识了。再者，每个法则含有一方法，以一连续的步骤叙述着。这是明白可取之处。这书中所列的例题很多。

关于解析问题尤见注重，就是学生从方程式开始着手，这告诉他应该怎样接着图去做，不要乱用其他方法。第三章里所述的可以引作（做）参考。

在平面和空间方面也同样应用了这种方法。这样立体的展开便很容易且利于解决了。

末了，对于W.A.Granville博士赐予的许多有益的建议，E.H.Lockwood 教授关于几幅画图的建议，L.C.Weeks 先生的协助校对是需要感谢的。

其序言首先指出了该书的适用对象为初学现代数学的学生，阐述了该书包括六十个主要内容，在编写内容的选择方面是极其认真的，且内容具备两个特征：一、教师可以选择。二、内容较为全面，涵盖所有解析几何基础知识。另外，在平面与立体解析几何学部分，均重视用解析方法解决问题，将代数与几何联系起来，首先让学生掌握方程式，然后根据方程式作出图形。

《斯盖二氏解析几何学》英文原版共23章，190小节。平面解析几何为前15章，137小节，后8章为立体解析几何部分，包括53小节，书后附有名词术语索引。章目录如下：

第一章 代数学和三角学的复习

第二章 笛卡尔坐标

第三章 曲线和方程式

第四章 直线和一般一次方程式

第五章 圆和方程式$x^2+y^2+Dx+Dy+F=0$

第六章 极坐标

第七章 坐标的变换

第八章 圆锥曲线和二次方程式

第九章 切线和法线

第十章 直线同圆锥曲线的关系二次式理论的应用

第十一章 轨迹通径方程式

第十二章 一般二次方程式

第十三章 欧式变换对于相似圆锥曲线的应用

第十四章 反演

第十五章 极和极线，极性交换

第十六章 空间之笛卡尔坐标

第十七章 曲面，曲线，方程式

第十八章 平面和三变数的一次方程式

第十九章 空间内的直线

《斯盖二氏解析几何学》教科书内容广度较大，各章内容排列顺序甚佳。各章的论述较为详尽，如"第二章　笛卡尔坐标"与"第四章　直线和一般一次方程式"中讨论极为详细，证明过程较为完备，讨论也较为详细。书中例题较多，且给出解题步骤，对于学生来说，易于掌握与记忆。另外，在"第八章　圆锥曲线和二次方程式"中采用直角坐标系证明圆锥曲线方程式，使学生易于明白。该书注重数学思想和方法的渗透。如，重视数形结合思想的应用，在例题与习题中均设有图形，力求图形与方程式相结合，还关注综合几何与解析几何之间的区别与联系。该书渗透了极限思想，"第九章　切线和法线"第85小节"圆锥曲线的切线和法线的方程式"中，证明圆上一点的切线方程式为$x_1x+y_1y=r^2$时利用了极限求值法进行求解。此外，书中使用了归纳的方法，采用定义—定理—例题—习题的编写体例，讲述时首先给出定义，然后举例说明，且归纳出求该问题的法则，如"第十章　直线同圆锥曲线的关系二次式理论的应用"第92小节"圆锥曲线的切线"中给出求相切于已知圆锥曲线且符合另一条件的切线方程式，分为三步：第一步，写出适合另一条件的直线系的方程式；第二步，求第一步所得的直线与圆锥曲线相切的条件；第三步，解第二步所得的方程式，以求直线系方程式中的任意常数，再将所得的实数解答，代入直线系的方程式，即得所求方程式。该书重视理论与实用相结合，有些例题以实际应用为题材。如"第三章　曲线和方程式"第39小节"一般图示法"中设置两道例题，第一题是关于单利率的问题，主要是关于本金、利率、年限、总数间的关系，首先给出其代数方程式，然后求出其轨迹，最后以图形的形式表示出来，这里也再次体现了解析几何学的思想所在。第二个例题是物理学知识，关于容积、压力与绝对温度间的关系，用图形的形式表示出来，达到数形结合思想的渗透。

《斯盖二氏解析几何学》的汉译本对于数学名词术语的翻译与数学符号的使用有所不同，下面将英文原版与三种汉译本进行对比（表6-10），了解这一时期解析几何学教科书汉译本中名词术语的大致演变情况。

表6-10　《斯盖二氏解析几何学》英文原版与三种汉译本部分名词术语对照表

序号	英文原版	科学社译本	吴菊辰译本	胡世桢译本	现行名词
1	perpendicular	正交	垂直	垂直	垂直
2	quadrants	象限	象限	象限	象限
3	Cartesian coordinates	卡的逊坐标	笛卡尔坐标	谈卡氏坐标	笛卡尔坐标
4	rectangular coördinates	矩形坐标	直角坐标	直角座标	直角坐标系

（续表）

序号	英文原版	科学社译本	吴菊辰译本	胡世桢译本	现行名词
5	axis of abscissas	横轴	横轴	横轴	x轴或横轴
6	axis of ordinats	纵轴	纵轴	纵轴	y轴或纵轴
7	slope	斜度	斜率	斜率	斜率
8	asymptotes	渐近线	渐近线	渐近线	渐近线
9	directrix	准线	准线	准线	准线
10	eccentricity	离心率	离心率	离心率	离心率
11	polar coördinates	极坐标	极坐标	极座标	极坐标
12	limit	极限	极限	极限	极限
13	conjugate hyperbolas	共轭双曲线	共轭双曲线	共轭双曲线	共轭双曲线
14	parametric equations	通径方程式	参数方程式	通径方程式	参数方程式
15	eguilateral hyperbolas	等边双曲线	等轴双曲线	等边双曲线	等轴双曲线
16	ruled surfaces	法面	直纹曲面	线成面	直纹面
17	hyperboloid of one sheet	一片双曲面	单叶双曲面	单叶双曲面	单叶双曲面
18	hyperboloid of two sheets	两片双曲面	双叶双曲面	双叶双曲面	双叶双曲面

通过分析表6-10，可看出《斯盖二氏解析几何学》中的名词术语具有以下特征，具体如下：

（1）书中很多名词术语与现行术语的表述相同。例如，象限（quadrants）、横轴（axis of abscissas）、纵轴（axis of ordinats）、渐近线（asymptotes）、离心率（eccentricity）、准线（directrix）等。说明当时这些汉译本中这些数学名词的使用不存在混用状态，已基本统一。

（2）有些数学名词与现行数学名词的意思基本相近，只是表述不同，体现了译者的翻译风格。例如，"笛卡尔坐标"（cartesian coördinates），科学社译本与胡世桢译本分别译为"卡的逊坐标"与"谈卡氏坐标"；"等轴双曲线"（eguilateral hyperbolas），科学社译本与胡世桢译本将其译为"等边双曲线"；"单叶双曲面"（hyperboloid of one sheet），科学社译本将其译为"一片双曲面"；"双叶双曲面"（hyperboloid of two sheets），科学社译本译为"两片双曲面"；"极坐标"（polar coördinates），胡世桢译本将其译为"极座标"等。

（3）比较三种译本，吴菊辰译本的名词表述与现行名词表述基本一致。如"笛卡尔坐标"、"参数方程式"（parametric equations）、"等轴双曲线"等都与现行名词一致。

另外，三种汉译本完全采用英文原版中的数学符号，与现行表示基本一致。为了叙述方便，英文原版中有时将大于号、小于号合在一起书写，例如，"第八章　圆锥曲线和二次方程式"，中心圆锥曲线$e \lessgtr 1$。更值得一提的是，英文原版已使用极限符号"lim"，三种汉译本中也遵照英文原版采用了该符号，有的表示为"lim"，也有的表示为"Lim"，说明当时这些译者对于西方数学符号是完全接受的。而有些汉译本数学教科书中并没有采用西方极限符号，仍以汉字"极限"或

"限"来代替，如《温德华士三角学》的汉译本。

然而，《斯盖二氏解析几何学》虽优点较多，也不乏存在一些弊端，"第十一章 轨迹通径方程式"中的论述较少，例子太少。另外，在"第八章 圆锥曲线和二次方程式"中以极坐标讨论圆锥曲线方程式，此章对于学生来说，常感困难，将"极坐标"安排在"圆锥曲线"之前欠妥，应在讲述完"圆锥曲线"之后，再学习"极坐标"，然后在极坐标下讨论圆锥曲线的方程式。总的来说，《斯盖二氏解析几何学》英文原版虽存在不足之处，但瑕不掩瑜，在当时解析几何学教科书还处于紧缺的情况下，《斯盖二氏解析几何学》也不失为一大善本，一些学校将其作为解析几何学教科书使用，如北平汇文中学、天津新学中学在解析几何教学中曾使用过该书，天津新学中学解析几何课程每周授课3小时，由李明显讲授，且他对该书给予了高度的评价。

科学社译本将《斯盖二氏解析几何学》英文原版全部译完。为了与英文原版的页码对应，书中几乎没有改动。页面设置与英文原版保持一致，采用32开印行，行间距不一致，很多处呈拥挤状态，在一定程度上影响了读者的阅读观感。译本文字通顺，表达清楚明了，论证严密。在归纳作题规则时，为了醒目，每一步都将字体加粗。该书所用的纸质不佳，发黄、薄软。印刷质量较差，图象与公式中的字母等大多模糊不清，如此种种在一定程度上使学生学习起来略感困难。

吴菊辰译本的"目次"中仅给出每章的题目，没有包括每一小节内容，而是在正文中给出。此外，该书没有完全按照英文原版的页码设置进行编排，正文部分共438页。相比科学社译本，该译本字体大小适中，行间距较为统一，便于阅读。该译本相比科学社译本，纸质甚佳，印刷质量较好，公式与图形印刷清晰，适合阅读。译本表述简洁明了，对于书中重要的知识点，如公式、定理、规则，均在其下面标有波浪线，提示学生在阅读时加以注意。此外，上文已提到，该译本相比另外两本，译本中的名词术语的表示与现行名词术语基本一致，这些优点也是该译本再版次数较多的原因。

对于胡世桢译本，第一，在页面设置方面，此译本是完全按照英文原版的页码设置进行翻译编排的，与英文原版的页码数相同，正文部分共421页。此译本虽与科学社译本的页码数相同，但页面设计比科学社译本合理，字体大小适中，行间距基本一致。另外，此译本中图形与公式中的字母印刷均很清晰，利于学生阅读。第二，翻译后的文字通俗易懂，在每一概念之后均附有英文单词，以便与英文原版进行对照。此外，译本在概念、定理、公式、法则的下面均标有波浪线，在例题与部分重要知识点下面标有横线，提醒学生在学习中加以注意，提示该知识点是学习的重点。

佟韶华译本《汉译解析几何学》于1935年由北平华北科学社印行，如图6-66所示。华北科学社是以"研究科学之精神，发扬文化"为宗旨，主要编译各种教科书，且代理全国各大小书局的教科书，曾出版江泽与黄彭年翻译的《汉译斯盖尼三氏新解析几何学》（图6-72）。佟韶华翻译，孙国封校对的《汉译解析几何学》曾遵照出版法且送呈教育内政部审定备案，该书没有编辑大意之类的内容，下面通过章目录了解其主要内容：

第四节　高中解析几何学教科书译本

第一章　代数和三角的复习

第二章　卡特逊坐标

第三章　曲线和方程式

第四章　直线和普通一次方程式

第五章　圆和方程式 $X^2+G^2+DX+EG+F=0$

第六章　极坐标

第七章　坐标轴的移转

第八章　圆锥曲线和二次方程式

第九章　切线和法线

第十章　直线和圆锥曲线的关系

第十一章　轨迹及襄变式

第十二章　普通二次方程式

第十三章　欧几里得变换法和它在相似圆锥曲线的应用

第十四章　反数形

第十五章　极、极带和极带交换

第十六章　空间的卡特逊坐标

第十七章　面、曲线和方程式

第十八章　平面和三变数的普通一次方程式

第十九章　空间直线

第二十章　特别的面

第二十一章　坐标的变换、各种坐标法

第二十二章　二次曲面和含三变数的二次普通方程式

第二十三章　直线和二次曲面的关系及二次曲面理论的应用

　　总之，《斯盖二氏解析几何学》传入中国之后，流行甚广，内容虽与当时的课程标准中所要求的解析几何学内容不太符合，但学者们在选择翻译什么样的解析几何学教科书的时候，并不是盲目的，而是经过深思熟虑的，翻译宗旨为必须适合当时的中国中学教学。《斯盖二氏解析几何学》与《斯盖尼三氏新解析几何学》成为翻译的主流，可以说明两书是学者们翻译的首选，与其颇多的优点是分不开的。两书在清末及民国时期一直占据着解析几何学教科书市场，中华人民共和国成立后也被使用，对后来解析几何学教学内容的选定与发展起到了积极的推动作用。

二、Percey F.Smith，Arthur Sullivan Gale，John Haven Neelley 著《斯盖尼三氏新解析几何学》

斯盖尼三氏是指Percey F.Smith，Arthur Sullivan Gale，John Haven Neelley，他们编写的*New Analytic Geometry*（《斯盖尼三氏新解析几何学》，1928年，图6-70），"新"字代表Percey F. Smith，Arthur Sullivan Gale所编《斯盖二氏解析几何学》之新版，内容有所增加，在美国的影响较大。1904年"癸卯学制"颁布之后，中国部分中学使用《斯盖尼三氏新解析几何学》英文原版，解析几何学是新兴学科，中学生学习起来会感到很吃力。民国时期《斯盖尼三氏新解析几何学》在中国被多次翻译，汉译本版本较多。1932年颁布正式课程标准之后，《斯盖尼三氏新解析几何学》在中国风靡，出现多种版本，其中部分版本如图6-71至图6-80所示。

图6-70　*New Analytic Geometry*，Ginn & Company，1928
图6-71　《斯改尼三氏新解析几何学》（程凯丞译）商务印书馆发行，1934年
图6-72　《汉译斯盖尼三氏新解析几何学》（江泽、黄彭年译）北平华北科学社印行，1936年
图6-73　《汉译斯盖尼新解析几何学》（黄锡训译）荣兴书局发行，1949年
图6-74　《汉译斯盖倪三氏新解析几何学》（董永清译）新亚书店出版，1953年
图6-75　《施盖倪解析几何学》（缪玉源译）北新书局印行，1943年
图6-76　《汉译摄温斯三氏高中解析几何学》（徐尉平、张伯康合译）南京书店发行，1932年

第四节　高中解析几何学教科书译本

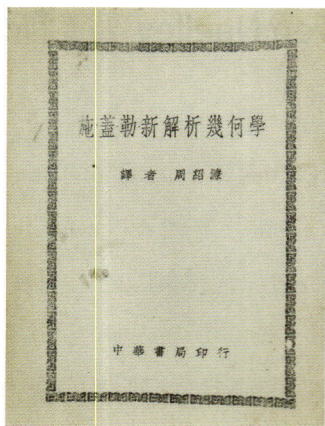

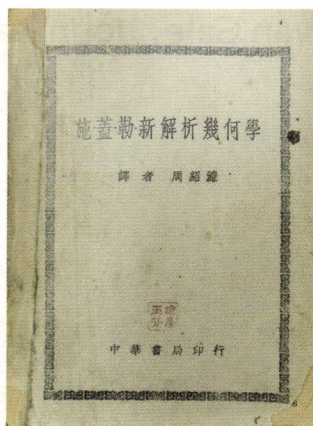

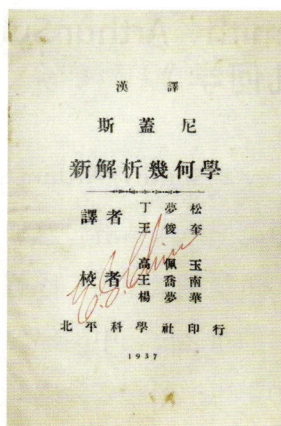

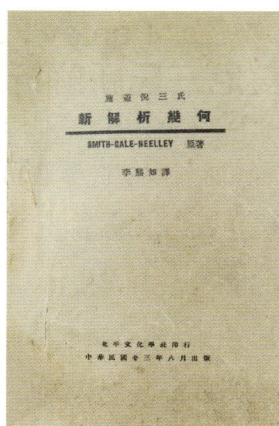

图6—77　《施·盖·勒·新解析几何学》（周绍濂译）中华书局印行，1947年
图6—78　《施·盖·勒·新解析几何学》（周绍濂译）中华书局印行，1948年
图6—79　《汉译斯盖尼新解析几何学》（丁梦松、王俊奎译）北平科学社印行，1937年
图6—80　《施盖倪三氏新解析几何》（李熙如译）北平文化学社印行，1934年

《斯盖尼三氏新解析几何学》英文原版，采用自左向右横排的编写形式，该书内容丰富，条理明晰，易学易教。该书的汉译本中均只有翻译原版的"序"，在此引用英文原版的"序"，了解编者的编写意图。

"本校订版中，许多教师向所赞美各点，著者已着意为之保留；且依经验上之见地完善之。书中大旨，疏少更易。所添论题，足增学者之兴趣。至于重排上之变化，其目的纯为预备一种更确当之程序且将较新颖较繁难之论题于适当之时期输入之。本版取第一版之新材料为标准，此事当为读者所见谅。解析几何学课程现今当然包括超越曲线、参数方程式、图形及经验方程式诸章。许多教师愿将立体解析几何学部分略微缩短，现版已应彼等所请；但欲实施一种充满的课程，以供进窥微积分之基础者，则必需之材料，亦已搜集其中矣。全部问题，悉经校订，有数组冠以'特别研究'目标者，依惯常言之，此种问题施之普通练习，实属太难，而为例外学者所设耳。"[1]

英文原版的"序"中明确指出该书的编写宗旨，一为内容务必丰富，为之后学习微积分学作准备；二为特设难题，为高深研究者打好基础。该书的平面解析几何部分在原来的基础上增加了超越曲线、参数方程式、图形及经验方程式等章。立体解析几何的内容有所缩减。

《斯盖尼三氏新解析几何学》英文原版内容包括平面解析几何与立体解析几何两部分。共17章、159个小节，共323页。

平面解析几何部分共12章，目录如下：

[1] Percey F. Smith, Arthur Sullivan Gale, John Haven Neelley. 斯盖尼三氏新解析几何学[M]. 程凯丞，译. 上海：商务印书馆，1934.

第十二章 函数、图形及经验方程式：98. 函数、函数值记法；99. 函数之图形、简易函数之例题；100. 函数之立式及作图；101. 函数之经验确定法；102. 直线率；103. 平均法；104. 上例评注；105. 二常数率；106. 幂率；107. 指数率及双曲线率；108. 抛物线率；109. 平均法对于普通抛物线率之应用；110. 代数方程式之图解；111. 超越方程式之图解

立体解析几何部分共5章，其中后两章为空间解析几何的补编，具体如下：

第十三章 卡氏空间坐标：112. 卡氏坐标；113. 重要关系；114. 直线之方向余弦；115. 直线之方向数；116. 长；117. 二方向直线间之角；118. 平行线及垂直线之检验法；119. 分点；120. 空间之轨迹；121. 面之方程式；122. 曲线之方程式；123. 方程式之轨迹、二个联立方程式之轨迹

第十四章 空间之平面及直线：124. 平面之法线方程式；125. 任意一次方程式之轨迹、法线式化法；126. 特别平面；127. 平面之截距及纵线、平面作图法；128. 两平面间之角；129. 三条件决定一平面；130. 平面之截距式；131. 自平面至一点之垂距；132. 平面族；133. 直线之普通方程式；134. 直线方程式之种种；135. 直线之投影面、投影式；136. 直线与平面相关之位置

第十五章 特别曲面：137. 球面；138. 圆柱面；139. 圆锥面；140. 曲面方程式之讨论；141. 二次曲面；142. 椭圆曲面；143. 一支双曲线曲面；144. 两支双曲线曲面；145. 椭圆抛物线曲面；146. 双曲线、抛物线曲面

第十六章 空间解析几何补编：147. 旋转曲面；148. 法面；149. 法二次曲面、直母线；150. 倾斜圆柱面；151. 曲线之投影圆柱面；152. 空间曲线之参数方程式

第十七章 坐标之变换，各种坐标制：153. 坐标轴之移动；154. 坐标轴之转动；155. 含之二次方程式之轨迹；156. 普通三元二次方程式之简化法；157. 极坐标；158. 球面坐标；159. 圆柱面坐标

在丁梦松译本、李熙如译本和程凯丞译本中，除程凯丞译本将椭圆面、单叶双曲面与双叶双曲面的图形安排于书的最后，以附页形式给出外，丁梦松译本、李熙如译本中的目录设置以及内容安排与英文原版完全相同。

名词术语与数学符号的翻译，一定程度上存在差异。将《斯盖尼三氏新解析几何学》英文原版与三种汉译本进行对比，可窥探这一时期数学名词的使用情况，如表6-11所示。

表6-11 《斯盖尼三氏新解析几何学》英文原版与三种汉译本名词术语对照表

序号	英文原版	丁梦松译本	李熙如译本	程凯丞译本	现行名词
1	cartesian coördinates	狄卡儿坐标	狄卡儿坐标	卡氏坐标	笛卡尔坐标
2	rectangular cartesian coördinates	狄卡儿直坐标	狄卡儿直角坐标	卡氏正坐标	直角坐标系

（续表）

序号	英文原版	丁梦松译本	李熙如译本	程凯丞译本	现行名词
3	axis of abscissas	x轴或横轴	x轴或横轴	x轴或横坐标轴	x轴或横轴
4	axis of ordinats	y轴或纵轴	y轴或纵轴	y轴或纵坐标轴	y轴或纵轴
5	slope	斜率	线坡	线坡	斜率
6	asymptotes	渐近线	渐近线	几近线	渐近线
7	conjugate hyperbolas	配偶双曲线	配偶双曲线	共轭双曲线	共轭双曲线
8	eguilateral hyperbolas	等轴双曲线	等轴双曲线	等边双曲线	等轴双曲线
9	rectangular hyperbola	直角双曲线	直角双曲线	方形双曲线	直角双曲线
10	parametric equations	襄变方程式	襄变方程组	参数方程式	参数方程式
11	ruled surfaces	直纹面	直纹面	法面	直纹面
12	the hyperboloid of one sheet	单叶双曲面	单叶双曲面	一支双曲线曲面	单叶双曲面
13	the hyperboloid of two sheets	双叶双曲面	双叶双曲面	两支双曲线曲面	双叶双曲面
14	amplitude	振幅	波幅	振幅	振幅

《斯盖尼三氏新解析几何学》英文原版与汉译本是当时最为流行、使用极广的高中解析几何学教科书，许多教师对该教科书给予了高度评价。

北平培华女中在教学中使用《斯盖尼三氏新解析几何学》的英文原版，每周授课5小时，解析几何学教师尹以莹认为该书清楚明白。北平通县潞河中学也在使用该教科书的英文原版，解析几何学教师崔鸿章认为："本书所讲者虽不甚丰富，然由浅入深，颇宜中学生之用，凡解析几何之普遍学识，无一不加详细讨论。"[1]

丁梦松与王俊奎译的《斯盖尼三氏新解析几何》被很多学校使用。唐山丰滦中学解析几何学教科书使用该译本，每周教授解析几何学3小时，解析几何学教师李文祥对该译本给予了肯定，认为该书"教材丰富，编制完善，讲解透彻，论证详明。"[2]山西太谷铭贤学校也是使用该本，教师王子由认为高三使用该书甚佳。

江泽、黄彭年译的《汉译斯盖尼三氏新解析几何学》也颇受欢迎。北平私立崇实中学曾使用该译本，每周教授解析几何学2小时。教师富汝培认为该书在只讲授平面解析几何部分时，应该注意，不然恐难讲定。天津中西女中曾讲授李熙如译本，要求每周教授解析几何学课程3小时，教师宋士忱认为该译本条理清晰。北平贝满女中使用霍宏基编译的《施盖倪高中解析几何学》，解析几何学教师杨学英认为该教科书适宜。

此外，《斯盖尼三氏解析几何学》被青岛文德女中作为教科书使用，指出"本书教授高中除十三章外后应减去外，其余部分均尚相宜，尤以坐标变换及切线二章讲解极为详明，于学生益处甚

---

[1] 李文海.民国时期社会调查丛编：二编：文教事业卷[M].福州：福建教育出版社，2014.
[2] 同[1].

大，各章习题亦稍嫌多，应酌量减去。"[1]天津汇文中学也曾使用《斯盖尼三氏新解析几何学》，教师武金铎指出使用该书的主要原因为该教科书符合课程标准，国内流行的解析几何学教科书皆与该教科书相似。河北省昌黎汇文中学，要求解析几何学课程的授课时间为每周3小时，使用的教科书为《斯盖尼三氏新解析几何学》，解析几何学教师于震指出该教科书问题稍多等不妥之处。另外，北平育英中学也曾选用《斯盖二氏解析几何学》与《斯盖尼三氏新解析几何学》为解析几何学教科书。

1950年颁布的《供普通中学数学参考适用 数学精简纲要（草案）》中没有明确规定高中数学课程总目标。《高中解析几何精简纲要（草案）》的"精简说明"中对解析几何的课程章节、习题总数、课程结构调整、删减内容、具体内容的讲解重点以及使用的教科书等都有明确规定，"提纲参考书以斯盖尼三氏解析几何学教科书为主，斯盖二氏解析几何学和开明新编解析几何学（刘薰宇编）为副。"[2]

该书特点如下：

第一，选材范围广泛，内容极为丰富。各章内容安排妥当，理论与实用兼顾。凡属于平面解析几何中的基本定理以及应用问题，该书皆已搜罗殆尽。在《斯盖二氏解析几何学》的基础上增加了超越曲线、参数方程式、图形及经验方程式等章。立体解析几何的内容有所缩减，唐山丰滦中学教师李文祥认为《斯盖尼三氏新解析几何学》中立体解析几何部分稍有简略，但亦足以供中学生之用。该教科书中例题与习题也极为丰富，习题有解答题、作图题以及证明题。在每一个定理之后均设置例题，以示定理的应用，然后在后面安排习题，以供学生练习，且设置数个难题，以为备选，如图6-81所示。

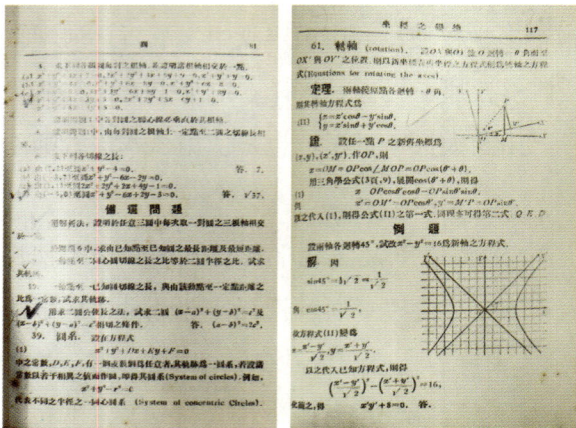

图6-81　《汉译斯盖尼新解析几何学》北平科学社印行，1937年：第81、第117页

第二，以函数概念为中心，注重数形结合思想的渗透，适应数学最新的发展趋势。"第十二章 函数、图形及经验方程式"中重点论述了函数的性质。另外，在推理过程中多用归纳法、重用分析法，能提高学生的积极性，增强学生的推理能力。该教科书说理详明显豁，易学易教。

---

[1] 李文海. 民国时期社会调查丛编：一编：文教事业卷[M]. 福州：福建教育出版社，2014：329.
[2] 课程教材研究所. 20世纪中国中小学课程标准：教学大纲汇编：数学卷[M]. 北京：人民教育出版社，1999：304.

第三，重视重要知识点的标注，以醒眉目。李熙如译本中在重要定义与定理之下，以曲线或直线标出。丁梦松与王俊奎译本中部分以曲线标注，但是标注地方较少。程凯丞译本中均以直线标出，且在名词术语旁注有英文翻译。

钱介福译本《新解析几何》（图6-82）出版较晚，1949年5月初版，1952年10月第六版，1957年2月第十六次印刷，由龙门联合书局出版。

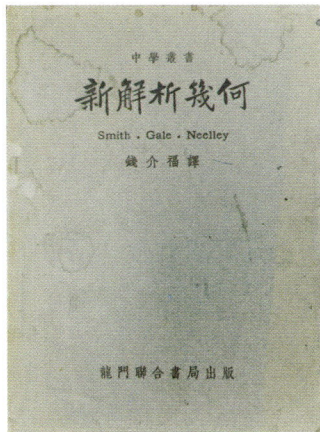

图6-82 《新解析几何》龙门联合书局出版，1952年

钱介福（1921—1991），浙江嘉善人，1946年毕业于昆明国立西南联合大学物理系。他历任上海龙门联合书局的编译员，科学出版社技术科学编辑室秘书、总编室副主任、社学术委员会副主任等职务。曾担任中国物理学会和北京光学学会理事。他在物理学与中、英文方面造诣极深。组织出版了国内外具有影响力的优秀著作与体现我国科学水平的一些学术丛书，如钱学森与宋健合著的《工程控制论》、黄宏嘉著的《微波原理》、华罗庚主编的"纯粹数学与应用数学"、周光召主编的"现代物理学丛书"等。[1]

钱介福译本《新解析几何》主要供高中学生作为教科书或参考书之用，英文原版为《斯盖尼三氏新解析几何学》，全书共17章、159小节。第一章首先列出几何学、代数学与三角学中的重要参考公式与表，第二章至第十二章为平面解析几何部分，第十三章至第十七章扼要说明立体解析几何部分，章目录如下：

第一章 参考公式与表

第二章 笛卡儿（尔）坐标

第三章 曲线与方程式

第四章 直线

第五章 圆

第六章 抛物线椭圆及双曲线

第七章 坐标之变换

第八章 切线

[1] 中国出版年鉴编辑委员会. 中国出版年鉴1992[M]. 北京：中国出版年鉴社，1993：179.

第九章 极坐标

第十章 超越曲线

第十一章 参数方程式与轨迹

第十二章 函数与脉及经验方程式

第十三章 空间笛卡儿（尔）坐标

第十四章 空间之平面与直线

第十五章 特殊曲面

第十六章 空间几何学之补充教材

第十七章 坐标之变换 不同之坐标系

从上述目录可知，该译本并未按照课程标准编写，1948年修订课程标准规定解析几何学所学内容浅显易懂，而该教科书的内容广度与难度相比课程内容都较大。

该书"原序"如下：

于此修正版中著者曾企图保持为多数教师所称许之特质且进而藉经验以求其更加完善。本书之主旨无甚改变，添加之少数论题当可增加学者之兴趣，而改变之处，均已重新编排，使本书有更一贯之发展，而于适当之时机引入较新奇及较困难之各论题。

著者敢请注意本书初版中之新材料今已成为标准，而今之解析几何学一课程已必然将超越曲线、参数方程式、脉（graph）、及经验方程式诸章列入。

多数教师主张立体解析几何学之课程宜稍为简短，本篇系依照此一主张而编制者，但亦有教师欲令此一课程较为详尽，以作为学习微积分学之准备，则其必需之材料亦已包含在内。

全部问题均已校订，有冠以"选作问题"标题者，以之为一般作业，通常均嫌太难，故仅为优异学生而设，使多磨练（炼）之机会。

三、韩焕堂等译《龙氏解析几何学》

韩焕堂（1914—1990），河北省武强人，曾在首都师范大学教授数学，曾担任北京市私立大同中学代理校长，在1949—1950年间两次当选为北京市各界人民代表会议代表。1951年在北京机械学院任教，1949—1966年担任北京市教育工会常委、经费审查委员会副主任。离休后，在北京广播学校任教。他曾长期担任北京数学会理事，北京高校数学研究会理事。一生为国家培养了大批人才。[1]

孙梅生（生卒年不详），数学教育家，他曾在北京市私立大同中学担任校长、副教授，是北京市中学数学界的四大元老之一，1954—1966年在北京师范学院数学科学学院担任系主任一职。

[1]《中国广播电视年鉴》编辑委员会. 中国广播电视年鉴1991 [M]. 北京：中国广播电视出版社，1992：456.

韩焕堂和孙梅生合译S.L.Loney的《龙氏解析几何学》（图6-83），于1946年由中华印书局初版。该书取自龙氏的名著之一，取材宏富、条理清晰，习题选择也独具特色，高中理科组可将其作教科书使用，专科学校也可采用。此书在欧美甚为流行，但是在国内尚无译本。因此，韩焕堂与孙梅生利用课余时间翻译了此书，翻译时既保持英文原版的精神又尽量使译文合乎我国的语法。英文原版平面解析几何为一册，共17章，译者将其分为上下两册出版，上册共9章，下册共8章，具体内容如下：

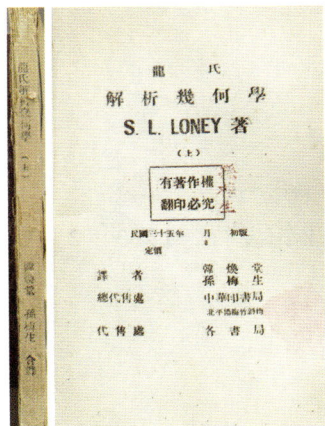

图6-83　《龙氏解析几何学》中华印书局出版，1946年

第一章　绪论，几种代数结论；第二章　坐标，直线之长与三角形之面积，极坐标；第三章　轨迹，轨迹之方程式；第四章　直线，直交坐标，过二点之直线，二已知直线之交角，平行及垂直之条件，垂直线之长，分角线；第五章　直线，极方程式与斜坐标，包含任意常数之方程式，轨迹之例；第六章　方程式表二或多数直线，一方程式所表二直线之交角，普通二次方程式；第七章　坐标之变换，不变式；第八章　圆，切线方程式，极与极线，圆之极坐标方程式，关于斜坐标轴之方程式，一变数之方程式；第九章　圆系，正交圆，根轴，同根圆；第十章　圆锥曲线，抛物线；第十一章　抛物线（续）；第十二章　椭圆；第十三章　双曲线；第十四章　圆锥曲线之极方程式；第十五章　二次普通方程式，曲线作图；第十六章　普通方程式；第十七章　杂问题

在此引用该书"例言"，说明其编排情况：

一、是书为龙氏名著之一，取材宏富，条理清晰，而习题之选择，犹（尤）具特色，不但高中理组可作教本，专科学校亦可采用。

二、是书在欧美甚为风行，而国内迄无译本，特于任课余暇译出，以饷读者。

三、译文尽量使其合乎本国语文之用法，但亦尽量保持原文之精神。

四、是书平面部原为一册，共十七章，兹经细心斟酌，分为上下两册，上册共九章，约占全书之半。

五、凡重要标题、语句、公式，悉标横线，以醒眉目，而便检查。

六、书末附有勘误表，以正手误。

七、书末附有中英名词对照表及例题解答，可供学者参考。

八、译者学识浅陋，而课业繁重，仓促译成，难免舛误，海内大雅，幸辱教之。

九、原稿经李乐良、曹喜昇、梁政纲、李哲、姜亦桥、潘永增诸生，分任缮写，例得并书。

该书较为明显的特点是注重直角坐标系、极坐标系、斜坐标系下的直线、圆以及圆锥曲线的方程式的表示，"直线"分为三章论述，篇幅较大，没有安排参数方程式内容。此外，书中第一章中详细介绍了行列式记法、以行列式求方程式解。

四、郑家斌译、陈文校《温特渥斯解析几何学》

《温特渥斯解析几何学》（图6-84）由郑家斌译，陈文校，商务印书馆发行，1933年2月初版，1934年5月第二版。

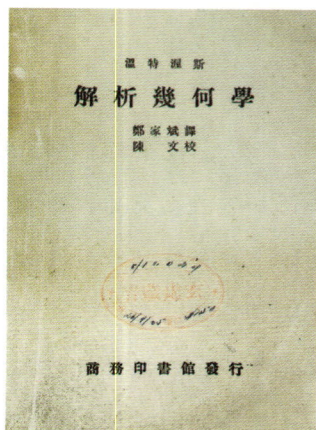

图6-84　《温特渥斯解析几何学》商务印书馆发行，1933年

陈文为该书校订并写序，序中介绍了解析几何学的历史及欧洲各国研究解析几何学的著名学者，强调了解析几何学作为几何分支学科的重要性，该书更适合初学者学习。"序"如下：

解析几何学。英文原字为Analytic Geometry，盖几何学之一分科。而学微分积分所必经之阶级也。此学，创于法兰西人狄斯恺特（Descartes）。其法，以二坐标（Coödinates）为主。而一切几何学上之理，悉以代数学之解析法驭之。在欧洲各国，早已成为专门学科。其间著名学者，德有敖士（Gauss）、朴鲁客（Plucker）、黎曼（Riemann）、赫塞（Hesse）、喀莱（Klein）、法有达博（Darboux）、哈尔飞（Halphen）、英有奈瑞（Newton）、矼雷（Caylay）、凯威斯达（Cylvester）等。而近日英文书中，尤以英人查理斯密（Charles Smith）及美人温特渥斯（Wentworth）所著书为最善。丁未春，余既译斯密氏书，而以它事迁延，迟迟未脱稿。又患病数月，不能操作。然以敦促者之迫，将力疾二三月足成之已。郑君家斌，商部高等实业学堂高材（才）生也。是年伏腊节前一日，以所译温特渥斯氏书，谋刻于科学会编译部。会余居海上，执阅稿之役，寻绎浃旬，视其条目，察其顺序，实较斯密氏书便于初学。

而郑君译笔，亦极精细。惟所译学语，与科学会前此所译各书，稍有出入，因复请于郑君，许由鄙人更改，乃费匝月力。为之校阅一过，且将所译学语，移为一律。付诸梓人，是书之刻，殆斯学汉文本之嚆矢舆，而余所译斯密氏本，亦可割弃已。

戊申正月，连江陈文识于海上

例言中介绍了该书编译的背景、适用范围及内容的简要概述，内容仿西式横排书写，"例言"如下：

——本书为美国大数学家温特渥斯所著，乃美国教授高等学生用书，特精心翻译，以备我国高等学堂之用。

——本书平面部为章九，为节一百四十。立体部为章四，为节四十。由浅入深，体例井然。

——本书习问共有九百四十余题，每设一问，新理层出。且每章必标以总习题，温故知新，用意尤善。

——本书行文悉仿西式。诚以数学一科，立式引例，均以横行为便，故本书从之。

——所用学语，悉依科学会译例，与科学会前此所译各书一律。

——数目与代量之字，均照原本，取其字画简便也。

——学习本书，必于算术、代数、几何、三角，诸学，均已习过，方能领会。

——本书斟酌再四，谅无大谬可指。然千虑不无一失，苟海内大雅，匡其未逮，为译者所厚望。

译者识

从例言可知，解析几何适用于我国高等学堂的数学学习，学习者必须有算术、代数、几何、三角等数学知识的基础才能学习此书，书中内容分为平面和立体两大部分，平面部共9章140节，立体部共4章40节，每节后都附有习题，共940余道，部分较简单的题目后直接附有答案。书中最后33页为所有习题的答案，供学生参考。并且在每一章的后面设有"总问"，即本章习题供学生复习之用。章目录如下：

平面部

第一章 轨迹及其方程式

第二章 直线

第三章 平圆

第四章 坐标各法

第五章 抛物线

第六章 椭圆

第七章 双曲线

第八章 二次之轨迹

　　全书共300页，横排编写，图片清晰并连续编号，图片编号根据编排的需要写在图片的上侧或左侧，左侧的图片编号按竖排编写（图6-85）。标题和数学名词加粗加黑并在后面附括号，括号内附英文标注，重点强调内容用下划线标注。书中在介绍立体部分的射影几何前，将三角函数公式采用汉字与英文字母相结合的方式来表示（图6-86）。书中以"注"的形式对较难习题加以提示。另外，书中题目注重方法的多样性，无论是在例题还是后面的习题答案中，都鼓励学生用不同方法解题。

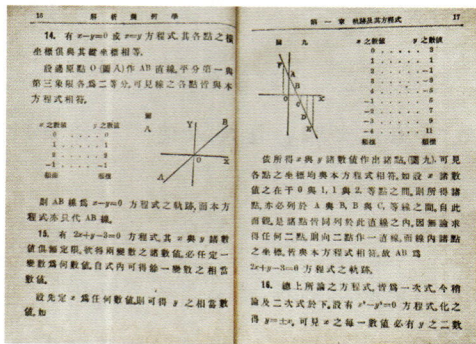

图6-85　《温特渥斯解析几何学》商务印书馆，1933年：第16~17页

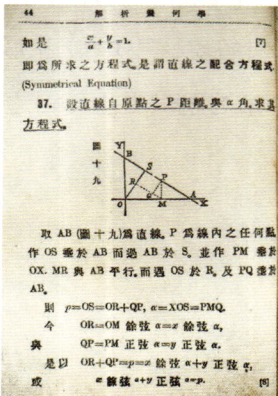

图6-86　《温特渥斯解析几何学》商务印书馆，1933年：第44页

　　民国时期翻译的数学教科书是清末的延续与发展，一方面继续再版、翻译清末时期反响较好的数学教科书，另一方面根据时代的发展，不断引进、翻译欧美等国的数学教科书。然而，中国在当时所引进的外国数学教科书大多在原产国流行甚久。如，温德华士所著的三角学教科书于1882年在美国初版，中国在其出版29年后才首次引进，并逐渐在中国流行。可见，中国当时在引进数学教科书方面较为滞后，甚至有可能出现已经被原产国弃之不用的教科书在中国流行的现象。纵观1912—

1949年出版的数学教育制度之外的数学教科书，不难发现翻译的数学教科书主要是通过以下几个途径实现的。

第一，留学生的贡献。清末时期以留日学生为主力军，中国数学教科书也以翻译日本为主。进入民国时期，随着留美学生人数的增加，中国数学教科书由以翻译日本为主逐渐转向直接向欧美学习，其中，又以翻译美国的数学教科书为主。留学生翻译的数学教科书有些在国外出版发行后再运返中国销售，有些则在日本翻译后由国内出版发行，他们对中国近代数学教科书的发展作出了不可磨灭的贡献，如马君武、段育华、秦汾等。其中，马君武作为中国近代著名教育家和政治活动家，即为留美回国的学者之一，他虽不是数学家，却翻译和编写了不少数学教材，其中三角学教科书是翻译突罕德的著作。马君武与蔡元培同享盛名，有"南马北蔡"的美誉。与马君武类似的学者不胜枚举。

第二，由于直接引进外国原版数学教科书成本较高，一些平民百姓家的学生难以负担，故中国当时出现了大量的誊印本。如，算学丛刻社负责誊印了大量的外国原版数学教科书。当然，为了减少成本，教科书的质量远不如原版。然而，使用英文版教科书有优点，也有缺点。优点在于使学生英语水平得到较大提高，缺点在于英文版教科书的内容题材有些不适合中国的实际。此外，由于学生学习的是英文版教科书，会产生对现在的中文数学名词完全陌生的窘况。由此催生了汉译教科书。

第三，鉴于英文原版数学教科书只适合少数精英教育学校，大多数普通高中仍要依靠中文版的教科书进行教学，故在这种情况下同时出现了各种外国数学教科书的大量汉译本。如，以《温德华士平面三角法》《葛氏平面三角学》为主流，后有《罗氏平面三角法》《赫奈二氏平面三角法》《龙氏平面三角学》等。这些汉译本由商务印书馆、中华书局、世界书局、文明书局等各大教科书出版企业出版发行。

民国时期涌现一批外国的数学教科书，使得翻译外国数学教科书在当时成为一种时尚。整体而言，民国翻译的三角学教科书不比清末差，而是在其基础上进一步发展。但值得注意的是：

第一，民国时期的中学与清末时期不同，1922年"壬戌学制"颁布后，中学被分为初中和高中两个阶段，而这一时期翻译的数学教科书大多是供高中使用的，且占全部数学教科书近一半的份额，初中则几乎都是使用国人自编本。

第二，民国时期中国数学教科书的学习方向虽由日本转向美国，但并没有完全放弃向日本学习，这一时期，菊池大麓、上野清、长泽龟之助等日本学者编写的三角学教科书仍一直再版，可见日本的影响一直存在。

第三，翻译的数学教科书大多与国体变更、数学教育制度等无关。以《温德华士平面三角法》为例，其英文原本于1882年出版，由美而日，风行已久。中国取自日本，以暂解当时中国数学教科书短缺的燃眉之急。中国最早的译本是在清末出版的，之后国家政体改变，中国易君主为共和，国体虽改，但此书仍同前时一样颇受各学堂欢迎。这一现象从侧面反映了翻译的数学教科书与国体变更毫无关系，也不受数学教育制度的制约。

第四，教科书书名问题。与中国自编数学教科书不同的是，外国数学教科书一般用其作者的名字作为书名的组成部分，而在中国这种情况较少。包括现今许多出版社登出的广告也很少刊登作者的名字。这不仅是宣传工作方法的失误，从更深层说，也是缺乏文化意识的表现。因为书是作者写出来的，是与作者分不开的。书的质量及其价值固然与内容等有关，但绝不是有了优秀的素材就有了优秀的教科书，而是要看其作者是谁，编写得如何。

总之，民国时期翻译的数学教科书对中国数学教科书的编写起到了示范作用，其影响深远。借鉴外国数学教科书的编写经验，使得中国自编数学教科书得到长足发展，并逐渐适合中国国情，趋于完善。

后 记

　　教科书对青少年来讲就像阳光、空气和水一样，在他们成长过程中有着不可或缺的作用，教科书的内容会直接影响青少年的知识素养和道德素质。教科书的优劣也决定一个国家教育质量的好坏，甚至也可引起国家之间的政治风波。从上述意义上说，教科书是民族的灵魂[1]，也是国家的灵魂。因此，无论是一个国家还是一个家庭都格外重视教科书。然而人们对教科书历史的重视程度并不一定达到对现行教科书的重视程度。我们在现实生活中看到，过去那些丰富多彩的教科书往往被尘封在历史地层中。但是在每一个历史时期总有学者独具慧眼，像考古学家一般挖掘层层历史，探寻和发现曾经的教科书，复原它们曾经的样貌，让它们重新开口诉说自己曾在人类历史发展中所扮演的角色，也间接地展示孕育和营造它们的那些知名的或不知名的建设者的群像。

　　笔者对教科书全面而系统的认识是从21世纪初开始逐渐形成的。其实，早在1996年在日本大阪教育大学留学时，笔者经常看到日本一些大学图书馆进行的学校或个人教科书展，但没有产生足够的重视。当时，笔者的老师松宫哲夫教授担任大阪教育大学天王寺附属图书馆馆长，经常领笔者逛大阪、京都、神户和奈良等地的古书店和各种"古本祭"——古书展销会，同伴中还有京都大学图书馆长菅修一先生，他们俩积极搜集购买各种教科书，并且在一段时间之后发行一次教科书介绍和研究简报。在他们的建议下，笔者购置了"教育名著丛书"（12卷），其第一卷就是东京大学仲新教授的著作《近代教科书的诞生》（日本图书中心，1959年），通过这本书进而了解到仲新教授主编的"日本教科书大系——近代编"（27卷）。这是一套图文并茂的教科书历史丛书，是一项让世人震撼的宏大工程。但这些震撼并没有引起笔者系统研究教科书的浓厚兴趣，因为这项工作让笔者不由自主地产生一种望而生畏或望尘莫及的感觉。时过境迁，2002年在中国社会科学院获得哲学博士学位后，笔者又回到数学学科教育的教学科研工作中，这是一个美好而有广阔前景的领域，等待人们去开垦。在其后的硕士生和博士生的指导工作过程中，笔者让部分学生选择了数学教科书发展史的研究，这样笔者也被"拉下水"和他们共同研究数学教科书发展史，在十几年的时间里取得了一些成果。具体地讲，笔者团队完成了关于教科书历史研究的十几篇博士学位论文，其中李春兰和刘冰楠的论文被评为内蒙古自治区优秀学位论文，李春兰、张伟、王敏、刘冰楠和常红梅的论文已经正式出版。此外，还有已经毕业的20多名硕士研究生学位论文选题也是数学教科书发展史的研究，其中6篇论文被评为内蒙古自治区优秀学位论文，3篇被评为全国优秀教育硕士学位论文。

---

[1] 汪家熔. 民族魂：教科书变迁[M]. 北京：商务印书馆，2008.

除研究中国内地数学教科书发展史以外，笔者团队也研究中国香港地区的中小学数学教科书以及日本、俄罗斯和美国的数学教科书发展，其中王帅的硕士学位论文被评为全国优秀学位论文，张晓雪的硕士学位论文被评为内蒙古自治区优秀论文。

笔者团队一直以来的目标就是好好研究中国近现代中小学数学教科书发展史，并没有想过研究各科教科书，也没有打算编写50万字的数学教科书发展史相关著作。因为笔者团队的眼光就聚焦于数学教科书，这是由笔者团队所处的客观条件决定的。然而，有些事情就是偶然性和必然性的统一体。从偶然性方面讲，十年前石鸥教授被内蒙古自治区教育厅和我校邀请来呼和浩特指导工作期间，在王有亮教授的介绍下访问了笔者简陋的研究室，参观了笔者视若珍宝的数学教科书。这是石鸥教授和笔者的第一次见面。从此，我们跨越"数学的雷池"来到各学科教科书的汪洋大海中，连续参加了一般教科书的"海峡两岸教科书研究高峰论坛"，与海内外的同行开展广泛交流，认识到自己对教科书仍一知半解，便开始从更开阔的视角审视数学教科书的发展经纬，使得研究工作有了新的进展。石鸥教授发起"中国近现代教科书图文史"的编写，对笔者团队来讲犹如及时雨一般地带来了契机，促进了工作动力。现在笔者团队基本完成《百年中国教科书图文史：1840—1949·数学》，这是天时地利人和的必然结果。如果说遇到志同道合的学者们是一件偶然的事情，那么在自己的辛勤耕耘、同行之间的互鉴、团队精神的发扬以及单位领导的支持之下取得的工作成绩就是一个必然的结果。所以，在《百年中国教科书图文史：1840—1949·数学》工程竣工之际，有必要对所有提供支持和帮助的单位和个人致以真诚的感谢之忱。

首先，内蒙古师范大学党委设立了思政名师工作室5个，相关文件要求提供60平方米的工作室，我们有幸中标。科学技术史研究院领导班子格外重视这项工作，投入大量的资金装修工作室，购置各种办公设备，笔者的两万多册图书有了适宜的居所，所属团队有了舒适的工作环境。这里的工作条件已经远远超过了笔者在日本大阪教育大学做高级访问学者和在广岛大学做客座教授时的条件。

其次，团队精神是顺利开展一项工作的关键。编写组的每一个人为"图文史"的完成付出了辛勤劳动，发扬了为学术而无私奉献的精神。这里特别感谢三个人：李春兰教授作为执行主编，在整个春节期间和前后的一个多月里，夜以继日地对"图文史"初稿、二稿和三稿进行校对修改，毫无怨言，难能可贵；博士生王瑞芳和张晓雪同学，自2020年12月开始参与该项工作之后，全身心地投入工作，将最初粗糙的25万字稿子进行删减，并补充到近50万字，从初稿到最终稿，反复修改、逐字逐句地核实每一本教科书的原文和相关文献，除春节放假外每天的有效工作量超过10小时。这一代年轻人的治学精神和工作态度令人钦佩和欣慰。另外，以编写本书为契机，笔者所属团队申请到了内蒙古自治区哲学社会科学规划项目：落实中小学数学教科书立德树人任务研究（2021ND97）。

张露露、李星然、张慧、毕骞、詹升娜、刘慧、刘静等同学在文字输入等方面提供了很多帮助。

最后，衷心感谢石鸥教授和广东教育出版社的编校人员为本书出版所付出的辛勤劳动。

2024年7月12日于呼和浩特

（代钦，内蒙古师范大学教授、博士生导师，中国数学会数学史分会常务副理事长）